中国社会科学院文库
法学社会学研究系列
The Selected Works of CASS
Law and Sociology

中国社会科学院创新工程学术出版资助项目

中国社会科学院文库·**法学社会学研究系列**
The Selected Works of CASS · **Law and Sociology**

《公民及政治权利国际公约》中的权利和义务

The Rights and Obligations
under the International Covenant
on Civil and Political Rights

孙世彦 / 著

社会科学文献出版社
SOCIAL SCIENCES ACADEMIC PRESS (CHINA)

《中国社会科学院文库》
出版说明

《中国社会科学院文库》（全称为《中国社会科学院重点研究课题成果文库》）是中国社会科学院组织出版的系列学术丛书。组织出版《中国社会科学院文库》，是我院进一步加强课题成果管理和学术成果出版的规范化、制度化建设的重要举措。

建院以来，我院广大科研人员坚持以马克思主义为指导，在中国特色社会主义理论和实践的双重探索中做出了重要贡献，在推进马克思主义理论创新、为建设中国特色社会主义提供智力支持和各学科基础建设方面，推出了大量的研究成果，其中每年完成的专著类成果就有三四百种之多。从现在起，我们经过一定的鉴定、结项、评审程序，逐年从中选出一批通过各类别课题研究工作而完成的具有较高学术水平和一定代表性的著作，编入《中国社会科学院文库》集中出版。我们希望这能够从一个侧面展示我院整体科研状况和学术成就，同时为优秀学术成果的面世创造更好的条件。

《中国社会科学院文库》分设马克思主义研究、文学语言研究、历史考古研究、哲学宗教研究、经济研究、法学社会学研究、国际问题研究七个系列，选收范围包括专著、研究报告集、学术资料、古籍整理、译著、工具书等。

中国社会科学院科研局
2006 年 11 月

前　言

　　1966年通过、1976年生效、目前有173个缔约国的《公民及政治权利国际公约》（本书中简称《公约》或《公民及政治权利公约》）是联合国核心人权公约之一，也是"国际人权宪章"的重要组成文书。中国于1998年签署《公约》后，尚未批准，但中国一直在稳妥推进相应立法及行政和司法改革，为尽早批准《公约》创造条件。

　　在中国批准《公约》之前，对于《公约》有准确而深入的把握极为必要。在这一方面，学术界特别是法学界可以也必须作出贡献。自中国签署《公约》以来，国际法学、法理学、宪法学、刑事法学、诉讼法学等不同学科都表现出对《公约》的极大兴趣并形成了丰富的研究成果。这些成果中的大部分关注的都是《公约》的具体规定及其与中国法律规定的比较，而较少包括对《公约》的整体性考察。然而，如果缺乏对于《公约》所确认的权利和规定的义务的整体性考察，那么对于《公约》所确认的具体权利的认识和研究，就可能不够深入和充分。

　　对《公约》的研究不能仅仅只关注《公约》的约文本身，而必须考察《公约》生效45年来的国际实践。《公约》是一种动态制度，《公约》的各项规定、缔约国根据《公约》承担的义务以及个人根据《公约》享受的权利，都随着《公约》缔约国和人权事务委员会（以下简称委员会）的实践而处于不断的发展和变化之中。任何有关《公约》的研究，如果不考虑和牢牢把握《公约》作为动态制度的发展和变化，很难说是充分的。在这一意义上，本书只是对《公约》规定的权利和义务迄今为止的发展状态的阶段性总结。这种动态性，除了包括缔约国和委员会的实践所驱动的《公约》制度本身的发展和变化以外，还包括《公约》制度演变与整个国际人权法律制度演变之间的互相影响，以及《公约》制度的发展与相关学术研究之间的互动关系。

本书是《〈公民及政治权利国际公约〉缔约国的义务》（社会科学文献出版社，2012）一书的"升级版"，尝试从两个方面对有关《公约》的研究作出贡献。一方面，本书的研究主题是《公约》规定的权利和义务的整体情况，期望这些探讨能帮助中国法学界加深对《公约》的了解。另一方面，本书在研究方法上注重对《公约》作为一个动态制度的考察，力图通过有关《公约》的国际实践来说明《公约》规定的权利和义务的总体状态。本书还大量参考了学者特别是国外学者研究《公约》的成果，这也有助于中国法学界了解世界范围内研究《公约》的情况。

本书没有直接涉及中国应如何批准和实施《公约》，也没有比较研究《公约》规定的权利和义务与中国的法律规定和实践。然而，本书的最终目的仍在于为中国法学界了解和研究《公约》、中国批准和实施《公约》提供助力。尽管中国何时会批准《公约》备受国际社会和国内各界关注，但是，中国何时批准《公约》的问题也许并不像想象的那么重要。这是因为，《公约》对中国（也对任何国家）的最大意义也许并不在于其是否在国际法的形式意义上具有约束力，而在于《公约》能在多大程度上打开我们的眼界，使我们能借鉴以《公约》为代表的国际人权法律制度的规定和实践，继续发展中国的人权事业。

感谢中国社会科学院将本书选入《中国社会科学院文库》。感谢中国社会科学院国际法研究所提供的良好工作条件和氛围。感谢社会科学文献出版社高水平的编辑工作。特别感谢社会科学文献出版社集刊分社总编辑刘骁军女士对本书的耐心等待和大力支持以及编辑易卉女士的细致工作。

孙世彦

2021年7月，北京

目 录

导　论 ·· 1
　一　研究的对象和内容 ··· 1
　二　研究的方法和资料 ··· 4

第一章　《公约》概况 ·· 10
　一　《公约》的起草、通过、生效和缔约情况 ························· 10
　二　《公约》的主要内容和实施机制 ···································· 20

第二章　《公约》中的权利义务主体 ··· 29
　一　《公约》中的权利义务关系 ·· 29
　二　《公约》中的权利主体 ·· 37
　三　个人是否为《公约》中的义务主体 ································ 72
　四　总结 ·· 99

第三章　《公约》中权利的范围和关系 ····································· 103
　一　权利的范围 ·· 103
　二　权利的分类、等级和联系 ·· 143
　三　总结 ··· 168

第四章　《公约》中权利的限制和克减 ····································· 171
　一　限制的含义、对象和类型 ·· 172
　二　对限制的限制 ·· 194
　三　克减的含义、目的和性质 ·· 229

1

四　克减的条件和限制 ………………………………………… 233
　　五　总结 ………………………………………………………… 254

第五章　《公约》缔约国义务的形式 ……………………………… 258
　　一　国内法中的人权保障及其对《公约》的影响 …………… 258
　　二　义务层次理论与《公约》用语解释 ……………………… 266
　　三　尊重和确保权利免受国家侵害的义务 …………………… 273
　　四　确保权利免受非国家行为者侵害的义务——保护的义务 … 283
　　五　确保权利得到促进和实现的义务 ………………………… 307
　　六　总结 ………………………………………………………… 315

第六章　《公约》缔约国义务的性质 ……………………………… 319
　　一　"消极义务"与"积极义务" …………………………… 319
　　二　"立即履行的义务"与"逐渐履行的义务" …………… 330
　　三　"行为的义务"与"结果的义务" ……………………… 348
　　四　"普遍的义务"与"相对的义务" ……………………… 352
　　五　总结 ………………………………………………………… 396

第七章　对《公约》权利的侵害及其救济 ……………………… 400
　　一　对权利的侵害 ……………………………………………… 400
　　二　对侵害的救济 ……………………………………………… 429
　　三　总结 ………………………………………………………… 473

附　录 ………………………………………………………………… 476
　　公民及政治权利国际公约 ……………………………………… 476
　　人权事务委员会一般性意见列表 ……………………………… 491
　　第31号一般性意见 …………………………………………… 493

主要参考文献 ·· 499

索　引 ·· 527
　文书索引 ·· 527
　个人来文索引 ·· 531
　术语索引 ·· 540

Table of Contents

Introduction to the Research ··········· 1
  1. Objects and Contents ··········· 1
  2. Methodologies and Materials ··········· 4

Chapter I   An Overview of the Covenant ··········· 10
  1. The Legislative History and Status of Ratifications ··········· 10
  2. The Main Contents of the Covenant and the Monitoring Mechanisms ··········· 20

Chapter II   The Subjects of the Rights and Obligations under the Covenant ··········· 29
  1. The Relations of Rights and Obligations under the Covenant ··········· 29
  2. The Holders of Rights under the Covenant ··········· 37
  3. Are Individuals Bearers of the Obligations under the Covenant ··········· 72
  4. Concluding Remarks ··········· 99

Chapter III   The Scope and Relations of the Rights under the Covenant ··········· 103
  1. Scope of the Rights ··········· 103
  2. Classification, Hierarchy and Relations of the Rights ··········· 143
  3. Concluding Remarks ··········· 168

Chapter IV   The Limitations and Derogations of the Rights under the Covenant ··········· 171
  1. Meaning, Objects and Types of Limitations ··········· 172

2. Limits to the Limitations ……………………………………… 194
3. Meaning, Objects and Natures of Derogations ……………………… 229
4. Conditions of and Limits to Derogations ……………………………… 233
5. Concluding Remarks ……………………………………………… 254

Chapter V The Forms of the Obligations under the Covenant …… 258
1. Human Rights Protection within Domestic Legal System and its Impacts on the Covenant ……………………………………… 258
2. The Level of Obligation Theories and the Interpretation of the Terms ……………………………………………………… 266
3. Obligations to Respect and Ensure the Rights not to be Violated by States ……………………………………………… 273
4. Obligations to Ensure the Rights not to be Violated by Non‑State‑Actors ………………………………………………… 283
5. Obligations to Ensure the Rights to be Promoted and Fulfilled ……… 307
6. Concluding Remarks ……………………………………………… 315

Chapter VI The Nature of the Obligations under the Covenant …… 319
1. "Positive Obligations" and "Negative Obligations" ………………… 319
2. "Obligations of Immediate Implementation" and "Obligations of Progressive Implementation" …………………… 330
3. "Obligations of Conduct" and "Obligations of Result" …………… 348
4. "Universal Obligations" and "Relative Obligations" ……………… 352
5. Concluding Remarks ……………………………………………… 396

Chapter VII The Violations of the Rights the Remedies thereof Under the Covenant ………………………………………… 400
1. The Violation of Rights ……………………………………… 400
2. The Remedies to the Violations ……………………………… 429
3. Concluding Remarks ……………………………………… 473

Appendix ·· 476
   The Authentic Chinese Text of the Covenant ················ 476
   List of General Comments Issued by the Human Rights Committee ······ 491
   General Comment No. 31 ·· 493

Selected Bibliography ··· 499

Index ··· 527
   Instrument Index ·· 527
   Individual Communication Index ······································ 531
   Subject Index ··· 540

导　论

一　研究的对象和内容

《公民及政治权利国际公约》是"国际人权宪章"的重要组成文书，也是公民权利和政治权利领域中最为广泛、最为权威的国际法律文件，甚至被称为"很可能是世界上最重要的人权条约"。[①] 中国于1998年10月5日签署了《公约》，并一直在积极、认真地进行批准和实施《公约》的准备工作。与中国政府的这种努力相一致，也与中国民主、法治、人权建设的发展趋势相适应，中国学者——主要是法学学者——对《公约》也日趋关注。即使在中国政府签署《公约》之前，就已经有学者将《公约》纳入研究视野，并对中国签署《公约》起了一定的推动和促进作用。但在中国签署《公约》以后，学者对《公约》的研究才真正进入了一个高峰时期，并取得了丰硕的成果。

从与中国法律的联系程度来看，中国学者发表的有关《公约》的研究

[①] Sarah Joseph and Melissa Castan, *The International Covenant on Civil and Political Right: Cases, Materials, and Commentary* (Oxford University Press, 3rd edn, 2013), p. 3.

成果的内容基本可以分为两大方面：一个方面是对《公约》本身规定的研究，另一个方面是依据《公约》的规定研究中国法律中相应的问题或在研究中国法律中的问题时参考《公约》的规定。大部分研究成果都兼及两个方面，只有很少一部分成果只关注《公约》本身的规定而不涉及中国的情况，但其主观目的或客观效果仍在于加深中国对《公约》的了解，促进中国对《公约》的批准以及《公约》知识的传播。在这两个方面中，对《公约》本身的研究是基础和手段，如何从《公约》规定的角度审视中国的法律规定和实践则是目的。

在一个相当短的时期内，中国学者就进行了大量有关《公约》的研究，并从简单介绍到深入分析、从总体评介到专题研究，从少数学科到涉面渐广，有了很大的进步和发展，为中国批准和实施《公约》提供了相当有益的参考和建议，也为在中国传播《公约》知识提供了大量的信息和资料。但是，还不能说中国有关《公约》的研究已经达到了非常发达的程度。可以说，我们对于《公约》的理解还不够广泛、深入、准确，对于《公约》与中国法律和实践的关系的分析还不够全面、仔细、到位。在中国有关《公约》的研究涉及的两个方面中，对《公约》本身的研究对于以《公约》为根据研究中国的法律与实践，是基础和必要条件。可以说，对《公约》本身的研究的质量在相当程度上影响甚至决定了后一个方面的研究是否能达到其主观目的或客观效果。

本书属于对《公约》本身的研究，其研究对象是《公约》所确认之权利和规定之义务的整体情况。《公约》的内容可以分为实质性事项和程序性事项两大类，前者包括民族和个人的实质性权利和缔约国的实质性义务，后者包括缔约国的程序性义务和条约法事项。前者是《公约》的核心，也是本书的研究对象。人权事务委员会指出："很重要的是，一切个人都应当知道《公约》……规定了他们有哪些权利；也很重要的是，一切行政和司法当局应当知道缔约国根据《公约》所承担的义务。"[①] 对于这些权利和义务的整体理解，将有助于对具体权利以及与之相对应的具体义务的理解。

本书是《〈公民及政治权利国际公约〉缔约国的义务》一书的

---

① 第3号一般性意见，第2段。

"升级版"。该书论述了《公约》的基本情况、《公约》缔约国义务的形式、缔约国义务的性质、缔约国义务的（属事、属时、属人和属地）范围以及缔约国义务的国内履行。本书没有包括前书中论述已经比较充分的有关缔约国义务的属地范围和国内履行的两章、有关缔约国属时范围的一节，保留并缩减了导论和概述《公约》基本情况的一章，保留并更新了有关缔约国义务的形式和性质的两章、有关缔约国属事和属人范围的两节（归入权利部分），增加了四章。因此，本书在导论之后，包括七章。第一章是《公约》概况，将介绍《公约》的形成过程和缔约情况、基本内容以及实施机制。第二章有关《公约》中的权利义务主体，将探讨《公约》中的权利义务关系以及权利主体和义务主体的范围。第三章有关《公约》中权利的范围和关系，将探讨《公约》确认的权利的范围、分类、等级和相互关系。第四章有关对《公约》权利的限制和克减，将探讨对《公约》所确认权利的限制和克减、限制和克减的诸项条件和限制。第五章有关《公约》缔约国义务的形式，将探讨缔约国尊重和确保权利免受自身侵害的义务、确保权利免受非国家行为者侵害的义务和确保权利得到促进和实现的义务。第六章有关《公约》缔约国义务的性质，将探讨消极义务与积极义务、立即履行的义务与逐渐履行的义务、行为的义务与结果的义务以及结合权利探讨普遍的义务与相对的义务。第七章有关对《公约》权利的侵害和救济，将探讨侵害权利的含义、确定、与缔约国义务的关系，救济的含义、形式和性质。

　　本书并不是对《公约》作为一项国际法律文书或一种国际法律制度的全面述评。在这一方面，已经有学者作出了杰出的贡献，最突出的三本著作是 Sarah Joseph 和 Melissa Castan 的 *The International Covenant on Civil and Political Right: Cases, Materials, and Commentary* (Oxford University Press, 3rd edn., 2013)[①]、William A. Schabas 的 *U. N. International Covenant on Civil and Political Rights: Nowak's CCPR Commentary* (N. P. Engel Publisher, 3rd

---

① 该书第 1、2 版分别出版于 2000 年和 2004 年，编著者还有 Jenny Schultz。该书第三版中译本拟由社会科学文献出版社于 2022 年出版。

revised eds., 2019)① 以及 Paul M. Taylor 的 *A Commentary on the International Covenant on Civil and Political Rights: The UN Human Rights Committee's Monitoring of ICCPR Rights*（Cambridge University Press, 2020）。因此，在笔者对《公约》的见识水平无法望其项背的情况下，不敢奢望能作出对《公约》的全面研究。本书只是对《公约》的一个方面的研究，当然在笔者看来，对《公约》规定的权利和义务的整体理解是探讨其他方面的一个重要基础。在笔者作为一个国际法学者缺乏对中国法律制度的全面和深入了解的情况下，本书也没有涉及中国批准和实施《公约》的问题。在这一方面，已经有中国学者进行了可贵的研究，本书无须做续貂之举。

二 研究的方法和资料

本书的基本研究方法是实证研究和学理研究，实证研究是指以《公约》制度中的实践特别是人权事务委员会的实践作为研究《公约》规定的权利和义务的依据，学理研究是指从法学理论的角度分析《公约》规定的权利和义务。这两种研究方法实际上涉及的是资料的运用问题。

对《公约》的任何研究，必须也必然使用大量的参考资料。这些参考资料可以分为两大类，即第一手资料和第二手资料。本书力图均衡地使用第一手资料和第二手资料。

第一手资料是指在与《公约》有关的国际实践中产生的资料。按照不同的时间阶段，第一手资料大致可以分为在《公约》通过之前的起草过程中产生的资料以及在《公约》生效之后的实践过程中产生的资料。

在《公约》通过之前的起草过程中产生的资料是指联合国在起草《公约》及其两项任择议定书时形成的所有文件，如各种提议和决议、约

---

① 该书英文第1、2版分别出版于1993年和2005年，由曼弗雷德·诺瓦克撰写，第三版则由威廉·夏巴斯接替撰写。该书英文前两版已经译成中文出版，即〔奥〕曼弗雷德·诺瓦克：《民权公约评注：联合国〈公民权利和政治权利国际公约〉》，毕小青、孙世彦主译，生活·读书·新知三联书店，1993；〔奥〕曼弗雷德·诺瓦克：《〈公民权利和政治权利国际公约〉评注》（修订第二版），孙世彦、毕小青译，生活·读书·新知三联书店，2008。在本书中，该《评注》中文第二版将一律被称为"诺瓦克：《评注》"，而不再标明其全部文献信息。

文草案、谈判记录、评注、报告等，这些资料一般被称作《公约》的"准备工作"（travaux préparatoires）或"立法史"。这些准备工作有两方面的用途，即在法律上用于解释《公约》，在学术上用于研究《公约》。在这一方面，最原始的资料即联合国人权委员会、联合国经济及社会理事会和联合国大会（主要是其第三委员会）起草《公约》的记录和形成的各种文件大多没有电子版，因此本书未能参考这些资料。不过，经笔者联系，联合国文件部门将一份对了解《公约》的起草过程（至少是其实质性条款的形成过程）极为重要的文件，即联合国秘书长于1955年编写的《对国际人权公约草案约文的评注》[①] 形成了电子版。另外，就《公约》的立法史，本书还参考了《公约》起草期间的《联合国人权年鉴》（United Nations, Yearbook on Human Rights）和《联合国年鉴》（Yearbook of the United Nations）。尽管这些年鉴中的有关内容只是对《公约》起草过程的总结，不如原始资料详细，但毕竟聊胜于无。

在《公约》生效之后的实践过程中产生的资料则是指缔约国在实施《公约》时产生的资料，在国内而言包括宪法和法律规定、司法判决和决定等，在国际而言包括向联合国提交的履行《公约》的报告、对人权事务委员会所提问题的书面和口头答复等；以及人权事务委员会在监督缔约国的履约情况时产生的资料，包括审议缔约国报告的简要记录和结论性意见、一般性意见、对个人来文的意见，为了履行其职责而制订的各种文件以及就自己的工作所作的总结和报告等。在《公约》生效之后的实践过程中产生的资料，特别是人权事务委员会在监督缔约国的履约情况时产生的资料，对于解释和研究《公约》具有非常重要的价值。这是因为，《公约》不是一份静止的文本，而是一项"活的文书"（living instrument），这意味着在缔约国实施《公约》规定以及人权事务委员会对此进行监督的过程中，《公约》的规定得到了进一步的澄清和发展。因此，在研究《公约》时，也必须将其生效之后45年的发展考虑在内。本书所使用的第一手资料主要是人权事务委员会的一般性意见、审议个人来文形成的意见和对缔约国报告的结论性意见，在一定程度上也利用了人权事务委员会全面叙述其工作的年度报告中

[①] United Nations, *Annotations on the text of the draft International Covenants on Human Rights* (prepared by the Secretary-General), A/2929（1955）.

的有关内容。

第二手资料是指学术性的资料，主要指学者有关《公约》的著述（书籍和文章）即学术文献，也可包括其他的非正式资料，如非政府组织的文件等。当代法学研究所使用的资料，必然既包括第一手的、实证性的资料，即所研究的法律问题在现实世界中的表现和发展，也包括第二手的、学术性的资料，即其他学者的著述对于相同或相关问题的阐述和分析。在对具体的、现实的而非抽象的、理论的法律问题的研究中，例如在有关《公约》的研究中，这两类资料的价值是不同的。实证性的资料是作为研究对象的问题的最真实的展现，自身就能说明这一问题的许多实质因素和逻辑关联。研究者应尽可能首先使用这些原始资料来分析和说明问题，这也是为什么称其为"第一手"资料的原因。学术性的资料则是学者对相关问题的主观认识、分析和判断，只能是研究中的参考和佐证，相比于原始资料是次生的，这也是为什么称其为"第二手"资料的原因。的确，在有关《公约》的研究甚至是有关任何法学问题的研究中，作为学术研究的一种惯例，必然也必须参考第二手资料，既是为了从中汲取有用的内容和观点，也是为了作出有别于先前研究的内容或提出与之相异的、更进一步的观点，但是也必须清楚地认识到，这些资料仅仅只是研究者个人对《公约》的理解——这些理解可能在学术上很有价值甚至很权威，却并不具有法律意义上的权威性，甚至有可能并不全面、准确。与第二手资料的派生性、个人性、主观性相比，第一手资料具有原生性、权威性、客观性，在研究中应该得到尽可能的重视。

在重视第一手资料的同时，当然也不能忽视第二手资料。第二手资料的重要性显而易见：任何学术研究都必须建立在对前人研究成果的了解、借鉴、批判和发展的基础上，任何自说自话的、坐井观天的、闭门造车的、"重新发明轮子"的所谓成果，都很难称得上是真正的研究、有任何实际的价值。另外，还必须承认这样一个事实：中国学者对《公约》的研究时日不长，而在世界范围内，对《公约》的研究已经有超过70年的历史（从对其起草情况的研究起算），形成了可资借鉴的丰富研究成果。因此，本书所使用的第二手资料，以英文文献为主（本书参考的300份主要第二手资料，见附录"主要参考文献"）。

本书使用资料（无论是第一手的还是第二手的）的基本思路是，凡是能以资料说明问题的，均使用资料本身。这种方式使得本书的脚注数量较多，但这有助于读者清楚地了解书中观点的来源并有可能就感兴趣的内容作进一步的探寻。在引用资料时，除了直接引文之外，对于引用有关文献中的观点但并非使用其原始表述或者总结所引文献中某部分内容的情况，在脚注中均按直接引文处理。注释中的"参见""See"等用法指示并非正文中被注之处的内容或观点的来源，但可能与其有关的文献（如更详细的阐述、相近或相同的观点、例证），也可用来指示正文或注释中仅提到而未详细解说的内容。在直接引文中，凡是出现在［］中的内容，都是为了行文清楚或方便而作的不损及原义的改动，如插入某些文字或改动标点。在每一章的注释中，当某一文献首次出现时，将列出该文献的全部参考信息；当该文献在这一章的注释中再次出现时，将不再列出全部信息，而仅标出作者的姓名（中文）或姓氏（外文），书籍或文章的标题或主标题以及所引用或参考的页码。这种方式用于全部第二手资料，也用于少部分第一手资料。

对于本书所使用的《公约》及其两项任择议定书的标题和文本，需要作一些说明。本书所使用的《公约》的中文标题是《公民及政治权利国际公约》，而通常所见的《公约》的中文标题是《公民权利和政治权利国际公约》（或《盟约》）。对于为何这同一份文书存在两个标题、两个中文本以及由之所导致的问题，笔者曾作过详细的研究，[1] 在此不予重复。为了本书的目的需要指出的仅是，一度在联合国和中国通行的标题为《公民权利和政治权利国际公约》的中文本（在本书中称为"通行中文本"）并非《公约》的具有法律效力的中文本；具有法律效力的中文本应是刊载在《联合国条约汇编》上的题为《公民及政治权利国际盟约》的中文本，[2]

---

[1] 孙世彦：《有关 International Covenant on Civil and Political Rights 中文本的若干问题》，载徐显明主编《人权研究》（第4卷），山东人民出版社，2004；孙世彦：《〈公民及政治权利国际公约〉的两份中文本：问题、比较和出路》，《环球法律评论》2007年第6期；Sun Shiyan, "International Covenant on Civil and Political Rights: One Covenant, Two Chinese Texts?", (2006) 75 *Nordic Journal of International Law* 187；孙世彦：《国际人权公约中文本问题之再探讨：兼与司马晋、黄旭东商榷》，《台湾人权学刊》2016年第4期；Sun Shiyan, "The Problems of the Chinese Texts of the International Human Rights Covenants: A Revisit", (2016) 15 *Chinese Journal of International Law* 773。

[2] (1976) 999 *United Nations Treaty Series* 202.

这一文本于 2002 年经过更正，以"公约"取代了其标题和约文中出现的"盟约"一词。因此，刊载在《联合国条约汇编》上、经 2002 年更正的题为《公民及政治权利国际公约》的中文本才是《公约》的作准中文本。目前，联合国官方网站上提供的基本都是《公约》的作准中文本，[①] 中国外交部的条约数据库提供的也是《公约》的作准中文本。[②] 本书正文所使用、附录所载的，也是《公约》的这一作准中文本。不过，由于《公约》通行中文本长久且广泛流传，极大地影响和塑造了联合国和中国有关《公约》及其内容的中文语汇和表述，因此本书在必要之处，也不得不使用《公约》通行中文本的语汇和表述，如使用通行中文本中的"生命权""克减"而非作准中文本中的"生存权""减免履行"。同时，本书对于《公约》的条文，将使用"条—款—项"的顺序而不遵循《公约》本身所使用的"条—项—款"的顺序。另外，尽管在法律意义上，《公约》在 2002 年之前的正式名称应为"盟约"，但本书中一律称之为《公约》。与《公约》同时通过的《任择议定书》的作准中文本名称为《公民及政治权利国际盟约任择议定书》，[③] 其标题以及约文中的"盟约"并没有被更正为"公约"，但本书中一律称之为《公约》的《任择议定书》。《公约》的第二项任择议定书的作准中文本的标题是《旨在废除死刑的〈公民权利和政治权利国际公约〉第二项任意议定书》，[④] 但在中文文献中，该议定书一般被称为《第二任择议定书》（本书也使用这一标题）。

本书中提到的其他核心国际人权条约都使用了简称：《经济社会文化权利国际公约》简称《经济社会文化权利公约》（与《公民及政治权利国际公约》合称"联合国人权两公约"或"两公约"）、《消除一切形式种族

[①] 例如见联合国人权事务高级专员办事处《公民及政治权利国际盟约》，https://www.ohchr.org/CH/ProfessionalInterest/Pages/CCPR.aspx；联合国公约与宣言检索系统《公民及政治权利国际公约》，https://www.un.org/zh/documents/treaty/files/A‐RES‐2200‐XXI‐2.shtml. 之所以说是"基本"，是因为联合国公约与宣言检索系统仍提供了其称为"人权高专办重译版"的通行中文本。然而，这种"重译版"，无论出自何处，均无法律效力。

[②] 中华人民共和国‐条约数据库：《公民及政治权利国际公约》，http://treaty.mfa.gov.cn/Treaty/web/detail1.jsp?objid=1531876071756。

[③] (1976) 999 *United Nations Treaty Series* 310. 该议定书也有一个通行中文本，但与作准中文本差别不大。

[④] (1991) 1642 *United Nations Treaty Series* 427.

歧视国际公约》简称《消除种族歧视公约》、《禁止酷刑和其他残忍、不人道或有辱人格的待遇或处罚公约》简称《禁止酷刑公约》。

如无特别说明,本书中提到"委员会"均指人权事务委员会。[①] 本书中提到的一般性意见,如无特别说明,均指委员会的一般性意见;截至 2021 年 6 月的一般性意见的标题、发布时间和文件编号列在本书附录中。委员会通过的一般性意见都有联合国公布的中文本,但与其英文本相比有很多的错误,因此本书所使用的一般性意见的内容都是从英文本翻译的,可能与联合国公布的中文本有所不同。对于与本书主题最密切相关的第 31 号一般性意见,笔者参考联合国公布的中文本重新对英文本作了翻译,并附在本书附录中。本书中提到的个人来文指根据《任择议定书》提交委员会审议的来文,在脚注中标为——例如——"Communication No. 470/1991",而没有使用这些来文作为单行文件的编号,即"CCPR/C/48/D/470/1991",其中的字母和数字的含义是:CCPR 指《公约》、C 指委员会、48 指委员会的第四十八届会议(1993 年夏季召开)、D 是指决定、470 指该来文的登记编号、1991 指该来文的登记时间。

如无特别说明,本书提到的各项数据的统计截止日期为 2021 年 6 月 30 日,所列网址的最后登录时间为 2021 年 6 月。

[①] 与《公约》英文本中的"Human Rights Committee"对应的,在作准中文本为"人权事宜委员会"。鉴于目前联合国文件中文本一律使用"人权事务委员会"指代"Human Rights Committee",本书也使用这一名称。

第一章
《公约》概况

一 《公约》的起草、通过、生效和缔约情况

(一) 从《联合国宪章》到《世界人权宣言》

国际人权法,或者说保护和促进人权的国际法律制度,是在第二次世界大战以后产生的。此前,尽管在国际法中存在一些有关保护和促进人权的零散规则、机制和实践,但是总体而言,人权并不是传统国际法的规定和调整对象。第二次世界大战期间发生的惨烈暴行震撼了人类的良知,使整个国际社会认识到,对人权的侵犯不仅有违人类良知与正义,而且严重威胁国际和平与安全,因此有必要以国际法承认和保护人权。基于这样的信念,1945年6月25日通过的《联合国宪章》(简称《宪章》)开篇即称:"我联合国家人民同兹决心,欲免后世再遭今代人类两度身历惨不堪言之战祸,重申基本人权,人格尊严与价值,以及男女与大小各国平等权利之信念",从而开创了人权国际保护的新局面。

《联合国宪章》中,除了序言以外,另有六处提到了"人权及基本自由",分别为:第1条第3款,规定联合国宗旨之一为"促成国际合作,

以……不分种族、性别、语言或宗教,增进并激励对于全体人类之人权及基本自由之尊重";第 13 条第 1 款(丑)项,规定联合国大会(联大)的职权之一为"发动研究,并作成建议……以……不分种族、性别、语言或宗教,助成全体人类之人权及基本自由之实现";第 55 条(寅)项,规定"联合国应促进……全体人类之人权及基本自由之普遍尊重与遵守,不分种族、性别、语言或宗教";[①] 第 62 条第 2 款,规定经济及社会理事会"为增进全体人类之人权及基本自由之尊重及维护起见,得作成建议案";第 68 条,规定经济及社会理事会"应设立经济与社会部门及以提倡人权为目的之各种委员会";第 76 条(寅)项,规定联合国托管制度的基本目的之一为"不分种族、性别、语言或宗教,提倡全体人类之人权及基本自由之尊重"。

这些条款被统称为《联合国宪章》中的"人权条款",是"人权"这一概念在国际法律文件中的首次出现,因此是国际法的一个重大突破。由此,《宪章》"打下了现代国际人权法的基础",[②] 其中纳入人权条款"对于人权的国际化具有根本的重要性"。[③] 然而,这些人权条款存在若干缺陷。首先,《宪章》没有定义和列举应予尊重与遵守的人权与基本自由的具体内容;其次,《宪章》也没有规定确保这些人权与基本自由得到尊重与遵守的机制;再次,并不清楚这些人权条款——尤其是将第 56 条与第 55 条(寅)项连同理解——是否给联合国会员国施加了任何明确的法律义务。

由于《联合国宪章》中的人权条款存在上述缺陷,因此至少在《宪章》通过之时,这些条款并没有为国际人权保护提供一个明确、坚实的法律基础,国际社会作为一个整体也没有满足于《宪章》中的人权条款。实际上,在创建联合国的过程中,就已经有很多中小国家积极主张在《宪章》中包括一份"权利法案(Bill of Rights)",尽管这一设想没有实现。因此,在《宪章》通过、联合国成立以后,联合国在人权方面的工作立刻

---

① 《宪章》第 55 条规定主要着眼于作为一个整体的联合国,而第 56 条则以会员国为出发点对第 55 条进行了补充:"各会员国担允采取共同及个别行动与本组织合作,以达成第五十五条所载之宗旨。"因此,第 56 条一般也被当作《联合国宪章》中的"人权条款"之一。

② Thomas Buergenthal, "The Normative and Institutional Evolution of International Human Rights", (1997) 19 *Human Rights Quarterly* 703, p. 703.

③ Dominic McGoldrick, *The Human Rights Committee: Its Role in the Development of the International Covenant on Civil and Political Rights* (Clarendon Press, 1994), p. 4.

转向制定"国际人权宪章（International Bill of Human Rights）"、对人权的内容和相应的实施机制作更明确、具体规定的方向。

　　经济及社会理事会根据《联合国宪章》第 68 条于 1946 年建立了人权委员会，并规定该委员会的工作应包括就"国际人权宪章"等事项提出提议、建议和报告。① 人权委员会在 1947 年 1 月至 2 月召开的第一届会议上，将制定"国际人权宪章"作为一项主要任务，并对其形式和内容进行了一般性的讨论。② 1947 年 3 月，人权委员会主席设立了一个由 8 名人权委员会的委员组成的起草委员会，其任务是初步起草"国际人权宪章"。③ 该起草委员会于 1947 年 6 月向人权委员会提交了两份草案，一份为国际人权宣言的条款草案，另一份为国际人权公约的条款草案。④ 人权委员会在 1947 年 12 月举行的第二届会议上，决定立即着手审议这两份草案，并设立了三个工作组以编写一份"人权宣言"、一项"人权公约"以及"实施措施"，它们将共同构成"国际人权宪章"。⑤ 根据前两个工作组的报告，人权委员会完成了"国际人权宣言草案"和"国际人权公约草案"，⑥ 但没有对第三个工作组有关"实施措施"的报告作出任何决定。

　　1948 年，起草委员会重新编写并向人权委员会提交了"国际人权宣言草案"和"国际人权公约草案"。⑦ 人权委员会在第三届会议上对起草委员会的"宣言"草案逐条进行了审查，通过了一项新的草案，⑧ 这一草案由经济及社会理事会转发给了联大。1948 年 12 月 10 日，联大以 48 票赞成、

---

① United Nations, *Yearbook on Human Rights* (1947), pp. 420–423; United Nations, *Yearbook of the United Nations* (1946–47), pp. 523–524.
② United Nations, *Yearbook on Human Rights* (1947), p. 432.
③ United Nations, *Yearbook on Human Rights* (1947), p. 426; United Nations, *Yearbook of the United Nations* (1946–47), pp. 524–525.
④ 文本见, United Nations, *Yearbook on Human Rights* (1947), pp. 498–505。
⑤ United Nations, *Yearbook on Human Rights* (1947), p. 431; United Nations, *Yearbook of the United Nations* (1947–48), pp. 572–573.
⑥ 文本以及各国代表的评论摘要见, United Nations, *Yearbook on Human Rights* (1947), pp. 541–566。
⑦ 文本见, United Nations, *Yearbook on Human Rights* (1948), pp. 457–462, 469–478。
⑧ 文本见, United Nations, *Yearbook on Human Rights* (1948), pp. 463–464; United Nations, *Yearbook of the United Nations* (1947–48), pp. 575–576。

0 票反对、8 票弃权的表决结果通过第 217（III）A 号决议,① 发布了《世界人权宣言》,以"作为所有人民所有国家共同努力之标的"。

《世界人权宣言》是首份规定和列举人权和基本自由的国际文书,在世界人权历史上具有里程碑的地位,被公认为国际人权法的"基石"。②《宣言》具有道德和政治上的极高权威性,但从法律角度来看,《宣言》也有若干缺陷。首先,《宣言》只是联大的决议,因此其本身没有国际法上的约束力;其次,《宣言》也没有规定任何实施和执行机制。存在这些缺陷的原因在于:联合国和国际社会在起草和通过《宣言》时,都认为《宣言》只是创制"国际人权宪章"的第一步,并希望和相信很快就会走出第二步,即起草和通过一项具有正式法律约束力的国际人权公约,其中将以法律规范的形式更加具体、细致地规定各项权利,并辅之以相应的实施和执行机制。③ 因此,联大在通过《世界人权宣言》的同时,在第 217（III）E 号和第 217（III）B 号决议中要求经济及社会理事会请人权委员会继续优先处理编写一项人权公约草案和实施措施草案的工作。

（二）《公约》的起草

《世界人权宣言》通过以后,《公民及政治权利国际公约》的起草大致经历了两个阶段,即从 1949 年到 1954 年在联合国人权委员会的起草④以及从 1954 年到 1966 年在联大的起草。⑤

---

① 表决的具体情况见,United Nations, *Yearbook on Human Rights*（1948）, p. 466; United Nations, *Yearbook of the United Nations*（1948 – 49）, p. 535。
② 赵建文:《国际人权法的基石》,《法学研究》1999 年第 2 期。
③ 关于《宣言》与拟议中的"公约"的关系,参见,John E. Lockwood, "Drafts of International Covenant and Declaration on Human Rights",（1948）42 *American Journal of International Law* 401。
④ 联合国人权委员会起草人权两公约的详细过程,参见,United Nations, *Annotations on the text of the draft International Covenants on Human Rights*（prepared by the Secretary – General）, A/2929（1955）。
⑤ 关于《公约》的起草过程,参见,Egon Schwelb, "Notes on the Early Legislative History of the Measures of Implementation of the Human Rights Covenants", in *Mélanges offerts à Polys Modinos: problèmes des droits de l'homme et de l'unification européenne*（Editions A. Pedone, 1968）270; Vratislav Pechota, "The Development of the Covenant on Civil and Political Rights", in Louis Henkin（ed.）, *The International Bill of Rights: The Covenant on Civil and Political Rights*（Columbia University Press, 1981）32; McGoldrick, *The Human Rights Committee*, pp. 3 – 18。

《公民及政治权利国际公约》中的权利和义务

人权委员会在 1949 年的第五届会议上，审议了此前由起草委员会和人权委员会编写的"国际人权公约"草案（其中只包括了人身和公民权利），并形成了供各国政府审议和评论的公约条款草案，[1] 但未能完成对实施措施的研究和编写。联合国成员国在这届会议上还提出了许多建议，这些建议以及一份有关实施措施的问卷都被转交给各国政府评论。人权委员会在 1950 年的第六届会议上，根据各国政府的评论以及其他资料，逐条审议了公约草案，并一致同意在公约草案中应该包括某种实施机制。人权委员会一致决定将形成的公约草案（其头 18 条包括了与此前的草案相同的实质权利）和实施措施草案、某些委员对公约草案的评论以及增加条款的提议[2]提交经济及社会理事会审议。人权委员会还讨论了在公约中包括有关经济、社会和文化权利的条款的问题。

经济及社会理事会在 1950 年的第十一届会议上通过了第 303 I（XI）号决议，将公约草案以及各种文件转交联大审议，并要求后者就四个事项作出政策决定：（1）草案头 18 条是否完备；（2）是否需要包括有关公约对联邦国家、非自治领土和托管领土适用的特别条款；（3）是否需要包括有关经济、社会和文化权利的条款；（4）有关实施的条款是否完备。1950 年的第五届联大针对经济及社会理事会的上述要求，作出了第 421（V）号决议，决定了与公约草案有关的政策问题：（1）公约草案头 18 条还没有包括若干最基本的权利；（2）公约应最大限度地扩展到联邦国家的组成部分；（3）公约中应列入经济、社会和文化权利；（4）要求人权委员会研究如何在公约中规定个人或组织申诉权的问题以及有关实施措施的其他提议。

人权委员会在 1951 年的第七届会议上，修正了其第六届会议编写的有关实施措施的条款，起草了有关经济、社会和文化权利的条款，并增加了有关定期报告制度的条款，由此形成了包括前文和六个部分共计 73 条正文的公约草案。[3]

尽管联大的政策决定是，应以一项单一的"国际人权公约"同时包括

---

[1] United Nations, *Yearbook on Human Rights* (1949), pp. 332–337.
[2] United Nations, *Yearbook on Human Rights* (1950), pp. 458–472.
[3] United Nations, *Yearbook on Human Rights* (1951), pp. 529–539.

公民权利和政治权利以及经济、社会和文化权利，但是这一决定并没有终止有关分歧和争论。经济及社会理事会在1951年的第十三届会议上经过长时间的讨论后，以第384（XIII）号决议请求联大重新考虑其有关在一项公约中同时规定两类权利的决定。①

1951年的第六届联大经过艰苦的讨论，② 于1952年以微弱多数通过了第543（VI）号决议，要求经济及社会理事会请人权委员会起草两项人权公约，一项包含公民权利和政治权利，另一项包含经济、社会和文化权利，但两公约应包含尽可能多的相似条款。至此，原先设想中的单一国际人权公约终于分裂为两项公约③并在这一道路上一直发展到今天。以下，将仅介绍《公民及政治权利国际公约》的起草过程，而不再涉及《经济社会文化权利国际公约》的起草情况。

人权委员会在1952年的第八届会议上，首先起草了将作为两公约第1条的有关民族自决权的条款，并修正了在其第六届会议上完成的有关实质性公民权利和政治权利的条款草案，这些条款被放进了单独的《公约》草案中。④ 人权委员会在1953年的第九届会议上，为《公约》草案增加了7条规定，对有关实施措施的条款作了较大修改。⑤ 人权委员会在1954年的第十届会议上，为《公约》草案增加了有关定期报告制度的规定，并修正了有关最后条款的规定。⑥ 至此，人权委员会完成了《公约》的全部起草

---

① United Nations, *Yearbook on Human Rights* (1951), p. 527.
② 讨论的详情见，United Nations, *Yearbook of the United Nations* (1951), pp. 482–484。
③ 对这一过程的介绍和评析，参见，A/2929, Chapter II, paras. 4–12; Farrokh Jhabvala, "On Human Rights and the Socio-Economic Context", (1984) 31 *Netherlands International Law Review* 149, pp. 153–160; Natalie Kaufman Hevener, "Drafting the Human Rights Covenants: An Exploration of the Relationship Between U.S. Participation and Non-ratification", (1986) 148 *World Affairs* 233, pp. 234–237; Craig Scott, "The Interdependence and Permeability of Human Rights Norms: Towards a Partial Fusion of the International Covenants on Human Rights", (1989) 27 *Osgoode Hall Law Journal* 769, pp. 791–814; Matthew C. R. Craven, *The International Covenant on Economic, Social, and Cultural Rights: A Perspective on its Development* (Clarendon Press, 1995), pp. 16–20。
④ United Nations, *Yearbook on Human Rights* (1952), pp. 424–427.
⑤ United Nations, *Yearbook on Human Rights* (1953), pp. 370–373.
⑥ United Nations, *Yearbook on Human Rights* (1954), p. 407.

工作，形成了最终草案。①

经济及社会理事会在1954年的第十八届会议上，决定将人权委员会1954年完成的两公约草案转发给联大进行审议，自此开始了联大及其第三委员会对两公约草案的历时10多年的审议和修改。

1955年，联大第三委员会通过了两公约的前文和共同第1条，其中最主要的变化是将第1条第1款第1句话的前半句"所有民族和所有国族（nations）均应享有自决权"改为单独的一句："所有民族均享有自决权"，并调换了第2款和第3款的顺序。② 1957年，联大第三委员会通过了《公约》第6条，将该条的4款扩充为6款，改变和增加了一些内容（最主要的是规定了不得判处18岁以下的人死刑）。③ 1958年，联大第三委员会通过了《公约》第7~11条，其中就第10条，最主要的变化是其第2、3款中增加了有关被剥夺自由的少年的待遇的规定。④ 1959年，联大第三委员会通过了《公约》第12~14条，其中就第12条，除了将该条的2款变为4款之外，还删除了禁止任意流放的规定；就第14条，最主要的变化是增加了有关上诉权利和"一罪不二审"的规定。⑤ 1960年，联大第三委员会通过了《公约》第15~18条，其中就第18条，最主要的变化是将其第1款中的"维持或改变"改为"保有或采奉"以及增加了有关尊重父母或监护人保证其子女的宗教和道德教育的一款。⑥ 1961年，联大第三委员会通过了《公约》第19~26条，其中就第22条（《公约》最终通过文本中的第23条），最主要的变化是其第4款，为缔约国保证缔婚双方平等的义务增加了"采取适当步骤"的限定，并将婚姻关系消灭时的保护对象从"婚生子女"扩展为"任何子女"；就第24条（《公约》最终通过文本中的第26条），最主要的变化是增加了"应受法律的平等保护"的表述；就第26条（《公约》最终通过文本中的第20条），最主要的变化是增加了有关禁

---

① Commission on Human Rights, *Report of the Tenth Session*, E/CN.4/705 (1954); Economic and Social Council Official Records: Eighteenth Session, Supplement No. 7, E/2573 (1954), Annex I.
② 讨论的详情见，United Nations, *Yearbook of the United Nations* (1955), pp. 153 – 156。
③ 讨论的详情见，United Nations, *Yearbook of the United Nations* (1957), pp. 200 – 202。
④ 讨论的详情见，United Nations, *Yearbook of the United Nations* (1958), pp. 205 – 208。
⑤ 讨论的详情见，United Nations, *Yearbook of the United Nations* (1959), pp. 188 – 191。
⑥ 讨论的详情见，United Nations, *Yearbook of the United Nations* (1960), pp. 327 – 330。

止战争宣传的一款。① 在第十六届联大上,波兰提议增加一条有关儿童权利的规定,苏联提议增加一条有关庇护权的规定。1962年,联大第三委员会通过了《公约》第3条和第5条,还讨论了有关儿童权利和庇护权的提议。② 1963年,联大第三委员会通过了《公约》第2条和第4条,还通过了一条有关儿童权利的草案。③ 至此,联大第三委员会完成了对《公约》全部实质性条款草案的审议和通过,仅留下有关实施措施的条款和最后条款没有完成。但是,联大第三委员会对两公约草案中的实施措施进行了重点讨论,其中,对于应该为公民及政治权利公约草案通过什么样的实施措施,存在较大的意见分歧。④ 1966年,联大第三委员会完成了两公约的全部起草工作,包括最后条款和实施措施条款。

联大第三委员会完成的《公约》草案对人权委员会1954年草案中实质性条款的修改并不多,主要在三个方面。首先,增加了一条有关儿童权利的规定,同时在其他几条中增加了对未成年人的保护。其次,有些条下的款有所增加。再次,还有很多条款的表述和用语有了或多或少的变化,有些是形式性的,有些是实质性的。联大第三委员会通过的这些实质性条款草案后来没有再被修正(除了不影响实质的表述方式的若干细微调整以及各条顺序的重新排列以外),而成为《公约》现今的第1~27条。联大第三委员会完成的《公约》草案与人权委员会的草案相比,最大的变化有关实施措施,主要在四个方面。⑤ 第一,报告程序的变化。缔约国的报告不再是提交给经济及社会理事会和人权委员会,而是经由联合国秘书长提交给人权事务委员会审议。第二,国家间来文程序的变化。其中最重要的改变是,这一程序不再是强制性的,而成为任性的。第三,在人权委员

---

① 讨论的详情见, United Nations, *Yearbook of the United Nations* (1961), pp. 292 – 299。
② 讨论的详情见, United Nations, *Yearbook of the United Nations* (1962), pp. 314 – 315, 311 – 312。
③ 讨论的详情见, United Nations, *Yearbook of the United Nations* (1963), pp. 316 – 319。苏联撤回了其增加有关庇护权规定的提议。
④ 讨论的详情见, United Nations, *Yearbook of the United Nations* (1963), pp. 320 – 322; *Draft International Covenant on Human Rights* (Report of the Third Committee), A/5655 (1963), paras. 109 – 117. See Schwelb, "Notes on the Early Legislative History of the Measures of Implementation of the Human Rights Covenants", pp. 283 – 285.
⑤ See Farrokh Jhabvala, "The Practice of the Covenant's Human Rights Committee, 1976 – 82: Review of State Party Reports", (1984) 6 *Human Rights Quarterly* 81, pp. 84 – 88.

会的起草过程中,对于个人是否有权就其得到《公约》确认的权利受到侵害提出申诉的问题,一直存在激烈的争论,人权委员会的草案未能就此作出任何规定。① 联大第三委员会成功地引入了有关人权事务委员会接受并审查个人申诉的规定,将其置于单独的《公民及政治权利国际公约任择议定书》(简称《任择议定书》)中。第四,人权委员会的草案中,曾有多处提到了联合国国际法院,《公约》的最终文本删除了所有有关条款,完全没有提及国际法院。②

(三)《公约》及其两项任择议定书的通过、生效和缔约情况

1966年12月16日,第二十一届联大以第2200A(XXI)号决议通过了《经济社会文化权利国际公约》(105票赞成、无反对票和弃权票)和《公民及政治权利国际公约》(106票赞成、无反对票和弃权票)以及《公民及政治权利国际公约任择议定书》(66票赞成、2票反对和38票弃权)。③

《公约》通过之后,即开始了签署、批准和加入的进程。1966年12月19日即《公约》开放供签署的当天,哥斯达黎加等6个国家就签署了《公约》和《任择议定书》。哥斯达黎加于1968年11月29日第一个批准了《公约》和《任择议定书》,此后陆续有国家批准或加入《公约》和《任择议定书》。1975年12月23日,捷克斯洛伐克社会主义共和国批准了《公约》,成为《公约》的第35个缔约国。根据《公约》第49条第1款的规定,《公约》于1976年3月23日生效。1973年12月12日,毛里求斯加入了《任择议定书》,成为《任择议定书》的第10个缔约国,《任择议定书》第9条第1款规定的生效条件之一达到,在另一个生效条件即《公约》本身生效的条件也满足以后,《任择议定书》与《公约》同日生效。

---

① See A/2929, Chapter VII, paras. 81-83.
② 从《公约》草案中删除所有有关司法性实施措施的规定,是出自亚非国家的动议。Tunguru Huaraka, "Civil and Political Rights" in Mohammed Bedjaoui (ed.), *International Law: Achievements and Prospects* (Martinus Nijhoff, 1991) 1061, p. 1071.
③ 投票的具体情况见,United Nations, *Yearbook of the United Nations* (1966), pp. 418-419.

在《公约》确认和保障的所有权利中，生命权是"最重要的权利"。① 然而，如果一个国家适用死刑，则将构成对生命的剥夺。因此，在《公约》有关生命权的规定中，必然要涉及死刑问题。在起草《公约》的过程中，对于生命权语境之内的死刑问题，进行了大量的讨论。1957年最终形成的《公约》第6条的文本并没有禁止死刑，而只是对适用和执行死刑规定了若干限制。虽然《公约》第6条没有禁止死刑，但是有关废除和限制死刑的讨论依然受到国际社会的高度关注。最终，联大于1989年12月15日以第44/128号决议通过了《旨在废除死刑的〈公民权利和政治权利国际公约〉第二项任意议定书》（59票赞成、26票反对和48票弃权）。② 1990年2月22日，新西兰成为第一个批准《第二任择议定书》的国家，1991年4月11日，西班牙成为第10个批准的国家。根据《第二任择议定书》第8条第1款的规定，该议定书于1991年7月11日生效。

在《公约》生效后不久，曾任联合国人权司第一任司长的汉弗莱曾悲观地预言，"在可预见的将来，它很可能不会得到普遍的批准，如果最终会有这种普遍批准的话"。③ 尽管无法得知他所说的"可预见的将来"是多长时间以及"普遍批准"的程度如何，但至少在汉弗莱去世（1995年3月）之时，《公约》的缔约国总数已经达到了129个。《公约》生效之后的45年间，几乎每年都有国家批准、加入或继承《公约》。同时，接受两项任择议定书的国家数目也在稳步增长。截至2021年6月30日，《公约》有173个缔约国（只有21个联合国会员国仍不是《公约》缔约国），④《任择议定书》有116个缔约国，《第二任择议定书》共有89个缔约国。

---

① 第14号一般性意见，第4段。
② 投票的具体情况见，Yearbook of the United Nations (1989), p. 485。《第二任择议定书》的通过与生效情况，参见威廉姆·夏巴斯：《国际法上的废除死刑》（第三版），赵海峰等译，法律出版社，2008，第165~192页。
③ John P. Humphrey, "The Implementation of International Human Rights Law", (1978) 24 *New York Law School Law Review* 31, p. 53.
④ 联合国现有193个会员国，其中172个批准、加入或继承了《公约》，并非联合国会员国的巴勒斯坦国也加入了《公约》。

二 《公约》的主要内容和实施机制

(一)《公约》的主要内容

《公约》包括前文和六编。前文确认了《公约》的依据是《联合国宪章》和《世界人权宣言》,明确了各国负有促进人权及自由之普遍尊重及遵守的义务,以及个人对他人及对其隶属之社会负有义务,因此必须力求《公约》所确认各种权利的促进及遵守。

《公约》的正文有六编,可分为四个大方面。第一大方面包括第一编和第三编,规定的是《公约》所确认的权利。其中第一编只有一条即第1条,规定的是民族自决权这一集体权利。① 第三编是从第6条到第27条,规定的是一系列实质性的个人权利,具体包括:第6条规定的生命权;第7条规定的免受酷刑、残忍、不人道或侮辱之处遇或惩罚的自由;第8条规定的免受奴隶、奴役及强迫劳动的自由;第9条规定的人身自由和安全权;第10条规定的被拘禁者获得人道待遇的权利;第11条规定的免受因无力履行契约义务而被监禁的自由;第12条规定的迁徙自由;第13条规定的面临驱逐的外国人的权利;第14条规定的获得公正审判的权利;第15条规定的免受追溯性刑法适用的自由;第16条规定的在法律前被承认为人的权利;第17条规定的隐私权;第18条规定的思想、信念及宗教自由;第19条规定的意见和表达自由;第20条规定的禁止鼓吹战争的宣传和鼓吹种族、宗教或民族仇恨的煽动;② 第21条规定的集会自由;第22条规定的结社自由;第23条规定的家庭受到保护的权利和婚姻权利;第24条规定的儿童受到保护的权利;第25条规定的参与公共生活的权利;第26条规定的在法律上平等的权利和不受歧视的权利;第27条规定的少数者的权利。

---

① 鉴于民族自决权迥异于个人权利的性质,以及委员会从未对涉及自决权的来文作出实质性认定——所有有关来文均被宣布为不可受理,因此在本书中,"《公约》确认的权利"主要指个人权利,即《公约》第三编规定的权利。

② 第20条实际上规定的是缔约国的义务而非个人的权利,但也可以从权利角度理解为规定了个人免受鼓吹战争的宣传与免受鼓吹种族、宗教或民族仇恨的煽动的自由。

第二大方面包括第二编的第 2~5 条，规定的是《公约》的支持性保障。第 2 条规定了缔约国的一般性义务，第 3 条规定了在享受《公约》所载权利方面，男女一律平等，第 4 条规定了克减事项，第 5 条规定了《公约》的解释原则。其中，最主要和重要的是第 2 条，该条是整个"《公约》的核心"，[1] 规定了缔约国尊重并确保所有境内受其管辖之人不受歧视地享受《公约》所确认的权利的义务（第 1 款）、采取步骤以制定为实现《公约》所确认的权利所需措施的义务（第 2 款）以及在这些个人权利受到侵害时提供救济的义务（第 3 款）。

第三大方面包括第四编的第 28~45 条，规定的是《公约》的实施和监督机制，即人权事务委员会的组成、工作和职能等事项，其中最重要的是规定的缔约国报告制度、委员会发布一般性意见的制度和国家间来文制度。《任择议定书》规定的个人来文制度也属于这一方面。

第四大方面包括第五、六编的第 46~53 条，规定的是《公约》的条约法事项，即《公约》的解释、签署、生效、修正、批准和加入、作准文本等事宜。

（二）《公约》的实施机制

《公约》尽管也属于国际条约，但与其他领域的国际条约的一个重要不同是，其调整的本质上不是国家之间的关系而是国家与个人之间的关系，这导致传统上以国家之间相互制约的"相对应性"为基础的保证国际公约得到遵守和实施的机制并不能确保《公约》的遵守和实施（详见第二章）。因此，建立某种独立于缔约国的国际性机制以监督缔约国实施《公约》规定、履行《公约》义务的情况，就成为一种必要。[2] 与联合国其他核心人权公约一样，《公约》建立了以人权事务委员会为核心的由独立第

---

[1] Scott Carlson and Gregory Gisvold, *Practical Guide to the International Covenant on Civil and Political Rights* (Transnational Publishers, 2003), p. 17.

[2] See Louis Henkin, "The International Bill of Rights: the Universal Declaration and the Covenants", in Rudolf Bernhardt and John Anthony Jolowicz (eds.), *International Enforcement of Human Rights* (Springer – Verlag, 1985) 1, p. 8.

三方监督缔约国遵守《公约》规定、履行《公约》义务的机制。①《公约》的国际监督机制又被称为国际实施机制。实际上，《公约》在国际层面上的"实施"并不是严格意义上的实施（国内层面的实施才是真正的实施），但是由于自《公约》起草之始，就用"实施措施"来指称国际层面上、实质上属于监督性质的机制和措施，因此"国际实施""国际实施机制/措施"等表达方式就保留了下来。②

根据《公约》第 28 条至第 32 条的规定，人权事务委员会由 18 名委员组成，他们必须是《公约》缔约国的国民，由缔约国以无记名投票方式从缔约国提名的候选人中选举产生。③ 委员任期四年、可连选连任，但每两年改选二分之一，以保证委员会工作的连续性。委员必须品格高尚、在人权方面有公认的专长，而且作为一种建议性的规定，"应计及宜选若干具有法律经验之人士担任委员"——实际上，大多数历任和现任委员都具有法律背景，无论是来自司法部门、身为律师或来自法学界。④ 在选举委员时，还应考虑到成员的公匀地域分配和各种类型文化及各主要法系的代表性。委员会委员不是专职的，而是各有自己的职业，因此担任委员只是一种兼职工作。

《公约》第 28 条第 3 款规定："委员会委员以其个人资格当选任职。"这意味着，委员会委员不是任何国家——包括其国籍国——的代表，不对任何国家负责，而只对委员会和本人的良心负责，因此他们不得在履行职务方面受到国家或其机构的任何种类的指示或影响以及压力。任何委员都不能参与委员会的涉及其国籍国部分的工作。委员会于 1997 年专门通过了《人权事务委员会委员履行职务准则》，⑤ 其中强调了委员会委员的独立性

---

① 对委员会及其工作的专门研究见，McGoldrick, *The Human Rights Committee*; Yogesh Tyagi, *The UN Human Rights Committee: Practice and Procedure* (Cambridge University Press, 2011)。

② See Ineke Boerefijn, *The Reporting Procedure under the Covenant on Civil and Political Rights: Practice and Procedure of the Human Rights Committee* (Intersentia, 1999), p. 5, footnote 1.

③ 关于委员会组成的详细介绍见，孙世彦：《人权事务委员会的组成：回顾和反思》，载陈泽宪、孙世彦主编《国际法研究》（第六卷），社会科学文献出版社，2012，第 214～227 页。

④ United Nations, Human Rights Fact Sheet No. 15 (Rev. 1), *Civil and Political Rights: The Human Rights Committee* (2005), p. 12.

⑤ *Guides for the Exercise of Their Functions by Members of the Human Rights Committee*, CCPR/C/61/GUI (1997).

"至关重要",并就委员在与其国籍国的关系、与其国籍国政府的关系、与非政府组织的关系中,以及在参与缔约国报告的审议以及个人来文的审议中,如何保持独立和公正,作出了详细的规定。

尽管委员会是一个由独立专家组成的条约机构,而非像联合国人权委员会或人权理事会那样的由国家代表组成的政治机构,但因为委员会的工作与联合国有紧密的联系,所以有时也被称作"联合国人权事务委员会"。这一名称仅表明委员会与联合国有紧密的联系,并不意味着委员会是联合国的一个机构或其工作受到联合国的指导、约束或控制。

委员会作出的决定、发布的意见没有法律约束力,因此不能将委员会称作司法机构或具有司法职能,即并不是像联合国国际法院、欧洲人权法院或美洲人权法院一样的一个国际性法院。但是,由于委员会在履行其职能时,尤其是审议个人来文的职能时,其方式和过程遵循的是司法模式(尽管是以书面方式审议),因此包括许多委员会委员在内的很多人认为委员会是一个"准司法"机关,其职能具有"准司法"性质。①

人权事务委员会担负四项职能或负责四项机制,通过这四项机制来监督缔约国履行其《公约》义务的情况。下文将简要介绍前三项职能。第四项职能,即《公约》第41条规定的国家间来文或申诉制度,尽管有50个国家接受,但因为从未适用过,所以将不作介绍。②

第一项职能是审议缔约国就其为落实《公约》所确认各项权利而采取的措施以及在享受这些权利方面所获得的进展而提出的报告,这也称为缔约国报告机制。这一制度是强制性的,所有缔约国都必须接受,不能以保留加以排除。

根据《公约》第40条第1款,缔约国应在《公约》对其生效后一年内提交"初次报告",而后定期提交报告。根据《公约》第40条第1款,

---

① See eg Rosalyn Higgins, "Ten Years on the UN Human Rights Committee: Some Thoughts upon Parting", (1996) 1 *European Human Rights Law Review* 570, p.570; Martin Scheinin, "How to Untie a Tie in the Human Rights Committee", in Gudmundur Alfredsson et al. (eds.), *International Human Rights Monitoring Mechanisms: Essays in Honour of Jakob Möller* (Martinus Nijhoff, 2001) 129, p.129.

② 关于国家间来文或申诉机制的基本情况,可参见诺瓦克:《评注》,第41条;Tyagi, *The UN Human Rights Committee: Practice and Procedure*, Chapter 4。

缔约国应报告为"实施本公约所确认的各项权利而已经采取的措施以及在享受这些权利方面已取得的进展",根据第40条第2款,缔约国还应报告"影响本公约之实施的因素和困难"。自《公约》于1976年生效、缔约国于1977年开始提交报告以来,已经有600多份报告(包括初次报告、定期报告、补充报告和特别报告)提交委员会审议。所有这些报告和意见都是联合国的正式文件,获得了联合国文件编号并公开。

委员会收到缔约国报告以后,会首先向报告国提出一份书面"问题清单",请报告国作出书面答复。尽管对问题清单作出书面回答不是必须的,但委员会鼓励缔约国这么做并尽早提交书面答复。委员会提出问题清单、缔约国根据这些问题进行准备以及特别是提前作出书面回答都使得委员会对缔约国报告的口头审议更加具有针对性。根据报告和对"问题清单"的答复,委员会对缔约国报告进行公开口头审议,这种审议经常被称为"建设性对话"。一般缔约国都会派代表团参加口头审议,但即使缔约国不派人参加,委员会仍可在没有缔约国代表出席的情况下审议报告。委员会在2009年秋季的第九十七届会议上,又通过了新的决定。[①] 根据这一决定,在缔约国需要提交定期报告之前,委员会就将准备和通过一份"报告前问题清单"(list of issues prior to reporting, LOIPR)并将其转发给缔约国,而缔约国对这一清单的书面回答就成为《公约》第40条所指的报告本身,缔约国不必再提交另外的报告。不过,这一程序不适用于初次报告以及已经提交的定期报告,而且是任择性的,即如果缔约国愿意,仍可提交全面的定期报告。

对于委员会在结束对缔约国报告的审议之后可以采取的行动,《公约》并没有非常明确的规定。根据《公约》第40条第4款,委员会应研究缔约国的报告,并"向缔约国提送其报告书及其认为适当之一般评议"[②]。在很长一段时间里,这种一般性意见被理解为委员会针对所有缔约国提出的意见,而非针对缔约国的具体报告的意见(进一步介绍见下文有关一般性意见的部分)。这种做法在1992年发生了重大变化:委员会在1992年春季的第四十四届会议上决定,在结束对每一缔约国报告的审议工作时,通过

---

① CCPR/C/99/4 (2010). See CCPR/C/2009/1 (2010), paras. 13–16.
② 在英文本中,对应词为"general comments",即通常所称的"一般性意见"。

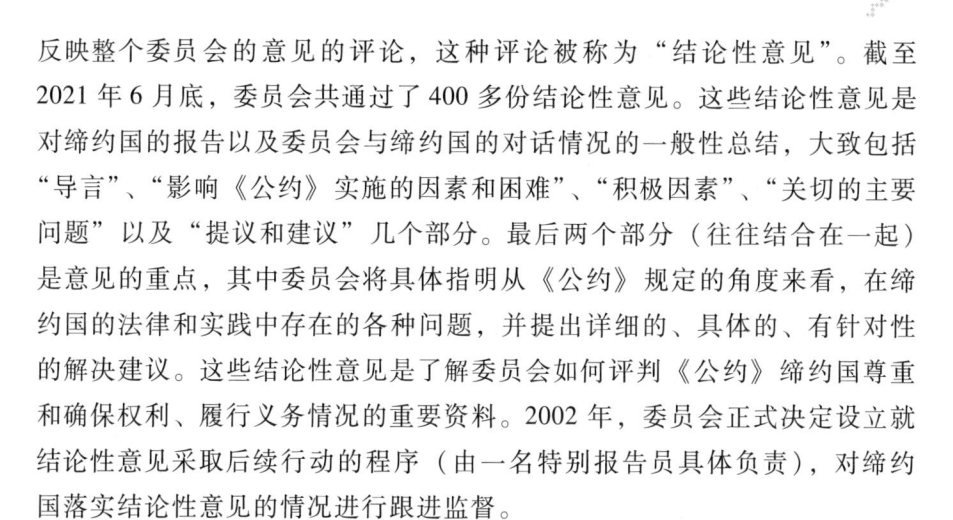

反映整个委员会的意见的评论,这种评论被称为"结论性意见"。截至2021年6月底,委员会共通过了400多份结论性意见。这些结论性意见是对缔约国的报告以及委员会与缔约国的对话情况的一般性总结,大致包括"导言"、"影响《公约》实施的因素和困难"、"积极因素"、"关切的主要问题"以及"提议和建议"几个部分。最后两个部分(往往结合在一起)是意见的重点,其中委员会将具体指明从《公约》规定的角度来看,在缔约国的法律和实践中存在的各种问题,并提出详细的、具体的、有针对性的解决建议。这些结论性意见是了解委员会如何评判《公约》缔约国尊重和确保权利、履行义务情况的重要资料。2002年,委员会正式决定设立就结论性意见采取后续行动的程序(由一名特别报告员具体负责),对缔约国落实结论性意见的情况进行跟进监督。

第二项职能是发布一般性意见。

在委员会工作的初期,对于审议缔约国报告之后委员会可采取的行动,存在一定的争论,即《公约》第40条第4款规定的"一般性意见"究竟应该是对所有缔约国还是其报告接受审议的具体缔约国提出。1980年,委员会决定一般性意见"应该是对所有缔约国提出"。因此,一般性意见并不针对特定缔约国国情中出现的某个特定问题,而是以一种扩展的、全面的方式分析《公约》中的某项具体条文或一般性问题。

从1981年到2021年,委员会共通过了37项一般性意见。这些一般性意见的形式、质量和价值差异很大。就形式而言,总的趋势是越来越长。随着一般性意见的长度的增长和内容的增多,其质量和价值也在日益提高。委员会最初的几份一般性意见主要是描述性的,但后来的一般性意见更多地提供了对《公约》某些规定的全面解释。尤其在委员会1992年发展出针对具体缔约国报告作出结论性意见的机制之后,一般性意见不再主要关注缔约国报告的技术性或程序性问题,而是更多地被用来提供一种规范性的解释和指导。提出一般性意见已经成为委员会的一项独立职能,与审议缔约国报告以及审议个人来文相并列。

从内容来看,上述通过的37项一般性意见大致可以归为四类。第一类也是数量最多的一类(25项)有关《公约》规定的实体权利,覆盖了《公约》第1条规定的自决权,以及《公约》第三编中除了第8、11、15、16、22条之外的其余17条。第二类有关《公约》缔约国的全面义务(9

项),其中既涉及《公约》第二编中第2~4条规定的实质性义务(6项),又涉及第40条规定的报告义务(3项)。第三类有关《公约》的条约法事项(2项),即保留问题和义务延续性问题。第四类只有1项,有关《任择议定书》的缔约国的义务。

一般性意见作为委员会用以澄清对《公约》之各种事项和条款的理解的评论,对于理解《公约》的实质性和程序性内容具有重要的作用和意义,因此被普遍认为是对《公约》的权威解释,其绝大部分得到了绝大部分《公约》缔约国的认同。

第三项职能是审议个人来文,也称为个人来文机制。这一机制并不是在《公约》中规定的,而是规定在《任择议定书》中。因此,这一机制是任择性的,即只适用于接受《公约》之后,批准、加入或继承《任择议定书》的缔约国。

根据《任择议定书》第1条,任何《任择议定书》缔约国管辖下的个人(并不限于其国民),均可向委员会提交来文,声称自己是该缔约国违反《公约》义务、侵害《公约》所载权利的行为的受害人。委员会在收到来文之后,一般会经历两个阶段,即审议来文可否受理的阶段以及审议来文实质性问题的阶段。

根据《任择议定书》提交的个人来文必须满足一定的条件,才会被委员会受理。这些条件规定在《任择议定书》第1、2、3条和第5条第2款中。决定某一来文可否受理是一个非常复杂的事项,委员会根据《任择议定书》中的相关规定,在其2019年最新修订的《人权事务委员会议事规则》[①]第99条中列举了6项决定一件来文可否受理的标准:(a)来文不是匿名的,并且是受《任择议定书》的某一缔约国管辖的个人或个人联名提交的;(b)提交来文的个人以具有充分证据的方式自称为该缔约国侵害《公约》规定权利行为的受害者;(c)来文不构成对提交来文权利的滥用;(d)来文并非不符合《公约》的规定;(e)同一问题目前未由另一国际调查或解决程序审理;(f)有关个人确实已经用尽所有可用的国内救济。

一旦委员会决定受理来文,即进入对来文的实质性问题的审议阶段,即审议就来文所述事件,是否存在缔约国违反《公约》规定的情况。委员

---

① 《人权事务委员会议事规则》,CCPR/C/3/Rev.12(2021)。

会对来文实质性问题的审议涉及四个方面。第一个方面是确定来文所涉及的《公约》条款。第二个方面也是最重要的一个方面是查明案情。一般而言，要由来文提交人承担举证责任，即不仅提出据称的受害者的权利受到了缔约国侵害的主张，而且对此提出事实证据，如果提交人没有提出充分的事实证据，则即使来文被受理，委员会也不会认定存在缔约国违反《公约》的情况。第三个方面是对查明的案情是否揭示了缔约国违反《公约》规定的情况作出结论，这种结论称为"最后意见"。在这一方面，委员会将《公约》规定适用于所查明的事实，从而认定缔约国是否违反了《公约》规定、侵害了来文所称的受害者根据《公约》享受的权利。第四个方面是在认定存在违反《公约》的情况以后，提出如何对受害者予以救济的建议。

从《公约》和《任择议定书》于1976年生效到2020年3月底，委员会共登记了3624件个人来文，涉及93个缔约国，其中763件来文被宣布为不可受理，对1577件来文的实质性问题作出了意见，其他来文或者被撤回，或者被终止，或者尚未进入受理程序；在作出决定的1577件来文中，有1213件被判定其中存在缔约国违反《公约》的情况，364件被判定没有违反。[①]

委员会审议这些来文的过程以及由之形成的"判例"（jurisprudence）[②]，既是适用《公约》以监督缔约国在具体情况中是否遵守了其条约义务的过程，也是进一步诠释和发展这些规范和标准的过程，对于《公约》规定获得真正的生命力具有重大的作用。委员会对这些来文的意见，特别是对实质性问题作出的意见，是理解和研究《公约》的宝贵资料。尽管委员会不是法庭，其审议个人来文的最后意见对缔约国没有约束力，但委员会的许多最后意见，包括其中有关救济的建议，得到了缔约国的遵守。

委员会在其实践中发表的各种意见作为委员对《公约》的理解，有资格构成《国际法院规约》第38条第1款（卯）项所述"权威最高之

[①] A/75/40 (2020), para. 24.

[②] "jurisprudence"有多个释义。在《公约》的语境中，有时仅指委员会审议个人来文所形成的"案例法（case-law）"——不应将其理解为普通法系所用的、有约束力的"判例（precedents）"，有时也指委员会在履行其各项职能的实践中形成的各种判断和认定，即除了审议个人来文形成的意见外，还包括一般性意见和结论性意见。后一种用法见，Sarah Joseph and Melissa Castan, *The International Covenant on Civil and Political Right: Cases, Materials, and Commentary* (Oxford University Press, 3rd edn, 2013), p. 26。

公法学家学说",可作为确定《公约》规则的补助资料。但是,在正式法律意义上,对《公约》的解释权仍在各缔约国手中,委员会的各种意见不能取代缔约国的解释,也不具有对《公约》缔约国的法律约束力。①

---

① 参见卜凌嘉:《人权事务委员会一般性意见的法律意义》,《国际法研究》2019年第2期。

第二章
《公约》中的权利义务主体

《公民及政治权利国际公约》是一项国际条约，而国际条约与任何法律文书一样，都规定一定的权利义务关系。只不过，《公约》作为一项人权条约，所规定的权利义务关系有别于人权领域之外的绝大部分国际条约，其特点是义务由缔约国承担，而权利则由缔约国境内受其管辖的一切个人享受。这又引起了个人是不是《公约》中的义务主体、是否承担任何责任以及如何认识个人的任何可能的责任或义务与对个人权利的限制的关系问题。

一 《公约》中的权利义务关系

条约是国际法也是国际人权法的一个重要渊源。尽管都规定一定的权利义务关系，但是人权领域之外的国际法其他领域中的条约具有"相对应性"的根本性质，而《公约》作为一项人权条约，则具有"非相对应性"的典型特征。《公约》形式上规定的仍是缔约国之间的权利义务关系，但实质上规定的是缔约国与受其管辖的个人之间的权利义务关系。

（一）一般国际条约中的权利义务关系

《维也纳条约法公约》第2条第1款（甲）项将"条约"定义为"国

家间所缔结而以国际法为准之国际书面协定，不论其载于一项单独文书或两项以上相互有关之文书内，亦不论其特定名称为何"。这一规定只说明了该公约在什么意义上使用"条约"一词以及某一文书被称为"条约"应具备什么样的形式条件，而没有指出条约的功能。与之相比，李浩培的定义更为恰当："条约是至少两个国际法主体意在原则上按照国际法产生、改变或废止相互间权利义务的意思表示的一致。"① 因此，条约的最根本功能在于规定缔约方之间的权利义务关系。

在人权领域之外的其他国际法领域中，绝大部分条约规定的都是缔约方之间的权利义务关系。以形式最简单的双边条约为例：它们或者规定一方的权利，而义务由另一方承担（如割让领土的条约或单方面给予贸易优惠的条约）；或者规定相对应的权利和义务，即任何一方享有权利都以对方承担义务为条件，而且任何一方享有权利也以本方承担对对方的义务为条件（如互换领土的条约或贸易互惠条约）。可见，无论在哪种情况中，某一缔约方享有的权利都与另一缔约方的义务相对应，如果义务承担方不履行其义务，则权利持有方也将无法享有其权利。因此，如果类比国内法，国际条约在法律性质上更像契约而非立法。② 显然，李浩培正是从这个意义上定义国际条约的；类似地，《奥本海国际法》第八版也曾经将国际条约定义为"国家间或国家组成的组织间订立的在缔约各方之间创设法律权利和义务的契约性协定"。③

国际条约之所以具有契约性质，是因为国际法之产生、存在和发展的根本原因和目的在于保障国家在彼此关系中的利益。当国家之间的交往不可避免之时，任何一个国家的利益都存在于与其他国家的关系之中：这些利益的实现或者需要以其他国家的不作为为条件（如对领海的管辖或对关税的确定），或者需要以其他国家的作为为条件（如追索逃犯或保护外交

---

① 李浩培：《条约法概论》，法律出版社，1987，第1页。强调为后加。
② 参见〔奥〕凯尔森：《法与国家的一般理论》，沈宗灵译，中国大百科全书出版社，1996，第231页。
③ 〔英〕劳特派特修订：《奥本海国际法》（上卷、第二分册），王铁崖、陈体强译，商务印书馆，1972，第310页。该书英文第八版出版于1955年。然而，这一定义在第九版中被删掉了，取而代之的是《维也纳条约法公约》对条约的定义，See Robert Jennings and Arthur Watts（eds.），*Oppenheim's International Law*（Longman, 9th edn, 1992），Vol. 1, p. 1199。

代表)。因此,每个国家的利益要得到其他国家的承认或给予才能实现,这同时也意味着每个国家都必须承认其他国家的利益或给予其利益。而国际法规则只不过是规定和调整国家间相互利益关系的法律规范,权利义务关系则是这些利益关系的法律表现形式。因此,如果国际条约的缔约一方不履行其义务,亦即否认或拒绝实现条约中为另一方规定的权利,那么后者的利益就将无法实现或受到侵害。

以上只是对双边条约的模式化、简约化分析,而在当代国际法中,发挥更重要作用的是多边条约,其中有许多被称为"造法性条约",似乎意味着这些条约不再像契约一样,规定缔约方彼此之间的权利义务关系。例如,《奥本海国际法》中就指出,多边条约"是缔约各方同意接受的某些一般行为规则",因此其"特点往往不是权利和义务的极为均衡的相对应性"。[1] 然而,正如《奥本海国际法》本身就指出的,所谓的"造法性"多边条约和任何其他条约一样,都"规定了缔约各方必须当作法律来遵守的行为规则"。[2] 显然,这些规则必然调整一定的权利义务关系。如果仔细分析这些权利义务关系,就会发现绝大多数多边条约与双边条约的本质并无不同:任何缔约方享有其权利(即实现其利益)都要以其他缔约方承担其义务为条件,当然,这也意味着任何缔约方都要承担条约所规定的义务。联合国国际法委员会任命的有关"对条约的保留的法律和实践"的特别报告员阿兰·佩莱(Alain Pellet)就曾指出:"在任何情况中,规范性条约中都不是完全没有相对应性因素,国家根据这些条约相互保证它们将适用同样的规则。"[3] 实际上,多边条约中的权利义务关系可以理解为双边条约中的权利义务关系的放大和叠加,只不过无论是权利享有者还是义务承担者都不再是一方而是多方。可以说,对于人权领域之外的绝大部分国际法规则而言,"相对应性"(reciprocity)[4] 是其根本性质。

---

[1] Jennings and Watts, *Oppenheim's International Law*, p. 1244.

[2] Ibid., p. 1204.

[3] Report of the International Law Commission on the Work of its Forty – ninth Session, 12 May – 18 July 1997, A/52/10 (1997), para. 74.

[4] 关于这一概念,参见 Bruno Simma, "Reciprocity", in Rudolf Bernhardt (gen. ed.), *Encyclopedia of Public International Law* (Vol. IV, Elsevier, 2000) 29。

(二)《公约》作为人权条约的特殊性

《公约》等人权条约在形式上都是国际条约,但其目的及宗旨与其他国际法领域中的条约的目的及宗旨有根本的不同:前者在于保障个人的利益——按《公约》前文所说即"促进对人权和基本自由的普遍尊重和遵行",后者在于保障国家的利益。而且,《公约》等人权条约对于个人利益的保障针对的是对这些个人行使管辖的缔约国,而非这一特定缔约国之外的另一缔约国。因此,《公约》等人权条约在实质上规定的并不是缔约国之间的权利义务关系,而是缔约国与受其管辖的个人(主要是其国民)之间的权利义务关系。在这种关系中,缔约国承担义务,而个人享受权利。《公约》第2条第1款对此有清楚的体现,因为其中规定《公约》"缔约国承允尊重并确保所有境内受其管辖之人,……一律享受本公约所确认之权利",也就是说,《公约》缔约国所承担的义务指向的并不是其他缔约国,而是在其领土内和受其管辖的一切个人,而《公约》所规定的实质性权利也不是缔约国的权利,而是个人的权利。因此,《公约》"无疑是一种新类型的国际条约",[①] 而《公约》是其重要组成部分的国际人权法的产生是国际法中的一场"革命"。[②]

《公约》保障的是个人利益、实质上规定的是缔约国与受其管辖的个人之间的权利义务关系还导致了《公约》的如下特性。首先,某一缔约国是否遵守《公约》、是否承担和履行其中规定的实质性义务(例如是否尊重和确保本国国民免受酷刑的自由或表达自由)在事实上并不影响其他缔约国的利益,而只影响有关个人的利益。其次,正因为《公约》某一缔约国是否遵守《公约》、是否承担和履行其义务在事实上与其他缔约国的利益无关,所以某一缔约国是否遵守《公约》、是否承担和履行其义务也与其他缔约国是否同样作为无关,或者说任何缔约国承担的义务都是独立

---

① 朱晓青、柳华文:《〈公民权利和政治权利国际公约〉及其实施机制》,中国社会科学出版社,2003,第39页。
② Louis B. Sohn, "The New International Law: Protection of the Rights of Individuals Rather than States", (1982) 32 *American University Law Review* 1. See Karel Vasak, "Toward a Specific International Human Rights Law", in Karel Vasak and Philip Alston (eds.), *The International Dimensions of Human Rights* (UNESCO and Westport, 1982) 671, pp. 671, 678.

的，并不以其他缔约国履行同等的或对应的义务为条件。① 因此，《公约》尽管在形式上仍是国际条约，但基于其有别于国际法其他领域中的条约的目的及宗旨，它"并不是国家之间交换彼此义务的一个网络"，② 维持缔约国之间相互利益的契约式平衡并非《公约》的目的所在。换言之，《公约》具有不同于国际法其他领域中的条约的"非相对应性"（non-reciprocity）。③ 委员会在其若干一般性意见中强调了《公约》的"非相对应性"。就《公约》所规定的外国人地位，委员会曾指出，根据《公约》第 2 条第 1 款的规定，"一般而言，本公约所规定的各项权利适用于每个人，不论国家之间的相对应性，亦不论该个人的国籍或无国籍身份"。④ 也就是说，传统国际法中存在的决定外国人待遇时的对等原则（这一原则目前在诸如投资或贸易等领域中仍然适用），对于《公约》规定的权利并不适用；对于某一缔约国而言，无论其本国国民在其他缔约国领土内受到何种对待，它都有义务尊重和确保处于本国领土内的外国国民的《公约》权利，而不能以其他缔约国的行为为条件。⑤ 就对《公约》的保留问题，委员会也曾指出，可能除了对根据第 41 条就委员会的职权作出的声明提出保留的有限情况以外，"国家之间的相对应性原则并没有地位"。⑥ 也就是说，在传统国际法的保留制度中起到关键作用的相对应性原则，对于《公约》的保留问题并不起作用。

《公约》在实质上规定的是缔约国与受其管辖的个人之间的权利义务

---

① See Report of the Study Group of the International Law Commission, *Fragmentation of International Law: Difficulties Arising from the Diversification and Expansion of International Law*, UN Doc. A/CN.4/L.682 (2006), para. 391.

② 第 24 号一般性意见，第 17 段。

③ 参见，Bruno Simma, "From Bilateralism to Community Interest in International Law", (1994-VI) 250 *Recueil de Cour* 218, p.365; Linos-Alexander Sicilianos, "The Classification of Obligations and the Multilateral Dimension of the Relations of International Responsibility", (2002) 5 *European Journal of International Law* 1127, p.1135; 谷盛开：《国际人权条约"非相对应性"及其特征辨析》，《中国国际法年刊》（2015），法律出版社，2016，第 174~190 页。

④ 第 15 号一般性意见，第 1 段。

⑤ 参见对阿塞拜疆第二次报告的结论性意见，CCPR/CO/73/AZE (2001)，para.20，其中委员会认为，该国立法中有关在保障外国人的《公约》权利时实行对等原则的规定违反《公约》第 2 条和第 26 条，并建议该国采取适当措施保障外国人的一切权利。

⑥ 第 24 号一般性意见，第 17 段。

关系而非缔约国之间的权利义务关系，但是，这并不意味着缔约国之间完全不存在权利义务关系或者某一缔约国是否承担和履行《公约》规定的义务与其他缔约国完全无关。《公约》仍是起草及接受《公约》的国家服务于某种目的的工具，只不过这种目的并不是保障或实现国家的利益，而是"促进对人权和基本自由的普遍尊重和遵行"，即《公约》缔约国利益之所在是人权得到尊重和遵行。为了实现这种利益，所有缔约国都必须遵守根据《公约》作出的承诺、履行根据《公约》承担的义务。而且，由于《公约》在形式上仍是缔约国之间的条约，仍维持着契约的形式，因此每一缔约国都针对任何其他缔约国承担着遵守根据《公约》作出的承诺的义务，① 这同时也意味着每一缔约国有权利要求任何其他缔约国承担同样的义务。然而，任何缔约国承担和履行《公约》并不以其他缔约国承担和履行同样的义务为前提，因此这种义务不同于其他国际条约中某一缔约国针对另一具体缔约国承担的、与后者的权利相对应且旨在实现后者利益的契约式义务，而是一种任何缔约国对所有其他缔约国承担的义务即"对世义务"（obligations *erga omnes*）。②

"对世义务"的概念最初是由国际法院在"巴塞罗纳案"的附带意见中指出的：

> 在一个国家对国际共同体作为一个整体之义务，和在外交保护领域中产生的对另一国家之义务之间必须作一实质区分。就其本质而言，前者关乎所有国家。鉴于所涉及权利的重要性，可以认为所有国家都对这些权利的保护享有法律利益；它们乃是"对世"义务。③

国际法委员会指出，绝大部分（虽然不是全部）对世义务都出现在人权和人道法领域：

---

① 第 31 号一般性意见，第 2 段。
② 第 31 号一般性意见，第 2 段。关于《公约》中的义务作为对世义务，参见，Erika de Wet, "Invoking Obligations *erga omnes* in the Twenty‐first Century: Progressive Developments since *Barcelona Traction*", (2013) South African Yearbook of International Law 1, p. 9。
③ *Barcelona Traction, Light and Power, Limited*, Judgment I. C. J. Reports 1970, p. 3, para. 33.

在这些领域中，法律没有以双边主义的方式创设国家之间的相对应义务。例如，在一国领土内尊重言论自由权的义务，并不指向任何特定的国家或特定国家的公民。确切地讲，根据此种规范，一国对其管辖的所有人承担责任。在这种关系中，并没有对等交换。不管其他国家可能如何行为，一国必须尊重这种权利。[1]

但是，对于究竟是只有少数人权，还是所有人权，都导致对世义务，并没有权威的意见，而是有不同的认识。[2]

由此所创立的法律制度可称为"客观法律制度"[3]或者说"规范性的公共秩序制度"[4]，而迥异于传统的以相对应性为特征的条约制度。在这种制度中，尽管某一缔约国是否承担和履行《公约》义务对其他缔约国的实际利益可能没有可见的影响，但是《公约》的"每一缔约国对于其他缔约国履行其义务的情况仍然有法律上的利益"。[5] 根据这种认识，任何一个缔约国违反根据《公约》承担的义务、侵害《公约》规定的权利时，可以说所有其他缔约国的法律利益都受到了损害，都有权利要求违反者承担责任。[6] 联合国国际法委员会起草的《国家对国际不法行为的责任条款草

---

[1] Report of the Study Group of the International Law Commission, *Fragmentation of International Law: Difficulties Arising from the Diversification and Expansion of International Law*, UN Doc. A/CN.4/L.682 (2006), para. 391.

[2] See Maurizio Ragazzi, *The Concept of International Obligations Erga Omnes* (Clarendon Press, 2000), pp. 135–144.

[3] 参见欧洲人权委员会和欧洲人权法院对《欧洲人权公约》性质的说明。European Commission on Human Rights, "Decision of the Commission as to the admissibility of Application No. 788/60 (Austria v. Italy)", (1961) 4 *Yearbook of the European Convention on Human Rights* 116, pp. 138, 140; European Court of Human Rights, *Ireland v. United Kingdom*, judgment of 18 January 1978, ECHR Series A. no. 25, para. 239.

[4] René Provost, "Reciprocity in Human Rights and Humanitarian Law", (1994) 65 *British Yearbook of International Law* 383, p. 404.

[5] 第31号一般性意见，第2段。国际法委员会曾指出，由于"对世义务"的"内容对于国际共同体作为一个整体的重要性，所有国家对于这些义务——与其他义务不同——得到履行都有一种法律上的利益"。A/CN.4/SER.A/1976/Add.1 (pt.2), (1976) II-2 *Yearbook of the International Commission*, p. 99.

[6] See Michael Byers, "Conceptualising the Relationship between *Jus Cogens* and *Erga Omnes* Rules", (1997) 66 *Nordic Journal of International Law* 235, p. 235.

案》① 第 48 条第 1 款明确规定，在一国违反对整个国际社会承担的义务时，除了直接受害国以外的任何国家有权要求前者承担责任。尽管就《公约》而言，一方面它所规定的义务只是任一缔约国对所有其他缔约国承担的义务而非对整个国际社会承担的义务（除非包含这些义务的规则已经成为习惯国际法规则），另一方面在某一缔约国违反《公约》时也不存在直接的受害国，但该第 48 条第 1 款的逻辑完全适用于《公约》，即任何缔约国都有权要求违反《公约》的缔约国承担责任，按照第 48 条第 2 款的规定即停止其违反行为、提供不重复的承诺和保证、向受《公约》确认的权利被侵害的个人提供赔偿。《公约》的规定也为这种追责提供了可能。首先，根据《公约》第 41 条，人权事务委员会有权接受并审议一缔约国指称另一缔约国不履行《公约》义务的来文。这种国家间来文机制的理由就在于，《公约》不仅确立了缔约国对受其管辖的个人（主要是其国民）的法律义务，而且确立了缔约国彼此之间的法律义务，即承诺尊重和确保受本国管辖的个人的权利，因此当某一缔约国侵害了《公约》确认的权利时，也就未能实现对其他缔约国的这种承诺，其他缔约国也就有权针对这些侵害提出申诉，而无须以自身受到任何损害为前提。② 不过，需要指出的是，这种国家间来文机制的设计仍承认和体现了相对应性，因为这种来文只能在根据第 41 条承认委员会具有这种职权的缔约国（截至目前为 50 个）之间提出。③

没有接受第 41 条规定的国家间来文机制的缔约国固然不能针对其他缔约国提出来文（也不能成为来文的对象），但是根据《公约》第 44 条，任何缔约国都可以援用一般国际法所规定的追责机制，例如但不限于向国际法院起诉它认为违反《公约》的缔约国（条件是后者以某种方式表示同意国际法院具有这种管辖权）。当然，这两种追责机制在《公约》实践中从

---

① A/RES/56/83 (2001), Annex.

② See Scott Leckie, "The Inter-State Complaint Procedure in International Human Rights Law: Hopeful Prospects or Wishful Thinking?" (1988) 10 *Human Rights Quarterly* 249, p. 256.

③ 但有学者提出，尽管在《公约》第 41 条中能发现一些相对应性的因素，但这种相对应性并不是直接的，因为国家间来文所涉及的争端严格来说并不是"国家间"争端，而是一个缔约国指控另一缔约国针对某些个人违反了其《公约》义务。Sia Spiliopoulou Åkermark and Olle Mårsäter, "Treaties and the Limits of Flexibility", (2005) 74 *Nordic Journal of International Law* 509, p. 535.

未被援用，一方面是因为"法律上的利益"受到损害毕竟不是诸如贸易受到阻碍或领海受到侵犯等实际损害，另一方面也是因为这种追责的权利在某种程度上已经交由委员会行使（尽管缔约国从未明确授权委员会如此行事）。然而，毫无疑问的是，《公约》义务得到遵守是所有缔约国的正当的共同利益，[1]任何对《公约》义务的违反、对《公约》所确认权利的侵害都将构成对这种共同利益的损害。可以看出，与保障个人权利这一首要目的相比，创建缔约国之间的权利义务关系不仅是《公约》的次要目的，而且是实现首要目的的一种手段，即通过规定国家间实施《公约》的机制为《公约》的目的及宗旨的实现提供一种额外的保障。

除了可以要求其他缔约国遵守《公约》规定、承担违反《公约》义务的责任以外，《公约》缔约国还享有一些权利，虽然这些权利并不与其他缔约国的义务或个人的义务相对应。这些权利主要有两类，一类是实质性的，另一类是程序性的。实质性的权利只有一种，即在《公约》允许的范围内和规定的条件下，对《公约》规定的权利予以限制，包括根据第4条在紧急状态时期对权利的克减以及根据某些条款中包含的限制性规定对某些权利的享受和行使予以限制。[2]程序性的权利则有两种，一种是《公约》本身所规定的，包括提名和选举委员会委员、参加缔约国会议、对委员会的各种意见提出意见、提出对《公约》的修正案、派遣代表出席委员会对其定期报告的审议，以及在接受了国家间来文程序的情况下对作出同样声明的缔约国提出来文等。另一种是《公约》本身没有规定，但根据一般国际法所享有的权利，包括解释《公约》、对《公约》提出保留、对其他缔约国提出的保留予以接受或反对等。

二 《公约》中的权利主体

《公约》作为一项人权条约，在实质上规定的是缔约国与受其管辖的个人之间的权利义务关系。在这一关系中，缔约国承担义务，个人享受权

---

[1] 第31号一般性意见，第2段。
[2] See Sarah Joseph, "A Rights Analysis of the Covenant on Civil and Political Rights", (1999) 5 *Journal of International Legal Studies* 57, pp. 81–83.

利。因此，个人是《公约》中的权利主体。尽管如上所述，缔约国根据《公约》也享有一定的权利，但这些权利并非《公约》第2条第1款所说的"本公约所确认之权利"，也不指向受其管辖的个人，因此国家不是《公约》规定的各项公民权利和政治权利的权利主体。

（一）"一切"个人

《公约》第2条第1款规定："本公约缔约国承允尊重并确保所有境内受其管辖之人，无分种族、肤色、性别、语言、宗教、政见或其他主张、民族本源或社会阶级、财产、出生或其他身分等等，一律享受本公约所确认之权利。"这一规定从字面来看含义似乎非常清楚，即缔约国对在其领土内和受其管辖的一切自然人承担《公约》所规定的义务，而无须更多的分析和解释。基于这一规定，委员会也指出，"一般而言，本公约所规定的各项权利适用于每个人"。[①] 但是，委员会意见中的"一般而言"这一限定也表明，《公约》权利适用于每一个人只是一项基本原则，而可能存在某些例外，即并非任何个人都能够无差别地享受和行使《公约》所确认的全部权利。从《公约》第6~27条规定的具体权利来看，有些权利是为特定类型的个人而非"一切"个人规定的，缔约国也只针对这些类型的个人承担义务。

这些特定类型的个人还可以分为两种情况，即处于特定状态的个人以及具有特定性质的个人。《公约》规定的有些权利，只能为处于特定状态的个人所享受。例如，第6条第2款和第4款只适用于被判处死刑的个人；第9条第2~5款和第10条规定的权利只适用于被剥夺自由者；第14条规定的权利只发生在诉讼情势中，其中第2~7款规定的权利只适用于刑事诉讼中的被告；第18条第4款规定的权利只适用于父母和法定监护人；第23条第2~4款规定的权利只能为已达婚龄者或处于婚姻状态者所享受；第6条第5款、第10条第2款（丑）项以及第3款的第二句话、第24条规定的权利只能为未满18岁的未成年人所享受。尽管这些权利只能为处于特定状态的个人所享受，但在逻辑上，任何个人都可能处于这种状态，例如任何人都有未满18岁的时候、任何人都可能被剥夺自由或涉入诉讼，因

---

① 第15号一般性意见，第1段。

此这些权利实际上仍然属于可为"一切"个人所享受的权利。唯一的例外是第6条第5款规定的孕妇不得被执行死刑的权利,因为这一权利只可能为女性所享受,而不适用于男性。在《公约》实践中,对某人是否处于某一权利所适用的特定状态,有时会产生争议。例如,就获得公正审判的权利而言,就会涉及某一争端的解决是否属于第14条第1款所规定的"诉讼案"的问题;① 就缔婚权利而言,就会涉及同性恋者是否有权缔结同性婚姻、缔约国是否有义务尊重和确保这种婚姻的问题。② 不过,总体上,某些《公约》权利只能为处于特定状态的个人所享受并不会引起太多、太大的问题。

除了只能为处于特定状态的个人享受的权利以外,还有一些《公约》权利只能为具有特定性质的人所享受。在处于一国领土内并受其管辖的个人中,有两种人因其具有的特定性质而享受相应的特定权利,即少数人和外国人。由于外国人的权利涉及如何理解"公民权利"的复杂问题,因此将以单独的小节分析,以下只涉及少数人的权利。③

在《公约》第6~27条中,除了下一小节会涉及的第13条和第25条以外,只有一条的权利主体不是"一切"个人,而是具有特定性质的个人,即第27条。该条规定,属于种族的④、宗教的或语言的少数人群体的个人有权享受自己的文化、信奉和躬行自己的宗教和使用自己的语言。这种权利的特点是,它们有别于少数人作为个人和其他任何人一样的、已经

---

① See eg. Communication No. 112/1981, *Y. L. v. Canada*; Communication No. 215/1986, *van Meurs v. The Netherlands*; Communication No. 441/1990, *Casanovas v. France*; Communication No. 837/1998, *Kolanowski v. Poland*; Communication No. 972/2001, *Kazantzis v. Cyprus*.

② 委员会认为,《公约》第23条第3款为缔约国规定的条约义务,是承认只有愿意相互结婚的一男一女之间的结合为婚姻。Communication No. 902/1999, *Joslin et al. v. New Zealand*, para. 8.2.

③ 关于少数人权利的一般论述,参见,Patrick Thornberry, *International Law and the Rights of Minorities* (Clarendon Press, 1991); Yoram Dinstein and Mala Tabory (eds.), *The Protection of Minorities and Human Rights* (Martinus Nijhoff, 1992); 周勇:《少数人权利的法理》,社会科学文献出版社,2002。

④ 在《公约》英文本中,与"种族的"对应的用词为"ethnic",该词也可理解为"民族的"、"族裔"。为了不与国际人权文书中常用的另一词语"种族的"(Racial)相混淆,本书在涉及第27条之时,将使用"民族的"而非"种族的"。

能够根据《公约》享受的一切其他权利,而且还是一切其他权利之外的权利。① 因此,与上述第一种情况即处于特定状态的个人的权利不同——其享受者可以是任何不特定的但处于某种状态的个人,少数人权利只能为具备了少数人特质的人享受和行使,《公约》缔约国也仅对这样的人承担相应的义务。这样,确定哪些人是《公约》意义上的少数人,就成为确定第27条的权利主体范围的决定性事项,这在《公民及政治权利公约》实践中引起了许多问题。

　　第一个问题是,这些少数人群体的存在究竟只是一种客观事实,因此任何个人只要属于其中某一群体就享受第27条规定的权利,还是这些少数人群体的存在需要得到缔约国的认可,如此属于其中某一群体的个人才能享受第27条规定的权利。路易斯·索恩很早就指出,"如果某一少数人群体的存在能以客观方式表现出来,国家就有义务赋予其第27条规定的权利"。② 委员会显然也认同这一点,因为它指出,"某一缔约国内是否存在民族的、宗教的或语言的少数人并不取决于该缔约国的决定,而应该按照客观的标准予以确定"。③ 按照客观标准确定——且不论对于这些标准的内涵和外延存在多少争论,世界上几乎没有任何一个国家不存在《公约》第27条意义上的少数人。然而,在实践中,有一些国家出于各种各样的原因声称本国没有任何民族的、宗教的或语言的少数人,对此委员会从来没有表示赞同。④ 法国则另辟蹊径,在加入《公约》时声明:"鉴于《法兰西共和国宪法》第2条,法国政府声明第27条不能适用于本共和国。"⑤ 法

---

① 第23号一般性意见,第1段。
② Louis B. Sohn, "The Rights of Minorities", in Louis Henkin (ed.), *The International Bill of Rights: The Covenant on Civil and Political Rights* (Columbia University Press, 1981) 270, p. 282.
③ 第23号一般性意见,第5.2段。参见诺瓦克:《评注》,第27条,第22段。
④ 例如参见对塞内加尔第四次报告的结论性意见,CCPR/C/79/Add.82 (1997), para. 17;对利比亚第三次报告的结论性意见,CCPR/C/79/Add.101 (1998), para. 19。
⑤ 委员会认定,这一声明排除了第27条对法国的适用,因此"必须被看作是一项具有约束力的保留"。Communication No. 220/1987, *T. K. v. France*, para. 8.6; Communication No. 222/1987, *M. K. v. France*, para. 8.5. 但委员会委员罗莎琳·希金斯(Rosalyn Higgins)不同意委员会有关这一声明应被看作保留的结论。Ibid., Appendix II. 后来,委员会在第24号一般性意见中提出:"一国可能不得保留权利……拒绝少数人享受自己的文化、信奉躬行自己的宗教、使用自己的语言的权利。"

国在其初次报告中声称，法国保证所有公民在法律面前的平等，不分出身、种族或宗教，由于禁止以这些根据在公民之间作出区分是法国公法的基本原则，因此"法国是一个没有少数人的国家"。① 在委员会审议这一报告时，法国代表承认在法国存在不同的宗教社群、不同的语言、具有不同民族出身的人以及地区文化差异，但接着解释说，所有法国人都是以法国公民的资格享受这些权利而非作为受到法律保护的少数人群体的成员；他提出，少数人这一概念"看来是危险的"，有可能导致孤立、隔离和迫害，而且与《公约》第26条的规定相抵触，因为"'少数人'的概念直接导致'歧视'的概念"，而法国打算在平等和博爱的条件下，保证每个人具有同等程度的自由。② 对于法国的这种立场，委员会一直持批评态度，表示"不能同意法国是一个没有民族、宗教或语言上的少数人的国家"，"仅仅给予所有个人平等的权利和所有个人在法律面前平等并不排除少数人在一个国家中事实上的存在"以及他们享受第27条所规定的权利。③ 委员会的意见表明，某人是否属于《公约》第27条含义之内的少数人，并不取决于缔约国国内法的规定，而是取决于从第27条（以及委员会对该条的解释）来看，这个人是否具有少数人的特质。因此，即使一国只承认例如民族上的少数人，法律中并无宗教上或语言上少数人的概念，该国也不得仅据此否认本国存在宗教上或语言上的少数人并否认其根据第27条享受的权利。

然而，除了客观的标准究竟有哪些的问题以外，这种观点还带来一个问题：缔约国究竟是应该在每次遇到有关少数人权利的问题时，才按照某些客观标准确定某人是否属于某一少数人群体并对其承担第27条规定的义务，还是可以按照某些客观标准事先承认某些为少数人群体，并因而只在某人属于其中某一群体时才对其承担第27条规定的义务？前一种方法在微观上更为合理，但宏观上不利于尊重和确保少数人群体作为一个整体的利益和权利；后一种方法在宏观上更为合理，但在微观上可能出现的情况是：某一群体尽管按照某些客观标准可以被认定为是少数人群体，但由

---

① CCPR/C/22/Add. 2（1982），Article 27.
② A/38/40（1983），para. 334.
③ 对法国第三次报告的结论性意见，CCPR/C/79/Add. 80（1997），para. 24。

于该群体没有被缔约国承认为是少数人群体,因此属于这一群体的个人就无法主张第27条规定的权利。在实践中,有些国家采取的是后一种方法,委员会对此并不持赞同态度。例如,在对奥地利第三次报告的结论性意见中,委员会表示关切地注意到,"该缔约国似乎将少数人的定义限制为某些经法律承认的群体的范围";① 在对斯洛文尼亚初次报告的结论性意见中,委员会表示欢迎该国将意大利人、匈牙利人和吉卜赛人作为少数人给予特殊保护,但同时表示"所有少数人都有权享受第27条对其权利的保护";② 在对俄罗斯联邦第四次报告的结论性意见中,委员会对于该国采用的"民族上的少数人"(national minorities)这一有限的定义表示关切,因为"该定义没有对《公约》第27条提到的所有人都提供保护";③ 还有一些缔约国在法律中也只承认民族上的少数人,而对诸如宗教的或语言的少数人缺乏明确的承认,对此委员会都表示了关注——实际上就是不赞同。④

第二个问题是,如何确定某一个人是否属于某一少数人群体。曼弗雷德·诺瓦克指出,"在这方面最困难的是在客观标准和主观标准之间找到一个具体的平衡"。⑤ 也就是说,在确定某一个人是否属于《公约》第27条意义上的少数人时,一方面要从客观角度考察该个人在民族、宗教或语言方面是否具有某些要素,另一方面还要考察该个人的主观意愿,即他/她是否认为和主张自己具有某些要素。⑥ 对于这两种相互竞争的进路,"没有任何单一的解决方式是合适的",⑦ 只能具体情况具体分析。这一方面,有时还会涉及更为棘手的问题,即某一个人认为自己属于某一少数人群

---

① CCPR/C/79/Add. 103 (1998), para. 14.
② CCPR/C/79/Add. 40 (1994), para. 12.
③ CCPR/C/79/Add. 54 (1995), para. 23. "national minorities" 亦可译为"少数民族"。
④ 例如参见对乌克兰第四次报告的结论性意见,CCPR/C/79/Add. 52 (1995), para. 18;对爱沙尼亚初次报告的结论性意见,CCPR/C/79/Add. 59 (1995), para. 23。
⑤ 诺瓦克:《评注》,第27条,第33段。
⑥ 就确定少数人的客观和主观要素,参见吴双全:《少数人权利的国际保护》,中国社会科学出版社,2010,第22~32页。
⑦ Christian Tomuschat, "Protection of Minorities under Article 27 of the International Covenant on Civil and Political Rights", in Rudolf Bernhardt et al. (eds.), *Völkerrecht als Rechtsordnung, internationale Gerichtsbarkeit, Menschenrechte: Festschrift für Hermann Mosler* (Springer, 1983) 949, p. 964.

体，但根据国内法，他/她被排除在这一群体之外——有时这恰恰是为了更好地保护这一群体的利益。例如，在拉夫雷斯诉加拿大案中，[①] 提交人是一位印第安女子，她与一位非印第安人结婚后，根据加拿大《印第安人法》的有关规定，就失去了作为印第安人的身份和权利，因此当她离婚后，也无权返回她在其中出生、长大的印第安保留地居住并享受作为印第安人应有的权利。加拿大政府称，《印第安人法》规定与非印第安人结婚的印第安女子将失去其作为印第安人的身份，其目的恰恰在于根据《公约》第27条保护印第安少数人，因为考虑到给予印第安人社群的特别利益，尤其是占有保留土地的权利，对印第安人作出界定是必须的，否则保留给印第安人的土地可能受到威胁。在基托克诉瑞典案中，[②] 提交人是一位萨米人出身的瑞典公民，他声称从自己的祖先那里继承了牧养驯鹿的权利。但是，根据瑞典《驯鹿牧养法》的有关规定，由于他在一定时间内从事了并非牧养驯鹿的职业，他失去了萨米村庄的成员资格。瑞典政府称，《驯鹿牧养法》的意图在于改善以牧养驯鹿为主业的萨米人的生活条件，并维持驯鹿牧养业将来的安全，但由于划给萨米人的区域只能支撑数目有限的萨米人以牧养驯鹿为生，因此只能规定萨米村庄的成员有相关的权利。显然，在至少是加拿大和瑞典所设想的印第安人或萨米人作为一个群体的利益与提交人自认为是一个印第安人或萨米人的情况之间，存在着某种冲突。对这两件来文，委员会得出了不同的结论：在拉夫雷斯案中，委员会认定加拿大违反了第27条，但在基托克案中，则认定瑞典没有违反第27条。委员会之所以得出不同的结论只是因为，瑞典的限制少数者群体的个别成员权利的做法，乃是基于合理、客观的理由并为少数者作为一个整体的持续生存和福利所必要，而加拿大的做法则不符合这些要求。但是，委员会在作此认定之前已经确认，拉夫雷斯属于作为少数人的印第安人、基托克属于作为少数人的萨米人是客观存在的事实，否则，委员会就不必涉及对各提交人作为少数人所享受的权利的限制是否符合《公约》第27条的问题。

[①] Communication No. 24/1977, *Lovelace v. Canada.*
[②] Communication No. 197/1985, *Kitok v. Sweden.*

(二)"公民"与外国人

在因具有某种特定性质而享受特定《公约》权利的个人中,除了少数人以外,还有外国人。[①] 但在讨论外国人作为《公约》权利的主体之前,首先需要澄清《公约》语境中的"公民权利"的概念,因为这一概念在中文语境中,有可能造成一些误解和困惑。《公约》语境中的"公民权利"在英文中为"civil rights",这一概念与"公民的权利"——在英文中为"citizens' rights"或"rights of citizens"[②]——既有区别,又有联系。

在区别方面,首先,"公民权利"中的"公民"表示的是权利的性质而非归属,即这些权利是"公民性"(civil)的;而"公民的权利"中的"公民"表示的是权利的归属而非性质,即这些权利归属于"公民"(citizen)。"公民权利"的归属是不证自明的,即归属于每一自然人。这是由人权的本质决定的,正如《美洲人权公约》序言第 2 段所称:"人的基本权利并非源于其身为某一国家的国民,而是基于人格属性。"而在"公民的权利"中,"公民的"指示的是"权利"的所属主体,因此并不必然表明这些权利的性质本身。在许多国家的宪法中,往往用"基本权利"来表现这些权利的性质,例如中国《宪法》就是一个典型:其第二章标题为"公民的基本权利和义务",其中的"公民"表示的是权利的归属,而"基本"表示的才是权利的性质。其次,由于"公民权利"归属于每一自然人,因此这些权利与"国籍"(英语中为 nationality)或"公民身份"(英语中为 citizenship)没有任何关系;"公民的权利"则归属于公民,而国籍是确定"公民"的唯一因素,因此只有具有一国国籍者才能享有和行使该国法律为其公民规定的权利。可以说,"公民权利"是自然法和国际法意义上的权利,而"公民的权利"是实在法和国内法意义上的权利。再

[①] 关于外国人(包括无国籍人)权利的一般论述,参见,Office of the United Nations High Commissioner for Human Rights (OHCHR), *The Rights of Non–citizens* (United Nations Publication, 2006); Carmen Tiburcio, *The Human Rights of Aliens under International and Comparative Law* (Martinus Nijhoff, 2001); David Weissbrodt, *The Human Rights of Non–citizens* (Oxford University Press, 2008).

[②] 杨宇冠:《人权法——〈公民权利和政治权利国际公约〉研究》,中国人民公安大学出版社,2003,第 4 页。

次,"公民权利"与"公民的权利"的外延部分重叠,但并不完全相同。如果说"公民权利"的外延就是《公约》第6~27条规定的权利,那么各国宪法中列举的"公民的权利"一方面可能没有完全包括《公约》所规定的所有"公民权利",另一方面可能包括并非属于"公民权利"的权利。仍以中国《宪法》为例。一方面,诸如迁徙自由、法律人格权等权利作为"公民权利"规定在《公约》中,但没有被中国《宪法》明文规定为"公民的权利"。另一方面,诸如选举权和被选举权等政治权利属于中国《宪法》规定的"公民的基本权利",但并不属于《公约》意义上的"公民权利",而是政治权利;另外,中国《宪法》还规定了一系列中国公民的经济、社会和文化权利,但这些权利并没有规定在《公约》中,而是规定在《经济社会文化权利公约》中。

"公民权利"与"公民的权利"的联系主要体现在其具有的共同历史起源上。英语中的"civil"和"citizen"的源头都是拉丁语中的"civis",其含义是"市民、公民、国民","civilis"则是其形容词,其含义是"市民的、公民的、国家的、政治的"。[1] 在罗马法中,"civis"这一概念具有两重性质。在第一重性质上,"civis"是指享有市民法(jus civile)的公权和私权的自由人,[2] 因此与法律人格不被承认的奴隶有别。在第二重性质上,"civis"指具有罗马市民或公民身份的人,因此与不具有这种身份的拉丁人、外国人或敌国人有别。[3] "civis"一词之所以有"市民""公民""国民"三个对应中文用语,也可以从这两重性质得到解释:在享有私权的意义上,是一个"市民",该词更多地表明与社会的联系;在享有公权的意义上,是一个"公民",该词更多地表明与政治的联系;在作为罗马国家的一个成员的意义上,则是一个"国民",该词更多地表明与国家的联系。英文中的"civil rights"即从"civis"一词的第一重性质演化而来,其基本含义是一个法律意义上的人在社会和政治关系中享有的权利。这些权利实际上包括了性质极为不同的两类权利:一类是社会关系中针对其他平等主体的私权,另一类是政治关系中针对国家的公权。后来在两大法系

---

[1] 参见谢大任主编:《拉丁语汉语词典》,商务印书馆,1988,第100页。
[2] 法学教材编辑部《罗马法》编写组:《罗马法》,群众出版社,1985,第71页。
[3] 参见《罗马法》编写组:《罗马法》,第82~84页。

中，这两类权利获得了不同的名称——尽管不是非常严格的：在大陆法系中，私权被称为"civil rights"，即中文中通常所说的"民事权利"，而公权则被称为"fundamental rights"即"基本权利"；在普通法系中，私权被称为"private rights"，而公权则被称为"civil rights"，后者正是《公约》或国际人权法中所称的"civil rights"的来源。基于这种意义上的"civil rights"是相对于政府的权力或职责而言，而非相对于社会中的其他人而言，而"公民"可以理解为处于公权力关系中的个人，因此"公民权利"恰如其分地体现了这种权利乃是作为政治共同体的个人针对该共同体所享有的性质，是与这一意义上的"civil rights"最匹配的中文名称。①

英文中的"citizen"原本的含义也指拥有"civil rights"的人。《布莱克法律词典》中"citizen"的第一个释义包括了两个方面，第一个方面即"一个人基于出生或归化而是一个政治共同体的成员，效忠该共同体并有权享有其公民权利（civil rights）和保护"。② 这一意义上的"citizen"所指向的主要是一种内向关系，即不涉及该公民与该政治共同体之外的第三方；或者说，这是一个不涉及国籍概念的"公民"概念。根据这种释义，"公民权利"和"公民的权利"实际上并无分别，指的都是一个政治共同体的成员在与该政治共同体的关系上，享有的权利。然而，"civis"一词原本就有第二重性质，即罗马国家的"国民"，因此由之演化而来的英文中的"citizen"就具有了另一层含义，甚至成为更主要的含义，即《布莱克法律词典》中"citizen"的第一个释义的第二个方面："公民国家（civil

---

① 关于"公民权利"是否能对应于"civil rights"的探讨，参见刘大生：《不确当的命名——评〈Civil 权利和政治权利国际公约〉》，《云梦学刊》2004 年第 25 卷第 1 期；郑贤君：《宪法上的 Civil Rights 是公民权利吗？——解读 constitutional civil rights》，《首都师范大学学报》（社会科学版）2004 年第 4 期；刘大生：《Civil 权利究竟是什么权利——兼与郑贤君教授商榷》，《学术界》2005 年第 4 期；郭道晖：《对〈公民权利与政治权利国际公约〉标题中译文的商榷》，《博览群书》2006 年第 8 期；刘大生：《Civil 权利再探索——兼评郑贤君教授的误读》，http：//class.chinalawedu.com/news/2005/11/ma0613374945132115002l4288.html，2018 年 5 月 20 日访问；刘连泰：《〈国际人权宪章〉与我国宪法的比较研究——以文本为中心》，法律出版社，2006，第 13 页，注 2；郭曰君：《国际人权救济机制和援助制度研究——以〈经济、社会和文化权利国际公约任择议定书〉为中心》，中国政法大学出版社，2015，第 7 页，注 2。

② Bryan A. Garner (ed. – in – chief), *Black Law Dictionary* (Thomson Reuters, 11th edn, 2019), p. 307.

state）的一个成员，有权享有作为成员的一切特权。"① 在这一意义上，"citizen"所指向的更多的是一种外向关系，即一个公民有别于不属于其政治共同体的其他人的特征。随着古代意义上的政治共同体逐渐演化为近代意义上的"国家"（state），这种关系就逐渐固定成为"国籍"的概念，因此"citizen"就具有了拥有某个国家的国籍的人的法律含义——我国《宪法》正是在这一意义上使用"公民"这一术语的，同时也出现了"公民的权利"这种强调权利的法定性质和所属性质的概念。在国际法中，与"citizen"交替使用甚至更多使用的，还有作为名词的"national"一词，该词单纯指一个人具有一个国家之国籍的事实，因此其对应的中文用语是"国民"，②而不涉及该个人在其国内的法律地位、权利和义务。

因此，《公约》语境中出现的"公民权利"与国内法意义中的"公民的权利"绝不能被混淆。《公约》语境中的"公民权利"指的是任何自然人个人仅仅因为其处于缔约国管辖下或在其领土内就应得到缔约国尊重和确保的权利，与其国籍没有任何联系；而只有具有一国国籍者才能享有的权利，则是"公民的权利"。

不过，并非《公约》规定的所有权利都是与国籍无关的"公民权利"。规定实质性权利的《公约》各条中，仍有两条与权利持有者的国籍有关，即第13条和第25条。委员会在其第15号一般性意见（第1、2段）中首先声明，"一般而言，本公约所规定的各项权利适用于每个人，……不论该个人的国籍或无国籍身份"，"必须保障《公约》中的每一项权利，而不区别对待公民和外国人"；但紧接着指出（第2段），《公约》权利适用于每一个人有两个显著的例外：第13条规定的权利仅适用于合法处在缔约国境内的外国人，第25条规定的权利仅适用于缔约国公民。③《公约》约文的表述明显地体现这两个例外：与《公约》的其他条款使用"人人""任何人""所有人"这样一些与国籍没有丝毫联系的用语作为权利主体的指

---

① Ibid. 参见《英汉法律词典》对该词的释义："公民；国民、市民、居民"。夏登峻主编：《英汉法律词典》（第三版），法律出版社，2008，第151页。
② 参见夏登峻主编：《英汉法律词典》（第三版），2008，第624页。
③ See Richard B. Lillich, *The Human Rights of Aliens in Contemporary International Law* (Manchester University Press, 1984), pp. 46 – 47; Alfred de Zayas, "Migration and Human Rights", (1992 – 1993) 61/62 *Nordic Journal of International Law* 243, pp. 243 – 244.

称不同,第 13 条提到的权利主体是"外国人"(alien),即不具有所涉缔约国国籍者,第 25 条提到的权利主体则是"公民"(citizen),即具有所涉缔约国国籍者。相应地,第 13 条规定的权利不适用于缔约国本国公民——实际上缔约国不得驱逐本国国民出境,① 因此也谈不上在驱逐本国公民时的程序性保障,而第 25 条规定的权利不适用于外国人——尽管这并不意味着缔约国不能给予外国人这些权利,② 因为是否以及在何种程度上给予外国人以第 25 条规定的权利是一国主权范围内的事务,并不为《公约》所禁止。

因此,处于《公约》缔约国管辖下或在其领土内的外国人享受除第 25 条规定的权利以外的其他一切《公约》权利。③ 委员会在有关《公约》缔约国承担的一般法律义务的性质的第 31 号一般性意见中(第 10 段),在提到第 15 号一般性意见后,更加明确地指出:"享受《公约》权利的人并不限于缔约国的公民,而是必须还包括正好在缔约国的领土上或者受其管辖的所有个人,而不论其国籍或者无国籍状态,例如寻求庇护者、难民、移徙工人以及其他人。"

从这一段意见中,可以看出两点。首先,即使是一个无国籍者,只要处于缔约国领土内或受其管辖,也享受除第 25 条规定的权利以外的其他一切《公约》权利(但下文将提到,无国籍者可能还享受一些特殊的权利)。其次,《公约》并非对无任何限定的外国人或无国籍人承担义务,而只对在其领土内或受其管辖的外国人或无国籍人承担义务。换言之,缔约国只对两种情况中的外国人或无国籍人承担义务,即这些人或者在其领土内,或者不在其领土内,但因为某种原因受其管辖。后一种情况涉及《公约》的域外效力问题,已经有充分的说明,④ 下文不再重复,而只分析处于缔约国领土内的外国人的权利问题。

任何国家都没有允许外国人入境、居留的义务,是否允许某一外国人入境、居留仍是一国的主权权力。⑤ 然而,外国人只要被允许入境、居留,

---

① 参见诺瓦克:《评注》,第 12 条,第 49~51 段。
② 参见第 25 号一般性意见,第 3 段,其中表明有些国家在有限的程度上给予非本国公民的永久居民第 25 条规定的权利。
③ 参见第 25 号一般性意见,第 3 段第一句。
④ 参见孙世彦:《〈公民及政治权利国际公约〉缔约国的义务》,社会科学文献出版社,2012,第五章。
⑤ 参见第 15 号一般性意见,第 5 段。

即享受除第 25 条规定的权利以外的一切其他《公约》权利。委员会在其有关《公约》所规定的外国人地位的第 15 号一般性意见中指出（第 6 段），"外国人一旦获准进入一个缔约国的领土，他们就有权享受《公约》所规定的各项权利"。这一意见意味着处于缔约国境内的外国人将与缔约国的公民一样，享受除了第 25 条之外的其他《公约》条款规定的权利，即所有公民权利，[1] 缔约国也将对其境内的外国人承担与对本国公民同样的义务。

在对缔约国报告的结论性意见中，委员会多次确认了缔约国对处于其领土之内的外国人的义务。例如，在对比利时第二次报告的结论性意见中，委员会"对比利时公民和外国人所享受的公民权利之间的区别表示关切，认为这会导致对外国人的歧视"；[2] 在对毛里求斯的第三次报告的结论性意见中，委员会建议该国"将《公约》第 2 条和第 26 条……扩大到也对外国人适用"；[3] 在对瑞士初次报告的结论性意见中，委员会认为该国的一项有关外国人政治言论的法令以有违《公约》第 19 条的方式限制了没有长期居留许可的外国人的表达自由；[4] 在对塞内加尔第四次报告的结论性意见中，委员会建议该国"采取一切必要措施，允许外国工人在工会担任正式职务"；[5] 在对摩纳哥初次报告的结论性意见中，委员会表示关注在行使结社和集会自由方面，该国法律对本国人和非本国人之间所作的区分。[6]《任择议定书》第 1 条也规定有权提交来文的为其缔约国"管辖下之个人"，同样没有提到国籍因素，因此《任择议定书》缔约国管辖下的外国人与其本国公民一样，可以向委员会提交来文，指控所涉缔约国侵害了其《公约》权利。在委员会审议的来文中，有相当一批是由非所涉缔约国

---

[1] See *Declaration on the Human Rights of Individuals Who are not Nationals of the Country in which They Live*, A/RES/40/144 (1985); Lillich, *The Human Rights of Aliens in Contemporary International Law*, pp. 45 – 46; Dominic McGoldrick, *The Human Rights Committee, Its Role in the Development of the International Covenant on Civil and Political Rights* (Clarendon Press, 1994), pp. 20 – 21; Alex Conte and Richard Burchill, *Defining Civil and Political Rights: The Jurisprudence of the United Nations Human Rights Committee* (Ashgate, 2nd edn, 2009), pp. 5 – 6.

[2] CCPR/C/79/Add. 3 (1992), para. 5.

[3] CCPR/C/79/Add. 60 (1996), para. 23.

[4] CCPR/C/79/Add. 70 (1996), para. 17. 委员会同时表示已经注意到这项规定已经不再执行。瑞士后来根据委员会的建议废除了这一法令：CCPR/CO/73/CH (2001), para. 4。

[5] CCPR/C/79/Add. 82 (1997), para. 16.

[6] CCPR/CO/72/ MCO (2001), para. 17.

公民的外国人提交的，而委员会也从来没有将提交人的国籍作为一个考虑因素，更不要说以之作为不受理来文的根据。

《公约》缔约国境内的外国人享受除第 25 条规定的权利以外的其他一切《公约》权利，但是，这并不意味着外国人在享有这些权利时，与缔约国公民事实上处于完全相同的地位。实际上，在第 15 号一般性意见中（第 7 段），委员会在列举了外国人依据《公约》享有的权利之后指出："只有按照《公约》允许合法施加的限制，才能够限制外国人的这些权利。"而且，在《公约》第 2 条第 1 款列举的禁止对个人享有权利予以区别对待的理由中，并没有出现"国籍"。① 因此，在某些情况中，缔约国可以根据国籍限制外国人享有《公约》权利，只不过这种限制必须符合有关限制《公约》权利的所有要求。例如，任何外国人只要合法处于某一缔约国领土内，对其根据《公约》第 12 条第 1 款享有的迁徙自由的任何限制以及给予他/她的不同于该缔约国国民的任何待遇，都必须根据第 12 条第 3 款的规定具有正当合理性。② 因此，举例而言，缔约国不能限定外国人只能入住某一级别的旅店，但可以基于国家安全的原因禁止其进入某些可能对本国公民开放的区域，例如规定外国人不得进入毗邻某一军事基地的一定范围。

外国人享有除第 25 条规定的权利以外的其他一切《公约》权利意味着外国人不仅与缔约国公民一样享有体现人的自然属性的消极自由（如第 6~17 条规定的权利），也享有体现人的社会属性的积极权利，甚至是具有明显的政治性质的权利（如第 19、21、22 条规定的权利）。③ 然而，在享有具有政治性质的权利时，外国人可能受到比缔约国公民更多的限制。《欧洲人权公约》对此有明确的规定。尽管该公约与《公民及政治权利公约》一样，在规定表达自由以及集会与结社自由时，权利的主体是"人

---

① 在《公约》通行中文本中，其第 2 条第 1 款（以及第 26 条）有关禁止歧视的行文中出现了"国籍"这一用词。但这是一个错误。与之对应的用语，在《公约》作准中文本中是"民族本源"，在作准英文本中是"national…origin"。具体分析见孙世彦：《〈公民及政治权利国际公约〉的两份中文本：问题、比较和出路》，《环球法律评论》2007 年第 6 期，第 79~80 页。
② 参见第 27 号一般性意见，第 4 段。
③ 参见第 15 号一般性意见，第 7 段。Manfred Nowak, "Limits on Human Rights in a Democratic Society", (1992) 2 All-European Human Rights Yearbook 111, p.120: "诸如言论、集会和结社自由等政治自由同等适用于公民和外国人。"

人"（everyone），而且也有一项禁止歧视的一般性规定，但该公约有一项但书，即第16条。该条规定，有关表达自由、集会与结社自由以及禁止歧视的规定不应被认为妨碍缔约国对外国人的政治活动施加若干限制。① 即是说，外国人的表达、集会与结社，如果可被定性为政治活动，就可能受到比《欧洲人权公约》缔约国公民更多的限制，而且不构成歧视。《公约》中没有类似的规定。但是，缔约国仍有可能根据《公约》的现行规定，对于外国人的表达、集会与结社行为，施与较之本国公民更多的限制。存在两种可能。一种可能是诉诸第19、21、22条中的限制性规定，只要能够确证基于行为者具有外国国籍而限制其享有所涉权利具有合理性，同时满足其他限制条件，对其施与较之本国公民更多限制可能就不会构成对《公约》的违反。② 另一种可能是诉诸第25条的规定。例如，根据第25条（子）项，缔约国公民有权参与政事，因此，如果任何行为可以被界定为"参与政事"，那么缔约国就可能将如此行为的权利仅保留给本国公民，而拒绝外国人享有和行使该权利。例如，结社自由肯定包括组建政党的权利，③ 而组建政党的目标必然在于影响所在国家的公共事务或政策，因此不再或不仅仅属于结社的范畴，而属于或更多地属于参与政事的范畴，缔约国就可以以如此作为的权利属于第25条（子）项规定的权利为由，拒绝外国人享有组建政党的权利。④ 又例如，第25条（寅）项将担任本国公职的权利主体限定为缔约国公民，因此一国如果将在公立学校中任职界定为"公职"，那么拒绝外国人担任这种职位就符合《公约》要求。⑤

就外国人的权利问题，有两类人需要再作一些分析。一类是非法入境、居留的外国人，另一类是无国籍人。《公约》或委员会的意见并没有明确提到非法入境、居留的外国人的权利问题，但根据第2条第1款，一般而言，这些外国人同样享有《公约》确认的权利，只不过不能享有《公

---

① 对该条的述评及批评见，Pieter van Dijk, et al. (eds.), *Theory and Practice of the European Convention on Human Rights* (Intersentia, 4th edn, 2006), pp. 1077 – 1082。
② 奥地利、法国、德国和马耳他在批准或加入《公约》时，就曾提出保留，其实施《公约》第19、21、22条（马耳他仅就第19条）将以《欧洲人权公约》第16条的规定为限。
③ 参见诺瓦克：《评注》，第22条，第6段。
④ See Tiburcio, *The Human Rights of Aliens under International and Comparative Law*, p. 187.
⑤ 参见诺瓦克：《评注》，第25条，第40段。

约》仅为合法入境和居留的外国人规定的权利。因此,非法入境、居留的外国人不享有第 13 条规定的权利,在如何将其驱逐出境方面,缔约国不承担该条规定的义务;非法入境、居留的外国人也不享有第 12 条规定的权利,因为根据该条第 1 款,迁徙自由和选择住所的自由仅限于由"在一国领土内合法居留之人"享受,① 非法入境、居留的外国人就可能被拒绝享受诸如选择居住地的迁徙自由。② 但除此之外,非法入境、居留的外国人与合法入境、居留的外国人以及缔约国公民一样,享有其他的《公约》权利。例如,非法入境、居留的外国人同样享有人身自由与安全,因此,尽管缔约国以其非法入境、居留为由将其逮捕和拘禁本身可能并不违反《公约》,但如果这种逮捕和拘禁没有满足《公约》第 9 条第 2~4 款的要求,则可能构成对《公约》的违反。③ 还例如,非法入境、居留的外国人同样享有家庭不受侵扰以及受到保护的权利,因此,尽管缔约国以其非法入境、居留为由将其驱逐本身可能并不违反《公约》,但如果这种驱逐构成对家庭生活的无理侵扰,则可能构成对《公约》第 17 条和第 23 条的违反。④

在《公约》的语境中,"'外国人'一词应该被广义地理解为所有非国民",⑤ 即也包括无国籍人,而且委员会也曾提到《公约》规定的各项权利适用于每个人,而不论该个人的"无国籍身份"。⑥ 因此,以上有关外国

---

① See Communication No. 456/1991, *Celepli v. Sweden*. 该案中,瑞典对提交人发出了驱逐令但没有执行,提交人被允许在瑞典停留,但其迁徙自由受到限制。委员会认为,在发出驱逐令以后,从《公约》第 12 条第 1 款的目的来看,提交人只有在受到缔约国对其施加的限制的条件之下,才是合法处于瑞典领土内。类似的情况,参见,Communication No. 833/1998, *Karker v. France*。
② David Weissbrodt and Stephen Meili, "Human Rights and Protection of Non – Citizens: Whither Universality and Indivisibility of Rights?", (2010) 28 *Refugee Survey Quarterly* 34, p. 38.
③ 例如参见许多非法入境或居留者针对澳大利亚提出的来文,Communication No. 560/1993, *A. v. Australia*; Communication No. 900/1999, *C. v. Australia*; Communication No. 1014/2001, *Baban v. Australia*; Communication No. 1069/2002, *Bakhtiyari v. Australia*。
④ 例如参见,Communication No. 930/2000, *Winata v. Australia*; Communication No. 1014/2001, *Baban v. Australia*. 对前一案件的评述参见,Richard Burchill, "The Right to Live Wherever You Want – The Right to Family Life Following the UN Human Rights Committee's Decision in *Winata*", (2003) 21 *Netherlands Quarterly of Human Rights* 225。
⑤ 诺瓦克:《评注》,第 13 条,第 6 段。强调为原文所有。
⑥ 第 15 号一般性意见,第 1、2 段。

人的论述,也同样适用于无国籍人。① 除此之外,《公约》对于无国籍人还有一些特殊的保护。《公约》第 24 条第 3 款规定,"所有儿童有取得国籍之权"。委员会指出,尽管这项规定——其目的在于避免儿童因无国籍而无法享受社会和国家提供的充分保护——并不必然使缔约国有义务将其国籍授予每一名在其领土内出生的儿童,但是缔约国必须采取一切适当的措施,确保每名儿童在出生时都有国籍。② 这意味着,缔约国对于在本国领土上出生或发现的无国籍儿童,原则上有义务给予其本国国籍。③ 例如,委员会在对哥伦比亚的第四次报告的结论性意见中称:"缔约国有责任确保每个在哥伦比亚出生的儿童根据《公约》第 24 条第 3 款的规定享有取得国籍的权利。因此,它建议缔约国考虑给予出生在哥伦比亚的无国籍儿童以哥伦比亚国籍。"④ 在对叙利亚的第二次报告的结论性意见中,则提出叙利亚应采取紧急步骤解决其境内的库尔德人的无国籍问题,包括"允许在叙利亚出生的库尔德儿童获得叙利亚国籍"。⑤

对于无论是外国人还是无国籍人,一项非常重要的权利是第 12 条第 4 款规定的进入"其本国"的权利。⑥ "其本国"当然首先指一个人的国籍国——如果他有国籍国的话,但并不简单地等于国籍国。⑦ 在若干个人来文中,委员会都面临着这样一个问题:如果一个外国人在某一国长期居住,该国能否被认为是这个人的"本国"?这些来文中的第一件是斯图尔特诉加拿大案。该案中,提交人是英国公民,7 岁时随母亲移居加拿大并

---

① 关于无国籍人的人权问题,参见,David S. Weissbrodt and Clay Collins, "The Human Rights of Stateless Persons",(2006) 28 *Human Rights Quarterly* 245。
② 第 17 号一般性意见,第 8 段。
③ 参见,Sarah Joseph and Melissa Castan, *The International Covenant on Civil and Political Right: Cases, Materials, and Commentary* (Oxford University Press, 3rd edn, 2013), pp. 725 – 726;诺瓦克:《评注》,第 24 条,第 35~38 段。
④ CCPR/C/79/Add. 76 (1997), para. 43.
⑤ CCPR/CO/71/ SYR (2001), para. 27.
⑥ See Ryan Liss, "A Right to Belong: Legal Protection of Sociological Membership in the Application of Article 12 (4) of the ICCPR",(2014) 46 *N. Y. U. Journal of International Law and Politics* 1097.
⑦ 关于缔约国能否拒绝本国国民入境甚至剥夺国籍的问题,参见诺瓦克:《评注》,第 12 条,第 49~51 段;Jessica Leal, "Stateless with Nowhere to Go: A Proposal for Revision of the Right of Return according to the International Covenant on Civil and Political Rights",(2014) 46 *George Washington International Law Review* 677。

一直居住在该国，30 岁时因为犯罪被加拿大政府下令驱逐出境。提交人辩称，第 12 条第 4 款适用于他的情况，因为加拿大实际上是"其本国"。委员会没有接受提交人的主张——主要是因为提交人本可以申请加拿大国籍却从未这样做，认为从《公约》第 12 条第 4 款的目的来看，加拿大不能被视为提交人的"本国"，因此该规定没有被违反。但是，委员会在其意见中指出，"其本国"这一概念的范围比"其国籍国"这一概念更广，"其本国"不局限于正式意义上的国籍，而至少涉及由于其与某一具体国家的特殊联系因而不能被视为单单是外国人的个人。一旦这样的国家被认为是所涉个人的"本国"，根据第 12 条第 4 款，该国就不能将所涉个人驱逐出境。① 因此，尽管在斯图尔特案以及其他一些来文中，委员会都没有认定一个人长期居住的但并非其国籍国的缔约国构成第 12 条第 4 款意义上该个人的"本国"，② 但在原则上承认，"第 12 条第 4 款的语言允许做更广义的解释，使之可能包括其他种类的长期居民"，③ 这意味着某些情况下个人与之存在密切的、长久的联系的国家可以被认为是其"本国"。某些委员会委员也认为，对于那些长期居住在某一国家并与之建立了很强的个人和情感联系的个人来说，该国应该被认为是其本国。④ 这种解释一方面符合第 12 条第 4 款的约文以及起草历史——其中选择"其本国"而非"他是其国民的国家"是有意的，⑤ 另一方面对于尊重和确保其他一些《公约》权利——特别是第 23 条规定的家庭权利——至关重要。在 2011 年审结的两项来文中，委员会终于明确认定，如果某人与其国籍国除了国籍以外没有其他联系，而在家庭关系、使用语言、居住时间等方面与其长期居住的国家存

---

① Communication No. 538/1993, *Stewart v. Canada*, paras. 12.2 – 12.9.
② See eg Communication No. 558/1993, *Canepa v. Canada*; Communication No. 1011/2001, *Madafferi v. Australia*.
③ 第 27 号一般性意见，第 20 段。
④ Communication No. 538/1993, *Stewart v. Canada*, Appendix, 伊丽莎白·伊瓦特（Elizabeth Evatt）等 6 名委员的个人意见；Communication No. 558/1993, *Canepa v. Canada*, Appendix, 伊瓦特等 3 名委员的个人意见。参见诺瓦克：《评注》，第 12 条，第 58 ~ 59 段。
⑤ United Nations, *Annotations on the text of the draft International Covenants on Human Rights* (prepared by the Secretary – General), A/2929 (1955), Chapter VI, para. 60.

在紧密的联系，那么后一国家对于该个人来说就是其"本国"。① 同样，对于无国籍人来说，如果某一缔约国根据委员会的解释构成了其"本国"，则该国不能否定其离开该国之后返回的权利。② 因此，即使就外国人或无国籍人，缔约国也可能同样需要承担和遵守第 12 条第 4 款规定的不无理剥夺其进入该国的权利的义务。这一权利对于无国籍人，具有特别重要的意义。

在处于《公约》缔约国领土之内的外国人中，还可能有其他一些特殊的类型，如外交和领事人员以及战俘。对于这些类型的外国人，首先要适用作为特别法的外交和领事关系法或国际人道法——当然同时受到其中任何可适用的限制性规定的制约，但除此之外《公约》仍适用。这种解释也符合《公约》第 5 条第 2 款以及——在紧急状态中的——第 4 条第 1 款的规定。

（三）一切"个人"

《公约》是一项"人"权公约，而人首先是每一个单个的个体，其基本权利构成了人权的核心，因此《公约》如同《世界人权宣言》以及其姊妹《经济社会文化权利公约》一样，以保障个人权利为基本导向和特点，"《公约》所确认的权利的受益者是个人"。③ 然而，个人并非孤立地存在，而是存在于各种人的集合之中。因此可以提出一个问题：《公约》是否同时承认和保障集体权利？或者说，集体能否作为权利主体主张、享有和行使《公约》所规定的权利？

对集体是否是《公约》中的权利主体这一问题的回答涉及集体能否以及如何作为人权主体的复杂法理问题，对此学者已经作了很多论述，在此不必展开。为了在《公约》的语境中分析的需要，可以将集体权利界定为由人的集合作为一个整体以自己的名义和资格主张、享有和行使的权利。在这一意义上，一方面，这种权利不是组成这种集合的个人的权利总和，而是这种集合本身作为一个主体的权利。例如，一个报社具有表达自由，但这种自由并不是为其工作的记者和编辑的表达自由的总和，而是报社独立具有的权利。另一方面，这

---

① Communication No. 1557/2007, *Nystrom et. al v. Australia*, para. 7.5; Communication No. 1959/2010, *Warsame v. Canada*, para. 8.5. 对前一案件的述评参见，Devon Whittle, "Nystrom v Australia, UN Doc CCPR/C/102/D/1557/2007（18 July 2011）", （2011） 18 *Australian International Law Journal* 235。

② See Weissbrodt & Collins, "The Human Rights of Stateless Persons", pp. 269 – 270.

③ 第 31 号一般性意见，第 9 段。

种权利不同于某一类人中的每一个个体都具有的权利。例如，被定罪的囚犯是一类人，但为这类人规定的权利必须且只能落实到其中的每一个个体身上，而不存在他们作为一个整体性的"主体"具有的权利。从这一定义以及集体可以作为人权主体的前提出发，能作为人权主体的集体包括自然形成的集体，如民族；人为形成的集体，如政党、公司、社团、工会（这些集体往往但不必然具有法人资格）；以及兼具自然性质和人为性质的集体，如宗教团体、民族团体等。当然，需要注意的是，这里所说的集体权利是人权意义上的权利，因此不同于集体所具有的其他不被归类的人权的权利，如缔结合同的权利。

那么，《公约》是否保障如上段所定义的集体也享有《公约》所规定的权利？毫无疑问，《公约》第1条规定的民族自决权就是一项集体权利，而且是一项只能由"民族"这种集体享有和行使的权利，且不论在《公约》的语境之外，个人是否也具有自决权。[①] 至于《公约》第三编即第6~27条规定的权利，毫无疑问这些权利是个人权利。但是，集体能否享有和行使这些权利？诺瓦克曾指出，《公约》规定的权利除了自决权以外都是个人权利这一点"并不意味着《公约》中的一些权利不能由诸如宗教团体、协会、工会、政党和少数人等群体和法律实体所享有"，[②]《公约》第1、18、21、22、23、25、27条等也确保群体或法人享有其中规定的权利。[③] 这是否意味着《公约》保障了集体权利？

《公约》的规定表明，除了自决权以外，它所确认和保障的只是作为自然人的个人的权利，而不包括集体的权利或法人的权利。[④] 在《公约》第三

[①] 安娜·彼得斯就认为，自决权作为国际法律权利仅仅在技术上是集体权利，而在实质上仍是个人权利。Anne Peters, "Humanity as the A and Ω of Sovereignty", (2009) 20 *European Journal of International Law* 513, p. 541.

[②] 诺瓦克：《评注》，第8页，脚注20。

[③] 诺瓦克：《评注》，《任择议定书》第2条，第1段。

[④] See Thomas Buergenthal, "To Respect and to Ensure: State Obligations and Permissible Derogations", in Henkin (ed.), *The International Bill of Rights: The Covenant on Civil and Political Rights* 72, p. 73; Conte and Burchill, *Defining Civil and Political Rights*, p. 5; Sarah Joseph, "Civil and Political Rights", in Mashood A. Baderin, Manisuli Ssenyonjo (eds.), *International Human Rights Law: Six Decades after the UDHR and Beyond* (Ashgate, 2010) 89, p. 95. 西奥多·梅隆认为，这使得《公约》不如《欧洲人权公约》和《美洲人权公约》进步，因为后两者还保护法人的权利：Theodor Meron, *Human Rights Law - Making in the United Nations* (Clarendon Press, 1986), pp. 100-101.

部分中，对权利主体使用了不同的称谓，在英文中包括"every human being""everyone""all persons""anyone""no one"等，在中文本中包括"人人""任何人""所有人"等。其中，"every human being"只能指自然人，这也符合使用这一术语的规定（第6条）所保障的权利即生命权的性质。其他的用语，尤其是诸如第2条第3款、第10条、第14条第1款以及第26条中出现的"person"，仅从字面来看，并不排除自然人即个人之外的其他法律主体。但是，对《公约》的系统解释将表明，这些用语仅指每一个作为个体的自然人，而不包括任何集体，无论其是否构成了国内法意义上的法人。[①] 这里的关键是《公约》第2条第1款的用语。该款规定，《公约》缔约国承担尊重和确保在其领土内和受其管辖的"一切个人"（all individuals）享受《公约》所确认的权利。英文中的"individual"仅指自然人，因此含义不同于可理解为"法律意义上的人"的"person"（也包括法人在内）。实际上，在《公约》起草之时，日本曾经在联大第三委员会提议以"persons"取代"individuals"，理由是，在一项法律文书中，"persons"这一用语更为合适。但是，联大第三委员会的大多数成员觉得应该保留"individuals"一词，因为从法律术语来看，"persons"不仅包括自然人，也包括法人，而《公约》并不关注后者；从第2条的语境来看，"individuals"更为合适，因为"persons"这一用语在法律上意味着已经由法律承认其具有权利和义务者。[②]

对于联大第三委员会大多数成员认为应该保留"individuals"这一用语的两个理由，诺瓦克作了一些分析。对于其中的第二个理由，诺瓦克的解释比联大第三委员会报告中的表述更易理解，即这是为了"防止国家通过拒绝承认法律人格的方式剥夺个人的由《公约》规定的权利"，"排除将国家对法律面前的人格的承认作为享有《公约》权利的前提条件"。诺瓦克认为这是

[①] 有人认为《公约》规定的某些权利也可以为公司等法人所享有，例如参见，Lucien J. Dhooge, "Human Rights for Transnational Corporations", (2007) 16 *Journal of Transnational Law and Policy* 197, p. 213. 但这是对《公约》的错误的扩大解释。

[②] A/5655, paras. 9, 17. 日本后来撤回了这一动议。参见，Marc J. Bossuyt, *Guide to the "Travaux Préparatoires" of the International Covenant on Civil and Political Rights* (Martinus Nijhoff, 1987), p. 53. 与《公约》的用语相映成趣的是，《美洲人权公约》第1条第1款规定其缔约国应尊重并确保"all persons"的权利和自由，但紧接着在第2款中规定，在该公约中，"person"意味着"every human being"，即自然人。

选择"individuals"这一表述的"首要目的"。① 对于其中的第一个理由,诺瓦克则似乎不很赞同。他承认《公约》第 2 条第 1 款和《任择议定书》第 1、2 条的字面解释以及准备工作不支持群体甚至法人也可主张《公约》规定的权利,也承认《公约》中的大多数权利的表述方式表明它们仅涉及个人,但同时认为,"可以提出系统性的或目的论的论证来反对这种限制性的解释"。他以自决权为例进行了论证,即尽管所有民族根据第 1 条具有自决权,但如果对《公约》第 2 条第 1 款作字面解释,则缔约国就将没有义务确保这一权利,而这种解释看来是荒唐的。尽管他在这段论述中,使用了"例如"的限定,似乎表明这只是可以用来反对将《公约》权利的主体解释为仅限于个人的一个例证,但看来这也是他能提出的唯一例证,因为他紧接着承认:"至于其他具有集体特征的权利(特别是第 18 条、第 21 条、第 22 条、第 23 条、第 25 条和第 27 条),这一问题就没有太多实际意义了,因为当这些由个人组成的组织或群体的权利受到侵害时,个人权利总是会受到影响的。"②

对于诺瓦克有关自决权的观点,可以提出两点反对理由。首先,他从"系统论"的论证来反对对《公约》权利主体的限制性解释。然而,恰恰是对《公约》的系统解释将否定他的结论。诺瓦克自己指出:"作为一个适用于《公约》确保的所有权利的'总括条款',第 2 条在对《公约》的系统解释方面起着重要的作用。"③ 而上文已经证明,以第 2 条第 1 款为指导的系统解释清楚地表明,《公约》规定的权利的主体只是个人。其次,对《公约》第 1 条和第 2 条第 1 款之间作进一步的"系统性的或目的论的论证",也许能够避免"荒唐的"解释。第 2 条第 1 款规定缔约国有义务尊重和确保"一切个人"享有《公约》所确认的权利。既然没有作任何限定,的确可以认为这些权利不仅限于第三部分所规定的个人权利,而是包

---

① 诺瓦克:《评注》,第 2 条,第 23、24 段。原文强调省略。关于《公约》第 16 条规定的法律人格权的重要性,参见陈泽宪主编:《〈公民权利和政治权利国际公约〉的批准与实施》,中国社会科学出版社,2008,第 335~340 页。
② 诺瓦克:《评注》,第 2 条,第 25、26 段。
③ 诺瓦克:《评注》,第 2 条,第 3 段。强调为原文所有。

括了第 1 条所规定的自决权这一集体权利。① 但是，"一切个人"享有自决权有一个前提，即他们必须构成了一个"民族"；他们只有作为"民族"而非单个的个人，缔约国才有义务尊重和确保其自决权。

以自决权为例证明《公约》保障了集体权利并不是一个好的例证。起草历史表明，就两公约共同第 1 条规定的自决权，"存在着各种根本不同的意见"。② 如果仅从法律必要性和可行性的角度来看，本来这一条是不太容易获得通过的。但是，《公约》起草正值非殖民化的高潮期和新独立国家大量涌现之时，消除西方"帝国主义的残余"成为第三世界国家的一个主要关注事项。③ 在这样的国际局势背景下，反对在两公约中包括自决权的西方国家在数量上处于劣势，更不要说在道德上还面临"历史罪责"的问题，因此两公约共同第 1 条在联大第三委员会上以 33 票赞成、12 票反对和 13 票弃权的表决结果获得通过。④ 实际上，自决权是一个远远超出了两公约的范围甚至超出了人权范围的极为复杂的国际法律和政治问题。但是，无论自决的概念、原则或权利在国际政治、国际法或国际人权法中占有多么重要的地位，自决权规定在人权两公约中的政治价值远大于其法律意义，因为从法律角度来看，对于自决作为一项权利——如果它是一项权

---

① See David Harris, "The International Covenant on Civil and Political Rights and the United Kingdom: An Introduction", in David Harris and Sarah Joseph (eds.), *The International Covenant on Civil and Political Rights and United Kingdom Law* (Clarendon Press, 1995) 1, p. 3. 在起草第 2 条期间，美国曾提出在第 2 条所有三款的"本公约所确认之权利"中插入"第二编"（即现今《公约》文本的第三编），即第 2 条所规定的缔约国义务仅限于针对《公约》第三编规定的个人权利，而与第 1 条规定的自决权无关。但美国随后撤回了这一动议。Bossuyt, *Guide to the "Travaux Préparatoires" of the International Covenant on Civil and Political Rights*, pp. 52, 61, 65. 这在一定程度上证明第 2 条中所称的"《公约》所确认之权利"也包括自决权。但是，路易斯·亨金曾提出，缔约国根据第 2 条承担的尊重和确保人权的义务不易适用于民族的自决权利和对自然资源的主权。Louis Henkin, "The International Bill of Rights: the Universal Declaration and the Covenants", in Rudolf Bernhardt and John Anthony Jolowicz (eds.), *International Enforcement of Human Rights* (Springer - Verlag, 1985) 1, p. 10.
② 诺瓦克：《评注》，第 1 条，第 8 段。
③ Natalie Kaufman Hevener, "Drafting the Human Rights Covenants: An Exploration of the Relationship Between U. S. Participation and Non - ratification", 1986 (148) *World Affairs* 233, p. 238.
④ 投票的具体情况见，United Nations, *Yearbook of the United Nations* (1955), p. 157。关于该条产生的历史背景，参见白桂梅：《国际法上的自决》，中国华侨出版社，1999，第 39~46 页。

利而非仅仅是一项原则的话①——所应具有的一些根本要素,很难说已经存在基本的共识:自决的权利主体是民族,但谁是"民族"?由于民族不同于个人这样一种可轻易辨识的自然存在,因此由谁来决定谁是"民族"?自决权的义务主体是谁?自决权的内容和范围是什么?与其对应的义务的内容和范围又是什么?② 在所有这些问题都没有相对确定的答案的情况下,也就难怪《公约》中包括"杂乱无形"(amorphous)的第1条被认为"也许是很不幸的",③ 使得这一条成为《公约》中"也许最有争议的规定"。④

人权事务委员会在其工作中,也尽力避免对棘手的自决权问题发表过多的意见。一方面,委员会在其有关第1条的一般性意见中称,自决权是"一项不可剥夺的权利","具有特别重要的意义,因为自决权的实现是有效地保障和遵守个人人权以及促进及巩固这些权利的基本条件";在对有关个人来文的意见中称,"委员会确认《公约》以最坚决的言词承认和保护民族的自决权利——这一权利是有效保证对个人权利的遵守以及促进和加强这些权利的基本条件",⑤ "在解释《公约》保护的其他权利时,尤其是第25、26、27条保护的权利时,第1条的规定可能有一定的作用"。⑥ 但另一方面,委员会关于第1条的一般性意见,除了呼吁缔约国在其定期报告中提供关于这一条的充分、详细的资料以外,其余内容非

---

① 关于自决究竟是一项原则还是一项权利的讨论,参见, James Summers, "The Status of Self-determination in International Law: A Question of Legal Significance or Political Importance?" (2003) 14 *Finnish Yearbook of International Law* 271, pp. 273 – 282。

② See Matthew Saul, "The Normative Status of Self-Determination in International Law: A Formula for Uncertainty in the Scope and Content of the Right?", (2011) 11 *Human Rights Law Review* 609.

③ Myres S. McDougal and Gerhard Bebr, "Human Rights in the United Nations", (1964) 58 *American Journal of International Law* 603, p. 622.

④ McGoldrick, *The Human Rights Committee*, p. 14. See John P. Humphrey, "The International Law of Human Rights in the Middle Twentieth Century", in Maarten Bos (ed.), *The Present State of International Law and Other Essays: written in honour of the Centenary Celebration of the International Law Association 1873 – 1973* (Kluwer, 1973) 75, pp. 102 – 103.

⑤ Communication No. 318/1988, *E. P. et al. v. Colombia*, para. 8.2.

⑥ Communication No. 760/1997, *Diergaardt et al. v. Namibia*, para. 10.3. See Communication No. 547/1993, *Mahuika et al. v. New Zealand*, para. 9.2; Communication No. 932/2000, *Gillot v. France*, paras. 13.4, 13.16.

常含混,"回避了有争议的问题",① 而本来委员会是可以通过发表一般性意见的机会阐述其对于自决权各方面的观点的;② 在对缔约国报告的审议中,委员会也只针对一些非常具体的、不会引起争议的事项如民主参与问题、和平进程问题发表了意见;在对个人来文的审议中,则以自决权不是个人权利、无论集体还是个人都不能根据《任择议定书》就该权利可能被侵害提交来文为由,没有受理来文或来文中的有关部分,也就未能对自决权的实质方面(如谁有资格被认定为可享有自决权的民族)作出任何意见,从而将这一权利的"潜在效能降低到了最低限度"。③

因此,结论是,除了第1条规定的自决权这一例外以外,"《公约》没有提到法人或者类似实体或者集体的权利",④ 也就是说,《公约》并不保障集体权利。在此,特别需要注意的是《公约》第27条规定的少数人的权利。"少数人"(minority)毫无疑问指的不是单个人,而是指——按照联合国防止歧视和保护少数小组委员会任命的特别报告员卡波托蒂的定义——在人种、宗教或语言上具有有别于一国其他人口的特征、在数量上处于少数且处于非支配地位的群体(group)。⑤ 因此,第27条规定的少数

---

① 陈泽宪主编:《〈公民权利和政治权利国际公约〉的批准与实施》,第108页。
② 委员会没有这么做的原因,参见,McGoldrick, *The Human Rights Committee*, pp. 257 – 258。另外,在1994年有关第27条(少数人权利)的第23号一般性意见和1996年有关第25条(政治权利)的第25号一般性意见,还提到了自决权,但也只是限于指出自决权不同于第27条规定的少数人权利(第23号一般性意见,第2~3.1段),以及第1条第1款规定的民族自由确定其政治地位并选择其宪法或政府的形式的权利与第25条规定的政治权利的关系和区别(第25号一般性意见,第2段)。
③ Scott Davidson, "The Procedure and Practice of the Human Rights Committee under the First Optional Protocol to the International Covenant on Civil and Political Rights", (1991) 4 *Canterbury Law Review* 337, p. 339.
④ 第31号一般性意见,第9段。
⑤ Francesco Capotorti, *Study of the Rights of Persons Belonging to Ethnic, Religious and Linguistic Minorities*, UN Doc. E/CN. 4/Sub. 2/384/Rev. 1 (1979), para. 568. 关于少数人的定义,参见,Malcom N. Shaw, "The Definition of Minorities in International Law", in Yoram Dinstein and Mala Tabory (eds.), *The Protection of Minorities and Human Rights* (Martinus Nijhoff, 1992) 1; 吴双全:《少数人权利的国际保护》,第10~32页。

人权利非常容易被当作一种集体权利。① 然而，暂且不论在人权的一般语境中少数人权利是否是集体权利，② 《公约》第 27 条规定的少数人的权利只是个人权利，而非集体权利。③

认为第 27 条规定的是集体权利的错误认识主要是由两个原因造成的。一个原因是"少数人"本身就是一个群体，因此讨论其权利似乎就是在讨论其作为一个群体的权利或者说集体权利。另一个原因——至少在中

---

① 例如参见诺瓦克：《评注》，第 27 条，第 36 段，其中介绍了其他学者认为少数人权利是集体权利的观点；Allan Rosas and Martin Scheinin, "Categories and Beneficiaries of Human Rights", in Raija Hanski and Markku Suksi (eds.), *An Introduction to the International Protection of Human Rights: A Textbook* (Institute for Human Rights, Åbo Akademi University, 1997) 49, p. 53，其中称这一权利为"半集体权利"（semi-collective rights）；Philip Vuciri Ramaga, "The Group Concept in Minority Protection", (1993) 15 *Human Rights Quarterly* 575，提出第 27 条尽管将少数人权利作为个人权利来规定，但基于其性质及执行方式，这一权利应该被认为是集体性的。Theo Van Boven, "The International System of Human Rights: An Overview", in United Nations, *Manual on Human Rights Reporting under Six Major International Human Rights Instruments*, HR/PUB/91/1 (Rev. 1) (1997) 3, pp. 6-7，认为少数人权利就其本质而言是集体权利。

② 参见, Vassilios Grammatikas, "The Definition of Minorities in International Law: A Problem Still Looking for a Solution", (1999) 52 *Revue Hellenique de Droit International* 321, p. 361："迄今存在的所有提到少数人的国际文书都适用于属于少数人的个人，而没有认为他们有任何集体权利（或群体权利）。" Patrick Macklem, "What is International Human Rights Law – Three Applications of a Distributive Account", (2007) 52 *McGill Law Journal* 575, p. 595，其中认为，二战后，国际人权法领域主要是从对个人作出规定的角度理解少数人权利，是赋予属于少数人群体的个人以权利。吴双全：《少数人权利的国际保护》，第 12 页："一般国际人权文件规定的少数人的权利主要是针对个人的，而不是针对集体的。"

③ 参见, Thornberry, *International Law and the Rights of Minorities*, p. 173; Douglas Sanders, "Collective Rights", (1991) 3 *Human Rights Quarterly* 368, p. 376; Dominic McGoldrick, "Canadian Indians, Cultural Rights and the Human Rights Committee", (1991) 40 *International and Comparative Law Quarterly* 658, p. 659; B. G. Ramcharan, "Individual, Collective and Group Rights: History, Theory, Practice and Contemporary Evolution", (1993) 1 *International Journal of Group Rights* 27, p. 28; Nigel S. Rodley, "Conceptual Problems in the Protection of Minorities: International Legal Developments", (1995) 17 *Human Rights Quarterly* 48, p. 52; February Gérard Cohen Jonathan, "Human Rights Covenants", in Rudolf Bernhardt (gen. ed.), *Encyclopedia of Public International Law* (Vol. II, Elsevier, 1995), p. 917; BAI Guimei（白桂梅）, "The International Covenant on Civil and Political Rights and the Chinese Law on the Protection of the Rights of Minority Nationalities", (2004) 3 *Chinese Journal of International Law* 441, pp. 442-444; Joseph and Castan, *The International Covenant on Civil and Political Right: Cases, Materials, and Commentary*, p. 832; 周勇：《少数人权利的法理》，第 55 页；诺瓦克：《评注》，第 27 条，第 32 段，其中认为将少数人权利规定为个人权利主要出于政治原因。

国的人权和《公约》研究中——很可能与通行中文本的表述有关。在《公约》的通行中文本中，第 27 条的表述是："在那些存在着人种的、宗教的或语言的少数人的国家中，不得否认这种少数人同他们的集团中的其他成员共同享有自己的文化、信奉和实行自己的宗教或使用自己的语言的权利。"这种表述给人的印象是，第 27 条规定的权利的主体是"这种少数人"，也就是说其主体是一个群体。但是，这种表述至少存在一个逻辑上的问题："少数人"已经指一个具有某种共性的群体，那么什么叫"少数人同他们的集团中的其他成员"？这种说法类似于"巴斯克人同巴斯克民族的其他成员"，在逻辑上不通。出现这一问题是因为《公约》通行中文本中漏掉了作准中文本包含的若干关键用语。在《公约》作准中文本中，第 27 条的表述是："凡有种族、宗教或语言少数团体之国家，属于此类少数团体之人，与团体中其他分子共同享受其固有文化、信奉躬行其固有宗教或使用其固有语言之权利，不得剥夺之。"抛开其他用语的差别不谈，作准中文本与通行中文本的一个重要差别是，根据前者的表述，第 27 条规定的权利的主体是"属于此类少数团体之人"而非"此类少数团体"即少数人群体本身。对英文本相应部分的解读也将导致同样的结论。在英文本中，第 27 条的表述是："persons belonging to such minorities shall not be denied the right, in community with the other members of their group, to enjoy …。"按这一表述，权利的主体是"persons belonging to such minorities"，重点放在了属于少数人的"persons"即个人而非作为群体的"minorities"上，[1] 其中的"人"（persons）虽然是复数，但显然指的是数量不定的个人而非这些个人构成的一个整体。[2] 曾担任委员会委员的克里斯蒂安·托姆沙特斩钉截铁地称："就第 27 条规定的权利的持有者，不存在任何疑问。得到保护的，不是少数人群体，而是'属于少数人的个人'。"[3] 在有关第 27 条的一般性意见（第 1 段）中，委员会也提出，它认为这一条

---

[1] J. N. Saxena, "International Protection of Minorities and Individual Human Rights", (1983) 23 *Indian Journal of International Law* 38, p. 49.
[2] 另参见第 23 号一般性意见第 3.1 段，其中提出第 27 条规定的是个人权利，不同于第 1 条规定的属于民族的权利。
[3] Tomuschat, "Protection of Minorities under Article 27 of the International Covenant on Civil and Political Rights", p. 954.

"确立并确认了赋予属于少数群体的个人（individuals belonging to minority groups）的权利"。因此，第 27 条保障的权利仍是个人的而非群体或集体的权利。尽管第 27 条规定的权利通常被称为"少数人的权利"，但更为严谨、正确的说法应该是"属于少数人的个人的权利"。第 27 条的这种表述是有意形成的，除历史和政治方面的原因以外，这种表述还保证了《公约》第三部分规定的权利均为个人权利的一致性。①

个人权利理所当然地由个人主张、享有和行使，并在此意义上有别于由人的集合以自己的名义和资格主张、享有和行使的集体人权（在《公约》中仅有一项这样的权利即自决权）。但是，《公约》保障的所有个人权利的享有或行使并不必然都纯粹是个体性的，无须与他人发生任何联系（这样的权利如《公约》第 7 条规定的免于酷刑的自由或第 14 条规定的获得公正审判的权利），因为有些个人权利内在地具有群体性质或集体维度。② 这又分为两种情况。一种情况是，某些个人在某些方面如种族、民族、性别、语言、宗教等，有别于其他个人并由此形成具有一定特性的群体，因此属于这类群体的某一个人在享有或行使与这些特性有关的权利时，如使用自己的语言或表示自己的宗教时，不仅仅是单个的、孤立的个人，而往往是作为这种群体中的一员，与同一群体中的其他个人共同享有或行使。同时，如果国家不承认这些群体的特性或拒绝给予这些特性所需要的特别保护，那么这些群体中的每一个人的权利都将受到影响。③ 这种情况可以称为有别于集体权利的"集体性权利的个体享有和行使"。另一种情况是，尽管有些权利是个人的权利，但这些权利的享有和行使恰恰体现为个人之间发生联系，如组建家庭、结社或集会等，而无法由个人孤立地享有或行使，因此这些权利的享有和行使是连带性的，这些权利本身也具有内在的集体维度。这种情况可以称为"个体性权利的集体享有和行使"。④

---

① Capotorti, *Study of the Rights of Persons Belonging to Ethnic, Religious and Linguistic Minorities*, paras. 206 – 210. 第 27 条的起草历史见，Ibid., paras. 165 – 194。
② See Malcolm N. Shaw, *International Law* (6th ed., Cambridge University Press, 2008), p. 281.
③ See Henry J. Steiner, Philip Alston and Ryan Goodman, *International Human Rights in Context: Law, Politics, Morals* (Oxford University Press, 3rd edn, 2008), p. 153.
④ 例如见委员会第 37 号一般性意见，第 4 段：和平集会权"是一项集体行使的个人权利"。

《公约》在保障个人权利的同时，在某些条款中也承认和反映了某些权利的群体性质或集体维度。① 例如，《公约》第 18 条第 1 款规定人人有权"单独或集体"表示他的宗教或信仰。第 22 条第 2 款规定人人有权享受"与他人结社"的自由。第 23 条第 1 款规定"家庭"应受社会和国家的保护，而家庭显然要由至少两个人构成。第 27 条在将其中保障的权利规定为个人权利的同时，也没有放弃该权利具有的明显的、强烈的集体性质，因为其中规定了属于少数人的个人"与团体中其他分子共同"（in community with the other members of their group）② 享有该条规定的权利，而"用到'共同'（community）一词明显地为第 27 条增加了一种集体维度"。③ 因此，按委员会所说，"虽然依照第 27 条受到保护的权利是个人的权利，但是它们又取决于少数人群体维持其文化、语言或宗教的能力"。④ 萨拉·约瑟夫和梅利莎·卡斯坦甚至提出，"由于第 27 条所保护的权利适用于少数群体的成员，因此可以部分地将其视为集体权利，但可由个人单独行使"。⑤

但是，必须注意的是，这些权利的这种集体性质绝没有使它们变成集

---

① 参见，第 31 号一般性意见，第 9 段；Ramcharan, "Individual, Collective and Group Rights", pp. 30 - 33; Van Boven, "The International System of Human Rights: An Overview", p. 6; Gudmundur Alfredsson, "Minority Rights: International Standards and Monitoring Procedure", (1998) 5/6 *Latvia Human Rights Quarterly* 9, p. 17; Joseph, "Civil and Political Rights", p. 95; Steiner, Alston and Goodman, *International Human Rights in Context: Law, Politics, Morals*, p. 153。

② 这一条件究竟是一种在享有和行使第 27 条时必须满足的限制条件，还是只是一种享有和行使第 27 条时的事实情况，不是很清楚。诺瓦克看来倾向于前者（诺瓦克：《评注》，第 1 条，第 16 段；第 27 条，第 38 段）。但这种认识有一定的问题。第 27 条是以否定性的语言表述的（属于少数人的个人的权利"不得剥夺之"），如果与少数人群体的其他成员共同享有权利是一个限制条件，则意味着如果不满足这一条件，属于少数人的个人的权利就能被剥夺，这显然有违第 27 条的目的和宗旨。因此，正确的理解应该是，属于少数人的个人可以而非——按诺瓦克的理解——"应当"与属于同一少数人群体的其他成员共同享有第 27 条规定的权利。

③ Markku Suksi, "Personal Autonomy as Institutional Form – Focus on Europe Against the Background of Article 27 of the ICCPR", (2008) 15 *International Journal on Minority and Group Rights* 157, p. 158.

④ 第 23 号一般性意见，第 6.2 段。

⑤ Joseph and Castan, *The International Covenant on Civil and Political Right: Cases, Materials, and Commentary*, p. 833.

体权利，这些权利仍是个人权利。① 换言之，《公约》缔约国并不对任何个人之外的实体承担《公约》义务。不过，对这一论断还必须注意两点。第一点是，《公约》主要保障个人权利只是由于《公约》是这样规定的，这并不能成为在法理上否定集体人权的理由，也不意味着集体、团体、群体或法人不能根据缔约国的国内法或某一缔约国接受的其他国际人权条约主张、享有和行使与《公约》规定的个人权利内容相同的权利。第二点是，尽管《公约》缔约国不对任何个人之外的实体承担《公约》义务，但是如果缔约国对某一群体或集体采取的干涉或限制性行动同时影响了属于这一群体或集体的成员的权利，则这种行动就有可能构成对个人根据《公约》享有的权利的侵害。例如，如果某一缔约国干涉或限制某一工会或宗教社团的活动，这样的决定就可能侵害其成员个人根据《公约》第 22 条享有的结社自由的权利以及——在宗教社团的情况中——根据第 18 条享有的宗教自由的权利。②

《公约》保障的许多个人权利具有群体性质或集体维度，但是个人权利与集体权利、个人作为权利的主体与这些权利的享有或行使可能具有的群体性质或集体维度决不能被混淆。委员会审查个人来文的实践表明了如下两点。

首先，个人不能主张《公约》第 1 条所规定的自决权这一集体权利。在其对第一件有关自决权的来文的审议中，委员会以提交人没有证明他被授权代表一个部落社群（米克马克社群）行事以及没有提出任何事实证实他本人是《公约》规定的任何权利被侵害的受害者为由，宣布不予受理来文，但没有对个人能否主张自决权作清楚的说明。对于这一决定，委员会委员罗杰·埃雷拉（Roger Errera）在其个人意见中提出了三个问题，认为这些问题对于解释《公约》第 1 条第 1 款和《任择议定书》第 1 条、对于委员会有关声称《公约》第 1 条第 1 款被违反的个人来文的案例法具有根本重要性：（1）《公约》第 1 条第 1 款宣明的"所有民族"的"自决"权，根据《任择议定书》第 1 条的规定，是否构成了"《公约》所载权

---

① 但有人认为，这三条以及第 1 条"明确地确保了集体权利"。Davidson, "The Procedure and Practice of the Human Rights Committee", p. 345.

② See Communication No. 1249/2004, *Joseph* et al. v. *Sri Lanka*; Buergenthal, "To Respect and to Ensure: State Obligations and Permissible Derogations", p. 73.

利"之一？（2）若如此，加入《任择议定书》之某一缔约国对这一权利的侵害是否能够成为个人来文的对象？（3）米克马克社群是否构成了上述《公约》第1条第1款含义之内的一个"民族"？① 委员会在后来的来文审议中，对前两个问题作出了否定回答，对后一个问题的实质——谁是《公约》第1条意义上的"民族"，则从未作出任何回答。在基托克诉瑞典案中，提交人声称自己是瑞典政府违反《公约》第1条和第27条的受害者。委员会受理了有关第27条被违反的指控，但对于根据第1条提出的指控，委员会指出：

> 提交人作为一个个人，不能主张是《公约》第1条所规定的自决权利被侵害的受害者。尽管《任择议定书》规定了一种个人可以主张他们的权利被侵害的求助程序，但是《公约》第1条涉及的是赋予民族的权利，如此而已。②

类似地，在著名的卢比康湖营居群诉加拿大案中，奥米纳雅克作为一个加拿大印第安人部落的首领和代表，指控加拿大违反了《公约》第1条。委员会首先承认"民族"享有第1条规定的自决权，但认为卢比康湖营居群是否构成了一个"民族"的问题并不能由委员会根据《任择议定书》处理，因为《任择议定书》规定了个人可以据以主张其个人权利被侵害的程序，而"这些权利规定在《公约》第三部分即第6～27条中"。③ 在E. P. 等人诉哥伦比亚案中，6名讲英语、信仰新教的哥伦比亚公民声称他们根据《公约》第1条、第25～27条享有的权利受到了哥伦比亚的侵害。就提交人的诉权资格问题，委员会重复了在上述两个案件中的意见，即个人不能根据《任择议定书》主张自己是《公约》第1条规定的自决权利被侵害的受害者，而只能主张《公约》第6～27条规定的个人权利

---

① Communication No. 78/1980, *A. D. v. Canada*, Appendix.
② Communication No. 197/1985, *Kitok v. Sweden*, para. 6. 3. See also Communication No. 1239/2004, *Wilson v. Australia*, para. 4. 3.
③ Communication No. 167/1984, *Bernard Ominayak, Chief of the Lubicon Lake Band v. Canada*, para. 32. 1. See also Communication No. 547/1993, *Mahuika et al. v. New Zealand*, para. 9. 2; Communication No. 760/1997, *Diergaardt et al. v. Namibia*, para. 10. 3.

受到了侵害。① 在霍姆诉菲律宾案中，委员会则称，"为了根据《任择议定书》提交来文，[《公约》] 第 1 条不能独立地作为根据《任择议定书》提交的来文的对象"。②

从委员会对上述来文的意见可以看出三点。第一点是，个人不能主张自己是《公约》第 1 条所规定的自决权被侵害的受害者，因为自决权不是个人的权利、个人不是自决权的主体。第二点是，尽管《任择议定书》第 1 条和第 2 条规定委员会只能审查个人作为《公约》所规定的"任何权利"被侵害的受害者提交的来文，而没有将这些权利限定为《公约》第三编规定的个人权利，但委员会显然认定个人只能主张个人权利，而不能主张自决权这一集体权利。③ 第三点是，只有"民族"才能主张自决权，但由于"民族"是一种自行存在的权利主体，并不等于个人的集合，因此尽管"民族"可以主张自决权，但对其被侵害的申诉并不在委员会根据《任择议定书》可以审查的范围之内。④ 由此，委员会回避了许多棘手的问题，如究竟谁能构成《公约》第 1 条含义之内的"民族"、"自决权"的更为具体的内容和范围等。诺瓦克指出，这种"司法自我约束"虽然从政治角度来看可能是明智的，但一直受到法律界的批评。⑤

其次，任何集体都不能主张《公约》第三编规定的个人权利。委员会的实践也证明了这一点。对于所有以个人之外的任何人的集合的名义提交的来文，委员会均以不符合《任择议定书》第 1 条的规定而未予受理。例

---

① Communication No. 318/1988, *E. P. et al. v. Colombia*, para. 8.2. 关于个人不能主张是《公约》第 1 条规定的自决权的"受害者"，参见，Communication No. 1239/2004, *Wilson v. Australia*, para. 4.3。

② Communication No. 1169/2003, *Hom v. Philippines*, para. 4.2.

③ See Communication No. 358/1989, *R. L. et al. v. Canada*, para. 6.2; Communication No. 413/1990, *A. B. et al. v. Italy*, para. 3.2. 但多米尼克·麦戈德里克对此提出批评，认为《任择议定书》反复提到《公约》的"各项规定""任何权利"，而没有明确限定《任择议定书》的适用仅限于《公约》第 6~27 条。McGoldrick, "Canadian Indians, Cultural Rights and the Human Rights Committee", p. 664.

④ 第 23 号一般性意见，第 3.1 段。有学者提出，《公约》中的自决权不是"一项可通过司法手段强制实施的权利"(a judicially enforceable right)。Alex Conte, "International Reflections on Civil and Political Rights in New Zealand", (2002) 8 *Canterbury Law Review* 480, p. 487.

⑤ 诺瓦克：《评注》，第 1 条，第 26 段。

如，在 J. R. T. 和 W. G. 党诉加拿大案中，来文由一位加拿大公民 J. R. T. 和他领导的 W. G. 党提交，声称加拿大违反了《公约》第 19 条第 1、2 款。委员会指出，W. G. 党是一个社团而非个人，不能根据《任择议定书》提交来文，因此与 W. G. 党有关的来文不可受理。[1] 同样，在意大利保护残疾人权利社团组织（简称"Coordinamento"）诉意大利案中，委员会认定该社团缺乏主体资格，宣布来文不可受理。[2] 在几家报纸出版公司指控特立尼达和多巴哥违反《公约》第 2、14、19 条的两件来文中，委员会指出，根据《任择议定书》之缔约国的法律成立的公司本身根据第 1 条没有诉讼资格，无论其指控是否提出了与《公约》有关的问题。[3] 在 S. M. 诉巴巴多斯案中，提交人诉称他所拥有的食品公司没有得到公正审判。委员会认为，尽管提交人是其公司的唯一股东，但公司有其本身的法人资格，公司的权利并不受《公约》的保护，因此提交人根据《任择议定书》第 1 条没有诉讼资格。[4] 在沃尔曼诉奥地利案中，来文是一对夫妇不仅以他们个人的名义提交的，而且是代表他们拥有的一家旅馆提交的。委员会仅受理了其中一人的来文，对于以旅馆名义提交的来文，委员会则明确指出旅馆不是个人、不能根据《任择议定书》提交来文，因此根据《任择议定书》第 1 条宣布来文不可受理。[5] 对于委员会不受理集体以自己名义提交的来文，即任何集体都不能在《任择议定书》规定的个人来文程序中主张《公约》第三编规定的个人权利，可能提出的一个疑问是：集体无《任

---

[1] Communication No. 104/1981, *J. R. T. and the W. G. Party v. Canada*, para. 8（a）.

[2] Communication No. 163/1984, *Group of associations for the defence of rights of disabled and handicapped persons in Italy v. Italy*, para. 5.

[3] Communication No. 360/1989, *A newspaper publishing company v. Trinidad and Tobago*, para. 3. 2; Communication No. 361/1989, *A publication and a printing company v. Trinidad and Tobago*, para. 3. 2.

[4] Communication No. 502/1992, *S. M. v. Barbados*, paras. 6. 2 - 6. 3. See also Communication No. 737/1997, *Lamagna v. Australia*, para. 6. 2. 关于公司及其股东与《公约》及其《任择议定书》的关系问题，参见，Marius Emberland, "The Corporate Veil in the Jurisprudence of the Human Rights Committee and the Inter - American Court and Commission of Human Rights", (2004) 4 *Human Rights Law Review* 257。

[5] Communication No. 1002/2001, *Wallman v. Austria*, para. 8. 13. 另一人的来文则因为他曾经就同一事项向欧洲人权委员会申诉以及奥地利的有关保留，而根据《任择议定书》第 5 条第 2 款（子）项不予受理。

择议定书》含义之内的诉讼资格,是否意味着集体一定不是《公约》第三编规定的权利的主体?对这一问题的简短解说是:如果说某一实体是某一权利的主体,那么该实体就可以以自己的名义享有、行使以及主张这一权利;因此,如果该实体在某一法律制度中被否认可以以自己的名义主张这一权利,那么它在该法律制度中就不是这一权利的主体。按此逻辑,由于作为《公约》制度整体之一部分的《任择议定书》否认集体可以以自己的名义提交来文即主张权利,集体就不可能是《公约》权利的主体。当然,这一论断只限于《公约》的语境,而无涉《公约》的语境之外,集体能否是人权主体的问题。

但是,如果某种情况同时影响了某一集体及其成员的权利,或者难以在集体本身的权利及其成员的权利之间作出明确划分,一般而言委员会将视其为个人主张《公约》规定的个人权利的情况:"委员会的职权只限于接受和审议由个人或者代表个人提出的来文(……),但是这并不禁止个人声称关涉法人和类似实体的行为或者不行为构成对这些个人自己的权利的侵害。"[1] 例如,在辛格诉加拿大案中,提交人诉称,魁北克当局要求他将自己商铺外的英语广告换成法语广告具有歧视性。加拿大认为提交人主张的是他的商铺的权利,而根据《任择议定书》第1条,公司不具有来文资格。委员会却认为,来文中涉及的《公约》权利,尤其是表达自由的权利,在本质上与个人紧密相连、不可分割,提交人享有以他选择的语言传播有关其商铺的消息的自由,提交人本身而非仅仅是他的公司受到了有关法律的直接影响,并因此认定存在违反第19条第2款的情况。[2] 另外,如果某一提交人不仅主张其代表的组织的权利受到了侵害,同时也主张其自身的权利受到了侵害,则委员会的不受理决定将仅针对前者,而不影响提交人就其本身的权利受到侵害的申诉——如果这一申诉不被受理,必然是基于其他的原因。在上述 J. R. T. 和 W. G. 党诉加拿大案以及"Coordinamento"诉意大利案中,委员会没有受理来文的任何部分,但理由是不一样的:W. G. 党和"Coordinamento"的申诉没有被受理,是因为它们没有诉权;而 J. R. T. 本人的申诉没有被受理是因为他没有用尽国内

---

[1] 第31号一般性意见,第9段。
[2] Communication No. 455/1991, *Singer v. Canada*, paras. 11.2, 12.2.

救济，由组成"Coordinamento"的不同社团的代表以自己的名义提出的申诉没有被受理则是因为他们未能表明自己实际上和亲身地受到他们所指控的意大利相关法律的影响。① 在哈提凯南诉芬兰案中，提交人是芬兰的"自由思想者联盟"的秘书长，他为自己和该联盟的其他成员提交来文。委员会没有明确宣布这一联盟不能提交来文，但要求提交人提供他声称代表的其他人的姓名、地址和授权声明，否则将不能审查他代表这些人提交的来文。在提交人提供了56个人的签名和授权他提交来文的资料之后，委员会才审议了来文。② 这表明，在委员会看来，这项来文等于是由57个人分别作为个人而非一个整体提交的，只不过其中的56个人是由哈提凯南代理的。在卢比康湖营居群诉加拿大案中，委员会尽管声明《任择议定书》规定的只是个人可以申诉它们的个人权利受到侵害的程序，但还曾提到，"不存在障碍的是，主张受到相似影响的一群个人可以就他们的权利据称受到的侵害，集体提交一项来文"。③ 其中的"集体"一词在英文中是"collectively"——这是一个副词而非名词，意味着这一群个人可以共同但非以整体提交来文。换言之，即使在一项可以为集体所享有的权利可能被侵害情况中，仍不能由该集体以自己的名义提交来文，而只能由组成该集体的一群人以每一个人的名义但一起或共同提交来文。例如，在指控芬兰违反《公约》第27条的伊尔马里·兰斯曼等诉芬兰案中，48名提交人都是芬兰的一个少数民族萨米人的成员，也都是一个牧民委员会的成员，但他们并不是以萨米人作为一个整体或以牧民委员会的名义提交来文的，而是以48名个人的名义共同提交的。④ 在约瑟夫等人诉斯里兰卡案中，斯里兰卡拒绝了一些天主教修女成立的修会组建法人团体的申请，于是该修会的会长以其本人名义并代表明确授权她作代表的其他80名修女而非以修

---

① Communication No. 104/1981, para. 8（c）; Communication No. 163/1984, para. 6.2. See also Communication No. 67/1980, *E. H. P. v. Canada*.
② Communication No. 40/1978, *Hartikainen v. Finland*, paras. 3-4.
③ Communication No. 167/1984, *Bernard Ominayak, Chief of the Lubicon Lake Band v. Canada*, para. 32.1.
④ Communication No. 511/1992, *Ilmari Länsman et al. v. Finland*. 另参见，Communication No. 547/1993, *Mahuika et al. v. New Zealand*, 该来文的提交人为19名新西兰毛利族人。

会的名义向委员会提交了来文。① 可以想象，在这些来文中，如果提交人不是以这样的方式而是以牧民委员会或修会的名义提交来文，其来文就不会被受理。实际上，委员会对于究竟多少人可以共同提交来文，没有设定任何限制。例如，对于一件由6588人共同提交的来文，委员会认为，"只要每一提交人都是《任择议定书》第1条含义之内的受害者，就没有任何理由阻止很多人根据《任择议定书》提交案件"。② 而对于提交人多达743个的居耶等诉法国案，委员会不仅受理，而且进行了审议，得出了法国对这些提交人的差别对待违反《公约》第26条的结论。③ 在法律意义上，这样的来文仍是个人来文，而非集体来文。

三 个人是否为《公约》中的义务主体

《公约》中的义务主体是指《公约》所规定的义务的承担者。由于《公约》在实质上规定的是缔约国与受其管辖的个人之间的权利义务关系——在这一关系中，缔约国承担义务，个人享有权利，因此缔约国是《公约》中的义务主体，对作为权利主体的个人承担《公约》所规定的义务。当然，如前所述，由于《公约》仍是缔约国之间的条约，因此，每一缔约国针对其他缔约国也是义务主体，但所承担义务的实质内容仍是尊重和确保在其本国领土内、受其管辖的个人的权利。

根据《公约》第48条，只有主权国家才能批准或加入《公约》；此外，在某些情况中，主权国家还有可能根据一般国际法继承《公约》。因此，一个主权国家可以以批准、加入或继承方式成为《公约》缔约国，由此成为《公约》中的义务主体；不是《公约》缔约国的国家不是《公约》

---

① Communication No. 1249/2004, *Joseph et al. v. Sri Lanka*, paras. 7.2 – 7.3. 另参见，Communication No. 1/1976, *A. et al. v. S*, 该来文由18位签名人代表1194名据称的受害者提交。但委员会中止了对该来文的审议，因为提交人一直没有对委员会的要求作出答复。

② Communication No. 429/1990, *E. W. et al. v. The Netherlands*, paras. 6.3 – 6.4. 但是，委员会以提交人未能证明自己是《任择议定书》第1条含义之内的受害者为由，没有受理此项来文。

③ Communication No. 196/1985, *Gueye et al. v. France*.

的义务主体、不承担《公约》规定的义务。[①]《公约》规定的义务所约束的是作为一个整体的缔约国，这意味着缔约国内部的权力分配不得有损缔约国作为一个整体承担《公约》所规定的义务。这是《维也纳条约法公约》第 27 条所体现的习惯国际法规则——缔约国"不得援引其国内法规定为理由而不履行条约"——在《公约》领域中的具体体现。因此，即使一国在横向上实行分权，诸如实行"三权分立"，任何权力部门对《公约》的可能违反，其责任均要由缔约国承担；同样，即使一国在纵向上实行分权，诸如采用联邦制，任何组成单位对《公约》的可能违反，其责任均要由缔约国承担。另外，由于《公约》缔约国不仅对其领土内，而且对受其管辖的个人承担尊重和确保其权利的义务，因此缔约国的义务不仅及于其无论法律地位为何的附属领土，而且及于在缔约国领土外但处于其权力范围内或者有效控制下的个人。[②]

缔约国作为《公约》中的义务主体，清楚而明确。值得探讨的一个问题是，在《公约》的语境中，是否存在缔约国以外的义务主体，特别是，个人是否是《公约》中的义务主体。对此，要分别从一般人权范畴中的权利义务关系以及《公约》的语境两个方面探讨。

（一）人权范畴中的权利与义务关系

如果个人是《公约》中的义务主体，或者说，个人根据《公约》承担义务，那么这些义务或其中任何一项与个人权利之间的关系可能有两种情况。一种情况是，个人的义务与个人的权利相互对应，亦即这种义务是个人享有和行使其权利的条件，如个人不承担或履行这种义务，即不得享有和行使与其相对应的权利。另一情况是，个人的义务与个人的权利是相互独立的，亦即尽管个人必须承担某种义务，但这种义务并非个人享有和行

[①] 关于《公约》的批准、加入和继承，参见孙世彦：《〈公民及政治权利国际公约〉缔约国的义务》，第 228～231 页；关于包括《公约》在内的国际人权条约的继承以及《公约》在作为非缔约国的中国的香港特别行政区、澳门特别行政区适用的问题，参见孙世彦：《国际人权条约的持续效力：当代理论与实践》，载朱晓青主编《变化中的国际法：热点与前沿》，中国社会科学出版社，2012，第 27～77 页。

[②] 关于《公约》缔约国义务的属地适用范围的详细论述，参见孙世彦：《〈公民及政治权利国际公约〉缔约国的义务》，第 242～316 页。

使其权利的条件,即使个人不承担或履行这种义务,也不影响其享有和行使自己的权利。

对权利和义务的关系,最经常被引用的一句话是:"没有无义务的权利,也没有无权利的义务。"① 的确,权利和义务是相互联系的,是一枚硬币的两面,任何一个方面都不能脱离另一方面而单独存在:当我们说到一项权利时,同时就必然存在相对应的义务。因此,权利和义务相互依存、相互包含、相互决定——既不存在没有相应义务的权利,也不存在没有相应权利的义务。② 而在人权的语境中,权利和义务之间的关系有可能被理解为,"享受权利同时就要承担相应的义务和责任,反之亦然";③ "就国际人权标准的有效实施而言,……在权利和责任之间存在紧密的相互依存关系,对权利的享有极大地依赖于对针对其他人和社会的责任的履行"。④ 这种理解似乎意味着个人享有人权要以其承担某些相应的义务为条件,如果不承担和履行这些义务,即不能享有人权。这种理解是否成立?

权利和义务之间存在"对立统一关系",但必须加以注意和强调的是,这种"对立统一关系"呈现为两种类型(如图1所示)。

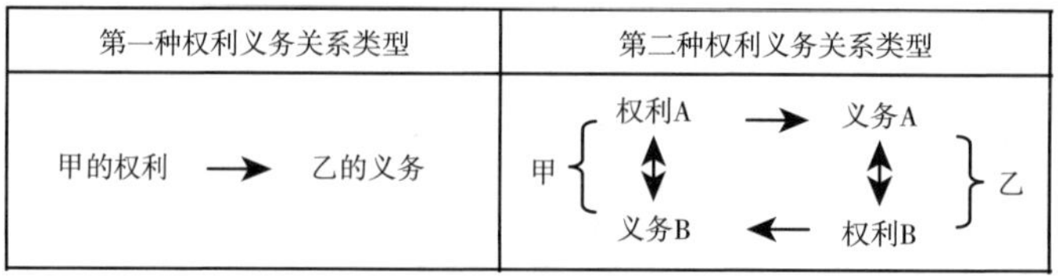

第一种权利义务关系类型	第二种权利义务关系类型
甲的权利 → 乙的义务	甲 { 权利A → 义务A ↕ ↕ 义务B ← 权利B } 乙

图1 权利义务关系类型

在第一种权利义务关系类型中,主体甲享有权利,其他某一或某些主体乙负有相应的义务,主体甲享有权利并不以承担任何义务为条件,主体

---

① 马克思:《国际工人协会共同章程》,《马克思恩格斯选集》(第二卷)第2版,人民出版社,1995,第610页。
② 参见〔奥〕汉斯·凯尔森:《法与国家的一般理论》,沈宗灵译,中国大百科全书出版社,1996,第84~87页。
③ 全国干部培训教材编审指导委员会组织编写:《人权知识干部读本》,人民出版社/党建读物出版社,2006,第46页。强调为后加。
④ B. Graefrath, "How Different Countries Implement International Standards on Human Rights", (1984 – 1985) *Canadian Human Rights Yearbook* 3, p. 30.

乙也没有与其义务相对应的权利。在这种类型中，"权利和义务是以分离的形式统一于一组关系中"。① 以所有权关系为例：主体甲对某物有所有权意味着任何主体乙都有义务尊重这一权利，但主体甲的所有权并不以其针对主体乙承担任何义务为条件。就这种类型，似乎没有说明主体甲也可能对主体乙负有义务的情况，例如也要尊重乙的所有权。但即使甲乙互换，仍不影响这种权利义务的单向性质，而与第二种类型有别。第二种权利义务关系类型则复杂一些：主体甲享有权利 A，这对其他某一或某些主体乙而言即相应的义务 A，但主体甲之享有权利 A 以承担相应的义务 B 为条件，而其他某一或某些主体乙除承担义务 A 外，还享有权利 B，此权利 B 对应的是主体甲的义务 B。在这种情况中，任何一方的权利都是相对的，即不仅主体甲的权利 A 与主体乙的义务 A 相互对应和互为条件，而且主体甲自身的权利 A 和义务 B 也相互对应和互为条件；对主体乙而言，不仅其义务 A 与主体甲的权利 A 互为因果，而且主体乙自身的权利 B 与其义务 A 也互为因果。也可以说，双方的权利是相互对应的，双方的义务也是相互对应的。在这种类型中，"权利和义务是以相合形式统一于一组关系中"。② 以买卖关系为例：作为买方的主体甲有权利收货，但这一权利的实现不仅以作为卖方的主体乙承担其交货的义务为条件，而且以主体甲承担对主体乙的付款义务为条件。无论是主体甲还是主体乙，如果不承担对对方的义务，其自身的权利也是无法实现的。

因此，"没有无义务的权利，也没有无权利的义务"只意味着某一权利或义务之存在，依赖于与之对应的义务或权利的存在，并不必然意味着某一主体享有某一权利必然以其承担某一义务为条件。人权是一种权利，因此毫无疑问，必然存在与之对应的义务。可以提出的问题只能是：个人享有人权是否以其承担某种义务为条件？似乎很难想象，至少是对于免于酷刑的自由、人身安全与自由、获得公正审判的权利、家庭或住宅不受干涉的自由等人权而言，存在任何作为这些权利和自由之条件的、个人为享有这些权利和自由就必须先予履行的相应义务。当然，对此可以提出一种质疑，即以上所列举的只是大体上具有绝对性的权利，而没有提到诸如表

---

① 张文显主编：《法理学》（第1版），高等教育出版社，1999，第88页。
② 张文显主编：《法理学》，第88页。

达自由、结社自由等权利，而这些权利的享有和行使要以权利主体承担一定的义务为条件，因此在逻辑上不能断言个人享有任何人权均不以其承担某种义务为条件。但下文将表明，对权利的限制不能混同于个人为享有权利而必须承担的义务。因此，个人享有人权并不以其承担某种义务为条件的论断仍然是成立的。也就是说，人权范畴中的权利义务关系属于上述第一种类型而非第二种类型，即每一个人都享有人权，而与其权利相对应的义务则要由其他主体承担。

对于人权范畴中的权利义务关系，还可提出的一个问题是：个人取得人权是否以其履行了某种义务为前提？因为在一般法律关系中，尽管某一主体的某项权利可能是绝对的，并不以其承担某项义务为条件，但取得这项权利往往是其履行某一义务的结果，例如只有通过履行付款义务的购买行为才能取得对某物的所有权（通过先占取得所有权的情况在事实上已经非常少见）。在这种情况中，承担和履行义务是其取得具有绝对性的所有权的前提。那么，在人权范畴中，是否存在作为取得人权之前提的义务？人权一般被定义为人之为人即享有或应该享有的权利。根据这一定义，任何人的人权都是"与生俱来"的，而无须"取得"，当然也就不存在任何为"取得"人权而必须承担或履行的任何义务。杰克·唐纳利就指出："人权的拥有和行使并不以接受……相应的责任为条件。任何一项人权均为个人所固有，独立于其德行或对公民责任之履行。"[①]如果人权要以个人承担某种义务为前提，那么由于每个人履行义务的能力和程度必定存在差异，每个人的权利的范围和程度将由其承担的义务的大小和多少决定。这种结果将导致人权的普遍性不复存在，显然有违人权的基本逻辑。因此，人权的根本性质决定了人享有人权的充分且必要条件只能是人之为人，而不是承担或履行了某种义务。在人权的范畴和逻辑中，"权利本位"是不折不扣的，任何在其中塞入"义务前提"的企图或尝试都是极其危险、有害的。

不存在作为任何个人享有其人权之条件或"取得"其人权之前提的义务，绝不意味着在人权范畴中，个人没有任何义务。每一个人都是人权的

---

① Jack Donnelly, *Universal Human Rights in the Theory and Practice* (Cornell University Press, 1989), p. 57.

权利主体，那么谁是相应的义务主体？如果人人都是权利主体而没有义务主体，那么权利将不可能存在，因为人人都只享有权利而不承担义务的人类社会无法想象。① 无论在现实中还是逻辑上，都不存在也不可能存在一个人人都是权利主体但没有任何人是义务主体的社会。如果某些人只是义务主体，另一些人只是权利主体，那么这样的义务就只是奴役，这样的权利也只是特权，而作此规定的制度也只配被称作暴政。因此，抛开法律规定中的人权不谈——在这种语境中国家是主要的义务主体，仅就理论语境中的人权而言，"个人的每一项权利都意味着其他个人的义务"。② 从人权的基本逻辑（人之为人而有人权）和根本性质（普遍性与平等性）来看，这里的个人是不特定的，可以是任何个人，因此每一个人在作为权利主体的同时，也必然成为义务主体，由此，"除非每个人都履行其责任，否则任何人都无法全面享有其人权。"③ 在这一意义上，的确可以说，每一个人在享有人权的同时，也负有尊重其他个人的人权的义务，或者按劳特派特所说，"不言自明的是，个人的自然权利的必要界限存在于其他人的自然权利中"。④ 上文所列图1的"第一种权利义务关系类型"中，如果主体乙也是个人，那么他/她当然也享有权利，而相应的义务由主体甲承担（如图2所示）。

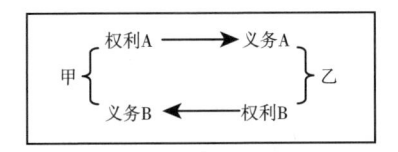

图2　人权中的权利义务关系

可以看出，图2与上述第二种权利义务关系类型的最大不同在于，取消了任一主体自己的权利和义务之间的双向箭头。这是因为，尽管无论是

---

① 同样，"一切成员只有义务而无权利的共同体在逻辑上是不可能的，因而是无法想象的"。〔英〕A. J. M. 米尔恩：《人的权利与人的多样性——人权哲学》，夏勇等译，中国大百科全书出版社，1995，第144页。
② 诺瓦克：《评注》，第19条，第44段。
③ H. Victor Condé, *A Handbook of International Human Rights Terminology* (University of Nebraska Press, 2nd edn, 2004) p. 73: "Duty (vs. Right)".
④ H. Lauterpacht, *International Law and Human Rights* (Stevens and Sons, 1950, reprinted in 1968), p. 366.

甲或乙都同时享有权利和承担义务,但是这些权利和义务仍是相互分离的,彼此之间并不存在相互依存和相互决定的关联。换言之,个人尽管必须对他人承担人权范畴中的义务,但承担这种义务绝非个人享有其人权之条件或"取得"其人权之前提。因此,这种权利义务关系的类型仍不属于"第二种权利义务关系类型",而是第一种类型的叠加。

任何个人在享有人权的同时,也承担着至少是尊重其他个人的人权的义务。由于"其他个人"实际上是作为权利主体的个人以外的所有不特定的个人,而社会正是由所有的个人组成的,因此每一个人尊重他人人权的义务也意味着他/她需要对其他个人组成的社会承担一定的义务,甚至要对作为最高社会组织形式的国家承担一定的义务。这些义务在整体上可以说是每一个人能享有其人权的前提,这一事实早在《世界人权宣言》中就有体现。《宣言》第1条就声明,"人……诚应和睦相处,情同手足(They should act towards one another in a spirit of brotherhood)",其中就蕴含着每一个人都对他人负有义务的精神;而《宣言》第29条第1款则更明确地规定,"人人对于社会负有义务:个人人格之自由充分发展厥为社会是赖",由此"承认了权利与义务相平衡和关联"。[①] 但是,就某一具体个人而言,由于其人权与其对其他个人、社会以及国家的义务互无关联,因此一方面,个人享有人权不能成为其不承担义务的理由,另一方面,个人未履行义务也不能成为任何主体特别是国家不尊重和确保其人权的借口。[②] 就后一方面,"无须对已违约一方履行义务"(inadimplenti non est adimplendum)的原则是完全不适用的。

(二)《公约》语境中的个人责任

上一小节的论证表明,从人权范畴中权利和义务的关系来看,就某一具体个人,不存在作为其人权之条件或前提的义务,但整体上,存在每一个人对其他个人、社会乃至国家的义务。由于《公约》规定的公民权利和

---

① Johannes Morsink, "The Philosophy of the Universal Declaration", (1984) 4 *Human Rights Quarterly* 309, p.317.
② 参见肖泽晟:《宪法学——关于人权保障与权力控制的学说》,科学出版社,2004年修订版,第162~163页。其中所讨论的尽管是我国宪法的语境之内公民的基本权利与基本义务的关系,但也可用于认识人权的一般语境之内权利和义务的关系。

政治权利属于人权，因此个人享有这些权利当然无须以承担任何义务为条件或前提；《公约》中也没有任何条款表明，个人需要承担任何义务，才能享有其中所确认的权利。但可以提出的一个问题是，《公约》是否为个人规定了独立于其权利的任何义务？

与《世界人权宣言》不同，《公约》并没有以一般性的条款规定个人的义务，而只是在相对边缘化的几个地方提到了个人的义务：比较突出的一处是《公约》前文第 5 段（《经济社会文化权利公约》前文第 5 段与之完全相同），其中"明认个人对他人及对其隶属之社会，负有义务，故职责所在，必须力求本公约所确认各种权利之促进及遵守"，有人认为这一段"重申了个人的义务"；[1] 另一处是《公约》第 19 条第 3 款，其中规定对表达自由的行使"附有特别责任及义务"，因此得予以某种限制。《公约》中还有几项规定也可能被认为对个人规定了义务：乔丹·波斯特就认为，《公约》前文第 5 段以及第 5 条第 1 款都意味着，无论是单个的还是作为群体中一员的个人，都具有不侵害、不破坏、不限制人权的责任；[2] 索恩曾提出，"私人行为也可能构成对《公约》的违反"，他给出的例证是，当个人宣传战争或鼓吹民族、种族或宗教仇恨时，就可能违反《公约》第 20 条；[3] 类似地，西奥多·梅隆在谈到国际人权文书所规定的权利和义务时，也以《公约》第 20 条作为个人义务的例证。[4] 另外，从《公约》第 6~27 条的约文来看，无论是"人人有权"还是"任何人不得被"的表述似乎都意味着其指向的义务主体是不特定的，即也可能包括个人等非国家行为者。

---

[1] Chris Jochnick, "Confronting the Impunity of Non-State Actors: New Fields for the Promotion of Human Rights", (1999) 21 *Human Rights Quarterly* 56, p. 63.

[2] Jordan J. Paust, "The Other Side of Right: Private Duties under Human Rights Law", (1992) 5 *Harvard Human Rights Journal* 51, p. 55; Jordan J. Paust, "Human Rights Responsibilities of Private Corporations", (2002) 35 *Vanderbilt Journal of Transnational Law* 801, p. 813. 认为第 5 条第 1 款意味着包括个人在内的非国家行为者也不得侵害人权的，另参见，Jennifer Moore, "From Nation State to Failed State: International Protection from Human Rights Abuses by Non-State Agents", (1999) 31 *Columbia Human Rights Law Review* 81, p. 93。

[3] Sohn, "The New International Law: Protection of the Rights of Individuals Rather than States", p. 31.

[4] Theodor Meron, *Human Rights in Internal Strife: Their International Protection* (Grotius Publications Limited, 1987), pp. 34-35.

在这些可能涉及个人义务的《公约》内容中，第 5 条第 1 款、第 19 条第 3 款以及第 20 条是相对孤立的规定，因此下文将首先探讨这几项规定。

《公约》第 5 条第 1 款规定："本公约条文不得解释为国家、团体或个人有权从事活动或实行行为，破坏本公约确认之任何一种权利与自由，或限制此种权利与自由逾越本公约规定之程度。"该款尽管没有明确提到个人的义务或责任，但确实是一项禁止性规定，而且涉及个人。波斯特指出，这一规定"暗示地确认了任何团体或个人不得破坏或限制人权的责任"，① 似乎倾向于认为该款为包括个人在内的非国家行者设定了义务。然而，早在《公约》起草之时就已经很明确的是，该款的目的在于避免对《公约》中任何规定的任何错误解释，这类错误解释可能被用于辩解对《公约》中所确认的权利和自由的侵害。② 而且，该款的约文也明白显示，该款规定的只是个人等非国家行为者无权以《公约》作为其旨在破坏《公约》所确认的任何权利和自由的行为的理由，而非根据《公约》承担着不如此行事的义务。勒内·普罗沃斯特在分析《公约》第 5 条第 1 款（以及与之行文完全相同的《欧洲人权公约》第 17 条）时就指出：

> 这些规定基本上是解释条款，表明这些条约不应被解释为能证明侵害或否定条约所保障之人权的行为具有合理性。然而，其中没有规定权利并不代表规定了一种义务，而且这些规定中没有什么内容表明施加了一种不得干涉他人权利的个人义务。③

《公约》第 19 条第 3 款规定的表达自由的行使"附有特别责任及义

---

① Paust, "Human Rights Responsibilities of Private Corporations", p. 813.
② A/2929, Chapter V, para. 55.
③ René Provost, *International Human Rights and Humanitarian Law* (Cambridge University Press, 2002), p. 66. 参见联合国增进和保护人权小组委员会有关"恐怖主义与人权"的特别报告员在谈到人权文书中的个人责任时，对于《公约》第 5 条第 1 款以及其他人权文书中的类似规定的观点："这些规定被普遍考虑和评价为道德性质的规定，并没有规定次国家行为者的直接责任（accountability）；它们仅仅是个人和国家行为的指南。" Final Report of the Special Rapporteur, Kalliopi K. Koufa, *Terrorism and Human Rights*, E/CN.4/Sub.2/2004/40 (2004), para. 56.

务", 似乎很少引起关注。[①] 例如, 在有关第 19 条的第 34 号一般性意见中, 委员会只是简单地提到, "第 3 款明确指出, 行使表达自由的权利附有特别责任及义务", 而没有阐述这些责任和义务是什么、如何特别; 学者在评论第 19 条第 3 款时, 也往往一笔带过, 并不作详细分析。[②] 实际上, 在起草第 19 条时, 对于表达自由的行使"附有特别责任及义务"的规定, 就存在争论。有人主张, 由于每项权利都带有一项与之相对应的义务, 也由于其他条款都没有规定与任何权利相对应的义务, 因此第 19 条也不应例外; 而支持作此规定的人认为, 鉴于现代表达媒介施加于人的思想以及国内和国际事务的强大影响力, 应该特别强调表达自由权利之行使中的"义务和责任"。[③] 尽管最终通过的文本采纳了表达自由"附有特别责任及义务"的规定, 但从立法史可以看出, 这一规定针对的主要是媒体而非个人, 也就难怪委员会在对有关第 19 条的个人来文的意见中, 很少提到"特别责任及义务", [④] 因为与欧洲人权制度不同, 委员会只接收来自个人而非报社等法人的来文。实际上, 即使从第 19 条第 3 款中删除表达自由"附有特别责任及义务"的规定, 就如同第 18 条第 3 款、第 21 条或第 22 条第 2 款中的限制条款的行文一样, 也绝不会影响缔约国对表达自由的正当合理限制。曾担任委员会委员的迈克尔·奥弗莱厄蒂 (也是第 34 号一般性意见的起草者) 就明白指出, "特别责任及义务"在《公约》的整体制度中"无疑是个异数", "看来并不需要予以特别的关注, 因为它并未构成一种独特的限制"。[⑤] 因此, 在

[①] 中国学者对这一问题的详细述评, 参见卜凌嘉:《〈公民及政治权利国际公约〉中的表达自由及其限制》, 中山大学法学院博士论文, 2014, 第 103~108 页。

[②] See eg Joseph and Castan, *The International Covenant on Civil and Political Right: Cases, Materials, and Commentary*, p. 606.

[③] A/2929, Chapter VI, para. 127.

[④] 例如见: Communication No. 61/1979, *Hertzberg et al. v. Finland*, para. 10.4 (提交人为新闻节目制作人); Communication No. 736/1997, *Ross v. Canada*, paras. 11.6 (提交人为一名教师)。

[⑤] Michael O'Flaherty, "Freedom of Expression: Article 19 of the International Covenant on Civil and Political Rights and the Human Rights Committee's General Comment No 34", (2012) 12 *Human Rights Law Review* 626, p. 639; "International Covenant on Civil and Political Rights: Interpreting Freedom of Expression and Information Standards for the Present and the Future", in Tarlach McGonagle and Yvonne Donders (eds.), *The United Nations and Freedom of Expression and Information: Critical Perspectives* (Cambridge University Press, 2015) 55, p. 67.

考虑《公约》第19条第3款中的"特别责任及义务"是否为个人创设了义务的问题时，不必作单独的对待，而将其与其他限制条款一并处理即可。

《公约》第20条规定，任何鼓吹战争的宣传以及鼓吹民族、种族或宗教仇恨的主张，应受到法律的禁止。法律只能由国家规定，因此非常明显，该条规定的是缔约国应以法律禁止这些行为的义务，其本身并没有直接规定个人的义务。普罗沃斯特就明确指出："这一规定没有创设个人义务。"[①] 因此，当个人宣传战争或鼓吹民族、种族或宗教仇恨时，虽然这种行为的确有可能侵害其他个人的多项权利，但有可能违反的，只能是对这些行为加以禁止的国内法，而不可能是《公约》第20条本身。

在表明《公约》第5条第1款、第19条第3款和第20条并未规定个人的义务之后，需要进一步探讨更具系统性的问题，即前文第5段以及《公约》规定实质性权利的条款的表述方式能否被理解为对个人规定了义务。

《公约》前文第5段的英文约文是"the individual, having *duties* to other individuals and to the community to which he belongs, is under a *responsibility* to strive for the promotion and observance of the rights recognized in the present Covenant"（斜体为后加），与之对应的《公约》作准中文本的表述是"个人对他人及对其隶属之社会，负有义务，故职责所在，必须力求本公约所确认各种权利之促进及遵守"，可见与英文本中的"duties"以及"responsibility"对应的，分别是"职责"以及"义务"。而与第19条第3款英文本中的"duties and responsibilities"对应的，在作准中文本中是"责任及义务"（在通行中文本中则是"义务和责任"）。从这些对比中可以看出两点。次要的一点是，如果以英文本的用词为基准，那么作准中文本的用词没有保持一致。重要的一点是，尽管作准中文本使用了"义务"一词，但与之对应的英文用词，或者是"duty"，或者是"responsibility"，均非"obligation"——另一表示"义务"的英文用词。

在《公约》英文约文的前文以及第1～27条中，"duty" "responsibility" "obligation"都出现过。在涉及个人时，在前文第5段以及

---

① Provost, *International Human Rights and Humanitarian Law*, p. 62.

第 19 条第 3 款中，出现的是"duty"和"responsibility"，第 23 条第 4 款中出现的是"responsibility"（有关配偶"权利责任平等"的规定），但也出现了"obligation"：第 8 条第 3 款（寅）项（4）目提到了不属于强迫或强制劳役的正常"公民义务"（civil obligations），第 11 条提到了不得作为监禁理由的"契约义务"（contractual obligation），第 14 条第 1 款提到了涉讼中的"权利义务"（rights and obligations）。在涉及国家时，出现的却主要是"obligation"：前文第 4 段提到了各国根据《联合国宪章》促进对人权及自由之尊重与遵守的"义务"，第 4 条第 1 款提到了缔约国在紧急状态可克减其根据《公约》承担的"义务"，但这种克减不得抵触其依国际法所负之其他"义务"，第 6 条第 3 款提到了缔约国不得减损其根据《防止及惩治灭绝种族罪公约》所负之"义务"，另外，第 41 条第 1 款也提到了缔约国根据《公约》承担的"义务"；[①] 而出现"responsibility"的只有一处，即第 1 条第 3 款提到了"负责管理"（having responsibility for the administration）非自治及托管领土的国家。

可见，《公约》在涉及个人的可能义务时，使用了"duty""responsibility""obligation"三个词，而在涉及国家义务时，仅使用了"obligation"一词（第 1 条第 3 款中出现"responsibility"一词不构成例外，因为管理非自治及托管领土本身不可能是所涉国家的一种义务）。尽管在英语中，这三个词基本上同义，[②] 有时会被混用，[③] 但《公约》如此处理显然不是无心为之。《公约》的立法史以及委员会的工作都没有揭示《公约》如何具体运用这三个词汇。不过，联合国促进和保护人权小组委员会任命的有关"人权和人的责任"的特别报告员米格尔·阿方索·马丁内斯的用词选择能够给人一些启发。他认为，在表明非法律的层次上、根据伦理或道德而非实在法的正式要求所采取的行动和态度或对其予以评判时，使用可以互换的"duties"或"responsibilities"更为合适，而实在法的正式要求所产生的则

---

① 第 1 条第 2 款中也出现了"obligation"，但不清楚其主体是谁，因此不列于此。
② Douglas Hodgson, *Individual Duty within a Human Rights Discourse* (Ashgate, 2003), p. 2, footnote 4.
③ 混用的情况，例如参见，Ben Saul, "In the Shadow of Human Rights: Human Duties, Obligations, and Responsibilities", (2001) 32 *Columbia Human Rights Law Review* 565。

是"obligations"。① 类似地，有人提出，"通常可以说，一项 duty 主要是一个伦理范畴，而一项 obligation 则首先是一个法律概念"。② 如果接受这种区分，那么与"duty"或"responsibility"更合适的中文对应用语应是"责任"。"责任"尽管也含有义务之义，但指的是每个人必须承担的、与其在社会中扮演的一定角色相应的义务，而不是指"设定或隐含在法律规范中、实现于法律关系中的，主体以相对抑制的作为或不作为的方式保障权利主体获得利益的一种约束手段"的意义上的义务。③ 后一种意义上的"义务"正是英文中的"obligation"，或至少是阿方索·马丁内斯在其报告中使用的"obligation"的含义。如果这种区分成立，那么但凡《公约》中出现的个人的"duty"或"responsibility"，实际上指的都是个人作为某一人类共同体的一员对于这一共同体及其成员的责任，至多是一种伦理和道德上的义务，因此不同于与"权利"相对应的、法律上的"义务"（obligation）。只有在这种责任可通过法律强制实施时，才成为"义务"（obligation）。④ 对于《公约》（以及《经济社会文化权利国际公约》）前文第5段，有学者认为，这一段"并不旨在为个人规定任何法律上有约束力的责任（legally binding duties）"，其所规定的责任"最多只不过是意向性的和道德性的"。⑤ 实际上，早在1983年，联合国防止歧视和保护少数小组委员会任命的有关《世界人权宣言》第29条规定的个人对社会的责任以及对权利和自由的限制问题的特别报告员埃丽卡-伊雷娜·达耶斯就曾明确指出，《世界人权宣言》第29条第1款"具有道德性，即它为个人在

---

① Report of Mr. Miguel Alfonso Martínez, Special Rapporteur appointed by the Sub-Commission on the Promotion and Protection of Human Rights to undertake the study authorized by the Economic and Social Council in its decision 2001/285, *Human rights and human responsibilities*, E/CN.4/2002/107 (2002), para. 28.

② Miro Cerar, "The Multidimensionality of Human Rights and Duties", (October-December 2000) *Human Rights Review* 51, pp. 67-68, endnote 3. 但作者紧接着提到，"不过，在法律中也经常提到 duties，道德中也经常提到 obligation"。

③ "责任"和"义务"的定义，见张文显主编：《法理学》（第3版），高等教育出版社/北京大学出版社，2007，第167、142页。

④ 阿方索·马丁内斯就将"义务"（obligation）与"法律上可强制实施的责任"（legally enforceable duties）等同。Report of Mr. Miguel Alfonso Martínez, *Human rights and human responsibilities*, para. 26.

⑤ Hodgson, *Individual Duty within a Human Rights Discourse*, p. 93.

其所属社会中的行为设定一般性的规则",而两公约前文的第 5 段也基于同样的观念和原则,① 这一判断也得到了阿方索·马丁内斯的赞同。②

如果说《公约》规定的个人的"duties"以及/或者"responsibilities"仅是道德义务而非法律义务,那么如何解释第 8 条第 3 款(寅)项(4)目、第 11 条以及第 14 条第 1 款中出现的个人的"obligation"?这些规定中出现的"obligation"的确是个人的法律义务,但非《公约》即国际法意义上的义务,而是国内法意义上的义务。第 8 条第 3 款(寅)项(4)目提到的"公民义务"只能是缔约国法律规定的义务,第 11 条提到的"契约义务"只能是根据国内法缔结的合同的义务,第 14 条第 1 款提到的"权利义务"也只能是根据国内法提起的诉讼中的权利和义务。阿方索·马丁内斯在其报告中也提到,他研究"人权和人的责任"的任务中不包括个人对其所属社会的"obligations",因为这些义务规定在各国国内法律制度的有关条款中。③

因此,尽管《公约》中文本的前文中出现了"义务"的字眼,但这种义务只能是道德性或伦理性的,而不是法律性的,即不是能够直接由个人在国际法层面上承担、一旦违反将导致国际法律责任的义务。将这一意义上的个人义务或责任表述在没有严格法律约束力的《公约》前文中是非常合适的:一方面,这承认了缔约国基于个人的道德性或伦理性义务而在国内法中规定个人的法律性义务具有正当性与合理性;另一方面,这又排除了将这种道德性或伦理性义务解释为国际法意义上的法律性义务的可能。曾担任委员会委员的克莱因就指出,《公约》规定的所有义务由且仅由国家承担,这些义务并没有为个人的任何直接义务提供根据,从提到个人对其他个人和社会负有责任的前文,并不能得出任何相反的认识。④ 再向前推一步,由于《公约》前文第 5 段不过是对《世界人权宣言》第 29 条第 1

---

① Erica-Irene A. Daes, *The Individual's Duties to the Community and the Limitations on Human Rights and Freedoms under Article 29 of the Universal Declaration of Human Rights: A Contribution to the Freedom of the Individual under Law*, UN Doc. E/CN.4/Sub.2/432/Rev.2 (1983), p. 17.

② Report of Miguel Alfonso Martínez, *Human rights and human responsibilities*, para. 44.

③ Report of Miguel Alfonso Martínez, *Human rights and human responsibilities*, para. 26.

④ Eckart Klein, "The Duty to Protect and to Ensure Human Rights Under the International Covenant on Civil and Political Rights", in Eckart Klein (ed.), *The Duty to Protect and to Ensure Human Rights* (Berlin Verlag A. Spitz, 2000) 295, pp. 296-297.

款的重申,① 因此,该款也不能被认为规定了个人的法律义务。②

无论是通过条约还是习惯,国际法的确可以直接规定个人的义务,但这样的国际法规范并不多见,其中最典型也最突出的是有关个人国际刑事责任的规范。自从纽伦堡审判及其原则被联合国所确认,再到前南斯拉夫国际刑事法庭、卢旺达国际刑事法庭和国际刑事法院的建立,个人的国际刑事责任已经在国际法中牢固确立,而个人直接承担国际刑事责任的前提是可对其直接适用的国际法律义务的存在。国际人权法也的确有可能为个人规定义务,但属于例外情况,仅有少数条约如此规定。③《公约》显然不属于这种例外的条约,并没有直接规定个人的国际法律义务,《公约》所提到的个人义务仍是道德义务。

有人以《公约》规定实质性权利的条款的表述方式作为《公约》规定了个人义务的证据。例如,有人以《公约》第6条第1款的规定——"人人皆有固有之生命权……任何人之生命不得无理剥夺"——为例,认为无论是国家机构、私人还是公司无理剥夺人的生命都将违反国际人权法,因此包括个人在内的私主体能够根据国际人权法承担义务。④ 有人提出,尽管《公约》第8条规定的任何人不得被使为奴隶、强迫役使、强迫或强制劳动的权利可能既受到国家也受到公司的侵害,但"看来主要为私人行为者规定了义务"。⑤ 还有人提出,在《公约》起草过程中,有关集会和结社自由应只针对"政府的干涉"得到保护的提议被否决,这证明个人有义务尊重《公约》中规定的人权。⑥ 还有人论证说,与《公约》极其相近的《欧洲人权公约》约束个人、为个人创设了义务,而理由之一就是"任何

---

① A/2929, Chapter III, para. 12.
② See Klein, "The Duty to Protect and to Ensure Human Rights Under the International Covenant on Civil and Political Rights", p. 297, footnote 6; Provost, *International Human Rights and Humanitarian Law*, p. 64.
③ Provost, *International Human Rights and Humanitarian Law*, p. 73.
④ Adam McBeth, "Privatising Human Rights: What Happens to the State's Human Rights Duties When Services Are Privatised", (2004) 5 *Melbourne Journal of International Law* 133, pp. 143 – 144.
⑤ Steven R. Ratner, "Corporations and Human Rights: A Theory of Legal Responsibility", (2001) 111 *Yale Law Journal* 443, p. 512, footnote 286. See Künnemann, "A Coherent Approach to Human Rights", p. 329.
⑥ Andrew Clapham, *Human Rights in the Private Sphere* (Oxford University Press, 1993), p. 97.

人不得……"或"人人有权……"的表述方式使得所述权利看来"对世"有效,或更准确地说,既有关缔约国自身,也有关其管辖下的个人或法人;他还以《公约》第7、9条的立法史为例,认为《公约》的起草情况为个人负有义务的主张提供了"看来几乎是决定性的确认"。[①]

的确,《公约》规定实质性权利的条款的表述基本上都是"任何人不得被……"或者"人人有权……"。这种表述方式突出了权利的主体性(每一个人),但没有明确义务主体,似乎义务主体是开放的,可以是社会中任何可能损害每一个人对其权利之享有的行为者,即也包括个人。例如,"任何人不得[被]施以酷刑"的表述似乎意味着任何行为者都有义务不对任何人施以酷刑;"人人有发表自由之权利"的表述似乎意味着任何行为者都有义务不干涉表达自由。然而,对《公约》的系统解释将表明,认为可以从《公约》规定实质性权利的条款的表述中推导出个人义务,乃是一种对《公约》的误读。在规定实质性权利的《公约》第三编中,并没有与每一条款对应的义务条款,这是因为,《公约》之下的义务规定在第二编中,尤其是第2条中。《公约》第2条第1款规定,"本公约缔约国承允尊重并确保……人……享受本公约所确认之权利"(强调为后加)。[②]《公约》第三编中的所有条款以及其中包含的权利都必须结合第2条第1款以及其中规定的义务来理解,这种结合意味着对每一权利的完整表述都应该是:"缔约国承担尊重和确保任何人不得被……"或者"缔约国承担尊重和确保人人有权……"。结论再清楚不过:《公约》规定的权利义务关系是"单向"的,即个人享有权利,而国家承担尊重和确保这些权利的义务;个人不承担任何义务,更不要说是作为其享有《公约》权利之条件或前提的义务。委员会第31号一般性意见也指出(第8段),《公约》规定的义务"并不具有国际法意义上的直接的横向效力",[③]即《公约》

---

① Marc‐André Eissen, "The European Convention on Human Rights and the Duties of the Individual", (1962) 32 *Nordisk Tidsskrift International Ret* 230, pp. 237–238.
② 参见《世界人权宣言》弁言第6段:"各会员国业经誓愿……促进人权及基本自由之普遍尊重与遵行。"
③ 安德鲁·克拉彭认为,委员会这种谨慎的措辞留下了一种暗示,即根据一般国际法,国际人权义务有可能约束非国家行为者,只不过《公约》本身只规定了缔约国的义务,而没有规定非国家行为者的人权义务。Andrew Clapham, *Human Rights Obligations of Non‐State Actors* (Oxford University Press, 2006), p. 330.

不直接调整或约束平行的个人之间的关系。从否定性的角度来说，只有国家才能违反《公约》，个人在法律上不可能违反《公约》，[①] 因为任何主体都不可能违反不直接约束自己的规则。

然而，个人不可能违反《公约》只是一个法律判断，决不能将其与下述事实相混淆：个人仍可能侵害《公约》所确认的权利。对于这种侵害，《公约》并没有直接予以禁止，因为这本来就不是一项着眼于规定国家尊重和确保个人人权之义务的法律文书的目的。但是，《公约》并非没有针对这种侵害提供任何保障，这种保障体现在以下两方面。一方面，《公约》在前文中承认个人对其他人和社会负有责任，同时在正文中允许缔约国基于各种正当合理的目的和理由（包括尊重他人的权利）限制个人对《公约》权利的享有和行使，这表明缔约国有权利在国内法中规定个人不得损害《公约》所确认的权利。诺瓦克就指出："国际人权法只为国家设立义务的事实当然不意味着个人没有尊重他们的同胞的人权的责任。这些责任的精确内容需要由国内的民法、刑法和行政法界定，还取决于每项公民和政治权利的性质的表述方式。"[②] 不过，当个人违反这些禁止性的国内法律规范时，违反的仍只是国内法，而非《公约》本身，这也是为什么这些侵害《公约》权利的个人在英文中通常被称为"perpetrator"而非"violator"的原因。[③] 另一方面，《公约》第 2 条第 1 款中的"确保"一词表明，缔约国有义务针对个人侵害《公约》所确认的权利的情况，提供保护，这即缔

[①] 参见 Robert McCorquodale, "Non-state actors and international human rights law", in Sarah Joseph and Adam Mcbeth, *Research Handbook on International Human Rights Law* (Edward Elgar, 2010) 97, p.97: "非国家行为者无法违反国际人权法。"但是参见，Jordan J. Paust, "Sanctions against Non-State Actors for Violations of International Law", (2002) 8 *ILSA Journal of International & Comparative Law* 417, 其中认为存在个人等非国家行为者违反包括《公约》在内的国际人权法的情况。

[②] Nowak, "Civil and Political Rights", p.74.

[③] 例如参见，Françoise J. Hampson, "Is Human Rights Law of Any Relevance to Military Operations in Afghanistan?", in Michael N. Schmitt (ed.), *The War in Afghanistan: A Legal Analysis* (Vol. 85, International Law Studies, Naval War College, 2009) 485, p.486: "个人违犯者不是人权的侵害者。" (The individual perpetrator is not the human rights violator.) 联合国人权高专办在其编写的人权培训资料中以两个不同的用语表示不同主体侵害人权的情况："human rights violations"指政府违反其人权法律义务的情况，"human rights abuses"则更宽泛一些，还包括非国家行为者损害人权的情况。Office of the High Commissioner for Human Rights, *Training Manual on Human Rights Monitoring* (United Nations, 2001), p.10.

约国确保《公约》权利免受包括个人在内的非国家行为者侵害的义务（详细分析见第五章）。"如果个人的侵害行为得到国家的允许或纵容，国家的义务就被违反，即使国家并未明确支持这种侵害。"① 因此，缔约国不仅有权利，而且有义务在国内法中规定一系列的个人义务，即规定个人的侵害《公约》所确认权利的行为为非法，并防止和惩治这种行为。但是，由缔约国承担的确保《公约》权利免受包括个人在内的非国家行为者侵害的义务，并不能推导出个人根据《公约》直接承担着不侵害《公约》权利的义务。个人的不侵害《公约》的义务只能是国内法中的义务，是缔约国根据其自身在《公约》之下的义务而为个人规定的，而不是《公约》直接规定的义务。个人违反国内法为其规定的不侵害《公约》权利的义务将导致国内法中而非《公约》之下的法律责任。或者，按普罗沃斯特所说，更好的解释是，个人对人权的侵害是导致国家的侵害行为的一项客观条件，而非对于国际法的单独违反。②

因此，《公约》并非不具有禁止个人侵害《公约》所确认之权利的效果，只不过这一效果是通过对缔约国施加确保《公约》权利免受非国家行为者侵害的义务，而非直接对个人施加义务体现和实现的。对于个人不可能违反《公约》但可能侵害《公约》所确认之权利这两者之间的区别，必须有清楚的认识，否则就将误解《公约》规定的权利义务关系的整体性质。

在人权逻辑上，《公约》不可能为个人规定任何作为其享有《公约》权利之条件或前提的义务，因为这样的义务根本不存在；在法律逻辑上，《公约》可以规定个人对其他个人、社会和国家的义务，但《公约》并未如此规定。这是因为，规定个人义务并非《公约》这样一项国际人权法律文书之本意所在，也并非《公约》之目的及宗旨所必要。首先，国际人权法针对的是国家与个人的关系，其首要目标是针对国家的行为对个人提供保护。按达耶斯所说，"历史已经表明这种保护是必须的，而不存在针对个人保护国家的紧迫必要性"。③ 因此，"人权的规范框架的设计仍是为个

---

① Provost, *International Human Rights and Humanitarian Law*, p. 61.
② Provost, *International Human Rights and Humanitarian Law*, p. 62.
③ Daes, *The Individual's Duties to the Community and the Limitations on Human Rights and Freedoms under Article 29 of the Universal Declaration of Human Rights*, p. 17.

人赋予权利而为国家施加义务"。① 如果在《公约》中规定个人对国家的义务，就将冲淡《公约》的重点，还有可能被缔约国滥用，以致构成对《公约》确认权利的实质损害。在这一方面，都曾担任过委员会委员的托克尔·奥普萨尔和沃金·迪米特里耶维奇对《世界人权宣言》第 29 条第 1 款的认识也同样适用于《公约》：

  实际上可以说，尽管在权利和义务之间需要平衡，但同样详细地探讨它们不是国际文书的任务。几乎在任何一个社会，权力的平衡都压倒性地有利于国家。这正是个人需要对他/她的基本权利和自由得到国际保护的原因。国家对个人提出的要求通常不需要国际保护。②

其次，任何国家的国内法除了规定个人享有人权，还必然规定了个人对他人和社会的义务，因此《公约》不必对个人的义务再作重复规定。③但是，《公约》也没有忽略针对个人的行为保护人权。《公约》在前文中承认个人对其他个人和社会负有责任，并在规定实质性权利的条款中允许缔约国可以基于各种正当合理的目的和理由限制个人对《公约》权利的享有和行使，就足以表明《公约》规定的并不是"不负责任的自由"或"不受限制的权利"——国家既不可能通过也不可能接受如此规定的任何文书。《宣言》对这一点的体现比《公约》更加明显：《宣言》第 29 条首先

---

① Provost, *International Human Rights and Humanitarian Law*, p. 73.
② Torkel Opsahl and Vojin Dimitrijevic, "Articles 29 and 30", in Gudmundur Alfredsson and Asbjørn Eide (eds.), *The Universal Declaration of Human Rights: A Common Standard of Achievement* (Martinus Nijhoff, 1999) 633, p. 637. 参见, Imre Szabo, "Historical Foundations of Human Rights and Subsequent Developments", in Karel Vasak and Philip Alston (eds.), *The International Dimensions of Human Rights* (Vol. 1, Greenwood Press, 1982) 11, p. 25: "看来正确的是，国家与个人的关系不是成比例的、对称的关系：受到威胁的，是个人、公民，而非国家。如果某些权利需要得到保护，它们是个人针对国家的权利。"但他同时指出，这等于是将国家看成邪恶的、讨厌的、具有威胁的现代利维坦，而非民主的、周到的、在本性上尊重人权的。
③ 在这一方面，可对比一下《美洲人的权利和责任宣言》(*American Declaration of the Rigths and Duties of Man*) 和《美洲人权公约》(*American Convention on Human Rights*)：前者作为一项没有约束力的宣言，在第 29~38 条规定了个人的责任；但后者作为一项有法律约束力的公约，则只在第 32 条中作了类似于《世界人权宣言》第 29 条第 1、2 款的总括性规定。

在第 1 款承认"人权对于社会负有义务"——或者更准确地说是"责任",并指出原因是,"个人人格之自由充分发展厥为社会是赖"——这充分体现了人的本质"是一切社会关系的总和",[①] 但是并没有明确宣示个人的义务或责任有哪些,而是在第 2 款中规定个人对权利和自由的行使可以受到限制,并指出其目的在于"确认及尊重他人之权利与自由",从而表明限制个人权利和自由的原因就在于个人对于其他个人以及由这些个人组成的社会所负有的责任。

就《公约》语境之内个人的责任或义务,还需要注意除了个人之外的其他非国家行为的责任或义务问题。在当代世界,数量越来越多的非国家行为者对人权的影响也越来越大(无论是侵害还是促进人权)。一方面,某些非国家行为者如跨国公司已经具有庞大的实力,有可能从很多方面对几乎所有人权产生影响;另一方面,某些非国家行为者如武装团体的活动已经不再局限于一国领土之内,而是具有很强的国际性。这一现象对以国家为中心的国际法律制度以及以"国家－个人"为轴心的国际人权法律制度提出了许多挑战。由此,如何在国际法中直接规制这些非国家行为者(特别是跨国公司)的行为、这些非国家行为者是否以及应否直接承担国际人权法规定的义务——无论是出自条约还是习惯法的义务,近年来已经成为一个热门的话题。[②] 然而,无论学者进行了多少论证,也无论能够直接约束非国家行为者的习惯法规则是否正在形成之中,或者国际社会是否可能在可预见的将来制定直接为非国家行为者规定国际法律义务的条约,至少根据《公约》以及既存的其他国际人权条约,非国家行为者与个人一

---

① 马克思:《关于费尔巴哈的提纲》,《马克思恩格斯选集》(第一卷)第 2 版,人民出版社,1995,第 56 页。
② 关于非国家行为者(特别是跨国公司)与人权的关系问题,有极为丰富的学术文献,其中的主要著述包括:Michael K. Addo (ed.), *Human Rights Standards and the Responsibility of Transnational Corporations* (Kluwer Law International, 1999); Nicola M. C. P. Jägers, *Corporate Human Rights Obligations: In Search of Accountability* (Intersentia, 2002); Philip Alston (ed.), *Non-State Actors and Human Rights* (Oxford University Press, 2005); Clapham, *Human Rights Obligations of Non-State Actors*; Olivier De Schutter (ed.), *Transnational Corporations and Human Rights* (Hart, 2006). 限于篇幅,对论文不作列举。关于非国家行为者在国际法之下权利和义务的一般性情况,可关注国际法协会的非国家行为者委员会(Committee on Non-State Actors)完成的专题研究:https://www.ila-hq.org/index.php/committees。

样，并不是《公约》或任何人权条约规定的法律义务的主体，也不在国际法层面上受《公约》或任何人权条约的直接约束。① 因此，对于诸如跨国公司、武装团体等任何非国家行为者对《公约》确认的权利的可能侵害，除非这些侵害达到了构成国际犯罪的地步，否则只能由缔约国根据其承担确保《公约》权利免受非国家行为者侵害的义务，通过其国内法律制度予以预防、禁止和制裁。② 尽管这绝非理想的状态，但就《公约》作为实在法而言，只能做到这一程度。

在非国家行为者中，还有非常特殊的两类需要做单独但简单的分析，一类是相对稳定地实际管理一片领土但不受对该领土享有主权的国家实际控制的非国家行为者（如分离势力、武装团体等），③ 另一类是国际组织。④ 第一类非国家行为者与前述跨国公司、武装团体等非国家行为者的相同点在于，它们同样不是也无法成为包括《公约》在内的国际人权条约的义务主体、不直接受《公约》约束；不同点在于（尽管与武装团体的差异可能在于程度而非性质），它们相对稳定地实际管理一片领土、在相当高的程度上不受对该领土享有主权的国家的实际控制，因此一方面对于这一领土上的居民享有《公约》权利有更大的影响，另一方面对于其可能违反《公约》的情况，对该领土享有主权的国家基本不承担责任或承担极小的责任。在《公约》实践中，对于这种情况，委员会一般而言一方面确认

---

① See Robert McCorquodale, "Overlegalizing Silences: Human Rights and Non‑State Actors", (2002) 96 *American Society of International Law Proceedings* 384; Jan Arno Hessbruegge, "Human Rights Violations Arising from Conduct of Non‑State Actors", (2005) 11 *Buffalo Human Rights Law Review* 21, pp. 30‑34; Manisuli Ssenyonjo, "The Applicability of International Human Rights Law to Non‑State Actors: What Relevance to Economic, Social and Cultural Rights?", (2008) 12 *International Journal of Human Rights* 725, pp. 725‑726; Robert McCorquodale, "Non‑state Actors and International Human Rights Law", in Joseph and Mcbeth, *Research Handbook on International Human Rights Law* 97, p. 103.

② See David Weissbrodt, "Keynote Address: International Standard‑Setting on the Human Rights Responsibilities of Business", (2008) 26 *Berkeley Journal of International Law* 373, pp. 377‑378.

③ See Yaël Ronen, *Human Rights Obligations of Territorial Non‑State Actors*, (2013) 46 *Cornell International Law Journal* 21.

④ See Clapham, *Human Rights Obligations of Non‑State Actors*, pp. 110‑160; Eric de Brabandere, "Non‑state Actors, State‑Centrism and Human Rights Obligations", (2009) 22 *Leiden Journal of International Law* 191, pp. 198‑200.

有关国家仍对所涉领土承担《公约》规定的尊重和确保义务，另一方面将所涉领土不受有关国家控制当作影响《公约》的实施的事实因素和困难，而不强求其对这些领土上的人权状况负责。①

政府间国际组织已经是公认的国际法主体，因此能够成为国际人权法中的义务主体，但是需要考虑其具体的法律根据。一方面，国际组织有可能根据习惯国际法或其本身的建立章程承担人权义务，但就习惯国际法而言，究竟有哪些义务、如何承担至今并不十分明确；另一方面，国际组织成为人权条约的缔约方并不存在法理上的根本障碍——例如欧洲联盟就正式确认受《残疾人权利公约》约束、成为该公约的缔约方，但这是因为《残疾人权利公约》第43条明文规定区域一体化组织可以成为该公约的缔约方。至于像《公民及政治权利公约》一样规定只有国家才能成为缔约主体的人权条约，如不修改其中有关缔约主体的规定——这难度极大，国际组织就不可能成为义务主体。在《公约》实践中，对于诸如联合国的维和人员可能侵害人权的情况，由于委员会无权过问不是《公约》缔约方也不受任何缔约国管辖的联合国是否尊重和确保人权的情况，因此委员会一般转而要求参与联合国维和行动的缔约国为其维和人员可能侵害《公约》权利的行为承担责任。②

就上述两类特别的非国家行为者，在实践中还曾发生过互相联系的情况。在1999年的科索沃战争以后，联合国安理会通过第1244号决议，建立了联合国科索沃临时行政当局特派团（"科索沃特派团" – UNMIK），作为一种"国际民事存在"，对南斯拉夫联盟共和国（2003年国名改为"塞尔维亚和黑山"）的科索沃进行过渡行政管理。③ 因此，自1999年以后，尽管南联盟仍然对科索沃享有领土主权，但事实上已经不能对该领土进行有效的控制或管辖，因为实际管理该地的，是"科索沃特派团"、北约驻科索沃国际安全部队（KFOR）以及科索沃临时自治机构。塞尔维亚和黑山于2003年向委员会提交报告时称，它无法就其在科索沃履行《公约》

---

① 参见孙世彦：《〈公民及政治权利国际公约〉缔约国的义务》，第251~256页。
② 参见孙世彦：《〈公民及政治权利国际公约〉缔约国的义务》，第282~283页。
③ S/RES/1244（1999）. 该决议还授权联合国会员国和有关国际组织在科索沃建立"国际安全存在"，由北约领导的驻科索沃国际安全部队（KFOR）即据此建立，并与"科索沃特派团"共同行使在科索沃的公共权力。

义务的情况作出报告,并建议,鉴于"科索沃特派团"在科索沃行使民事权力(civil authority),委员会可以请其提交一份有关科索沃人权情况的补充报告。委员会对这一建议表示欢迎,并鼓励"科索沃特派团"与科索沃临时自治机构合作,在不影响科索沃法律地位的情况下,提供一份关于1999年6月以来科索沃境内人权状况的报告。[1] 据此,"科索沃特派团"于2006年向委员会提交了有关1999年以来科索沃人权状况的报告。报告指出,"科索沃特派团"的所有法律权力包括"保护与促进人权"的职责均来自联合国安理会第1244号决议,有关联合国文件规定在科索沃所有履行公务或担任公职者均须遵守《世界人权宣言》以及《公约》等国际人权条约规定的人权标准,因此"科索沃特派团"报告的是这些标准在科索沃的实施情况;但报告同时指出,适用这些标准并非因为塞尔维亚和黑山是相关条约和公约的缔约国,"也不意味着这些条约或公约以任何方式约束'科索沃特派团'",它们"并不自动约束'科索沃特派团'"。[2] 但是委员会在对这一报告的结论性意见中,基于《公约》具有持续效力的原则、[3] 联合国安全理事会第1244号决议以及科索沃临时自治机构的"宪法框架",认为"科索沃特派团"以及科索沃临时自治机构或任何将来在科索沃的管理者"有义务"(are bound to)尊重和确保在科索沃领土内和受其管辖的所有个人享有《公约》确认的权利。[4] 也就是说,委员会将"科索沃特派团"、科索沃临时自治机构以及——在科索沃无法作为独立国家成为《公约》缔约国时——在科索沃的任何管理者当作了《公约》的义务主体。这种立场固然有利于科索沃境内的个人享有和行使《公约》权利,但并没有解决一系列的理论和实践问题,例如,《公约》能够被国际组织

---

[1] 对塞尔维亚和黑山初次报告的结论性意见,CCPR/CO/81/SEMO (2004),para. 3.
[2] CCPR/C/UNK/1 (2006),paras. 110 – 124.
[3] 这一原则是:《公约》所载的各项权利属于在缔约国领土内生活的人民,一旦人民获得了《公约》规定的人权的保护,则这种保护即随领土转移并持续归他们所有,而不论这一领土的管理当局发生任何变化。委员会第26号一般性意见,第4段。
[4] CCPR/C/UNK/CO/1 (2006),para. 4. 类似的观点,即认为联合国基于"继承"了对科索沃的行政管理权而承担人权义务的观点,见 Tobias H. Irmscher,"The Legal Framework for the Activities of the United Nations Interim Administration Mission in Kosovo: The Charter, Human Rights, and the Law of Occupation",(2001) 44 *German Yearbook of International Law* 353, pp. 369 – 370。

"继承"吗？联合国等国际组织或其派遣机构如何承担《公约》或国际人权法规定的义务？[①] 对此，借用"科索沃特派团"报告中的话来说，"必须记住处于'科索沃特派团'临时管理下的科索沃的情况是自成一类的"，也就是说，有关科索沃的一系列安排不能也不会成为实际管理一片领土的非国家行为者或国际组织成为《公约》义务主体的先例。

（三）个人的责任或义务与对人权的限制

在讨论人权或《公约》语境中个人的责任或义务问题时，经常与之混为一谈的是对个人享有和行使人权的限制问题。曾有学者提出，《世界人权宣言》和人权两公约都体现了"权利与义务相统一的思想"："权利不是绝对的，人们在享有和行使权利时，不能不考虑他对其所在社会承担的责任，从而接受对权利的某种限制"；他们进而指出："《公民权利和政治权利国际公约》也同样体现了公民权利与义务相统一的精神。公约的许多条款都允许对其所规定的权利的行使和享受实施必要的限制。"[②] 这样的论断似乎意味着《公约》对"权利和义务相统一的思想"的体现就是《公约》对于其所规定的权利的享有和行使的限制。但是，个人在人权语境中负有义务或责任，与其人权可以受到限制之间的关系，可能并非如此简单。

在分析个人的责任或义务与对人权的限制的关系之前，需要先总结通过上文的分析，就人权语境中的个人义务形成的几个基本认识。首先，每一个人仅仅基于其作为人的事实而享有人权，不以其承担或履行任何义务为条件或前提。《公约》也只规定了缔约国的义务以及个人的权利，而没有规定任何个人的义务，尤其是与《公约》确认的权利相对应的义务，因此个人享有和行使《公约》权利也不以其承担任何义务为条件和前提。其

[①] 关于"科索沃特派团"以及驻科索沃"国际安全部队"（KFOR）的国际人权义务问题，参见，John Cerone, "Minding the Gap: Outlining KFOR Accountability in Post – Conflict Kosovo", (2001) 12 *European Journal of International Law* 469; Marcus G. Brand, "Institution – Building and Human Rights Protection in Kosovo in the Light of UNMIK Legislation", (2001) 70 *Nordic Journal of International Law* 461; 迪帝尔·帕克奎埃、史蒂文·德伍尔夫：《国际组织对一国（执政）代理的后果：让联合国驻科索沃特派团与北约组织驻科索沃安全部队对科索沃发生的侵害人权负责？》，《中国人权年刊》（第4卷），中国社会科学出版社，2008，第127~142页。

[②] 朱晓青、柳华文：《〈公民权利和政治权利国际公约〉及其实施机制》，第27页。

次，正是基于每个人都有人权的基本逻辑，每个人都对他人以及社会负有义务，整体上这些义务是人权得以实现的前提，但个体上每一个人是否承担这种义务不得影响其人权的享有。个人对他人和社会的这些义务在《公约》中只是道德性或伦理性的责任，只是在国内法中，才有可能被规定为可强制实施的法律义务。再次，基于个人对他人和社会的责任，以及为了确保每一个人的人权以及人性能在其中得到自由和充分的发展的社会得以存在和运行，《公约》允许缔约国在一定情况中、一定条件下限制个人对《公约》权利的享有和行使。可见，《公约》允许限制权利是为了平衡个人的权利及其对其他个人和社会的责任。那么，能否由此认为，对人权的限制就等同于个人的义务，因而体现了"权利与义务相统一的思想"？

对于权利与限制之间的关系，一种常见的观点是，个人在享有权利的同时，有义务不滥用权利，例如最经典的说法是：表达自由不意味着有权在坐满观众的剧院中大叫"着火了"，而实际上并非发生火灾。那么，表达自由是否与不说谎的义务存在必然的逻辑联系？对此，唐纳利认为，社会和国家可以因为某人传播损害他人的恶意谎言而对其施以正当的惩罚，但这些惩罚乃是基于被损害者的权利或利益，而非基于这一个人的表达自由的权利。[①] 也就是说，一个人应承担不传播恶意谎言的义务，但这并不是其享有的表达自由导致的，而是由其他人的不因该个人的行为受到损害的权利引起的。这一逻辑也可以通过这样一个例子说明：假如我宣扬了某一不实信息如火星人入侵地球，如果按照表达自由本身就蕴含着不得说谎的义务的逻辑，我的这种宣扬无论是否造成了任何损害，本身就会因为违反义务而受到制裁，但在现实中，这种宣扬受到制裁只能是因为我的表达造成了某种损害如公众恐慌，而不是因为我的表达自由要求我承担不如此宣扬的义务。再举一个更浅显的例子：我有一把刀，但我不能用它杀人，我有义务不杀人是因为他人有生命权，而不是因为我对刀有所有权；从我对刀的所有权中，无论如何都无法推导出我不杀人的义务。总结为一般原则，即个人有义务不损害他人，但这种义务源自他人的权利，而非源自该

---

① Jack Donnelly, "Human Rights and Asian Values: A Defence of 'Western' Universalism", in Joanne R. Bauer, & Daniel A. Bell (eds.), *The East Asian Challenge for Human Rights* (Cambridge University Press, 1999) 60, p.79.

个人自身的权利。不能因为说谎恰好是一种表达，就认为这是由享有表达自由而来的义务，而不履行不说谎的义务，就丧失了表达自由的权利。不说谎与不杀人一样，都源自一个人作为社会中的一员、不得损害他人权利的独立义务，而与其自身的权利没有任何必然联系。人权的存在是绝对的，按唐纳利所说，"人权的拥有和行使并不是以接受这些限制……为条件"，[1] 如果一项权利只有基于接受某些限制的条件才能得到保证，这就不是一项人权。[2] 但许多人权的范围是有限的，当对权利的享有和行使损害他人以及社会时，就可以为了保护他人的权利和社会的利益而受到限制。《公约》规定或允许的对个人权利的各种限制只是划定了权利的范围或限度，在此范围或限度之内，个人对权利的享有和行使是无条件的、不受任何制约的，无须以承担了任何义务为其前提和条件。例如，在 M. A. 诉意大利案中，来文者因为重组被解散的法西斯政党而被意大利法院定罪，从《公约》的角度来看，意大利对他的惩处并不是因为来文者的行为违反了任何先在的义务，而是因为这种行为超出了他的行为所涉及的信仰自由、持有和表达意见的自由、结社自由以及参与公共事务的权利所允许的限度，因此本身就"被排除在《公约》保护之外"。[3]

因此，对人权的限制并非源自蕴含于权利享有和行使者本身权利中的任何义务，而是源自确保每一个人权利的需要。可以说，尽管不存在与权利"共生"的义务，但存在与权利"共存"的限制。普洛沃斯特就曾指出，对人权适用的限制的确存在，不过，个人或群体"可能因其行为对其他人的权利造成不利影响而失去全面行使一些人权的权利，这一问题在概念上有别于这些权利对于个人或群体的自始可适用性"。[4] 这些限制在国内法中往往表现为个人的义务，然而，这些义务并非《公约》意义上的义务，更非个人为享有和行使《公约》权利而必须承担的义务；即使在国内法中，这些义务也只是在享有和行使权利的同时应遵守的一种界限，而非

---

[1] Donnelly, *Universal Human Rights in the Theory and Practice*, p. 57.
[2] Donnelly, "Human Rights and Asian Values: A Defence of 'Western' Universalism", p. 79.
[3] Communication No. 117/1981, *M. A. v. Italy*, para. 13. 3. See Sarah Joseph, "Human Rights Committee: Recent Cases", (2001) 1 *Human Rights Law Review* 83, p. 94.
[4] Provost, "Reciprocity in Human Rights and Humanitarian Law", p. 389.

为享有和行使权利而必须先予满足的条件。①

从国家的角度看，在一定情况中、一定条件下限制个人对《公约》权利的享有和行使的原因也不是与权利相对应和关联的义务的存在，而是为了平衡可能相互冲突的权利。例如，有学者针对《欧洲人权公约》第8～11条中的限制性规定指出，存在这些对人权的限制并不是因为非国家行为根据《欧洲人权公约》彼此承担任何义务，而是因为这些限制代表着对一种事实的承认，即国家可能处于一种其本身的义务相互冲突的情况中，在这种情况中，如果不限制某一人的权利，就无法保护另一人的权利。② 由于《公民及政治权利公约》第17～19条、第21条、第22条中的限制性规定与《欧洲人权公约》第8～11条中的限制性规定极为相似，这种推理也可以运用于《公民及政治权利公约》：缔约国可以限制某些权利的享有和行使是为了平衡不同权利主体间可能相互冲突的权利的需要，而不是因为这些权利本身带有任何义务。如果某一权利本身蕴含着义务，那么即使不存在与之相冲突的权利，缔约国也可以限制这一权利的行使。再次使用上文的例证：如果表达自由蕴含着我不得宣扬火星人入侵地球的义务，那么即使我如此宣扬不与任何其他人的权利相冲突（无论是实际发生的还是可预见的冲突），缔约国也可以限制我的这种表达，这显然是荒谬的。因此，即使从国家可以限制某些权利的行使的理由来看，这些限制也绝非内在于权利的、作为权利之存在、享有和行使之条件的义务。

从《世界人权宣言》到两公约，有关人权与个人的义务或责任之间的关系一直是一个争论不休的话题。③ 毫无疑问，《宣言》和两公约都表明，所有个人的确都对他人和社会负有责任。社会不仅为每个人充分发展其个性提供了可能，而且保证了这些文书所载权利和自由的实现，因此这些责

---

① 参见肖泽晟：《宪法学——关于人权保障与权力控制的学说》，第163～164页；林喆主编：《公民基本人权法律制度研究》，北京大学出版社，2006，第14～15页。

② Hessbruegge, "Human Rights Violations Arising from Conduct of Non - State Actors", pp. 33 - 34.

③ See International Council on Human Rights Policy, *Taking Duties Seriously*: *Individual Duties in International Human Rights Law - A Commentary* (Geneva, 1999); Hodgson, *Individual Duty within a Human Rights Discourse*; Fernando Berdion Del Valle and Kathryn Sikkink, "(Re) Discovering Duties: Individual Responsibilities in the Age of Rights", (2017) 26 *Minnesota Journal of International Law* 189.

任是为保护和促进人权所必需的。即使是西方学者，也深刻地认识到了《公约》对个人权利的看重并不意味着无视其社会背景以及两者之间的紧密联系。例如，托姆沙特认为，"尽管《公民及政治权利公约》的主要重点是指向个人的，但它……并没有将个人主义和主观主义（individualism and subjectivism）作为其指导原则"。[①] 提奥多·范博文则指出，"事实上，'国际人权宪章'作为一个整体将人置于其作为一个组成部分的各种社会关系中"，"通过这种方式，多重社会关系中的人类生活在人权保护和促进的庇佑之下，得到了承认和体现"。[②]

就研究《公约》而言，一方面固然需要了解这些争论，以更深入地理解《公约》及其在将来的可能变化与发展，另一方面也需要清楚的是，这些争论主要是在伦理层面至多是在应然法的层面上进行的，对于《公约》在实在法意义上的适用无关紧要，因为《公约》允许的对权利的限制已经在相当程度上平衡了对个人社会责任的需要。但无论如何，在实在法意义上，个人为了享有和行使《公约》权利，不需要承担任何作为前提或条件的义务或责任，任何试图以这样的理由限制个人对《公约》权利之享有和行使的，均违反《公约》。

四 总结

在理解《公约》所规定的权利义务关系时，首先必须认识到《公约》作为一项人权条约的特殊性质。人权领域之外的国际法其他领域中的条约以"相对应性"为根本特征，即规定的是缔约国彼此相互对应、互为条件的权利义务关系；这些条约得到遵守和实施在相当程度上也以这一特征为基础。但以《公约》为代表的人权条约则完全不同。这些条约尽管形式上

---

① Christian Tomuschat, "Human Rights in a World-Wide Framework: Some Current Issues", (1985) 45 *Zeitschrift für ausländisches öffentliches Recht und Völkerrech* 547, p. 558. 另参见，Mashood A. Baderin, "Establishing Areas of Common Ground between Islamic Law and International Human Rights", (2001) 5 *International Journal of Human Rights* 72, p. 104："人权的亲缘并不真正在于个人主义，而在于人道主义。当今的人权既保护个人也保护集体。"

② Theodoor C. van Boven, "Distinguishing Criteria of Human Rights", in Karel Vasak and Philip Alston (eds.), *The International Dimensions of Human Rights* (Vol. 1, Greenwood Press, 1982) 43, p. 54.

仍是缔约国之间的条约,但所规定的实质性权利义务关系是缔约国与其领土内受其管辖的个人之间的权利义务关系。《公约》第2条第1款的规定——"本公约缔约国承允尊重并确保所有境内受其管辖之人,……一律享受本公约所确认之权利"——表明在《公约》中,缔约国是义务主体,承担尊重并确保权利的义务,而个人是权利主体。同时,《公约》缔约国承担的义务还是一种"对世义务",即任一缔约国都有权要求任何其他缔约国履行其根据《公约》承担的义务。

《公约》的权利主体除了第1条规定的民族外,主要是个人,或更准确地说,是《公约》缔约国领土内受其管辖的"一切个人"。首先,"一切"个人,即任何自然人,无分种族、肤色、性别、语言、宗教、政见或其他主张、民族本源或社会阶级、财产、出生或其他身分等,都是《公约》的权利主体。不过,有些《公约》权利只能为处于特定状态的个人所享受,有些《公约》权利只能为具有特定性质的个人所享受。《公约》中,这种特定性质的个人有两类,即少数人和外国人。《公约》第27条规定,属于民族的、宗教的或语言的少数人群体的个人有权享受自己的文化、信奉和躬行自己的宗教和使用自己的语言;这些权利是少数人作为个人已经能够根据《公约》享受的一切其他权利之外专有的权利。但是,在实践中,如何判断某一个人是否属于少数人,可能存在困难、引起问题。《公约》缔约国领土内或受其管辖的外国人(包括无国籍人)享受除第25条规定的政治权利以外的其他一切《公约》权利(但第13条规定的权利仅为合法入境和居留的外国人所享有)。在这一方面,不能被《公约》中文标题中的"公民权利"的用词所误导。《公约》中的"公民权利"与和国籍相联系的"公民资格"(citizenship)无关,是包括外国人在内的一切个人都能享受的权利。因此,外国人与缔约国的国民一样,享有诸如表达、集会和结社自由。不过,虽然《公约》没有明确规定,但外国人在行使这些权利时,有可能受到较缔约国国民更多的限制。其次,一切"个人"才是《公约》的权利主体。《公约》所规定的权利,除了第1条自决权是一项集体权利外,第三编即第6~27条规定的权利均为作为自然人的个人的权利,而不包括集体的权利或法人的权利。委员会的实践已经确认,除了个人之外的任何实体都不能主张《公约》所规定的权利。这一方面,要特别注意第27条规定的权利是属于少数人群体的个人的权利,因此仍是一项个人权利而非集体权利。不过,《公约》在某些条款中也承认和反映了某些权利的群体性质或集体维度,因此存在"集体性权利的个体享有和行使"和"个体性权利的集体享有和行使"的情况。

个人不是《公约》的义务主体。这可以从两方面来理解。一方面,在一般的人权范畴中,任何具体个人享有其人权,唯一的依据是其"生而为人",并不以其承担任何义务或满足任何前提为条件。另一方面,在《公约》中,也没有规定个人享受和行使《公约》所确认的权利要以承担任何义务为条件或前提。不过,任何个人都生活在某一人类社会中,必然要承担尊重他人权利的责任。尽管《公约》有多处提到了个人的"责任",但这种责任只是道德性或伦理性的,而不是法律性的,即不是能够直接由个人在国际法层面上承担、一旦违反将导致国际法律责任的义务。《公约》通过规定缔约国有义务确保个人的权利不受非国家行为者的侵害,来保障个人不受其他个人的侵害。在讨论《公约》及其规定的权利时,一个可能提出的批评是,《公约》只规定了个人的权利而没有规定个人的义务,因此主要体现了西方人权观和价值观,而没有充分考虑更加注重个人对他人、对社会之义务的非西方传统和文化。[①] 但是,《公约》承认,为了保障与其他利益的平衡,可以限制个人的权利。尽管《公约》没有像在《非洲人权和民族权宪章》那样强调个人的义务,[②] 但《公约》规定的绝不是"不负责任的自由"或"不受限制的权利",而是通过允许缔约国限制权利的方式,合理地平衡了个人权利与国家、社会、其他个人的利益。对于人权以及对人权的限制之间的关系,无论是作为《公约》权利享有者的个人,还是作为《公约》义务的承担者的缔约国,都必须有清楚的认识。对于个人而言,应该明白的是,"因为国家未被允许滥用其权力,所以个人也同样无权滥用其自由",[③] 任何超越权利范围或限度的行为将不受《公

[①] See Donnelly, *Universal Human Rights in the Theory and Practice*, pp. 57 – 60; Joseph, "A Rights Analysis of the Covenant on Civil and Political Rights", p. 68.

[②] See Makau Wa Mutua, "The Banjul Charter and the African Cultural Fingerprint: An Evaluation of the Language of Duties", (1995) 35 *Virginia Journal of International Law* 339.

[③] Erica – Irene A. Daes, "Restrictions and Limitations on Human Rights", in Institut International des Droits de l'Homme, *René Cassin: Amicorum Discipulorumque Liber*, Vol. III: *La protection des droits de l'homme dans les rapports entre personnes privées* (Editions A. Pédone, 1971) 79, p. 89.

约》的保护。对于国家而言，应该明白的则是，既然《公约》已经承认并允许国家基于某些正当合理的目的限制某些权利的享有和行使，那么国家对于《公约》所确认的有关公民权利和政治权利的最低标准的范围或限度内的权利，就应该并能够秉持善意予以尊重和确保。[①] 不过，对个人权利的限制不等于个人的义务，尤其不等于个人享有权利要以接受对其权利的限制为条件和前提。对于个人的权利和限制的关系的正确理解是，不存在与权利"共生"的义务，但存在与权利"共存"的限制。

[①] See Nowak, "Limits on Human Rights in a Democratic Society", pp. 124 – 126.

第三章
《公约》中权利的范围和关系

《公民及政治权利国际公约》是一项人权条约，但规定的只是公民权利和政治权利。在理解《公约》所规定的权利时，一方面要了解其所规定的公民权利和政治权利的来源和范围，另一方面要了解每一权利自身的范围，以及这些权利可以如何分类、是否能在其中划出等级、彼此之间的关系如何。鉴于这些问题具有较强的理论性，因此在探讨中，除了要借鉴《公约》实践中形成的资料，还要大量参考有关学术见解。

一 权利的范围

《公约》规定的权利局限于公民权利和政治权利，其中绝大部分源自国内法，同时也可以与其他国际人权文书相比较。《公约》规定的每一项权利也有一定的范围，一些权利还呈现动态性，即其范围可能会发生变化。认识《公约》规定的权利的范围对了解这些权利的内容和性质至关重要。

（一）权利的源流

正如其名称所显示的，《公约》规定的是公民权利和政治权利。但是，这些权利并不是由《公约》创设的。在哲学上，这些权利源自人的固有尊严；在法律上，这些权利源自国内法。

首先，《公约》并没有创设任何权利。《公约》前文中提到了"人类一家，对于人人天赋尊严及平等而且不可割让权利之确认"，在正文中也规定了其缔约国有义务尊重和确保个人享有《公约》"所确认之权利"，这表明，《公约》的一个基本设定是，其所规定的权利先于《公约》存在，《公约》只是确认而非创造了这些权利。实际上，人权作为道德权利先于和独立于包括《公约》在内的任何法律存在，并因其本身的正当性而成为这些法律的基础，这是现代人权观念的一个核心和基础。国家作为一种政治和法律权威，固然可以选择承认或不承认某一或某些人权为法律权利，但无法否认人权作为一个整体的道德正当性，也不能创造或消灭作为道德权利的人权本身。对此，国际法院法官田中耕太郎曾经有非常清楚的说明：

> 保护人权的原则源自人之为人（man as a person）的概念及其与社会的关系——这一关系不能与普遍的人性相分离。人权的存在不依赖于国家的意志，无论是其国内的法律还是任何其他立法措施，或者是一个国家的明示或默示意志构成其实质要素的国际条约或习惯。
>
> 一个或多个国家无法通过法律或公约创造人权，它们只能确认其存在并给予其保护。……
>
> 人权一直随着人之存在而存在。它们独立于并先于国家存在。……作为一个理性的人，谁能相信人权的存在依赖于国家的国内或国际立法措施并因此可以根据国家的意志而被有效地废止或修正？①

曾担任委员会委员和国际法院法官的罗莎琳·希金斯也指出，人权由"是一个人"而来，是人之完整性和尊严的核心部分，因此不可能由国内法律制度给予或剥夺；国内法律制度可能最有效地保障人权，但并不是人权的渊源。②

曾有些持实证观点的学者主张，只有被法律认可的人权才是权利，而

---

① Dissenting Opinion of Judge Tanaka, *South West Africa*, *Second Phase*, *Judgment*, *I. C. J. Reports* 1996, p. 6, at pp. 297 – 298.

② Rosalyn Higgins, *Problems and Process*: *International Law and How We Use It*（Clarendon Press, 1994）, p. 96.

不具有实在法形态的"人权"则不是权利。例如，汉斯·凯尔森（Hans Kelsen）就曾主张，权利不能先于法律存在。① 这种观点是非常危险的。如果说人权是由法律创造的，或者法律对某项人权不加以规定，则不存在此项人权，那么，这就将为不尊重人权甚至是践踏人权大开方便之门，因为握有立法权的公共权威，比如国家，就可能以不存在相关的禁止性法律为其侵犯人权的借口，而是否存在这样的法律，完全由其意志决定。这样的行为有先例可见。保罗·塞格特就认为希特勒等极权政权侵犯人权的一个原因即在于他们都是实证主义者，即只有他们所规定的权利才是权利，而不承认其他权利的存在。② 而任何人都能够基于"不虑而知"的良知就断言，"合法"绝对不能够证明这些"致使人心震愤"的"野蛮暴行"（《世界人权宣言》弁言第二段）的道德合理性。因此，可以认为，《公约》确认的权利根据道德秩序已经是"权利"，缔约国通过承认这些道德权利并承允对其加以尊重和确保，从而保证在其国内法律和实践中将这些道德权利转化为法律权利。③ 至于人权作为道德权利或蕴含于其中的道德秩序的正当性根据何在，则是一个长久争论的话题。在此仅需指出的是，《公约》和《联合国宪章》以及《世界人权宣言》一样，确认人权源于"人之固有尊严"，④ 表明人的固有尊严是《公约》所确认的一切权利的起源和根据。⑤

---

① 〔奥〕汉斯·凯尔森：《法与国家的一般理论》，沈宗灵译，中国大百科全书出版社，1996，第89~91页。
② Paul Sieghart, *The Lawful Rights of Mankind* (Oxford University Press, 1985), p. 37.
③ Louis Henkin, "The International Bill of Rights: the Universal Declaration and the Covenants", in Rudolf Bernhardt and John Anthony Jolowicz (eds.), *International Enforcement of Human Rights* (Springer-Verlag, 1985) 1, p. 11.
④ 《公约》英文本中为"the inherent dignity of human person"，作准中文本中为"天赋人格尊严"，通行中文本中为"人身的固有尊严"。
⑤ 关于人的尊严和人权的关系，参见，Haim H. Cohn, "On the Meaning of Human Dignity", (1983) 13 *Israel Yearbook of Human Rights* 226; Oscar Schachter, "Human Dignity as a Normative Concept", (1983) 77 *American Journal of International Law* 848; Jerzy Zajadło, "Human Dignity and Human Rights", in Raija Hanski and Markku Suksi (eds.), *An Introduction to the International Protection of Human Rights: A Textbook* (Institute for Human Rights, Åbo Akademi University, 1997) 15; David Kretzmer and Eckart Klein (eds.), *The Concept of Human Dignity in Human Rights Discourse* (Kluwer Law International, 2002); Oliver Sensen, "Human Dignity in Historical Perspective: The Contemporary and Traditional Paradigms", (2011) 10 *European Journal of Political Theory* 71; 甘绍平：《人权伦理学》，中国发展出版社，2009，160~161页。

《公民及政治权利国际公约》中的权利和义务

其次,《公约》并没有确认任何此前没有被承认为法律权利的权利。得到《公约》确认的公民权利和政治权利是国际法意义上的权利,但这并不是这些权利第一次获得法律承认、成为法律权利。实际上,作为最先被提出的所谓"第一代人权",绝大部分公民权利和政治权利早在18世纪末、19世纪初就被规定在一些国家的宪法中,成为国内法意义上的权利。此后的两百年间,世界上几乎所有国家的宪法都包含了对公民或个人的基本权利的规定,其中必然包括公民权利和政治权利,尽管具体的权利范围和内容可能不尽相同。《公约》不过是对得到国内法普遍承认的公民权利和政治权利的"国际化",是在国际法层面上对这些权利的再次确认。① 因此,至少就《公约》规定的个人权利而言,这些权利大体上与绝大部分现代宪法包含的权利相似,甚至连结构和功能都相似。② 可以说,几乎没有哪一项《公约》权利在国内法中没有规定,尽管不一定是在所有国家的法律中都有规定。在这一意义上,虽然《公约》在国际人权法律发展史中具有极为重要的地位,但就其规定的权利而言,却是"最不具创新性的",③包含的是"最为传统的内容"。④《公约》的创新性更多的在于另外两个方面。一个方面是,它与《世界人权宣言》《经济社会文化权利公约》以及其他国际人权文书一道,实现了人权的国际化,使得人权成为国际法的内容,从而扩展了国际法的调整范围。另一个也更为重要的方面是,它创建了一套新的实施机制,这一机制既独立于国内人权保护制度,也是传统的国际法制度中所没有的。这两个方面使得个人的公民权利和政治权利目前得到了两个制度的保护:以宪法为代表的国内法律制度的保护,以及以

---

① 反过来,一些国家的宪法也借鉴或照抄了《公约》等国际人权文书的规定,这可以说是《公约》规定的"国内化"。
② See Stephen Gardbaum, "Human Rights as International Constitutional Rights", (2008) 19 *European Journal of International Law* 749, pp. 750 – 751.
③ Louis B. Sohn, "The New International Law: Protection of the Rights of Individuals Rather than States", (1982) 32 *American University Law Review* 1, p. 32.
④ Christian Tomuschat, "Human Rights in a World – Wide Framework: Some Current Issues", (1985) 45 *Zeitschrift für ausländisches öffentliches Recht und Völkerrecht* 547, p. 563. 另参见,C. Clyde Ferguson, Jr., "International Human Rights", (1980) 1980 *University of Illinois Law Forum* 681, p. 682;《公约》中的概念"对于西方传统的法学家和哲学家是非常熟悉的"。

《公约》为代表的国际法律制度的保护。[1]

无论在历史上、精神上还是概念上，《公民及政治权利公约》及其姊妹《经济社会文化权利公约》都是《世界人权宣言》的子裔，[2] 是对《宣言》的宗旨和规定的进一步推进；而且，在起草两公约时对很多规定的讨论，实际上也是对起草《宣言》时相应讨论的延续。但是，两公约与《宣言》又有很大的不同，除了前者是具有法律约束力的国际条约、后者只是宣示性的联合国大会决议这一法律性质的不同以外，它们在内容中也有一些不同。就《公民及政治权利公约》而言，其规定的权利与《宣言》承认的权利一脉相承，但又有一定差别。

《世界人权宣言》第3条至第21条规定的是公民权利和政治权利，这些权利中的绝大部分也规定在《公约》中，只有两个例外，即《宣言》第14条规定的个人寻求和享有庇护的权利以及第17条规定的财产权。实际上，在起草《公约》之时，这两项权利都得到了讨论。[3] 然而，由于认为给予庇护应是国家的一项权力而非个人拥有得到庇护的权利的意见占了上风，[4] 以及尽管对于财产权作为一项人权不存在争议，但对于其定义、表述、范围等方面无法形成共识，这两项权利最终没有被包括进《公民及政治权利公约》或——就财产权而言——《经济社会文化权利

---

[1] See Gerald L. Neuman, "Human Rights and Constitutional Rights: Harmony and Dissonance", (2003) 55 *Stanford Law Review* 1863, pp. 1863 – 1864; Gardbaum, "Human Rights as International Constitutional Rights", p. 751.

[2] Louis Henkin, "Introduction", in Louis Henkin (ed.), *The International Bill of Rights: The Covenant on Civil and Political Rights* (Columbia University Press, 1981) 1, p. 27.

[3] 在联合国人权委员会起草《公约》期间的相关讨论，参见，United Nations, *Annotations on the text of the draft International Covenants on Human Rights* (prepared by the Secretary - General), A/2929 (1955), Chapter VI, paras. 65 – 69, 195 – 212。

[4] 阿尔弗雷德·德扎亚斯指出，起草《公约》的国家不愿意在这方面承担义务而限制其主权。Alfred de Zayas, "Human Rights and Refugees", (1992 – 1993) 61/62 *Nordic Journal of International Law* 253, p. 255. 他后来和雅各布·穆勒还指出，《公约》的起草者希望庇护问题由1951年通过的《关于难民地位的公约》调整。Jakob Th. Möller and Alfred de Zayas, *United Nations Human Rights Committee Case Law 1977 – 2008: A Handbook* (N. P. Engel, 2009), p. 239.

公约》中。① 但在另一方面，《公约》中还增加了一些《宣言》并没有规定的权利，包括《公约》第 1 条规定的自决权、第 10 条规定的被剥夺自由者获得人道与尊严待遇的权利、第 11 条规定的禁止债务监禁、第 13 条规定的外国人不被任意驱逐的权利、第 24 条规定的儿童权利、第 26 条规定的在法律上一律平等和受法律平等保护的权利以及第 27 条规定的少数人的权利。除了自决权以外，这些权利实际上都属于对《宣言》已规定权利的进一步阐释和发展。就《宣言》和《公约》都规定了的权利，后者除了尽可能重复前者的表述以外，还作了更为精确和详细的规定。例如，《宣言》在第 10 条和第 11 条规定了个人在刑事诉讼中的权利，但表述比较简单；而规定了同样权利的《公约》第 14 条和第 15 条则有共计 9 款之多，表述非常详细。

在国际人权制度中，除了联合国主导的普遍性人权制度以外，在欧洲、美洲和非洲还存在区域性的人权制度。在这些区域中，相关的区域性国际组织也通过了大量的人权文书，并建立了相应的实施机制。② 欧洲理事会之下的《欧洲人权公约》的制度最为成功，③ 美洲国家组织的《美洲人权公约》制度较为成功，④ 非洲联盟（前身为非洲统一组织）的《非洲

---

① 学者对两公约中缺失了财产权的分析，参见，William A. Schabas, "The Omission of the Right to Property in the International Covenants", (1991) 4 *Hague Yearbook of International Law* 135。有关财产权，另参见，Henkin, "The International Bill of Rights: the Universal Declaration and the Covenants", p. 8; Natalie Kaufman Hevener, "Drafting the Human Rights Covenants: An Exploration of the Relationship Between U. S. Participation and Non‐ratification", 1986 (148) *World Affairs* 233, pp. 237 – 238; Zehra F. Kabasakal Arat, "Human Rights Ideology and Dimensions of Power: A Radical Approach to the State, Property, and Discrimination", (2008) 30 *Human Rights Quarterly* 906, p. 922。

② 对这些机制的综合介绍，参见，Thomas Buergenthal, "The Evolving International Human Rights System", (2006) 100 *American Journal of International Law* 783, p. 791 – 801。

③ 对《欧洲人权公约》的全面述评见，Pieter van Dijk, et al. (eds.), *Theory and Practice of the European Convention on Human Rights* (Intersentia, 4th edn, 2006); David John Harris, Michael O'Boyle and Colin Warbrick, *Law of the European Convention on Human Rights* (Oxford University Press, 2nd edn, 2009)。

④ 对《美洲人权公约》的全面述评见，David J. Harris and Stephen Livingstone (eds.), *The Inter‐American System of Human Rights* (Clarendon Press, 1998); 谷盛开：《国际人权法：美洲区域的理论与实践》，山东人民出版社，2007; Par Engstrom and Courtney Hillebrecht (eds.), *The Inter‐American Human Rights System: The Law and Politics of Institutional Change* (Routledge, 2020)。

人权和民族权宪章》制度的设计和效能则一般。① 其中，最值得与《公民及政治权利公约》比较的是《欧洲人权公约》（其正式名称是《保护人权和基本自由公约》）。尽管前者是向全世界所有国家开放的普遍性人权条约，后者是仅限于欧洲理事会成员国的区域性人权公约，而且彼此的实施机制有极大的差别，② 但两者在权利内容上有很大的相似性，甚至有些条款的结构和约文都高度一致。这是因为，首先，两者规定的都是公民权利和政治权利，拥有共同的哲学基础和国内来源；其次，两者都深受《世界人权宣言》的影响，都在前文中提到了《宣言》；再次，尽管《欧洲人权公约》因诞生在前（1950年11月4日通过、1953年9月3日生效）而被称为是《宣言》的"长女"，③ 但其规定的权利及其内容在很大程度上参考了1950年的国际人权公约草案。④

这两项公约所规定的权利有相当的重合，但并不完全相同。⑤ 首先，在《公民及政治权利公约》中，有一些完全不见于《欧洲人权公约》及其16项议定书的规定：自决权（第1条）、应给予被剥夺自由的人以人道及尊重其人格尊严的待遇（第10条）、任何人有权被承认在法律前的人格（第16条）、禁止战争宣传和鼓吹仇恨（第20条）、家庭应受社会和国家的保护（第23条第1款）、儿童权利（第24条）、公民参与公共事务和担

---

① 对《非洲人权和民族权宪章》的全面述评见，Malcolm Evans and Rachel Murray (eds.), *The African Charter on Human and Peoples' Rights: The System in Practice 1986 – 2006* (Cambridge University Press, 2nd edn, 2008); Frans Viljoen, *International Human Rights Law in Africa* (Oxford University Press, 2nd edn, 2012).

② 详细分析见，van Dijk, *Theory and Practice of the European Convention on Human Rights*, pp. 89 – 93。

③ Marc‑André Eissen, "The European Convention on Human Rights and the United Nations Covenant on Civil and Political Rights: Problems of Coexistence", (1972) 22 *Buffalo Law Review* 181, p. 182.

④ John P. Humphrey, "The Implementation of International Human Rights Law", (1978) 24 *New York Law School Law Review* 31, pp. 52 – 53; Thomas Buergenthal, "The U. N. Covenant and Regional Human Rights Systems", (1986) 80 *American Society of International Law Proceedings* 422, p. 422.

⑤ 对于这两项公约的实质性规定的异同，欧洲理事会部长委员会的人权专家委员会曾进行过非常详细的研究。Report of the Committee of Experts on Human Rights to the Committee of Ministers, *Problem arising from the co‑existence of the United Covenants on Human Rights and the European Convention on Human Rights: Differences as regards the Rights Guaranteed*, Council of Europe Doc. H (70) 7 (1970).

任公职的权利［第25条（子）（寅）项］和少数者的权利（第27条）①。其次，也有一些《欧洲人权公约》及其16项议定书的规定不见于《公民及政治权利公约》：财产权、受教育权、② 任何人不得从其国籍国被驱逐的权利、禁止集体驱逐外国人等。再次，这两项公约的其他实质性规定所涉及的权利基本相同，但在具体表述以及个人的权利范围和与之对应的缔约国的义务范围方面，则基本没有完全相同之处，甚至存在重大差别。③ 例如，罗伯逊就曾指出，这两项公约对于生命权、获得公正审判的权利、婚姻权利以及政治权利的规定存在重大差别。④ 实际上，《欧洲人权公约》于1950年通过时，其规定与后来的《公民及政治权利公约》差别更大，但是欧洲理事会后来又通过一系列的议定书为《欧洲人权公约》增加了选举权、禁止债务监禁、迁徙自由、禁止任意驱逐外国人、上诉权利、因误审而得到赔偿的权利、"一罪不二审"、配偶之间的平等、确保法律规定的任何权利的享有不受歧视等内容，⑤ 从而缩小了这两项公约之间的差别。可以看出，所有这些权利都包含在《公民及政治权利公约》中但不见于1950年《欧洲人权公约》，因此《公民及政治权利公约》的存在对《欧洲人权公约》制度中实质性权利规定的发展的影响是显而易见的。⑥

总体而言，一方面《公民及政治权利公约》规定的权利比《欧洲人权公约》的更多，另一方面就两者都规定了的权利，《公民及政治权利公约》

---

① 但是欧洲理事会于1995年通过了一项《欧洲保护少数民族框架公约》（1999年生效）。
② 但是这一权利规定在《经济社会文化权利公约》第13条中。
③ 具体对比见，Eissen, "The European Convention on Human Rights and the United Nations Covenant on Civil and Political Rights", pp. 208 - 209; Torkel Opsahl, "Substantive Rights. The European Convention on Human Rights in Relation to other International Instruments for the Protection of Human Rights", in Torkel Opsahl, *Law and Equality: Selected Articles on Human Rights* (Ad Notam Gyldendal, 1996) 121, pp. 129 - 131。
④ A. H. Robertson, "The United Nations Covenant on Civil and Political Rights and the European Convention on Human Rights", (1968 - 1969) 43 *British Yearbook of International Law* 21, pp. 30 - 36.
⑤ 因此，在参阅前引 Eissen 和 Robertson 的文章时需要注意的是，在其发表之时，只有选举权、禁止债务监禁、迁徙自由、禁止任意驱逐外国人的内容通过议定书被加入《欧洲人权公约》之中，其他几项规定则是在这两文发表之后增加的。
⑥ See Thomas Buergenthal, "The U. N. Covenant and Regional Human Rights Systems", (1986) 80 *American Society of International Law Proceedings* 422, p. 423.

对许多权利的保护范围也大于《欧洲人权公约》的保护范围。后一个方面特别需要引起同为这两项公约的缔约国的注意。例如,委员会在审议一些同为这两个公约的缔约国的国家根据《公民及政治权利公约》第40条提交的报告时,就强调《公民及政治权利公约》规定的权利超出了《欧洲人权公约》的规定的范围。① 因此,这些国家不能仅以履行了《欧洲人权公约》的规定就相信或主张自己已经同时履行了《公民及政治权利公约》中规定相同权利的条款所施加的义务。就同为这两项公约的缔约国管辖下的个人而言,则可以同时享有这两项公约规定的所有权利,因为根据《公民及政治权利公约》第5条第2款,其缔约国不得限制或减免依据其他公约而被承认或存在的人权;② 而《欧洲人权公约》第53条则规定,该公约中的任何规定均不应被解释为限制或减免缔约国缔结的任何其他协定所保证的任何人权与基本自由。换言之,这两项公约中的任何一项都不得成为限制或减免个人根据另一项公约所享有的权利的理由。③ 另外,《公民及政治权利公约》和《欧洲人权公约》所规定的权利有相当大的重合,却有各自的实施机制,因此这两个制度的共存也导致了许多问题和冲突,尤其是对于同为这两项公约缔约国的国家而言。④ 特别是,在《公民及政治权利公约》和《欧洲人权公约》的实施过程中,难免会出现人权事务委员会和欧洲人权机构需要针对同样或类似的事由,适用内容相同或相近的规定但得

---

① 例如见,对丹麦第三次报告的结论性意见,CCPR/C/79/Add. 68 (1996), para. 11;对冰岛第三次报告的结论性意见,CCPR/C/79/Add. 98 (1998), para. 8;对奥地利第三次报告的结论性意见,CCPR/C/79/Add. 103 (1998), para. 7。

② 在《公约》的通行本中,与此处的"公约"对应之处为"惯例",这是一个错误表述。详细分析见,孙世彦:《有关 International Covenant on Civil and Political Rights 中文本的若干问题》,载徐显明主编《人权研究》(第4卷),山东人民出版社,2004,第415~417页。

③ 对这一问题的更详尽分析,参见,Eissen, "The European Convention on Human Rights and the United Nations Covenant on Civil and Political Rights", pp. 209 – 212。

④ See Theodor Meron, "Norm Making and Supervision in International Human Rights: Reflections on Institutional Order", (1982) 76 *American Journal of International Law* 754, pp. 770 – 771; Theo van Boven, "General Course on Human Rights", (1993) IV – 2 *Collected Courses of the Academy of European Law* 1, pp. 56 – 70.

出不同解释或结论的情况。① 例如，这两个机构对"死囚牢现象"是否构成了对《公民及政治权利公约》第 7 条或《欧洲人权公约》第 3 条禁止的不人道处遇，得出了完全不同的结论：欧洲人权法院在索灵诉英国案中认定，如果英国将申诉人引渡到美国，他就有可能被判处死刑并因而遭遇"死囚牢现象"，而这种待遇将违反《欧洲人权公约》第 3 条；② 而人权事务委员会在与该案极为相似的金德勒诉加拿大案中，尽管认真考虑了索灵案，但得出了"死囚牢现象"本身不违反《公民及政治权利公约》第

---

① 参见，David Harris, "The International Covenant on Civil and Political Rights and the United Kingdom: An Introduction", in David Harris and Sarah Joseph (eds.), *The International Covenant on Civil and Political Rights and United Kingdom Law* (Clarendon Press, 1995) 1, p. 12, 其中就同性恋者的权利问题，对比了委员会在图纳恩案 (*Toonen v. Australia*) 和欧洲人权法院在杜吉恩案 (*Dudgeon v. United Kingdom*) 中意见的不同。也有学者曾经预计，人权事务委员会和美洲人权委员会对同样事项的审查也可能导致相互冲突的结论：M. E. Tardu, "The Protocol to the United Nations Covenant on Civil and Political Rights and the Inter-American System: A Study of Co-Existing Procedures", (1976) 70 *American Journal of International Law* 778, pp. 788-789。

② European Court of Human Rights, *Soering v. United Kingdom*, Judgment of 7 July 1989, ECHR Series A. No. 161. 对该案及相关法律问题的述评见，John Quigley and S. Adele Shank, "Death Row as a Violation of Human Rights: Is It Illegal to Extradite to Virginia?" (1989) 30 *Virginia Journal of International Law* 241; Stephan Breitenmoser and Gunter E. Wilms, "Human Rights v. Extradition: The *Soering* Case", (1990) 11 *Michigan Journal of International Law* 845; Colin Warbrick, "Coherence and the European Court of Human Rights: The Adjudicative Background to the *Soering* Case", (1990) 11 *Michigan Journal of International Law* 1073; Renee E. Boxman, "The Road to Soering and Beyond: Will the United States Recognize the 'Death Row Phenomenon'?", (1991) 14 *Houston Journal of International Law* 151; Richard B. Lillich, "The *Soering* Case", (1991) 85 *American Journal of International Law* 128; Michael P. Shea, "Expanding Judicial Scrutiny of Human Rights in Extradition Cases after *Soering*", (1992) 17 *Yale Journal of International Law* 85; Craig R. Roecks, "Extradition, Human Rights, and the Death Penalty: When Nations Must Refuse to Extradite a Person Charge with a Capital Crime", (1994) 25 *California Western International Law Journal* 189, pp. 197-206; Florencio J. Yuzon, "Conditions and Circumstances of Living on Death Row-Violative of Individual Rights and Fundamental Freedoms: Divergent Trends of Judicial Review in Evaluating the Death Row Phenomenon", (1996) 30 *George Washington Journal of International Law & Econ.* 39; Ved P. Nanda, "Bases for Refusing International Extradition Requests-Capital Punishment and Torture", (2000) 23 *Fordham International Law Journal* 1369, pp. 1386-1390。

7条的结论。① 又如，就下文"权利的动态性"中提到的基于信念拒服兵役的问题，人权事务委员会已经明确承认，基于信念拒服兵役是信念自由范围之内的一项权利，但欧洲人权法院没有得出如此明确的结论。② 遗憾的是，对于人权事务委员会和欧洲人权法院对相同权利的不同解释问题，"目前不存在正式的方法能够协调这两个都受到尊重的机构的可能有差异的问题处理方式"。③

（二）权利范围的确定

《公约》所规定的权利的范围问题至关重要，因为只有确定了权利的范围，才能知晓个人的哪些状态、行为和待遇受《公约》保护，哪些不受保护；缔约国影响个人的状态、行为或待遇的哪些作为或不作为将构成对《公约》权利的侵害，哪些不构成侵害。《公约》所规定的权利的范围有两层含义：第一层含义有关《公约》权利的总体范围，即《公约》的属事适用范围（*Ratione Materiae*）；第二层有关《公约》所规定的每一权利的具体范围。

根据《公约》第2条第1款，《公约》缔约国有义务尊重和确保个人的"本公约所确认之权利"。因此，个人根据《公约》可享有和行使的，只能是《公约》所确认即其所规定的权利。个人可能根据其他的法律渊源

---

① Communication No. 470/1991, *Kindler v. Canada*, paras. 15.3, 16. 委员会对其立场的最详尽解释，参见，Communication No. 588/1994, *Errol Johnson v. Jamaica*, paras. 8.1–8.4。对于委员会有关"死囚牢现象"的意见的述评，参见，Amrita Mukherjee, "The ICCPR as a 'Living Instrument': The Death Penalty as Cruel, Inhuman and Degrading Treatment", (2004) 68 *Journal of Criminal Law* 507, pp. 510–515; P. R. Ghandhi, "The Human Rigths Committee and the Death Row Phenominon", (2003) 43 *Indian Journal of International Law* 1. 对于索灵案和金德勒案的比较，参见，William A. Schabas, "*Soering*'s Legacy: The Human Rights Committee and the Judicial Committee of the Privy Council Take a Walk Down Death Row", (1994) 43 *International and Comparative Law Quarterly* 913; Anne Mori Kobayashi, "International and Domestic Approaches to Constitutional Protections of Individual Rights: Reconciling the *Soering* and *Kindler* Decisions", (1996) 34 *American Criminal Law Review* 225。

② See Suzanne Egan, *The United Nations Human Rights Treaty System: Law and Procedure* (Bloomsbury Professional, 2011), p. 293.

③ Richard B. Lillich, "Towards the Harmonization of International Human Rights Law", in Ulrich Beyerlin, et al., *Recht zwischen Umbruch und Bewahrung: Festschrift für Rodolf Bernhardt* (Springer, 1995) 453, p. 466.

享有超出《公约》所确认权利范围之外的权利,但《公约》缔约国根据《公约》本身并不承担尊重和确保这些权利的义务。《任择议定书》第 1 条规定个人只能就《公约》所载权利受到侵害提交来文,这进一步明确了《公约》的属事适用范围。委员会在审议来文的实践中,经常会指出,来文提交人声称受到侵害的权利并非《公约》所确认的权利,因此来文不予受理。在这一方面,最典型的是财产权。由于《公约》并没有规定这一权利,因此对于凡是仅指控财产权受到侵害但不涉及诸如禁止歧视等《公约》所规定事项的来文,委员会均以这一权利本身并不受《公约》保护而不予受理。例如,在 K. B. 诉挪威案中,提交人声称挪威法院准予她的前夫作为租房人搬进由她拥有的一间公寓剥夺了她处置自己的财产的权利,违反了《公约》第 2 条第 1 款、第 3 条和第 26 条,但委员会指出处置财产的权利本身并不受《公约》规定的保护,而且来文没有提出任何其他事实支持提交人关于受到歧视的主张,因此宣布来文不予受理。[①] 与之形成对照的是,在阿维拉纳尔诉秘鲁案中,一位已婚女子在法院起诉拒付房租的房客,但由于《秘鲁民法典》规定,对于已婚女子,只有其丈夫才有权在法院代表婚姻财产,因此秘鲁高等法院裁定该女子无权提起诉讼。这一案件尽管也涉及不在《公约》所确认权利范围之内的财产权,但因为同时涉及了《公约》规定的男女平等和法庭前平等的权利,所以委员会受理了来文,并认定秘鲁的做法违反了《公约》第 3 条、第 14 条第 1 款和第 26 条。[②]

在确定了《公约》所确认权利的总体范围之后,更重要的是确定《公约》所确认的每一项权利的具体范围。在指称《公约》确认的权利时,为简便起见,一种通常的做法是将《公约》的每一条与某项权利相对应,如称第 9 条规定的是人权自由与安全的权利,第 14 条规定的是获得公正审判的权利,第 25 条规定的是政治权利等。然而,《公约》每一条、每一款甚至每一项规定的往往都不是单一的权利,而是多项(相互关联的)权利,其中每一项权利都有具体的适用范围。例如,在规定人

[①] Communication No. 53/1979, *K. B. v. Norway*. 另参见, Communication No. 419/1990, *O. J. v. Finland*, 提交人有关其财产被征收的指控基于属事理由不可受理。

[②] Communication No. 202/1986, *Graciela Ato del Avellanal v. Peru*.

权自由与安全权的第9条中，第1、4款适用于一切被剥夺自由的情况，而第2、3款仅适用于因刑事指控被剥夺自由的情况；在规定公正审判权的第14条中，第1款适用于无论性质为何的一切诉讼，但第14条第2~7款仅适用于刑事审判。

为了解权利范围的概念，必须从人权作为一种法律关系（而非仅仅是哲学概念）着手。人权作为一种法律关系，意味着每一个人都因其自然属性和社会属性而有资格对国家提出某种要求，具体而言，即要求个人的某种状态如生命或自由不受国家损害、某种行为如表达或结社不受国家干涉、某种待遇如人道的拘禁条件或获得公正审判得到国家保障，而国家有义务满足这种要求。由此，权利的范围可以被理解为个人的不受国家损害的状态的程度、不受国家干涉的行为的程度以及需要国家保障的待遇的程度。《公约》中的每一权利都至少包含状态不受损害、行为不受干涉或待遇得到保障这三个维度中的一个，但往往不止一个。由于个人的权利与国家的义务相对应，个人的不受国家损害的状态的程度、不受国家干涉的行为的程度以及需要国家保障的待遇的程度也即国家义务的限度。很多时候，对于权利范围的判定，需要借助于对国家义务的限度的判定，即通过确定"国家不得做……"或"国家必须做……"的限度，来确定与之对应的权利的范围。

《公约》中的每一项权利都有或应该有具体的范围。但是由于两个原因，这种范围可能并不明确。第一个原因是，《公约》是一项法律文书，而法律条文必然具有一般性和抽象性，往往不可能对每一规定的适用范围做明确的列举。第二个原因是，《公约》是一项国际公约，在制定过程中为了调和各种不同的立场、观念和要求，往往不可能对每一项规定的适用范围作精确的表述。[1] 因此，在实践中，就《公约》中某一项权利的具体范围，可能会产生争议。

---

[1] 例如，就《公约》第27条，克里斯蒂安·托姆沙特指出："为了要在全世界范围内得到接受，第27条必然是以一种简约方式拟定的。因此，任何要精确地表述其范围和含义的努力都会遭遇严重的困难。" Christian Tomuschat, "Protection of Minorities under Article 27 of the International Covenant on Civil and Political Rights", in Rudolf Bernhardt et al. (eds.), *Völkerrecht als Rechtsordnung, internationale Gerichtsbarkeit, Menschenrechte: Festschrift für Hermann Mosler* (Springer, 1983) 949, p. 949.

例如，根据《公约》第22条第1款，个人的结社自由不受缔约国干涉。由此可提出的一个问题是：什么样的社会组织形式属于受该款保护的"结社"（association）？沃尔曼诉奥地利案就涉及这一问题。该案中，提交人之一是一家旅馆的所有人，她申诉称她的旅馆被强制加入地区商会并缴纳会费违反了《公约》第22条规定的结社自由。委员会首先需要解决的问题是，奥地利的商会（Chamber of Commerce）是否在《公约》第22条规定的"结社"的含义之内。奥地利辩称，根据该国法律，由于商会参与公共行政事务并服务于公共利益，商会构成了公共组织，因此不在第22条的适用范围之内。委员会接受了奥地利的主张，指出商会是根据法律而非私人之间的协议建立的，而《公约》第22条只适用于私人的结社（private associations），因此认定，强制提交人的旅馆加入奥地利商会并缴纳会费并不构成对其根据第22条享有的权利的干涉。[①] 由这一意见，委员会澄清了有关结社自由的范围的两个要点：结社自由只限于私人之间的社会组织形式，[②] 以及不明自言的，结社自由包括了不参加任何社会组织形式的自由。根据第22条第1款，结社自由中还包括了组织和参加工会的自由。由此可提出的一个问题是：作为工会的一项重要功能的罢工，是否在结社自由这一权利的范围之内？在J. B. 等诉加拿大案中，这一问题就是争议的焦点。该案中，6名提交人是加拿大艾伯塔省的公共雇员，同时是艾伯塔公共雇员联盟（一个工会）的成员。该省的《公共机构雇员关系法》禁止公共雇员举行罢工，提交人声称这种禁止构成了对《公约》第22条的违反。委员会必须解决的问题是：尽管《公约》第22条第1款没有明确提到罢工权，但罢工权是否在第22条第1款的保障范围之内？为了解决这一问题，委员会回顾了《公民及政治权利公约》第22条和《经济社会文化权利公约》第8条的起草历史并对这两条规定进行了比较，得出了罢工权并不包括在第22条第1款的保障范围之内的结论。[③] 但是对委员会的这一结论，有5位委员提出了异议意见，这说明《公约》所确认的

[①] Communication No. 1002/2001, *Wallman* v. *Austria*, paras. 9.3 – 9.5.
[②] 诺瓦克也提出，受《公约》保护的结社不包括"在公法之下的法人"。诺瓦克：《评注》，第22条，第6段。
[③] Communication No. 118/1982, *J. B. et al.* v. *Canada*, paras. 6.2 – 6.4. 该案又称为"艾伯塔联盟案"（*Alberta Union* case）。

权利的范围可能并不总是非常清晰、确定，往往具有一些模糊的边缘地带。

又例如，第 23 条第 1 款规定家庭应受国家和社会的保护，这一权利以及与之对应的缔约国义务都要求确定"家庭"这一概念包括的范围。委员会承认"不可能给这个概念下一个标准定义"，但是提出了若干确定第 23 条第 1 款之内的家庭的要素。委员会认为，"如果一群人根据一国的立法或惯例被视为一个家庭，那么就必须给予这个家庭第 23 条所述的保护"。① 因此首先，如果一国立法中有对家庭的定义，则这样的家庭就必然受第 23 条保护。但是其次，"一国的……惯例（practice）"的表述意味着不能只承认由依法缔结的婚姻所形成的家庭为第 23 条含义之内的适格家庭，而不承认诸如未婚伴侣及其子女或单身父母及其子女为家庭。也就是说，对"家庭"一词应作广义解释，"以便包括在有关社会中为人们所理解的、构成家庭的所有情况"。② 另外，委员会还提出，一个家庭是否存在"取决于是否达到了一些最基本的要求，如共同生活、经济联系、经常的和密切的关系等"。③然而，对构成家庭的情况的"理解"可能具有主观性，而"最基本的要求"则可能涉及程度问题。因此某一"家庭"是否存在并因此受第 23 条保护，并不是一目了然的。例如，在 A. S. 诉加拿大案中，委员会面临的问题是，提交人与其养女 B——后者被收养后，与提交人在加拿大生活了两年，然后回到波兰生活了 17 年——是否构成《公约》含义之内的家庭。委员会对此作了否定回答。④ 但是，假如所涉及的 B 是提交人的亲生女儿，或者她们分开的时间没有那么长，委员会的结论是否会有所不同？在霍普和贝瑟特诉法国案中，委员会首先面临的一个问题是，占用据说是埋葬着提交人祖先的墓地来建造旅馆是否属于第 17 条第 1 款和第 23 条第 1 款规定的权利的范围？委员会对此作了肯定回答并认定这两项规定被违反。⑤ 对于委员会将"家庭"如此扩大地解释为甚至包括了与祖先的关系，四位委员戴维·克雷茨梅尔（David Kretzmer）、托马斯·

---

① 第 19 号一般性意见，第 2 段。
② Communication No. 549/1993, *Hopu and Bessert v. France*, para. 10.3.
③ Communication No. 417/1990, *Balaguer Santacana v. Spain*, para. 10.2.
④ Communication No. 68/1980, *AS v. Canada*, para. 8.
⑤ Communication No. 549/1993, *Hopu and Bessert v. France*, para. 10.3.

伯根索尔（Thomas Buergenthal）、安藤仁介（Nisuke Ando）和科尔维尔勋爵（Lord Colville）提出了颇有道理的异议意见，认为委员会多数委员过分地扩大了《公约》所述家庭的范围，使其越出了通常和被普遍接受的含义。①

从以上例证已经可以看出，委员会在审议个人来文的实践中，一项重要的也是先决性的工作，是判断提交人申诉的事项是否在《公约》确认的权利范围之内以及在哪一权利的范围之内。例如，在弗雷诉澳大利亚案中，澳大利亚的社会保障法规定，提交人需要进行工作实习，否则她的失业救济就会被暂停一段时间。对此，委员会就需要判断，要求提交人实习是否处于第8条所禁止的强迫或强制劳动的范围之内。② 在克利尔和奥里克诉荷兰案中，两位提交人皈依印度教，他们想将名字改为印度教名字的要求获得了批准，但将姓氏改为印度教姓氏的申请被拒绝，理由是他们的情况不符合荷兰的《改姓准则》规定的可准予改姓的特殊情况。对此，委员会首先需要确定他们要求改姓这一情况是否在某一受《公约》保护的权利的范围之内，只有在得出肯定的答案后，才能进一步确定荷兰不准提交人改姓是否侵害了提交人的这一权利。③ 在吉文马诉芬兰案中，提交人因为在一位外国元首来访时，和20多个人散发传单并展开一幅批评性标语而被逮捕。提交人的行为究竟是什么性质？属于《公约》哪一条的调整范围？提交人辩称她的行为只是行使《公约》第19条保障的表达自由而不是公开集会，芬兰则认为提交人的聚集是一场示威，其中必然包括了意见的表达，应该根据《公约》第21条而非第19条来考虑。对此，委员会必须予以回答，然后才能根据所涉条款判断提交人据此享有的权利是否受到

---

① Ibid., Appendix. 他们正确地指出，本案本来应该根据第27条审议（提交人是塔希提岛上的土著人），但是因为法国在批准《公约》时所作的有关第27条的声明（见第二章），所以委员会无法根据该条审议。

② Communication No. 1036/2001, *Faure v. Australia*. 委员会在分析"强迫或强制劳动"的含义之后，得出了这种实习不在第8条所规定的禁止范围之内的结论。

③ Communication No. 453/1991, *Coeriel and Aurik v. The Netherlands*. 委员会的结论是，《公约》第17条保护选择和改变自己姓名的权利，而荷兰当局不准提交人改姓属于第17条第1款含义之内的对这一权利的任意干涉。

了侵害。[①]

从以上例证还可以看出，为了准确理解《公约》中每一权利的范围，除了要依据约文的通常含义，而且还要考虑委员会在适用《公约》的过程中提出的意见。对此，可再以《公约》第 7 条第一句话规定的权利为例，说明委员会如何认识某一具体权利的范围。[②]

《公约》第 7 条第一句话规定："任何人均不得受到酷刑或者残忍、不人道或侮辱之处遇或惩罚。"[③] 由于这一句只是定性式规定，而没有具体描述何为酷刑或者残忍、不人道或侮辱之处遇或惩罚，因此对于这一句所指向的权利的具体范围，经常会出现混淆或误解。这一规定经常被简洁地称为"禁止酷刑"，但不能由此忽略其中同样禁止的"残忍、不人道或侮辱之处遇或惩罚"。委员会就曾在第 7 号一般性意见中指出（第 2 段），从第 7 条的规定来看，"需要提供保护的范围极广，远远超过一般所知的酷刑"。但是，有些国家对第 7 条的禁止范围或保护的权利范围作狭窄解释。例如，在"9·11"之后，美国对恐怖活动嫌疑人采用了强化审讯办法（enhanced interrogation techniques），诸如长时间强制体位和隔离、剥夺感觉、罩头、冷冻或热烤、睡眠和饮食调节、20 小时审讯、脱光衣服、剥夺所有舒适和宗教用品、强制修饰外表和利用被拘留者的个人恐怖症，并拒绝承认这些办法违反《公约》第 7 条。美国的这些做法和理解将第 7 条的规定仅限于禁止酷刑，并将酷刑只限于造成永久身体或精神损害的行为，显然既狭义地理解了酷刑，又忽略了第 7 条中对残忍、不人道或侮辱之处遇或惩罚的禁止，因此遭到了委员会的批评。[④] 实际上，第 7 条第一句话禁止的是对人身完整性的损害，而对人身完整这一状态的损害程度，从侮辱性的处遇

---

① Communication No. 412/1990, *Kivenmaa v. Finland*. 委员会的结论是，第 19 条和第 21 条都被违反。但委员会一方面同意提交人的主张，即有关聚集并非一次"示威"，另一方面又适用第 21 条，这被批评为"推理之含混令人惊异"。Sarah Joseph and Melissa Castan, *The International Covenant on Civil and Political Right: Cases, Materials, and Commentary* (Oxford University Press, 3rd edn, 2013), p. 650.

② 另可参见有关委员会如何认定哪些表达形式受《公约》第 19 条保护的讨论。Michael O'Flaherty, "Freedom of Expression: Article 19 of the International Covenant on Civil and Political Rights and the Human Rights Committee's General Comment No. 34", (2012) 12 *Human Rights Law Review* 627, pp. 637–638.

③ 根据英文本翻译，因此不同于《公约》作准中文本或通行中文本的表述。

④ 对美国第二、三次报告的结论性意见，CCPR/C/USA/CO/3/Rev.1 (2006), para. 13.

或惩罚到不人道的处遇或惩罚，到残忍的处遇或惩罚，最后到酷刑，其烈度是逐渐加强的，难以在不同的阶段之间画出严格的界线，因此委员会称，"或许没有必要明确地区分各种被禁止的处遇或惩罚形式"。① 缔约国的任何行为，只要可以断定为损害了人身完整性，都将构成对《公约》第7条的违反、对该条规定的权利的侵害。第7条第一句话所保护的权利的范围，也正是从这种国家义务的角度，才能得到充分的理解：但凡缔约国不得损害的、可归属于个人人身完整性的情况，就都在第7条第一句话保护的权利的范围之内。

委员会适用《公约》的实践，对于理解第7条第一句话中规定的权利的范围，提供了丰富的例证。酷刑或者残忍、不人道或侮辱之处遇或惩罚往往发生在个人被剥夺自由的情况中，因为这种情况中，所涉个人最容易遭到肉体和精神上的虐待。然而，有时剥夺自由本身就可能构成对第7条第一句话的违反，这突出地表现在与外界隔绝的拘禁以及强迫失踪的情况中。所谓"与外界隔绝的拘禁"（incommunicado detention）② 是指一个人被羁押——通常持续较长一段时间，在此期间既不能会见律师，也不能由家人探视，外界无从得知其所在和境遇的情况。在这种拘禁中，固然极有可能发生对所涉个人的肉体和精神上的虐待，同时，由于这种拘禁的残酷性，其本身就可能构成对第7条第一句话的违反，缔约国也有义务规定禁止与外界隔绝的拘禁（第20号一般性意见第11段）。在波吉兹诉中非共和国案和穆孔诉喀麦隆案中，所涉个人既受到了与外界隔绝的拘禁，又在拘禁期间受到了虐待，对此，委员会只笼统地称第7条被违反，而没有明确区分与外界隔绝的拘禁本身以及期间发生的虐待。③ 而在埃尔－梅格雷西诉利比亚案中，与外界隔绝的拘禁本身就构成了对第7条的违反。该案中，提交人的兄弟被捕以后，在他妻子有机会见到他之前，被与外界隔绝地拘禁了3年多的时间，此后他继续被与外界隔绝地拘禁在秘密地点。提交人尽管提到但没有提供明确的证据表明他的兄弟在被拘禁期间遭受了酷

---

① 第7号一般性意见，第2段。参见第20号一般性意见，第4段。
② 在联合国文件的中文本中，对该词另有"禁止与外界接触的拘留"、"单独监禁"、"秘密囚禁"等译法。
③ Communication No. 428/1990, *Bozize v. the Central African Republic*, paras. 5.2, 6; Communication No. 458/1991, *Mukong v. Cameroon*, para. 9.4.

刑或者残忍、不人道或侮辱之处遇或惩罚,委员会也没有在这一点上纠缠,而是提出,由于"提交人的兄弟长期以来被与外界隔绝地拘禁在不明地点,他是酷刑和残忍的、不人道的处遇的受害者,这违反了《公约》第7条和第10条第1款",① 亦即认定长期的与外界隔绝的拘禁本身就构成了违反第7条的情况。

强迫失踪和与外界隔绝的拘禁既有不同,也有联系:后者更多的指一种国家施加的状态,而前者更多的指一种国家实施的行为,即以逮捕、羁押、绑架或任何其他形式剥夺自由,并拒绝承认剥夺自由之实情,隐瞒失踪者的命运或下落的行为,② 但显而易见,强迫失踪必然包含与外界隔绝的拘禁的因素。由于强迫失踪的本质和与外界隔绝的拘禁一样,将致使失踪者或被拘禁者无法得到法律的保护,因此这种行为对人身完整性的损害也是类似的。③ 委员会起初也倾向于推断在强迫失踪的情况中极有可能发生对失踪者的虐待,而不是强迫失踪本身就构成了一种违反第7条第一句话的处遇。例如,在莫吉卡诉多米尼加共和国案中,提交人的儿子失踪,据信是由政府安全部队的成员引起的,而且在失踪前曾遭受死亡威胁。委员会认为,从失踪的情节可以作出一个"有力的推断",即提交人的儿子遭受了酷刑以及残忍的、不人道的处遇,而推断的依据仅仅是多米尼加共和国没有向委员会提交任何排除或反驳这种推断的资料,以及委员会知晓在许多国家发生的强迫或非自愿失踪的性质,因而"有把握得出结论,个人失踪与违反第7条的处遇密不可分"。④ 但很快,委员会就认定,强迫失踪本身就构成了对第7条的违反。例如,在劳里亚诺诉秘鲁案中,提交人的女儿失踪,委员会认为这应归咎于缔约国,并根据案件的情况得出结论认为,"受害人的被绑架和失踪,以及禁止她与家庭和外部世界联系,构成了残忍和不人道的处遇,在和《公约》第2条第1款联系的意义上,违

---

① Communication No. 440/1990, *El - Megreisi v. Libyan*, para. 5.4.
② 参见《保护所有人免遭强迫失踪国际公约》第2条对"强迫失踪"的定义。
③ 根据1992年联合国大会第47/133号决议通过的《保护所有人不遭受强迫失踪宣言》第1条第2款,强迫失踪还侵犯或威胁其他一些权利,包括在法律面前人格得到承认的权利、人身自由与安全的权利以及生命权。
④ Communication No. 449/1991, *Mojica v. the Dominican Republic*, para. 5.7.

反了第 7 条"。① 类似地，在萨尔马诉斯里兰卡案中，提交人的儿子被斯里兰卡军人带走后失踪，委员会认为，"在与外界没有任何联系的情况下被无限期关押需要忍受极大痛苦"，因此提交人的儿子"必须被视为是第 7 条被违反的受害者"。②

还可以参考与死刑有关的、可能违反第 7 条第一句话的情况。③ 死刑本身并不违反《公约》，但是，缔约国执行死刑过程中的某些情况有可能构成残忍的、不人道的处遇，违反第 7 条。在萨哈戴斯诉特立尼达和多巴哥案中，提交人被判处死刑之后，精神健康状况严重恶化，在当局发出对其执行死刑的核准书时，他已经处于精神失常的状态。委员会认为，向精神失常的提交人发出死刑核准书构成了对第 7 条的违反。④ 在普拉特和摩尔根诉牙买加案中，牙买加总督作出了暂缓执行对提交人死刑的决定，但这一决定在作出近 20 个小时之后，在预定行刑时间 45 分钟之前，才通知提交人。委员会认为，这构成了第 7 条含义之内的残忍的和侮辱的处遇，因为得知死刑执行令难免会引起提交人的极度痛苦。⑤ 在奇桑加诉赞比亚案中，赞比亚最高法院对提交人的上诉的审理结果令他无所适从——他认为自己的死刑被减刑，但随后被告知并非如此；他被关押在长期徒刑牢房两年之后又被送回死囚牢房，而缔约国对此未作任何解释。委员会认为，

---

① Communication No. 540/1993, *Laureano v. Peru*, para. 8.5. 另参见，同一天通过意见的，Communication No. 542/1993, *Tshishimbi v. Zaire*, para. 5.5。

② Communication No. 950/2000, *Sarma v. Sri Lanka*, para. 9.5. See also Communication No. 992/2001, *Bousroual v. Algria*, para. 9.8; Communication No. 1588/2007, *Benaziza v. Algria*, para. 9.5.

③ 关于死刑与禁止酷刑或者残忍、不人道或侮辱之处遇或惩罚的一般关系，参见联合国人权理事会任命的酷刑和其他残忍、不人道或侮辱性的待遇或惩罚问题特别报告员胡安·门德斯（Juan E. Méndez）的临时报告，*Interim report of the Special Rapporteur on torture and other cruel, inhuman or degrading treatment or punishment*, A/67/279（2012），esp. paras. 25 - 81。

④ Communication No. 684/1996, *Sahadath v. Trinidad and Tobago*, para. 7.2. 在提交人提交来文之后，他的死刑被减为 75 年苦役监禁。

⑤ Communication Nos. 210/1986 and 225/1987, *Earl Pratt and Ivan Morgan v. Jamaica*, para. 13.7. 委员会没有进一步解释其意见的逻辑，对此可理解如下：任何被判处死刑者得知要被处决时，痛苦是难免的；但在该案中，对提交人执行死刑的决定被暂缓，尽快通知提交人这一决定将缩短提交人的痛苦，而缔约国没有做到这一点，其不作为（或未尽力作为）构成了对第 7 条的违反。

这种情况对提交人造成了有害的心理影响，并使他不断处于不确定、痛苦和精神焦虑的情况中，因此构成了违反第 7 条的残忍的和不人道的处遇。① 对于日本不经事先通知就执行死刑、对老年人和精神残疾者执行死刑的情况，委员会认为这不符合《公约》第 7 条。② 对于伊朗在公共地点执行一些死刑的做法，委员会曾表示遗憾，并建议该国避免公开执行死刑。③ 尽管其中没有明确提到第 7 条，但诺瓦克认为，这是因为公开执行死刑包含了一种违反第 7 条的羞辱成分。④

另外，"执行法定的死刑的方式在特定情况中可能引起与第 7 条有关的问题"。⑤ 就死刑的执行方式与残忍的或不人道的处遇，存在一种内在的矛盾。一方面，按委员会所说，"从界定上来看（by definition），任何死刑执行都可以被认为是构成了《公约》第 7 条含义之内的残忍的和不人道的处遇"；⑥ 但在另外一方面，《公约》第 6 条第 2 款又允许对严重的罪行判处和执行死刑，因此"在第 6 条第 2 款范围之内的死刑本身并不违反第 7 条"。⑦ 由于这种内在矛盾，委员会只能勉为其难地称："当缔约国对情节最重大之罪适用死刑时，不仅必须根据第 6 条严格限制死刑，而且执行死刑的方式也必须造成尽可能少的身心痛苦。"（第 20 号一般性意见第 6 段）然而，"尽可能少的身心痛苦"关乎程度，难以确定可据以衡量的尺度，而且事实上也无法得知被执行死刑者的痛苦程度，因此只能针对具体的死刑执行方式、从旁观者的角度揣测痛苦的程度，而无法详尽列举哪些死刑执行方式符合这一标准而不会违反第 7 条。例如，在吴志达诉加拿大案中，委员会认定，如果提交人被引渡到美国并被判处和执行死刑，那么美国加利福尼亚州以氰化物毒气窒息执行死刑的方式可能造成长时间的痛苦和折磨，不符合"尽可能少的身心痛苦"的标准，从而构成违反第 7 条的残忍

---

① Communication No. 1132/2002, *Chisanga* v. *Zambia*, para. 7.3.
② 对日本第五次报告的结论性意见，CCPR/C/JPN/CO/5（2008），para. 16。
③ 对伊朗第二次报告的结论性意见，CCPR/C/79/Add. 25（1993），paras. 8，18。参见对朝鲜第二次报告的结论性意见，CCPR/CO/72/PRK（2001），para. 13，其中委员会建议朝鲜"避免任何公开处决"。
④ 诺瓦克：《评注》，第 7 条，第 23 段。
⑤ Communication No. 470/1991, *Kindler* v. *Canada*, para. 6.8.
⑥ Communication No. 469/1991, *Charles Chitat Ng* v. *Canada*, para. 16.2.
⑦ Communication No. 470/1991, *Kindler* v. *Canada*, para. 15.1.

的和不人道的处遇;不过,委员会拒绝对其他处决方式是否符合第 7 条发表意见。① 在与吴志达案极为相似的、在该案之前三个多月审结的金德勒诉加拿大案中,委员会对于美国宾夕法尼亚州以注射毒剂执行死刑的方式——加拿大辩称注射毒剂是那些支持安乐死的人建议对绝症患者使用的方法,因此是造成痛苦最少的致死方法,② 却没有得出这种死刑执行方式违反第 7 条的结论。在一年多以后审结的考克斯诉加拿大案中,委员会从正面确认了这一点:"注射致命毒剂的可能法定处决方法没有被认定为违反《公约》第 7 条。"③ 对于以枪决执行死刑,委员会没有作出明确的认定。例如,在邦达连科诉白俄罗斯案和李雅什科维奇诉白俄罗斯案中,两位提交人的儿子都被判处死刑并被执行枪决,但委员会对这种死刑方式未置一词。④ 诺瓦克据此认为,委员会不把枪决看作违反第 7 条的死刑执行方式;⑤ 联合国人权理事会任命的有关酷刑和其他残忍、不人道或侮辱性的处遇或惩罚问题的特别报告员胡安·门德斯也据此提出,枪决"迄今一直被视为处决最快的方式,不会造成严重的痛苦"。⑥ 对于以电椅执行死刑,委员会本有机会在与吴志达案、金德勒案和考克斯案极其相似的贾治诉加拿大案中作出认定,但委员会鉴于已经认定加拿大将提交人驱逐到美国违反了《公约》第 6 条第 1 款,认为没有必要再讨论这一情况是否违反了《公约》第 7 条的问题。⑦ 类似地,对于绞刑,在姆万巴诉赞比亚案中,提交人诉称绞刑构成了残忍、不人道或侮辱之处遇,但委员会鉴于已经认定赞比亚对提交人的强制死刑判决违反了《公约》第 6 条第 1 款,认为没有必要再审查死刑执行方式的问题。⑧ 在后两个案件中,委员会之所以没有讨论电椅和绞刑是否违反第 7 条的问题,一方面正如其自身所说,是因

---

① Communication No. 469/1991, *Charles Chitat Ng v. Canada*, paras. 16.4 – 16.5.
② Communication No. 470/1991, *Kindler v. Canada*, para. 9.7.
③ Communication No. 539/1993, *Cox v. Canada*, para. 17.3.
④ Communication No. 886/1999, *Bondarenko v. Belarus*; Communication No. 887/1999, *Lyashkevic v. Belarus*.
⑤ 诺瓦克:《评注》,第 7 条,第 23 段。
⑥ A/67/279 (2012), para. 40.
⑦ Communication No. 829/1998, *Judge v. Canada*, para. 10.10. 该案中,提交人在美国宾夕法尼亚州被判处以电椅执行的死刑后,逃到了加拿大;他在加拿大又曾因犯罪被判刑,刑满后将被驱逐到美国。
⑧ Communication No. 1520/2006, *Mwamba v. Zambia*, paras. 3.1, 6.3.

为在法律逻辑上没有必要；另一方面也可能是不想陷入无谓的争论中——若干委员在吴志达案中发表的个人意见已经表明，对于委员会作为整体得出的以毒气窒息执行死刑违反第7条的结论，并非所有委员都持有一致的意见。① 可以想象，对于电椅或绞刑是否违反第7条，委员会委员也必然会有各种不同的意见。委员会有关死刑与第7条所规定之权利的关系的这些意见和争论表明，尽管对于不得对精神不正常者执行死刑、不得公开执行死刑、在执行死刑的各个环节应尽量减少被处决的痛苦等方面，存在较高程度的共识，亦即在与这些情况有关的方面，第7条所规定的权利的范围比较确定，但对于执行死刑的某一具体方式是否违反第7条，则可能存在不同的认识，② 这说明在这一方面，第7条所规定的权利的边界比较模糊。

无论是与外界隔绝的拘禁、强迫失踪还是死刑，都属于有关个人处于国家权力控制之下的情况，因此个人遭受违反《公约》第7条的处遇，比较容易了解。然而，就与外界隔绝的拘禁、强迫失踪以及死刑，除了直接处于国家权力控制之下的个人，其亲属也可能成为违反第7条的处遇的受害者。这突出地表现在有关强迫失踪和死刑的案件中。在涉及人员失踪的案件中，由于失踪者不可能提交来文，因此来文的提交人实际上都是失踪者的亲属。对这些案件，委员会除了会认定失踪者本身的失踪及其被禁止与家庭和外界联系违反了《公约》第7条以外，有时还会认定提交来文的失踪者的亲属也是第7条被违反的受害者。这一点最早是在奎因特罗斯诉乌拉圭案中确立的。该案中，提交人是一位母亲，其女儿在被警察逮捕后失踪，据信被关押在军事拘禁中心并遭到了酷刑折磨。委员会认定，就提交人的女儿而言，缔约国违反了《公约》第7、9条和第10条第1款。另

---

① 安德烈斯·马弗罗马提斯（Andreas Mavrommatis）、瓦利德·萨迪（Waleed Sadi）、库尔特·亨德尔（Kurt Herndl）、安藤仁介、弗朗西斯科·何塞·阿吉拉-乌尔维纳（Francisco José Aguilar Urbina）都不同意委员会多数委员的结论；对于委员会整体得出的以氰化物气体窒息致死可能需要10多分钟因而违反第7条的结论，克里斯汀·夏内（Christine Chanet）则质疑说，如果痛苦只延续了9分钟，委员会是不是就会反过来认为不违反第7条？Communication No. 469/1991, *Charles Chitat Ng v. Canada*, Appendix.
② 不过，在对缔约国报告的审议中，委员会曾指出，石刑不符合第7条的规定。例如见对伊朗第二次报告的结论性意见，CCPR/C/79/Add. 25（1993），para. 11；对苏丹第二次报告的结论性意见，CCPR/C/79/Add. 85（1997），para. 9。

外，委员会指出："其女儿的失踪以及其女儿命运和下落的持续的不确定状态导致了母亲的痛苦和紧张。提交人有权知道她女儿到底出了什么事。在此方面，提交人也是她女儿遭受的违反《公约》特别是第 7 条的行为的受害人。"① 在对其他一些来文的最后意见中，委员会还认定，失踪者的妻子②或兄弟③由于亲人下落不明而遭受的痛苦和紧张也使得他们自己也成为第 7 条被违反的受害者。

在死刑案件中，被执行死刑者的亲属也可能成为违反第 7 条的处遇的受害者。例如，在邦达连科诉白俄罗斯案和李雅什科维奇诉白俄罗斯案中，两位提交人的儿子都被执行了死刑，但是其家人没有被告知处决的日期、时间、地点，随后也没有被告知遗体的确切埋葬地点，对此，委员会认为，这是故意使家人处于一种困惑和精神紧张的状态中，因而产生了恐吓或惩罚他们的效果；当局起先未能通知提交人处决其儿子的预定日期，后来又一直未能告诉其儿子墓地的地点，这相当于对提交人的不人道处遇，因而违反了《公约》第 7 条。④ 因此，在执行死刑的情况中，缔约国有义务通知被执行死刑者的家属日期、时间、地点，⑤ 并将遗体交还家属或至少通知其埋葬地点，否则这种不作为就将构成对家属的不人道处遇而违反第 7 条。即使在不涉及死刑的死亡情势中，亡者的家属也可能成为第

---

① Communication No. 107/1981, *Quinteros* v. *Uruguay*, para. 14. 就该案，参见，Camille Jones, "Human Rights: Rights of Relatives of Victims – Views of the Human Rights Committee in the Quinteros Communication", (1984) 25 *Harvard International Law Journal* 470。认定失踪者的父母为第 7 条被违反的受害者的来文，另参见，Communication No. 950/2000, *Sarma* v. *Sri Lanka*, para. 9.5; Communication No. 1196/2003, *Boucherf* v. *Algeria*, para. 9.7。

② See eg Communication No. 992/2001, *Bousroual* v. *Algria*, para. 9.8; Communication No. 1469/2006, *Sharma* v. *Nepal*, para. 7.9.

③ See eg Communication No. 1295/2004, *El Awani* v. *Libya*, para. 6.6; Communication No. 1422/2005, *El Hassy* v. *Libya*, para. 6.11.

④ Communication No. 886/1999, *Bondarenko* v. *Belarus*, para. 10.2; Communication No. 887/1999, *Lyashkevic* v. *Belarus*, para. 9.2. See also Communication No. 915/2000, *Ruzmetov* v. *Uzbekistan*, para. 7.10; Communication No. 959/2000, *Bazarov* v. *Uzbekistan*, para. 8.5; Communication No. 973/2001, *Khalilov* v. *Tajikistan*, paras. 7.7; Communication No. 985/2001, *Aliboev v Tajikistan*, para. 6.7; Communication No. 1044/2002, *Nazriev* v. *Tajikistan*, paras. 8.7. *Kovalev* et al. v. *Belarus*, Communication No. 2120/2011, para. 11.10.

⑤ 例如参见委员会对日本第五次报告的结论性意见，其中建议日本应确保死刑犯及其家属就预定的处决日期和时间，得到合理的提前通知，以便减轻由于缺少机会为此做准备而遭受的心理痛苦。CCPR/C/JPN/CO/5 (2008), para. 16.

7条被违反的受害者。例如，在桑卡拉等诉布基纳法索案中，提交人是在政变中被暗杀的该国前总统托马·桑卡拉的妻子和儿子，他们因为一直不知道桑卡拉死亡的具体情况以及官方埋葬其遗骸的确切地点而遭受痛苦和精神压力。委员会认为，布基纳法索拒绝调查桑卡拉的死亡情况、官方不透露他的埋葬地点以及没有纠正错误的死亡证明构成了对其遗属的不人道处遇，违反了《公约》第7条。①

以上说明只是有关《公约》第7条第一句话所保护的权利的范围的若干例证，而非对这一范围的全面列举。然而，仅仅这些例证就足以表明，绝不能将第7条第一句话规定的权利理解为仅限于禁止酷刑，而忽略其他形式的对人身完整性的损害；对于禁止酷刑，也不能仅将其理解为禁止刑讯逼供，而忽略其他形式的、并不以取得情报与供状为目的但其损害程度足以达到酷刑的处遇和惩罚。

《公约》所规定的每一项权利，都有相当广泛的适用范围，但其界限相对模糊，即在边缘地带，对于某种状态、行为或处遇是否处于这一权利的范围之内，缔约国是否承担不损害、不干涉以及加以保障的义务，可能存在争论。在这一方面，参考委员会对《公约》的适用和解释非常必要。

（三）权利的动态性

《公约》所确认的权利的范围不是静态的、固定的，而是动态的、发展的。在确定《公约》权利的范围时，要考虑《公约》权利的含义随着社会的发展而可能发生的变化，而不能拘泥于《公约》规定的最初含义。在适用和实施《公约》的过程中，一方面会出现在《公约》起草时没有或无法预见的新情况和新问题，另一方面公民权利和政治权利的具体内容会随着国际社会对这些权利的理解的变化而变化，但是对《公约》的正式修改又将极为困难和漫长，因此必须将《公约》当作一份"活的文书"，根据现实情况的背景和条件，以一种动态的方式解释、理解、适用和实施《公约》的权利条款，以便使《公约》能够符合缔约国以及社会的发展，随时

---

① Communication No. 1159/2003, *Sankara v. Burkina Faso*, para. 12.2.

保持其生命力。① 不过，由于《公约》条款毕竟是静态的，因此《公约》权利的动态性主要体现在《公约》生效后的适用和实施过程中，尤其体现在委员会对《公约》的动态解释中。②

关于对《公约》的动态解释，可以举两个例证。一个例证有关面临死刑者的引渡、遣返或驱逐问题。③ 另一个例证有关基于信念拒服兵役者的问题。④

《公约》第6条第1款规定："人人皆有固有之生命权。此种权利应受法律保障。任何人之生命不得无理剥夺。"根据这一规定，缔约国不仅有义务尊重处于其管辖下的任何人的生命，而且还有义务确保任何人的生命不被无理剥夺。后一要求导致的一个后果是，在一国将某人引渡、遣返或驱逐到另一国家的情况中，如果有真实充分的理由相信，此人的生命权在后一国家会受到侵害，那么决定引渡、遣返或驱逐此人的国家本身就会违反第6条第1款为其规定的保护生命权的义务。⑤ 换言之，在这种情况中，一个人的生命权的范围包括了不被引渡、遣返或驱逐到可能侵害其生命权

---

① See Henkin, "Introduction", in Henkin (ed.), *The International Bill of Rights*: *The Covenant on Civil and Political Rights*, p. 26; A. A. Cançado Trindade, "Co - existence and Co - ordination of Mechanisms of International Protection of Human Rights (at Global and Regional Levels)", (1987 - II) 202 *Recueil des Cours* 9, p. 98; María Pía Carazo, "Enhancing Human Rights Protection through Procedures: Procedural Rights and Guarantees Derived from Substantial Norms in Human Rights Treaties", in Russell A. Miller and Rebecca M. Bratspies (eds.), *Progress in International Law* (Martinus Nijhoff, 2008) 793, pp. 795 - 797.

② 但有人认为，委员会在解释《公约》时并没有采用动态的方法："不存在这样一种概念即《公约》是一份应适应有关人权之国际意见的变化的活的文书。"Burleigh Wilkins, "International Human Rights and National Discretion", (2002) 6 *The Journal of Ethics* 373, p. 380.

③ 对这一问题的全面述评，参见，Mukherjee, "The ICCPR as a 'Living Instrument'"; Joanna Harrington, "The Absent Dialogue: Extradition and the International Covenant on Civil and Political Rights", (2006) 32 *Queen's Law Journal* 82。

④ 对这一问题的全面研究，参见，Hitomi Takemura, *International Human Right to Conscientious Objection to Military Service and Individual Duties to Disobey Manifestly Illegal Orders* (Springer - Verlag, 2009); Özgür Heval Çınar, *Conscientious Objection to Military Service in International Human Rights Law* (Palgrave Macmillan 2013)。另参见，Office of the United Nations High Commissioner for Human Rights (OHCHR), *Conscientious Objection to Military Service* (United Nations, 2012)。

⑤ 参见第31号一般性意见，第12段。

的国家的权利。但由此可以提出的在现实中也的确出现的一个问题是：如果一个废除了死刑的国家将某人引渡、遣返或驱逐到一个保留着死刑并很可能将此人判处和执行死刑的国家，此人在目的地国将面临的并非显而易见侵害其生命权的情况（如未经审判即予处决），而是《公约》第6条第2款明文允许或至少是未禁止的死刑（假定死刑的判处和执行满足了第6条规定的其他条件即不属于对生命权的侵害），那么在这种情况下，决定引渡、遣返或驱逐此人的国家是否仍会违反其根据第6条第1款承担的义务？换言之，一个人的生命权的范围是否包括了不得从一个废除死刑的国家被引渡、遣返或驱逐到可能将其判处和执行死刑的国家的权利？

委员会对于这一问题的动态解释，体现在其对一系列有关加拿大将面临死刑者引渡、遣返或驱逐到美国的来文的审议中。来文中的第一件是在1993年审结的金德勒诉加拿大案。[①] 金德勒在美国宾夕法尼亚州被判决犯有谋杀罪行后越狱逃到了加拿大——一个废除了对非军事性罪行的死刑的国家。加拿大决定将其引渡回美国，但没有按照他的请求向美国寻求不对其判处或执行死刑的保证，而根据两国之间的引渡条约，加拿大本可以寻求这种保证。在该案中，委员会除了确立在有酷刑风险的情况下不得引渡以外，[②] 还审查了死刑对引渡的影响。金德勒诉称，除其他外，如果他被引渡，他面临的死刑将侵害其生命权，但委员会指出：

> 第6条第1款必须与第6条第2款一起来理解，而第2款没有禁止对情节最重大之罪判处死刑。加拿大本身没有判处金德勒先生死刑，而是将他引渡给美国，他在那里面临着死刑。如果金德勒先生由于被加拿大引渡而在美国受到第6条第2款被违反的实际危险，这将造成加拿大对其根据第6条第1款承担的义务的违反。第6条第2款

[①] Communication No. 470/1991, *Kindler v. Canada*. 对该案的述评，参见，William A. Schabas, "Kindler v. Canada", (1993) 87 *American Journal of International Law* 128; Schabas, "*Soering*'s Legacy", pp. 915 – 919; Gerald L. Neuman, "Extraterritorial Violations of Human Rights by the United States", (1994) 9 *American University Journal of International Law and Policy* 213, pp. 233 – 237。

[②] Communication No. 470/1991, *Kindler v. Canada*, para. 6.2. 关于酷刑与引渡的关系问题，参见孙世彦：《〈公民及政治权利国际公约〉缔约国的义务》，社会科学文献出版社，2012，第305~313页。

的要求包括：只能在不违反《公约》和其他文书的情况下对情节最重大之罪判处死刑，且死刑只能根据合格法庭的最后判决执行。委员会注意到，金德勒先生以预谋杀人被定罪，这无疑是非常严重的犯罪。……提交人没有向加拿大法院或委员会声称宾夕法尼亚法院进行的审判侵害了他根据《公约》第14条享有的获得公正审理的权利。①

因此委员会判定，《公约》第6条的规定并不必然要求加拿大向美国引渡金德勒时寻求美国不将其处决的保证，只要这种决定不是任意地或草率地作出的，加拿大就没有违反第6条。委员会意见的基本逻辑是，一个废除死刑的国家将某人引渡到一个可能将其判处和执行死刑的国家本身不违反《公约》，只要判处死刑不违反第6条第2款的规定，而且引渡决定不是任意地或草率地作出的。在吴志达诉加拿大案以及考克斯诉加拿大案中，委员会中的多数仍遵循了这样的逻辑，并同样得出了加拿大将可能在美国面临死刑的人引渡到美国并不违反《公约》第6条的结论。② 在这三个案件中，③ 均有多名委员发表了个人意见，其中，阿吉拉-乌尔维纳、夏内、拉吉苏默·拉拉赫（Rajsoomer Lallah）、福斯托·波卡尔（Fausto Pocar）和伯蒂尔·文纳尔格伦（Bertil Wennergren）一直不赞成多数委员有关加拿大没有违反第6条的结论。他们的基本主张是，废除死刑的国家有义务保证死刑的范围不会被扩大或死刑不会被恢复，这一义务延及间接恢复的情况，即通过引渡、驱逐或遣返将受其管辖的某一个人移送到一个

---

① Communication No. 470/1991, *Kindler* v. *Canada*, para. 14.3.
② Communication No. 469/1991, *Charles Chitat Ng* v. *Canada*; Communication No. 539/1993, *Cox* v. *Canada*.
③ 对这三个案件的述评见，Margaret De Merieux, "Extradition as the Violation of Human Rights: The Jurisprudence of the International Covenant on Civil and Political Rights", (1996) 14 *Netherlands Quarterly of Human Rights* 23; John Quigley, "The Rule of Non-Inquiry and Human Rights Treaties", (1996) 45 *Catholic University Law Review* 1213, pp. 1220 – 1223. 对金德勒案和吴志达案的述评见，Craig R. Roecks, "Extradition, Human Rights, and the Death Penalty: When Nations Must Refuse to Extradite a Person Charge with a Capital Crime", (1994) 25 *California Western International Law Journal* 189, pp. 207 – 216. 关于金德勒案和吴志达案在加拿大国内的诉讼情况以及当时加拿大有关引渡和死刑问题的实践与讨论，参见，Sharon A. Williams, "Extradition to a State That Imposes the Death Penalty", (1990) 28 *Canadian Yearbook of International Law* 117。

他可能面临死刑的国家。

在大约10年以后审结的贾治诉加拿大案中,[1] 委员会的观点发生了重大转变。该案中,提交人因为谋杀罪在美国被判处死刑后逃到了加拿大,在加拿大又因为抢劫罪被判刑,服刑完毕后被加拿大驱逐到美国。在被驱逐的当天,他向委员会提交了来文,诉称加拿大违反了《公约》义务。委员会需要决定的问题之一是,已经废除死刑的加拿大将提交人驱逐到已将其判处死刑的国家,又没有要求后者作出不对其执行死刑的保证,这是否侵害了他根据《公约》第6条享有的生命权。委员会首先重复了其以往的判例理论:一个已经废除死刑的国家将某人驱逐到一个可能对其处以死刑的国家本身并不侵害《公约》第6条第1款规定的生命权,因为该条第2~6款规定了对生命权的一个例外,即可以对情节最重大之罪判处死刑。然后,委员会承认应当确保其判例法的一致性和连贯性,但指出:

> 可能存在需要审查《公约》所保护之权利的适用范围的特殊情况,例如,如果据称的违反行为涉及最基本的权利——生命权,以及特别是,如果就所提出的问题,存在着明显的事实和法律发展以及国际意见的变化。委员会注意到,上述判例法是在约10年前确定的,自那以后,就出现了一种越来越广泛的赞成废除死刑的国际共识;而在保留死刑的国家,则出现了越来越广泛的不执行死刑的共识。尤其重要的是,委员会注意到,自金德勒案以来,在美国诉伯恩斯案(*United States v. Burns*)中,加拿大本身也承认需要修改自己的国内法,以保证那些被从加拿大引渡、在接收国已被判处死刑的人受到保护。在伯恩斯案中,加拿大最高法院认定,除特殊情况以外,政府在将一个人引渡到已将其判处死刑的国家之前,必须寻求不对该人执行死刑的保证。有必要指出的是,根据这一判决,"其他废除死刑的国家一般不在没有保证的情况下引渡"。委员会认为,《公约》应当被解

---

[1] Communication No. 829/1998, *Judge v. Canada*. 对该案的述评,参见,Sean D. Murphy, "Canadian Deportation to United States of Death-Penalty Convict", (2004) 98 *American Journal of International Law* 180; Sarah Joseph, "Human Rights Committee: Recent Cases", (2004) 4 *Human Rights Law Review* 109, pp. 111-115。

释为一份活的文书，它所保护的权利应当根据现实情况的背景和条件适用。①

委员会进而解释了第6条的结构和内容：根据第6条第1款的规定，已经废除死刑的缔约国在任何情况下都有保护生命的义务；而规定了死刑问题的第6条第2~6款具有双重功能，即一方面将死刑规定为生命权的一种例外，另一方面又对这一例外施加了一定的限制。根据第6条第2款的起始表述——"在未废除死刑之国家"，只有这样的缔约国才能使用第2~6款规定的例外，已经废除死刑的缔约国则有义务确保任何人不遭受适用死刑的实际危险。但是，如果已经废除死刑的缔约国将某人驱逐到已经判处其死刑的国家，则这种驱逐与所涉个人可能被处决之间就会形成必然的因果联系。因此，如果能够合理地预见任何个人将被判处死刑，则已经废除死刑的国家（无论其是否为《第二任择议定书》的缔约国）就不能在确保死刑不会被执行的情况下，以驱逐或引渡的方式将所涉个人移出其管辖范围，否则就将构成对第6条第1款规定的生命权的侵害。②

委员会在贾治案中翻转了其以往的意见，这是"一个史无前例的步骤"。③ 实际上，委员会在该案中的意见基本上体现和遵循了金德勒、吴志达和考克斯案中5名委员的异议意见。然而，在审议贾治案之时，这5名委员中只有两名仍在任（夏内和拉拉赫），但是委员会不仅采取了以前类似案件中的少数意见，而且没有任何委员通过个人意见表示不同意委员会的结论或提出委员会应遵循其以往案件中的结论。④ 委员会固然以不同于以往推理的方式解释第6条，以证明其变化了的观点具有合理的逻辑，

---

① Communication No. 829/1998, *Judge v. Canada*, para. 10.3. 强调为原文所有。

② Communication No. 829/1998, *Judge v. Canada*, paras. 10.4, 10.6. 托姆沙特指出，如果一个已经废除死刑的国家将一个人移交给可能将其判处死刑的国家，则前者"有义务寻求一种保证，即被引渡者不会被判处死刑或死刑将被减刑"。Christian Tomuschat, "Making Individual Communications an Effective Tool for the Protection of Human Rights", in Ulrich Beyerlin, *et al.*, *Recht zwischen Umbruch und Bewahrung: Festschrift für Rudolf Bernhardt* (Springer, 1995) 615, p. 632.

③ Mukherjee, "The ICCPR as a 'Living Instrument'", p. 515.

④ 夏内和拉拉赫在贾治案中也提出了个人意见，但其中除其他外，均对委员会观点的转变表示赞同和满意。另有两名委员即安藤仁介和希波利多·索拉里 - 伊里戈延（Hipólito Solaria Yrigoyen）则对委员会可否受理来文的意见表示了异议。

然而，委员会之所以如此努力地作此说明，并不是因为该案的案情有任何特殊之处，或者《公约》的规定本身发生了任何变化，而完全是因为——按委员会自己所说——"《公约》应当被解释为一份活的文书，它所保护的权利应当根据现实情况的背景和条件适用"。实际上，委员会在贾治案中就指出，对人权的保护在不断变化，原则上应当根据审查来文时的情况，而不是如缔约国所说的根据所称违反行为发生时的情况来解释《公约》权利的含义；委员会还指出，在该案的提交人被驱逐到美国之前，委员会有关已废除死刑的缔约国的立场已经在发生变化，从考虑有关个人在被转移之后，是否会以违反《公约》的方式被适用死刑，变成考虑是否会有死刑的实际危险。① 当然，委员会的意见中仍有许多有待澄清之处，例如究竟应该如何看待和处理一个本身没有废除死刑的国家将某人引渡、遣返或驱逐到一个他可能面临死刑的国家的复杂问题。② 不过，这已经超出本部分的论述主题，因为这一部分只是以委员会有关死刑与引渡关系的意见证明，至少在委员会看来，《公约》权利的范围如何具有动态性。

基于信念拒服兵役（conscientious objection to military service，一般称 conscientious objection）是指个人因为参与军事行动有违自己的宗教、伦理

---

① Communication No. 829/1998, *Judge v. Canada*, para. 10.7. 委员会提到的以往相关案例是 A. R. J. 诉澳大利亚案（Communication No. 692/1996, *A. R. J. v. Australia*）和 T. 诉澳大利亚案（Communication No. 706/1996, *T. v. Australia*）。在这两件来文中，提交人都主张来文所称的受害者若被澳大利亚驱逐回其国籍国，就可能被判处死刑，但委员会认为被判处死刑并非"必然的和可预见的后果"，因此没有认定澳大利亚违反《公约》第6条。另参见对意大利第四次报告的结论性意见，CCPR/C/79/Add.94（1998），para. 3，其中委员会表示高兴地注意到，意大利宪法法院宣布一项批准引渡条约的法律违宪，因为该法律没有绝对保障有关个人不被处决。

② 委员会自己也承认，它解释第6条第1款和第2款的方式使得废除死刑的缔约国和保留死刑的缔约国受到了区别对待，但它认为这是第6条本身用语的不可避免的结果。Communication No. 829/1998, *Judge v. Canada*, para. 10.5. 有学者认为，对于保留死刑的缔约国，仍应适用委员会在金德勒案中确立的标准。Harrington, "The Absent Dialogue", pp. 121–122. 关于引渡与死刑的关系的一般论述，参见 Michael J. Kelly, "*Aut Dedere Aut Judicare* and the Death Penalty Extradition Prohibition", (2004) 10 *International Legal Theory* 53.

或道德信念而拒绝服兵役的行为。[1] 这种行为显然属于《公约》第 18 条第 1 款所指的表明个人的宗教或信仰的一种方式。[2] 问题是，这种行为是处于第 18 条规定的权利范围之内还是之外？或者从缔约国义务的角度说，这一行为在第 18 条规定的权利范围之内，因此缔约国有义务尊重个人可基于信念拒服兵役？还是它不在这一范围之内，因此缔约国可以拒绝或禁止这种行为？[3] 在起草第 18 条之时，的确曾有国家提议在该条中规定"因为有违其宗教而基于信念反对战争的人应被免除兵役"，但未获通过。[4] 这表明，至少从第 18 条的起草情况看，《公约》并不承认基于信念拒服兵役是一项处于信念及宗教自由范围内的权利。另外，《公约》第 8 条第 3 款（寅）项（2）目规定，第 3 款所禁止的"强迫或强制劳役"不包括"任何军事性质的服务，以及在承认基于信念拒服兵役的国家中，基于信念拒服兵役者依法被要求的任何国民服务"。这样的表述只能解释为《公约》"并不要求缔约国承认基于信念拒服兵役的权利"，[5] 其中之所以加入了"在承认基于信念拒服兵役的国家中"的限定用语，只不过是因为确实有国家承认个人可以基于信念拒服兵役，但这样的国家并不多。[6] 因此，《公约》第 8 条和第 18 条的起草历史表明，《公约》并没有创建一种基于信念拒服兵役的

---

[1] See "Conscientious Objection to Military Service", in James R. Lewis and Carl Skutsch (eds.), *The Human Rights Encyclopedia* (Vol. II, Sharpe Reference, 2001), p. 658; "Conscientious Objection", in David Robertson, *A Dictionary of Human Rights* (Europa Publications, 2nd edn, 2004), p. 50; "Conscientious Objection", in H. Victor Condé, *A Handbook of International Human Rights Terminology* (University of Nebraska Press, 2nd edn, 2004), p. 45.

[2] 参见诺瓦克：《评注》，第 18 条，第 29 段。

[3] 关于基于信念拒服兵役的人权属性，参见，Patricia Schaffer and David S. Weissbrodt, "Conscientious Objection to Military Service as a Human Right", (1972) 9 *Review of the International Commission of Jurists* 33; Russell Wolff, "Conscientious Objection: Time for Recognition as a Fundamental Human Right", (1982) 6 *ASILS International Law Journal* 65; Matthew Lippman, "The Recognition of Conscientious Objection to Military Service as an International Human Right", (1990) 21 *California Western International Law Journal* 31; Marie-France Major, "Conscientious Objection and International Law: A Human Right?", (1992) 24 *California Western International Law Journal* 349; Emily Marcus, "Conscientious Objection as an Emerging Human Right", (1998) 38 *Virginia Journal of International Law* 507。

[4] A/2929, Chapter VI, para. 117.

[5] Takemura, *International Human Right to Conscientious Objection to Military Service and Individual Duties to Disobey Manifestly Illegal Orders*, p. 67.

[6] A/2929, Chapter VI, para. 23.

权利。当然,《公约》没有承认个人享有基于信念拒服兵役的权利,并不等于缔约国不可以承认这一权利。实际上,在起草《公约》之时,就已经有少数国家承认这一权利;在《公约》生效后,承认这一权利的国家越来越多,从而为委员会对基于信念拒服兵役是否是一项受《公约》保护的权利进行动态解释提供了时代背景。①

委员会第一次有机会审议涉及基于信念拒服兵役问题的来文,是在1985年。在穆霍宁诉芬兰案中,提交人因为基于信念拒服兵役而被判刑,后获得了赦免。委员会的审议只涉及了提交人先被判刑后被赦免的情况是否可根据《公约》第14条第6款的规定获得赔偿的问题;对于芬兰曾拒绝提交人基于信念拒服兵役是否符合《公约》第18条第1款的问题,委员会认为,由于芬兰后来承认提交人的伦理信念使他不能服兵役,因此"委员会不必判定第18条第1款是否保障了基于信念拒服兵役的权利的问题"。② 在 L. T. K. 诉芬兰案中,提交人基于其伦理信念而拒服兵役,因此被法院判处9个月监禁,他认为这违反了《公约》第18、19条。委员会宣布这一来文不可受理,理由是"《公约》本身并没有规定基于信念拒服兵役的权利;无论是《公约》第18条还是第19条,特别是考虑到第8条第3款(寅)项第(2)目,都不能被解释为暗含着这一权利"。③

在1991年的 J. P. 诉加拿大案中,委员会的立场出现了一些变化。该案中,提交人基于宗教信仰而拒绝缴纳一定百分比的所得税——其比例等于军事拨款在加拿大联邦预算中所占比例,认为缴纳将用于军事和防务支出的税侵害了她根据《公约》第18条享有的信念和宗教自由。尽管该案并非涉及基于信念拒服兵役问题本身,而且委员会以来文所述事实没有引起《公约》任何条款规定的问题为由宣布来文不可受理,但是委员会还是提到,"《公约》第18条的确保护持有、表达和传播意见和信念的权利,包括基于信念反对军事行动和支出"。④ 不过,委员会对此并没有作更进一

---

① 关于承认拒服兵役在联合国层面的发展情况,参见 Jeremy K. Kessler, "The Invention of a Human Right: Conscientious Objection at the United Nations, 1947 – 2011",(2013) 44 *Columbia Human Rights Law Review* 753。
② Communication No. 89/1981, *Muhonen v. Finland*, para. 3.
③ Communication No. 185/1984, *L. T. K. v. Finland*, para. 5.2.
④ Communication No. 446/1991, *J. P. v. Canada*, para. 4.2.

步的说明。

在1993年通过的第22号一般性意见中（第11段），委员会的立场有了更明显的变化。针对有许多个人声称他们有权根据第18条所规定的自由而基于信念拒服兵役，以及越来越多的国家允许这样的国民免服兵役而代之以国民服务的情况，委员会指出，"《公约》没有明确提到基于信念拒服兵役的权利"，但同时声明，"就使用致死力量的服兵役义务可能与信念自由和表示自己宗教或信仰的权利严重冲突来说，可以从第18条中得出基于信念拒服兵役的权利"。"可以从第18条中得出"这一权利的表述仍然很含混，似乎仍意味着缔约国可自行决定第18条中是否包含这一权利，而没有明确承认基于信念拒服兵役是一项源自思想、信念和宗教自由的权利，也没有明确要求缔约国免除基于信念拒服兵役者的兵役或至少是可能涉及使用致死力量的兵役。因此，也就难怪委员会委员希金斯在讨论过程中提出，"对于缔约国根据第18条保障基于信念拒服兵役的义务，该段看来没有给出清楚的指导，而只是表明有可能从该条中引申出这样一项权利"。[1] 然而，"可以从第18条中引申出拒服兵役的权利"的说法已经与委员会此前 "第18条……不能被解释为暗含着这一权利"的说法相左，因此即使第22号一般性意见没有明确承认基于信念拒服兵役的权利是第18条的应有之义、缔约国有义务承认这一权利，但这一说法本身就已经表明了委员会的态度正在转变。而对委员会态度的这种转变，只有放在整个国际社会针对基于信念拒服兵役问题的态度的转变中，才能理解。1989年，联合国人权委员会通过了一项题为"基于信念拒服兵役问题"的决议，其中明确承认"任何人基于信念拒服兵役的权利是对《世界人权宣言》第18条和《公民及政治权利国际公约》第18条规定的思想、信念和宗教自由之权利的正当行使"。[2] 这一决议尽管没有约束力，但未经表决即获得通过。这说明，人权委员会对基于信念拒服兵役问题的态度，已经较其40年前起草《公约》时的态度，有了很大的变化，而这种变化也反映了国际社会整体上对这一问题的态度变化。人权事务委员会对这一问题的态度，也难免甚

---

[1] CCPR/C/SR.1247（1993），para.74.
[2] E/CN.4/RES/1989/59（1989）. 此后，人权委员会又通过了数项标题相同的决议，重申了这一观点。

至必须随着这些变化而变化,这也就解释了为何委员会第 22 号一般性意见在某种程度上表现出对基于信念拒服兵役作为一种权利的接受。

尽管委员会在 1993 年的第 22 号一般性意见提出,"可以从第 18 条中得出基于信念拒服兵役的权利",但在 1999 年审结的威斯特曼诉荷兰案中,委员会依然回避就此作出明确的结论。当时,荷兰法律承认个人有权因为可能会涉及使用暴力手段而基于信念上无法逾越的理由拒服兵役,提交人拒服兵役,但其理由并非法律承认的理由,他因此被判刑。对此,委员会认为,荷兰有关部门依据有关基于信念拒服兵役的法律条款——这些条款符合第 18 条的规定,评估了提交人为证实其作为基于信念拒服兵役者要求豁免而提出的事实和理由,但提交人未能使这些部门相信其拒服兵役出于法律所规定的理由,而且根据案情,委员会不必取代该国有关部门对此作出评估,因此荷兰没有违反《公约》任何条款。① 可以看出,本来需要委员会解决的是一个法律问题,即提交人拒服兵役的理由可否归入第 18 条第 1 款范畴之内的"信念"——无论荷兰法律作何规定,以及他由此受到惩罚是否属于对信念自由的不合理限制,但委员会认定,提交人是否属于基于信念拒服兵役者是一个需要由缔约国依据其自身的法律来评估、委员会无权过问的事实问题。这显然是一种"非常薄弱的论证",② 未能澄清基于信念拒服兵役的行为是否受《公约》第 18 条第 1 款保护的问题。

2006 年,委员会又走出了重要一步。③ 在尹汝范和崔明镇诉韩国案中,提交人是两位耶和华见证人信徒,诉称基于宗教信仰和信念拒服兵役,而韩国又没有义务兵役的替代服务办法,他们因此受到了刑事起诉和监禁,这侵害了他们根据《公约》第 18 条第 1 款享有的权利。在审议来文的最后意见中,委员会首先指出:"《公约》第 8 条本身既未承认也未排除基于

---

① Communication No. 682/1996, *Westerman v. The Netherlands*, paras. 9.3 – 10.
② 诺瓦克:《评注》,第 18 条,第 32 段。
③ 此前,委员会也审议了一些涉及基于信念拒服兵役的来文,但基本上都没有直接讨论这种行为是否受《公约》第 18 条保护的问题,而是处理了诸如替代兵役的服务期间比兵役期长一倍是否具有歧视性的问题,例如见,Communication No. 295/1988, *Järvinen v. Finland*, Communication No. 666/1995, *Foin v. France*;给从事替代服务者低于最低生活标准的津贴是否具有歧视性的问题,例如见,Communication No. 297/1988, *H. A. E. d. J. v. The Netherlands*;以及缔约国区别对待不同的基于信念拒服兵役者是否具有歧视性的问题,例如见,Communication No. 402/1990, *Brinkhof v. The Netherlands*。

信念拒服兵役的权利。因此，只能根据《公约》第18条评估这一申诉，而对第18条的理解和对《公约》中的任何其他保障的理解一样，是随着时间的推移、根据其约文和宗旨而不断演变的。"然后，委员会指出，提交人拒绝应征义务服役是其宗教信仰的一种直接表示，因此提交人被定罪判刑构成了对他们表示其宗教信仰的能力的限制，这种限制必须符合第18条第3款规定的各种条件，而且不得影响有关权利的实质本身。接着，委员会表示注意到，一方面，韩国法律中没有承认基于信念拒服兵役的程序，理由是这种限制对公共安全是必要的，是为了保持国防能力和社会团结；另一方面，韩国打算根据国家人权委员会制订的有关基于信念拒服兵役的国家行动计划采取行动。最后，委员会论述说：

> 就有关的国家实践而言，越来越多保持义务兵役制度的《公约》缔约国确立了义务兵役的替代办法；委员会认为，缔约国未能表明，如果提交人根据第18条享有的权利得到充分尊重，会产生什么特别不利影响。关于社会团结和平等的问题，委员会认为，国家尊重良心信仰及其表示本身就是确保社会团结和稳定多元化的一个重要因素。它同样认为，设想义务兵役的替代办法原则上是可行的，而且实践中也是常见的，替代办法不但不会破坏普遍征兵原则的基础，而且可以提供平等的社会效益，对个人提出平等要求，消除服义务兵役者与从事替代性服务者之间不公平的差异。因此，委员会认为，缔约国没有表明本案中的有关限制是《公约》第18条第3款含义之内的必要限制。

由此，委员会认定，韩国违反了《公约》第18条第1款，[1] 该案由此被认为"最终确立了一项《公约》第18条之下的基于信念拒服兵役的权利"。[2]

---

[1] Communication Nos. 1321 – 1322/2004, *Yeo – Bum Yoon and Myung – Jin Choi* v. *Republic of Korea*, paras. 8.2 – 9.
[2] Sarah Joseph, "Human Rights Committee: Recent Jurisprudence", (2007) 7 *Human Rights Law Review* 567, p.581.

2007 年，又有 111 件事由相同的来文针对韩国提出,① 委员会分两批审议了这些来文。在 2010 年审结的 11 件来文中，委员会认为没有理由背离它在尹汝范和崔明镇案中所持的立场，同样认定韩国违反了第 18 条第 1 款。② 而在 2011 年审结的郑敏奎等诉韩国的另 100 件来文中，委员会更明确地表明了对这一问题的立场：

  虽然《公约》没有明确提到基于信念拒服兵役的权利，但委员会认为，从第 18 条可以引申出这项权利，因为涉及使用致命武力的任务可能与信念自由严重冲突。基于信念拒服兵役的权利内在于思想、信念和宗教自由的权利之中，它使得个人有权在义务兵役与其宗教或信仰不可调和的情况中，被免除义务兵役。这种权利不得因强迫受到损害。国家如果愿意，可要求拒服兵役者在军事领域之外和不受军事指挥的情况下从事替代民事服务。③

可以看出，对于基于信念拒服兵役是否属于受《公约》第 18 条第 1 款保护的权利，委员会的立场发生了很大变化：从 1985 年认为《公约》并没有规定或暗含基于信念拒服兵役的权利，到 2011 年认为从第 18 条可以引申出内在于思想、信念和宗教自由的基于信念拒服兵役的权利。不过，委员会作为整体的转变也不是凭空发生的。在 1985 年的穆霍宁案和 L. T. K. 案中，都没有委员对委员会整体的决定表示异议，但是，在 1999 年的威斯特曼诉荷兰案中，有 6 位委员发表了异议意见，明确提出基于信念拒服兵役受第 18 条第 1 款的保护，荷兰拒不承认提交人的这一地位并将其判刑构成了对第 18 条的违反。④ 正如就一个废除死刑

---

① 关于截至 2007 年，基于信念拒服兵役问题在韩国的发展情况，参见，Kuk Cho, "Conscientious Objection to Military Service in Korea: The Rocky Path from Being an Unpatriotic Crime to a Human Right", (2007) 9 *Oregon Review of International Law* 187。

② Communication Nos. 1593 – 1603/2007, *Eu – min Jung* et al. v. *Republic of Korea*, paras. 7.3 – 8.

③ Communication Nos. 1642 – 1741/2007, *Min – Kyu Jeong* et al. v. *Republic of Korea*, para. 7.3.

④ 这 6 位委员是普拉富拉钱德拉·巴格瓦蒂（Prafullachandra Bhagwati）、路易斯·亨金（Louis Henkin）、福斯托·波卡尔（Fausto Pocar）、塞西莉亚·梅蒂娜 – 基罗加（Cecilia Médina Quiroga）、马丁·舍伊宁（Martin Scheinin）和伊波利托·索拉里 – 伊里格延（Hipólito Solari Yrigoyen）。

的国家将一个人引渡到一个可能将其判处或执行死刑的国家是否违反《公约》第6条第1款的问题,部分委员在金德勒、吴志达和考克斯案中的少数意见后来变成了委员会在贾治案中的多数意见一样,可以说,就基于信念拒服兵役的问题,威斯特曼诉荷兰案中的少数意见后来变成了委员会在2011年郑敏奎案中的多数意见。① 不过,尽管这一变化最终是在郑敏奎案中完成的,但这种变化的根本缘由体现在2006年的尹汝范和崔明镇案中:"对第18条的理解……随着时间的推移、根据其约文和宗旨而不断演变"以及"越来越多保持义务兵役制度的《公约》缔约国确立了义务兵役的替代办法"。由此,委员会才可能对基于信念拒服兵役是否受《公约》第18条第1款保护采取动态解释,并且"逐渐调整其判例,使其与联合国各机构内出现的支持基于信念拒服兵役的立场形成一致"。②

在这些来文中,令人不解的一点是,韩国只是诉诸本国的国家安全所面临的特殊情势以及第18条第3款来表明其不承认基于信念拒服兵役的合理性,③ 而没有提到《公约》并未明确承认基于信念拒服兵役是一项受《公约》保护的权利,也没有提到委员会在 L. T. K. 诉芬兰案中作出的"《公约》本身并没有规定基于信念拒服兵役的权利"的结论。反倒是在2012年审结的阿特索伊诉土耳其和萨尔库特诉土耳其案中,土耳其以无法从《公约》中引申出基于信念拒服兵役的权利为由作出了详细抗辩,明确提出"对条约规定的理解可能随着时间的推移而'演变'是可以接受的,但这种'不断演变的解释'是有限的,当代对某一条款的解释不能忽视条

---

① 在这些针对韩国的来文中,也有一些委员发表了个人意见,但只有露丝·韦奇伍德(Ruth Wedgwood)在尹汝范和崔明镇案中表示不同意委员会整体关于韩国违反了《公约》第18条第1款的结论。
② Kessler, "The Invention of a Human Right: Conscientious Objection at the United Nations, 1947–2011", p. 787. 在对缔约国报告的结论性意见中,委员会也越来越多地敦促缔约国承认基于信念拒服兵役的权利、建立兵役的替代服务制度。参见,Takemura, *International Human Right to Conscientious Objection to Military Service and Individual Duties to Disobey Manifestly Illegal Orders*, pp. 74–80。
③ 值得注意的是,第18条第3款并未明确提到"国家安全"是可据以限制表明宗教或信仰自由的理由(见第四章)。

约所写入的内容"。① 很遗憾的是,委员会作为一个整体作出的最后意见语焉不详,未能详细、有力地对土耳其的抗辩作出回应。② 在这一方面,8 位委员对委员会整体的意见表示赞同,但具有不同思路的个人意见,尤其是法比安·萨尔维奥利(Fabián Salvioli)比较全面地回顾基于信念拒服兵役的概念在国际人权保护框架内发展情况的个人意见,对于理解宗教和信念自由的动态发展更有启发和说服力。

除了面临死刑者的引渡、遣返或驱逐问题以及基于信念拒服兵役问题这两个典型例证以外,其他《公约》权利也具有不同程度的动态性。例如,在上文提到的 J. B. 等诉加拿大案中,委员会得出了罢工权并不在第 22 条第 1 款的保障范围之内的结论,并因此宣布来文不予受理。尽管后来委员会没有机会在对个人来文的审议中再次涉及这一问题,但是在对某些缔约国报告的结论性意见中,委员会对罢工权利受到的限制表示关注。例如,在对爱尔兰初次报告的结论性意见中,委员会就表示注意到"公务人员在……罢工权利方面受到了不适当的限制";③ 在对危地马拉的初次报告的结论性意见中,委员会对"大量的罢工事件被认定为非法"表示关切;④ 在对德国的第四次报告的结论性意见中,委员会对德国绝对禁止不是以国家名义行使职权也不是提供基本服务的公务员罢工表示关切,认为这"可能违反《公约》第 22 条";⑤ 在对智利第四次报告的结论性意见中,委员会指出,该国"对于公务员组织工会和集体谈判的权利及其罢工的权利实行普遍禁止的做法,引起有关《公约》第 22 条的严重关注"。⑥ 这些意见表明委员会正逐渐转向承认罢工权属于第 22 条第 1 款保障的工会权利的一项内容。

---

① Communication No. 1853/2008, *Atasoy* v. *Turkey*; Communication No. 1854/2008, *Sarkut* v. *Turkey*, paras. 7.7 – 7.14. 关于土耳其的基于信念拒服兵役问题,参见,Mine Yildirim, "Conscientious Objection to Military Service: International Human Rights Law and the Case of Turkey", (2010) 5 *Religion and Human Rights* 65。
② Communication No. 1853/2008, *Atasoy* v. *Turkey*; Communication No. 1854/2008, *Sarkut* v. *Turkey*, para. 10.3.
③ CCPR/C/79/Add.21 (1993), para. 17.
④ CCPR/C/79/Add.63 (1996), para. 23.
⑤ CCPR/C/79/Add.73 (1996), paras. 18.
⑥ CCPR/C/79/Add.104 (1999), para. 25.

穆勒和德扎亚斯认为，委员会在尹汝范和崔明镇案中的意见是《公约》判例的动态性的活生生的证据，他们由此对《公约》的性质作出的评价也可以用来说明《公约》所确认的权利在一般意义上的动态性："实际上，不能仅仅将《公约》作为一套静止的规范加以'管理'。应由委员会根据起草者的精神并以符合《公约》——它本身应被理解为活生生的法律——之目的及宗旨的方式，对《公约》加以解释。"①

《公约》所确认的权利还会继续动态地发展。例如，对于第 14 条第 3 款（己）项的规定，即如果被告不懂或不会说法庭上所用的语言，则有权获得译员的免费协助，委员会认为这不包括文件得到翻译的权利。② 但是，有学者依据对欧洲人权法院、特设国际刑事法庭和国际刑事法院的实践的分析，认为《公约》是否规定了获得翻译（right to translation）的权利"远未确定"，这种可能性仍然存在。③ 对于规定结婚权利的第 23 条第 2 款，在起草期间完全没有关于同性婚姻的讨论，这表明各国对婚姻的理解就是传统的异性婚姻，委员会认定结婚权利只限于愿意相互结婚的一男一女之间，而否认同性之间享有该款规定的结婚权利。④ 然而，有学者认为，随着承认同性婚姻的国家的增加，委员会有可能将《公约》解释为承认同性婚姻是一项受《公约》保护的权利。⑤ 不过，《公约》所确认权利的动态发展并不完全取决于委员会；毋宁说，委员会对《公约》权利的动态解释只是也只能是对世界范围内有关人权或更具体地说，公民权利和政治权利的认识和实践的发展的反映。上述有关面临死刑者的引渡、遣返或驱逐问题以及基于信念拒服兵役者问题的例证已经表明，只有在相当数量的国

---

① Möller and de Zayas, *United Nations Human Rights Committee Case Law* 1977 – 2008, p. 353.
② Communication No. 451/1991, *Harward v. Norway*, para. 9. 5.
③ See John H. Dingfelder Stone, "Assessing the Existence of the Right to Translation under the International Covenant on Civil and Political Rights", (2012) 16 *Max Planck Yearbook of United Nations Law* 159, p. 181.
④ Communication 902/1999, *Joslin et al v. New Zealand*, para. 8. 2. 欧洲人权法院也不认为《欧洲人权公约》规定允许同性婚姻的义务。
⑤ Nathan Crombie, "A Harmonious Union? The Relationship Between States and the Human Rights Committee on the Same – Sex Marriage Issue", (2013) 51 *Columbia Journal of Transnational Law* 696, pp. 699, 726 – 728; Oscar I. Roos and Anita Mackay, "The Evolutionary Interpretation of Treaties and the Right to Marry: Why Articel 23（2）of the ICCPR Should Be Reinterpreted to Encompass Same – Sex Marriage", (2017) 49 *George Washington International Law Review* 879.

家在这些问题上的认识和实践发生变化以后,委员会才可能动态地扩展对《公约》所确认权利的解释。但另一方面,由于各国人权认识和实践不尽相同,委员会以相当多国家具有的某种认识或实践作为标准来扩展对《公约》所确认权利的解释,并以之要求不具有这种认识或实践的国家,可能不尽合理。因此,在《公约》权利的动态解释方面,委员会同时维持必要的张力和微妙的平衡,对于《公约》本身的生命力和委员会的权威性,都至关重要。

二 权利的分类、等级和联系

《公约》第三编规定了一系列的权利(即使第20条所表述的缔约国的义务也可以从权利角度解释和适用)。这些权利彼此之间的关系值得探讨,具体而言,可以提出三个方面的问题:第一个方面的问题是,《公约》所确认的权利能否分类?如何分类?第二个方面的问题是,《公约》所确认的权利之间是否有等级?如何划分等级?第三个方面的问题是,《公约》所确认的权利之间是严格独立的,还是相互联系的?如何联系?

(一)权利的分类

对于人权,可以按照不同的标准,进行各种各样的分类,[1] 例如一种最常用的分类,是将人权(至少是个人人权)分为两"代",即公民权利和政治权利以及经济、社会和文化权利。在普遍的理论层次上,对所有被纳入人权范围的权利,可以按照权利的内容、权利的性质、权利的主体、权利的重要性等标准进行分类。[2] 这些标准也可以用于对《公约》确认的权利分类,但从学者的分类来看,最常用的标准是《公约》权利的内容,即这些权利指向的对象和目的。例如,路易斯·索恩将《公约》第6~11条、第14~16条规定的权利和自由归为一类,即为"个人的充分防卫权利"所必需的各种保障;将第12、13条规定的权利归为一类;将第17、

---

[1] 参见徐显明主编:《人权法原理》,第131~144页。
[2] 例如见李步云主编:《人权法学》,第48~64、118~296页;Walter Kälin and Jörg Künzli, *The Law of International Human Rights Protection* (Oxford University Press, 2009), pp. 273 – 513。

23、24 条规定的权利归为"家庭权利"一类;将第 18、19、21、22、25 条规定的权利归为"传统的政治权利"一类。① 亨利·斯泰纳等人将《公约》规定分为五类:(1) 对人的身体完整性的保护,如禁止酷刑、无理逮捕或剥夺生命的规定;(2) 政府剥夺个人自由时的程序公正性,如有关逮捕、审判程序和监禁条件的规定;(3) 有关对种族、宗教、性别和其他因素的平等保护的规定;(4) 信仰、言论和结社自由,如有关政治表达、宗教、新闻自由、集会和结社权利的规定;(5) 政治参与的权利。② 阿历克斯·康特和理查德·伯奇尔则将《公约》规定的权利归入八章中,其标题分别为:"民主和公民权利",包括第 12、13、16、18、19、21、22、25 条规定的权利;"人身安全",包括第 6、7、8、9、10 条规定的权利;"司法程序",包括第 11、14、15 条规定的权利;"隐私、名誉和声誉",即第 17 条规定的权利;"家庭和儿童权利",包括了第 23、24 条规定的权利;"自决",即第 1 条规定的权利;"少数人权利",即第 27 条规定的权利;以及"平等和非歧视"。③ W. S. 塔诺波尔斯基则在对比《公约》与《加拿大权利和自由宪章》时,将两份文书规定的主要权利分为基本自由(《公约》第 18、19、21、22 条)、民主权利(《公约》第 25 条)、迁徙自由(《公约》第 12 条)、法律权利(《公约》第 6、7、9、10、14 条)、隐私权(《公约》第 17 条)和平等权利(《公约》第 26、27 条)。④ 刘连泰则以自决权、平等权、法律人格、财产权、表达自由、人权和安全、公正审判权、社会保障权和特殊主体为核心,将联合国人权两公约规定的所有权

---

① Sohn, "The New International Law", pp. 23 – 24. 他没有将第 26 条和第 27 条规定的权利归到任何类别中,而是放到了有关"针对歧视提供保护"的部分中论述。

② Henry J. Steiner, Philip Alston and Ryan Goodman, *International Human Rights in Context*: *Law*, *Politics*, *Morals* (Oxford University Press, 3rd edn, 2008), p.154. 他们认为,国家对这五类权利的共识程度是递减的。Ibid., p.155. 对于这五类权利的详细分析见,Henry J. Steiner, "Political Participation as a Human Right", (1988) 1 *Harvard Human Rights Yearbook* 77, pp. 80 – 84。

③ Alex Conte and Richard Burchill, *Defining Civil and Political Rights*: *The Jurisprudence of the United Nations Human Rights Committee* (Ashgate, 2nd edn, 2009), Chapters 4 – 11.

④ W. S. Tarnopolsky, "A Comparison between the Canadian Charter of Rights and Freedoms and the International Covenant on Civil and Political Rights", (1982) 8 *Queen's Law Journal* 211, pp. 214 – 223.

利分为九个"权利群"。①

除了按内容分类以外，还可以按权利的性质、权利的主体和权利的重要性将《公约》权利分类。其中，就权利的主体，第二章已经表明，除了《公约》第一编规定的自决权属于集体权利外，其他规定在《公约》第三编中的权利均为个人权利，尽管其中有些权利具有很强的集体性；就权利的重要性，下文将指出，无法依据这一标准对《公约》权利分类。就权利的性质，则可以从绝对性和相对性、自然性和社会性、消极性和积极性以及公民性和政治性对《公约》权利分类。按照能否受到限制区分，《公约》权利可分为绝对权利即不可予以限制的权利，以及相对权利即可予以限制的权利，对于这种分类及其意义，将在本书第四章论述，以下将只讨论《公约》权利的自然性和社会性、消极性和积极性以及公民性和政治性。

人权可被界定为人基于其自然属性和社会属性而享有或应该享有的权利。由此，《公约》权利也可大致分为源自人的自然属性的权利，即为了满足人作为一种自然存在的需要而产生的权利，以及源自人的社会属性的权利，即为了满足人作为一种社会存在的需要而产生的权利。人作为一种自然存在即一种动物，有一些出于满足其本能的需要，如生命、人身的自由与安全等。《公约》第6~13条规定的权利大致是为了满足这些需要。人作为一种社会存在即"社会关系的总和"，有一些出于满足其与社会的联系的需要，如尊严、平等、与他人的交往、不受无理损害等。《公约》第14~27条规定的权利大致是为了满足这些需要。当然，这种划分非常粗略。《公约》中的许多条款及其规定的权利往往同时满足了人的自然需要和社会需要。例如，《公约》第7条禁止酷刑和残忍的处遇或惩罚固然基于人的自然属性，但禁止不人道的和侮辱性的处遇或惩罚则更多地出于对人的社会属性的考虑；《公约》第9条第1款规定的人身自由与安全的权利固然基于人的自然需要，但第9条第2~5款规定的权利则更多地出于人基于对人身自由和安全的自然需要而来的社会需要；《公约》第23、24条规定的家庭权利和儿童权利在表面上是为了满足人的社会需要，但其根源则是人作为一种动物繁衍后代的自然需要。

---

① 刘连泰：《〈国际人权宪章〉与我国宪法的比较研究——以文本为中心》，法律出版社，2006，第85~246页。

人权经常被分为消极权利和积极权利,这种分类方法同样可用于划分《公约》权利。这种方法是以作为权利主体的个人是否需要作为以达到权利的实现为划分的标准:个人无须主动作为即可实现的权利是消极权利(在此意义上也可称为被动权利或消极自由),个人需要主动作为才能实现的权利则是积极权利(在此意义上也可称为主动权利或积极自由)。这两类权利也可分别称作享有的权利和行使的权利,[①] 因为前者是只要个人不受干涉就已经具有的,而后者是只有个人采取行动才能实现的。《公约》中凡是表述为"任何人不得被……"的权利都是消极权利,典型的如第7、8、11、17条规定的权利;《公约》中使用"人人有权……"或类似表述的权利多为积极权利,典型的如第18、19、21、22条。不过,并非表述为"人人有权……"的权利都是积极权利,因为有些消极权利也使用"人人有权……"的表述。例如,第6、9、16条规定的生命权、人身自由与安全权以及法律人格得到确认的权利显然是无须个人作为即可享有的消极权利,但在《公约》中都使用了"人人有权……"的表述。就《公约》权利可分为消极权利和积极权利,需要指出的一点是,上述标准是从作为权利主体的个人与权利实现的关系来看的,但有时,也可以从作为义务主体的国家与权利实现的关系来看权利的消极性和积极性。从这一标准来看,只要国家不作为就能实现的权利是消极权利,而需要国家作为才能实现的权利则是积极权利。不过,这种标准的主要意义不在于认识个人的权利,而在于认识国家的义务,因此将在讨论缔约国义务性质的第六章中作进一步说明。

《公民及政治权利国际公约》这一标题本身就表明,其中包含了公民权利和政治权利两类权利。第二章已经对公民权利的概念作了分析,但并未涉及公民权利与政治权利之间的关系,因此遗留了一些问题:如何理解政治权利的概念?其范围如何?与公民权利的关系如何?《公约》本身没有明确其所规定的权利中,哪些是公民权利、哪些是政治权利,人权事务委员会似乎也从未在其意见中明确这两类权利的范围。从学者意见来看,对"政治权利"存在狭义和广义两种理解:有些意见认为,政治权利只包括参与政事的权利、投票权和被选举权以及担任公职的权利;另一些意见

[①] "享有的人权"和"行使的人权"的概念,参见徐显明主编:《人权法原理》,第147页。

则认为，除此之外，政治权利中还包括意见、表达、结社和集会自由等。[1] 例如，《布莱克法律辞典》对"政治权利"的释义是：参与政府的建立或管理的权利，诸如投票权或担任公职的权利；[2] 一本人权词典也将政治权利的作用界定为"保障个人直接或通过经选举产生的代表参与本国治理的能力"；[3] 一本人权术语手册没有专门的政治权利的词条，但在"外国人"的词条之下，提到了"诸如选举权或竞选公职的权利等政治权利"，而将诸如宗教自由和表达自由等权利归入"公民人权"（Civil Human Rights）项下；[4] 早在联合国人权委员会仍起草单一人权公约之时，H. 劳特派特就将其中的权利分为三类，即人身权利、政治权利以及社会和经济权利，其中的人身权利中包括了言论、意见、宗教、结社和集会自由，而政治权利则指个人对其在自由的、定期的和无记名的投票中自由选择出来的人的治理行为、责任承担、可被替换所拥有的权利，即"治理权"（right to government）；[5] 另外，上文已经提及，斯泰纳等人将《公约》规定分为五类，其中"信仰、言论和结社自由"与"政治参与的权利"被分列为两类。[6] 西奥多·范博文则认为，政治权利中包括了意见和表达自由、和平集会的权利和结社自由、参与政事的权利、投票权和被选举权以及担任公职的权利；[7] 罗尔夫·库纳曼在作为一类的政治权利之下列出了和平集会自由、结社自由和参与政治生活的权利，并标明这些权利分别规定在《公约》第21、22、25条中（第19条规定的表达自由则列在公民权利的

---

[1] 对各种意见的介绍，参见，Tiburcio, *The Human Rights of Aliens under International and Comparative Law*, p. 184。

[2] Bryan A. Garner (ed. – in – chief), *Black Law Dictionary* (Thomson Reuters, 11th edn, 2019), p. 1584.

[3] Robert F. Gorman and Edward S. Mihalkanin, *Historical Dictionary of Human Rights and Humanitarian Organizations* (The Scarecrow Press, 2nd edn, 2007), p. 209.

[4] H. Victor Condé, *A Handbook of International Human Rights Terminology* (University of Nebraska Press, 2nd edn, 2004), pp. 12, 31 – 32. 该手册之所以使用"公民人权"的说法，是为了与美国法中"Civil Rights"的概念相区别。

[5] H. Lauterpacht, *International Law and Human Rights* (Stevens and Sons, 1950, reprinted in 1968), pp. 280 – 284.

[6] Steiner, Alston & Goodman, *International Human Rights in Context*, p. 154.

[7] Theodoor C. van Boven, "Survey of the Positive International Law of Human Rights", in Karel Vasak and Philip Alston (eds.), *The International Dimensions of Human Rights* (Vol. 1, Greenwood Press and UNESCO, 1982), 87, p. 90.

类别下);① 康特和伯奇尔将政治权利界定为确保个人能够在公民社会中充分参与的权利即民主参与的权利,诸如投票权和参与国家公共生活的权利、表达自由和结社自由以及思想、信念和宗教自由;② 另外,上文已经提及,索恩将《公约》第 18、19、21、22、25 条规定的权利归为"传统的政治权利"。③

从《公约》条款来看,对政治权利的这两种理解意味着狭义上的政治权利仅指第 25 条规定的参与政事的权利、投票权和被选举权以及担任公职的权利,而广义上的政治权利则除第 25 条规定的权利之外,还包括第 19、21、22 条规定的权利(第 18 条规定的权利因与民主参与、国家治理关联极小,似不应归入即使广义上的政治权利)。诺瓦克的看法比较好地协调了对政治权利的这两种理解。他认为,"严格意义上的政治权利"仅指第 25 条列举的权利,因为这些权利"才完全具有民主参与的性质";但意见自由、表达自由、信息自由、媒体自由、集会自由和结社自由即第 19、21、22 条规定的权利——他称这些权利为"政治自由"以及"交流沟通的基本权利"——"至少在其公共功能上也可以(在广义上)被理解为政治权利",因为这些权利"对于民主决策过程具有根本重要性";不过,由于对后面这些权利的保护"并不仅仅出于民主这一公共利益,而且还出于形成自己的意见、传播消息或成立社团这些私人的、非政治性的利益",④ 因此,第 19、21、22 条规定的是同时体现"自主自由"和行使作为政治共同体之一员的"参与自由"的"公民兼政治权利",⑤ "将这些权利看作是处于公民权利和政治权利的交叉地带也许更为恰当"。⑥

就这一问题,一种更符合《公约》规定本身的认识可能如下。由于第 25 条规定的权利被限定为只能由缔约国的公民享有(当然缔约国可将这些权利的享有主体扩展到非本国公民),因此第 25 条规定的权利在享有主体

---

① Rolf Künnemann, "A Coherent Approach to Human Rights", (1995) 17 *Human Rights Quarterly* 323, p. 325.

② Conte and Burchill, *Defining Civil and Political Rights*, pp. 3-4.

③ Sohn, "The New International Law", p. 24.

④ 诺瓦克:《评注》,第 25 条,第 2 段。强调为原文所有。

⑤ "自主自由"与"参与自由"的关系及相关论述,参见诺瓦克:《评注》,第 19 条,第 1~6 段。

⑥ 诺瓦克:《评注》,第 25 条,第 2 段。

上迥异于《公约》规定的其他能够为缔约国公民以及非公民同等享有的个人权利，按诺瓦克本人所说，"政治权利尚未被认为是人权，而只是公民的特权"，[①] 最好当作单独一类权利理解。而第 19、21、22 条规定的权利尽管对于确保第 25 条保护的权利的充分享有至关重要，[②] 但在享有主体上毕竟不同于第 25 条，在权利行使上并不必然具有政治性，因此对这些权利的更恰当理解应该是：它们仍属于公民权利，但具有强烈的政治性质和意义。

尽管对《公约》权利可按各种标准分类，但任何分类都存在不周延的风险，因为每一项权利既具有其独特的对象与目的，又与其他权利有紧密的联系，这一方面使权利的任何"类"之间不可能存在截然的边界，另一方面使每一项权利都不可能只能被归入一"类"，而与相邻的"类"没有任何关联。[③] 实际上，抛开第 1 条规定的自决权不谈，如果只看从第 6 条规定的生命权到第 27 条规定的少数人的权利，那么《公约》规定的个人权利在内容和性质上大致体现了四个交织在一起的变化脉络，即从体现人的自然属性向体现人的社会属性的变化，从个体性质的权利向具有集体维度的权利的变化，从消极自由向积极权利的变化以及从公民权利向政治权利的变化。因此，除了第 25 条规定的政治权利，最好将《公约》第三编规定的所有权利视为一个整体，而不对其作硬性分类。

[①] Manfred Nowak, "Limits on Human Rights in a Democratic Society", (1992) 2 *All-European Human Rights Yearboo* 111, p. 119. 对于政治参与作为一项人权的论述，见，Henry J. Steiner, "Political Participation as a Human Right", (1988) 1 *Harvard Human Rights Yearbook* 77; Gregory H. Fox, "The Right to Political Participation in International Law", (1992) 17 *Yale Journal of International Law* 539; Gregory H. Fox, "The right to political participation in international law", in Gregory H. Fox and Brad R. Roth (eds.), *Democratic Governance and International Law* (Cambridge University Press, 2000) 48。

[②] 参见，第 25 号一般性意见，第 25 段。

[③] 参见，Sarah Joseph, "Civil and Political Rights", in Mashood A. Baderin, Manisuli Ssenyonjo (eds.), *International Human Rights Law: Six Decades after the UDHR and Beyond* (Ashgate, 2010) 89, p. 90, 其中将公民权利和政治权利分为三类：身体和精神自主的权利、获得公正待遇的权利、有意义地参与政治过程的权利，并认为这些类之间有相当的重合，例如表达自由就同时属于这三类。

(二) 权利的等级

关于《公约》权利的等级或位阶（hierarchy）问题，实际上涉及可否将《公约》规定的权利按其重要性排序的问题，在更广泛的意义上，则涉及可否将人权按其重要性排序的问题。对人权进行重要性排序意味着承认排序在前的权利比在后的权利对于人的自然存在和社会存在更重要，而且在两者发生冲突时，前者总是占优。对于这一问题，必须区分从学理角度进行的分析以及在法律层面体现的规则。从学理角度，有些学者试图对人权作重要性排序。[1] 例如，彼得·范戴克曾将人权分为三类，即"核心权利"、"参与权利"和"其他权利"，并在前两类中列举了10类权利；[2] 弗里德·范霍夫曾两次提出他认为构成"核心权利"的6类权利。[3] 然而，明确区分不同权利的重要性的学者是少数，多数学者都避免对人权进行重要性排序。这是因为，首先，所有人权本身就已经是人的最基本权利，对于保证人的生存、安全、自由、尊严和发展都不可或缺、同等重要，难以找到和确立区分其重要性的客观、合理标准。其次，任何对人权重要性的排序都具有很强的主观性。梅隆就指出，"将某些权利定性为基本权利在很大程度上源自对于其重要性的主观认识"。[4] 例如，有学者在调查了100多名美国人如何认识《世界人权宣言》规定的17项权利后，得出的结论是："普遍人权还没有达到一种绝对的顺序：权利的优先程度取决于具体

---

[1] See Theodoor C. van Boven, "Distinguishing Criteria of Human Rights", in Vasak and Alston (eds.), *The International Dimensions of Human Rights* 43.

[2] Pieter van Dijk, "Rechten van de Mens en Ontwikkelingssamenwerking, Enige Rechtsbeginselen" (Human Rights and Development Co - operation, Some Principles of Law), (1980) 5 - 1 *NJCM Bulletin* (*Netherlands Review of Human Rights*) 4. 他所列举的10类权利，另见，G. J. H. van Hoof, "Human Rights in a Multi - Cultural World: The Need for Continued Dialogue", in MacDonald, Ronald St. John (gen. ed.), *Essays in Honour of Wang Tieya* (Martinus Nijhoff, 1994), 877, pp. 884 - 886。

[3] Ibid., p. 890; Fried van Hoof, "Asian Challenges to the Concept of Universality: Afterthoughts on the Vienna Conference on Human Rights", in Peter R. Baehr, *et al.* (eds. - in - chief), *Human Rights: Chinese and Dutch Perspectives* (Martinus Nijhoff, 1996) 1, pp. 12 - 13. 后一文章有关部分的中文译文见刘楠来等编：《人权的普遍性和特殊性》，社会科学文献出版社，1996，第22页。

[4] Theodor Meron, "On a Hierarchy of International Human Rights", (1986) 80 *American Journal of International Law* 1, p. 8.

情况。因此，哪些权利最'重要'是一个经验性的问题，对这一问题的回答取决于这是'何人'在'何时'的经验。"① 人权重要性排序的主观性一方面意味着某一个权利主体对于自己所享有的权利的重要性的认识可能并不与其他主体相同，另一方面也意味着即使同一个人的认识也可能发生变化，例如范霍夫两次提出的"核心权利"的清单中，权利的排序就不一样。② 再次，正是因为对人权重要性的排序具有很强的主观性，而没有任何得到普遍公认的客观标准，因此对于权利重要性的判断应留由每一权利主体自行决定，任何其他主体都不能代为判断或作出预判。③ 最后，如果预设权利的等级，一旦发生权利的冲突，就只能依据权利等级直接判断一项权利优于另一项权利，而无法考虑所涉权利及其冲突的具体情况，从而导致不见得一定有利于权利保护和平衡的结果。因此，对权利作出等级划分，例如将某一或某些人权宣称为客观意义上的"最重要人权"或"首要人权"，这种做法不仅是武断的，而且蕴涵着被滥用乃至侵害其他人权的风险。

"关于各项权利的优先性，将一直存在争论。"④ 因此，无论从权利哲学的角度可能如何论证权利的等级，在实在法律层面上，国际社会从没有试图在任何国际人权文书中对人权作出重要性排序，按梅隆所说，"也许是因为不可能达成有意义的共识"。⑤ 相反，《维也纳宣言和行动纲领》在

---

① John D. Montgomery, "Is There a Hierarchy of Human Rights?", (2002) 1 *Journal of Human Rights* 373, p. 373.
② 他在1994年的排序是：(1) 生命权, 获得足够的食物、衣着、住房、医疗的权利以及有限的财产权; (2) 人身自由和完整性的权利, 免于奴役、酷刑、任意剥夺自由和歧视的权利; (3) 在法律面前被承认为人的权利; (4) 免于刑法追诉效力的权利; (5) 诉诸法院并获得公正审判的权利; (6) 思想、信念和宗教自由的权利。van Hoof, "Human Rights in a Multi-Cultural World", p. 890. 但在1996年的文章中, 这6类权利的排序和内容都发生了变化。van Hoof, "Asian Challenges to the Concept of Universality", p. 12.
③ 曾有人作出这种预判："一个急需填饱肚子的人, 在一块面包和一张选票之间肯定会选择前者, 对他来说, 面包是他的人权的优先选择。"在选票仅仅是"一张纸"而不附载任何权利的情况下, 他的选择或许如此。但是, 设想一下这个人需要和他人分享食物, 在需要投票决定如何分配食物的情况下, "选票"对于获得"面包"的重要性不言而喻——他还会执意选择面包而放弃选票所代表的参与权和决定权吗?
④ John S. Gibson, *Dictionary of International Human Rights Law* (The Scarecrow Press, 1996), p. 8.
⑤ Meron, "On a Hierarchy of International Human Rights", p. 4. See ibid., pp. 21-23.

宣布"一切人权均为普遍、不可分割、相互依存、相互联系"之后，紧接着指出，"国际社会必须站在同样地位上，用同样重视的眼光，以公平、平等的态度全面看待人权"。① 这一原则不仅适用于公民及政治权利与经济、社会和文化权利之间，也适用于诸如《公约》等某一具体人权文书承认的所有权利之间。人权事务委员会也明确指出，"《公约》规定的权利不存在重要性上的位阶"。② 在这一方面，唯一可能的例外是生命权。生命权被人权事务委员会称为"最重要的（supreme）权利"。③ 这是因为，生命是一个人存在的证据以及享有和行使权利的事实前提，如果没有生命，一个人就不存在，自然也无从谈起享有和行使其他的权利。不过，生命权作为"最重要的权利"也只是就其作为一个人享有和行使权利的事实前提和基础而言，并不使其成为一种"更高的"权利，④ 亦即优越于其他权利的权利。例如，至少就实在法律规定而言，拯救生命不能成为施用酷刑的理由，尽管这一判断在伦理学上一直存在争论，⑤ 尤其是在"反恐"的特定时代背景中。⑥

对于一般意义上的人权或《公约》规定的权利的等级问题，另一种常见的认识和分析方式是将其与国际法中的其他一些范畴相联系，以判断在人权之间是否存在等级以及如果存在对话，具体排序如何。这样的范畴包

---

① 《维也纳宣言和行动纲领》（1993），第5段。
② 第24号一般性意见，第10段。
③ 第14号一般性意见，第1段。See also Communication No. 45/1979, *Guerrero v. Colombia*, para. 13.1.
④ Jack Donnelly and Rhoda E. Howard, "Assessing National Human Rights Performance: A Theoretical Framework", (1988) 10 *Human Rights Quarterly* 214, p. 215. 他们提出了一份包含4类共计10项权利的"简短清单"，以评估世界各国在尊重和保证这些权利方面的表现，但是明确地声称"这一清单并不意味着权利的等级"。
⑤ 参见甘绍平：《人权伦理学》，第236~258页。
⑥ See Alan M. Dershowitz, *Why Terrorism Works: Understanding the threat, responding to the challenge* (Yale University Press, 2003); Sanford Levinson (ed.), *Torture: A Collection* (Oxford University Press, 2004); Bob Brecher, *Torture and the Ticking Bomb* (Balckwell, 2007); Yuval Ginbar, *Why Not Torture Terrorists? Moral, Practical, and Legal Aspects of the "Ticking Bomb" Justification for Torture* (Oxford University Press, 2008); Anthony F. Lang, Jr. and Amanda Russell Beattie (eds.), *War, Torture and Terrorism: Rethinking the Rules of International Security* (Routledge, 2009).

括强行法、习惯国际法和不可克减的权利等。[1]

  强行法（或强制规范）本身是一般国际法中的一个概念，但在强行法与人权之间，"存在一种几乎固有的联系"，但凡提到强行法，就几乎一定会提到人权，"就好像人权是强行法中的典型部分"。[2] 人权与强行法的关系问题实际上涉及两个方面。[3] 一个方面是：人权是否属于"强行法"（按《维也纳条约法公约》第53条所称即"一般国际法强制规律"）并因而享有比其他领域的国际法规范更优越的地位？这一方面主要涉及强行法的范围以及人权规范是否优越于其他领域中的国际法规范的问题，与《公约》权利的等级问题没有太大的联系，而且学者已经进行了大量的研究，[4] 因此不再展开。与《公约》权利的等级问题密切相关的是这一问题的另一个方面：如果某些人权可被归为强行法，这些权利是否优越于其他权利，比其他权利更基本、更重要？这一方面又导致了两个问题。第一个问题是，究竟哪些人权可被归为强行法？对此从来没有权威的界定，正如对具有强行法地位的规范的范围没有权威的界定一样。曾担任委员会委员的埃克特·克莱因曾指出，"大部分被广泛承认为强行法的规则是人权规范"。[5] 不过，大部分强行法规则是人权规范，并不等于大部分人权规范是强行法规则。学者对于哪些人权具有强行法性质，并没有共识——所提议的清单从包括少数几项权利到

---

[1] 甚至有学者将这三者联系起来，认为《公约》第4条第2款列举的所有不可克减的权利都能够被当作习惯国际法，而其中的至少三项权利，即有关生命、酷刑和奴役的权利，可以非常稳妥地被认为获得了强行法的地位。David L. Richards & K. Chad Clay, "An Umbrella with Holes: Respect for Non-Derogable Human Rights During Declared States of Emergency, 1996 - 2004", (2012) 13 *Human Rights Review* 443, p. 447.

[2] Andrea Bianchi, "Human Rights and the Magic of *Jus Cogens*", (2008) 19 *European Journal of International Law* 491, pp. 491, 492.

[3] See Dinah Shelton, "Hierarchy of Norms and Human Rights: Of Trumps and Winners", (2002) 65 *Saskatchewan Law Review* 301; Stephen Gardbaum, "Human Rights as International Constitutional Rights", (2008) 19 *European Journal of International Law* 749, p. 756.

[4] See eg Erika de Wet and Jure Vidmar (eds.), *Hierarchy in International Law: The Place of Human Rights* (Oxford University Press, 2012).

[5] Eckart Klein, "Establishing a Hierarchy of Human Rights: Ideal Solution or Fallacy?", (2008) 41 *Israel Law Review* 477, p. 479.

几乎全部人权，各不相同。① 第二个问题是，不管哪些人权可被归为强行法，这是否是因为这些人权比其他人权更重要？以及是否因此就享有比其他人权更高、更优越的地位？根据《维也纳条约法公约》对"一般国际法强制规律"的界定以及国际法委员会有关国家责任的条款草案第 40 条对违背强行法的责任的规定，一项规则具有强行法性质只意味着任何与之抵触的条约将无效，任何违反了这一规则的国家单方行为也将导致责任。从这些规定中，难以得出结论认为，具有强行法地位的人权比其他人权更为重要或优越。②

就人权与习惯国际法或一般法律原则的关系而言，可以认定，《公约》规定的某些权利已经取得了习惯国际法或一般法律原则的地位。③ 但是，这只意味着这些权利对非《公约》缔约国也有约束力，而且可能影响缔约国对《公约》的保留（参见委员会第 24 号一般性意见）以及某些国家的法院对相关规则的适用，④ 而不表明这些权利比其他没有获得习惯法或一般法律原则地位的权利更为重要。至少，目前普遍承认获得习惯法地位的权利主要是公民及政治权利，而只有极少的经济和社会权利被认为获得了习惯法地位。⑤ 如果认为获得习惯法地位的权利比没有这种地位的权利重

---

① Ian D. Seiderman, *Hierarchy in International Law: The Human Rights Dimension* (Intersentia - Hart, 2001), pp. 66 - 67. See Karen Parker and Lyn Beth Neylon, "*Jus Cogens*: Compelling the Law of Human Rights", (1989) 12 *Hastings International and Comparative Law Review* 411, pp. 441 - 443; Sandesh Sivakumaran, "Impact on the Structure of International Obligations", in Menno T. Kamminga and Martin Scheinin (eds.), *The Impact of Human Rights Law on General International Law* (Oxford University Press, 2009) 133, pp. 144 - 145.

② See Klein, "Establishing a Hierarchy of Human Right", pp. 483 - 485.

③ 委员会对于其认为具有习惯法地位的《公约》权利的列举，见第 24 号一般性意见第 8 段。关于人权作为习惯国际法规则和一般法律原则的论述，参见孙世彦：《一般法律原则作为国际人权法的渊源》，《人权法评论》2005 年第 1 期。关于包括《公约》在内的"国际人权宪章"成为习惯国际法的问题，参见，B. G. Ramcharan, *The Concept and Present Status of the International Protection of Human Rights: Forty Years After the Universal Declaration* (Martinus Nijhoff, 1989), pp. 39 - 61. 关于部分《公约》权利作为一般法律原则的早期研究，参见，Natalie Kaufman Hevener and Steven A. Mosher, "General Principles of Law and the UN Covenant on Civil and Political Rights", (1978) 27 *International and Comparative Law Quarterly* 596 - 613。

④ 例如在美国，《公约》是非自执行的，但习惯国际法规则可以在法院直接适用。

⑤ See Hurst Hannum, "The Status of the Universal Declaration of Human Rights in National and International Law", (1995) 25 *Georgia Journal of International and Comparative Law* 287, pp. 340 - 351.

要，结论必然是某些公民及政治权利比大部分经济和社会权利重要，而这一结论完全有违国际社会有关这两类权利同等重要的普遍共识。

就《公约》权利的等级，最经常提到的一个标准是《公约》第 4 条规定的不可克减的权利，① 因为这些权利"极为清楚地表明了人权的等级"。② 根据该条第 2 款，《公约》第 6 条、第 7 条、第 8 条第 1 款和第 2 款、第 11 条、第 15 条、第 16 条和第 18 条规定的权利属于不可克减的权利。范博文认为，不可克减的权利的存在证明了"至少是基本的或基础的人权的最低限度清单";③ 蒂娜·谢尔顿则提出，"不可克减的权利接近于具有绝对性质，因此能够被认为处于实在法的位阶顶端"④。对于不可克减的权利是否在《公约》权利中占有优越地位的问题，可以从以下几个方面认识。⑤ 首先，需要注意的是，尽管《维也纳条约法公约》第 53 条中的"损抑"与《公约》通行中文本中的"克减"在英文中为同一单词即"derogation"，但是作为强行法的人权和不可克减的人权不能混为一谈，不可克减的权利并不必然是强行法，反之亦然。⑥ 例如，根据《公约》第 4 条第 2 款，第 11 条规定的禁止债务监禁是一项不可克减的权利，但这一权利并没有被普遍地认为属于强行法；相反，《公约》第 9 条并非不可克减，但至少美国国际法学家将其中的一项要素即禁止"过长的无理拘禁"列为

---

① See eg Frank C. Newman and Karel Vasak, "Civil and Political Rights", in Vasak and Alston (eds.), *The International Dimensions of Human Rights* 135, p. 167, endnote 7; Tom Farer, "The Hierarchy of Human Rights", (1992) 8 *American University Journal of International Law and Policy* 115, pp. 115 – 116.

② Teraya Koji, "Emerging Hierarchy in International Human Rights and Beyond: From the Perspective of Non – derogable Rights", (2001) 12 *European Journal of International Law* 917, p. 920.

③ van Boven, "Distinguishing Criteria of Human Rights", p. 46.

④ Shelton, "Hierarchy of Norms and Human Rights", p. 316.

⑤ See Seiderman, *Hierarchy in International Law*, pp. 67 – 84.

⑥ Meron, "On a Hierarchy of International Human Rights", pp. 9 – 10, 14 – 15. See The American Law Institute, *Restatement of the Law (Third), The Foreign Relations Law of the United States* (1987), § 702, Reporters' note 11. 但也有学者认为不可克减的权利属于或可能属于强行法: June M. Ross, "Limitations on Human Rights in International Law: Their Relevance to the Canadian Charter of Rights and Freedoms", (1984) 6 *Human Rights Quarterly* 180, p. 216; Gérard Cohen Jonathan, "Human Rights Covenants", in Rudolf Bernhardt (gen. ed.), *Encyclopedia of Public International Law* (Vol. II, Elsevier, 1995), p. 918; Klein, "Establishing a Hierarchy of Human Rights", p. 482.

强行法规范。① 对此,委员会指出(第29号一般性意见第11段):

> 第4条对不可克减条款的列明,与某些人权义务是否具有国际法之强制规范的性质的问题有关但不等同于这一问题。在第4条第2款中宣布《公约》某些条款具有不可克减的性质应视为部分地承认了《公约》中以条约形式保证的一些基本权利的强制性质(例如第6条和第7条)。然而,《公约》的一些其他条款(如第11条和第18条)被包括在不可克减条款清单内,显然是因为在紧急状态下,从来没有必要克减这些权利。此外,强制规范的范畴超过第4条第2款所列的不可克减条款清单。缔约国不论在什么情况下都不能援引《公约》第4条作为违反人道法或国际法强制规范的行为的理由,这些行为如劫持人质、强加集体性惩罚、无理剥夺自由或偏离包括无罪假定在内的公正审判原则。

其次,某些权利不可克减并非意味着它们比其他权利更为重要,在与并非不可克减的权利冲突时总是具有优越地位。② 例如,第18条规定的权利在紧急状态时期不可克减,但是即使在非紧急状态时期,如果一个人对于自己信仰的表示构成了对他人名誉或信用的非法破坏,则这一权利根据第18条第3款就可以受到限制,而让位于并非不可克减的第17条所保障的权利。再次,尽管不可克减的权利具有"极强的重要性",但这并不意味着这是它们不可克减的唯一甚至主要理由。委员会就指出,规定某些权利不可克减的理由还包括克减这些权利对控制紧急状态无关或者克减这些权利实际上不可能。③

《公约》权利的等级或位阶还涉及另外一个问题,即权利的冲突问题,或者更准确地说,是在不同个人的权利出现冲突时,缔约国尊重和确保这些权利之义务的冲突问题。例如,上文已经提到,在尊重一个人免于酷刑的自由与保护另一个人的生命之间,可能存在冲突;还例如,在尊重一个

---

① The American Law Institute, *Restatement of the Law (Third)*, § 702, Comment n.
② See Klein, "Establishing a Hierarchy of Human Rights", p. 481.
③ 第24号一般性意见,第10段。See Jaime Oraá, *Human Rights in States of Emergency in International Law* (Clarendon Press, 1992), pp. 94–96.

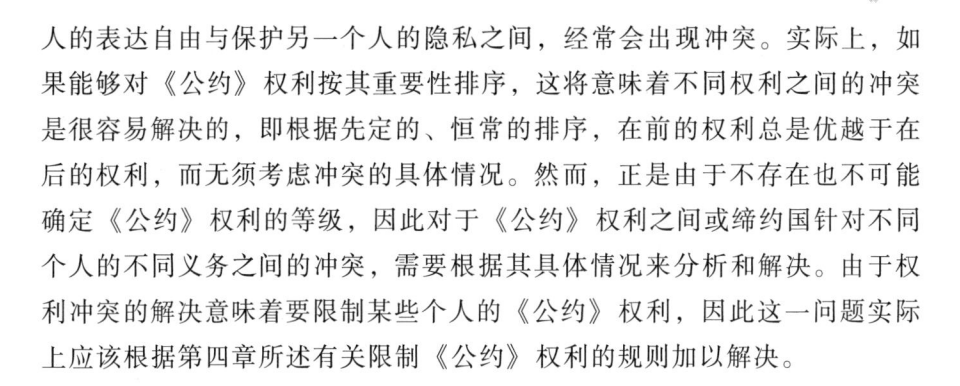

人的表达自由与保护另一个人的隐私之间，经常会出现冲突。实际上，如果能够对《公约》权利按其重要性排序，这将意味着不同权利之间的冲突是很容易解决的，即根据先定的、恒常的排序，在前的权利总是优越于在后的权利，而无须考虑冲突的具体情况。然而，正是由于不存在也不可能确定《公约》权利的等级，因此对于《公约》权利之间或缔约国针对不同个人的不同义务之间的冲突，需要根据其具体情况来分析和解决。由于权利冲突的解决意味着要限制某些个人的《公约》权利，因此这一问题实际上应该根据第四章所述有关限制《公约》权利的规则加以解决。

（三）权利的相互联系

上文已经指出，《维也纳宣言和行动纲领》曾宣布"一切人权均……相互依存、相互联系"。就《公约》而言，这意味着一方面，《公约》所规定的所有权利之间，存在紧密的联系；另一方面，《公约》所规定的权利与其姊妹《经济社会文化权利公约》规定的权利之间，也存在紧密的联系。

《公约》规定的权利的相互联系可以从权利享有者和义务承担者的不同角度加以理解。从权利享有者的角度来看，个人的《公约》权利是相互依存的。首先，从权利类别来讲，只有个人的基于其自然存在的需要而产生的权利如生命权、人身自由与安全权等得到保障，才能具有为享有基于其社会存在的需要而产生的权利如信仰、表达、集会与结社自由等所必要的物理基础；反之，个人享有基于其社会存在的需要而产生的权利，将能更好地确保其享有基于自然存在的需要而产生的权利。其次，从单项权利来讲，有些时候享有一项权利的程度取决于另一项权利受到尊重和确保的程度，有些时候一项权利受到侵害，会影响对另一项权利的享有。就前一种情况而言，例如，对于第25条（丑）项规定的投票权，"表达、集会和结社自由也是有效行使投票权的重要条件，必须受到充分保护"。[①] 就后一种情况而言，例如，如果宗教上的少数人根据第27条享有的权利受到了侵害，那么很可能其根据第18条享有的权利同时也会受到侵害。

从义务承担者的角度来看，国家根据《公约》承担的义务也是相互依

---

① 第25号一般性意见，第12段。

存的。首先，国家的某种行为可能同时影响或侵害个人的多项权利。例如，在前述强迫失踪的情况中，不仅失踪个人根据第 9 条享有的诸多权利受到了侵害，其根据第 7 条和第 10 条享有的权利也可能受到侵害；同时，如果该个人是因为其宗教、表达、结社、集会或选举行为而遭强迫失踪，那么其根据第 18、19、21、22、25 条享有的权利也很可能受到侵害。类似地，拘禁中的不人道待遇或条件，很可能既违反第 10 条第 1 款，同时也违反第 7 条——特别是在被拘禁者受到了额外的残酷对待的情况中。[①] 其次，国家的某种行为并不直接侵害所涉个人的《公约》权利，但该行为的后果可能导致该个人或受该行为影响的其他个人的某些权利被侵害。例如，《公约》缔约国有权将非法移民驱逐出境，只要这种驱逐依法进行且有程序保障，就不会违反第 13 条。然而，如果不顾及这种行为对受第 17 条和第 23 条保护的家庭关系以及受第 24 条保护的儿童的影响，就有可能侵害被驱逐者本人及其家属根据这些规定享有的权利。例如，在马达菲利诉澳大利亚案中，澳大利亚决定将一名非法移民驱逐回意大利，这一决定本身及其执行过程中并无违反第 13 条之处。然而，被驱逐者的妻子（澳大利亚国民）和四个孩子（均在澳大利亚出生和长大、未成年）将面临或者留在澳大利亚而与被驱逐者分离，或者与其一道前往他们完全陌生的意大利的困境。委员会认为，这是对这个家庭的生活的严重侵扰，澳大利亚提出的驱逐理由不足以证明这种严重侵扰的合理性，并据此认定澳大利亚不仅违反了第 17 条第 1 款和第 23 条，而且因为没有为 4 名未成年儿童提供必要的保护措施而违反了第 24 条第 1 款。[②] 再次，国家的某种行为直接侵害所涉个人的《公约》某项权利，该行为的后果可能同时导致该个人的其他权利被侵害。这种联系最典型地体现在一个人经不公正的审判被判处死刑的情况中。《公约》本身并不禁止死刑，但其第 6 条第 2 款要求死刑之判处"与本公约规定……不抵触"。因此，如果某一审判不公正且判处了被告死刑，这不仅侵害了被告根据第 14 条（主要是其第 3 款）享有的权利，

---

① 委员会在这方面的实践并不总是很一致：有些情况被认定为仅违反第 10 条第 1 款或第 7 条，有时被认定为同时违反了这两项规定。有关案件，参见，Möller and de Zayas, *United Nations Human Rights Committee Case Law 1977 - 2008*, pp. 205 - 220。

② Communication No. 1011/2001, *Madafferi v. Australia*, paras. 9.7 - 9.8. See also Communication No. 1069/2002, *Bakhtiyari v. Australia*, paras. 9.6 - 9.7.

而且因为死刑判决是在存在这种违反的情况中作出的,所以还侵害了第 6 条规定的生命权。委员会在对许多有关死刑的来文的意见中就指出,如果最后的死刑判决的作出没有满足第 14 条设定的公正审判的要求,那么就违反了第 6 条,该条保护的生命权就受到了侵害。[①]

《公约》权利的相互联系有时也表现为权利之间的冲突,即某一权利之享有和行使可能构成对另一权利之享有和行使的损害,而国家作为义务承担者,则面临如何平衡地保障这些相互冲突之权利的任务。根据《公约》的多项规定,允许国家为了保护他人的权利和自由,而限制某人的权利,其理论基础就是个人的权利之间可能发生冲突。在这一方面,表达自由与许多其他权利的可能冲突就是最经典的例证。在各国的司法实践中,经常出现表达自由与隐私权冲突的诉讼。另外,表达自由也可能与其他权利发生冲突。例如,委员会指出,为了保证每个公民享有第 25 条(丑)项规定的权利,缔约国应以刑法"禁止对登记或投票的任何侵权性干涉以及对投票人进行恫吓或胁迫,这些法律应予严格执行",[②]而"这些法律的适用在原则上构成了为了尊重他人的权利所必需的一种对于表达自由的合法限制"。[③] 不过,限制条款与解决权利冲突的普遍问题可能重叠,但并非一回事。[④]

有时,在并非明显具有相对性因而需要予以限制的权利之间,也可能产生冲突。对此,仅举一例说明。《公约》第 23 条确认家庭是自然和基本的社会单位,并应受社会和国家的保护,《公约》第 24 条规定儿童有权享受家庭、社会及国家的保护。但是,在第 23 条保护的家庭权利与第 24 条保护的儿童权利之间,可能发生冲突:儿童与其父母自然地构成家庭,根据第 23 条,这意味着一般而言应保护父母与儿童的共同生活,或者在父母之间的婚姻或同居关系解体时,因为这种解体并不影响父母一方与其子女的家庭关系的存在,而保证不享有监护权的一方与孩子的联系,包括其探

[①] 委员会对数百件涉及死刑的来文,都作出了这种认定。例如见,Communication No. 232/1987, *Daniel Pinto v. Trinidad and Tobago*, para. 12.6; Communication No. 250/1987, *Carlton Reid v. Jamaica*, para. 11.5。

[②] 第 25 号一般性意见,第 11 段。

[③] Communication No. 927/2000, *Svetik v. Belarus*, para. 7.3。

[④] Steiner, Alston & Goodman, *International Human Rights in Context*, p. 154。

视权;① 然而,第 24 条规定的对儿童的保护有时恰恰会要求国家将父母与其子女分开或剥夺其探视权以保障儿童的最大利益。例如,在巴克尔诉新西兰案中,新西兰当局以提交人无法充分照料其 6 名子女(年龄为 1～8 岁)为由,取消了她对子女的监护权。显然,在该案中,提交人根据第 23 条享有的家庭权利(与其子女在一起)与其子女根据第 24 条享有的受保护的权利(得到充分照料)出现了冲突。委员会承认,将母亲和子女分开是一项极为重大的决定,但是认定新西兰主管机构和法院是在仔细研究了所有资料并考虑了子女的最大利益的情况下采取行动的,因此没有违反第 23 条规定的保护家庭的义务。②

就权利的相互联系,除了公民权利和政治权利内部的联系,还需要认识这些权利与经济、社会和文化权利之间的联系。本书第一章提到了原先设想的单一国际人权公约如何在 1952 年被一分为二成为两项公约的情况。这主要是因为当时占主导地位的认识是,这两类权利的性质及其所要求的实施机制存在差异。但其后几十年的人权理论和实践的发展已经证明,这两类人权"无论在法律或实践中都没有根本的差异"。③ 基于包括这两大类人权之间相互依存、相互联系的事实,规定这两类权利的两项公约绝非泾渭分明、毫无瓜葛。就《公约》而言,尽管其以"公民及政治权利"为标题和内容,但"并非一项只规定了公民权利和政治权利的条约",④ 而是与经济、社会和文化权利或更广泛意义上的经济、社会和文化事务存在必然的、广泛的联系。⑤ 这种联系体现在三个方面。

第一个方面是,《公约》中有些规定明确提到了经济、社会和文化因

---

① See Communication No. 201/1985, *Hendriks v. The Netherlands*, paras. 10.3 - 10.4; Communication No. 417/1990, *Santacana v. Spain*, para. 10.2.

② Communication No. 858/1999, *Buckle v. New Zealand*, para. 9.2.

③ Office of the United Nations High Commissioner for Human Rights, *Economic, Social and Cultural Rights: Handbook for National Human Rights Institutions* (United Nations, 2005), p. 3.

④ Martin Scheinin, "Human Rights Committee", in Malcolm Langford (ed.), *Social Rights Jurisprudence: Emerging Trends in International and Comparative Law* (Cambridge University Press, 2009) 540, p. 540.

⑤ See Martin Scheinin, "The Work of the Human Rights Committee under the International Covenant on Civil and Political Rights and its Optional Protocol", in Raija Hanski and Martin Scheinin, *Leading Cases of the Human Rights Committee* (Institute for Human Rights, Åbo Akademi University, 2nd rev. edn, 2007), p. 2; Joseph, "Civil and Political Rights", pp. 93 - 94.

素或者明显具有经济、社会和文化含义。《公约》第 1 条规定的自决权包含了民族自由谋求其经济、社会和文化发展的权利（参见第 12 号一般性意见）；第 8 条第 3 款明确禁止"强迫或强制劳役"，这显然与《经济社会文化权利公约》第 6 条第 1 款规定的自由选择或接受工作的权利相呼应；[①] 第 18 条规定了父母决定其子女的（道德）教育的自由；[②] 第 19 条提到了表达自由的艺术形式，而"艺术"一词同样出现在《经济社会文化权利公约》第 15 条第 1 款中；[③] 第 27 条规定了少数人享有自己的文化的权利。另外，第 14 条第 1 款规定的获得公正审判的权利不仅限于刑事案件，而是包括了任何"诉讼案"（suit at law）[④]，即无论是行政、经济还是民事案件；[⑤] 第 22 条规定的工会权利具有经济和社会含义——上文所述的"艾伯塔联盟案"已经清楚地表明了这一点；[⑥] 第 23 条规定家庭应受社会和国家的保护，而"一个社会或国家能够给予家庭的法律保护和措施在不同的国家各有不同，取决于不同的社会、经济、政治和文化条件与传统"；[⑦] 第 25

[①] 参见，Communication No. 1036/2001, *Faure v. Australia*, 涉及澳大利亚的"以工作换救济"的社会保障安排。人权事务委员会与经济、社会和文化权利委员会都曾批判性剥削特别是强迫卖淫的情况，参见第 28 号一般性意见，第 12 段；Joseph and Castan, *The International Covenant on Civil and Political Right: Cases, Materials, and Commentary*, pp. 333 –334；〔澳〕本·索尔、戴维·金利、杰奎琳·莫布雷：《〈经济社会文化权利国际公约〉：评注、案例和资料》，孙世彦译，法律出版社，2019，第 282 页。

[②] 参见 Communication No. 40/1978, *Hartikainen v. Finland*; Communication No. 1155/2003, *Leirvåg et al. v. Norway*, 分别涉及芬兰和挪威公立学校中的宗教课程问题。

[③] 参见第 34 号一般性意见，第 11 段（提到了"文化和艺术表达"）；Communication No. 926/2000, *Hak - Chul Sin v. Republic of Korea*, 该案中，提交人因其创作的一幅油画而受到处罚：创作油画属于隐含在《经济社会文化权利公约》第 15 条第 1 款规定的参加文化生活权中的创作自由，而受到处罚则属于《公民及政治权利公约》第 19 条范围内的权利受限制问题。

[④] 对这一概念的分析，参见第 32 号一般性意见，第 16～17 段；诺瓦克：《评注》，第 327 页，译者注；Communication No. 1454/2006, *Lederbauer v. Austria*, Appendix, Individual opinion of Ms. Ruth Wedgwood (dissenting), paras. 3.1 – 3.3。

[⑤] See Communication No. 112/1981, *Y. L. v. Canada*; Communication No. 202/1986, *Ato del Avellanal v. Peru*; Communication No. 1510/2006, *Vojnovi ć v. Croatia*.

[⑥] 有人认为，组织工会和集体谈判的权利尽管规定在《经济社会文化权利公约》中，但这一权利更多的是结社自由这一公民和政治权利的分支。Kenneth Roth, "Defending Economic, Social and Cultural Rights: Practical Issues Faced by an International Human Rights Organization", (2004) 26 *Human Rights Quarterly* 63, p. 68.

[⑦] Communication No. 35/1978, *Aumeeruddy - Cziffra et al. v. Mauritius*, para. 9.2 (b) 2 (ii) 1.

条规定每一个公民有权以一般平等之条件,担任本国公职,而担任公职实际上也是一种工作。① 另外,人权事务委员会在其一般性意见中,也揭示了许多权利的经济和社会含义或与经济和社会事务的联系:生命权(参见第 36 号一般性意见第 26 段、第 14 号一般性意见第 3 段),被拘禁者的权利(参见第 9 号一般性意见第 3、7 段,第 21 号一般性意见第 10 段),隐私权(参见第 16 号一般性意见第 5 段),儿童权利(参见第 17 号一般性意见第 3 段),少数人权利(参见第 23 号一般性意见第 7 段),男女权利平等(参见第 28 号一般性意见),等等。

第二个方面是,在实践中,有些表面上归属于公民权利和政治权利的事项,可能影响经济、社会和文化权利的享有;或者反过来,有些表面上归属经济、社会和文化权利的事项,可能影响公民权利和政治权利的享有。

就前者,可以宗教自由与受教育权的关系为例。在胡多伊博加诺瓦诉乌兹别克斯坦案中,提交人诉称,她因为拒绝摘除根据自己的信仰所戴的一种头巾("希贾布/hijab")而被大学开除,委员会认定这种情况违反了《公约》第 18 条第 2 款。② 显然,该案中提交人的受教育权被侵害,是因为她表示个人之宗教自由的方式——这包括公开穿戴符合个人之信仰或宗教的服饰——没有得到尊重。同样的情况也发生在比克拉姆吉特·辛格诉法国案中。该案中的提交人是一名高中生、锡克教徒,其宗教的绝对、明确和强制的戒律要求他戴缠头巾;但是,法国 2004 年的一项法律禁止公立中小学的学生以显著方式佩戴其宗教的标志物或服饰,提交人因此被其高中开除。委员会认为,开除提交人不是第 18 条第 3 款所规定的"必需限制",是对他表示自己宗教的权利的侵害。③ 实际上,早在该案案发之前,委员会就曾在对法国第四次报告的结论性意见中,对其 2004 年的这项法律提出过批评。④ 另外,第 22 号一般性意见称(第 4 段),"宗教或信仰的躬行和讲授包括……开设神学院或宗教学校的自由",而这与《经济社会文

---

① See Communication No. 552/1993, *Kall* v. *Poland*, para. 13.2.
② Communication No. 931/2000, *Hudoyberganova* v. *Uzbekistan*, para. 6.2.
③ Communication No. 1852/2008, *Bikramjit Singh* v. *France*, para. 8.7. 提交人后来通过远程函授完成了学业并被巴黎东部大学录取——在那里他被允许戴缠头巾。
④ CCPR/C/FRA/CO/4 (2008), para. 23.

化权利公约》第13条第4款规定的个人或团体设立及管理私立学校（包括宗教学校）的权利遥相呼应。

就后者，可以健康权与《公约》第7条和第10条规定的权利为例。例如，在下述个人来文中，提交人的健康都出现了严重问题，但由于这些问题是在他们被拘禁期间出现或恶化的，因此这些问题就成为所涉缔约国侵害提交人根据《公约》第7条和第10条所享有的权利的根据或证据。在列维斯诉牙买加案中，提交人在监狱中患了皮肤病，却未获准去看医生，委员会认为缔约国未提供治疗违反了《公约》第10条第1款。① 在布朗诉牙买加案中，提交人在监狱中没有适当的卫生条件、不能锻炼身体、得不到足够的营养和干净的饮水、药物遭到看守的毁坏、患上气喘病却得不到立即治疗，委员会认定这些情况违反了《公约》第7条和第10条第1款。② 在C诉澳大利亚案中，提交人因为被长期羁押在移民拘禁场所而精神状况恶化，缔约国却继续羁押他、没有采取必要措施改善其状况，还要将其驱逐到一个他不太可能获得必要治疗的国家，委员会认为这违反了第7条。③ 而K. N. L. H. 诉秘鲁案表明，即使与拘禁情况无关的医疗或健康权问题，也可能构成对第7条的违反。在该案中，提交人因怀有畸形胎儿而希望终止妊娠，医院却——尽管依该国法律——拒绝实施治疗性人工流产，致使她不得不产下一名无脑畸形女婴并明知她很快将死去（婴儿只存活了4天），这一经历致使她在被迫继续妊娠期间已承受的痛苦和折磨更加不堪忍受，委员会认为这违反了第7条。④

第三个方面是，《经济社会文化权利公约》的规定可以"渗入"《公民及政治权利公约》的规定，《公约》可以被用来保护个人的经济和社会权利和利益。⑤

---

① Communication No. 527/1993, *Uton Lewis v. Jamaica*, para. 10.4.
② Communication No. 775/1997, *Christopher Brown v. Jamaica*, para. 6.13.
③ Communication No. 900/1999, *C v. Australia*, paras. 8.4 – 8.5.
④ Communication No. 1153/2003, *K. N. L. H. v. Peru*, para. 6.3.
⑤ Craig Scott, "The Interdependence and Permeability of Human Rights Norms: Towards a Partial Fusion of the International Covenants on Human Rights", (1989) 27 *Osgoode Hall Law Journal* 769, esp. pp. 850 – 878, 其中以四项《公约》规定（第26条、第14条第1款、第22条第1款和第6条第1款）为例，说明了经济和社会权利如何"渗入"《公民及政治权利公约》、籍由其规定的机制得到保护。

除了在若干一般性意见以及对缔约国报告的结论性意见中提到许多《公约》权利的经济和社会含义或与经济和社会事务的联系以外，委员会还在其审议个人来文的实践中，将《公约》权利延及保护个人的经济和社会权利和利益，对此可以有关《公约》第26条和第27条的个人来文为例。

首先来看有关第27条的来文。《公约》第27条没有明确提到少数人的经济权利，但是，委员会在1988年审结的基托克诉瑞典案中称："如果[经济]活动是某一族裔社群之文化的重要组成部分，其对某一个人的适用即可能属于《公约》第27条的范围"；① 在1994年审结的"第一兰斯曼案"中称：

> ……提交人是第27条所指的少数人群体的成员，并因此有权享有自己的文化；……驯鹿牧养业是其文化的一个重要组成部分。在这一方面，委员会忆及，如果经济活动是某一族裔社群文化的重要组成部分，则此种经济活动在第27条所涵盖的范围之内。
>
> ……第27条要求一个少数人群体的成员不应被剥夺享有自己的文化的权利。因此，其影响构成对这一权利之剥夺的措施将不符合第27条规定的义务。②

也就是说，委员会将少数人群体的传统经济活动视作其文化的组成部分，因此这种经济活动就在《公约》第27条的保护范围之内。③ 可被视作其文化组成部分的少数人群体的传统经济活动可能多种多样，在上述两起案件中是北欧的萨米少数群体牧养驯鹿；在马慧卡诉新西兰案中，这种经

---

① Communication No. 197/1985, *Kitok v. Sweden*, para. 9.2.
② Communication No. 511/1992, *Ilmari Länsman et al. v. Finland*, paras. 9.2, 9.4. See also Communication No. 167/1984, *Lubicon Lake Band v. Canada*, para. 32.2; Communication No. 671/1995, *Jouni E. Länsman et al. v. Finland*, para. 10.2; Communication No. 779/1997, *Äärelä and Näkkäläjärvi v. Finland*, para. 7.5.
③ 关于委员会如何解释可当少数人的土著人的文化权利（其中包括传统活动和生活方式的权利），参见，Kamrul Hossain, "The Human Rights Committee on Traditional Cultural Right: The Case of the Arctic Indigenous Peoples", in Tuija Veintie and Pirjo K. Virtanen, (eds.) *Local and Global Encounters: Norms, Identities and Representations in Formation* (Helsinki, Renvall Institute), pp. 29–42.

济活动是渔业。① 但是，少数人群体的经济活动并不等于文化活动本身。如果某一少数人群体的某种经济活动只是出于单纯的经济目的，而无法表明这种经济活动对其作为少数人具有任何文化或精神上的重要性，则这种经济活动本身就不在第 27 条的保护范围之内。② 基于第 27 条与经济、社会和文化权利的紧密联系，曾担任委员会委员的马丁·舍伊宁就称："有关少数人权利的第 27 条代表了《公约》进入经济、社会和文化权利领域的明确扩展。"③

然后来看有关第 26 条的来文。《公约》第 26 条规定："人人在法律上一律平等，且应受法律平等保护，无所歧视。"与同样规定非歧视原则的第 2 条第 1 款的显著不同是，第 26 条并没有将禁止歧视的范围限制在"《公约》所确认的权利"的范围之内，这就使得将第 26 条解释为规定了一项单独的权利成为可能。④ 委员会利用这一点，在 1987 年 4 月 9 日同一天审结的三件针对荷兰的来文中作出了开创性的决定。在其中的布鲁克斯案中，提交人声称自己在领取失业救济金方面，受到了基于性别和身份的歧视，成为《公约》第 26 条被违反的受害者。荷兰辩称，由于申诉涉及社会保障权利——这一权利规定在《经济社会文化权利公约》（第 9 条）而非《公民及政治权利公约》中，因此来文不可受理。但是，委员会不仅受理了来文，而且还认定荷兰违反了《公约》第 26 条。委员会认为第 26 条的起草历史表明，对于其范围是否延及《公约》并未保障之权利的问题的讨论，并没有确定结论；⑤ 并根据《维也纳条约法公约》包含的解释规则认定，第 26 条并不仅仅是重复第 2 条已经作出的保障；然后指出：

---

① Communication No. 547/1993, *Mahuika* et al. v. *New Zealand*, para. 9.3.
② 例如参见，*Diergaardt* et al. v. *Namibia*, para. 10.6，其中委员会认为提交人未能证明他们的社群文化是以在所涉土地上放牧为基础。委员会委员伊丽莎白·伊瓦特（Elizabeth Evatt）和梅迪纳-基罗加则明确提出提交人的申诉是一项经济性质而非文化性质的申诉。*Ibid.*, Appendix.
③ Scheinin, "Human Rights Committee", p.549.
④ 参见，Theodor Meron, *Human Rights Law - Making in the United Nations* (Clarendon Press, 1986), p.122; Scheinin, "Human Rights Committee", p.541, 将第 26 条称为一项"独立性规定"（freestanding provision）。
⑤ 对于第 26 条的起草历史的介绍，参见，Tufyal Choudhury, "The Drafting of Article 26 of the International Covenant on Civil and Political Rights: Part 1", (2002) 2002 - 5 *European Human Rights Law Review* 591。

尽管第 26 条要求法律禁止歧视，但是对于法律可以规定的事项，该条本身没有包含任何义务。因此举例而言，该条并不要求国家制定提供社会保障的法律。在一个国家行使主权权力通过这样的法律时，就必须遵守《公约》第 26 条。

在这方面，委员会认为，问题不在于荷兰是否应该逐渐建立社会保障制度，而在于规定的社会保障的法律是否违反了《公民及政治权利国际公约》第 26 条包含的对歧视的禁止以及给予所有人的、针对歧视获得平等的和有效的保护的保障。[①]

委员会意见的核心观点是，缔约国根据《公约》并没有义务制定提供社会保障的立法，但是一旦制订这样的立法，其内容和适用就必须符合《公约》第 26 条的要求，不能存在基于第 26 条禁止的任何理由的歧视。后来，委员会在 1989 年发布的第 18 号一般性意见第 12 段明确阐述如下：

> 尽管第 2 条把受到保护不得歧视的各项权利的范围限定为本《公约》所规定的权利，第 26 条却未具体规定这种限制。这就是说，第 26 条规定，人人在法律上一律平等，且应受法律平等保护，无所歧视，并且法律应保障所有人得到平等和有效的保护，以免受基于任何所列原因的歧视。委员会认为，第 26 条并不仅仅重复第 2 条已经作出的保障，而是本身就规定了一项单独存在的权利。它禁止在公共当局管理和保护的任何领域中法律上或事实上的歧视。因此，第 26 条关心的是缔约国在立法及其适用方面承担的义务。因此，当某一缔约国通过立法时，必须符合第 26 条的要求，其内容不应是歧视性的。换言之，第 26 条所载的非歧视原则不仅限于适用于《公约》所规定的那些权利。

---

① Communication No. 172/1984, *Broeks v. The Netherlands*, paras. 12.4 – 12.5. 另见表述完全相同的，Communication No. 182/1984, *Zwaan – de Vries v. The Netherlands*, paras. 12.4 – 12.5; Communication No. 180/1984, *Danning v. The Netherlands*, paras. 12.4 – 12.5. 委员会只在前两案中判定荷兰违反了第 26 条。See Aalt Willem Heringa, "Article 26 CCPR and Social Security", (1988) 6 *Netherlands Quarterly of Human Rights* 19.

曾担任委员会委员的安藤仁介指出，通过上述对个人来文的意见和一般性意见，委员会确认和澄清了这样一个理论："第 26 条规定了一项自主性权利，这一权利禁止在受到公共权力管理和保护的任何领域中法律上的或事实上的歧视，并且适用于《公民及政治权利公约》没有确认的权利。"① 由此，《公约》就可用于保障经济和社会权利，只要在有关这些权利的规定和适用中可能存在《公约》第 26 条禁止的歧视情况。② 委员会在审议许多涉及诸如获得失业救济、③ 获得残疾津贴、④ 获得健康保险、⑤ 获得儿童福利津贴、⑥ 获得退伍金、⑦ 获得丧偶抚恤金、⑧ 获得退休金、⑨ 获得教育补贴、⑩ 获得渔业捕捞配额、⑪ 就业、⑫ 已婚妇女主

---

① Nisuke Ando, "The Evolution and Problems of the Jurisprudence of the Human Committee's Views concerning Article 26", in Nisuke Ando (ed.), *Towards Implementing Universal Human Rights*: *Festschrift for the Twenty – Fifth Anniversary of the Human Rights Committee* (Martinus Nijhoff, 2004) 205, p. 212. 参见，Joseph and Castan, *The International Covenant on Civil and Political Right*: *Cases*, *Materials*, *and Commentary*, p. 768: "第 26 条是对有关任何权利的不歧视的独立保障。"

② 实际上，很早就有学者提出了这种可能。见，B. G. Ramcharan, "Equality and Nondiscrimination", in Louis Henkin (ed.), *The International Bill of Rights*: *The Covenant on Civil and Political Rights* (Columbia University Press, 1981) 246, p. 256。

③ Communication No. 418/1990, *Araujo – Jongen* v. *Netherlands*; Communication No. 454/1991, *Pons* v. *Spain*.

④ Communication No. 218/1986, *Hendrika S. Vos* v. *The Netherlands*.

⑤ Communication No. 395/1990, *Sprenger* v. *The Netherlands*.

⑥ Communication Nos. 406/1990 and 426/1990, *Oulajin and Kaiss* v. *The Netherlands*; Communication No. 976/2001, *Derksen* v. *The Netherlands*.

⑦ Communication No. 196/1985, *Gueye* et al. v. *France*.

⑧ Communication No. 415/1990, *Pauger* v. *Austria*; Communication No. 484/1991, *Pepels* v. *The Netherlands*; Communication No. 602/1994, *Hoofdman* v. *The Netherlands*.

⑨ Communication No. 608/1995, *Nahlik* v. *Austria*; Communication No. 786/1997, *Johannes Vos* v. *The Netherlands*; Communication No. 998/2001, *Althammer* et al. v. *Austria*.

⑩ Communication No. 191/1985, *Blom* v. *Sweden*; Communication Nos. 298/1988 and 299/1988, *Lindgren* et al. v. *Sweden*; Communication No. 694/1996, *Waldman* v. *Canada*. 对最后一个案件的述评，参见，Timothy G. Furrow, "Canada Challenged as Human Rights Leader: The Human Rights Committee's Decision in *Waldman*", (2001) 11 *Transnational Law and Contemporary Problems* 225。

⑪ Communication No. 1306/2004, *Haraldsson and Sveinsson* v. *Iceland*.

⑫ Communication No. 314/1988, *Bwalya* v. *Zambia*; Communication No. 854/1999, *Wackenheiml* v. *France*.

张财产权、[①] 就小费所得缴税、[②] 竞选工会职务、[③] 返还或赔偿被没收的财产、[④] 强制性退休年龄[⑤]等经济和社会权利或事务的个人来文中,以第26条分析了缔约国的行为是否构成了歧视。

因此,"无论在约文中,还是在人权事务委员会的判例中,《公约》与经济、社会和文化权利的范畴之间都存在数个领域的重叠和相互依存",[⑥]这充分表明了两大类权利之间的相互依赖。

三 总结

《公约》规定的是公民权利和政治权利。但是,这些权利先于《公约》存在、已经体现在许多国家的宪法中,《公约》只不过是"确认"这些权利,而非予以创设。《公约》中的绝大部分权利也不过是对《世界人权宣言》第3~21条规定的权利的具体化和法律化,只是由于各种原因,没有规定后者所包含的获得庇护权和财产权,但另一方面,也增加了一些后者没有规定的权利,其中最突出的是民族自决权这一集体权利。《公约》与区域性人权公约所规定的权利的范围也大致重合,与《欧洲人权公约》及其各项议定书所规定权利的范围的重合度尤其高,尽管并不完全重叠。这是因为这两项公约规定的都是公民权利和政治权利,拥有共同的哲学基础和国内来源,都深受《世界人权宣言》的影响,而且《欧洲人权公约》很大程度上参考了《公约》的最初草案。

《公约》规定的只是公民权利和政治权利,因此不属于这一范围的权利不受《公约》及其机制的保护。《公约》所规定的每一项权利也有具体

---

① Communication No. 202/1986, *Ato del Avellanal v. Peru*.
② Communication No. 1565/2007, *Gonçalves et al. v. Portugal*.
③ Communication No. 965/2000, *Karakurt v. Austria*.
④ 例如见一系列针对捷克共和国的来文,其中的第一件是 Communication No. 516/1992, *Simunek et al. v. the Czech Republic*. See also Communication No. 566/1993, *Somers v. Hungry*; Communication No. 634/1995, *Drobek v. Slovakia*。
⑤ Communication No. 983/2001, *Love et al. v. Australia*.
⑥ Martin Scheinin, "Human Rights Committee", in Malcolm Langford (ed.), *Social Rights Jurisprudence: Emerging Trends in International and Comparative Law* (Cambridge University Press, 2009) 540, p. 551.

的范围，包含个人的某种状态不受损害、某种行为不受干涉或某种待遇得到保障这三个维度中的一个或多个。判定每一项具体权利的范围，往往需要借助于对国家义务的限度的判定。权利的范围也是其界线，与限制问题联系紧密。《公约》中的每一项权利的具体范围可能并不明确，而是有一些非常模糊的区域，这是由其作为一项法律文书所必然具有的一般性和抽象性以及作为一项国际条约所必然具有的调和性和折中性造成的。因此，在实践中，就《公约》中某一权利的具体范围，可能会产生争议。委员会在审议个人来文的实践中，一项重要工作是判断所申诉的事项是否在《公约》确认的权利范围之内以及在哪一权利的范围之内。为了准确理解《公约》中每一项权利的范围，除了要依据约文的通常含义，而且要考虑委员会在适用《公约》的过程中提出的意见，特别是对个人来文的意见。

《公约》是一份"活的文书"，其所确认的权利的范围不是静态的、固定的，而是动态的、发展的。在确定《公约》权利的范围时，要考虑《公约》权利的含义随着国际社会的有关认识和实践的发展而可能发生的变化。《公约》权利的动态性主要体现在《公约》生效后的适用和实施过程中，尤其体现在委员会在其各种意见中对《公约》的动态解释中。《公约》所确认的权利还会继续动态地发展。不过，《公约》所确认权利的动态发展尽管主要体现在委员会适用和解释《公约》的过程中，但其根本原因仍在于整个世界特别是《公约》缔约国在有关问题上的认识和实践的变化。在这一方面，委员会必须同时维持必要的张力和微妙的平衡，不能完全不顾《公约》缔约国至少是绝大部分缔约国的认识和实践，一厢情愿地肆意扩展和推行其对《公约》权利的单方面理解。

《公约》规定了多项权利，特别是个人权利，对于这些权利，可以按照不同标准有各种分类方式。但是，任何分类都存在不周延的风险，权利的任何类别之间不可能存在截然的边界，每一权利都不可能只能被归入一类，而与相邻类别中的权利没有任何关联。总体上，《公约》规定的个人权利在内容和性质上大致呈现了从体现人的自然属性向体现人的社会属性的变化，从个体性质的权利向具有集体维度的权利的变化，从消极自由向积极权利的变化以及从公民权利向政治权利的变化。对于人权或《公约》所确认的权利，究竟能否划分等级、如何划分等级，有各种各样的理论。但是，无论是《公约》还是其他任何国际人权文书，都避免对人权作出重要性排序。人权事务委员会甚至明确指出,"《公约》规定的权利不存在在重要性上的位阶"。委员会将生命权称为"最重要的权利"也不意味着生命权是优越于其他权利的权利。强行法、习惯法和不可克减的权利等概念和范畴也被用来分析人权以及《公约》权利的等级或位阶问题,但都不足为凭。

《维也纳宣言和行动纲领》曾宣布"一切人权均……相互依存、相互联系"。因此,《公约》所规定的所有权利之间存在紧密的联系,《公约》所规定的权利与《经济社会文化权利公约》规定的权利之间也存在紧密的联系。从权利享有者的角度来看,个人的《公约》权利是相互依存的。从义务承担者的角度来看,国家根据《公约》承担的义务也是相互依存的。就权利的相互联系,除了公民权利和政治权利内部的联系,还需要认识这些权利与经济、社会和文化权利之间的联系。联合国最初设想的单一国际人权公约于1952年被一分为二成为两项公约,主要是因为当时占主导地位的认识是,经济、社会和文化权利与公民权利和政治权利这两大类权利的性质及其所要求的实施机制存在差异,但后来的人权理论和实践的发展已经证明,这两类权利的差异微乎其微。因此,尽管《公约》规定的是公民权利和政治权利,但与经济、社会和文化权利存在必然的、广泛的联系。《公约》中有些规定明确提到了经济、社会和文化因素或者明显具有经济、社会和文化含义。在实践中,有些表面上归属于某一类权利的事项,可能影响另一类权利的享有。由于这两类权利之间相互依存、相互联系,《公约》可以也的确被委员用来保护个人的经济和社会权利和利益,这特别体现在对第26条规定的法律上一律平等、受法律平等保护的非歧视权和第27条规定的少数人权利的解释和适用中。

对于《公约》所确认权利的类别和范围,尤其是每项权利如何归类、范围如何,以及这些权利彼此之间的关系,这些权利与其他人权的关系,都必须放在《公约》作为其一部分的整个国际人权制度的大背景中,以及《公约》制度本身的运作和发展过程中,才能有清楚、真实的理解。在此过程中,世界各国特别是《公约》缔约国的认识和实践(尤其是国内保障人权的实践)以及委员会的认识和实践,发挥着最重要的作用,而双方彼此尊重对方在解释和适用《公约》方面的权限,并尽力求同存异、互相理解和调和,对于《公约》的生命力至关重要。

第四章
《公约》中权利的限制和克减

　　个人因其自然属性和社会属性而享有一系列权利，这即基本人权和自由。然而，任何个人都不是孤立存在的，而是处于某种社会关系之中，与他人存在联系。这一方面使得国家需要针对其他行为者保护个人的权利和自由，另一方面需要在个人的权利和自由与其他利益之间取得一种平衡，以便能够在保护每个人的权利和自由的同时，维持社会的存在和运行。因此，虽然人权受到国际法的保护，但这种保护不是无限的、绝对的，而是要与国家保护其他利益的职能相协调和平衡。为了取得这种协调和平衡，就可能有必要限制至少是某些人权的享有和行使。国际人权法为达到这种协调和平衡提供了多种技术，限制和克减就是其中的两种。[1]《公民及政治权利公约》也不例外，同样规定了两种可以限制权利之享有或行使的情况，一种情况是通常所说的对权利的限制，另一种情况是通常所说的对权利的克减。

---

[1] See Rosalyn Higgins, "Derogations under Human Rights Treaties", (1976 – 77) 48 *British Yearbook of International Law* 281, p. 281. 关于国际人权条约中的限制条款，参见毛俊响：《国际人权条约中的权利限制条款研究》，法律出版社，2011。

一 限制的含义、对象和类型

《公约》广泛地规定了对权利的限制，但无论是《公约》还是人权事务委员会，都没有说明限制的含义，因此首先需要探讨《公约》语境中对权利的限制的含义，然后分析《公约》所确认的权利中，哪些不可受到限制，哪些可以受到限制，以及限制有哪些类型及其各自特点如何。

（一）限制的含义

尽管对人权的限制问题"在当代是一个重要的、反复出现的法律问题"，[①] 但无论是《公约》还是其他重要国际人权文书，都没有对何为"对人权的限制"作出明确的定义，似乎这一概念是不证自明、含义明确的。例如，出自国际法专家因而没有约束力但对理解《公约》的限制条款具有重要意义的《关于〈公民及政治权利国际公约〉的各项限制条款和克减条款的锡拉库萨原则》[②]（以下简称《锡拉库萨原则》，虽然详细分析了《公约》中的限制条款，但并没有给出"限制"的定义。通过阅读委员会的各种意见以及学者的分析，大体上可以将《公约》语境之内对权利的限制定义为：国家对《公约》权利之享有和行使的任何妨碍或干涉。甚至对权利的禁止也可以从限制角度理解：当妨碍或干涉达到了享有或行使权利完全不可能的程度时，即可说所涉权利被禁止。

对于何为限制，可以罗斯诉加拿大案为例。该案中，提交人是一名教师，他因为在课外（不是在课堂上）散布反犹太教言论而被学校董事会停薪留职一周，并随后被调到非教学性岗位。他诉称自己的表达自由受到了侵害，但加拿大声称，他的表达并没有受到限制，因为他担任非教学岗位

[①] Erica – Irene A. Daes, "Restrictions and Limitations on Human Rights", in Institut International des Droits de l'Homme, *René Cassin: Amicorum Discipulorumque Liber*, Vol. III: *La protection des droits de l'homme dans les rapports entre personnes privées* (Editions A. Pédone, 1971) 79, p. 80.

[②] *The Siracusa Principles on the Limitation and Derogation Provisions in the International Covenant on Civil and Political Rights*, E/CN.4/1985/4（1984）Annex, or（1985）7 *Human Rights Quarterly* 3. 中译本参见〔美〕爱德华·劳森：《人权百科全书》，汪瀚等译，四川人民出版社，1997，第191~196页。

或在其他部门工作时仍可以自由表达自己的观点。对此,委员会认为,将提交人调离教学岗位实际上构成了对其表达自由的限制:失去教学岗位,即使没有造成任何经济损失或只是造成微不足道的经济损失,都是一种极大的不利,他遭受这一不利是因为其表达观点的行为,因此这属于一种必须根据第 19 条第 3 款来评判的限制。①

对权利的限制与权利本身的限度或范围有别。按本书第三章所述,《公约》中的每一项权利都有或应该有具体的范围,即个人不受国家损害的状态的程度、不受国家干涉的行为的程度以及需要国家保障的待遇的程度。逻辑上,界限之外已经不再属于权利的范畴,缔约国的任何妨碍或干涉都谈不上限制的问题;只有在此界限之内,才谈得上对"权利"的享有或行使,也才谈得上妨碍或干涉的限制问题,进而判断这种干涉究竟构成了可予允许的限制,还是对权利的侵害。例如,在"艾伯塔联盟案"中,提交人声称加拿大艾伯塔省禁止公共雇员举行罢工违反了《公约》第 22 条,但委员会认定罢工权并不在第 22 条第 1 款保障的结社自由的范围之内,决定不予受理来文。② 这说明,在委员会(当时)看来,罢工并不在《公约》保障的结社自由的范围之内,因此禁止罢工也不属于《公约》含义之内的对结社自由的限制。又如,在 M. A. 诉意大利案中,来文者因为"重组被解散的法西斯政党"而根据意大利刑法被定罪。委员会认定,"M. A. 之被定罪的行为(重组被解散的法西斯政党)根据《公约》第 5 条属于一种被排除在《公约》保护之外的行为","本来文在这些方面因为在属事理由上不符合《公约》的规定,而根据《任择议定书》第 3 条不可受理"。③ 就是说,在委员会看来,重组被解散的法西斯政党不在《公约》确认的任何权利的范围之内,并不是在行使任何《公约》权利,因此在"属事理由"上就与《公约》不符,意大利将提交人定罪也就不是对任何《公约》权利的干涉。

当然,每一项权利范围的界限并不总是十分明确,有时难以判断某一行为是对界限之内权利的享有或行使,还是在界限之外、完全不受《公

---

① Communication No. 736/1997, *Ross v. Canada*, para. 11.1. 最终,委员会基于这一限制合法、合理、必要而认定不存在对第 19 条(以及第 18 条)的违反。

② Communication No. 118/1982, *J. B. et al. v. Canada*.

③ Communication No. 117/1981, *M. A. v. Italy*.

约》保护的行为。委员会在 M. A. 诉意大利案中的谨慎表述也说明了这一点：委员会在指出 M. A 被定罪的行为不在《公约》保护范围之内后，接着指出，"而且考虑到根据《公约》第 18 条第 3 款、第 19 条第 3 款、第 22 第 2 款和第 25 条的规定适用于有关权利的限制和限定，意大利法律对此类行为的禁止无论如何是正当合理的"。这种界限的不明确，甚至造成了委员会有时将某种情况排除在权利范围之外，因此对缔约国如何处理这些情况不予置评，有时将某种情况作为权利范围之内的享有或行使，因此要判断缔约国的妨碍或干涉构成的限制根据《公约》是否可予允许的矛盾现象。例如，在一件针对加拿大的来文中，提交人是"世界教大会"的领导成员，声称其信仰和做法必然涉及培育、拥有、分发和崇拜他们称为"上帝的生命之树"的"圣物"，而这种"圣物"其实就是大麻。委员会首先审查了提交人提出的情况是否在表面上引起了与《公约》任何规定有关的问题，结论是，"难以想象一种主要或完全以崇拜和分发某种毒品为内容的信仰能属于《公约》第 18 条的范围"，并决定来文不予受理。① 但在同样涉及宗教与大麻关系的另一件针对南非的来文中，委员会首先承认在宗教仪式中使用大麻属于一种表示宗教的行为，即处于第 18 条第 1 款的范围之内，然后根据第 18 条第 3 款，判定缔约国禁止在宗教仪式中使用大麻这种限制是否合理、是否违反第 18 条第 1 款。②

《公约》语境之内的限制只能来自国家，因为限制权利是《公约》为国家履行其义务所设定的条件。由于个人并非《公约》的义务主体，因此谈不上个人限制《公约》权利——个人妨碍或干涉其他个人享有或行使权利的情况，要由国家在保护义务的框架内处理。总体而言，国家所承担的尊重和确保权利免受国家侵害的义务不是绝对的、无限的，而是相对于、受限于国家承担的其他义务和职能，因此与国家义务相对应的权利也不是绝对的、无限的。同样，国家所承担的确保权利免受非国家行为者侵害的义务即保护的义务也意味着，为了保护个人的权利不受侵害，国家可能或必须限制非国家行为者可能侵害人权的行为，而这些非国家行为者中必然包括个人，其侵害人权的行为也可能表现为或来源于行使某一项《公约》

---

① Communication No. 570/1993, *M. A. B., W. A. T. and J. -A. Y. T. v. Canada*.
② Communication No. 1474/2006, *Prince v. South Africa*.

权利如表达自由或集会自由。之所以说"可能限制",是因为对于有些《公约》权利或其具体的享有或行使方式,缔约国可以选择是否施予《公约》允许的限制;之所以说"必须限制",是因为《公约》规定的某些限制是强制性的而非允许性的,这些限制对实现《公约》的某些权利具有必要性。"在这样的情况中,国家不施加限制的自由就被施加限制的义务所取代。"①

对《公约》权利的限制很容易被狭义地理解为国家具有妨碍或干涉权利之享有或行使的意图的行为,如对发表某种言论予以惩处,②或禁止穿戴宗教服饰。③然而,国家的任何行为,即使其不具有妨碍或干涉权利之享有或行使的意图,但只要客观上具有妨碍或干涉权利之享有行使的效果,则也属于对权利的限制。例如,在辛格诉法国案中,提交人为了办理居留卡需要拍摄身份照片,这种照片必须是免冠照片;而提交人是锡克教徒,为了拍摄免冠照片而取下他的裹头巾将有违他的宗教信仰。④该案中,法国的要求并不具有妨碍或干涉提交人宗教自由的意图,但显然具有这种效果,因此属于《公约》第18条第3款含义之内的限制。又如,在维纳塔诉澳大利亚案中,澳大利亚决定将在该国长期非法居留的两位提交人遣返回印度尼西亚,这一决定使得他们的家庭处于两难境地:他们或者要将其13岁的儿子(因出生于澳大利亚并住满10年而具有澳大利亚国籍)单独留在澳大利亚,或者带他去印度尼西亚并面临完全陌生的环境。⑤造成这种两难境地并非澳大利亚遣返两位提交人的意图,但显然具有干涉家庭权利和儿童权利的效果,构成了对享有这些权利的限制。驱逐外国人的行为,经常会出现意图并不在于妨碍家庭权利但实际具有这种效果的情况,⑥

---

① Sarah Joseph, "A Rights Analysis of the Covenant on Civil and Political Rights", (1999) 5 *Journal of International Legal Studies* 57, p. 83.
② 例如见,Communication No. 550/1993, *Faurisson v. France*,提交人因为否认对犹太人的大屠杀(Holocaust)而受到处罚。
③ 例如见,Communication No. 931/2000, *Raihon Hudoyberganova v. Uzbekistan*,提交人(一名女学生)因拒绝摘下她依其信仰所戴的头巾("希贾布/Hijab")而被逐出大学。
④ Communication No. 1876/2000, *Singh v. France*.
⑤ Communication No. 930/2000, *Winata v. Australia*.
⑥ See Jakob Th. Möller and Alfred de Zayas, *United Nations Human Rights Committee Case Law 1977 – 2008: A Handbook* (N. P. Engel, 2009), pp. 388 – 390.

这也反映了《公约》权利的相互依赖性。

就限制的含义，最后需要指出的是，与《公约》中文本中的"限制"一词相对应的用词，在《公约》英文本中有两个词："limitation"（第5条第2款和第18条第3款）和"restriction"（第12条第3款、第19条第3款、第21条和第22条第2款）。但这两个英文用词在《公约》中的含义并无差别，绝大部分学者也并不严格区分两者。例如，《锡拉库萨原则》在列举关于实行限制的理由的一般性解释原则时就指出，在这些原则中，"limitation"包括《公约》中使用的"restriction"一词。

（二）限制的对象

任何权利的享有或行使都可能受到妨碍或干涉，但是，《公约》语境之内的限制仅限于特定的对象，即只有对一些权利的妨碍和干涉才能构成可判断其是否符合《公约》的限制，对另一些权利，任何妨碍或干涉都将构成对权利的侵害，因此也谈不上这些妨碍和干涉是否能构成《公约》所允许的限制的问题。之所以如此，是因为《公约》确认的权利可以分为不同的类型。

首先，《公约》确认的权利中，有些被称为绝对权利。这些权利"主要旨在保护人之完整性"，[①] 在任何时候都持续存在，无论有关情势如何均可加以主张，不可加以限制或限定或在紧急状态时期予以克减。[②]《公约》本身并没有规定任何权利是绝对的。但是，《公约》对某些权利的规定没有附加任何限定或条件，因此，这些权利的享有或行使在任何情况下，依据任何理由都不得受到任何妨碍或干涉。这样的权利就是通常所说的绝对权利。一般认为，《公约》第7条、第8条第1款和第2款、第11条、第15条、第16条、第19条第1款规定的权利属于绝对权利。另外，委员会指出，第18条第1款规定思想和信念自由、保有或采奉自己选择的宗教或信仰的自由"受到无条件的保护"，不允许对其施加任何限制。[③] 第18条

[①] Nihal Jayawickrama, *The Judicial Application of Human Rights Law: National, Regional and International Jurisprudence* (Cambridge University Press, 2nd edn, 2017), p. 146.

[②] H. Victor Condé, *A Handbook of International Human Rights Terminology* (University of Nebraska Press, 2nd edn, 2004), p. 2: "Absolute (Human) Right".

[③] 第22号一般性意见，第3段。

第 2 款规定的权利——任何人不得遭受会侵害其保有或采奉自择之宗教或信仰自由的胁迫——也是一项绝对权利。尽管与《世界人权宣言》第 18 条的用语不同——每个人的宗教自由的权利"包括其改变其宗教或信仰之自由",《公约》第 18 条规定的是"保有或采奉",但委员会经常强调,改变宗教的权利不应受到限制,[①] 亦即承认这是一项绝对权利。

尽管对于存在绝对权利有基本共识,但对于《公约》确认的权利中,还有哪些可能属于绝对权利,可能会有不同的认识。例如,委员会还曾指出,"不能限制"第 18 条第 4 款规定的父母或法定监护人确保子女接受符合其本人信仰之宗教及道德教育的自由,[②] 看来将这一权利也当作一项绝对权利。阿利克斯·康特和理查德·伯奇尔认为,《公约》第 10 条第 1 款和第 20 条是用绝对方式表述的。[③] 尼哈尔·贾亚维克拉马在"以绝对方式表达的权利"中,则列出了《公约》第 10 条规定的囚犯得到人道待遇的权利,第 14 条第 1 款规定的由依法设立的有管辖权的、独立的和无私的法庭进行公正审判的权利,第 23 条规定的结婚和建立家庭的权利以及配偶的权利和责任平等的权利,第 24 条规定的儿童获得国籍的权利,第 26 条在法律前平等和受法律平等保护的权利以及第 27 条规定的民族、宗教或语言上的少数人享受其固有文化、信奉躬行其固有宗教或使用其固有语言的权利。[④]

前文提及,对权利的限制与权利本身的限度或范围有别。同样,权利的性质和权利的范围也是不同的问题。对此,可以《公约》第 7 条为例。该条第一句话称,"任何人不得施以酷刑,或予以残忍、不人道或侮辱之处遇或惩罚",并未规定任何条件、限定或例外,而且整个第 7 条也被列为是不可克减的。因此,从这一规定本身来看,其中所规定的权利必然是

[①] 例如见,对约旦第三次报告的结论性意见,CCPR/C/79/Add. 35 (1994), para. 10;对尼泊尔初次报告的结论性意见,CCPR/C/79/Add. 42 (1994), para. 11;对利比亚第二次报告的结论性意见,CCPR/C/79/Add. 45 (1994), para. 13;对摩洛哥第三次报告的结论性意见,CCPR/C/79/Add. 44 (1994), para. 14。

[②] 第 22 号一般性意见,第 8 段。

[③] Alex Conte and Richard Burchill, *Defining Civil and Political Rights: The Jurisprudence of the United Nations Human Rights Committee* (Ashgate, 2nd edn, 2009), p. 40.

[④] Jayawickrama, *The Judicial Application of Human Rights Law*, pp. 146 – 147.

绝对的,① 不容许任何妨碍或干涉即限制。然而，即使对得到广泛认可的、这一权利的绝对性，也并非不能提出某些疑问。首先，对于禁止酷刑在道德上的必要性和强制性，在理论上不是没有争论。不过，由于第 7 条本身没有承认任何条件、限定或例外，因此对于禁止酷刑是否因其道德上的必要性和强制性而具有绝对性，在《公约》的语境之内，无法也不必展开论述。其次，从第 7 条第一句话的表述来看，不受酷刑或残忍的、不人道的或侮辱性的处遇或惩罚的权利作为一个整体具有绝对性，即对于酷刑与残忍的、不人道的或侮辱性的处遇或惩罚，并没有加以区别。然而，将酷刑与残忍的、不人道的或侮辱性的处遇或惩罚并列本身就意味着这两个方面存在差别，即使不是性质的不同，也是程度的差别。那么，是否这两个方面都绝对受到禁止呢？

曼弗雷德·诺瓦克就指出，"在实践中，什么样的行为构成了酷刑……并不十分清楚"，因此他认为人权具有"相对性"（relativity）。② 的确，对于某种行为是否构成酷刑，或哪怕是构成残忍的或不人道的待遇，也可能存在争论。例如，委员会曾作为一个整体认定以毒气窒息执行死刑构成了违反第 7 条的处遇，但有些委员显然有不同的认识。③ 也有学者通过分析与《公约》第 7 条第一句话基本相同的《欧洲人权公约》第 3 条，指出"绝对权利"是一个"模糊的概念"，其中"涉及对各种主观因素的判断"，"'绝对权利'只是一种说法（term of art），就其性质而言是不精

---

① 关于禁止酷刑的绝对性，参见《禁止酷刑公约》第 2 条第 2 款；Christopher Soler, "Why is Freedom from Torture an Absolute Right? – A Multi-disciplinary Analysis", (2004) 1 *Mediterranean Journal of Human Rights* 297。

② Manfred Nowak, "Limits on Human Rights in a Democratic Society", (1992) 2 *All-European Human Rights Yearboo* 111, p. 120. 当然，这一"相对性"是相对于"绝对性"而言，因此不同于相对于人权"普遍性"的相对性。

③ Communication No. 469/1991, *Ng v. Canada*, 注意安德烈斯·马弗罗马提斯（Andreas Mavrommatis）、瓦利德·萨迪（Waleed Sadi）、库尔特·亨德尔（Kurt Herndl）和安藤仁介（Nisuke Ando）的异议意见。参见，Margaret De Merieux, "Extradition as the Violation of Human Rights. The Jurisprudence of the International Covenant on Civil and Political Rights", (1996) 14 *Netherlands Quarterly of Human Rights* 23, p. 31, 探讨了何种死刑执行方式可能有违《公约》第 7 条的问题。

确的，只能在特定的语境中才能最好地理解如何评估这一概念"。① 还有学者指出，从委员会的实践也可以看出，它尽管对任何形式的酷刑都是零容忍的态度，但从来没有将包括禁止酷刑在内的任何权利定性为"绝对的"。②

以上情况和说法是否意味着，即使被当作绝对权利典型的第 7 条，实际上也不是绝对的，而是可以予以限制？对此，正确的理解方式，是区分权利范围的相对性和权利性质的绝对性。当提及包括禁止酷刑在内的人权具有"相对性"、绝对权利是一个"模糊的概念"时，实际上指向的是权利的范围，即很难绝对地划定权利的范围——这种范围可能是相对的，甚至是变动的，但一旦范围划定，哪怕是主观地划定，则在此范围内的权利就具有绝对性质，即不容许任何妨碍或干涉。就第 7 条第 1 款规定的权利而言，某些情况可能被规定或认定处于这一范围之外——例如在转移犯人的过程中为其戴上手铐，③ 但对于处于这一范围之内的情况——例如得知亲人被处决的日期、时间、地点以及随后的埋葬地点，则任何妨碍或干涉都将构成对所涉权利的侵害，④ 而不存在这种妨碍或干涉是否合理因而可被认为是可予允许的限制的问题。

《公约》中，除了第 7 条、第 8 条第 1 款和第 2 款、第 11 条、第 16 条、第 18 条第 2 款、第 19 条第 1 款等条款规定的权利之外，"绝大部分《公约》权利可以受到旨在保护诸如公共秩序等具有抵消作用的共同体利益或保护另一个人的相冲突权利的具有相称性的法律的限制"。⑤ 甚至连生命权这一被委员会称为"最重要的（supreme）"权利，⑥ 也不是绝对的。⑦ 上文提到的一些学者如康特和伯奇尔以及贾亚维克拉马乃至委员会认为的

---

① Michael K. Addo and Nicholas Grief, "Does Article 3 of The European Convention on Human Rights Enshrine Absolute Rights?", (1998) 9 *European Journal of International Law* 510, p. 522.
② Burleigh Wilkins, "International Human Rights and National Discretion", (2002) 6 *Journal of Ethics* 373, pp. 381 – 382.
③ 参见《禁止酷刑公约》第 1 条第 1 款最后一句话。
④ See eg Communication No. 886/1999, *Bondarenko v. Belarus*, para. 10.2; Communication No. 887/1999, *Lyashkevic v. Belarus*, para. 9.2.
⑤ Sarah Joseph, "A Rights Analysis of the Covenant on Civil and Political Rights", p. 78.
⑥ 第 6 号一般性意见，第 1 段。
⑦ 第 36 号一般性意见，第 10 段。

绝对权利，实际上都不是绝对不得限制的权利。他们列出的权利包括第10条第1款、第14条第1款、第18条第4款、第23条、第24条、第26条和第27条规定的权利。对于后四条规定的权利如何可能受到限制，将在下文"限制类型"中有关从所涉权利的性质中就能推导出允许限制的部分阐述，这里，仅讨论前三项规定如何可能受到限制。

《公约》第10条第1款规定的是犯人得到人道待遇的权利。委员会在第21号一般性意见（第3段）中指出，"被剥夺自由者除受到在封闭环境中不可避免的限制外，享有《公约》所规定的一切权利"；这种限制与人道待遇可能就是一种相对的弹性关系：有些待遇固然是不人道的——对此委员会的判例法中有详细的解释，但有些限制性的待遇并不构成对该款的违反。例如，委员会第20号一般性意见（第6段）称，"长时间单独关押遭拘禁者或囚禁者可能构成第7条所禁止的行为"，同样也会违反第10条第1款。[①] 但是，短时间的单独关押尽管可能是不人道的，但不一定违反第10条第1款。委员会在对丹麦的结论性意见中指出：

> 委员会特别关切对被判有罪者以及特别是审前被拘禁者和判刑前被拘禁者使用单独关押的普遍做法。委员会认为，单独关押是一种严厉的刑罚，会造成严重的心理后果，只有在紧急必要情况下才是正当合理的；单独关押，除非在特别情况下并在有限的期间内使用，否则就不符合《公约》第10条第1款。[②]

从委员会的措辞中可以看出，单独关押有可能在紧急必要情况下正当合理，就是说，对第10条第1款规定的权利构成一种正当合理的限制。很显然，如果第10条第1款规定的是绝对权利，那么单独关押或者在此权利范围之外，无论如何都谈不上何种情况下正当合理（就如监禁本身）；或者构成对这一权利的侵害，同样无须讨论其何种情况下正当合理。因此，单独关押只能理解为这一权利范围之内的对这一权利的限制。同样，处于第10条第1款保障的人道待遇范围之内的囚犯与亲朋通信的权利也适用同

---

① Communication No. 878/1999, *Kang v. Republic of Korea*, para. 7.3.
② CCPR/CO/70/DNK (2000), para. 12.

样的逻辑：若该权利绝对，任何限制都将构成侵害；而只有该权利可受限制，才谈得上"囚犯应该被允许在受到必要监督的情况下，通过信件和接受探访与家人和声誉良好的朋友定期联系"。①

第14条第1款规定的是获得公正审判权的总体原则。但是，一方面，至少对于作为公正审判要素之一的公开审理，第14条第1款本身就规定了可予限制；另一方面，委员会也曾表达过获得公正审判权可以受到限制。委员会在讨论制定有关克减问题的第三项任择议定书的可能性时提出，基本上不可能期望第14条的所有规定在任何类型的紧急状态中都能得到充分实施，将该条列为不可克减不合适。② 一般而言，可克减的权利基本都可受到限制，因此第14条的某些规定，包括第14条第1款的规定，推定也可受到限制。如果说这只是对委员会有关第14条的权利是否可受到限制的一种推论，那么委员会的如下意见明确地提出了获得公正审判权可以受到限制：

> 获得公正审判的权利虽然对每个民主社会都至关重要，但并非在每个方面都是绝对的。某些限制是可以施加和可以容忍的，因为不言而喻，有效的司法保护就其本质而言就是要求国家进行管控。在这一限度上，缔约国享有某种程度的自由判断余地。……此外，施加的任何限制都必须服务于一个合理目标，并且在采用的手段与争取到达的目标之间维持合理的比例相称关系。③

委员会似乎将第18条第4款规定的父母或法定监护人确保子女接受符合其本人信仰之宗教及道德教育的自由当作一项绝对权利。然而，按诺瓦克所说，强制性的宗教或道德教育——这对于第18条第4款规定的权利显然构成了一种限制，如果提供对于宗教的多元化描述，即不与第18条第4款冲突。④ 另外，第18条第4款规定的父母的权利与儿童根据第18条第1款享有的权利以及其他权利（如受教育权）可能会发生冲突，这种情况

---

① Communication No. 74/1980, *Angel Estrella* v. *Uruguay*, para. 9.2.
② A/49/40（Vol. I），para. 24.
③ Communication No. 1507/2006, *Sechremelis et al.* v. *Greece*, para. 8.2.
④ 诺瓦克：《评注》，第18条，第53–56段。

181

中，限制第 18 条第 4 款规定权利就是可能甚至必要的。①

因此，《公约》所规定的绝大部分权利不是绝对的，而是可以受到一定的限制。可以受到限制的《公约》权利还可以不同方式区分。

第一种区分是"限制性地界定的权利"和"其行使可受限制的权利"。②《公约》对于有些权利，使用了诸如"无理"和"不合理"等条件性用语，这些权利即属于限制性地界定的权利。《公约》第 6 条第 1 款规定，"任何人之生命不得无理剥夺"；第 9 条第 1 款规定，"任何人不得无理予以逮捕或拘禁"；第 12 条第 4 款规定，"人人进入其本国之权，不得无理褫夺"；第 17 条第 1 款规定，"任何人之私生活、家庭、住宅或通信，不得无理……侵扰"；第 25 条规定，公民的政治权利"不受无理限制"。③这样的表述意味着，这些权利的享有和行使可以受到并非"无理"的妨碍或干涉。《公约》对于另一些权利，则明文规定可予以限制，这些权利即属于其行使可受限制的权利。《公约》第 12 条第 3 款规定，该条第 1、2 款规定的权利可受限制；第 18 条第 3 款规定，表示宗教或信仰的自由可受限制；第 19 条第 3 款规定，表达自由可受限制；第 21 条规定，和平集会的权利可受限制；第 22 条第 2 款规定，自由结社的权利可受限制。除此之外，即使为使用条件性用语或明文规定可予限制的权利，基于其表述或性质，也可能受到限制。

第二种区分是积极权利和消极权利。从权利主体的角度，权利可以大致分为两类，即需要行使的积极权利和仅需要享有的消极权利。由于行使积极权利可能危害其他利益，因此国家需要限制——表现为禁止或制裁，上述"其行使可受限制的权利"即属于此类。享有消极权利尽管本身不会造成危害，但国家为了保护其他利益，仍可能不得不加以限制——不表现

---

① See Sarah Joseph and Melissa Castan, *The International Covenant on Civil and Political Right: Cases, Materials, and Commentary* (Oxford University Press, 3rd edn, 2013), p. 588; Gerald Van Bueren, "The International Protection of Family Members' Rights as the 21st Century Approaches", (1995) 17 *Human Rights Quarterly* 732, pp. 743 – 747.

② Jayawickrama, *The Judicial Application of Human Rights Law*, p. 147.

③ 在《公约》英文本中，与中文本第 6 条第 1 款、第 9 条第 1 款、第 12 条第 4 款、第 17 条第 1 款中的"无理"相对应的用词为"arbitrary/arbitrarily"——该词亦可理解为"任意""武断"，与第 25 条中的"无理"相对应的用词则为"unreasonable"——该词亦可理解为"不合理"。

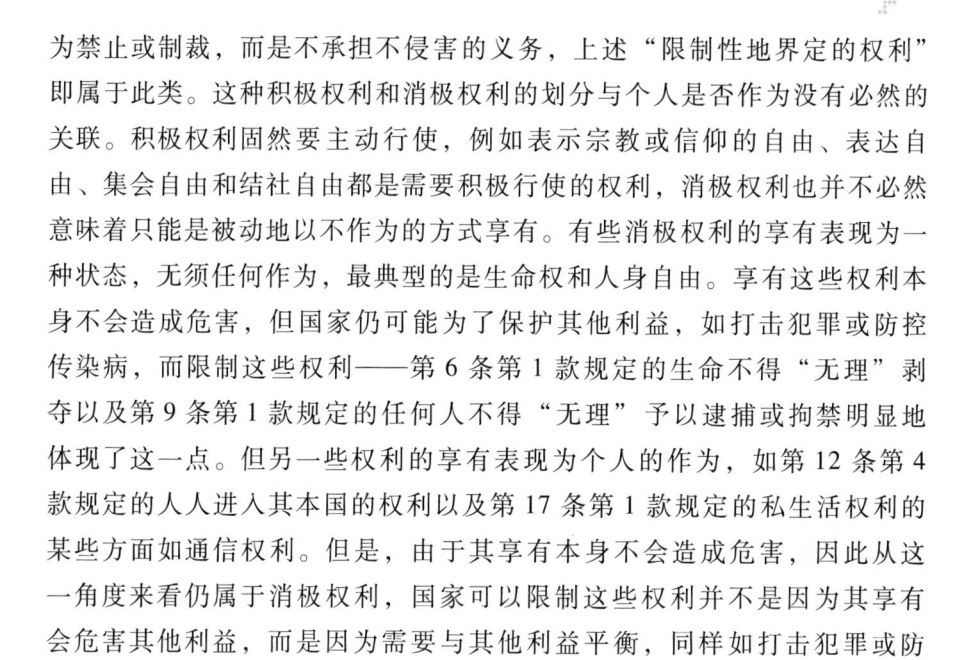

为禁止或制裁,而是不承担不侵害的义务,上述"限制性地界定的权利"即属于此类。这种积极权利和消极权利的划分与个人是否作为没有必然的关联。积极权利固然要主动行使,例如表示宗教或信仰的自由、表达自由、集会自由和结社自由都是需要积极行使的权利,消极权利也并不必然意味着只能是被动地以不作为的方式享有。有些消极权利的享有表现为一种状态,无须任何作为,最典型的是生命权和人身自由。享有这些权利本身不会造成危害,但国家仍可能为了保护其他利益,如打击犯罪或防控传染病,而限制这些权利——第6条第1款规定的生命不得"无理"剥夺以及第9条第1款规定的任何人不得"无理"予以逮捕或拘禁明显地体现了这一点。但另一些权利的享有表现为个人的作为,如第12条第4款规定的人人进入其本国的权利以及第17条第1款规定的私生活权利的某些方面如通信权利。但是,由于其享有本身不会造成危害,因此从这一角度来看仍属于消极权利,国家可以限制这些权利并不是因为其享有会危害其他利益,而是因为需要与其他利益平衡,同样如打击犯罪或防控传染病。之所以在限制权利的语境中使用"妨碍"和"干涉"这两个词,就是为了针对这两类权利:前者针对积极权利的行使,后者针对消极权利的享有。

(三) 限制的类型

《公约》所规定的绝大部分权利都可以受到限制,但是,根据《公约》的表述,《公约》涉及的对权利的限制实际上可以分为不同类型。

在作为整个国际人权法之基石的《世界人权宣言》中,对个人享有和行使权利的限制总括性地规定在第29条第2款中:"人人于行使其权利及自由时仅应受法律所定之限制且此种限制之唯一目的应在确认及尊重他人之权利与自由并谋符合民主社会中道德、公共秩序及一般福利所需之公允条件。"然而,《世界人权宣言》是唯一一项以总括性条款规定对权利的限制而且没有区分可予限制的权利和不可予以限制的权利的普遍性人权文书,人权两公约以及主要的区域性人权公约都没有采取这种方式,而是针对具体的权利规定了具体的限制,从而明确了哪些权利可以受到限制、限制的具体程度和条件等。对于《公约》,这样的处理方式具有重要的后果。在《公约》起草时就形成的共识是,"如果限制没有得到清晰界定,而是以一般规定的方式表述，那么对于权利不被侵害，就几乎没有什么保障了"。① 约翰·汉弗莱也称，一项适用于整个《公约》的总括性限制条款必然要以泛泛的措辞写就，因此有可能成为一项"逃避条款"；而只有在人们知道对于一项权利的所有限制之时，这一权利才是有意义的。② 从《世界人权宣言》中的总括性限制条款转变为若干项特定限制规定，按亚历山大·查尔斯·基斯所说，"反映了一种在严格必要的限度上设定限制以确保对个人最大程度保护的愿望"，"在对相对明确地界定的权利和自由规定可能的限制时，规定更为严格、针对具体权利的限制条款被认为是十分重要的"。③

根据《公约》的表述，《公约》规定的权利可以或可能受到限制的类型有两种，即《公约》明确的限制和《公约》包含的限制，每一种限制又包括几种具体情况。而且，就某一项具体权利，其受到的限制类型和情况可能不止一种。另外，还有一些限制是《公约》虽未明确或包含，但一般国际法允许的限制。

1.《公约》明确的限制

《公约》明确的限制，包括三种具体情况。第一种情况是，《公约》第12、14、18、19、21、22条本身就明确列有可以对各该条所确认的权利予以限制的规定——其中第12、18、19、22条是以单款专列，第14条第1款④和第21条则将其与所涉权利规定在同一款或条中。这些规定被统称为

---

① United Nations, *Annotations on the Text of the Draft International Covenants on Human Rights* (prepared by the Secretary-General), A/2929 (1955), Chapter II, para. 20.

② John P. Humphrey, *Human Rights & the United Nations: A Great Adventure* (Transnational Publishers, 1984), p. 85.

③ Alexandre Charles Kiss, "Permissible Limitations on Rights", in Louis Henkin, *The International Bill of Rights: The Covenant on Civil and Political Rights* (Columbia University Press, 1981) 290, p. 291. See also Mohamed Elewa Badar, "Basic Principles Governing Limitations on Individual Rights and Freedoms in Human Rights Instruments", (2003) 7 *International Journal of Human Rights* 63, p. 64.

④ 第14条第1款中的限制性条款与其他"限制性条款"有一定的差别。首先，该款所限制的只是获得公开审讯以及判决公开的权利，而非整个获得公正审判的权利。其次，该款所规定的限制理由中，除了道德、公共秩序和国家安全以外，还包括诉讼当事人的私生活的利益以及司法利益。See Kiss, "Commentary by the Rapporteur on Limitation Provisions", p. 22; Bert B. Lockwood, Jr., Janet Finn and Grace Jubinsky, "Working Paper for the Committee of Experts on Limitation Provisions", (1985) 7 *Human Rights Quarterly* 35, pp. 84-86.

"限制性条款"（limitation clauses），缔约国可以根据这样的条款限制所涉权利。这些限制性条款对于《公约》所确认之人权享有和行使具有极大的影响，因此成为理解和研究对《公约》权利的限制时，最主要的关注对象。另外，《公约》第20条构成了一种特别的限制。上文提到，康特和伯奇尔认为第20条是用绝对方式表述的。但实际上，第20条在《公约》第三编中是一个异数，因为该条表述的并不是个人的权利，而是国家的义务，即禁止某些类型的鼓吹，这明确授权缔约国为禁止这些鼓吹而限制某些权利之行使——不仅仅是表达自由，而且还包括宗教、结社和集会自由等。[①] 例如，在 J. R. T. 和 W. G. 党诉加拿大案中，提交人因为利用邮件传播反犹太言论，根据《邮政法》被禁止在加拿大收发邮件。对此，加拿大提出，"受到质疑的《邮政法》的规定就是为了落实《公约》第20条"，[②] 委员会则承认，对提交人通信的干涉引起了是否符合第17、19条的问题。[③] 也就是说，加拿大限制提交人根据第17、19条享有的权利的理由就是，第20条本身就构成了一项限制性条款。

第二种情况是，《公约》第4条第1款规定，"……紧急状态，危及国本，本公约缔约国得……采取措施，减免履行其依本公约所负之义务"。这一规定被称为"克减条款"，其中的"克减"具有相互联系的两方面含义：一方面，缔约国可以克减其义务，即减免其义务的履行；另一方面，缔约国克减其义务同时意味着克减个人的权利，即缩减某些权利的范围，甚至暂停其享有和行使，这也属于对权利的限制。但权利克减通常被当作与一般性的权利限制有别的一个单独问题，因此将在本章第三、四节另行论述。

第三种情况是，《公约》第5条第1款（《经济社会文化权利公约》第5条第1款与之完全相同）规定："本公约条文不得解释为国家、团体或个人有权从事活动或实行行为，破坏本公约确认之任何一种权利与自由，或限制此种权利与自由逾越本公约规定之程度。"《公约》第5条第1款也可以理解为一项限制性规定。根据该款的规定，任何团体或个人（可统称为

---

① 参见诺瓦克：《评注》，第20条，第2段。
② Communication No. 104/1981, *J. R. T. and the W. G. Party v. Canada*, para. 6. 3.
③ Ibid., para. 8（c）. 但是，提交人的这一主张，因为没有用尽国内救济，而被委员会宣布为不可受理。

私主体）都不得以《公约》条文作为破坏其中确认的权利的依据（该款同样禁止的国家滥用将在下文论述）；哪怕所从事的活动或实行的行为是享有和行使《公约》本文规定的权利，也应以不破坏《公约》确认的权利与自由为限。一旦超出这一限度，即享有和行使哪怕是《公约》所确认的权利的目的并非这些权利本身被赋予的目的，国家就有权基于该款，限制以享有和行使《公约》权利的名义所为但破坏了《公约》确认的权利与自由的行为。因此，按萨拉·约瑟夫所说，"实际上，第5条第1款所禁止的，是以牺牲其他《公民及政治权利公约》权利为代价而滥用《公民及政治权利国际公约》权利"。①

2.《公约》包含的限制

第二种类型的限制也源于《公约》本身的规定，但不像限制性条款和克减条款那样，单独规定了对可予允许的限制的明确条件，而是包含在对权利本身的规定之中或权利本身的性质之中，② 也就是说，权利本身使得对其限制成为可能。这种类型又包括三种情况。

《公约》包含的限制的第一种情况是，《公约》的某些条款本身使用了一些表现程度的"弹性用语"，包括第6条第1款、第9条第1款、第12条第4款、第17条第1款中的"不得无理"，第9条第2、3款和第14条第3款（子）项中的"迅即"以及第10条第2款（丑）项中的"尽速"，第14条第3款（丑）项中的"充分"、（寅）项中的"无故"，第9条第3款、第25条中的"合理"等。这些"弹性用语"意味着缔约国的义务有一定的限度，亦即意味着个人的权利内在地有一定的限度。

---

① Joseph, "A Rights Analysis of the Covenant on Civil and Political Rights", pp. 79 – 80. 欧洲人权委员会曾以与《公约》第5条第1款措辞完全相同的《欧洲人权公约》第17条驳回德国共产党的一项申诉，即联邦德国政府解散该党并没收其财产违反了德国根据《欧洲人权公约》第9、10、11条承担的义务。European Commission of Human Rights, Application No. 250/57, *Communist Party of Germany* et al. v. *German Federal Republic*, 20 July 1957, (1957) 1 *Yearbook of the European Convention on Human Rights* 222.

② 参见，Johan D. van der Vyver, "Limitations of Freedom of Religion or Belief: International Law Perspectives", (2005) 19 *Emory International Law Review* 499, p. 503, 其中认为，法律对权利的限制可以分为三类：（1）内在于权利概念本身的限制；（2）由他人的权利和自由决定的限制；（3）由普遍利益决定的限制。

这种情况中，最典型的就是"不得无理"的用语。① 有学者就提出，当一项条款规定某一权利不得被"无理干涉"或"无理剥夺"时，就自动意味着这一权利不是绝对的，而是可以受到限制。② 对此，可以第 6 条第 1 款规定的"任何人之生命不得无理剥夺"为例。委员会指出，该款隐含地承认，"某些剥夺生命的行为可能不是无理的"。③ 也就是说，生命权不是绝对的，而是可以受到限制甚至剥夺，条件只是这种限制或剥夺不能是"无理"的。例如，在执法行动中，如果警察使用致命武力的行为是"为了保护自己或他人有必要，或者为了执行逮捕或防止有关的人逃跑有必要"，则由此造成的死亡就不是对生命的无理剥夺，个人的生命权就受到了一定的限制。④

《公约》某些条款使用"弹性用语"，有些是必不可免的，有些则纯粹是因为规定如此。

有些权利及与其对应的缔约国义务的具体范围，不可能在《公约》中作精确界定，因此使用"弹性用语"必不可免。对于某一具体情境中对权利的干涉或妨碍是否正当合理，需要根据特定事件的具体情况，参考所涉规定的目的和宗旨加以判断。委员会对于某些"弹性用语"，力图提出能够普遍适用的标准，但并不是对所有此类用语都能做到。

就必不可免的情况，可以举第 6 条第 1 款、第 9 条第 3 款和第 14 条第 3 款为例。就第 6 条第 1 款，戴维·威斯布罗特指出："《公约》的起草者有意识地拒绝对'无理'剥夺生命作出精确界定的尝试，因为他们认识

---

① 对上述条款中"无理"概念的分析，参见，Laurent Marcoux, Jr., "Protection from Arbitrary Arrest and Detention under International Law", (1982) 5 *Boston College International & Comparative Law Review* 345, pp. 357 – 365. 对第 9 条第 1 款中的"无理"概念的详尽研究，参见，Parvez Hassan, "The International Covenants on Human Rights: An Approach to Interpretation", (1970) 19 *Buffalo Law Review* 35; Parvez Hassan, "International Covenant on Civil and Political Rights: Background and Perspective on Article 9 (1)", (1973) 3 *Denver Journal of International Law and Policy* 153。

② Louise Doswald – Beck, *Human Rights in Times of Conflict and Terrorism* (Oxford University Press, 2011), p. 71.

③ 第 36 号一般性意见，第 10 段。

④ See Communication No. 45/1979, *Guerrero v. Colombia*, esp. paras. 13.1 – 13.2; P. R. Ghandhi, "The Human Rigths Committee and Article 6 of the International Covenant on Civil and Political Rights", (1989) 29 *Indian Journal of International Law* 326, pp. 331 – 332.

到，不可能明确规定杀人不得被视为可予允许的每一种情况。"[1] 委员会在其第 36 号一般性意见中，尽管尽可能列举了可能构成或不构成无理剥夺生命的情况，但显然无法穷尽所有情况；所列情况只能是例证式的，而不可能是准则式的。对于第 9 条第 3 款的规定——因刑事罪名被逮捕或拘禁的人应被迅速解送法官或其他司法官员，委员会则做到了对其中的"迅即"确定相对明确但非绝对严格的标准。委员会先是在第 8 号一般性意见（第 2 段）中，将其确定为"不得超过几天"。由于"几天"似乎仍不是一个精确的时间期限，因此，雅各布·穆勒和阿尔弗雷德·德扎亚斯称，委员会从来没有确立第 9 条第 3 款中"迅即"的精确含义，将来可能也不会。[2] 但从委员会对个人来文的意见来看，如果一个人被逮捕之后 3~5 天才被带到司法机关或带见司法官员，将很可能被认定为违反第 9 条第 3 款。[3] 最终，在第 35 号一般性意见（第 33 段）中，更进了一步，在指出"虽然'迅即'一词的确切含义可能依客观情况的不同而不同，但从逮捕时起算，拖延不应超过几天"之后，提出"48 小时一般足以将被逮捕者带到和准备进行司法听审"；紧接着又表明，"超过 48 小时的任何拖延都必须绝对是例外，而且根据实际情况确为合理"。[4] 作为对比，对于第 14 条第 3 款（丑）项规定的被告应有"充分之时间"准备其辩护以及第 14 条第 3 款（寅）项规定的"立即受审，不得无故拖延"，委员会则没有给出具体的标准，而坦言必须根据每起案件的具体情况来评估什么构成充分时间、什么情况构成无故拖延。[5]

---

[1] David Weissbrodt, "International Measures Against Arbitrary Killings by Governments", (1983) 77 *American Society of International Law Proceedings* 378, p. 379.

[2] Möller and de Zayas, *United Nations Human Rights Committee Case Law 1977–2008*, p. 194.

[3] Communication No. 852/1999, *Borisenco v. Hungary*, para. 7.4（3 天）; Communication No. 625/1995, *Freemantle v. Jamaica*, para. 7.4（4 天）; Communications No. 277/1988, *Jijón v. Ecuador*, para. 6.3（5 天）。委员会委员伯蒂尔·文纳尔格伦（Bertil Wennergren）曾提出："'迅即'一词不允许超过两三天的拖延。"Communications No. 253/1987, *Paul Kelly v. Jamaica*, Appendix II.

[4] 委员会委员 P. N. 巴格瓦蒂（P. N. Bhagwati）很早就表示，不能同意第 9 条第 3 款设想的是一种呆板的和不通融的规则，即一个人在被逮捕 48 小时之内必须被带见司法官员，认为要确定第 9 条第 3 款的要求是否得到遵守最终还必须取决于每一个个案的具体情况。Communication No. 852/1999, *Borisenco v. Hungary*, Appendix.

[5] 第 32 号一般性意见，第 33、35 段。另参见该一般性意见中有关部分注解所附的案例。

有些《公约》条款使用"弹性用语",是因为起草者选择这样规定,而没有选择如上所述的载列限制条款或如下所述的明定例外情况的方式。就使用了弹性条款而没有载列限制条款,可以举第 17 条第 1 款为例。第 17 条只规定个人的私生活、家庭、住宅和通信不受无理或非法侵扰,个人的名誉和声誉不受非法破坏,而没有像诸如第 12、18、19 条一样规定单独的限制性条款。实际上,在起草第 17 条的过程中,就有人提议在其中规定类似于第 12 条第 3 款或第 18 条第 3 款的限制性条款,但联大第三委员会否决了这一提议。① 换言之,如果这一提议通过,第 17 条的表述就会类似于例如第 12、18、19 条,即含有单独的限制性条款。实际上,几乎与《公民及政治权利公约》同时起草并深受其影响的《欧洲人权公约》第 8 条就采取了这种方式:该条第 1 款先是规定了私生活和家庭生活、住所和通信得到尊重的权利,接着在第 2 款规定了限制理由和条件。就使用了弹性条款而没有明定例外情况,可以举第 9 条第 1 款为例。第 9 条第 1 款只规定了任何人不得无理予以逮捕或拘禁,而没有像例如第 8 条第 3 款(丑)(寅)项列出不属于"强迫或强制劳役"的具体情况那样,列出"合理"逮捕或拘禁的情况。实际上,在起草第 9 条的过程中,有人建议列举出可以正当合理地剥夺自由的可能理由,"但是,看起来所提出的任何清单,不论是在某些提议中将理由限制在大约 12 种,还是扩展到约 40 种,都不可能包括合法逮捕或拘禁的所有可能的情形"。② 换言之,列出可以正当合理地剥夺自由的可能情况在技术上并非不可行,而只是不可取。同样形成对照的是《欧洲人权公约》第 5 条:该条第 1 款先是规定每个人都享有自由和人身安全的权利,不得剥夺任何人的自由,然后在(a)至(f)项列举了可以依照法律规定的程序剥夺自由的情况。但《欧洲人权公约》的实践证实,这些情况无法完全涵盖和调整现实中剥夺人身自由的所有可能,有些情况仍要根据其具体情节、诉诸权利限制背后的原则和原理,才能判断其是否构成对人身自由的不合理限制。相比而言,《公约》第 9 条第 1 款中"无理"的规定,尽管具有"弹性",但也意味着更大的灵活性和适应性。

《公约》包含的限制的第二种情况是,《公约》的某些条款规定了对于

---

① Kiss, "Permissible Limitations on Rights", p. 292.

② A/2929, Chapter VI, para. 28. Cf. A/2929, Chapter II, para. 15.

需要予以尊重和确保的权利，可以存在例外情况或一定的条件，包括：第6条规定了生命权，但死刑是例外；第7条禁止未经个人"自愿同意"的医学或科学试验，意味着个人同意的试验不在第7条的禁止范围之内；① 第8条第3款（子）项禁止强迫或强制劳役，但该第3款（丑）（寅）项规定的情况不属于（子）项禁止的范围；第9条规定了人身自由与安全，但不禁止依照法律所确定的根据和程序剥夺人的自由；第13条规定的权利只为"合法"处于缔约国领土内的外国人所享有，因此不及于非法入境及居留者，② 而且即使是"合法"入境和居留的外国人也可因"国家安全的紧迫原因"被驱逐出境，却无权提出申诉；③ 第14条第1款规定任何判决均应公开，但如果案件涉及少年而少年的利益另有要求，或者诉讼事关婚姻争端或儿童监护问题，则判决可以不公开；第14条第6款规定了就误审得到赔偿的权利，但如果误审系由被定罪者自身造成，则不在此限。第23条第1款规定的权利必须以"家庭"的存在为前提，④ 而且可以基于某些正当合理的原因受到限制，例如为了儿童的最大利益而不准其父母监护或探视；⑤ 第23条第2款规定的缔婚权利和成立家庭的权利尽管是以绝对的方式表述的，但禁止诸如乱伦婚姻或重婚是普遍存在且可予允许的对缔婚权利的限制，而且国家可以限制家庭收养或利用人工生殖方法生育孩子——尽管这些限制应受到严格约束；⑥ 第23条第2～4款规定的权利只能

---

① 但对此还有种种的限制，参见第20号一般性意见，第7段；Eric Rosenthal, "The International Covenant on Civil and Political Rights and the Rights of Research Subjects", (1996) 4 *Accountability in Research* 253。

② See Communication No. 236/1987, *V. M. R. B.* v. *Canada*, para. 6.3.

③ 参见第15号一般性意见，第9-10段。See also Communication No. 58/1979, *Maroufidou v. Sweden*.

④ 参见，Communication No. 68/1980, *A. S.* v. *Canada*，委员会在该案中认定，提交人与其养女除了约17年前短暂的两年期间外一直没有作为一个家庭生活在一起，因此她们的关系不能适用《公约》第17条和第23条。

⑤ See Communication No. 201/1985, *Hendriks v. The Netherlands*; Communication No. 755/1997, *Maloney v. Germany*; Communication No. 858/1999, *Buckle v. New Zealand*; Communication No. 1368/2005, *E. B.* v. *New Zealand*.

⑥ 参见，Fernando Volio, "Legal Personality, Privacy, and the Family", in Henkin, *The International Bill of Rights: The Covenant on Civil and Political Rights* 185, p. 202; Joseph and Castan, *The International Covenant on Civil and Political Right: Cases, Materials, and Commentary*, p. 691; 诺瓦克：《评注》，第23条，第31、41段。

为"男女"所享有,因此同性恋者不能主张这些权利。① 与"弹性用语"的情况一样,这些例外情况或享有条件意味着缔约国的义务有一定的范围,因此也构成对个人权利的实际范围的一定限制;而且,某种情况究竟处于缔约国的义务范围之内还是之外,也需要根据特定事件的具体情况具体判断。

《公约》包含的限制的第三种情况,是《公约》的某些规定中尽管没有包含限制性条款,但从所涉权利的性质中就能推导出允许对其进行限制,这样的规定包括第17、23、24、25、26、27条。

就第17条,上文已经指出,其中没有载列限制性条款只是一种立法选择,而不意味着对第17条规定的权利不可加以限制,因为起草该条之时达成的共识是,该条只是宣示和规定了一项一般原则,而其具体适用及例外情况则留给每个缔约国自行规定和落实。② 委员会在其对第17条的一般性意见中就指出,"既然所有人都在社会中生活,对隐私的保护就必然是相对的"。③ 实际上,该条的用语本身——"无理"或"非法"侵扰——已经表明,合理、合法的干涉是允许的。在委员会处理的数项来文中,就涉及了国家对第17条规定的权利的限制是否属于"无理或非法侵扰"的问题,④ 这充分说明第17条规定的权利可以受到限制是内在于该权利的性质之中的。

第23条规定的是结婚和成立家庭的权利以及配偶的权利和责任平等的权利。的确,第23条第2款被表述为一项绝对权利,然而,各国法律对于结婚几乎都设定了一些条件,例如禁止重婚、近亲结婚、无民事行为能力者结婚,对于建立家庭——例如通过收养的形式——也设定了一些条件。

---

① 参见,Communication No. 902/1999, *Joslin et al. v. New Zealand*;诺瓦克:《评注》,第23条,第23~25段。但需要注意的是,同性伴侣的某些权利可以根据第26条受到保护。参见,Communication No. 941/2000, *Young v. Australia*;Communication No. 1361/2005, *X v. Colombia*。两个案件都涉及提交人在其同性恋伴侣去世后,能否作为"永久伴侣"继续领取后者的养老金或退役金的问题。
② See A/2929, Chapter VI, paras. 99–100; Kiss, "Permissible Limitations on Rights", p. 292.
③ 第16号一般性意见,第7段。
④ See eg Communication No. 27/1978, *Pinkney v. Canada*; Communication No. 453/1991, *Coeriel and Aurik v. The Netherlands*; Communication No. 488/1992, *Toonen v. Australia*; Communication No. 858/1999, *Buckle v. New Zealand*, para. 9.1; Communication No. 1052/2002, *J. T. v. Canada*, para. 8.6.

这表明，结婚和成立家庭的权利是可以受到限制的。① 而且，家庭权利并不意味着缔约国不可以采用计划生育政策（尽管不应是歧视性或强制性的）。② 至于第 23 条第 4 款规定的配偶权利和责任平等，其中缔约国"应采取适当步骤"来确保这一点的要求表明，这对于缔约国是一种渐进义务，而与渐进义务对应的，就不可能是一项绝对权利，而是必然蕴含着限制的可能。

第 24 条第 3 款规定的是儿童获得国籍的权利，这一权利也不是一项绝对权利。委员会在第 17 号一般性意见（第 8 段）中指出，"虽然这一规定的目的是避免儿童因无国籍而无法享受社会和国家提供的充分保护，但它并不必然使国家有义务将其国籍授予每一名在其领土内出生的儿童"。即对于儿童获得国籍，缔约国可以设定各种合理条件，而这些条件就有可能构成对儿童获得国籍权的限制。

第 25 条规定了公民的政治权利，对这些权利的享有"不受无理限制"。这一方面意味着这些权利仅限于缔约国的国民享有，另一方面表明可以对这些权利的享有和行使规定"合理的"条件和限制，③ 因此"对这一权利的限制只要不是歧视性或不合理的，就是允许的"。④

第 26 条规定"人人在法律上一律平等，且应受法律平等保护，无所歧视"。然而，平等不可能是绝对的，因此平等权也不可能是绝对的。委员会在第 18 号一般性意见（第 13 段）中指出，"并非所有区别待遇都会构成歧视，只要这种区别的标准是合理、客观的，并且其目标是达到根据《公约》正当合理的目的"。因此，为实现正当合理目标而设计的妨碍平等的成比例措施是可予允许的。⑤ 从这一权利的享有者即个人的角度来看，这种区别对待就构成了对其根据第 26 条享有的权利的正当限制。

---

① 参见, Joseph and Castan, *The International Covenant on Civil and Political Right*: *Cases*, *Materials*, *and Commentary*, p. 690；诺瓦克：《评注》，第 23 条，第 31~32 段。

② 第 19 号一般性意见，第 5 段。

③ 参见第 25 号一般性意见，第 4 段；诺瓦克：《评注》，第 25 条，第 14~17、48~49 段。

④ Communication No. 500/1992, *Debreczeny v. The Netherlands*, para. 9.2. Cf. Communication No. 932/2000, *Gillot v. France*, para. 12.2.

⑤ See Lord Lester of Herne Hill and Sarah Joseph, "Obligations of Non - Discrimination", in David Harris and Sarah Joseph（eds）*The International Covenant on Civil and Political Rights and United Kingdom Law*（Clarendon Press, 1995）, pp. 585 – 586.

第 27 条规定民族、宗教或语言上的少数人享受其固有文化、信奉躬行其固有宗教或使用其固有语言的权利,并未附加任何限制或条件。然而,一方面,按《公约》的表述,这些权利只是不得被"剥夺",意味着并未禁止没有达到剥夺程度的限制。"并非任何干涉都可以被认为是对第 27 条含义之内的权利的剥夺",[①] 也就是说,少数人的权利并不是免于任何干涉的。另一方面,信奉躬行宗教的权利和使用语言的权利在本质上属于第 18 条规定的宗教自由和第 19 条规定的表达自由,而这两项权利都是可予限制的。[②] 例如,如果某一少数宗教群体将使用大麻作为其宗教仪式的重要部分,那么对拥有和使用大麻来践行宗教的权利的限制不仅根据第 18 条第 3 款是正当合理的,而且也没有构成对第 27 条所规定权利的不合理干涉。[③] 委员会在审议个人来文时,也曾提到少数人权利可以受到限制。例如,在拉夫雷斯诉加拿大案中,委员会提到了"影响一个属于有关少数群体的人在保留地居住权利的立法限制,必须具有合理的、客观的理由"。[④] 在基托克诉瑞典案中,委员会指出,"对某一少数人群体的个别成员的权利的限制,必须表明具有合理的、客观的理由",而该缔约国为确保萨米少数群体的驯鹿饲养业的未来以及那些以饲养驯鹿为生的萨米人的生计的目标而采取的措施,是对萨米村庄的成员从事驯鹿饲养的权利的一种限制,所有这些目标和措施都是合理的。[⑤] 在兰斯曼诉芬兰案中,委员会首先明确,第 27 条的要求是"不得剥夺少数群体的成员享受自己文化的权利","因此,无论何种措施,只要其影响相当于剥夺少数群体的成员享有自己文化的权利,就不符合第 27 条规定的义务",但接着指出,"对属于少数群体的人的生活方式只具有某种有限影响的措施,并不必然构成对第 27 条规定

[①] Communication No. 24/1977, *Lovelace* v. *Canada*, para. 15.

[②] 不过,克里斯蒂安·托姆沙特区分了少数人的不同权利,认为其享有自己的文化、践行自己的宗教的权利可以受到限制,但难以想象可正当合理限制其使用自己语言的权利的情况。Christian Tomuschat, "Protection of Minorities under Article 27 of the International Covenant on Civil and Political Rights", in Rudolf Bernhardt *et al.* (eds.), *Völkerrecht als Rechtsordnung, internationale Gerichtsbarkeit, Menschenrechte: Festschrift für Hermann Mosler* (Springer, 1983) 949, p. 976–977.

[③] Communication No. 1474/2006, *Prince* v. *South Africa*, paras. 7.2–7.4.

[④] Communication No. 24/1977, *Lovelace* v. *Canada*, para. 16.

[⑤] Communication No. 197/1985, *Kitok* v. *Sweden*, paras. 9.8, 9.5.

的权利的剥夺"。① 例如，一个国家可以在少数人生活的地区鼓励或允许企业从事经济活动（或者国家自身从事经济活动）并对少数人生活方式产生影响，但只要这种影响没有达到"剥夺"少数人权利的地步，就是可予允许的。萨拉·约瑟夫和梅利莎·卡斯坦根据这些案例总结认为，第27条规定的权利未受到明确的限制，但受到暗示的限制。② 另外，委员会第23号一般性意见（第3.2段）还曾指出，"第27条中所载权利的享有不得有损缔约国的主权和领土完整"，这对少数人权利的享有构成了另外一重限制。

3. 一般国际法允许的限制

在讨论对《公约》权利的限制时，需要注意的是，以上两种类型的限制只是《公约》明文允许或内在包含的限制情况，但不是唯一的情况，因为还存在一般国际法所允许的限制。例如，曼弗雷德·诺瓦克和马丁·舍伊宁都认为，对《公约》提出保留也是一种国际法所允许的对《公约》权利予以限制或更动的一种方式。③ 因此，缔约国通过保留缩减自己根据《公约》承担的义务，并由此限制某些《公约》权利的范围，属于《公约》规定的权利可以受到限制的第三种类型。但是，基于保留而对《公约》权利的限制从根本范畴来讲，属于国际条约法或其与国际人权法的交叉领域，而非专门属于国际人权法或《公约》领域的问题，因此本章对这种限制将提而不论。

二 对限制的限制

《公约》所规定的绝大部分权利都可以受到限制，这似乎给尊重和确

---

① Communication No. 511/1992, *Länsman v. Finland*, para. 9.4. Cf. Communication No. 671/1995, *Jouni E. Länsman et al. v. Finland*, para. 10.3.

② Joseph and Castan, *The International Covenant on Civil and Political Right: Cases, Materials, and Commentary*, p. 850.

③ Nowak, "Limits on Human Rights in a Democratic Society", pp. 113 – 116; Martin Scheinin, "The Work of the Human Rights Committee under the International Covenant on Civil and Political Rights and its Optional Protocol", in Raija Hanski and Martin Scheinin, *Leading Cases of the Human Rights Committee* (Institute for Human Rights, Åbo Akademi University, 2nd revised edn, 2007), p. 3.

保人权造成了很大的风险,因为对人权的限制一旦被滥用,就可能构成对人权的实质性损毁,从而完全背离限制人权是为了更好地保障人权的初衷。莫里斯·克兰斯顿就曾批评说,在人权两公约中限制权利是正当的,但这些限制过于广泛,以至于存在就权利"一手给予、一手拿回"的危险。[1] 但是更仔细的审查将表明,缔约国可以限制权利之享有和行使权利的情况并不像从约文看来那样开放。这是因为,缔约国限制权利的行为和情况本身也要受到严格控制,即对"限制"的"限制"[2]。

(一) 限制的有限性

对《公约》权利的任何限制必须是有限的,包括:对《公约》权利的任何限制以及限制理由只能基于《公约》本身的规定,除此之外不允许任何其他的限制或限制理由;对所有限制的解释必须以有关特定权利为根据并在该权利范围之内进行、不得损害有关权利的实质并应有利于有关权利;对《公约》权利的限制应符合《公约》的目的及宗旨,必须为《公约》所规定的目的而适用,而不得用于任何其他目的。[3] 委员会在多项一般性意见中都明确地表达,限制不应破坏权利最根本的内容,权利与限制之间、规范与例外之间的关系不得颠倒,任何情况下都不能以可能损害《公约》权利实质的方式适用或实行限制。[4] 从辩证法来说,即尊重和确保权利是矛盾的主要方面,而限制权利是矛盾的次要方面,次要方面要服从主要方面。

例如,《公约》第6条规定生命权应受法律保护,任何人的生命不得被无理剥夺。上文已经指出,这一权利中既存在"弹性用语"——"不得无理",也存在例外——死刑。不得无理剥夺生命意味着在执法行动

---

[1] Maurice Cranston, *What are Human Rights?* (The Bodley Head, 1973), p. 78.

[2] 这种提法见刘连泰:《〈国际人权宪章〉与我国宪法的比较研究——以文本为中心》,法律出版社,2006,第20页。

[3] Frank C. Newman and Karel Vasak, "Civil and Political Rights", in Karel Vasak and Philip Alston (eds.), *The International Dimensions of Human Rights* (Greenwood Press, Vol. 1, 1982) 135, p. 160.

[4] 第10号一般性意见,第4段;第34号一般性意见(取代第10号一般性意见),第21段;第22号一般性意见,第8段;第27号一般性意见,第13段;第31号一般性意见,第6段。See also Kiss, "Permissible Limitations on Rights", p. 290.

中，警察"为了保护自己或他人"或者"为了执行逮捕或防止有关的人逃跑"对有关个人开枪可能是必要的，但这必须是极为非常情况中的例外，缔约国必须以法律严格控制和限制其当局可以剥夺一个人生命的情况。① 同样，尽管《公约》不禁止死刑，但除其他限制外，判处死刑只能针对"情节最重大之罪"且不能违反《公约》的规定。委员会对于"情节最重大之罪"作了极为狭窄的解释，并且在无数来文中认定，没有满足第14条规定的公正审判的要求而判处的死刑不仅违反了第14条，而且构成了对生命的无理剥夺，同时违反了第6条。② 还例如，当某一个人被合法监禁时，其许多权利必然受到影响——或者实际上无法行使，或者要受到限制。但是，"被剥夺自由者除受到在封闭环境中不可避免的限制外，享有《公约》所规定的一切权利"，③而且这些限制不能达到完全否定和剥夺相关权利的地步。因此，就《公约》第17条规定的权利而言，尽管缔约国的监狱部门可以控制和审查犯人的通信，但既不能剥夺犯人的通信权利，也不能任意适用有关法律；④ 就第18条规定的权利而言，监狱部门应允许囚犯按照其宗教信仰进行礼拜、留胡须和保留祈祷书。⑤ 实际上，除了在监禁情况中仍可享有的公民权利和政治权利以外，以监禁情况所允许的程度为限，被依法剥夺自由者还享有经济、社会和文

---

① Communication No. 45/1979, *Guerrero v. Colombia*, para. 13.1; Communication Nos. 146/1983 and 148 to 154/1983, *Baboeram et al. v. Suriname*, 14.3; 第6号一般性意见，第3段。另参见，Communication No. 546/1993, *Burrell v. Jamaica*, para. 9.5; Communication No. 821/1998, *Chongwe v. Zambia*, para. 5.2; 以及对塞浦路斯第二次报告的结论性意见，CCPR/C/79/Add. 39（1994），para. 6; 对美国初次报告的结论性意见，CCPR/C/79/Add. 50（1995），para. 17。

② 参见，Johann Bair, *The International Covenant on Civil and Political Rights and its (First) Optional Protocol: A Short Commentary Based on Views, General Comments and Concluding Observations by the Human Rights Committee* (Peter Lang, 2005), pp. 22 - 23; 诺瓦克：《评注》，第6条，第36~41段；威廉姆·夏巴斯：《国际法上的废除死刑》（第三版），赵海峰等译，法律出版社，2008，第108~139页。

③ 第21号一般性意见，第3段。

④ See Communication No. 27/1978, *Pinkney v. Canada*, paras. 31 - 34; Communication No. 74/1980, *Angel Estrella v. Uruguay*, para. 9.2.

⑤ Communication No. 721/1996, *Boodoo v. Trinidad and Tobago*, para. 6.6.

化权利。①

因为《公约》所允许的对其确认的权利的限制对于个人享有和行使公民权利和政治权利具有重大的影响，所以一直受到学术界和实务界的高度重视。但是，绝大部分有关《公约》权利的限制的研究著述，所关注的实际上并不是缔约国如何限制《公约》权利，而是如何限制缔约国的限制行为本身。

在有关对《公约》权利的限制以及对限制的限制方面，最有影响的一份文件出自学者之手，即由来自约20个国家和组织的31名国际法专家于1984年在意大利的锡拉库萨举行为期一周的会议之后形成的《关于〈公民及政治权利国际公约〉的各项限制条款和克减条款的锡拉库萨原则》。《锡拉库萨原则》共提出了14项"对实行限制的理由的一般性解释原则"以及24项"关于各项具体限制条款的解释原则"。这些原则不仅适用缔约国限制《公约》权利的行政和司法行为，也适用于缔约国限制这些权利的立法行为。尽管这一文件后来由荷兰常驻联合国日内瓦办事处代表于1984年8月24日以普通照会提交联合国秘书长，并在联合国人权委员会第四十一届会议上作为"关于各项国际人权公约的现况"议程项目下的正式文件散发，②但它并不是对缔约国有约束力的正式法律文件。不过，《锡拉库萨原则》作为与会专家对《公约》中各项限制条款和克减条款的内容精准的共识，符合《国际法院规约》第38条第1款（卯）项所述"权威最高之公法学家学说"的条件，可以作为确定法律规则的补助资料，而且对《公约》后来的解释、适用和发展有重要的影响。以下部分，将依据《公约》的规定和委员会的各种意见，结合《锡拉库萨原则》的内容、有关限制条

---

① 对此，安德斯·布雷维克（Anders Breivik）的情况可作为例证。布雷维克是2011年7月在挪威发生的、造成77人死亡、240多人受伤的爆炸和枪杀惨剧的凶手，2012年8月被挪威法院判处该国法律规定的最重刑罚——21年监禁。但在服刑期间，他不仅可以观看电视、和外界通信、使用电脑（但不能上网），而且还于2013年被奥斯陆大学录取，学习政治学，尽管只能在监狱里远程学习。中国新闻网：《挪威枪击案凶手布雷维克被大学录取、攻读政治学》，http://www.chinanews.com/gj/2013/09-13/5280011.shtml，2018年10月25日访问。

② E/CN.4/1985/4, Annex (1984).

款和克减条款的两位学术报告员的评论①以及有关限制条款和克减条款的两个专家委员会的工作文件②（这些资料解释了各项原则的更具体含义以及在其形成过程中的各种考虑因素，对于正确、深入理解《锡拉库萨原则》不可或缺），分析对《公约》限制规定的限制问题。

对限制《公约》权利的限制，大致可以从四个方面考虑。除了上文已经论述的、作为总体原则的限制本身的"有限性"，还有限制的合法性、限制的合理性和限制的必要性。

（二）限制的合法性

对《公约》权利的任何限制必须是法律所规定的，这即合法性原则（principle of legality）。③ 这一要求不仅为《公约》的各项"限制性条款"所明确规定（第14条第1款除外），而且适用于所有类型的限制。这里的"法"指的是在限制权利时有效的（不能具有追溯效力）、具有普遍适用性的国内法（无论是成文法还是判例法）。委员会曾提出，"由于针对表达自由的任何限制都构成了对人权的严重侵害，因此传统法律、宗教法律或其他此类习惯法中所载的限制均不符合《公约》"，④ 这一说明也适用于对其他《公约》权利的限制。如果没有相应的法律规定，对于权利的任何限制，无论有何种看似正当合理的理由，都将构成对《公约》权利的侵害；⑤或者，在可能存在有关法律规定时，却不以这样的法律作为限制权利的依

---

① Alexandre Kiss, "Commentary by the Rapporteur on Limitation Provisions", (1985) 7 *Human Rights Quarterly* 15; Daniel O'Donnell, "Commentary by the Rapporteur on Derogation", (1985) 7 *Human Rights Quarterly* 23.
② Lockwood, Finn and Jubinsky, "Working Paper for the Committee of Experts on Limitation Provisions"; Joan F. Hartman, "Working Paper for the Committee of Experts on the Article 4 Derogation Provision", (1985) 7 *Human Rights Quarterly* 89.
③ 对《世界人权宣言》和两公约中限制性规定的合法性原则的全面介绍和分析，参见，Oscar M. Garibaldi, "General Limitations on Human Rights: The Principle of Legality", (1976) 17 *Harvard International Law Journal* 503。
④ 第34号一般性意见，第24段。
⑤ 基斯提出，对此原则有一项例外，即《公约》第14条第1款中有关不允许媒体和公众旁听全部或部分审判的规定，因为法官作出这种决定的权力是由《公约》本身规定的，而无须以具体的国内法规定为基础。Kiss, "Permissible Limitations on Rights", pp. 304 – 305.

据,这也将构成对《公约》权利的侵害。① 因此,"合法性原则"意味着任何行为都不能违法(contra legem)、在法律之外(praeter legem)或没有法律规定(sine lege)。②

"由法律所规定"这一层含义在《公约》的不同文本的不同限制性条款中的具体表述并不一致。仅以中文本和英文本为例:第9条第1款使用的是"依照法律所确定的"(established by law),第12条第3款和第19条第3款使用的是"由法律所规定"(provided by law),第18条第3款和第22条第2款使用的是"由法律所规定"(prescribed by law),第21条使用的则是"按照法律"(in conformity with the law),第13条使用的是"根据法律/依法"(in accordance with law)。对此,基斯认为,前四项表述具有相同的含义(他没有提到最后一项表述),因为至少《公约》法文本中对应的表述并无区别。③ 诺瓦克则认为,《公约》的起草者并没有意图要在前三项表述之间作出任何区别,但是后两项表述要求不那么严格,因此行政机关在法律规定的限度内干涉这些权利时,具有某种更为宽泛的权力。④ 委员会至今没有在其各种意见中涉及这几项表述是否具有不同含义的问题,因此认为这些表述体现了同样的合法性原则,至少在目前是稳妥的。

合法性原则主要针对的是缔约国的行政机关和司法机关限制权利的行为。但是,"由法律所规定"并不是"合法性原则"的充分条件,因为立法本身就可能构成对权利的不当限制。克兰斯顿就曾警告说,在那些人权被限制到几乎等于不存在地步的国家,那些限制在实在法中的"合法性"和"有效性"是毫无疑问的。⑤ 因此,缔约国限制权利的立法权力并不是无限的,缔约国并不能以法律规定它所希望的任何限制。任何限制权利的

---

① 例如参见, Communication No. 412/1990, *Kivenmaa v. Finland*, para. 9.3. 该案中,委员会认定芬兰违反了第19条,根据之一是芬兰在提交委员会的陈述中没有提到允许限制提交人的表达自由的法律。
② Daes, "Restrictions and Limitations on Human Rights", p. 82.
③ Kiss, "Commentary by the Rapporteur on Limitation Provisions", p. 18.
④ 诺瓦克:《评注》,第12条,第28段;Nowak, "Limits on Human Rights in a Democratic Society", pp. 122 – 123. 参见诺瓦克:《评注》,第21条,第17~19段。
⑤ Maurice Cranston, *What are Human Rights?* (The Bodley Head, 1973), p. 80. See also Lockwood, Finn and Jubinsky, "Working Paper for the Committee of Experts on Limitation Provisions", pp. 45 – 46.

法律必须清楚、明确、具体、人人可知；不能是任意的或无理的，即不能为其实施留下太宽泛的酌处余地或具有不可预测的性质；还应针对非法或任意适用和施加限制的情况，规定充分的保障和有效的补救措施。① 对于限制表达自由应"经法律规定"的要求，委员会在第 34 号一般性意见中提出了一些条件（第 25 段），这些要求也可适用于判断任何限制权利的法律规定：

> 为了第 3 款之目的，任何一项可被界定为"法律"的规范都必须制定得足够详细精确，以使个人能够相应地调整自身的行为，并且这一规范必须能为公众知晓和利用。任何法律不得赋予负责其执行者在限制表达自由方面不受约束的酌处权。法律必须为其执行者提供充分的指导，以使他们能够确定何种表达受到适当限制，何种表达不受限制。

例如，在对黎巴嫩第二次定期报告的结论性意见中，委员会表示关切地注意到，根据某些法律的规定，黎巴嫩只向 3 家电视台和 11 家广播电台颁发了许可证，委员会认为这种限制看来不符合《公约》第 19 条中规定的保障，因为颁给许可证并没有合理和客观的标准；② 在对莱索托的首次报告的结论性意见中，委员会则对该国根据《印刷和出版法》设立的有关机构具有不受约束的、准许或拒绝某份报纸注册的酌处权表示关注，认为这违反了《公约》第 19 条；③ 在对吉尔吉斯斯坦的初次报告的结论性意见中，委员会对于公开集会和示威的申请遭到拒绝时不存在上诉机制表示关切；④ 在对白俄罗斯第四次报告的结论性意见中，委员会对非政府组织和

---

① 参见第 27 号一般性意见，第 13 段；Daes, "Restrictions and Limitations on Human Rights", pp. 84 – 86；Badar, "Basic Principles Governing Limitations", p. 64；Condé, *A Handbook of International Human Rights Terminology*, p. 7。另参见，Ross, "Limitations on Human Rights in International Law: Their Relevance to the Canadian Charter of Rights and Freedoms", pp. 199 – 200，其中总结了欧洲人权法如何认定限制是否合法。
② CCPR/C/79/Add. 78 (1997), para. 24.
③ CCPR/C/79/Add. 106 (1999), para. 23.
④ CCPR/CO/69/KGZ (2000), para. 22.

工会的登记程序中所出现的各种困难表示关切,[①] 这表明缔约国法律中有关结社的程序性要求不能过于烦琐、苛刻,以至于构成对结社自由的实际限制。

对于限制《公约》权利的合法性要求,还存在一个问题,即其中的"法"除了指缔约国的国内法以外,是否还有所指?例如《公约》本身?对此,可以《公约》第17条为例加以说明。第17条第1款规定,"任何人之私生活、家庭、住宅或通信,不得无理或非法侵扰"。对于其中的"非法"一词,委员会解释说,这意味着"除法律所设定的情况以外,不得有侵扰之情势",而且"干涉必须根据法律进行"。[②] 例如,在范·胡尔斯特诉荷兰案中,荷兰当局监听了提交人与其律师的电话交谈,并根据监听到的内容对提交人展开了调查,最终将其起诉和定罪。提交人指控说,对其电话进行监听和录音是对他的隐私的非法和无理干涉。对此,委员会认为,"任何一项干涉,如果按照国内法院的解释符合相关国内法,那么这项干涉就不是第17条第1款含意之内的'非法'干涉"。[③] 然而,符合国内法并非某一限制权利的行为并非"非法"的充分条件,即限制的合法性并不仅限于符合国内法。按照委员会的解释,缔约国据以干涉第17条所规定之权利的法律"本身必须符合《公约》的规定、目的和目标"。[④] 因此,对《公约》权利的限制仅仅有国内法根据是不够的,这样的法律还必须不在任何意义上与《公约》不符。实际上,在委员会审理的许多来文中,争议的焦点并不是限制权利的行为是否符合所涉缔约国的国内法,而是是否符合《公约》的规定、目的和目标。这在委员会对《公约》第9条第4款的解释和适用中有最明显的体现,而且导致了与有关缔约国的激烈意见冲突。《公约》第9条规定的是人身自由与安全的权利,其第1款规定,只能依照法律所确定的根据和程序剥夺人的自由;第4款规定,任何被剥夺自由者,都有权由法庭来决定拘禁"是否合法"。在这两款规定中,

---

[①] CCPR/C/79/Add.86 (1997), para.19.

[②] 第16号一般性意见,第3段。

[③] Communication No. 903/2000, *Van Hulst* v. *The Netherlands*, para. 7.5. 对该案的述评,参见,Sarah Joseph, "Human Rights Committee: Recent Cases", (2005) 5 *Human Rights Law Review* 105, pp. 105–109。

[④] 第16号一般性意见,第3段。

第 1 款中的"法"(law)显然是指缔约国的国内法,因为规定剥夺自由之根据和程序的只能是国内法而非《公约》,如果根据上下文解释第 4 款中的"合法"(lawful/lawfulness),那么第 4 款意味着应由法庭根据国内法来决定对某人的拘禁是否合法。然而,在 A 诉澳大利亚案中,委员会认为:

> 法院根据第 9 条第 4 款对拘禁的合法性的审查……不仅仅限于审查拘禁是否符合国内法。尽管国内法律制度可能制定不同方法以确保法院审查行政性拘禁,但对第 9 条第 4 款来说决定性的是这种审查从其效果来说是实在的而不只是形式上的。第 9 条第 4 款通过规定拘禁"如属非法",法院必须有权命令释放,从而要求如果拘禁不符合第 9 条第 1 款的要求或《公约》的其他规定,则法院有权命令释放。①

在后来多件涉及澳大利亚拘禁非法入境者的来文以及对澳大利亚定期报告的审查中,委员会都重复了这种拘禁不仅应符合澳大利亚的国内法,而且应符合《公约》第 9 条第 1 款的意见。② 然而,澳大利亚并不接受委员会的这种解释:对于 A 诉澳大利亚案中委员会的结论,即"合法"意味着"符合国际法"以及"并非无理",澳大利亚表示了异议,而坚持认为"合法"只是指符合国内法。③ A 诉澳大利亚案以及若干类似的案件在澳大利亚国内引起了很大争议,在学者中也引起了很多讨论。④

限制的合法性原则意味着任何行为都不能违法、在法律之外或没有法律规定。因此,任何紧迫情况,若没有相应的法律规定,也不能成为不遵守合法性原则的理由。例如,对于合法处在本国领土内的外国人,缔约国

---

① Communication No. 560/1993, *A. v. Australia*, paras. 9.5. 强调为后加。
② 例如参见, Communication No. 900/1999, *C. v. Australia*, para. 8.3; Communication No. 1014/2001, *Baban v. Australia*, para. 7.2; Communication No. 1069/2002, *Bakhtiyari v. Australia*, para. 9.4; 对澳大利亚第三、四次报告的结论性意见,CCPR/C/CO/69/AUS (2000) para. 29。
③ A/53/40 (Vol. I, 1998), para. 491.
④ See Sam Blay and Ryszard Piotrowicz, "The Awfulness of Lawfulness: Some Reflection on the Tension between International and Domestic Law", (2001) 21 *Australian Yearbook of International Law* 1; Ben Saul, "Dark Justice: Australia's Indefinite Detention of Refugees on Security Grounds under International Human Rights Law", (2012) 13 *Melbourne Journal of International Law* 685.

可以将其驱逐出境,但这必须是"经依法判定"的。在吉瑞诉多米尼加共和国案中,提交人(一位法国公民)在准备乘飞机离开多米尼加共和国时,在机场被扣留,并于 2 小时 40 分钟后被直接送上飞往美属波多黎各的航班,他后因贩毒等罪行被波多黎各圣胡安美国地方法院定罪判刑。对于自己的做法,多米尼加共和国辩称,将提交人从该国递解到美国的根据是两国之间的引渡条约和本国的引渡立法,其做法没有违反第 13 条,因为该条允许在国家安全的紧迫原因有此需要的情况下,进行即决驱逐出境,而提交人对其国家安全构成了威胁,它作为主权国家因此有权采取必要步骤以保护国家安全、公共秩序、公共健康和道德,它的行动也是打击贩毒活动的一种努力。对于多米尼加共和国的主张,委员会指出,尽管任何缔约国都完全有权通过与他国缔结引渡条约来积极保护其领土免受贩毒行为的危害,但根据这种引渡条约采取的行动必须符合第 13 条;由于多米尼加共和国在该案中没有适用本该适用的有关法律,因此该国违反了第 13 条。[①]该案中,很明显,多米尼加共和国混淆了第 13 条中的两项要求:如果存在国家安全方面的紧迫原因,缔约国可以剥夺被驱逐者对驱逐决定提出反对理由并由主观当局审查这一保障;但是,国家安全方面的紧迫原因并不能成为缔约国不依照本国的相关法律作出驱逐决定的理由。此外,任何限制行为都不能在法律之外或没有法律规定还意味着,基于国家安全的紧迫原因而可以剥夺对被驱逐者的程序保障这一点,也必须规定在法律中。如果缔约国将《公约》纳入了国内法、《公约》在其国内法律制度中可直接适用,那么第 13 条中的有关规定本身可以作为剥夺这种程序保障的法律依据;否则,如果《公约》在国内法律制度中不可直接适用,则缔约国必须在国内法中明确规定剥夺这种程序保障的可能,其不给予被驱逐者这种保障才符合合法性原则。

合法性原则是缔约国在限制《公约》权利时应遵守的首要原则。缔约国的任何限制行为,只要不符合这一原则,就必然违反《公约》,而无论所涉限制行为的其他方面是否符合《公约》的其他要求。然而,仅仅"合法"并不能证明缔约国限制《公约》权利的行为就必然不违反《公约》,因为"合法"只是缔约国限制权利的行为符合《公约》的必要条件而非充

[①] Communication No. 193/1985, *Giry v. Dominican Republic*, para. 5.5.

分条件。在许多限制《公约》权利的情况中，缔约国只是声称这种限制由法律所规定、根据法律规定进行，而不对这些限制的其他方面作任何解释，在这种情况下，委员会一般都会认定缔约国违反了《公约》。例如，在舍切特科诉白俄罗斯案中，提交人因为散发呼吁抵制议会选举的传单而被法院判处罚款。委员会承认，第19条规定的权利可以受到限制——在本案中是为了尊重其他人行使第25条（丑）项规定的权利而受到限制，但这种限制"必须满足严格的正当合理性检测标准"。然而，委员会指出，缔约国仅主张对提交人的限制是由法律所规定的，但没有具体证明这种限制如何具有正当合理性，而且缔约国在其法院作出罚款判决后不久就修改了法律，这恰恰表明修改前的法律所规定的限制缺乏正当合理性，委员会所获得的资料也没有表明提交人的行为会以任何方式影响选民自由决定是否参加议会选举的可能性。因此，委员会最终认定，根据第19条第3款规定的任何标准来判断，对于提交人的罚款都不具有正当合理性，提交人根据第19条第2款享有的权利由此受到了侵害。①

上述案例表明，即使是法律规定的限制，也"必须满足严格的正当合理性检测标准"。此外，《锡拉库萨原则》称：

> 10. 如果一项限制根据《公约》条款规定实属"必要"，则此"必要"一词意味着此项限制：
> （a）以《公约》有关条款确认的某一进行限制的正当理由为根据，
> （b）是对紧迫的公共和社会需要的反应，
> （c）是为达到某项合法目的，且
> （d）与该目的比例相称
> 对一项限制是否必要的评判必须根据客观考虑进行。

即是说，限制除了必须满足合法性要求之外，还必须满足合理性和必要性的要求。

---

① Communication No. 1009/2001, *Shchetko v. Belarus*, paras. 7.3 – 7.5.

(三) 限制的合理性

对《公约》权利的任何限制，即使由法律所规定，也必须是合理的，包括目的合理与手段合理。

目的合理性意味着任何限制都必须是为了达到《公约》明文规定的某一目的，且只能以这一目的为理由。《公约》的各项限制性条款都列举了为限制权利所必要的目的或理由，但这些目的或理由及其用语并不完全一致，大致包括国家安全、公共安全、（公共）秩序、（公共）卫生、（公共）道德以及他人的权利和自由 6 项，其具体分布如表 1 所示（他人的权利和自由简称"他人权利"）。

表 1 限制性条款中限制权利的目的或理由

条款	国家安全	公共安全	（公共）秩序	（公共）卫生	（公共）道德	他人权利
第 12 条第 3 款	√		√	√	√	√
第 14 条第 1 款	√		√		√	√*
第 18 条第 3 款		√		√	√	√
第 19 条第 3 款	√		√	√	√	√
第 21 条	√	√	√	√	√	√
第 22 条第 2 款	√	√	√	√	√	√

* 第 14 条第 1 款中没有明确规定可以为了维护"他人的权利和自由"而限制获得公正审判的权利，但是规定可为了少年的利益或者因为诉讼有关儿童监护权问题而不公开判决，这实际上也是一种基于他人的权利和自由而对公正审判权的一个具体方面——判决公开——的限制。

对于这些用语的含义，"锡拉库萨原则"都进行了详细的解释，此处不再重复，而仅就一些需要澄清的方面进行说明。

缔约国对任何权利的限制，都必须为达到《公约》明文规定的某一目的或理由所必要。如果缔约国限制权利却没有或未能以某一目的或理由为根据，就将构成对所涉权利的侵害。在实践中，经常有缔约国限制《公约》权利，却没有提出《公约》规定的限制理由作为其行为的辩解依据的情况。对此，可以几件个人来文作为例证。

在胡多伊伯加诺娃诉乌兹别克斯坦案中，提交人是一名公立大学的学生，她作为一名穆斯林，按照其宗教习俗戴头巾"希贾布/hijab"，大学根

205

据乌兹别克斯坦"关于信念和宗教组织的自由"的法律——其第 14 条规定乌兹别克斯坦国民不得在公共场所穿戴宗教装束——将拒绝摘除头巾的提交人开除。对此,委员会首先承认表明宗教的自由包括按照个人的信仰或宗教公开穿戴衣饰的权利,然后指出阻止某人公开或私下穿戴宗教衣饰可能构成违反第 18 条第 2 款的行为——该款禁止任何会妨碍个人保有或采奉某一宗教的强迫行为,而且按第 22 号一般性意见(第 5 段)所说,具有与直接强迫行为同样意图或结果的政策或实践,例如限制受教育的机会,都不符合第 18 条第 2 款的规定。最后,委员会承认,表明宗教或信仰的自由不是绝对的,而是可以根据第 18 条第 3 款受到限制。然而,对于提交人被大学开除一事,缔约国并没有援用任何特定的理由说明对提交人所施加的限制从第 18 条第 3 款的规定来看是必要的,而只是试图说明提交人被开除的理由是她拒绝服从禁止戴头巾的禁令。委员会指出,在本案的特定情况下,它不会对缔约国根据第 18 条限制宗教和信仰之表明的权利或学术机构制定有关其本身职能的具体规章的权利作预先判断,但得出的结论是,"由于缔约国没有提出任何正当合理的解释,因此存在对第 18 条第 2 款的违反"。①

在约瑟夫等人诉斯里兰卡案中,斯里兰卡最高法院裁决提交人(一些天主教修女)组成法人团体不符合该国宪法。委员会认为,这一裁决限制了提交人宗教活动的自由和表达自由,这种限制尽管是依法作出的,但必须根据第 18 条和第 19 条的各第 3 款说明其具有正当合理性,即不仅为法律所规定,而且为保护他人的权利和自由或保护公共安全、秩序、卫生或道德所必要。然而,缔约国或其最高法院的裁决都没有表明对提交人施加的限制对于第 18 条第 3 款所列举的一个或多个目的是必要的,因此,委员会认定存在对第 18 条第 1 款的违反。②

在斯维提克诉白俄罗斯案中,提交人参与了一份刊登在报纸上的声明的撰写和签署,该声明呼吁民众不要参加即将到来的地方选举。缔约国法院以号召抵制选举的罪名判处提交人罚款。提交人声称他根据《公约》第 19 条享有的权利受到了侵害,因为他只是由于表达政治意见而受到了行政

---

① Communication No. 931/2000, *Hudoyberganova* v. *Uzbekistan*, para. 6.2.
② Communication No. 1249/2004, *Joseph et al.* v. *Sri Lanka*, paras. 7.2 – 7.3.

处罚；缔约国则反驳说，对他处罚是依法进行，而且根据第19条第3款，可以对表达自由进行限制。委员会认为，需要决定的问题是：对号召抵制某次具体的选举加以处罚是否属于可予允许的对表达自由的限制。

委员会回顾，按照第25条（丑）项，每一位公民都有选举权。为了保护这项权利，《公约》的缔约国应该通过刑法禁止对选民的恫吓或胁迫，而且这些法律应当严格实施。适用这些法律在原则上构成了为尊重他人的权利所需的一种对表达自由的合法限制。但是，必须将恫吓和胁迫与鼓励选民抵制某次选举区别开来。委员会注意到，在所涉缔约国中，投票并不是强制的，提交人所签署的声明并没有影响选民们能否自由决定是否参加该次选举。委员会的结论是，在本案的情况中，对表达自由的限制并未服务于《公约》第19条第3款所列举的理由之一，因此，提交人根据《公约》第19条第2款所享有的权利受到了侵害。①

在科尔涅延科和米林科维奇诉白俄罗斯案中，米林科维奇是总统候选人，科尔涅延科是前者竞选总部的工作人员。在白俄罗斯总统选举举行前两个星期，科尔涅延科的汽车上运载的选举传单被警察没收，他还被法院处以罚款。尽管白俄罗斯提出，没收和罚款都是依法进行的，但是委员会认为，白俄罗斯没有解释为何限制两位提交人的传播信息的权利根据第19条第3款有任何正当理由，并在白俄罗斯没有提供进一步资料的情况下认定，两位提交人根据第19条第2款享有的权利受到了侵害（同时还侵害了米林科维奇结合第26条理解的、根据第25条享有的权利）。②

在格理伯诉白俄罗斯案中，因为提交人参加未经批准的街头集会，白俄罗斯法庭根据《行政处罚法》对其罚款，司法部部长按照《律师法》拒绝发给他律师从业执照。委员会认为，白俄罗斯没有说明不发给提交人律师执照根据《公约》第19条第3款以及/或第21条第2句话，是合理的、

---

① Communication No. 927/2000, *Svetik v. Belarus*, para. 7.3. 原注省略。
② Communication No. 1553/2007, *Korneenko and Milinkevich v. Belarus*, paras. 8.3 - 8.4. 有关没收用于竞选的传单违反第19条第2款。See also Communication No. 1377/2005, *Katsora v. Belarus*; Communication No. 1750/2008, *Sudalenko v. Belarus*.

必要的，因此认定提交人根据第 19 条第 2 款和第 21 条享有的权利受到了侵害。①

因此，缔约国要证明其限制措施的正当合理性，除了要有法律根据，下一步就是要提出这种限制的根据在于《公约》规定的某一理由。然而，并不是只要诉诸《公约》规定的限制理由，任何限制就都是正当合理的，任何限制都"必须与作为依据的特定需要直接有关"。② 如果缔约国所采取的限制措施由法律所规定，表面上是基于《公约》规定的限制理由，但实际上在这些限制措施和所谓要实现的目的之间没有合理的关联，那么这样的措施就不是合理的，将构成对《公约》权利的侵害。例如，在穆孔诉喀麦隆案中，提交人因为长期反对喀麦隆的一党制、提倡多党民主制而遭到逮捕、拘禁和有违第 7 条的待遇。缔约国主张，提交人行使其表达自由的权利时没有考虑该国的政治情况和为统一而进行的斗争，间接地以国家安全以及/或公共秩序的理由证明其行为的正当合理性。委员会承认，缔约国表明了对提交人的表达自由的限制是由法律规定的，但指出必须确定针对提交人采取的措施是为保障国家安全以及/或公共秩序所必要的。对此，委员会认为：

> 没有必要以逮捕、持续拘禁提交人和使其遭受有违第 7 条之待遇的方式来保护所说的国家统一的脆弱状况。委员会还认为，在困难的政治情况中维护和加强国家统一的合理目标不可能通过试图压制对多党民主制、民主信条和人权的提倡来实现；在这一方面并就这些情况，并不产生决定何种措施可能符合"必要性"检验的问题。……委员会的结论是，存在对《公约》第 19 条的违反。③

---

① Communication No. 1316/2004, *Gryb v. Belarus*, para. 13.4. 另参见，Communication No. 1772/2008, *Belyazeka v. Belarus*, paras. 11.2 – 11.8，其中委员会认定，白俄罗斯驱散纪念斯大林政权镇压行为受害者的和平集会（未经批准）、将提交人带离现场和罚款尽管以国内法为依据，但没有表明这种限制如何为《公约》第 19 条第 3 款以及第 21 条第 2 句话所列举的目的所必要，因此违反了第 19 条第 2 款和第 21 条。

② 第 22 号一般性意见，第 8 段。

③ Communication No. 458/1991, *Mukong v. Cameroon*, para. 9.7.

类似地，在阿福森诉喀麦隆案中，提交人因为发表谴责保安部队的腐败情况和暴力行为的文章而遭到有违《公约》第 7 条和第 9 条第 1、2 款的迫害，委员会指出，第 19 条第 3 款规定的任何合法限制都无法证明对提交人的无理逮捕、酷刑和生命威胁是正当合理的，因此在这种情况中"并不产生决定何种措施可能符合'必要性'检验的问题"；委员会的结论是，提交人表明了他受到的迫害与他的记者活动有关，因此存在对第 19 条第 2 款——结合第 2 条第 3 款解读——的违反。[①]

在这两起案件中，缔约国所采取的限制措施都被委员会判定为并非为实现所称的目的所必要，即与限制理由之间并没有合理的关联；在这种情况下，已经没有必要去审查这些措施是否具有更为具体的必要性，而可以直接判定其构成对所涉《公约》权利的侵害。这两起案件所反映的，都属于滥用限制理由的情况。实践中，滥用限制理由的情况经常发生。被委员会判定为违反《公约》的许多案件都涉及缔约国滥用限制性条款特别是限制理由的情况。在这些理由中，"国家安全和公共秩序可能是最常被滥用的限制理由；它们经常被用来保护当时政府的精英地位，而不是真正保护一国民众的权利"。[②] 因此，按《锡拉库萨原则》所称（第 31 段），"不能利用国家安全作为借口施加不明确或任意的限制，只有在具有防止滥用的充分保障和有效补救措施时，方得援引国家安全作为限制理由"。

因此，缔约国必须证明其限制措施的根据在于《公约》规定的某一理由。不过，这种证明可以是暗含的，明确提及《公约》所规定的理由并不绝对必要。例如，在巴班等人诉澳大利亚案中，被羁押在移民拘禁中心的提交人参与了绝食抗议活动，并和其他参与绝食的人一道被转移到另一拘禁场所，他声称绝食是对其抗议权利的一种表达，因此他被转移侵害了他根据第 19 条享有的表达自由的权利。委员会指出，即使为了辩论的目的可以假定绝食处于第 19 条保护的范围之内，但考虑到绝食对包括幼儿在内的被拘禁者以及其他人的健康和安全所可能造成的危险，转移绝食者的合法

[①] Communication No. 1353/2005, *Afuson Njaru v. Cameroon*, para. 6.4.
[②] Joseph and Castan, *The International Covenant on Civil and Political Right: Cases, Materials, and Commentary*, p. 623. 原注省略。

步骤"可以被适当地理解为处于第 19 条第 3 款规定的合理限制的范围之内"。① 尽管委员会没有明确提出缔约国的行为根据第 19 条第 3 款中的哪一限制根据是合理的，但从缔约国的主张以及委员会的意见来看，显然"公共秩序"是这种行为的合理性根据。

并不是每一项可予限制的权利都可根据所有的限制理由受到限制。如表 1 所示，除了集会自由和结社自由可根据所有 6 项限制理由受到限制以外，其他权利只能根据某些理由受到限制。这是因为，并不存在根据未列举的理由限制这些权利的必要性。具体而言，思想、信念和宗教自由（第 18 条）的享有和行使不会对国家或民族的生存、国家的领土完整或政治独立构成威胁，因此不存在以国家安全的理由限制这一权利的必要；② 迁徙自由（第 12 条）、获得公开审判的权利（第 14 条）和表达自由（第 19 条）不会威胁人身安全、人的生命和身体完整性或财产，因此不存在以公共安全为理由限制这些权利的必要；获得公开审判的权利不会对任何人的健康构成威胁，因此不存在以公共卫生为理由限制这一权利的必要。

除了《公约》规定的理由之外，不存在任何其他的限制理由。也就是说，这些理由是穷尽的，任何限制都必须在这些理由的范围之内找到根据。《锡拉库萨原则》指出（第 6 段），《公约》提及的任何限制，必须为《公约》所规定的目的而适用，而不得用于任何其他目的。因此，不能以《公约》没有规定的理由限制某一项权利。例如，"一般/公共福利"（general welfare）作为一项限制权利的理由出现在《世界人权宣言》第 29 条第 2 款和《经济社会文化权利公约》第 4 条之中，但没有出现在任何

---

① Communication No. 1014/2001, *Baban* et al. v. *Australia*, para. 6.7. 缔约国有关这一问题的主张见，ibid., para. 4.19。

② 第 18 条第 3 款没有提到"国家安全"是有意的。参见，A/2929, Chapter II, para. 20; Badar, "Basic Principles Governing Limitations", p. 72. 但是，在"9·11"之后，以国家安全为由直接限制或间接影响宗教自由成为一种颇为普遍的现象。参见，Silvio Ferrari, "Individual Religious Freedom and National Security in Europe After September 11", (2004) *Brigham Young University Law Review* 357. 关于以必要性作为限制宗教自由的理由的问题，参见，M. Todd Parker, "The Freedom to Manifest Religious Belief: An Analysis of the Necessity Clauses of the ICCPR and the ECHR", (2006) 17 *Duke Journal of Comparative & International Law* 91。

《公约》条款中，因此不能以一般或公共福利为由限制任何《公约》权利。① 如果某一限制理由在《公约》其他条款中有规定，但没有规定在与所涉权利有关的条款中，则也不能推定就这一权利可适用这一限制理由。例如，第18条第3款中只规定了"公共安全"而没有规定"国家安全"，因此委员会认为，对第18条第3款应作严格解释，"不允许基于其中不曾规定的原因——例如国家安全——施加限制，即便这些限制作为对《公约》保护的其他权利的限制，是可予允许的"。② 同样，就第19条规定的表达自由，也"不得以其第3款未规定之理由实行限制，即使可以根据这些理由对《公约》所保护的其他权利实行正当合理的限制"。③

应注意表述这些限制理由的用语的不同。有些不同只是形式上的，不会造成实质性的差异。在第14条中，可以限制获得公开审判的权利的一个理由是"道德"而非"公共道德"，但是《锡拉库萨原则》将其解释为"公共道德"。④ 有些不同则会造成实质性的差异。第18条第3款列举的限制理由是"公共安全、秩序、卫生或道德"，既没有像其他条款一样在"秩序"之前明确地加上"公共"的修饰，也没有像其他条款一样在"公共秩序"（public order）之后附有置于括号中的"*ordre public*"。《公约》

---

① 这可能是因为"公共福利"主要与经济和社会福利相联系，而《公约》中的权利——至少在其起草之时——并不并被认为有必要为了经济和社会福利而受到限制。参见，Kiss, "Permissible Limitations on Rights", p. 292。
② 第22号一般性意见，第8段。不过，至少在一件来文中，委员会似乎没有严格遵循这一原则。在宾德诉加拿大案中（Communication No. 208/1986, *Bhinder v. Canada*），一位锡克教徒因为其信仰的宗教要求头上只能戴一块缠头巾而拒绝按加拿大国家铁路公司的规定戴安全头盔，因而被解雇。委员会判定这没有违反第18条，但仅指出"这一限制根据第18条第3款列举的理由是正当合理的"，而没有具体指明适用的是哪一项限制理由。然而，看来第18条第3款包括的限制理由中，没有哪一项能适用于该案，除非提交人本人的安全被当作公共安全的一部分。
③ 第34号一般性意见，第22段。
④ 第38段。但基斯认为，在第14条第1款中仅规定了"道德"而省去了"公共"一词可能意味着，更多的与私人道德而非公共道德有关的理由也可以被接受以排除媒体和公众旁听审判。Kiss, "Permissible Limitations on Rights", p. 304. 参见，Lockwood, Finn and Jubinsky, "Working Paper for the Committee of Experts on Limitation Provisions", p. 66。

的起草历史表明，这一差别是有意的，① 因此不可以用大陆法系中的"公共秩序（ordre public）"概念的所有理由来限制思想、信念和宗教自由。②

这些限制理由具有许多共同点以及紧密的联系。对此，基斯作了很好的总结：

> 所有需要考虑的术语——"国家安全""公共安全""公共秩序"（ordre public）"公共卫生""公共道德"——均有许多共同之处、可能紧密关联。它们都难以界定，意味着一种具有相对性的措施，即它们在不同的国家中、在不同的情况下、在不同的时间上，可能有不同的理解。它们都与一个社会的利益的某一特定概念相联系，都直接涉及国家权威与个人或个人集合的关系。实际上，可以提问说，这些概念是否都表现了一个单一的、普遍的概念即"ordre public"的不同方面。③

在《公约》第 14 条第 1 款、第 21 条、第 22 条第 2 款中，对于限制的必要性还有一项条件，即这些限制应是"在民主社会中"（这一用语来自《世界人权宣言》第 29 条第 2 款）为达到上述限制目的而必要。但是，在《公约》第 12 条第 3 款、第 18 条第 3 款和第 19 条第 3 款中则没有"在民主社会中"这一限定条件。从准备工作可以看出，对于第 18 条第 2 款和第 19 条第 3 款，也曾有国家提出以"在民主社会中"来修饰和限定"公共秩序"，但均未获通过。④ 基斯认为，难以找到根据从而得出这样的结论，即在这些条款中没有规定"在民主社会中必要"的限定条件很重要，因为即

---

① A/2929, Chapter II, para. 20. 关于普通法系中的"public order"（英语）和大陆法系中的"ordre public"（法语）的含义差别，参见，A/2929, Chapter VI, para. 113; John P. Humphrey, "The International Bill of Rights: Scope and Implementation", (1976) 17 *William & Mary Law Review* 527, pp. 535 – 536; Lockwood, Finn and Jubinsky, "Working Paper for the Committee of Experts on Limitation Provisions", pp. 56 – 59。
② 诺瓦克：《评注》，第 18 条，第 39 段；参见，第 36 段。See also Kiss, "Permissible Limitations on Rights", p. 299.
③ Kiss, "Permissible Limitations on Rights", p. 295.
④ A/2929, Chapter VI, paras. 113, 132.

使对于这些条款，民主的概念也总是一个基础。① 委员会在其第 27 号一般性意见中（第 11 段），也提到了第 12 条第 3 款规定的限制应是"在民主社会中"所必要的。就第 19 条第 3 款中没有规定"在民主社会中必要"，曾担任委员会委员的迈克尔·奥弗赖厄蒂认为这在实践中看来并没有引起任何困难，因为委员会频繁提到表达自由在确保一个民主社会中的作用。② 一些国际法、国家安全以及人权领域的专家于 1996 年通过的"约翰内斯堡原则"明确提出，在为国家安全的原因而限制表达或信息自由时，"在民主社会中必要"是一项一般原则。③

就这一限定条件，最大的问题在于，"民主社会并无单一的模式"。④ 因此，《锡拉库萨原则》中（第 20～21 段），除了指出限制权利的国家"有责任表明这些限制没有破坏社会的民主职能"以及"承认、尊重和保护《联合国宪章》和《世界人权宣言》中规定的各项人权的社会即可视为符合民主社会的定义"以外，没有提出"民主社会"的任何具体要素。同样，人权事务委员会除了零星地指出《公约》第 25 条是"民主政府的核心"，⑤ 表达自由是任何自由和民主社会的"基石"和"本质"、⑥ 具有

---

① Kiss, "Permissible Limitations on Rights", pp. 306 – 307.
② Michael O'Flaherty, "Freedom of Expression: Article 19 of the International Covenant on Civil and Political Rights and the Human Rights Committee's General Comment No. 34", (2012) 12 *Human Rights Law Review* 627, pp. 639 – 640; "International Covenant on Civil and Political Rights: interpreting freedom of expression and information standards for the present and the future", in Tarlach McGonagle and Yvonne Donders (eds.), *The United Nations and Freedom of Expression and Information: Critical Perspectives* (Cambridge University Press, 2015) 55, p. 67.
③ *The Johannesburg Principles on National Security, Freedom of Expression and Access to Information*, *Freedom of Expression and Access to Information*, U. N. Doc. E/CN. 4/1996/39 (1996), Principle 1.3. 对"约翰内斯堡原则"的述评，参见，Sandra Coliver, "Commentary to: The Johannesburg Principles on National Security, Freedom of Expression and Access to Information", (1998) 20 *Human Rights Quarterly* 12。
④ 《锡拉库萨原则》第 21 段。参见联合国大会 2005 年第 60/1 号决议："2005 年世界首脑会议成果"，A/RES/60/1 (2005)，第 135 段："民主是一种普遍价值观，基于人民决定自己的政治、经济、社会和文化制度的自由表达意志，基于人民对其生活所有方面的全面参与。……虽然民主政体具有共同特点，但不存在唯一的民主模式。"
⑤ 第 25 号一般性意见，第 1 段。
⑥ Communication Nos. 422, 423, 424/1990, *Aduayom* et al. v. *Togo*, para. 7.4；第 34 号一般性意见，第 2 段。

"至关重要性",① 以及"多样性社团——包括那些和平地倡导不受政府和大部分人口喜欢的思想的社团——的存在与运作是民主社会的基础之一"② 以外,也从未对"民主社会"的概念以及"在民主社会中必要"的条件作出明确的、系统的解释。学者们曾提出过一些判断一个社会是否是"民主社会"的要素,但这些要素也不具有很强的可操作性。埃丽卡-伊雷娜·达耶斯提出,任何一个社会的民主程度可以通过至少三个基本标准来检测:第一,各组成群体被纳入决策过程的程度;第二,政府决策受到大众控制的程度;第三,普通公民涉足公共管理的程度,即他们体验治理和被治理的程度。③ 基斯认为,"民主社会"意味着能够减少或缓解国家权力的政治自由和个人权利,以及存在监督对人权之尊重的适当机制。④ 诺瓦克则提出,欧洲人权法院在汉迪塞德案中提到的"多元主义、宽容和开放心性"的标准,⑤ 可以被认为是对民主社会正当有效的一般标准,与之相伴随的则是全民参与政治决策过程的人民主权原则以及对人权——特别是对民主平等的要求——的尊重和积极保护。⑥ 然而,尽管在《欧洲人权公约》中,"在民主社会中必要"可能是最重要的规定之一,但是对于如何判断这种"民主必要性",欧洲人权法院(以及欧洲人权委员会)并没有能够发展出足够清楚和连贯的检测标准。⑦

对于"在民主社会中必要"这一条件,学者们的解释也往往将其与对限制人权的其他限制条件相联系甚至相等同。例如,诺瓦克认为,这一条

---

① 第34号一般性意见,第13段。See also Communication No. 628/1995, *Tae Hoon Park* v. *Republic of Korea*, para. 10.3; Communication No. 780/1997, *Laptsevich* v. *Belarus*, para. 8.2; Communication No. 1022/2001, *Velichkin* v. *Belarus*, para. 7.3.

② Communication No. 1119/2002, *Jeong - Eun Lee* v. *The Republic of Korea*, para. 7.2; Communication No. 1274/2004, *Korneenko* v. *Belarus*, para. 7.3.

③ Erica - Irene A. Daes, Special Rapporteur of the Sub - Commission on Prevention of Discrimination and Protection of Minorities, *Freedom of the Individual under Law* (New York: United Nations, 1990), 128.

④ Kiss, "Permissible Limitations on Rights", pp. 307 - 308.

⑤ European Court of Human Rights, *Handyside* v. *United Kingdom*, Judgment of 7 December 1976, para. 49.

⑥ 诺瓦克:《评注》,第21条,第22段。

⑦ Steven Greer, *The Exceptions to Articles* 8 *to* 11 *of the European Convention on Human Rights*, Council of Europe Human Rights Files No. 15 (1997), pp. 14, 43.

件强调限制不能由行政机关任意地施加，而必须由一个以民主方式选举产生的立法机关制订的法律所规定，还要求对人权的干涉不能以歧视性的方式适用，只能是例外，以及必须总是限制性地解释限制性条款。① 可以看出，这一解释混合了限制必须具有合法性以及对限制的一些要求。还有学者对这一条件的解释更狭窄，认为这为判定某一特定限制是否可予允许"带来了比例性的概念"或"意味着比例性的概念"。② 而比例性是判断限制手段的一个方面，因此，这种解释的重心放在对这一条件中"必要"一词的理解上，而没有表明"在民主社会中"这一修饰和限定具有何种含义和重要性。

任何限制除了要目的合理之外，还必须手段合理。限制权利是缔约国的主动行为，必然采取和体现为一定的方式，此即限制的手段。即使限制措施由法律所规定，基于《公约》规定的限制理由，与所欲实现的目的之间存在合理关联，所采取手段只有非任意、非歧视、非滥用，才是合理的。

限制措施的具体施行"应当符合《公约》的规定、目的及宗旨，而且无论如何在特定情况中也要合情合理"，③ 即必须"秉承善意并以合理的方式解释和适用"，④ 而不能以无理的方式适用。

例如，在伊格纳坦诉拉脱维亚案中，提交人准备参加地方竞选，而拉脱维亚法律规定候选人必须具有一定程度的拉脱维亚语水平。提交人于1993年参加了拉脱维亚语水平测试并获得了适格的语言能力证书。但是，在其于1997年准备参加竞选前几天，有关当局又要求她参加一次语言测试，测试结果表明她的拉脱维亚语水平未达到所要求的程度，地方选举委员会以此为由将她从候选人名单中除名。委员会比较了两次测试的情况：

---

① Nowak, "Limits on Human Rights in a Democratic Society", p. 124.
② Joseph and Castan, *The International Covenant on Civil and Political Right: Cases, Materials, and Commentary*, p. 31; Badar, "Basic Principles Governing Limitations", p. 82. See also Joseph, "A Rights Analysis of the Covenant on Civil and Political Rights", p. 78; Lockwood, Finn and Jubinsky, "Working Paper for the Committee of Experts on Limitation Provisions", p. 56; Condé, *A Handbook of International Human Rights Terminology*, p. 62; "Democratic Necessity (Principle)".
③ 第16号一般性意见，第4段。
④ Communication No. 58/1979, *Maroufidou v. Sweden*, para. 10.2.

1993年的测试是根据正式规定进行的,并且由5位专家作出评定;而1997年的重新测试则采取了专门方式,且仅由一个人单独作出评定。委员会认为,重新测试并非按照"客观标准进行",而且缔约国也未能够表明这次测试在程序上是正确的,而按照这样的测试取消提交人的竞选资格不符合缔约国根据《公约》第25条承担的义务。① 可以看出,尽管委员会没有明确提到拉脱维亚对提交人重新进行测试、测试本身以及以测试结果取消提交人的竞选资格属于对限制的任意适用,但指出重新测试并非按照"客观标准进行",这意味着以之为根据限制提交人根据第25条享有的权利具有任意性。② 就这一点,委员会对《公约》第9条第1款中的"无理"一词的解释也适用于对任何限制行为的理解:"'无理性'并不等于'违法',而必须加以更为广泛的解释,以包括不适当、不公正和缺乏可预见性等因素。"③ 例如,在费尔南多诉斯里兰卡案中,提交人因"藐视法庭"被最高法院当庭判处一年的"严厉监禁"("rigorous imprisonment",即他可以被强制服苦役)。对此,委员会指出,像在斯里兰卡这样的普通法国家中,法院有权当庭对藐视法庭予以惩罚,以维持法庭辩论中的秩序和尊严。然而,按缔约国所述,提交人的唯一干挠行为只是一再提出请愿动议——委员会认为对此判处罚款的惩处显然就够了,以及在法庭上曾有一次"提高了嗓门"并随后拒绝道歉。斯里兰卡或其最高法院都未能提供任何合理的解释,说明为何在法院行使其维持审理秩序的权力时,需要施予一年"严厉监禁"这种严苛的当庭处罚。施予如此严苛的惩罚,又没有充分的解释和独立的程序保障,这属于《公约》第9条第1款禁止的"无理"剥夺自由的情况,因此对提交人的拘禁是违反第9条第1款的无理行为。④

限制措施也不能具有歧视性。《公约》中的非歧视规定不仅适用于个人对权利的享有和行使,也适用于国家对权利的限制。就克减而言,这一

---

① Communication No. 884/1999, *Ignatane v. Latvia*, para. 7.4.
② 参见第25号一般性意见,第4段:"对行使第25条保护的权利规定的任何条件应以客观和合理标准为基础。"
③ Communication No. 305/1988, *van Alphen v. The Netherlands*, para. 5.8; Communication No. 458/1991, *Mukong v. Cameroon*, para. 9.8. See also Communication No. 560/1993, *A. v. Australia*, paras. 9.2 – 9.4.
④ Communication No. 1189/2003, *Fernando v. Sri Lanka*, para. 9.2. See also Communication No. 1373/2005, *Dissanayake v. Sri Lanka*.

限制非常明显，因为第 4 条第 1 款已经明文规定"不得包含纯粹基于种族、肤色、性别、语言、宗教或社会出身的理由的歧视"。就其他限制性规定而言，这一限制不是十分明显。但是，鉴于缔约国有义务在尊重和确保一切《公约》权利时遵守非歧视的要求，因此在限制权利的享有和行使时，"必须符合平等和非歧视的基本原则"，①"施加的限制不得出于歧视性的目的或采取歧视性的做法"。②

例如，在"毛里求斯妇女案"中，由于案件所涉与外国男子结婚的毛里求斯妇女的不利地位是由立法造成的，因此委员会首先认为，"不存在将这一干涉当作第 17 条第 1 款规定的'非法'的问题"，但随后指出，"剩下需要考虑的是，这一干涉是否是'无理'的或以任何方式与《公约》相冲突"；对此，委员会认定，没有必要判断案件所涉差别对待是否应该被称作第 17 条含义之内的"无理"干涉，因为"只要对《公约》保障的权利施加限制，在限制时就不能存在基于性别的歧视"，而这样的限制本身是否构成了对所涉权利的侵害则不是决定性的。委员会得出结论认为，缔约国对于基于性别作出的、影响了据称的受害者权利的区分的合理性，没有给出充分的理由，因此必须认定存在在与第 17 条联系的意义上，对《公约》第 2 条第 1 款和第 3 条的违反。③ 由此可以推论，在对《公约》权利施加限制时，就不能存在以《公约》第 2 条第 1 款所禁止的任何理由为根据的差别对待。又如，《公约》第 25 条规定政治权利的享有"不受第 2 条所述的区分"，即"不得受到基于种族、肤色、性别、语言、宗教、政见或其他主张、民族本源或社会阶级、财产、出生或其他身分等任何理由的歧视"。④

爱沙尼亚曾规定，任何公民在国家或地方政府机构中担当职位的条件之一是就其原先在苏联政权之下的一些活动填写书面良心宣誓书，无法满足这一要求的人则被自动排除在外。委员会认为，这可能造成对有机会不

---

① 第 27 号一般性意见，第 18 段。
② 第 22 号一般性意见，第 8 段。
③ Communication No. 35/1978, *Aumeeruddy – Cziffra et al. v. Mauritius*, paras. 9.2 (b) 2 (i) 4 – 8.
④ 第 25 号一般性意见，第 3 段。

受歧视地担任公职的权利的不合理限制。① 德国在统一之后，为留任或解雇前德意志民主共和国的公务员（包括法官和教师在内）规定了一些标准，委员会认为这些标准含混不清，并可能导致有人因其持有或表达的政治意见而被解职或剥夺就业机会。② 在这一意见中，委员会没有明确指出任何人因其持有或表达的政治意见而被解职或剥夺就业机会是对有机会不受歧视地担任公职的权利的不合理限制，但仍很清楚地含有这个意思。

对限制手段的最后一层合理性制约在于不得滥用《公约》规定。这一原则的根据是《公约》第 5 条第 1 款（两公约中内容相同的这一规定源于《世界人权宣言》第 30 条），是为了防止对两公约的任何规定作错误的解释，以致用于辩解对两公约中所确认的权利的侵害或对它们加以较两公约所规定的范围更广的限制。③ 该款除了禁止私主体滥用《公约》规定以外，也禁止国家滥用《公约》规定的行为，即缔约国不得为了否定《公约》权利或在超出《公约》允许的程度外以限制《公约》权利为目的而滥用《公约》的规定，④ 尤其是不得滥用《公约》中的限制性条款，因为对限制性条款的滥用最容易造成对《公约》权利的破坏或不当限制。实际上，当限制权利的措施具有任意性或歧视性时，也属于对限制的滥用。

对限制性条款的滥用是实践中最值得警惕的问题。在这一方面，还需要注意的是，第 5 条第 1 款本身也存在被滥用的可能。由于该款同时限制了国家的滥用行为和私主体的滥用行为，而这两种滥用行为是相互矛盾、此消彼长的，因此，一方面，如果能够证明私主体的某种行为构成了对《公约》权利的滥用，即对《公约》权利的破坏，则国家限制这种行为就是正当合理的；但在另一方面，如果这种行为并没有构成对《公约》权利的任何破坏，则国家限制这种行为就构成了对第 5 条第 1 款的滥用。⑤ 举例而言，如果政府觉得私主体的行为是对政府政策的不适当批评或造成了

---

① 对爱沙尼亚初次报告的结论性意见，CCPR/C/79/Add. 59（1995），para. 14。
② 对德国第四次报告的结论性意见，CCPR/C/79/Add. 73（1996），para. 17。
③ A/2929, Chapter V, para. 55. 原注省略。有关该款的立法史，参见，Lockwood, Finn and Jubinsky, "Working Paper for the Committee of Experts on Limitation Provisions", pp. 36 – 37。
④ Scheinin, "The Work of the Human Rights Committee", p. 7。
⑤ 参见诺瓦克：《评注》，第 5 条，第 8～10 段；Lockwood, Finn and Jubinsky, "Working Paper for the Committee of Experts on Limitation Provisions", p. 41。

社会动荡,并以此为由限制这种行为,这就构成了对第 5 条第 1 款的误用。① 另外,禁止国家滥用《公约》规定还意味着对国家的限制行为作严格的解释。

(四) 限制的必要性

对《公约》权利的任何限制除了必须有限、合法、合理以外,还必须是必要的。在《公约》的各项"限制性条款"中,除第 14 条第 1 款以外,都包含了"必要"一词。基斯认为,这表明"只有在限制具有必要性,即无法避免时,对权利的限制才是可予允许的"。② 这就意味着,如果可以通过无须限制权利的方式来实现目即限制并非无法避免,那么所施加的限制就不是必要的。例如,在巴兰坦、戴维森和麦金太尔诉加拿大案中,加拿大魁北克省禁止他们在广告、标志或招牌中使用英语,据称目的是保护法语语言和文化。委员会认为需要解决的问题是,这些限制是否是为了尊重他人的权利即加拿大说法语的少数者根据第 27 条享有的权利所必要。对此,委员会提出,没有必要为了保护说法语群体在加拿大的弱势地位而禁止英语的商业广告,因为这种保护完全可以通过并不排除有关人员以自己选择语言表达之自由的其他方式来实现,例如法律本来可以规定广告同时使用法语和英语两种语言。③ 作为对比,在罗斯诉加拿大案中,委员会认定,将一位发表了反犹太言论的教师调任至非教学岗位是"一种为保护犹太儿童享有在没有成见、偏见和不容忍现象的学校中学习的权利和自由而必要的限制";④ 在范·胡尔斯特诉荷兰案中,委员会认为,缔约国监听提交人与其律师之间的电话交谈尽管干涉了提交人的隐私,但是这种干涉"是为了实现打击犯罪的正当目标所必要的",因此并不构成对第 17 条的

---

① Matthew Lippman, "Human Rights Reviewed: the Protection of Human Rights under the International Covenant on Civil and Political Rights", (1979) 5 *South African Yearbook of International Law* 82, pp. 104 – 105; Matthew Lippman, "Human Rights Revisited: The Protection of Human Rights under the International Covenant on Civil and Political Rights", (1980) 10 *California Western International Law Journal* 450, pp. 475 – 476.

② Kiss, "Permissible Limitations on Rights", p. 308.

③ Communications Nos. 359/1989 and 385/1989, *Ballantyne, Davidson and McIntyre* v. *Canada*, para. 11.4.

④ Communication No. 736/97, *Ross* v. *Canada*, para. 11.6.

违反。①

限制措施与限制的目的的必要关联，是对其合理性中，限制措施和所要实现的目的之间存在合理关联这一要求的补充和加强。在逻辑上，合理关联意味着"必要条件"，即为了实现限制，必须采取某一限制措施，但采取该限制措施并不一定能实现限制的目的；必要关联则意味着"充分条件"，即限制措施必然能够实现限制的目的，但限制的目的并非必须通过所涉限制措施实现。合起来，限制措施对于限制的目的必须是充分且必要条件：某一限制措施必然能够实现某一限制的目的，且该目的只能通过该限制措施实现。

对于限制的必要性，一个重要的相关方面是限制的比例性。学理上，有一种认识是，必要性原则是比例性原则的一个要素。② 委员会的立场不是很清楚。有时，委员会将两者并列；有时，又将比例性作为必要性的一个方面。例如，在高蒂尔诉加拿大案中，委员会提到，必须表明限制措施对于所涉目标是"必要的、比例相称的"；③ 在第 31 号一般性意见中（第 6 段），委员会指出，缔约国限制权利时，"必须表明其必要性，而且只能采取与追求的正当目的比例相称的措施"；在第 34 号一般性意见中（第 22 段），也明确提出，"限制必须符合关于必要性和比例性的严格判断标准"。但在和高蒂尔案一样涉及限制表达自由的德·莫雷斯诉安哥拉案中，委员会提出，"必要性这一要求意味着一种比例性的因素，其含义是，对表达自由所施加的限制范围必须与这种限制所要保护的价值比例相称"。④ 诺瓦克则干脆将必要性就理解为比例性。例如，他在评论第 12 条第 3 款中限制措施的必要性时称，评价有关措施的决定性准则并不是该款所提到的民主原则，而是具体案件中的"比例相称性"（Verhältnismäßigkeit）；⑤ 对于第 8 条第 3 款和第 19 条第 3 款中的"必要"，他的解释也是，"对必要性的要求暗示着限制在严重性和强度上必须和所寻求的目的比例相称"。⑥

---

① Communication No. 903/2000, *Van Hulst v. The Netherlands*, para. 7.10.
② 参见刘权：《目的正当性与比例原则的重构》，《中国法学》2014 年第 4 期，第 134 页。
③ Communication No. 633/1995, *Gauthier v Canada*, para. 13.6.
④ Communication No. 1128/2002, *de Marques v. Angola*, para. 6.8.
⑤ 诺瓦克：《评注》，第 12 条，第 36 段。
⑥ 诺瓦克：《评注》，第 18 条，第 35 段；第 19 条，第 47 段。强调为原文所有。

可见，无论如何，限制的必要性与比例性密切相关。可以说，即使必要性并不必然等于比例性，但某一限制措施是否必要往往需要通过其是否与所要实现的目的比例相称来衡量。委员会在有关迁徙自由的第27号一般性意见第14段中，先是指出限制措施应该是为保护《公约》所允许的目的"所必要"，然而紧接着声明："限制性措施必须符合比例原则；必须适合于实现其保护功能；必须是可用来实现所期望结果的诸种手段中侵扰性最小的一个；必须与要保护的利益成比例。"尽管并不清楚，该段的第二句话是否是对第一话中"必要"的阐释，但这两句话放在同一段中，就足以表明限制的必要性与比例性之间的紧密关系。在委员会的实践中，也往往同时处理限制措施的必要与比例问题。例如，在上述罗斯诉加拿大案中，委员会在认定将一位发表了反犹太言论的教师调任至非教学岗位是一种必要的限制之后，紧接着指出，"该项限制并未超出为实现其保护性功能所必要的范围"，[①] 这实际上指的就是限制措施比例相称；在范·胡尔斯特诉荷兰案中，委员会的表述顺序则是倒过来的，先表明监听提交人与其律师之间的电话交谈是"对提交人隐私的合乎比例干涉"，再指出，这种干涉是为了实现打击犯罪的正当目标所必要的。[②]

前段所引委员会有关"限制性措施必须符合比例原则……"的说明，经常被当作对比例性的权威说明。[③] 不过，这句话的逻辑不是很清楚：从所使用的三个分号来看，四个"必须"似乎是并列的；但从比例性的含义来看，又似乎后三个"必须"是"必须符合比例原则"的子项，即在"限制性措施必须符合比例原则"后本可以或应该使用冒号。诺瓦克显然按后一种方式理解这句话，将后三个"必须"作为比例性原则包括的三个不同方面。[④] 按照这种理解，限制性措施"必须符合比例原则"意味着：限制措施必须实现其保护功能；必须是所有可用手段中侵扰性最小的；必须与要保护的利益比例相称。

委员会在审议来文的实践中，很少明确运用这三个方面。不过，从对某些来文的意见中，仍能看出一些端倪。在图纳恩诉澳大利亚案中，澳大

---

① Communication No. 736/97, *Ross v. Canada*, para. 11.6.
② Communication No. 903/2000, *Van Hulst v. The Netherlands*, para. 7.10.
③ 例如，第34号一般性意见第34段就直接摘引了这一段来说明"限制不得过于宽泛"。
④ 诺瓦克：《评注》，第12条，第37段。

利亚塔斯马尼亚州法律将男性之间的各种性接触（包括两相情愿的成年同性恋男子之间私下各种形式的性接触）规定为犯罪。该州当局辩称，这一法律基于公共卫生（以及道德）理由是正当合理的，因为这些法律部分旨在防止艾滋病毒和艾滋病在塔斯马尼亚的扩散。对此，委员会指出，"将同性恋行为规定为犯罪不能被认作是为实现防止艾滋病毒和艾滋病扩散这一目标的合理手段或比例相称措施"。实际上，澳大利亚政府本身提出，将同性恋行为规定为犯罪的法律"将许多有被感染风险的人驱赶到地下"，从而可能阻碍公共卫生规划。也就是说，将同性恋行为规定为犯罪这一措施并不"适合于"实现其保护公共卫生的功能，甚至与预防艾滋病毒和艾滋病的有效教育规划相抵触。①

在 J. T. 诉加拿大案中，加拿大以提交人虐待其 4 岁的女儿为由将后者交给一个教会机构监护并剥夺了提交人的探视权。上文提及，第 23 条第 1 款规定的家庭应受保护的权利就其性质而言并不是绝对的，而可以基于第 24 条规定的儿童有权享有保护这一正当合理的理由受到限制；为了保护儿童，国家就可能有必要限制父母的权利，甚至"在情况需要时可将子女与父母分开"。② 将这两项规定合并理解，就意味着将子女与其父母分开、断绝他们之间直接和经常的联系只能是在极为特殊的情况中，为了儿童的最大利益而不得不采取的措施。③ 但是，如果将子女与其父母分开并不符合儿童的最大利益，或者有其他损害性较小的措施同样能达到保护儿童的目的，则将子女与其父母分开就将构成对家庭权利和儿童权利的侵害。在 J. T. 诉加拿大案中，委员会首先认为（从第 17 条而非第 23 条来看），在有关孩子的监护与探视的案件中，用来评估对家庭生活的具体干涉是否有客观的正当理由的相关标准必须根据以下两方面来考虑：一方面是父母与孩子保持个人关系和相互经常接触的权利，另一方面是儿童的最大利益。然后，委员会根据第 23 条分析了剥夺提交人监护权和探视权的问题。委员会指出，考虑到保证家庭纽带得到维系的需要，对家庭整体产生影响的任何审理都涉及家庭纽带是否应被打破的问题，同时应谨记儿童和父母的最

---

① Communication No. 488/1992, *Toonen* v. *Australia*, esp. para. 8.5.
② 第 17 号一般性意见，第 6 段。强调为后加。
③ See Communication No. 201/1985, *Hendriks* v. *The Netherlands*, para. 10.4; Communication No. 514/1992, *Fei* v. *Colombia*, para. 8.10.

大利益问题。委员会并不认为，提交人打其女儿耳光、缺乏与教会机构的合作态度以及她精神残疾（对此事实有争议）构成了特殊的情况，从而可为完全断绝提交人与其孩子之间的联系提供正当理由。委员会特别指出，"在未考虑干涉性程度和限制性程度较低的备选方式的情况下，缔约国的法律制度据以得出应完全拒绝提交人接触其女儿的权利的过程，等于是未能保护家庭整体，违反了《公约》第23条"；对于提交人的女儿——她作为一个未成年人有权享有额外的保护，这些事实还违反了第24条。[1] 委员会的意见没有明确提到比例相称的概念，但是其以缔约国"未考虑干涉性程度和限制性程度较低的备选方式"作为认定违反的理由，显然是因为缔约国所采取的措施不符合比例性原则的要求之一即侵扰性最小。

在科尔曼诉澳大利亚案中，提交人未经市政当局书面许可即在一处步行街上发表演讲，因此被法院判处罚款，又因未缴纳罚款被拘留了5天。委员会指出，其掌握的资料并未表明提交人的演讲具有威胁性、不适当的破坏性或可能在其他方面危害步行街上的公共秩序，事实上在场的警察没有设法限制提交人演讲，而只是对他进行了录像。委员会认为，缔约国对于提交人未获许可而发表演讲的行为的反应——罚款并因其未缴纳罚款而拘留5天——"不成比例"，构成了不符合《公约》第19条第3款的对提交人的表达自由的限制，因此违反了第19条第2款。[2] 显然，从提交人违法行为的情节来看，其所受处罚与要保护的利益即公共秩序并不成比例。因此，尽管这一处罚符合合法性、合理性的要求，但因为不符合比例原则而仍然构成了对《公约》的违反。

实际上，比例原则的这三个方面都可以归结为限制措施必须与要保护的利益比例相称这一最后方面——这一方面有时也称为"狭义比例性"。限制措施必须"适合于"实现其保护功能首先意味着，限制措施要与其保护功能即所要实现的目的存在关联，因为只有存在这种关联性，才谈得上是否"适合"；然后意味着限制措施对所要实现的目的"合适"，这一项要求实际上涉及的就是限制措施与所要实现的目的即保护的利益是否比例相称。限制措施必须是所有可用手段中侵扰性最小的实际上也涉及比例相称的问题：如果有若干限制措施都可以实现目的、保护利益，而其中有一项

---

[1] Communication No. 1052/2002, *J. T. v. Canada*, paras. 8.3 – 8.8.
[2] Communication No. 1157/2003, *Coleman v. Australia*, para. 7.3.

对权利的侵扰性最小，那么以此项措施与目的或利益之间的比例为基准，其他措施都将超过这一比例，不符合比例相称的要求。因此，尽管限制的比例性从概念上来讲，包含着三个方面，但在实践中，往往仅涉及最后一个方面，即限制措施与要保护的利益是否比例相称。

综合以上情况，可以看出，在委员会的实践中，特别是在审议个人来文的实践中，对于限制行使和享有权利的情况，大致分四个方面考察。第一个是事实判断，也相对简单，即缔约国采取的某项措施是否属于或构成对《公约》所规定的某项权利的限制。其余三个方面则是限制措施的合法性——是否由法律所规定？合理性——是否服务于所列举的正当理由之一？以及必要性——是否对所要实现的目的必不可免且符合比例原则？对此，可以四件比较清楚地呈现了这三个方面的来文作为例证。

在上文已经提到过的德·莫雷斯诉安哥拉案中，提交人是一名记者，他因为在报纸上发表多篇文章并在电视访谈节目中批评安哥拉总统而被逮捕、拘禁、起诉，被判犯有以诽谤方式滥用新闻的罪行并被处以6个月监禁和罚款，对其定罪的根据是安哥拉的《新闻法》和《刑法典》。委员会认定在该案中，除其他外，存在违反第19条的情况。在其意见的有关部分中，委员会首先重申了其一贯的判例，即对表达自由的权利的限制必须逐项符合第19条第3款规定的下列条件：必须由法律所规定，必须服务于第19条第3款（子）（丑）项所载目标之一，必须为达到这些目标之一所必要。委员会接着指出，即使对提交人的逮捕和拘禁在安哥拉法律中有根据，而且这些措施以及对他的定罪是出于正当目的——诸如保护总统的权利、声誉和公共秩序，也不能说这些限制措施对于达到这些目标中的任何一个是必要的，"必要性这一要求意味着一种相称性的因素，其含义是，对表达自由所施加的限制范围必须与这种限制所要保护的价值相称"。委员会最后认为，鉴于表达自由的权利以及自由的、不受审查的新闻或其他媒体的权利在一个民主社会中至关重要，因此对提交人所施加的严厉制裁不能被看作保护公共秩序或总统的名誉和声誉而采取的比例相称措施——总统作为公共人物应该能够受到批评和反对。[1]

---

[1] Communication No. 1128/2002, de Marques v. Angola, para. 6.8. 委员会还认定安哥拉违反了《公约》第9条第1~4款以及第12条。

在迪萨纳亚克诉斯里兰卡案中，提交人因为发表对最高法院不满的言论而被判处两年苦役，并被禁止在服刑的两年内以及获释后7年内参加选举和被选举。对此，委员会首先认定斯里兰卡违反了《公约》第9条第1款和第19条，对于提交人的选举权和被选举权受到的限制，委员会首先回顾了限制第25条（丑）所规定权利的要求，即除非根据法律规定的客观、合理理由，否则不得暂停或取消行使选举权和被选举权，以及"如果因某一罪行而被定罪是丧失投票权的依据，丧失投票权的期限应该与所犯罪行和刑期比例相称"。然后，委员会承认对提交人采取的限制措施有国内法依据，但同时指出，斯里兰卡除了断言限制是合理的之外，并未提供任何论据说明对提交人的限制如何与其所犯罪行和判决比例相称。鉴于所作限制表现为对提交人的定罪和判决——委员会已经认定这违反了第9条第1款，而且斯里兰卡没有提出任何理由说明所作限制是合理的和/或适当的，因此委员会认定禁止提交人在获释后7年内的选举权和被选举权是不合理的，构成了对《公约》第25条（丑）项的违反。①

在金钟哲诉韩国案中，提交人在韩国总统大选前7天，在一份周刊上发表了一篇报道为此次总统大选而进行的民意测验的情况。根据韩国《选举法》禁止在选举日之前的23天内公布民意测验的规定，提交人被法院判决有罪并罚款，他认为对自己的定罪违反了《公约》第19条第2款以及第25条（子）（丑）项。对于这一申诉，委员会首先重复了对表达自由的限制必须满足的三项条件，然后指出对提交人表达自由的限制是由法律所规定，而且是为了保护公共秩序以及尊重他人（总统候选人）的权利所必要。委员会接着分析了比例性的问题。委员会指出，尽管23天的期间过长，但委员会不必就这一期限本身是否符合第19条第3款的问题发表意见，因为提交人是在选举前7天公布此前无人报道的民意测验情况的；从韩国当时的情况来看，提交人因为这一行为被定罪不能被认为是过度的，而且对提交人的制裁尽管属于刑事制裁，但不能被定性为是过于严厉的。因此，委员会无法得出结论认为对提交人所适用的该项法律与其目标不相称，并认定不存在对《公约》第19条的违反。②

---

① Communication No. 1373/2005, *Dissanayake v. Sri Lanka*, para. 8.5.
② Communication No. 968/2001, *Kim Jong-Choel v. The Republic of Korea*, para. 8.3.

在卡内帕诉加拿大案中，提交人是一位意大利公民，5岁时随父母移居加拿大并一直在那里生活，但他一直没有取得加拿大国籍；他从17岁到31岁，连续不断地被定罪——大多数由于破门侵入、偷盗或拥有毒品；他32岁时，根据加拿大有关法律，在刑满释放后被遣返意大利。他在来文中声称，除其他外，将其遣返侵害了他根据《公约》第17条享有的家庭不受非法或无理侵扰的权利。对于他的主张，委员会逐次进行了分析。首先，委员会承认，将提交人从加拿大驱逐的确干涉了其家庭生活，但这种干涉是依加拿大法律进行的。其次，委员会需要审查这种干涉是否是无理的。委员会注意到加拿大的主张，即驱逐提交人的决定不是任意作出的，因为提交人得到了具有程序保障的充分审讯，而且缔约国将其权利与社会利益进行了衡量。但是委员会指出，第17条含义中的无理性不局限于程序上的无理性，而是延及对第17条规定的权利的干涉是否合理及是否符合《公约》的宗旨、目的和目标，而"如果在本案情形中，提交人与其家庭分离以及这种分离对他的影响与驱逐的目标不成比例，则以驱逐的手段使一个人与其家庭分离可被视为对家庭的无理侵扰以及违反第17条"。最后，委员会分析了比例性的问题：一方面，将他驱逐从公共利益来看是必要的，是为了保护公共安全免受提交人的进一步犯罪活动之害；另一方面，提交人本人在加拿大并无配偶或子女，提交人的家庭成员仅有其父母和弟弟，他未能说明他被驱逐到意大利将如何不可挽回地断绝他与其在加拿大的家人的纽带，也未能说明他的家庭在克服其犯罪倾向和毒瘾方面能有什么帮助或他与家庭分离如何可能导致其情形恶化。因此，委员会认为，本案中没有什么具体情况能使其得出这样的结论：将提交人从加拿大驱逐是对其家庭的无理侵扰。[1]

《公约》所允许的限制不仅既不宽泛和随意，也不允许缔约国实际上

---

[1] Communication No. 558/1993, *Canepa v. Canada*, paras. 11.4–11.5. 另参见，Communication No. 1222/2003, *Byahuranga v. Denmark*。该案中，丹麦决定将提交人——一位在丹麦生活了18年、因毒品犯罪被判处两年半监禁的乌干达公民——驱逐处境。提交人的妻子和三个孩子（其中两个未成年）都生活在丹麦，提交人据此主张驱逐他的决定违反了《公约》第17条和第23条第1款。委员会认为，丹麦决定驱逐提交人的确侵扰了其家庭生活，但表明了其罪行的性质和严重程度足以成为这种侵扰的合理理由，因此这一决定并不违反第17条或第23条第1款。

取消某项权利的实际意义,而且要求缔约国能够证明某项限制符合有关合法性、必要性、合理性和正当目的的检测标准。① 只要缔约国的限制行为不符合这些标准中的任何一项,就有可能被委员会判定为违反《公约》。但从这四件来文可以看出,缔约国限制权利的措施最有可能出问题的方面,就是其必要性或比例性。在这四件来文中,缔约国采取的措施都符合合法性与合理性的要求,但前两件来文最终倒在了必要性或比例性检验的关口上。约瑟夫和卡斯坦称,委员会本身确认了在判定对《公约》权利的限制是否正当时,"比例概念的核心地位"。② 实际上,比例原则不仅适用于缔约国限制权利的具体措施,同时也适用于缔约国限制权利的立法。③

对《公约》权利的任何限制的合法性、合理性、必要性,都必须由缔约国来承担证明责任。在这一方面,需要注意的是,缔约国就其限制《公约》权利所承担的举证责任不同于个人来文机制中的举证责任。在委员会对个人来文的审议中,举证责任一般要由提交人来承担,④ 即提出能够证明有关缔约国违反了《公约》,致使受其管辖的某一或某些个人成为受害者的事实和资料。但是,如果个人来文涉及缔约国对《公约》权利的限制,缔约国就必须承担责任,证明这种限制符合《公约》的各项要求;如果缔约国没有举证或其证据不被委员会接受,就会被判定违反《公约》。例如,在兰迪内利·席尔瓦等诉乌拉圭案中,乌拉圭政府辩称,对于来文提交人的权利的限制——禁止他们在15年内参与任何类型的政治活动——的根据,是它根据《公约》第4条作出并已通知了联合国秘书长、由其转知《公约》其他缔约国的克减。对此,委员会承认宣布紧急状态是《公约》缔约国的一项主权权利,但指出:

---

① United Nations, Human Rights Fact Sheet No. 15 (Rev.1), *Civil and Political Rights: The Human Rights Committee*, p. 8 (2005). See Manfred Nowak, "Civil and Political Rights", in Janusz Symonides (ed.), *Human Rights: Concept and Standards* (UNESCO and Ashgate, 2000) 69, p. 73.

② Joseph and Castan, *The International Covenant on Civil and Political Right: Cases, Materials, and Commentary*, p. 31.

③ 第27号一般性意见,第15段。See also Badar, "Basic Principles Governing Limitations", p. 84.

④ Möller and de Zayas, *United Nations Human Rights Committee Case Law 1977 – 2008*, p. 36.

> 一个国家不能仅仅通过援引例外情况的存在来规避其根据所批准之《公约》承担的义务，……有关缔约国在根据《任择议定书》进行的诉讼中援引《公约》第 4 条第 1 款时，有义务对相关事实提供充分的详细说明。……如果相应政府没有按照《任择议定书》第 4 条第 2 款和《公约》第 4 条第 3 款的要求自行提供所需的正当理由，则人权事务委员会不能总结认为存在能合法地证明对《公约》所规定之正常法律制度的偏离的有效理由。

委员会还指出，即使假定在乌拉圭存在紧急状态，也看不到能举出任何理由来支持其所采取的剥夺提交人的政治权利长达 15 年的主张，而且乌拉圭政府未能表明，禁止任何类型的政治异见乃是为应对据称的紧急状态以及为恢复政治自由而铺平道路所必需的。由于乌拉圭政府未能举证说明其限制措施符合《公约》的各项要求，因此委员会判定其行为属于对提交人根据《公约》第 25 条所享有的权利的不合理限制。[1] 还例如，在皮耶特拉罗亚诉乌拉圭案中，缔约国称，据称的受害者因为被指控颠覆性结社以及阴谋反对宪法并有准备行动而被逮捕、拘禁和审判，但没有提供所称的指控的细节以及法院诉讼的副本，因此，委员会认为，其所知资料无法证明对受害者的逮捕、拘禁和审判基于《公约》第 19 条第 3 款规定的任何根据是正当合理的。[2] 又例如，在巴博拉姆等人诉苏里南案中，15 人被军警枪杀，但由于缔约国未能提供任何证据表明这些人是在试图逃跑时被射杀，因此委员会认定这些受害者的生命被无理剥夺，这违反了《公约》第 6 条第 1 款。[3] 在巴瓦利亚诉赞比亚案中，提交人是一个反对政党的领

---

[1] Communication No. 34/1978, *Landinelli Silva* et al. v. *Uruguay*, paras. 8.3 – 10. Cf. Communication No. 8/1977, *Weismann and Perdomo* v. *Uruguay*, para. 15 – 16; Communication No. 33/1978, *Carballal* v. *Uruguay*, para. 12.

[2] Communication No. 44/1979, *Alba Pietraroia* v. *Uruguay*, para. 15. 关于缔约国就根据第 19 条第 3 款所施限制承担的举证责任，另参见，Communication No. 574/1994, *Kim* v. *Republic of Korea*; Communication No. 628/1995, *Tae Hoon Park* v. *Republic of Korea*; Communication No. 780/1997, *Laptsevich* v. *Belarus*。

[3] Communication Nos. 146/1983 and 148 to 154/1983, *Baboeram* et al. v. *Suriname*, paras. 14.3 – 15. Cf. P. R. Ghandhi, "The Human Rights Committee and Article 6 of the International Covenant on Civil and Political Rights", (1989) 29 *Indian Journal of International Law* 326, p. 338.

导人，他受到拘禁和恐吓并被阻止参加大选以及准备该党的候选人资格。对此，赞比亚未能作出解释或合理证明，尤其是未能解释参加选举的必要条件。在这种情况中，委员会只得假定提交人被拘禁并被剥夺竞选议员的权利只是因为他是未受到官方承认的政党的成员，并认为对唯一受到承认的政党以外的政治活动的限制构成了对第25条（子）项规定的参与政事权利的不合理限制。[1]

三　克减的含义、目的和性质

克减是另一种《公约》缔约国可据以正当限制享有和行使《公约》权利的方式，具有特定的含义，其目的是在危及国家的生死存亡紧急情势中，以减免履行《公约》义务的方式尽可能恢复正常秩序，因此具有非常性和临时性。

（一）克减的含义和目的

与对限制未予说明不同，《公约》本身说明了克减的含义，尤其是其中文本。《公约》第4条第1款英文本规定，"the States Parties to the present Covenant may take measures *derogating* from their obligations under the present Covenant"（强调为后加），对于其中的"derogating"或第4条第2、3款中使用的"derogation"并无界定。《公约》第4条第1款中文本的相应表述则是，"本公约缔约国得……采取措施，减免履行其依本公约所负之义务"。与英文中的"derogating/derogation"相对应的用语"减免履行"说明了克减的含义，即克减是缔约国在第4条第1款所规定的情况下，以某种措施减少或免于履行其根据《公约》所承担义务的情况。

《公约》第4条第1款的约文在一定程度上也揭示了克减的目的。克减措施是在"危及国本"的"紧急状态"时期采取的、为"此种危急情势绝对必要"的措施。与"危及国本"相对应的英文表述是"threatens the life of the nation"，可理解为"危及国家生死存亡"。因此，克减的目的在于，在发生危及国家生死存亡的紧急情势中，以减免履行《公约》义务的

---

[1] Communication No. 314/1988, *Bwalya v. Zambia*, para. 6.6.

方式应对、减缓和消除这种紧急情势。其背后的原理在于：只有在正常、良好秩序中，国家才能有效地履行其尊重和确保《公约》权利的义务；一旦发生威胁国家之生死存亡的紧急情势，作为履行义务之条件的正常、良好秩序就可能受到破坏，或者说"社会的有组织生活"处于不稳定状态或受到威胁，① 则国家为了维持或恢复秩序，就可能不得不减免履行某些义务即限制或暂停某些权利之享有和行使。克减是对紧急情势的一种理性反应，"更具体地说，克减使得在国内面对威胁的政府赢得应对危机的时间和法律上的喘息空间，同时向有关的国内民众传递一个信号，即权利的中止是暂时的、合法的"。② 克减可以理解为一种特殊的限制人权措施，其基础与许多人权要受到限制的逻辑一样，也在于平衡个人权利和社会作为一个整体的需要，"体现了在危机时期保护个人权利与保护国家需要之间的一种麻烦的妥协"；③ 只不过，在发生紧急情势时，天平要更多地向社会整体的需要倾斜——当然其最终目的是恢复能充分尊重和确保个人权利的正常状态，并为此较之往常更大程度地限制或暂停某些人权的享有或行使。"在国家的生存与严格执行人权之间的冲突中，国际法的原则支持国家的生存。"④ 因此，包括《公约》在内的人权条约必须承认和接受这一现实，并以诸如《公约》第4条一样的克减条款予以明确规定，但为了尊重和确保人权的根本目的，又将其置于国际法监管的框架之内。

（二）克减的性质

《公约》允许的限制措施和克减措施都是为了平衡个人权利与社会整

---

① 参见，International Law Association, "Paris Minimum Standards of Human Rights Norms in a State of Emergency", (1985) 79 *American Journal of International Law* 1072, para. (A) 1 (b); 诺瓦克：《评注》，第4条，第14段。

② Emilie M. Hafner - Burton, Laurence R. Helfer, and Christopher J. Fariss, "Emergency and Escape: Explaining Derogations from Human Rights Treaties", (2011) 65 *International Organization* 673, p. 675, 680 - 684.

③ Joan F. Hartman, "Derogation from Human Rights Treaties in Public Emergencies - A Critique of Implementation by the European Commission and Court of Human Rights and the Human Rights Committee of the United Nations", (1981) 22 *Harvard International Law Journal* 1, p. 2.

④ Claudio Grossman, "A Framework for the Examination of State of Emergency under the American Convention on Human Rights", (1986) 1 *American University Journal of International Law and Policy* 35, p. 36.

体的需要，但两者的目的、性质、范围、条件和效果是不同的。[1] 目的不同在于：限制是为了维护既存的社会有组织生活，而克减是为了恢复被紧急情势破坏或直接威胁的社会有组织生活。性质不同在于：克减具有"非常性质和临时性质"，[2] 也就是说，缔约国克减《公约》权利的措施不能是一种常态，而只能是在特定时期内、针对特定情况采取的非常规的、暂时的应对办法，通常导致对人权较平时更多的限制，目的在于应对危急情况；而限制性条款所允许的限制具有一般性质和恒常性质，在任何情况下，只要这些条款所规定的条件得到了满足，就可适用。

《公约》第4条的约文尽管没有明文规定克减措施应具有非常性和临时性，但其第1款所规定的——从其英文本翻译——"在公共紧急状态时"以及"克减的程度以紧急情势所严格需要者为限"的要求就意味着，克减只能是非常性和临时性的：当紧急情势不再需要以克减措施应对时，克减《公约》权利就失去了必要性和正当性。克减的非常性指的是措施的性质，即所采取的措施属于例外，是正常的限制措施以外的措施；克减的临时性指的是措施的持续时间，即所采取的措施只能在要求此等措施的紧急情势期间持续，一旦要求采取此等措施的威胁不复存在，就要取消此等措施，全面恢复对权利的尊重和确保。[3] 在这一方面，第4条第3款规定的通知其他缔约国终止克减日期的要求也意味着，克减不能是无限期的，而应该有一个确定的期限。"非常性"和"临时性"实际上是相互关联的：如果非常措施延续过长时间，就成为常规，而不再是例外的；如果临时措施成为通常情况，就会一直延续，而不再是短暂的。

克减措施之所以应具有非常性和临时性，是因为缔约国的"主要目标必须是恢复正常状态，以重新确保对《公约》的全面尊重"。[4] 然而，在实践中存在两种情况，使得克减措施成为一种常规的、长期的情况，而不是非常的、临时的情况。一种情况是长期实行紧急状态。例如，联合国防止

---

[1] Kiss, "Permissible Limitations on Rights", p. 290.
[2] 第5号一般性意见，第3段；第29号一般性意见，第2段。
[3] See Grossman, "A Framework for the Examination of State of Emergency under the American Convention on Human Rights", pp. 36, 51; Jaime Oraá, *Human Rights in States of Emergency in International Law* (Clarendon Press, 1992), p. 30.
[4] 第29号一般性意见，第1段。

歧视和保护少数小组委员会任命的研究戒严或紧急状态对人权影响的特别报告员奎斯蒂奥在1982年援用美洲人权委员会1978年的一份报告指出，巴拉圭从1929年起，除了1947年的6个月以外，一直处于戒严状态。① 以色列则是自1948年5月建国以来，就一直处于紧急状态。② 埃及从1981年起，不间断地实施紧急状态。对此，委员会在1993年审议埃及第二次报告的结论性意见中，对紧急状态时间之长表示关切；③ 在2002年审议埃及第三次报告的结论性意见中，委员会指出令其不安的是，该国1981年宣布的紧急状态仍然有效，而这意味着该国自此时起一直处于半永久性的紧急状态中，并建议埃及考虑审查保持紧急状态的必要性。④ 另一种情况是每次宣布的紧急状态为期不长，但反复延长。例如，危地马拉自2001年以来，已经向联合国秘书长提交了70多次克减通知；⑤ 秘鲁则更甚——该国自1983年以来，几乎一刻不停地在全国许多省和行政区宣布或延长紧急状态。⑥ 对于这种情况，苏珊·马科斯正确地指出：

> 如果紧急措施的目的只是假装达到将来的正常状态，它们在事实上就经常成为一种阻碍正常状态的方式。或者可以说，它们往往成为正常状态。紧急状态看来极易从例外转变为规则，从非常情况转变为正常的、无限期存在的情况。⑦

---

① N. Questiaux, "Study of the implications for human rights of recent developments concerning situations known as states of seige or emergency", E/CN. 4/Sub. 2/1982/15 (1982), para. 114.
② 对以色列初次报告的结论性意见，CCPR/C/79/Add. 93 (1998), para. 11; CCPR/C/ISR/CO/3 (2010), para. 7。See also John Quigley, "Israel's Forty – Five Year Emergency: Are There Time Limits to Derogations from Human Rights Obligations?", (1994) 15 *Michigan Journal of International Law* 491.
③ CCPR/C/79/Add. 23 (1993), paras. 7, 9.
④ CCPR/CO/76/EGY (2002), para. 6.
⑤ 委员会在2012年审议危地马拉第三次报告的结论性意见中，"对政府频频宣布依《公共秩序法》规定只应作为例外特殊措施的紧急状态"表示关切：CCPR/C/GTM/CO/3 (2012), para. 12。
⑥ 委员会在2013年审议秘鲁第五次报告的结论性意见中关切地注意到，"该缔约国频频宣布进入紧急状态并克减《公约》所载的权利，……而克减权本应只在真正的特殊情况下使用"：CCPR/C/PER/CO/5 (2013), para. 15。
⑦ Susan Marks, "Civil Liberties at the Margin: the UK Derogation and the European Court of Human Rights", (1995) 15 *Oxford Journal of Legal Studies* 69, p. 86.

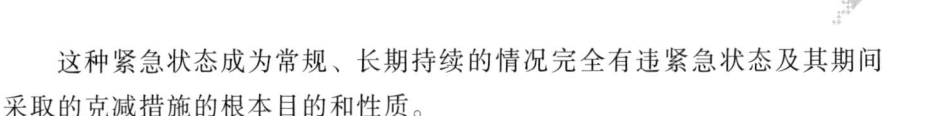

这种紧急状态成为常规、长期持续的情况完全有违紧急状态及其期间采取的克减措施的根本目的和性质。

四 克减的条件和限制

《公约》承认，缔约国为了应对、减缓和消除危及国家生死存亡的紧急情势，可以减免履行《公约》义务。然而，如果国家在紧急情势中减免人权义务的权力不受制约，这种权力就可能被滥用，从而造成对人权的侵害。《公约》必须在尊重国家维持和恢复其秩序的正当主权权利与防止滥用克减权力、保护个人权利之间寻求一种平衡，因此为克减《公约》义务规定了一系列的条件和限制。[①]

（一）克减的条件

《公约》起草者认识到，有必要允许缔约国在紧急状态时期克减其义务，但同时认识到，一种笼统的例外条款将很容易导致滥用，因此必须小心地作出规定，以明确在哪些条件下，可以实行克减。[②]《公约》第4条为缔约国采取克减措施设定了一系列的条件，[③] 这些条款可以分为实质条件和形式条件。

缔约国采取克减措施的实质条件只有一项，即紧急情势必须危及国家生死存亡。该项条件规定在第4条第1款中，其中文本中的相关表述是："如……紧急状态，危及国本，本公约缔约国得……采取措施，减免履行其依本公约所负之义务"。其中的"危及国本"可能并不容易理解，其含义可以参照英文本中的表述理解："[i] n time of *public emergency which threatens the life of the nation*..., the States Parties to the present Covenant may

---

[①] See Scott P. Sheeran, "Reconceptualizing States of Emergency under International Human Rights Law: Theory, Legal Doctrine, and Politics", (2013) 34 *Michigan Journal of International Law* 491, pp. 507–508.

[②] Jaap A. Walkate, "The Human Rights Committee and Public Emergencies", (1982) 9 *Yale Journal of World Public Order* 133, p. 134.

[③] 德舒特将第4条规定的要求总结为六项"条件"，Olivier De Schutter, *International Human Rights Law: Cases, Materials, Commentary* (Cambridge University, 3rd edn, 2019), pp. 611–654；但其中有些条件实为对克减的限制。

take measures derogating from their obligations under the present Covenant"（强调为后加），即缔约国只能在紧急情势危及国家生死存亡之时，才可以宣布紧急状态、采取克减措施。

对于何为危及国家生死存亡的紧急情势，《公约》本身未予说明或列举。① 然而，《公约》的用语本身就清楚地表明，这种紧急情势必须是对国家的重大扰乱，而不能只是激烈程度并不高的社会骚乱——这在许多国家中都很常见。因此，"只有国家当局无法以平常可用的一般手段加以控制的严重的、可见的暴力性政治和社会对抗或暴乱"才算得上是第4条含义之内的"紧急情势"。② 对于可引起克减的紧急情势，重要的是其烈度，而非性质。而且，在《公约》英文本中，第4条第1款中"危及"用的是一般现在时（threatens），这意味着紧急情势必须是切实存在或迫在眉睫的，而非仅仅是可能的、潜在的或想象中的，而对紧急情势的这种切实性的要求是防止第4条被滥用的最有价值的制约。③ 委员会关于第4条的第29号一般性意见也没有列举哪些紧急状态符合危及国家生死存亡的标准，而只是举例式地提到了武装冲突、自然灾害、大规模示威游行（包括发生暴力情况）和重大工业事故，④ 而没有给出如何判断某种紧急状态是否已经达到危及国家生死存亡的程度的标准。对此，应该从《公约》以及第4条的目的及宗旨来理解。上文已经指出，《公约》第4条的目的在于确保国家能维持对尊重和确保人权必要的秩序，因此只有在某种情况构成对这种秩序的破坏时，宣布紧急状态才是必要的。《锡拉库萨原则》确定了"危及国家生死存亡"的两种情况（第39段）：（a）影响全体民众和全部或部分国家领土；（b）威胁人民的人身完整、国家的政治独立或领土完整或为确

---

① 格罗斯曼提出，某种危急情况要成为宣布紧急状态的理由，至少要符合三个条件：（1）原因是真实的或迫在眉睫的；（2）情况极为严重，国家可用以维持和平与安全的手段，包括对某些权利的法律限制，未曾凑效；（3）紧急情势影响作为一个政体的有组织共同体的持续生存。Grossman, "A Framework for the Examination of State of Emergency under the American Convention on Human Rights", pp. 42 – 45.

② Anna – Lena Svensson – McCarthy, *The International Law of Human Rights and States of Exception* (Martinus Nijhoff, 1998), p. 239.

③ Hartman, "Derogation from Human Rights Treaties in Public Emergencies", p. 16. 参见《锡拉库萨原则》第54段。

④ 第29号一般性意见，第3、5段。

保和保护《公约》确认的各项权利所必不可少的机构的存在或基本运转。

符合这些标准的情况中,最容易令人想到的是战争。[①] 但是,由于建立联合国的目标就是防止战争,而《公约》不应设想——即使是用暗含的方式——战争的可能性,[②] 因此第 4 条没有明确提到战争。[③] 作为对比,《欧洲人权公约》第 15 条第 1 款和《美洲人权公约》第 27 条第 1 款都明确提到了"战争"作为克减的理由。尽管由于外敌入侵造成的战争是最易想见的、也是起草《公约》时设想的危及国家生死存亡的紧急情势,但从《公约》生效后的实践来看,只有少数国家(如尼加拉瓜、阿塞拜疆以及以色列——部分程度上)在克减通知中,明确指出其实行紧急状态的理由是国际性武装冲突。绝大部分根据第 4 条宣布紧急状态、克减《公约》权利的国家都是基于某种国内的政治性和社会性困难处境,例如内战、叛乱、骚乱、颠覆活动、恐怖活动、犯罪浪潮、社会动荡等,还有极少数缔约国宣布紧急状态是因为自然灾害(如飓风、风暴等)。另外,第 4 条的起草过程和委员会第 29 号一般性意见基本没有考虑、学者著述也很少提到的是严重的传染病大规模流行的情况,而这种情况有可能危及国家生死存亡,从而成为采取克减措施的理由。例如,在 2020 年新型冠状病毒肺炎疫情(新冠疫情)突发并迅速蔓延全球之后,世界上有许多国家宣布了紧急状态,其中有 22 个国家根据第 4 条第 3 款提交了克减通知。[④]

不过,按委员会在第 29 号一般性意见(第 3 段)中所称,"并非每一起骚乱或灾祸都符合第 4 条第 1 款的规定,属危及国家生死存亡的公共紧急状态";《锡拉库萨原则》也认定(第 40 段),"不构成对国家生死存亡的严重和紧迫威胁的内部冲突和动乱不得作为采取第 4 条克减措施的理

---

① A/2929, Chapter V, para. 37.
② A/2929, Chapter V, para. 39. See Higgins, "Derogations under Human Rights Treaties", pp. 286 - 287.
③ 曾担任委员会委员的福斯托·波卡尔认为这种理由很牵强,混淆了作为一种法律状态的战争和仅仅是作为一种事实的战争。Fausto Pocar, "Human Rights under the International Covenant on Civil and Political Rights and Armed Conflict", in Lal Chand Vohrah et al. (eds.), *Man's Inhumanity to Man: Essays on International Law in Honour of Antonio Cassese* (Kluwer Law International, 2003) 729, p. 730.
④ 参见人权事务委员会针对新冠疫情期间克减《公约》所规定权利的意见:《关于在 COVID - 19 疫情方面克减〈公约〉的声明》,https://www.ohchr.org/Documents/HRBodies/CCPR/COVIDstatementCH.pdf(最后访问时间:2020 年 6 月 15 日)。

由"。委员会还指出："《公约》要求，即使在武装冲突期间，也只能在威胁到国家存亡的情势下并在此范围内，才允许采取克减《公约》的措施。如果缔约国考虑在武装冲突之外的情况下援引第4条，它们应仔细考虑其合理性，以及为什么在这些情况下这一措施是必要和正当的。"有人认为，这清楚地意味着是对下述一种观点的警告，即武装冲突或存在恐怖主义行为必然等于要求采取克减措施的紧急情势，因为在远离一国本土发生的国际武装冲突不能成为本土上的个人需要受制于紧急状态的原因，恐怖主义行为也并不必然需要克减作为有效的应对手段——这将取决于具体情况。①

存在某种紧急情势只是宣布紧急状态、克减《公约》权利的必要条件而非充分条件。对于某种紧急情势是否危及国家生死存亡，或者用不那么修饰性的语言说，根本性地威胁"社会的有组织生活"以及对尊重和确保人权必要的秩序，可能各国的判断并不相同。一方面，如果缔约国判定某种紧急情势不需要以宣布紧急状态、采取克减措施来应对，则即使在这种情势极为严重、从客观上来讲可能危及国家生死存亡之时，也可能并不宣布紧急状态。例如，印度在1984年的博帕尔毒气泄漏事件之后、苏联在1986年的切尔诺贝利核电站泄漏事故之后、美国在2001年的"9·11"恐怖袭击之后、日本在2011年的"3·11"大地震及其引起的海啸和福岛核电站泄漏之后，都没有根据《公约》第4条宣布和采取克减措施。另一方面，一些缔约国对于在其他缔约国可能并非不存在的情况，如社会动荡或局部冲突，则采取了克减措施。还例如，尽管新冠疫情影响了全世界所有国家，许多国家也宣布了紧急状态或采取了紧急措施，但只有22个缔约国根据第4条第3款提交了克减通知，而这些国家的疫情远说不上是最严重的。此外，尽管如《锡拉库萨原则》所述（第41段），"经济困难本身不能作为克减措施的理由"，但诺瓦克则认为，"大范围的经济危机或连年的饥荒，以及导致社会和政治动荡的不发达状况，在极端的情形下，可以被相应地当作是危及国家生死存亡的紧急事态"。② 因此，尽管对于危及国家

---

① Doswald-Beck, *Human Rights in Times of Conflict and Terrorism*, p. 82.
② 诺瓦克：《评注》，第4条，第25段。See also Hartman, "Working Paper for the Committee of Experts on the Article 4 Derogation Provision", p. 105.

生死存亡可能并无客观标准，但确实存在缔约国实际上出于其他原因而滥用这一理由的危险。例如，在第 29 号一般性意见中（其注 1），委员会就提到了对若干缔约国证明其紧急状态的理由的关切。

缔约国采取克减措施的形式条件有两项，即正式宣布和作出通知。第 4 条第 1 款要求，为应对公共紧急状态采取的克减措施需"正式宣布"。委员会在第 29 号一般性意见中指出（第 2 段），一个国家在援引第 4 条之前，必须先符合两个基本条件，除了紧急情势已经危及国家生死存亡，还有缔约国必须已经正式宣布紧急状态。委员会指出："后一要求对于维持在紧急状态时期最需要的法定原则和法治原则至关紧要。在宣布可能引起克减《公约》任何条款的紧急状态时，各国必须根据其规范紧急状态之宣布和紧急权力之行使的宪法以及其他法律规定行事。"因此，"各国必须援用某种国内程序以通知其民众存在所涉紧急状态"，① 这样，民众才能知道紧急措施的确切适用范围，即适用于哪些具体情况、什么地域和什么时间，以及这些措施对人权行使的影响。② 琼·哈特曼认为，要求紧急状态正式宣布的要求对克减是"一种宝贵的控制"，因为这要求紧急权力必须按照国内法律的要求行使，因而可以防止无理的、任意的克减，维持宪法和法律在紧急状态时期为政府施加的限制，"迫使实行克减的政府在紧急状态的一开始就公开行为，并使得对侵害基本权利的情况作事后辩解失去正当合理性"。③ 从委员会的意见还可以看出，"正式宣布"不仅是履行一道手续，而且具有实质性法律效果。首先，法定原则要求，对于宣布紧急状态、采取克减措施，法律必须事先清楚、精确地规定有权机关、宣布条件、实施程序、救济保障等方面。④ 其次，法治原则要求，这些法律规定应合理，缔约国应严格据其行事，而且立法机关和司法机关应有权监督和

---

① Joseph and Castan, *The International Covenant on Civil and Political Right: Cases, Materials, and Commentary*, p. 919.
② 诺瓦克：《评注》，第 4 条，第 19 段。
③ Hartman, "Derogation from Human Rights Treaties in Public Emergencies", p. 18; Hartman, "Working Paper for the Committee of Experts on the Article 4 Derogation Provision", p. 99.
④ 例如见委员会的结论性意见：阿塞拜疆，CCPR/C/79/Add. 38（1994），para 7；尼泊尔，CCPR/C/79/Add. 42（1995），para 9；赞比亚，CCPR/C/79/Add. 62（1996），para 11；摩洛哥，CCPR/CO/82/MAR（2004），para 10；伯利兹，CCPR/C/BLZ/CO/1（2013），para. 14；印度尼西亚，CCPR/C/IDN/CO/1（2013），para. 9。

审查紧急状态和克减措施的各个方面是否符合这些法律规定,① 而委员会则有权监督这些规定是否能够和确保遵守第 4 条。②

作出通知是缔约国采取克减措施的第二项形式条件。《公约》第 4 条第 3 款规定,行使其克减权力的缔约国,应立即将其克减的《公约》条款和理由,经由联合国秘书长转知其他缔约国;在终止克减时,也应另行转知。正式宣布和作出通知这两项条件的不同是:前者是国内法层面的要求,而且是实行紧急状态、采取克减措施的"一项绝对必要条件";③ 后者则是国际法层面的要求,而且并不影响缔约国的实质性克减权力。委员会第 29 号一般性意见提出(第 17 段):"委员会监督一缔约国的法律和做法是否遵守第 4 条的职责并不取决于该缔约国是否作出了通知。"约瑟夫认为,这在事实上肯定了缔约国即使没有根据第 4 条第 3 款作出合适的通知,也可以依赖实质上的克减权。④ 曾担任委员会委员的奈杰尔·罗德利也认为,一缔约国未遵守国际人权公约中有关就克减作出通知的程序性规则,并不能作为克减没有发生或无效的证据。⑤ 表面上,这种通知义务并不是宣布紧急状态、克减《公约》权利的实质性条件,然而,委员会委员托姆沙特认为,第 4 条第 3 款的要求"不仅仅是一种形式"。⑥ 委员会在第 29 号一般性意见(第 17 段)中指出了这种通知的两种作用:"这种通知,不但对于委员会履行其职能极为重要——特别是在评估缔约国所采取的措施是否为紧急情势所绝对必要之时,而且对于允许其他缔约国监督它是否遵守《公约》各条款也很重要。"就第一种作用,尽管委员会监督缔约国实行紧急状态、采取克减措施是否遵守第 4 条的责任并不取决于该缔约国是否作出了通知,但作出通知必然有助于委员会作更有效、更准确评估。就

---

① 参见《锡拉库萨原则》第 55 段;委员会的结论性意见:斯里兰卡,CCPR/C/79/Add. 56 (1995), para. 13;哥伦比亚,CCPR/C/79/Add. 76 (1997), para. 38。
② 第 29 号一般性意见,第 2 段。
③ Angelika Siehr, "Derogation Measures under Article ICCPR, with Special Consideration of the War against International Terrorism", (2004) 47 *German Yearbook of International Law* 545, p. 553;诺瓦克:《评注》,第 4 条,第 17 段。
④ Sarah Joseph, "Human Rights Committee: General Comment 29", (2002) 2 *Human Rights Law Review* 81, p. 96.
⑤ Communication No. 1472/2006, *Sayadi* et al. v. *Belgium*, Individual opinion Nigel Rodley (concurring).
⑥ CCPR/C/SR. 469 (1983), para. 19.

第二种作用，应该注意，尽管实践中，通知的真正对象是负责监督缔约国遵守和履行《公约》情况的委员会，但按照第4条第3款的明确规定，应该通知的是其他缔约国。这一规定意味着，其他缔约国对于得到通知、知晓实行紧急状态的国家遵守和履行《公约》的情况，具有法律上的利益。因此，波卡尔就提出，宣布紧急状态和通知其他缔约国都是合法克减《公约》权利的"必要先决条件"。[1] 而没有以适当形式及时作出克减通知，就违反了针对其他缔约国承担的义务。[2]《锡拉库萨原则》则决然强调（第47段）："未能以适当形式就其克减措施立即发出通知的缔约国违反其对其他缔约国的义务；可剥夺其在《公约》规定的程序中本来可以获得的辩护权。"

这种通常所说的克减通知中，除了应明确指出所克减的各项规定以外，还"应包括有关所采取之措施的全部资料，以及对采取措施之理由的明确解释，并附上有关其法律的全部文献"。[3] 但在实践中，这些义务并不总是得到遵守。有些缔约国实行了紧急状态却没有作出通知，以至于委员会只是在审议缔约国报告的过程中，才偶然注意到紧急状态的存在和缔约国是否克减了《公约》条款的问题。例如，叙利亚宣布紧急状态的法令自1963年起就一直有效，但叙利亚从未经由秘书长通知其他缔约国；[4] 埃及自1981年起开始不间断地实施紧急状态，但没有经由秘书长通知其他缔约国；[5] 黎巴嫩1983年和1996年曾宣布处于紧急状态，但没有经由秘书长通知其他缔约国。[6] 另外，虽然绝大部分实行紧急状态、采取克减措施的缔约国按第4条第3款作出了通知，但几乎没有哪个克减通知能满足委员会的要求。[7] 有些国家的通知的内容并不全面和充分，只是"包含了一项

---

[1] Pocar, "Human Rights under the International Covenant on Civil and Political Rights and Armed Conflict", p. 735.

[2] Siehr, "Derogation Measures under Article ICCPR", p. 555.

[3] 第29号一般性意见，第17段。参见《锡拉库萨原则》第45段对通知内容的更详细列举。

[4] 对叙利亚第二次报告的结论性意见，CCPR/CO/71/SYR (2001), para. 6。

[5] 对埃及第二次报告的结论性意见，CCPR/C/79/Add. 23 (1993), para. 7。但是埃及代表团向委员会保证，这完全不是故意的。

[6] 对黎巴嫩第二次报告的结论性意见，CCPR/C/79/Add. 78 (1997), para. 10。

[7] Joseph and Castan, *The International Covenant on Civil and Political Right: Cases, Materials, and Commentary*, p. 920.

简单的声明,提到社会紧急状态是克减若干项权利的根据,而不对克减为何必要作出任何进一步的解释"。①

(二) 对克减的限制

与对《公约》权利的限制一样,缔约国的克减权力也不是无限的,而是要受到法治原则的一般限制以及《公约》第 4 条规定的具体限制。② 由于"紧急状态一直被极为频繁地用作粗暴侵害人权的借口",③ 因此"不言而喻的是,在社会或政治情况紧张、侵害权利的诱惑最大之时,基本权利恰恰最重要"。④ 为此,《公约》第 4 条第 1 款明确规定了三项具体限制来制约缔约国滥用紧急状态和克减措施的可能,即采取的克减措施必须在危急情势绝对必要之限度内、不得抵触缔约国依国际法所负的其他义务以及不得引起歧视。这些限制是针对可予克减的权利。另外,第 4 条第 2 款规定,有些《公约》条款是不可克减的——其所规定的权利通常被称为"不可克减权利"。这是克减《公约》问题中最受重视的方面,宜以单独部分分析。

即使发生了危及国家生死存亡的紧急状态,缔约国所采取的措施也必须在此种危急情势所绝对必要的限度内。委员会指出,"这一要求涉及紧急状态的期限、地理范围和事项范围,以及由于紧急状态所援用的任何克减措施","反映了对克减权力和限制权力都适用的比例原则"。⑤ 诺瓦克则认为,比例原则与不可克减权利的清单一道,"表现为对可允许之克减权力的最重要限制"。⑥ 因此,无论是紧急状态的期限、地理范围、事项范围还是所采取的克减措施,都必须与危急情势所绝对必要的限度严格成比例。

---

① Pocar, "Human Rights under the International Covenant on Civil and Political Rights and Armed Conflict", pp. 730 – 731.
② 约瑟夫和卡斯坦将第 4 条规定的要求都归结为"对克减权力之实质性限制",Joseph and Castan, *The International Covenant on Civil and Political Right: Cases, Materials, and Commentary*, pp. 911 – 921, 但其中有些条件实为克减的条件。
③ Joseph, "Human Rights Committee: General Comment 29", p. 98.
④ Hartman, "Derogation from Human Rights Treaties in Public Emergencies", p. 11.
⑤ 第 29 号一般性意见,第 4 段。参见《锡拉库萨原则》第 51 段。
⑥ 诺瓦克:《评注》,第 4 条,第 16 段。See Hartman, "Working Paper for the Committee of Experts on the Article 4 Derogation Provision", p. 94.

第一，紧急状态的期限必须符合比例原则，这也呼应了上文提到的克减措施的临时性质。缔约国只能在所涉情况危及国家生死存亡期间实行紧急状态，一旦所涉情况减弱到"社会的有组织生活"不再受到根本威胁，就不再有必要实行紧急状态，当然也就没有必要采取克减措施。但正如上文所指出的，在实践中，许多国家长期实行紧急状态，这样的情况很可能无法通过比例性检测。当然，长时期或反复采取克减措施并不必然违反《公约》第4条，但是，缔约国必须证明在所涉时期内，克减的诸项要求都得到满足。

第二，紧急状态的地理范围必须符合比例原则。尽管第4条第1款提到的是"国家"的生死存亡，但受紧急情势影响的不必是整个国家，而可以是一国的部分地区。因此，在紧急情况仅限于一国之部分领土、仅使得该部分领土上"社会的有组织生活"受到根本威胁的情况中，比例原则要求只能在该部分领土上实行紧急状态、采取克减措施。在实践中，许多实行了紧急状态、采取了克减措施的缔约国在其通知中明确地划定了其所适用的地域范围，一般是以行政区域界定。例如，英国就曾数次宣布在北爱尔兰实行紧急状态并克减部分《公约》权利。如果紧急情况仅限于一国之部分领土，而该国在全境实行紧急状态，这样的情况也可能无法通过比例性检测。

第三，紧急状态的事项范围必须符合比例原则。委员会没有解释"事项范围"的含义。但在《公约》的语境中，这只能指受到影响的权利。一方面，即使在紧急状态时期，缔约国也不得克减不可克减的权利；另一方面，即使对于可予克减的权利，缔约国也只能克减其被克减对于应对危急情势所绝对必要的权利或权利的某些方面，而不能以紧急状态为由克减所有可予克减的权利或某一可予克减权利的全部范围。例如，尽管第17条没有被列入第4条第2款，因此隐私权并非不可克减的权利，但是，很难想象，克减隐私权对于应对任何危急情势是绝对必要的。

第四，紧急状态所援用的任何克减措施必须符合比例原则。这一点从紧急状态的事项范围必须符合比例原则又向前进了一步："对某一具体条款的一项可允许克减可能因情势之紧急而合理，但仅仅这一事实并没有排除这样一个要求，即根据克减所采取的特定措施也必须反映这是情势紧急之所需。"① 因此，即使克减为应对危急情势所绝对必要的权利或权利的某些方面，所采取的克减措施也必须与维持或恢复秩序或"社会的有组织生活"的目的成比例。这意味着，首先，即使发生危急情势，如果根据《公约》的限制性规定采取的一般性限制措施便足以应对，则不应采取克减措施。② "在紧急情势下对某些《公约》义务的克减，显然有别于《公约》若干条款规定的即使在正常情况下也允许的限制或限定"，③ 但是，缔约国首先需要诉诸和用尽一般性限制措施，而不能直接跳到克减措施，因为后者的侵扰性显然大于前者。这就要求，缔约国要为根据这一宣布采取的克减措施提出确切的正当理由，"不但证明这一情势危及国家存亡，而且证明它采取的克减《公约》的所有措施都是情势之紧急所绝对必要的"。④ 委员会以第 12 条规定的迁徙自由和第 21 条规定的集会自由为例指出——这属于实践中最经常被克减的权利，采取这些条款本身规定的限制措施可能已经足够，情势之紧急不足以成为克减有关条款的正当理由。⑤ 对此，可作为例证的是，在新冠疫情期间，几乎所有提交了克减通知的国家宣布克减的条款中，都包括了第 12 条和第 21 条（仅泰国只克减第 12 条）。但实际上，这两条都将"公共卫生"明确列为限制所涉权利的理由，因此缔约国完全有可能依赖这一理由限制迁徙自由和集会自由，而不必诉诸克减措施。尽管全世界所有国家都被新冠疫情波及，但只有 22 个国家明确作出克减通知（虽然实行紧急状态的国家更多）的事实，也证明了这一点。约瑟夫认为，委员会的观点"可以类推适用于所有包含限制条款的规定"；⑥ 约瑟夫和卡斯坦甚至提出，鉴于对绝大多数《公约》权利的可予允许的限制相当广泛，"难以理解超出这些可予容许的限制之外的措施如何能满足比例性的严格检测，哪怕是在最严重的紧急状态中"，"如何为应对公共紧急状态所必要"。⑦ 其次，即使采取克减措施，其基本要求与上文所述限制权

---

① 第 29 号一般性意见，第 4 段。
② 参见《锡拉库萨原则》第 53 段。
③ 第 29 号一般性意见，第 4 段。
④ 第 29 号一般性意见，第 4 段。
⑤ 第 29 号一般性意见，第 5 段。
⑥ Joseph, "Human Rights Committee: General Comment 29", p. 91.
⑦ Joseph and Castan, *The International Covenant on Civil and Political Right: Cases, Materials, and Commentary*, pp. 912, 922.

利的措施必须符合比例原则的要求相同，但可能需要更严格地适用。

　　缔约国采取的克减措施不得抵触其依国际法所负的其他义务。委员会在第 29 号一般性意见中指出（第 9 段）："如果克减《公约》会导致违反一国之不论基于条约或一般国际法的其他国际义务，则《公约》第 4 条都不能被解释为克减《公约》的正当理由。"本来，在法律逻辑上，缔约国根据《公约》承担的义务作为一方面，基于一般国际法或其作为缔约国的其他条约所承担的义务作为另一方面，是相互独立的，《公约》没有必要关注其缔约国的克减措施是否违反了该国的其他国际法律义务，但第 4 条第 2 款通过明确规定克减措施不得抵触缔约国依国际法所负之其他义务，将这两方面联系起来，使得《公约》允许克减不能成为不履行后一方面义务的理由。这一规定目的在于能够在所有可用的国际法规范相互补充的情况中，适用对于保护人权最有利的规范，从而在紧急状态中为人权提供最大程度的保护。① 可以说，这为缔约国规定了一项具有"外溢性"的义务，即克减措施要受到缔约国的其他国际法义务的制约，甚至可以说某种程度上扩大了不可克减权利的范围。② 例如，第 4 条第 2 款并没有将规定儿童权利的《公约》第 24 条列为不可克减条款，但由于《儿童权利公约》——除美国之外的所有《公约》缔约国都是其缔约国——并没有关于紧急状态和克减权利的规定，因此，如果《公约》缔约国克减第 24 条的措施将违反《儿童权利公约》中的任何规定，则缔约国将无权采取这种克减措施，而《儿童权利公约》规定的所涉权利事实上也成为对于《公约》缔约国而言不可克减的权利。缔约国采取的克减措施不得抵触其依国际法所负的其他义务这一点，实际上是《公约》第 5 条第 2 款所确认的原则——《公约》不得作为限制或克减依其他渊源而存在之人权的理由——的一个具体体现。

　　《公约》缔约国依国际法所负的其他义务既可能是一般国际法下的义务，也可能是其作为缔约国的条约所规定的义务。就后者，委员会第 29 号一般性意见（第 16 段）特别提到了"国际人道法的规则"。这是因为，武

---

① See Ralph Alexander Lorz, "Possible Derogations from Civil and Political Rights under Article 4 of the ICCPR", (2003) 33 *Israel Yearbook on Human Rights Yearbook* 85, pp. 100 – 101.

② Grossman, "A Framework for the Examination of State of Emergency under the American Convention on Human Rights", p. 53.

装冲突是援用第 4 条规定的克减权的一种典型情况。而在武装冲突中，一方面包括《公约》在内的国际人权法的保护并不停止，另一方面作为特别法的国际人道法开始适用。[①] 此时，如果《公约》缔约国采取的克减措施能够损抑其根据国际人道法承担的义务，例如即使在武装冲突时期也要保障获得公正审判权的某些内容，那么本来目的就在于在武装冲突这种非常情况中提供最低限度保护的国际人道法就将失去其作用的很大一部分。因此，《公约》缔约国的克减措施不得抵触其接受的任何国际人道法条约，也不得抵触以 1949 年四项日内瓦公约共同第 3 条为代表和核心的国际人道法习惯规则。委员会在第 29 条一般性意见（第 10 段）的注解中，还特别提到了《儿童权利公约》。推而广之，《公约》缔约国根据其所接受的其他普遍性或区域性人权条约所承担的义务当然也属于克减措施不得抵触之列。此外，国际劳工法、国际难民法、国际刑法乃至国际卫生法等领域中的条约义务，也可能构成对《公约》缔约采取的克减措施的限制。[②]

委员会的职权只是监督缔约国履行其根据《公约》承担的义务的情况，本身无权审查缔约国是否遵守了其根据其他条约所承担的义务。但是，由于克减措施不得抵触缔约国依国际法所负之其他义务所具有的外溢性，因此委员会在第 29 号一般性意见中提出（第 10 段），自己"有权将缔约国的其他国际义务考虑在内"，并提出缔约国在援引第 4 条第 1 款或根据第 40 条提交报告时，"应提出它们的、与所涉权利之保护有关的其他国际义务的资料，特别是那些适用于紧急状态时期的义务"。委员会的这种做法事实上起到了在一定程度中监督《公约》缔约国是否遵守和履行了其根据其他国际条约所承担义务的作用，这对于那些并没有像人权条约机构的监督机构的条约得到遵守，如国际人道法或国际难民法条约，有一定的助益。

缔约国采取的克减措施不得引起歧视。《公约》第 4 条第 1 款规定，

[①] See International Court of Justice, *Legality of the Threat or Use of Nuclear Weapons*, Advisory Opinion, 1. C. J. Reports 1996, p. 226, para. 25; *Legal Consequences of the Construction of a Wull in the Occupied Palestinian Territory*, Advisory Opinion, I. C. J. Reports 2004, p. 136, paras. 105–106.

[②] 参见《锡拉库萨原则》第 66 段："在这方面，应特别注意在社会紧急状态时期适用的日内瓦公约和国际劳工组织公约规定的各项国际义务。"

克减措施"不得引起纯粹以种族、肤色、性别、语言、宗教或社会阶级为根据之歧视"。非歧视原则是《公约》的一项核心原则。对此，委员会在第29号一般性意见中指出（第8段）：

> 尽管第26条或有关非歧视的其他《公约》条款（第2条、第3条、第14条第1款、第23条第4款、第24条第1款和第25条）未被列入第4条第2款中的不可克减条款内，但不受歧视权利的一些要素和方面在任何情况下都不能予以克减。特别是，在采取克减《公约》的措施时，如对不同的人作出任何区别，就必须遵守第4条第1款的规定。

不过，第4条第2款中有两点值得注意。首先，与《公约》第2条第1款和第26条列举的不得歧视的理由相比，第4条第1款中列举的歧视理由少了几项，即政见或其他主张、民族本源、财产、出生或其他身分。没有列出财产、出生或其他身分（如委员会在其意见中提到的婚姻、年龄等）不易理解，因为很难想象有任何克减措施可以正当合理地引起有关这些理由的区别对待。不过，由于委员会在第29号一般性意见中提出，"不受歧视权利的一些要素和方面在任何情况下也都不能予以克减"，因此可以认为，这些理由属于不得予以克减的方面。至于克减措施引起以政见或其他主张以及民族本源为根据的差别对待，不仅是第4条所明文允许的，而且在各国实行紧急状态、采取克减措施的实践中，也的确时有发生。[①]可以想象，在因为诸如外敌入侵而实行紧急状态的情况中，缔约国可能有必要限制在平时会允许的某些政治见解（例如禁止同情敌国或反对与敌国发生武装冲突的政治见解），或者给予本国境内与敌国主体民族属于同一民族的人不同于其他民族的人的待遇（例如更大限度地限制其迁徙自由）。其次，《公约》第4条第1款禁止的是"纯粹"（solely）以所列理由为根据之歧视。曾经担任委员会委员的罗莎琳·希金斯提出，使用"纯粹"一

---

① Joseph and Castan, *The International Covenant on Civil and Political Right: Cases, Materials, and Commentary*, p. 915.

词意味着只有刻意而为的歧视而非出于无心的歧视,才被禁止。[1] 因此,该款所禁止的是主观上带有歧视动机或意图的措施,而非这些措施所可能导致的某些个人基于某种客观原因可能处于权利受到更多限制的后果。例如,如果某一缔约国在紧急状态时期克减第9条,并宣称这种克减只针对信仰某一宗教者,这种差别对待将违反第4条第1款(也连带违反第2条第1款和第26条);[2] 但是,如果某一缔约国仅在本国的某一地理区域实施紧急状态,而这一地区恰恰是某一民族、宗教或语言上的少数群体的聚居区,那么这些少数人必然要受到克减措施的更大影响,但只要这些措施不是有意地针对这些人口群体,克减措施对他们的影响就不是"纯粹"基于其种族、语言或宗教,这种情况就不违反第4条第1款。[3]

(三) 不可克减权利

《公约》第4条第2款规定:"第六条、第七条、第八条(第一项及第二项)、第十一条、第十五条、第十六条及第十八条之规定,不得依本条规定减免履行。"这些条款一般被称为不可克减条款,其所规定的权利则被称为不可克减权利。在有关《公约》第4条的论述中,不可克减条款或权利是最受重视的方面。

《公约》第4条第2款共列举了七项不可克减的权利。[4] 在这一方面,可以将其与《欧洲人权公约》《美洲人权公约》规定的不可克减权利相比较。一方面,《公民及政治权利公约》规定的七项不可克减权利中,有四项即生命权、禁止酷刑以及残忍的或不人道的待遇、禁止奴隶制以及禁止刑法的追溯适用也被《欧洲人权公约》第15条和《美洲人权公约》第27条列为不可克减,两项权利(人格得到承认的权利以及信念和宗教自由)只被《美洲人权公约》列为不可克减,一项权利(禁止债务拘禁)则没有

---

[1] Higgins, "Derogations under Human Rights Treaties", p. 287.
[2] See Aryeh Neier, *The International Human Rights Movement: A History* (Princeton University Press, 2012), p. 103.
[3] 参见诺瓦克:《评注》,第4条,第29段; Thomas Buergenthal, "To Respect and to Ensure: State Obligations and Permissible Derogations", in Henkin, *The International Bill of Rights: The International Covenant on Civil and Political Rights* 72, p. 83。
[4] 另外,根据《第二任择议定书》第6条第2款,该任择议定书的缔约国还不得克减该任择议定书第1条第1款规定的权利,即任何人不得被判处死刑的权利。

被两项区域性公约列为不可克减权利——实际上这两项公约中就没有规定这一权利,因此也谈不上是否可予克减的问题。另一方面,也有一些被《欧洲人权公约》或《美洲人权公约》列为不可克减的权利不见于《公民及政治权利公约》第 4 条第 2 款的不可克减权利清单:《欧洲人权公约》第六议定书和第十三议定书规定的禁止死刑以及第七议定书规定的禁止双重归罪;《美洲人权公约》规定的家庭权利和儿童权利、获得姓名和国籍的权利、在被拘禁时获得人道待遇的权利、参与政府的权利以及对于保护其他不可克减权利至关重要的司法保障。

学术界经常将不可克减权利称为"最基本人权""核心权利""不可减损的核心""神圣不可侵害的权利""得到保留的基本权利",① 将其当作最重要的权利。然而,第 4 条第 2 款所规定的权利之所以被列为不可克减,实际上是出于两个不同的理由。首先,一些权利即第 6 条、第 7 条、第 8 条第 1、2 款规定的权利对于保护人的生存和完整"不可或缺",② 因此即使在紧急状态时期也不得减免,否则就将摧毁人权的整个根基。其次,另一些权利即第 11 条、第 15 条、第 16 条和第 18 条规定的权利可能并不那么重要,按第 24 号一般性意见所述(第 10 段),这些权利之所以被规定为不可克减,是因为或者"暂停这些权利对于合法控制国家紧急状态无关紧要(例如第 11 条规定的禁止债务监禁)",或者"克减实际上是不可能的(例如信念自由)"。③

不可克减权利与绝对权利是大部分重叠但并非等同的关系。将第 4 条第 2 款列举的权利与上文所述公认的绝对权利对比,可以看出,同时属于两者的是第 7 条、第 8 条第 1 款和第 2 款、第 11 条、第 16 条、第 18 条(部分)规定的权利。第 19 条第 1 款规定的持有意见的自由则是一项绝对权利,但并没有包括在不可克减权利清单中。对此可以有两种理解。一种理解是,由于这是一项绝对权利,而且其被克减无助于控制紧急状态或者

---

① Teraya Koji, "Emerging Hierarchy in International Human Rights and Beyond: From the Perspective of Non‑derogable Rights", (2001) 12 *European Journal of International Law* 917, p. 921.
② Oraá, *Human Rights in States of Emergency in International Law*, p. 94.
③ 参见第 29 号一般性意见第 11 段:"《公约》的一些其他条款(如第 11 条和 18 条)被包括在不可克减条款清单内,显然是因为在紧急状态下,从来没有必要克减这些权利。"

实际上不可能，因此也属于一项不可克减权利。实际上，委员会在第34号一般性意见中明确声称（第5段），第19条第1款规定的自由持有意见的权利不得克减。另一种理解是，由于第18条是不可克减的，因此作为思想自由之表现的意见自由可以通过第18条而在紧急状态时期得到保护。①

可以看出，绝大部分可以受到限制的权利也是可予克减的权利，但有两个例外，即第6条和第18条规定的权利：这些权利不可克减，但并非绝对权利。委员会第29号一般性意见指出（第7段）："理论上，一项《公约》条款被定性为不可克减，并不意味着任何限制或限定都不是正当合理的。"就第6条而言，其规定的生命权作为不可克减但可以限制的权利意味着，即使在紧急状态时期，缔约国对生命权的限制也不得超出正常时期对生命权的限制，例如允许未经正当程序的法外处决或即决处决。但是，如果紧急状态由国际法意义上的武装冲突引起，则因为国际人道法对此适用，所以尽管生命权仍不可克减，但对生命权的限制即剥夺生命是否"无理"，需要依据可适用的国际人道法规则判断。② 对此可以作为例证的是，《欧洲人权公约》第15条第2款同样将生命权列为不可克减，但同时明确规定了"除了因战争行为引起的死亡之外"的例外。《公约》第18条作为整体归属不可克减引起了一些疑问。上文已经指出，第18条第3款含有与第12条第3款、第19条第3款、第21条、第22条第2款中的规定类似的限制性规定，但是，第18条被列为不可克减条款。③ 有学者认为，考虑到《公约》第18条第3款对宗教或信仰自由规定了很宽的限制，第4条第2款将第18条列为不可克减很"怪异"，④"严格来讲"这些自由不应被列为不可克减的权利。⑤ 实际上，第18条包含的权利具有不同的性质。综

---

① Conte and Burchill, *Defining Civil and Political Rights*, p. 42.
② See Pocar, "Human Rights under the International Covenant on Civil and Political Rights and Armed Conflict", pp. 732 – 734.
③ 据称，在联合国大会第三委员会讨论《公约》草案之时，曾有国家提出从不可克减权利清单上删除第18条而增加第23条（当时的第22条），但未果，因为普遍的意见是这一清单上只应包括最基本的权利。Hartman, "Derogation from Human Rights Treaties in Public Emergencies", p. 10.
④ Hartman, "Derogation from Human Rights Treaties in Public Emergencies", p. 16.
⑤ Carmen Tiburcio, *The Human Rights of Aliens under International and Comparative Law* (Martinus Nijhoff, 2001) pp. 79 – 80.

合该条第1~3款解读，就会发现，保有或采奉自择之宗教或信仰的自由不得受到任何限制，是绝对权利；单独或集体、公开或私自以任何方式表示宗教或信仰的自由则可以受到限制。从克减的角度来说，第18条中不可克减的只是保有或采奉自择之宗教或信仰的自由，表示宗教或信仰的自由则是可以克减的——可以想象，在紧急状态时期，有可能禁止在平时允许的宗教礼拜活动。不过，由于这一目标可以通过克减第21条规定的集会自由或诉诸第18条第3款规定的限制而实现，因此又可以说克减是没有必要的。总之，"第6条和第18条受到的通常可予允许的限制已经给了缔约国足够的余地来应对可预见的紧急情势［，］实施超出这些限度措施就不可能是成比例的"。① 因此，即使在紧急状态时期，缔约国也不可克减第6条和第18条，对其规定的权利施予较平时更多的限制。

从《公民及政治权利公约》与《欧洲人权公约》《美洲人权公约》的不可克减规定的比较可以看出，对于哪些权利不可克减，可能并没有一定之规。《公约》第4条规定的不可克减权利的清单是"长时间讨论之后达成的折中的结果"，② 因此在《公约》生效后，随着有关公民权利和政治权利的实践的不断发展、理论的不断深入，也引起了广泛讨论和重新认识。最根本的问题是，第4条第2款是否穷尽了《公约》中所有不可克减的权利或其要素。约瑟夫提出，由于在起草《公约》之时，无法将每一《公约》权利的所有不可克减部分都包括在第4条第2款的不可克减权利清单之内，因此，从可克减的《公约》权利中分辨出某些不可克减的"碎片"可能是有道理的；③ 或者可以说，"《公约》的每一项规定都具有一个不可克减的内核"。④ 各种组织、机构和学者一直在努力辨识《公约》中这些不可克减的"碎片"或"内核"。例如，国际法协会1984年通过的《紧急状态时期人权规范的巴黎最低限度标准》就明确提出以下权利也不可克减：获得公正审判的权利、少数者的文化权利、家庭权利、获得姓名的权利、

---

① Joseph,"Human Rights Committee: General Comment 29", p. 90.
② 诺瓦克：《评注》，第4条，第20段。
③ Joseph,"Human Rights Committee: General Comment 29", p. 91.
④ Julian M. Lehmann, "Limits to Counter - Terrorism: Comparing Derogation from the International Covenant on Civil and Political Rights and the European Convention on Human",（2011）8 *Essex Human Rights Review* 103, p. 118.

获得国籍的权利、参与政府的权利以及获得诸如人身保护令等法律救济的权利。① 联合国人权事务高级专员办事处在国际律师协会的协助下编写的《司法工作中的人权》列举的 14 项不可克减权利中，除了《公约》第 4 条第 2 款所载权利之外，还包括被拘禁者获得人道待遇的权利、"一罪不二审"的权利、家庭权利、儿童权利、获得姓名的权利、获得国籍的权利、参与政府的权利以及获得程序性和司法性保护的权利。②

在《公约》生效后的实践中，根据《公约》宣布紧急状态、采取克减措施并向联合国秘书长提交通知的缔约国大多指明了所克减的《公约》规定，只有极少数国家只是泛泛地指出本国实行了紧急状态，但并未指明所克减的《公约》规定。③ 大体来看，经常被克减的《公约》规定（由多到少）是第 12 条、第 21 条、第 9 条、第 22 条、第 19 条、第 17 条、第 14 条，克减第 10、13、25 条的情况则极为少见。尽管这些条款都不属于不可克减条款，但委员会在第 29 号一般性意见中认为（第 13 段），在第 4 条第 2 款没有列出的条款中，"有些要素也不能根据第 4 条受到合法的克减"。不过，委员会没有全面列举这些要素有哪些，而只是举出了一些说明性的例证，其中包括第 10 条第 1 款规定的权利，禁止劫持人质、诱拐或拘禁而不予承认（涉及第 9 条），少数人的权利（涉及第 27 条），禁止没有国际法所允许的理由而实行驱逐出境或强行迁移人口（涉及第 12 条），第 20 条所规定的禁止，第 2 条第 3 款规定的救济义务④以及包括司法保障在内的程序性保障（涉及第 14、15 条）。

---

① International Law Association, "The Paris Minimum Standards of Human Rights Norms in a State of Emergency", (1985) 79 *American Journal of International Law* 1072; S. R. Chowdhury, *Rule of Law in a State of Emergency: The Paris Minimum Standards of Human Rights in a State of Emergency* (Pinter Publishers, 1989).

② Office of the United Nations High Commissioner for Human Rights (OHCHR), *Human Rights in the Administration of Justice: A Manual on Human Rights for Judges, Prosecutors and Lawyers* (United Nation, 2003), pp. 833 – 852.

③ 例如见乌拉圭于 1979 年作出的通知以及危地马拉于 1989 年作出的克减通知。诺克瓦：《评注》，第 1123、1070 页。

④ 苏丹曾表示克减第 2 条，希金斯认为在克减通知中含混地提及第 2 条"令人担忧"。Rosalyn Higgins, "Africa and the Covenant on Civil and Political Rights during the First Five Years of the Journal: Some Facts and Some Thoughts", (1993) 5 *African Journal of International & Comparative Law* 55, p. 61.

委员会在第 29 号一般性意见中有关除第 4 条第 2 款所列条款外、其他一些《公约》规定也不可克减的阐述，可能是这一意见中最有争议的部分。[①] 对委员会意见的仔细考察表明，其对更多不可克减要素的说明，可以分为不同类型。首先，有些要素不可克减的理由实际上在于其与缔约国可能依国际法所负之其他义务或者其他不可克减权利的联系。就前者，委员会自己提出，禁止劫持人质、诱拐或拘禁而不予承认"具有一般国际法规范的地位"；少数人权利中包括了"对灭绝种族的禁止"，没有国际法所允许的理由而实行驱逐出境或强行迁移人口"构成危害人类罪"，而灭绝种族罪和危害人类罪都是一般国际法意义上的罪行。就后者，虽然委员会提出第 10 条 "表达了一项不可予以克减的一般国际法规范"，但实际上，这一条规定的权利只有在与第 7 条的保障重叠的情况下，才不可克减；难以绝对地说，第 10 条中的每一要素在紧急状态时期均不可克减——例如在武装冲突时期，为了囚犯的安全而将其转移至不受武装冲突影响地区的监狱但造成后者过度拥挤，是完全无法接受和允许的。其次，有些要素可能并非不可克减。上文已经提出，第 10 条中有些规定并非不可克减；同样，紧急状态时期可能影响少数人权利的克减措施，只要未达到灭绝种族的地步，也很难说不得允许；至于救济的义务，委员会本身承认缔约国在紧急状态时期"可调整它们规范司法或其他救济的程序的实际运作"，尽管这必须是在危急情势绝对必要之限度内。在这一方面，值得肯定的是，委员会并没有像《美洲人权公约》《紧急状态时期人权规范的巴黎最低限度标准》《司法工作中的人权》那样，将家庭权利和儿童权利、获得姓名和国籍的权利、参与政府的权利等列为不可克减的权利。克减这些权利的确无助于应对紧急状态，然而，如果将不可克减权利的清单扩展至这样的权利，就将遮蔽第 4 条的根本理念，即某些人权在紧急情势中处于特别危险的境地，需要得到特别的保护，从而冲淡不可克减权利这一概念的重要性。最后，未被第 4 条第 2 款列为不可克减的《公约》条款中，可能的确有些要素一方面具有根本重要性，另一方面在紧急情势中可能特别容易受到损害，因此应该被认为不可克减。这样的要素，即委员会第 29 号一般性意见（第 14 段）所说的"《公约》作为一个整体必然蕴涵的法定原则和法

[①] See Joseph, "Human Rights Committee: General Comment 29", pp. 91-95.

治原则"所要求的司法保障——主要涉及第 9 条和第 14 条中的某些要素。① 对此,需要单独说明。

在不可克减权利的清单中,除了第 15 条之外,没有任何有关司法保障的规定,即不仅没有包括第 9 条和第 14 条,也没有包括这两条规定的任何特定权利。但是,"如果没有司法保障,个人就极其容易遭受政府人员施予的失踪、谋杀和酷刑"。② 有学者指出,考虑到日内瓦公约的附加议定书规定这些保障即使在武装冲突时期仍有效,《公约》没有将任何司法保障规定为不可克减"看来令人惊讶"。③ 实际上,在《公约》的起草过程中,就有一些国家如美国和法国曾提出在不可克减权利清单中包括不受无理逮捕并在被逮捕时立刻被告知指控的权利(规定在第 9 条中)以及获得公正和公开审判的权利(规定在第 14 条中)。④ 从《公约》生效以后的实践来看,在宣布紧急状态、克减《公约》权利的缔约国中,既有克减第 9 条的(较多一些),也有克减第 14 条的(较少一些)。这说明,对于这两条或其中规定的权利是否可予克减,并不存在共识。但是,随着对《公约》权利的更加全面、深入的认识,逐渐出现的主张是,至少这两条所规定的某些权利对于《公约》的目的及宗旨至关重要,因此在紧急状态时期也不得克减。例如,《锡拉库萨原则》(第 70 段)就指出,在紧急情势严格需要时,虽然第 9 条以及第 14 条规定的权利可以受到合法限制,"但剥夺对于人的尊严具有根本意义的某些权利,在任何可以设想的紧急状态下,均绝非严格需要[;]为保证不可克减权利的享有以及对这些权利遭到侵害的提供有效的救济,对这些权利的尊重乃是至关重要的",并详细列举了符合这些标准的权利。

对于《公约》第 9 条和第 14 条规定的权利中有些不可克减的认识,促成了就克减问题制订一项新的《公约》任择议定书(第三任择议定书)

---

① See Clémentine Olivier, "Revisiting General Comment No. 29 of the United Nations Human Rights Committee: About Fair Trial Rights and Derogations in Times of Public Emergency", (2004) 17 *Leiden Journal of International Law* 405.

② Doswald-Beck, *Human Rights in Times of Conflict and Terrorism*, p. 90. 原注省略。

③ Karl Josef Partsch, "Human Rights: Covenants and their Implementation", in Rüdiger Wolfrum and Christiane Philipp (eds.), *United Nations: Law, Policy and Practice* (Vol. 1, Verlag C. H. Beck/Martinus Nijhoff, New Revised English Edition, 1995) 592, p. 598.

④ Hartman, "Working Paper for the Committee of Experts on the Article 4 Derogation Provision", p. 116.

的提议。这最早是由防止歧视与保护少数小组委员会于 1989 年任命的两位有关获得公正审判权利的特别报告员斯坦尼斯拉夫·切尔尼琴科和威廉·特里特提出的。他们在 1993 年提出了一份《旨在保障所有情况下获得公正审判和救济的权利的〈公民及政治权利国际公约〉第三项任择议定书草案》,其中规定不可根据《公约》第 4 条克减《公约》第 9 条第 3、4 款和第 14 条的规定。[①] 小组委员会随后通过决议,要求联合国秘书长将此草案转发给各国政府、非政府组织和人权事务委员会,以提出书面意见和建议。[②] 人权事务委员会据此审议了第三项任择议定书的草案,但得出的结论是,将第 9 条第 3、4 款和第 14 条增列为不可克减的规定是"不可取的"。就第 9 条第 3、4 款,委员会看来赞同其不可克减性,因为一方面,缔约国普遍认为获得人身保护令和宪法保护令(amparo)的权利即使在紧急状态中也不应受到限制,另一方面,第 9 条第 3、4 款规定的救济——结合第 2 条解读——内在于作为一个整体的《公约》。但恰恰基于此,委员会担心,如果在一项任择议定书中将这两款规定为不可克减,反倒可能导致一种相当大的风险,即暗示缔约国,只要它们不批准这一任择议定书,就可以在紧急状态时期克减第 9 条的规定,这会造成在紧急状态时期削弱对被拘禁者的保护的不良效果。就第 14 条,委员会的理由看来正好相反,因为基本上不可能期望第 14 条的所有规定在任何类型的紧急状态中都能得到充分实施,将该条列为不可克减也就不合适。[③] 若干作出书面答复的国家也提出了若干不赞同的意见,如该任择议定书草案的规定与其宪法不符或者它们可能需要对其某些规定作出保留。[④] 因此,就克减问题制定一项新的任择议定书、规定第 9 条和第 14 条中的某些规定为不可克减的尝试,也就到此为止,再无下文。

[①] *The right to a fair trial: Current recognition and measure necessary for its strengthening*, Fourth report prepared by Mr. Stanislav Chernichenko and Mr. William Treat, E/CN. 4/Sub. 2/1993/24, Annex II.

[②] Sub - Commission on Prevention and Protection of Minorities Resolution 1993/26, in *Report of the Sub - Commission on Prevention and Protection of Minorities on Its Forty - fifth Session*, E/CN. 4/1994/2 · E/CN. 4/Sub. 3/1993/45 (1993), p. 65.

[③] A/49/40 (Vol. I), paras. 22 - 25 and Annex XI. Cf. A/50/40 (Vol. I), paras. 32 - 34.

[④] *Report of the Secretary - General prepared pursuant to Sub - Commission resolution* 1993/26, E/CN. 4/Sub. 2/1994/26 (1994), Part I, Comments Received from States.

五　总结

任何个人都处于某种社会关系之中，其权利和自由与其他人的利益以及社会利益之间需要取得一种平衡，为取得这种平衡，国家可以甚至必须限制某些人权的享有和行使。《公约》规定了两种可以限制权利之享有或行使的情况，一种是通常情况下对权利的限制，另一种情况是紧急情况下对权利的克减。无论是限制权利还是克减权利，都是手段，而非目的，其与尊重和确保《公约》所确认权利之间的关系是例外与常规之间的关系，绝不应被颠倒。

在《公约》的语境中，对权利的限制可以定义为国家对《公约》权利之享有和行使的任何妨碍或干涉。对权利的限制与权利本身的限度或范围有别。若某种情况已经在权利的界限之外，就不再属于该权利的范畴，缔约国的任何妨碍或干涉都谈不上限制，只有在此界限之内，才谈得上对权利的妨碍或干涉。对《公约》权利的限制只能来自缔约国，缔约国的任何行为即使不具有妨碍或干涉权利之享有或行使的意图，但只要客观上具有这种效果，则也属于对权利的限制。并非《公约》确认的所有权利都能受到限制，若干被公认为具有绝对性质的权利，不得受到任何妨碍或干涉即限制。不过，《公约》所确认的大部分权利都不是绝对的，而是可以受到一定的限制。

《公约》对权利的限制可以分为《公约》明确的限制和《公约》包含的限制，后者又包括三种情况，即某些条款本身使用了一些表现程度的"弹性用语"，某些条款规定了尊重和确保权利可以存在例外情况或一定的条件，从某些条款规定的权利的性质中能推导出允许对其进行限制。此外，《公约》缔约国还可以通过保留缩减自己根据《公约》承担的义务，并由此限制某些《公约》权利的范围。

《公约》尽管允许对其所确认的大部分权利的限制，但是缔约国限制权利的行为和情况本身也要受到严格控制，即对"限制"存在"限制"。这是对《公约》权利限制的认识中，最重要的方面。根据《公约》的要求和委员会的解释，对《公约》所确认权利的限制必须是有限的，不可以损害《公约》权利实质的方式适用或实行；必须是法律规定的，任何限制都不能违法、在法律之外或没有法律规定，而且要符合法治原则；必须是合理的，即限制的目的必须是为了达到《公约》明文规定的某一目的，限制的手段必须非任意、非歧视、非滥用；必须是必要的，即限制措施与限制的目的之间存在必要关联且比例相称。对《公约》权利的任何限制的合法性、合理性、必要性，都必须由缔约国来承担证明责任。

达耶斯在专门研究对人权的限制时指出："对人权的限定和限制是当前时代一个重要而持久的问题。这一问题包括国家和公民之间、自由和侵害之间、个人利益和其他个人的利益或普遍福祉之间的区分和平衡。"[①] 人权以及对人权的限制是一枚硬币的两面：人权的存在必定意味着限制的存在，没有限制也必定意味着没有人权；在两者之间必须确立和维持一种微妙的平衡，对任何一方的过分强调在削弱了另一方的同时，实际上也是对自身的损害。因此，早在两公约刚生效之时，汉弗莱就提出，两公约中可予允许的限制的含义和范围已经成为"具有现实紧迫性的问题"。[②] 的确，在对《公约》的实施中，缔约国所面临的问题，除了如何尊重和确保《公约》权利以外，在很多情况下是如何限制《公约》权利的问题。这也为人权事务委员会审议个人来文的实践所证明：有相当一部分来文涉及的并不是缔约国是否直接侵害了个人的《公约》权利，而是缔约国对个人权利的限制是否符合《公约》中有关所涉权利的限制性条款。然而，《公约》权利、对这些权利的限制以及对这些限制的限制之间的界线并不是非常清楚，因此经常出现缔约国究竟是遵守还是违反了某一《公约》规定的模糊地带，对于这样的问题，只能在个案的基础上解决。[③] 尽管委员会在对《公约》具体条款的一般性意见以及对个人来文的审议中，对于如何理解和适用《公约》中的限制性条款以及《公约》所允许的其他类型的限制作了大量的解释，但是并没有就《公约》权利的限制问题本身发表一般性意见。鉴于这一问题的重要性，有人提出，委员会应通过一项有关《公约》中限制性条款的一般性意见，对《公约》中规定的各种限制性条款的精确含义予以澄清，以便为规制对个人权利和自由之限制的基本原则提供一种

---

① Daes, "Restrictions and Limitations on Human Rights", p. 80.
② Humphrey, "The International Bill of Rights: Scope and Implementation", p. 535.
③ Joseph, "A Rights Analysis of the Covenant on Civil and Political Rights", p. 80.

统一的标准。① 尽管《锡拉库萨原则》在这一方面已经提供了一些经验，但鉴于这一问题的复杂性以及委员会的一般性意见所需的权威性和相对稳定性，可以想象这并不是一件容易完成的工作。

克减是《公约》缔约国可据以正当限制享有和行使《公约》权利的另一种方式，即允许缔约国在危及国家的生死存亡紧急情势中，以减免履行《公约》义务的方式尽可能恢复正常秩序。克减具有非常性和临时性，因此缔约国克减《公约》权利的措施不能是一种常态，而只能是在特定时期内、针对特定情况采取的非常规的、暂时的应对办法。但在实践中，长期实行紧急状态或者反复宣布和延长紧急状态的情况屡见不鲜，使得克减措施成为常规的、长期的而不是非常的、临时的情况。

《公约》必须在尊重国家维持和恢复其社会的有组织生活的正当主权权利和防止滥用克减权力之间寻求一种平衡，因此为采取克减措施规定了一定的条件和限制。缔约国采取克减措施的实质条件是必须存在危及国家生死存亡的紧急情势，形式条件是国内按法定程序正式宣布和通过联合国秘书长通知其他缔约国。

与对《公约》权利的限制一样，缔约国的克减权力也要受到法治原则的一般限制以及《公约》第4条规定的具体限制。"克减条款并不中止法治，而是法治的表现，因为它们调整的是常规与例外之间的关系。"② 根据《公约》第4条第1款的规定，紧急状态的期限、地理范围、事项范围以及采取的克减措施，都必须与危急情势所绝对必要的限度严格成比例；克减措施不得抵触其依国际法所负的其他义务，包括依据一般国际法和其作为缔约国的其他条约所承担的义务；克减措施不得引起纯粹以种族、肤色、性别、语言、宗教或社会阶级为根据的歧视。

《公约》第4条第2款规定了若干不可克减的权利，这些权利或者作为绝对权利极端重要，或者暂停其享受和行使对于应对紧急情势并无作用。第4条第2款可能并未穷尽《公约》中所有不可克减的权利或其要素。委员会在第29号一般性意见中，还提出了一些不可克减的权利或要素，尽管具有一定的道理，但也引起了许多争论。尽管《公约》明确规定

---

① Badar, "Basic Principles Governing Limitations", p. 84.
② Lehmann, "Limits to Counter‐Terrorism", p. 104.

了不可克减的权利,但实践表明,仅仅把某项权利标记为"不可克减"并不足以保证其在紧急状态中得到尊重和确保。①

西奥多·梅隆曾提出,《公约》第 4 条——作为《公约》的主要缺陷之一——被某些国家用来作为否定人权的正当理由,他认为原因在于这一条给予了缔约国宣布社会紧急状态的过于宽泛的酌处余地,为侵害人权打开了大门。② 然而,在实践中真正造成问题的,并不是第 4 条的存在或其内容本身——尽管可以主张说这一条对于缔约国的克减权力本可以规定更为严格的限制,而是一些政权"滥用紧急状态的工具来维持他们自己的权力地位",使得紧急状态和其他例外情形从某种方面来讲已经成为行使国家权威的"正常"方式,③ 以及在诸如"反恐战争"等名义下,滥用《公约》准予缔约国的克减权力。④ 对于应对这样的情况,最有效的,也许不是《公约》的规定或委员会的监督,而是各缔约国真正遵行法治原则的各项要求,按《世界人权宣言》所宣示的,"使人权受法治的保护"。

---

① See David L. Richards and K. Chad Clay, "An Umbrella With Holes: Respect for Non - Derogable Human Rights During Declared States of Emergency, 1996 – 2004", (2012) 13 *Human Rights Review* 443; Eric Neumayer, "Do Governments Mean Business When They Derogate? Human Rights Violations During Notified States of Emergency", (2013) 8 *Review of International Organizations* 1.
② Theodor Meron, *Human Rights Law - Making in the United Nations* (Clarendon Press, 1986), pp. 86 – 88.
③ 诺瓦克:《评注》,第 2 条,第 2 段。强调为原文所有。
④ See Christopher Michaelsen, "Derogating from International Human Rights Obligations in the 'War Against Terrorism'? — A British - Australian Perspective", (2005) 17 *Terrorism & Political Violence* 131.

第五章
《公约》缔约国义务的形式

《公民及政治权利公约》为其缔约国规定了大量的义务，这些义务可以分为程序性义务和实质性义务两大方面。本章只讨论实质性义务。就国家的人权义务，国内法中的有关发展，特别是对人权的"横向效力"的确认，对于《公约》中的权利义务关系有一定的影响。在国际人权法中发展出来的有关义务层次或类型的理论，也可用来认识《公约》规定的义务。从《公约》的用语本身以及相关实践，可以总结出缔约国承担着尊重和确保权利免受国家侵害的义务、确保权利免受非国家行为者侵害的义务即保护的义务以及确保权利得到促进和实现的义务，这些义务之间存在紧密联系。

一 国内法中的人权保障及其对《公约》的影响

由于《公约》规定的权利和国内法中的"权利法案"非常类似，因此，在探讨缔约国根据《公约》对个人承担的义务之前，首先需要分析在最一般的意义上，国内法保障人权的方式和特点，然后再以之为对照，分析缔约国根据《公约》承担的义务的形式。

(一) 人权的不同形态及其对应义务

"人权"的概念并没有固定的内涵，而是取决于在什么样的"形态"上使用这一概念。在这一方面，一种常用的方法是将人权的存在形态分为三种，即应有权利、法律权利和实有权利。[①]"应然权利"或"应有权利"是指人之为人即享有或应当享有的权利。[②] 某一主体的任何权利实际上都表示一种关系，即它必须指向权利主体之外的某一行为者，因为其实现状态取决于后者的作为或不作为。应然权利意义上的人权针对或指向的，是作为权利主体的个人以外的其他一切行为者，因为这些行为者都有可能侵害人权，也都有可能促进人权。这些行为者实际上可以分为两类：最广义上的国家（State），其中不仅包括政府，也包括任何以国家或政府名义行使公权力的个人、机构或组织；以及国家以外的其他行为者，如个人、公司、社团、政党等——这些行为者可以统称为非国家行为者（non-state actors），[③] 以表明其不代表或不行使国家权力或公权力的性质。因此，与应然权利相对应的义务承担者是人类社会中存在的一切行为者。当然，由于此处仍然是在"应然"的意义上讨论人权，因此这里所说的"义务承担者"仅是从对权利主体享有和行使权利能够产生影响而言，而非法律意义上的义务主体。

每一个人都具有应然权利，但对这些权利的切实享有和行使需要它们以法定权利的形态存在，因为在近代人权概念形成之时，国家已经成为人

[①] 李步云：《论人权的三种存在形态》，《法学研究》1991年第4期；李步云主编《人权法学》，高等教育出版社，2005，第20~26页。

[②] 由于意味着"应该如此"的"应然"一词不仅像"应有"一词一样表明个人作为权利主体主张人权的正当性，而且还具有"应有"一词所不具有的对权利内容的正当性的表示，因此以下论述将使用"应然权利"这一用法。

[③] 学者对"非国家行为者"的界定并不一致。有些学者将其定义为仅包括独立于国家的组织，但不包括个人，例如见，Daphné Josselin and William Wallace, "Non-state Actors in World Politics: a Framework", in Daphné Josselin and William Wallace (eds.), Non-state Actors in World Politics (Palgrave. 2001) 1, pp.2-4；另有些学者将其定义为还包括政府间国际组织，例如见，Robert McCorquodale, "Non-state Actors and International Human Rights Law", in Sarah Joseph and Adam Mcbeth (eds.), Research Handbook on International Human Rights Law (Edward Elgar, 2010) 97, p.98。本书中的"非国家行为者"的范围包括个人以及在国家之内形成但独立于国家的组织，而不包括政府间国际组织。在这一意义上，"非国家行为者"与私主体（private parties）同义。

类社会的最基本组织形式，而法律又是国家调整社会关系的最主要手段。按照李步云的解释，应然权利被"法律化"，即成为"法律权利"。但"法律权利"及其对应的英文用语"legal rights"都只表明这些权利具有法律性质，而在"法律化"或"法制化"的过程中，法律不仅是对应然权利的承认，而且将必不可免地对权利的内容作出界定，因此在这一意义上的权利可能更适宜被称为"法定权利"，即"由法律所界定的权利（legally defined rights）"。实际上，李步云在指称这一形态上的人权时，就交替使用"法律权利"和"法定权利"的用法。①

对于人权从应然权利转变为法定权利的过程，经常被忽略的一点是，这绝非应然权利被赋予法律形式即"法律化"或"法制化"那么简单。在此过程中，虽然人权的主体范围基本没有变化，② 法定权利的外延也不可能超出应然权利的外延，但是根据义务承担者的性质的不同，成为法定权利的人权被设定为两类不同的权利，由不同性质的法律加以调整：第一类权利是个人针对国家的权利，体现为宪法权利——经常被称为"基本权利"，由宪法调整；第二类权利是个人针对其他非国家行为者的权利，体现为一般法律权利，由一般法律调整。之所以出现这种区分是因为国家的特殊性质和作用。国家作为人类社会中最强有力、最高等级的组织形式，其滥用权力侵害人权的可能性以及利用权力保障人权的可能性都是最大的，③ 而且这种可能性已经得到了无数历史经验的证明。因此，当人权被"法律化"、成为法定意义上的权利时，首先被设想和设计为针对国家、约束国家的权利，并得到宪法（以及宪法性法律）的保障，被规定在作为宪法之一部分或单独的"权利法案"中。在很长一段时间内，甚至直到现

---

① 但有人认为这两个概念有区别，即"法律权利"作为国家所承认的权利，具有"法定权利"和"现实权利"两种形式。林喆主著《公民基本人权法律制度研究》，北京大学出版社，2006，第10页。比较而言，李步云对人权形态的区分更加清晰、准确、易懂。
② 但并非不存在变化。在作为应然权利的人权被转变为法定权利时，特别是国内法意义上的法定权利时，其权利主体往往被称为"公民"，而当这一概念与国籍相联系时，已经不同于仅指向一种事实的"个人"。
③ See Frances Raday, "Privatising Human Rights and the Abuse of Power", (2000) 13 *Canadian Journal of Law and Jurisprudence* 103, pp. 108 – 110.

在，这一类权利被当作作为法定权利的人权的主要甚至唯一内容。① 例如，曾担任委员会委员的路易斯·亨金强调，"人权是针对（against）由政府及其官员代表的社会的权利"，即针对国家而非针对其他非国家行为者的权利；② 杰克·唐纳利也称，"人权之享有，或至少是其行使，主要与国家有关"；③ 曾担任委员会委员的克里斯蒂安·托姆沙特称，"原则上，对人权的侵害只能由国家以及/或代表国家行事的人所为"，④ 这也就意味着国家及代表国家行事者以外的主体都不是这一意义上的人权的义务主体。这样一种认为人权仅有关个人与国家的关系、"被看作是针对国家和其他公权机关的权利和自由"的观点，⑤ 是一种关于人权的传统自由主义观点。根据这种传统的自由主义观点，在国内法的意义上和语境中，"人权"也就等同于"宪法权利"，其权利主体是个人或以公民形式存在的个人，而义务主体是国家。由于宪法规定的仅是或主要是国家与个人的关系，因此个人与非国家行为者的关系也就不在宪法的直接保障范围之内，个人针对非国家行为者的权利也同样不在个人的宪法权利的范围之内；又由于"人权"已经被等同于宪法权利，因此个人针对非国家行为者的权利也就不属于这一意义上的"人权"。由此所形成的一国之内不同法律主体之间的权利义务关系，可用图 1 表示。⑥

关系 A 反映的是前述第一类权利：个人针对国家享有权利（人权），国家针对个人承担义务，因此这是一种国家对个人的"纵向义务"。关系 B 和

---

① See Sandra Fredman, *Human Rights Transformed: Positive Rights and Positive Duties* (Oxford University Press, 2008), p. 1.
② Louis Henkin, *The Rights of Man Today* (Westview Press, 1978), p. 2.
③ Jack Donnelly, *The Concept of Human Rights* (Croom Helm, 1985), p. 6.
④ Christian Tomuschat, *Human Rights: Between Idealism and Realism* (Oxford University Press, 3rd edn, 2014), p. 419.
⑤ Daniel Friedmann and Daphne Barak-Erez, "Introduction", in Daniel Friedmann and Daphne Barak-Erez (eds.), *Human Rights in Private Law* (Hart Publishing, 2003) 1, p. 1.
⑥ 该图表在很大程度上借鉴了一位学者的图表，但并不完全与之相同：Jan Arno Hessbruegge, "Human Rights Violations Arising from Conduct of Non-State Actors", (2005) 11 *Buffalo Human Rights Law Review* 21, p. 24. 另参见类似的图表，Brice Dickson, "The Horizontal Application of Human Rights", in Angela Hegarty and Siobhan Leonard (eds.), *Human Rights: An Agenda for the 21st Century* (Cavendish, 1999) 59, pp. 59-60; Manfred Nowak, *Introduction to the International Human Rights Regime* (Martinus Nijhoff, 2003), p. 49.

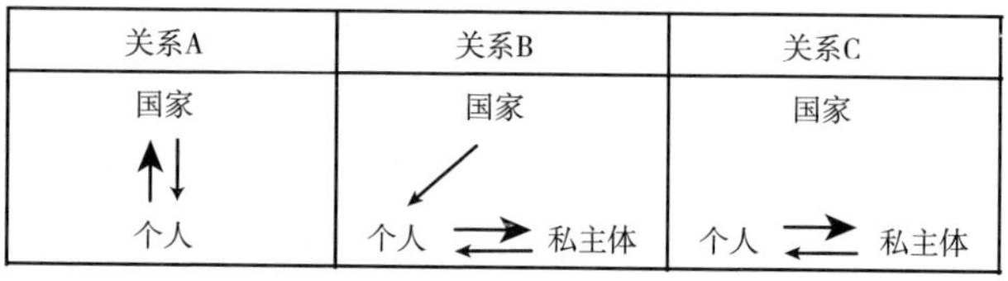

关系A	关系B	关系C
国家 ↑↓ 个人	国家 ↘ 个人 ⇌ 私主体	国家 个人 ⇌ 私主体

图1　一国之内不同法律主体之间的权利义务关系

说明:"私主体"表示"非国家行为者"、⟶ 表示"权利"、⟶ 表示"义务"。

关系 C 反映的则是前述第二类权利(但不限于此):个人针对其他非国家行为者享有权利,后者承担相应的义务,但这些权利不被认为是法律意义上的"人权"。国家在关系 B 和关系 C 中起到的作用既有相同的方面,也有不同的方面。无论就哪一类关系,任何国家都以法律规定了个人在与其他非国家行为者的关系上,应享有的权利。但是,在关系 B 中,国家有义务直接采取行动确保非国家行为者的作为或不作为,以使个人的权利得到实现,因此这是一种国家对个人的"斜向义务"。而在关系 C 中,权利义务关系仅存在于个人与其他非国家行为者之间,因此这是一种非国家行为者对个人的"横向义务";在发生对这些权利的侵害时,仅由受侵害的个人针对侵害者采取行动,而国家的作用则仅在于为个人提供可以据以采取行动的法律机制。就关系 B 和关系 C,需要注意的一点是,在个人与非国家行为者的关系中,并非个人所能主张的所有权利都可归为应然意义上的人权,如大量的民事权利,因此,国家以法律规定的个人权利也并非都是应然意义上的人权的法律化。换言之,作为应然权利的人权的外延和个人根据实在法享有的权利的外延,只是部分重叠的。而且,在实在法中,在应然意义上可归为人权的个人的权利和不属于此类权利的其他权利,被完全混在一起,并无清楚分别,例如,在民事法中,隐私权和缔约权同样作为民事权利存在。

(二) 人权的"横向效力"

根据传统的自由主义观点以及以之为基础的人权法律制度,一国规定在宪法或宪法性法律中的人权法律规范只调整关系 A,仅在国家与个人之间具有"纵向效力"(vertical effect),而不适用于个人与非国家行为者之间的横向关系。在个人与非国家行为者的关系中,尽管个人在应然意义上享有的人权也会得到一定程度的保障,但这些权利本身并不被认为是法定意义上的"人权",因此对这些权利的保障也并非来自人权法律规范,而是来自除了人权法律规范之外的其他公法规范以及——主要是——私法规范。

然而,这种观念和制度存在一些严重的缺陷。[1] 首先,从个人的角度来看,尽管其人权被国家侵害时后果是最严重的,但这并非个人的人权所可能遭受的唯一侵害:其他非国家行为者对个人应然意义上的人权的侵害也屡见不鲜。在这种情况下,人权如果仅仅意味着禁止国家的侵害,实际上并不能全面保障个人的应然权利。例如就妇女的权利而言,人权事务委员会曾明确指出,"妇女的隐私也可能受到私人行为者的干涉,如雇主在雇用妇女前要求妊娠化验";[2] 曼弗雷德·诺瓦克曾提到,"妇女或儿童是在警察局还是在他们自己家中被丈夫、伴侣或者父亲施暴,是无关紧要的"。[3] 其次,尽管人权法律规范之外的其他公法规范以及私法规范在一定程度上也能达到保障个人在应然意义上的人权的效果,但是仅以这些权利取得了法律形式为限。仍可能存在的情况是,个人根据人权法律规范之外的其他公法规范和私法规范所享有的权利的范围小于其根据人权法律规范所享有的权利的范围。例如,有可能存在的情况是,国家仅仅禁止公权机关进行歧视或使用奴隶,而不禁止非国家行为者如此行为,这样的情况显然是荒谬的。[4] 最后,将人权人为地界定为仅仅是个人针对国家的权利,这在需要强调个人免受国家迫害的自由以及"公共领域"和"私人生活"明显区别的历史阶段,具有一定的合理性。[5] 但是,随着现代民主法治国

---

[1] See Dickson, "The Horizontal Application of Human Rights", pp. 62 – 72; McCorquodale, "Non – state Actors and International Human Rights Law", pp. 111 – 112.

[2] 第28号一般性意见,第20段。委员会曾在对巴西第二次报告的结论性意见中声明,雇主将出示绝育证明作为雇用妇女的条件的做法是非法的。CCPR/C/BRA/CO/2 (2005), para. 11.

[3] Nowak, *Introduction to the International Human Rights Regime*, p. 51. 对妇女的暴力问题,参见,Rebecca J. Cook (ed.), *Human Rights of Women: National and International Perspectives* (University of Pennsylvania Press, 1994),其中的相关文章。

[4] 例如参见对巴西第二次报告的结论性意见,CCPR/C/BRA/CO/2 (2005), para. 14,其中委员会指出,在该国仍存在根深蒂固的奴役和强迫劳动现象,而且对这种做法尚无有效的刑事制裁措施,建议该国加强措施打击奴役和强迫劳动,并为此制订明确的刑事惩治条例,起诉和惩治违法者,并确保给予受害者保护和补救。

[5] 参见,Michael J. Horan, "Contemporary Constitutionalism and Legal Relationships between Individuals", (1976) 25 *International and Comparative Law Quarterly* 848, p. 848: "近代宪法理论是在国家绝对主义(statis absolutism)被视为对个人自由的主要威胁的17和18世纪形成的,其核心有关对政府的限制。"

家的出现、非国家行为者力量的增强、国家将越来越多的职能交由非国家行为者承担以及由此导致的国家侵害人权与非国家行为者侵害人权之间的界线越来越模糊,一味强调人权针对国家的性质已经不能满足现代社会中,个人就其人权得到全面保障的需要。

因此,在宪法语境中或在国内法意义上的人权语境中,除了上述认为人权法律规范仅具有"纵向效力"的自由主义观点以外,还一直存在另一种观点,认为人权法律规范应具有"横向效力"(horizontal effect),① 即不仅调整国家与个人的关系,而且也适用于非国家行为者之间的关系;而在作为两极的这两种观点之间,还存在各种各样的折中观点。② 人权法律规范的"横向效力"可能体现为两种情况,一种情况是国家在上述关系B中适用人权法律规范——这种情况可称为人权法律规范的"间接横向效力",以及个人在关系C中援引人权法律规范——这种情况可称为人权法律规范的"直接横向效力"。③ 不同国家的宪法规定和实践也体现了类似于上述两种不同观点的立场或者处于两者之间的某种立场,对于人权规范的"纵向效力"或"横向效力"的处理方式各不相同。④ 目前越来越多的

---

① 这一概念的含义见, David Robertson, *A Dictionary of Human Rights* (Europa Publications, 2nd edn, 2004), pp. 113 – 114。
② Martin Kment, "Comparative Analysis of the 'Horizontal Effect' of the Human Rights Act", (2002) 45 *German Yearbook of International Law* 363, pp. 365 – 366.
③ See Danwood Mzikenge Chirwa, "In search of philosophical justifications and suitable models for the horizontal application of human rights", (2008) 8 *African Human Rights Law Journal* 294, pp. 307 – 310.
④ See M. Forde, "Non – Governmental Interferences with Human Rights", (1985) 56 *British Yearbook of International Law* 253, pp. 253 – 260; Ralf Brinktrine, "The Horizontal Effect of Human Rights in German Constitutional Law: The British Debate on Horizontality and the Possible Role Model of the German Doctrine of 'Mittelbare Drittwirkung Der Grundrechte'", (2001) 4 *European Human Rights Law Review* 421; Greg Taylor, "The Horizontal Effect of Human Rights Provisions, the German Model and Its Applicability to Common – Law Jurisdictions", (2002) 13 *The King's College Law Journal* 187; Stephen Gardbaum, "The 'Horizontal Effect' of Constitutional Rights", (2003) 102 *Michigan Law Review* 387, pp. 393 – 411; Mark Tushnet, "The Issue of State Action/horizontal Effect in Comparative Constitutional Law", (2003) 1 *International Journal of Constitutional Law*. 79; Aharon Barak, "Constitutional Human Rights and Private Law", in Friedmann & Barak – Erez, *Human Rights in Private Law* 13; Jennifer Corrin, "From Horizontal and Vertical to Lateral: Extending the Effect of Human Rights in Post Colonial Legal Systems of the South Pacific", (2009) 58 *International and Comparative Law Quarterly* 31.

学者认为，在传统上局限于"纵向关系"的人权法律规范，无论是国内的"权利法案"还是诸如《欧洲人权公约》等国际法律文书，都直接或间接适用或应该适用于"横向关系"。① 这一方面的一个例证是，在具有最悠久宪政传统（尽管没有成文宪法）的英国，随着《1998 年人权法》的制定，《欧洲人权公约》是否以及如何在英国国内法律制度中具有"横向效力"、适用于传统上属于私法领域的非国家行为者之间的关系，就成为一个热门的话题。② 但是，总体上来说，只有极少数国家的宪法承认宪法中的人权规定直接适用于私主体之间的关系，而且越是晚近通过的宪法，越有可能作此规定——这也许是国内"权利法案"的一个发展方向。例如，据称在非洲，南非、马拉维、冈比亚、佛得角、加纳和马里的宪法

---

① See Horan, "Contemporary Constitutionalism and Legal Relationships between Individuals"; Andrew Clapham, *Human Rights in the Private Sphere* (Oxford University Press, 1993); Raday, "Privatising Human Rights and the Abuse of Power"; Kara Preedy, "Fundamental Rights and Private Acts – Horizontal Direct or Indirect Effect? – A Comment", (2000) 8 *European Review of Private Law* 12; Danwood Mzikenge Chirwa, "The Horizontal Application of Constitutional Rights in a Comparative Perspective", (2006) 10 - 2 *Law, Democracy & Development* 21; Jan Stemplewitz, "Horizontal Rights and Freedoms: The New Zealand Bill of Rights Act 1990 in Private Litigation", (2006) 4 *New Zealand Journal of Public and International Law* 197; Olha O. Cherednychenko, "Fundamental Rights and Private Law: A Relationship of Subordination or Complementarity?", (2007) 3 *Utrecht Law Review* 1.

② See Murray Hunt, "The 'Horizontal Effect' of the Human Rights Act", (1998) *Public Law* 423; Ian Leigh, "Horizontal Rights, the Human Rights Act and Privacy: Lessons from the Commonwealth", (1999) 48 *International and Comparative Law Quarterly* 57; Gavin Phillipson, "The Human Rights Act, 'Horizontal Effect' and the Common Law: a Bang or a Whimper?", (1999) 62 *Modern Law Review* 824; Nicholas Bamforth, "The Application of the Human Rights Act 1998 to Public Authorities and Private Bodies", (1999) 58 *Cambridge Law Journal* 159; Gareth Davies, "The 'Horizontal' Effects of the Human Rights Act", (2000) 150 *New Law Journal* 839; Dawn Oliver, "The Human Rights Act and Public Law/Private Law Divides", (2000) 4 *European Human Rights Law Review* 343; Thomas Raphael, "The Problem of Horizontal Effect", (2000) 5 *European Human Rights Law Review* 493; Ivan Hare, "Verticality Challenged: Private Parties, Privacy and the Human Rights Act", (2001) 5 *European Human Rights Law Review* 526; Alison L. Young, "Human Rights, Horizontality and the Public/Private Divide: Towards a Holistic Approach", (2009) 2 *UCL Human Rights Review* 159. 另参见，Douglas W. Vick, "The Human Rights Act and the British Constitution", (2002) 37 *Texas International Law Journal* 329, p. 352, footnote 173, 其中列出了许多研究英国《1998 年人权法》的横向效力问题的文献。

（均是 20 世纪 90 年代通过的）就承认了人权规范对私人行为者的约束力。[1]

（三）对《公约》的影响

国际人权法——尤其以《公约》为代表——所规定的权利义务关系基本上是国内人权法在国际法层次上的一个翻版，同样以个人和国家之间的关系为调整对象。在这一关系中，个人享有权利，而国家承担相应的义务。例如，曾担任委员会委员的托马斯·伯根索尔对国际人权法的定义就是——尽管他将此定义仅限定为其书籍所使用："涉及保护个人和群体以对抗政府对其得到国际保障的权利的侵害以及促进这些权利的法律。"[2] 然而，国内人权法中观念、规则和实践的发展，即人权规范不仅具有纯粹的纵向效力，而且也具有一定程度的横向效力，对于国际人权法的发展也产生了相当的影响，这在《公约》为缔约国规定的义务方面，有明显的体现。因此，一方面，《公约》与经典的国内权利法案一样，以个人与国家之间的"纵向关系"作为最基本的调整对象。基于这种纵向关系，《公约》仅约束缔约国，只有缔约国是《公约》规定的义务的承担者，受缔约国管辖的个人则只是《公约》规定的权利的享有者。另一方面，《公约》又体现了国内人权法的现代发展，即一定程度上也调整个人与非国家行为者之间的"横向关系"。[3] 然而，《公约》对这种横向关系的调整仍然是在个人与国家之间的"纵向关系"的框架之内，因此并未改变缔约国是《公约》义务承担者而个人是《公约》权利享有者的根本关系和特征。

二 义务层次理论与《公约》用语解释

在分析缔约国根据人权条约所承担的义务或一般意义上国家在人权方

---

[1] Danwood Mzikenge Chirwa, "The Doctrine of State Responsibility as a Potential Means of Holding Private Actors Accountable for Human Rights", (2004) 5 *Melbourne Journal of International Law* 1, p. 26.

[2] Thomas Buergenthal, *International Human Rights in a Nutshell* (West, 2nd edn, 1995), p. 1.

[3] See Adam McBeth, "Privatising Human Rights: What Happens to the State's Human Rights Duties When Services Are Privatised", (2004) 5 *Melbourne Journal of International Law* 133, pp. 142 – 146.

面的义务时，学者往往从义务层次入手。这种义务层次理论也可用于缔约国根据《公约》承担的义务。然而，由于通常的义务层次理论所用的术语与《公约》本身的用语有所不同，因此需要在了解义务层次理论的基础上，以这种理论为框架解释《公约》中的相关用语。

（一）义务层次理论

对国家人权义务层次的分析首先是从探讨与经济、社会和文化权利相对的国家义务开始的，主要是为了对抗一种传统的二分法，即认为公民权利和政治权利作为消极权利主要要求国家的不作为义务，经济、社会和文化权利作为积极权利主要要求国家的作为义务。① 在人权一般理论的领域中，亨利·舒最早清楚地提出了义务三分法，认为对应于个人的基本权利，存在三个类型的义务：避免剥夺的义务、针对剥夺予以保护的义务以及帮助被剥夺者的义务。② 以这种三分法为参照，阿斯伯约恩·艾德最先在有关食物权的研究中提出了国际人权法下国家人权义务的三个层次，即"尊重的义务"（obligations to respect）、"保护的义务"（obligations to protect）和"实现的义务"（obligations to fulfill）。③ 此后，在这三个义务层次的基础上，又有更多的义务层次被提出。弗里德·范霍夫在承认尊重的义务与保护的义务之后，还提出了"确保的义务"（obligations to ensure）

---

① 相关理论的发展情况，参见，Kitty Arambulo, *Strengthening the Supervision of the International Covenant on Economic, Social and Cultural Rights: Theoretical and Procedural Aspects* (Intersentia – Hart, 1999), pp. 117 – 129, esp. pp. 120 – 129; 黄金荣：《司法保障人权的限度——经济和社会权利可诉性问题研究》，社会科学文献出版社，2009，第 140～149 页。

② Henry Shue, *Basic Rights: Subsistence, Affluence, and U. S. Foreign Policy* (Princeton University Press, 1980), p.52. 义务在原文中为 "Duties"。

③ Asbjørn Eide, "The International Human Rights System", in Asbjørn Eide et al. (eds.), *Food as a Human Right* (United Nations University Press, 1984) 152, p. 154; Asbjørn Eide, *Report on the right to adequate food as a human right*, E/CN. 4/Sub. 2/1987/23 (1987), paras. 66 – 69, 112 – 114. 艾德首次提出其三个义务层次理论是在其作为防止歧视和保护少数小组委员会任命的食物权利特别报告员的初步报告中：Asbjørn Eide, *The right to adequate food as a human right*, E/CN. 4/Sub. 2/1983/25 (1983), para. 9, 其中提出的是尊重、保护和确保实现（secure fulfilment）食物权的义务。

和"促进的义务"(obligations to promote)。① 艾德本人后来也提出了四个义务层次,即在保护的义务和实现的义务之间,加入了一个"便利的义务"(obligation to facilitate)。② 亨利·斯泰纳等人则在亨利·舒和范霍夫的观点的基础上,提出了五个类型的国家义务:尊重权利、创建对于权利的实现必要的制度性机制、保护权利和防止侵害、提供利益和服务以满足权利、促进权利。③ 这种义务层次(有时也称类型)的分析方法最初是在以食物权为代表的经济、社会和文化权利的语境中提出的,后来被扩展为适用于所有的人权,即同时适用于经济、社会和文化权利以及公民权利和政治权利。④ 不过,由于这种方法首先并主要是在分析经济、社会和文化权利以及这一类权利与公民权利和政治权利之异同的语境中发展出来的,因此专门以之分析公民权利和政治权利的情况并不多见。⑤ 人权事务委员会也没有像经济、社会和文化权利委员会那样,在其一般性意见中明确使用

---

① G. J. H. van Hoof, "The Legal Nature of Economic, Social and Cultural Rights: A Rebuttal of Some Traditional Views", in P. Alston and K. Tomaševski (eds.), *The Right to Food* (SIM/Martinus Nijhoff, 1984) 97, p. 106.

② Asbjørn Eide, "Universalisation of Human Rights versus Globalisation of Economic Power", in Fons Coomans et al. (eds.), *Rendering Justice to the Vulnerable: Liber Amicorum in Honour of Theo van Boven* (Kluwer Law International, 2000) 99, p. 111.

③ Henry J. Steiner, Philip Alston and Ryan Goodman, *International Human Rights in Context: Law, Politics, Morals* (Oxford University Press, 3rd edn, 2008), pp. 187-189.

④ See eg Rolf Künnemann, "A Coherent Approach to Human Rights", (1995) 17 *Human Rights Quarterly* 323, pp. 327-330; Asbjørn Eide, "Economic, Social and Cultural Rights as Human Rights", in Asbjørn Eide, Catarina Krause and Allan Rosas (eds.), *Economic, Social and Cultural Rights: A Textbook* (Martinus Nijhoff, 2nd rev. edn, 2001) 9, p. 23; Nowak, *Introduction to the International Human Rights Regime*, pp. 48-51; Walter Kälin and Jörg Künzli, *The Law of International Human Rights Protection* (Oxford University Press, 2009), pp. 96-98 et seq.; Stephen P. Marks, "The Past and Future of the Separation of Human Rights into Categories", (2009) 24 *Maryland Journal of International Law* 209, p. 223; African Commission on Human and Peoples' Rights, Communication No. 155/96 (2001), *Social and Economic Rights Action Center and the Center for Economic and Social Rights v. Nigeria*, para. 44.

⑤ 例如参见陈泽宪主编:《〈公民权利和政治权利国际公约〉的批准与实施》,中国社会科学出版社,2008,第635页,其中提到,"通常认为,《公约》下的国家义务有三个层次,即:尊重、保护和促成",但没进行充分阐释或提供参考资料。

义务层次的说明方法。① 就《公约》而言，学者更多地是从其第 2 条第 1 款本身使用的两个概念即"尊重"和"确保"出发来进行分析。② 例如，诺瓦克就没有直接使用"义务层次"的概念，但将《公约》规定的缔约国义务分为"尊重"的义务和"确保"的义务，其中确保的义务包括"保护"的义务和"实现"的义务，实现的义务又分为"促进的义务"（obligations to facilitate）和"提供服务的义务"（obligations to provide services）。③ 联合国人权事务高级专员办事处（人权高专办）在其有关《公约》和人权事务委员会的第 15 号《人权概况介绍》中，提出缔约国的义务分为三个部分，即"尊重"的义务、"保护"的义务以及"促进或实现"（promote or fulfil）的义务。④

（二）《公约》用语的解释

如果综合诺瓦克的分析和第 15 号《人权概况介绍》的总结，可以说，《公约》缔约国承担的义务可以基本分为"尊重的义务""保护的义务""促进和实现的义务"三个方面。然而，根据《公约》第 2 条第 1 款的表述，《公约》缔约国承担的义务是"尊重并确保"（to respect and to ensure）《公约》所确认的权利，其中明确提到了"尊重"，但并未明确提到"保护""促进""实现"。因此，对于这些用语的含义及其相互关系，需要一定的解释。

在 1947 年到 1949 年形成的各个"国际人权公约"草案中，对于缔约

---

① 例如见，经济、社会和文化权利委员会：第 12 号一般性意见 - 取得足够食物的权利（第 11 条），E/C. 12/1999/5（1999），第 15 段，其中将"实现的义务"又分为"便利的义务"（obligation to facilitate）和"提供的义务"（obligation to provide）。这是联合国人权条约机构首次运用义务层次理论。
② See eg Thomas Buergenthal, "To Respect and to Ensure: State Obligations and Permissible Derogations", in Louis Henkin（ed.）, *The International Bill of Rights: The Covenant on Civil and Political Rights*（Columbia University Press, 1981）72; Ellen L. Lutz, "International Obligations to Respect and Ensure Human Rights",（1997）19 *Whittier Law Review* 345.
③ 诺瓦克：《评注》，第 2 条，第 18～20 段。
④ United Nations, Human Rights Fact Sheet No. 15（Rev. 1）, *Civil and Political Rights: The Human Rights Committee*（2005）, p. 5. 该《概况》中文版中，与"promote or fulfil"对应的用词是"增进或落实"。

269

国的义务，规定的均是每一缔约国有义务"确保"个人的权利。[1] 根据对人权或至少是公民权利和政治权利的传统理解，"确保"很可能指向一种克制的义务。在1950年人权委员会第六届会议上，法国和黎巴嫩提出动议，在"确保"一词之前加上"尊重"的字眼，这一动议获得了一致通过，由此形成的"国际人权公约"草案第1条第1款规定，"每一缔约国谨此承允尊重并确保（to respect and to ensure）"一切个人享受该公约所确认之权利。[2] 在最终形成的《公约》约文中，由于增加了规定自决权的第1条，这一款由第1条第1款变为第2条第1款，只是在表述上有若干不影响实质的细微调整。由此，"尊重并确保"（to respect and to ensure）就成为《公约》缔约国承担的义务的形式。增加尊重一词，有可能与《联合国宪章》的措辞有关。在《联合国宪章》中，第1条第3款、第55条（寅）项、第62条第2款，第76条（寅）项都提到了对人权及基本自由的"尊重"（以及遵守）；在《公约》前文中，也提到了各国根据《联合国宪章》负有义务，必须促进对人权和自由的普遍尊重和遵守。因此，在《公约》规定缔约国义务的实质性条款中，使用"尊重"一词是合适的。然而，在增加了"尊重"一词后，该用语与"确保"之间的关系就不是很清楚了：或者，克制的义务由"尊重"表示，而"确保"转为表示行动的义务；又或者，加入"尊重"一词只是为了对克制的义务予以加强。[3] 因此，对《公约》第2条第1款中的"尊重"和"确保"，需要更进一步的解释。

根据《维也纳条约法公约》第31、32条有关条约解释的规则——一般认为这些规则代表了习惯国际法规则，对一项条约中用语的解释，应该"按其上下文并参照条约之目的及宗旨所具有之通常意义"，还应与上下文

---

[1] 有关这些草案文本的信息，见本书第一章。

[2] United Nations, *Yearbook on Human Rights* (1950), p. 458; E/1681 (SUPP) - E/CN. 4/507 (1950), Commission on Human Rights: Report of the 6th Session, p. 15. 参见诺瓦克：《评注》，第2条，第6段。与之形成对照的是，在《欧洲人权公约》中，其第1条的标题是"尊重人权的义务"，但在正文中规定的是缔约国应"确保"（secure）每个人的权利和自由；《美洲人权公约》第1条的标题与《欧洲人权公约》第1条的标题相同，但在正文中规定的是缔约国应"尊重"和"确保"（ensure）权利和自由。

[3] Hessbruegge, "Human Rights Violations Arising from Conduct of Non - State Actors", p. 70, footnote 214.

一并考虑"嗣后惯例";另外,还可以使用补充的解释资料,包括条约的准备工作。据此,应依据《公约》的上下文、目的及宗旨、嗣后惯例以及准备工作解释《公约》第2条第1款中的"尊重"和"确保"。《公约》的上下文及其目的及宗旨是解释《公约》的最重要依据。《公约》的"上下文(context)"指的是《公约》的包括前文在内的约文。《公约》的目的及宗旨则在于,"通过界定某些公民权利和政治权利,并且将这些权利放在对那些批准《公约》的国家有法律约束力的义务架构中,从而建立有法律约束力的人权标准"。[①] 因此,在解释第2条第1款规定的缔约国"尊重并确保"《公约》所确认的权利的义务时,最重要的考虑是,针对《公约》具体规定的公民权利和政治权利,缔约国承担怎样的具体义务以及如何具体承担义务,才能达到这些权利得到切实享受的效果;亦即只有参照规定具体权利的《公约》条款,才能全面、准确地理解缔约国"尊重并确保"的义务的范围和内容。按照《维也纳条约法公约》第31条第3款(乙)项,"嗣后惯例"(subsequent practice)是指在所涉条约的适用过程中,确证各缔约国有关该条约之解释的意思一致的后续做法。在《公约》的语境中,嗣后惯例是指其缔约国在履行《公约》义务的过程中表现的一致做法,委员会往往会从缔约国报告中总结这些做法,并以之作为解释《公约》的依据。就嗣后惯例,《公约》制度还有一个特殊方面,即委员会在其监督《公约》实施的过程中发表的各种意见也有可能被认为是适格的"嗣后惯例"。[②] 按照《维也纳条约法公约》第32条,准备工作(travaux préparatoires)可作为补充解释资料,但只有在依据上下文、目的及宗旨等方式解释所得到的意义仍属不明或难解时,或者所获结果显属荒谬或不合理时,才可使用准备工作。就解释"尊重并确保"而言,一则因为准备工作的价值较低,二则因为在《公约》起草过程中,对于这些用语并没有太多的讨论,三则因为《公约》是一项"活的文书","它所保护的权利应

---

① 第24号一般性意见,第7段。
② 有关人权条约机构的意见能否构成"嗣后惯例"的讨论,参见,International Law Association, Committee on International Human Rights Law and Practice, *Final Report on the Impact of Findings of the United Nations Human Rights Treaty Bodies*(Geneva, 2004), paras. 20–22。

当根据现实情况的背景和条件适用",① 其起草之时的很多考虑在《公约》生效后的40年间已经过时,所以准备工作对解释"尊重并确保"只有有限的作用。这种有限作用主要体现在,通过对涉及《公约》许多具体权利条款的准备工作的分析,能够帮助理解"尊重并确保"如何适用于具体权利,进而确定"尊重并确保"义务的含义。

上文指出,诺瓦克曾将《公约》规定的缔约国义务分为"尊重"的义务和"确保"的义务,其中确保的义务包括"保护"的义务和"实现"的义务,实现的义务又分为"促进的义务"和"提供服务的义务"。他认为,尊重的义务意味着缔约国必须克制自己不对权利的行使施加《公约》不允许的限制,保护的义务要求缔约国保护个人免受第三方私主体的干涉;对于促进的义务和提供服务的义务,他没有予以界定,而只是通过列举某些权利所具体要求的义务来说明。② 第15号《人权概况介绍》中,对尊重的义务和保护的义务的定义与诺瓦克类似,对于"促进或实现"的义务,则界定为"采取必要的步骤以创造一个相关权利能在其中得到充分实现的必要和有益环境"。③ 本书作者以往的研究也曾将缔约国根据《公约》承担的义务分解为尊重、保护、促进和实现以及救济四种形式。④ 然而,进一步的思考表明,这种认识过于迷信和依赖人权领域中流行的义务层次理论,而没有充分考虑《公约》的目的及宗旨及其规定的权利义务关系。因此,有必要根据《公约》的目的及宗旨及其规定的权利义务关系,重新审视缔约国所承担义务的形式。

根据委员会的意见,《公约》的目的及宗旨是"通过界定某些公民权利和政治权利,并且将这些权利放在对那些批准《公约》的国家有法律约束力的义务架构中,从而建立有法律约束力的人权标准"。可以看出,《公约》的核心在于确立缔约国与个人在公民权利和政治权利方面的权利义务关系。因此,对缔约国"尊重并确保"义务的分析,必须放在这一权利义务关系中。上文述及,随着现代人权观念和制度的发展及其对国际人权法

---

① Communication No. 829/1998, *Roger Judge v. Canada*, para. 10.3.
② 诺瓦克:《评注》,第2条,第18~20段。
③ United Nations, Human Rights Fact Sheet No. 15 (Rev.1), *Civil and Political Rights: The Human Rights Committee* (2005), p. 5.
④ 孙世彦:《论国际人权法下国家的义务》,《法学评论》2001年第2期。

的影响,目前已经得到公认的是,无论是国内人权法还是国际人权法都必须调整两类关系:一类是国家与个人的关系,一类是在国家与个人关系的语境内,个人与个人的关系。《公约》缔约国"尊重并确保"的义务必须根据这两类关系加以考虑和分析。有时,对缔约国义务的分析会只注重国家的作用,但不区分国家的作用在这两类关系中的不同。例如,对于《美洲人权公约》第1条中与《公约》极其相近的表述——"本公约各缔约国承允尊重本公约所确认的权利和自由,并承允确保受其管辖的所有人对这些权利和自由的自由和全面行使",迪娜·谢尔顿就指出,美洲人权法院根据其中的"尊重"和"确保"总结出该公约缔约国的三项不同义务:避免侵害人权的义务、防止国家和非国家行为者的侵害的义务以及调查和惩处国家和私人的侵害行为的义务。[1] 然而,一方面,国家避免侵害人权的义务与防止自身侵害的义务具有紧密的联系,另一方面,防止国家与非国家行为者侵害的义务具有相当大的差别,因此这种区分并不非常精确。在《公约》的语境中,更为准确的方式是将缔约国承担的"尊重并确保"的义务分解为三种形式:尊重和确保权利免受国家侵害的义务、确保权利免受非国家行为者侵害的义务、确保权利得到促进和实现的义务。

三 尊重和确保权利免受国家侵害的义务

《公约》缔约国对受其管辖的个人所承担的第一项义务是尊重和确保其权利免受国家的侵害。这是一种纵向义务,也是缔约国所承担的最核心、最重要的义务。不过,这一语境中尊重的义务和确保的义务对缔约国的要求有所不同:前者要求缔约国的不作为,而后者要求缔约国的作为。

(一) 尊重权利免受国家侵害的义务

根据《公约》第2条第1款的规定,《公约》缔约国的第一项义务是

---

[1] Dinah L. Shelton, "Private Violence, Public Wrongs, and the Responsibility of States", (1989 – 1990) 13 *Fordham International Law Journal* 1, pp. 2, 11 – 14.

"尊重"个人根据《公约》享受的权利。"尊重"的通常含义是"予以重视""不予干涉"。但在《公约》的语境中，"尊重"具有更狭窄而具体的含义，即要求缔约国限制自己的行为，或者按曼弗雷德·诺瓦克所说，"尊重的义务意味着缔约国必须克制自己"。① 缔约国的这种自我限制或克制的义务是一种不作为的义务，即缔约国不得采取任何侵害所涉权利之享受或行使的行为。这又分为两种情况。对于具有绝对性质的《公约》权利，缔约国的尊重义务是绝对的，即在任何情况下都不得采取可能影响这些权利之享受或行使的行为。例如，免于酷刑的自由或免于奴役的自由意味着，一旦国家对个人施以酷刑或奴役，即侵害了其权利。对于可予限制的《公约》权利，缔约国的尊重义务则是相对的，即只要这些权利的享受和行使没有逾越《公约》所规定的限度，缔约国就不得采取对其产生影响的行为。例如，表达自由意味着只要这一权利的行使没有损害他人的权利或名誉或者危及国家安全、公共秩序、公共卫生或道德，缔约国就不得加以干涉。但是，一旦行使表达自由的权利具有上述效果，缔约国就不再负有尊重的义务，而是可以施加限制，尽管这种限制本身也受到很多限制。

尊重义务本身并不要求缔约国在其国内法中规定《公约》所确认的权利（但《公约》第2条第2款对此有明确要求）。实际上，尊重义务的存在和履行独立于缔约国的国内法。即无论《公约》所确认的权利是否体现为缔约国国内法中的权利，缔约国都有义务予以尊重，而不能以主动的行为加以侵害。例如，无论缔约国的法律是否禁止酷刑，缔约国施用酷刑都将构成对尊重免于酷刑的自由的义务的违反；同理，即使缔约国的法律没有规定迁徙自由，缔约国都必须尊重其管辖下的个人的迁徙自由，而不能对之施以超出《公约》第12条第3款限度的限制。尽管尊重义务本身并不要求缔约国在其国内法中规定《公约》所确认的权利，但另一方面，如果缔约国的法律或任何做法本身包含了违反《公约》的内容，那么即使不存在具体的受害者，缔约国也已经违反了其尊重《公约》权利的义务。例如，瑞典曾于1964年制定一项有关"反社会行为"的法律，其中规定，对于没有尽自己最大能力谋生并过着一种明显危及公共秩序或安全的不正

---

① 诺瓦克：《评注》，第2条，第18段。强调为原文所有。

常社会生活的人，可以强制其劳动。① 这样的规定显然违反了缔约国尊重免受强迫劳动的自由以及人身自由的义务。这一法律在实践中从未被适用过，但由于其内容与《公约》第8条、第9条不符，委员会仍对该法律以及其他国家可能仿效这一做法的"有害后果"表示了担心，并建议考虑予以废除，② 这导致瑞典于1982年废止了这一法律。③

（二）确保权利免受国家侵害的义务

尊重权利免受国家侵害的义务要求缔约国的不作为，即只要缔约国限制或克制自己不为可能影响或干涉权利之享受或行使的行为，所涉权利就能得到实现。然而，很多《公约》权利若要得到享受，仅有缔约国的不作为是不够的，而是还需要缔约国的积极作为，否则这些权利将受到缔约国自身的侵害。这种确保权利免受国家侵害的义务也是一种对国家权力的限制，但不是表现为缔约国克制自己不采取可能影响所涉权利的行动，而是要求缔约国采取行动以确保不发生对所涉权利的侵害。这一义务往往与尊重权利免受国家侵害的义务相混淆。例如，联合国人权高专办《人权概况介绍》就称，尊重的义务"再明显不过地要求政府不得侵害人权"。④ 这里的尊重，如果仅理解为要求缔约国的不作为，⑤ 就将遗漏要求缔约国作为以确保权利免受其自身侵害的情况；如果也理解为包括了要求缔约国作为以确保权利免受其自身侵害的情况，就将两项性质不同的义务混为一谈：尊重的义务要求的是国家的不作为，而确保的义务要求的是国家的作为。因此确保权利免受国家侵害的义务应该单列为一种义务形式。

---

① 瑞典的初次报告，CCPR/C/1/Add. 9 (1977)，Article 8，para. 4；瑞典的补充报告，CCPR/C/1/Add. 42 (1979)，*Paragraph* 73.
② 对瑞典的补充报告的审议，A/35/40 (1980)，para. 87。在委员会审议瑞典的报告期间，多位委员对这一法律表述关注，要求瑞典提供进一步资料，说明"反社会行为"的含义、可适用该法的情况以及防止其被滥用的保障：CCPR/C/SR. 52 (1978)，paras. 18, 40, 55；CCPR/C/SR. 53 (1978)，para. 32；A/33/40 (1978)，para. 73。
③ 瑞典的第二次报告，CCPR/C/32/Add. 6 (1984)，para. 17。
④ United Nations, Human Rights Fact Sheet No. 15 (Rev. 1), *Civil and Political Rights: The Human Rights Committee*, p. 5. See Louis Henkin, "The International Bill of Rights: the Universal Declaration and the Covenants", in Rudolf Bernhardt and John Anthony Jolowicz (eds.), *International Enforcement of Human Rights* (Springer – Verlag, 1985) 1, p. 10.
⑤ 笔者以往就曾如此理解。孙世彦：《论国际人权法下国家的义务》，第94页。

确保权利免受国家侵害的义务往往发生在个人处于国家权力控制之下的情况中。这一方面，第9条第2款至第5款、第10条和第14条是典型的例证。第9条第2款至第5款规定了一系列被逮捕和拘禁者应享受的权利。对这些权利的侵害只可能在国家剥夺个人自由的情况中发生（个人被非国家行为者剥夺自由的情况由第9条第1款调整）。缔约国在剥夺个人自由、将其逮捕和拘禁的情况中，只有做到第9条第2款至第5款规定的诸项要求，才能确保其中规定的权利得到享受，做不到就将构成对所涉权利的侵害。① 第10条规定了被缔约国剥夺自由者应享受的一系列待遇，缔约国如果不采取其中所要求的措施，就违反了其确保个人的所涉权利免受国家侵害的义务。第14条规定了一系列个人获得公正审判的权利，这些权利中的绝大部分（尤其是第3款至第6款规定的权利）都要求缔约国采取行动，缔约国如果没有采取这些行动，就会违反其确保这些权利免受国家侵害的义务。②

另外，当个人虽非处于缔约国控制之下，但其享有或行使其权利取决于缔约国的作为时，也会导致缔约国确保权利免受自身侵害的义务。例如，在莫拉尔斯·托内尔诉西班牙案中，莫拉尔斯·托内尔在服刑期间因艾滋病不治身亡，委员会尽管没有认定其生命权受到侵害，但因为监狱管理部门没有将他因病重已到晚期而最后一次住院的消息通知其亲属，认定"监狱的消极态度"剥夺了其亲属的知情权，而这无疑严重影响了他们的家庭生活，可定性为对家庭的无理侵扰和对《公约》第17条第1款的违反。③ 这一案件中，提交人的家庭受到侵扰，并不是由于缔约国的作为，而恰恰是因为缔约国的不作为。在托克塔库诺夫诉吉尔吉斯斯坦案中，提交人向吉尔吉斯斯坦申请获得有关该国判处死刑的人数以及目前被关押在监狱中的死刑犯人数的信息，但被缔约国以这些资料属于法律规定的"机密"和"绝密"为由拒绝。对此，委员会认定，缔约国或者有义务向提交人提供所要求的资料，或者根据《公约》第19条第3款证明限制得到这一国家所掌握资料的权利具有正当理由，缔约国均未做到即违反了第19条

---

① 参见第35号一般性意见。
② 参见第32号一般性意见。
③ Communication No. 1473/2006, *Morales Tornel v. Spain*, para. 7.4.

第 2 款。① 第 19 条第 2 款规定的表达自由，通常被认为是需要缔约国承担不作为的尊重义务，但该案表明，缔约国对于这一自由，也负有确保其享受不受国家以不作为造成侵害的义务。还例如，第 24 条第 3 款规定了每一儿童出生后就获得登记的权利，缔约国如果不予登记，就将违反这一规定、侵害这一权利。

某些权利即使在表面上看来，要求的仅是缔约国的尊重义务，即限制或克制自己不作为的义务，但在事实上，同样会导致缔约国积极作为才能确保权利免受国家侵害的义务。对此可以《公约》第 6 条第 1 款和第 7 条为例证。

第 6 条第 1 款规定，个人的生命权应受法律保护、个人的生命不得被无理剥夺。据此，缔约国的义务很容易被理解为在法律上应规定生命权不受侵害，在实践中不采取可能构成对生命权之侵害的行为。然而，在实践中，有可能发生的情况是，缔约国不采取某种行为反倒可能影响生命权的享受，特别是在个人处于其权力控制之下的情况中。例如，在个人无论因何种原因遭拘禁的情况中，缔约国不仅有义务尊重其生命权，即不得未经法定程序即剥夺其生命，而且有义务确保个人的生命免受损害，而这种损害既可能来自非国家行为者如同被拘禁者（这将涉及缔约国确保权利免受非国家行为者侵害的义务），也可能来自缔约国本身的不作为。只要缔约国的不作为与生命所受损害之间有因果联系，则缔约国的不作为就将导致缔约国违反其确保权利免受国家侵害的义务，构成一种对生命权的侵害。委员会审议的许多个人来文都充分说明了这一点。例如，在兰特索娃诉俄罗斯案中，提交人的儿子兰特索夫被关入羁押中心时年仅 25 岁、身体健康，但在被拘禁期间因为急性肺炎引起的心力衰竭死亡。缔约国声称，兰特索夫突发疾病、没有及时请求医疗援助，导致其在最后一刻才被送往医院，但为时已晚；缔约国没有反驳兰特索夫的拘禁条件与其健康状况恶化致命之间存在因果关系。委员会申明，应由国家承担确保被拘禁者生命权的义务，而不是由后者承担请求保护的义务；缔约国对于其逮捕和拘禁的个人，承担着照料其生命的责任，应当了解在可合理预见的范围内被拘禁者的健康状况。因此，委员会认定，缔约国没有采取适当措施在兰特索夫

---

① Communication No. 1470/2006, *Toktakunov v. Kyrgysztan*, paras. 7.4 – 7.8.

被拘禁期间保护他的生命，违反了《公约》第 6 条第 1 款。① 在该案中，很显然，如果缔约国采取了适当措施，也许兰特索夫的死亡是可以避免的。因此，尽管缔约国没有违反其尊重生命权的义务，但违反了其确保生命权得到享受的义务，虽然这种侵害是以不作为的方式体现的。与兰特索娃诉俄罗斯案相比，提提亚洪乔诉喀麦隆案更为明显地体现了缔约国的不作为如何侵害生命权。该案中，提交人的丈夫在一所条件恶劣、疾病丛生的军事监狱中，因为腹痛呼救了一整天，监狱护士却无法进入他的牢房，因为值班卫兵都没有该牢房的钥匙，待晚上牢房门终于被打开时，他已经死去。对此，委员会认定，缔约国未能履行《公约》第 6 条第 1 款规定的保护提交人丈夫的生命权的义务，违反了《公约》第 6 条第 1 款。②

第 7 条第一句话规定，任何人都不得遭受酷刑或残忍的、不人道的或侮辱性的处遇或惩罚。其中"任何人不得遭受"的表述很容易被理解为仅对缔约国施加了尊重即不对个人施与违禁行为的义务。然而，尽管要构成第 7 条禁止的酷刑，就必须具备"积极的作为"的要素，③ 残忍的、不人道的或侮辱性的惩罚也意味着必须存在一种作为，但残忍的、不人道的或侮辱性的处遇既可能由缔约国的作为造成，也可能由缔约国的不作为造成。在前一种情况中，缔约国违反的是尊重的义务，而在后一种情况中，缔约国违反的则将是确保权利免受国家侵害的义务。委员会审议的许多个人来文也充分说明了这一点。例如，在 K. N. L. H. 诉秘鲁案中，提交人因怀有畸形胎儿而希望中止妊娠，但由于该国刑法规定，即使基于婴儿出生时可能有严重身心缺陷而堕胎，也属于犯罪，因此医院（一家公立医院）拒绝为提交人实施治疗性人工流产，提交人随后产下一名无脑畸形女婴（只存活了 4 天）并因此遭受了极大的痛苦。委员会判定，秘鲁除其他外，违反了《公约》第 7 条，因为在委员会看来，"缔约国的疏忽造成提交人

---

① Communication No. 763/1997, *Lantsova v. Russian Federation*, para. 9.2. 由于兰特索夫因病死亡显然与羁押中心的恶劣拘禁条件有关，委员会还认定第 10 条第 1 款被违反：Ibid., para. 9.1。

② Communication No. 1186/2003, *Titiahonjo v. Cameroon*, para. 6.2. 关于委员会的意见为何使用"保护"一词，见下文"其他问题"。

③ 诺瓦克：《评注》，第 7 条，第 6 段。

无法接受治疗性堕胎,是造成提交人所经受的痛苦的原因"。① 该案中,秘鲁违反《公约》第 7 条恰恰是因为其不作为:法律禁止堕胎以及公立医院拒绝给提交人堕胎。类似地,在 L. M. R. 诉阿根廷案中,提交人的患有长期精神障碍的女儿 L. M. R. 因被强奸而怀孕,尽管阿根廷法律允许在这种情况中止妊娠、阿根廷最高法院也裁决 L. M. R. 可以中止妊娠,但医院仍拒绝为她实施手术,她的家人不得已通过非法手术为其堕胎。委员会认为,尽管 L. M. R. 的家人提出了要求,但"缔约国的疏忽,即未做到保障 L. M. R. 享受《刑法》第 86 条第 2 款规定的中止妊娠权……,造成了她遭受构成对《公约》第 7 条之违反的身心痛苦"。② 该案中,阿根廷违反《公约》第 7 条并不是因为其法律禁止堕胎,而是因为没有积极作为以切实保障 L. M. R. 享受法律所规定的中止妊娠的权利,从而使其遭受了有违第 7 条的待遇。如第三章所述,委员会还曾在一些涉及死刑的来文中认定,不向被处决者的亲属透露其被处决的时间、地点以及埋葬之处,构成对被处决者亲属的不人道待遇,这同样是因为缔约国没有积极作为,才违反了其确保免受不人道待遇的权利得到享受的义务。

理论上,确保权利免受国家侵害的义务同样不要求缔约国在其国内法中规定《公约》所确认的权利。然而,由于这种义务要求的是缔约国的作为,如果没有法律规范和制度,缔约国将很难精确履行《公约》所要求的义务。因此,为了全面充分地履行确保权利得到享受的义务,缔约国一般需要在国内法中作出符合《公约》规定的要求,并在实践中遵守这种要求;同时,如果缔约国在国内法中作出与《公约》要求相反的规定并在实践中依此行事,将很可能违反确保权利得到享受的义务。例如,如果缔约国在法律中没有规定无力聘请辩护人的刑事被告可以获得免费的法律援助,那么在实践中将几乎不可能为这样的被告提供法律援助,则这种不作为将侵害该被告根据《公约》第 14 条第 3 款(卯)项享受的在无力聘请辩护人时获得免费法律援助的权利。

---

① Communication No. 1153/2003, *K. N. L. H.* v. *Peru*, para. 6.3. 对该案的分析参见, Pardiss Kebriaei, "UN Human Rights Committee in *Karen Llontoy* v. *Peru*", (2006) 15 *INTERIGHTS Bulletin* 151。

② Communication No. 1608/2007, *L. M. R.* v. *Argentina*, para. 9.2.

(三) 其他问题

就尊重和确保权利免受国家侵害的义务,还有几个方面的问题值得注意。

尽管在法理上,尊重和确保权利免受国家侵害的义务对缔约国的要求不同——前者要求的是缔约国的不作为,而后者要求的是缔约国的作为,但在委员会处理个人来文的实践中,尤其是对处于国家权力控制之下的个人受到损害的情况,除非有相反的证据,否则往往会推定缔约国违反的是尊重权利免受侵害的义务。例如,在特里奇娜诉俄罗斯联邦案与莫都诺夫和朱姆巴耶娃诉吉尔吉斯斯坦案中,都存在一个关于事实的争论,即受害者在被拘禁期间非自然死亡的原因究竟是缔约国所称的自杀,还是来文提交人(受害者的父母)所称的缔约国当局或人员的折磨。在这两起案件中,委员会都认定缔约国违反了《公约》第 6 条和第 7 条。[①] 委员会在其意见中,并没有明确认定受害者是被缔约国当局或人员杀害的(如被折磨致死),但是提出,由于缔约国没有提出有说服力的论据来反驳受害者被折磨致死的指控,因此会适当看重提交人的这种指控,从而暗示受害者死亡的原因就是缔约国的作为,即违反的是尊重受害者的生命权和免受酷刑权的义务。委员会之所以采取这种立场,一方面是出于举证方面的实际原因。委员会很早就提出,"就举证责任而言,这不能仅仅由来文的提交人承担,特别是考虑到提交人和缔约国并不总是具有获得证据的同等手段,而且往往只有缔约国才能获取有关资料"。[②] 因此,只要缔约国没有提出有说服力的论据,委员会就会采信提交人的陈述(条件是其足够翔实可信)。但另一方面,这很可能也与缔约国根据《公约》所承担义务的顺次有关。基于一种自然法的理想观点,个人的权利只要不受侵害,尤其是国家的侵害,即国家履行了其尊重的义务,就能够享有其权利,特别是诸如生命权和免受酷刑权等消极性权利。因此,当个人在与国家发生关系的情况中,尤其是在个人处于国家权力控制之下的情况中,如果个人的权利受到了侵

[①] Communication No. 888/1999, *Telitsina v. Russian Federation*, paras. 7.3 – 7.7; Communication No. 1756/2008, *Moidunov and Zhumbaeva v. Kyrgyzstan*, paras. 8.3 – 8.9.

[②] Communication No. 30/1978, *Bleier v. Uruguay*, para. 13.3; Communication No. 84/1981, *Barbato v. Uruguay*, para. 9.6.

害，要考虑的第一个可能就是国家主动采取了侵害行为，即没有履行其尊重的义务，第二个可能才是国家没有履行确保个人权利不受侵害的义务。因此，除非情况明确显示缔约国违反的是后一项义务——例如上述兰特索娃诉俄罗斯案或提提亚洪乔诉喀麦隆案中受害者因病死亡的情况，否则委员会就会推定受害者因缔约国的作为受到侵害，即缔约国没有尽到尊重的义务。在埃肖诺夫诉乌兹别克斯坦案中，委员会甚至称，"在任何形式下的羁押中死亡都应初步被视为是一种即决处决或任意处决"，① 即故意剥夺生命。这充分说明，缔约国是否尽到了尊重的义务，是委员会审议此类案件的推论起点。②

同样，尽管在法理上，尊重和确保权利免受国家侵害的义务是不同的义务形式，但委员会在其工作中，对"尊重"、"确保"的使用并不严格一致。首先，委员会除了重复《公约》第2条第1款的规定外，很少使用缔约国有义务"尊重"某项权利的说法。例如，委员会头20年（1977～1996年）对审结个人来文的最后意见表明，委员会仅在穆孔诉喀麦隆案中，敦促缔约国"尊重"提交人根据《公约》第19条享有的权利。③ 其次，有时委员会提到某种权利没有得到尊重时，实际上指的是"确保"的义务。例如，在伊兹奎尔多诉乌拉圭案中，委员会称，受害者"在合理时间内得到审判的权利没有受到尊重"。④ 而实际上，《公约》第9条第3款规定的因刑事罪名而被逮捕或拘禁之人应在合理期间内获得审讯或释放的权利，或第14条第3款（寅）项规定的刑事被告不得无故拖延地受到审判的权利，明显要求的是缔约国的作为，即确保的义务。同样，

---

① Communication No. 1225/2003, *Eshonov v. Uzbekistan*, para. 9.2.
② 在受害者并非出于羁押的情况中，委员会的推论也类似。例如在崇维诉赞比亚案和乌梅塔列夫等人诉吉尔吉斯斯坦案中，委员会都暗示缔约国对受害者动用了致命武力（枪击），违反了《公约》第6条第1款。Communication No. 821/1998, *Chongwe v. Zambia*, para. 5.2; Communication No. 1275/2004, *Umetaliev et al. v. Kyrgyzstan*, paras. 9.4–9.5。
③ Communication No. 458/1991, *Mukong v. Cameroon*, para. 11. 在许多来文中，委员会判定受害者没有得到人道及尊重其固有人格尊严的待遇，违反了《公约》第10条第1款。但就这些权利，缔约国的义务是与"得到"相对应的"给予"，即仍属于"确保"的义务。
④ Communication No. 73/1980, *Izquierdo v. Uruguay*, para. 9. 参见，Communication No. 46/1979, *Borda et al. v. Colombia*, para. 14, 缔约国没有"尊重"受害者根据第9条第3款享有的权利；Communication No. 16/1977, *Mbenge et al. v. Zaire*, para. 14, 缔约国没有"尊重"受害者根据第14条第3款（子）（丑）（卯）和（辰）项享有的权利

在沃尔夫诉巴拿马案中，委员会称，"提交人根据第 14 条第 1 款享有的权利没有得到尊重"。① 而第 14 条第 1 款规定的获得公正审判的总体性权利显然也是需要缔约国以作为"确保"而非以不作为"尊重"的权利。再次，有时委员会会使用"确保"某一权利得到"尊重"的说法。例如，在苏克拉尔诉特立尼达和多巴哥案中，缔约国为提交人指定的律师没有与提交人商量就向上诉法院提出找不到上诉的理由。对此，委员会认为，提交人有权被告知其法律援助律师不打算向上诉法院提出主张以及他可以另找法律代理，但是上诉法院没有采取任何措施"确保这一权利得到尊重"。② 由于该案中的律师是一位国家指定的法律援助律师，因此不同于私人聘雇的律师——缔约国对其行为将承担不干涉的"尊重"义务，缔约国有义务确保该律师能为被告提供有效的法律服务，因此缔约国实际上违反的，是"确保"所涉权利得到"享受"而非"尊重"的义务。最后，除了"尊重""确保"以外，委员会有时还提到"保护"。这是因为，一方面，《公约》本身规定了一些权利要受到"保护"，即第 6 条第 1 款规定生命权应受法律"保护"，③ 第 17 条第 2 款规定隐私权应受法律"保护"以免第 1 款规定的权利受到侵扰或破坏，④ 第 23 条第 1 款规定家庭应受社会及国家"保护"，第 24 条第 1 款规定儿童"有权享受家庭、社会及国家……给予之必需保护措施"，⑤ 第 26 条规定人人应享有平等而有效之"保护"、免受歧视。而这种"保护"必然既包括国家以不作为尊重权利免受国家侵害的义务，也包括以作为确保权利免受国家侵害的义务。另一方面，由于缔约国对《公约》规定的其他权利，即使其中没有明确使用"保护"一词，也承担着"保护个人……免受国家工作人员对《公约》权利的侵害"的义

---

① Communications No. 289/1988, *Dieter Wolf* v. *Panama*, para. 6.6.
② Communication No. 928/2000, *Sooklal* v. *Trinidad and Tobago*, para. 4.10.
③ 在《公约》作准中文本中，此处为"保障"，但其英文本中的对应用词为"protect"，与作准中文本其他地方所述"保护"的对应用词相同。
④ 参见第 16 号一般性意见，第 1 段：第 17 条规定的权利"必须加以保障，使之不受任何这类侵扰和破坏，无论其来自政府当局还是自然人或法人"。另参见第 9、10 段。
⑤ See Eckart Klein, "The Duty to Protect and to Ensure Human Rights Under the International Covenant on Civil and Political Rights", in Eckart Klein (ed.), *The Duty to Protect and to Ensure Human Rights* (Berlin Verlag A. Spitz, 2000) 295, pp. 312 – 313.

务,[①] 因此可以说，缔约国对这些权利也承担着保护其免受国家侵害的义务。在这一意义上，缔约国承担的尊重和确保权利免受国家侵害的义务也可以表述为针对国家行为的保护义务，既针对国家的作为——尊重义务，也针对国家的不作为——确保义务。

总结而言，《公约》的起草者所要努力达到的，是针对公权力的无约束侵害来保护个人的权利。[②] 因此，缔约国在这一方面的义务也可以从保护的角度来理解，即《公约》为个人提供的是针对缔约国的任意行为的保护,[③] 无论这种任意行为是立法、司法还是执法行为，是作为还是不作为。

四 确保权利免受非国家行为者侵害的义务——保护的义务

如前所述，根据人权法的现代发展，国家还承担着克制非国家行为者侵害个人权利的"斜向义务"。《公约》并没有直接、明确地规定缔约国规制非国家行为者的义务；不过，缔约国和委员会的实践都表明，"缔约国承允……确保"个人享受权利的义务，包括了确保个人权利免受非国家行为者侵害的义务和确保权利得到促进和实现的义务。以下，将仅分析前一义务，后一义务则将在第五节分析。

（一）保护义务的含义及其履行

在人权义务层次理论中，确保个人免受非国家行为者侵害的义务一般也被称为"保护的义务"。[④] 第 15 号《人权概况介绍》将保护的义务——《公约》缔约国在尊重义务之后承担的第二项义务——定义为"保护对权利的享受"的义务，具体是指缔约国"必须保护个人的权利免遭第三方的

---

① 第 31 号一般性意见，第 8 段。
② Parvez Hassan, "The International Covenants on Human Rights: An Approach to Interpretation", (1970) 19 *Buffalo Law Review* 35, p. 40.
③ Louis B. Sohn, "The New International Law: Protection of the Rights of Individuals Rather than States", (1982) 32 *American University Law Review* 1, p. 28.
④ 这种《公约》语境之内、国内法层面上的保护的义务与一般人权语境之内、国际法层面上的"人权的国际保护"或"保护的责任"尽管存在联系，但并不是相同的概念，不应被混淆。

侵害，不论第三方是个人、公司还是其他非国家行为者"。① 将这种保护的义务与缔约国尊重和确保《公约》权利免受国家侵害的义务相比较，首先，后者针对的是国家对权利的侵害，而前者针对的是国家或作为权利享受者的个人以外的第三方对权利的侵害；其次，前者既针对国家的作为，也针对国家的不作为，而后者主要针对第三方的作为。委员会第31号一般性意见（第8段）指出，缔约国有义务"保护个人……免遭私人或者私人实体妨碍享受应该能够在私人或者私人实体之间适用的《公约》权利的情况"，其中的"妨碍"一词表明了缔约国的保护义务针对的是第三方的构成侵害的作为。不过，保护的义务主要针对第三方的作为，但并不仅限于第三方的作为，因为有时，也存在第三方的不作为妨碍权利得到享受的情况。这主要发生在所涉个人处于第三方的某种权力或控制之下的情况中。例如，如果私立医院放任本可以得到救助的病人死亡，或者私立学校知道或本应知道学生在校内从事吸毒或赌博等有害活动却没有尽可能采取防范或制止措施，也会侵害所涉个人的权利，从而引起缔约国的保护义务。

为了履行保护的义务，缔约国必须做到以下三个方面。第一个方面是，缔约国应以法律规定非国家行为者不得侵害《公约》确认的权利（体现为义务性或禁止性的法律规定）以及侵害的法律责任。② 第二个方面是，缔约国应采取适当措施预防和遏制非国家行为者对《公约》确认的权利的侵害。③ 在一般国际法中，这被称作"防止的义务（obligations of prevention）"，即尽最大努力的义务，这种义务"要求国家采取所有合理的或必要的措施以防止某一情况发生，但不保证该情况不会发生"。④ 第三个

---

① United Nations, Human Rights Fact Sheet No. 15 (Rev. 1), *Civil and Political Rights*: *The Human Rights Committee*, p. 5. See also Paul Sieghart, *The Lawful Rights of Mankind*: *An Introduction to the International Legal Code of Human Rights* (Oxford University Press, 1985), pp. 90 – 91; Künnemann, " A Coherent Approach to Human Rights", p. 328; McCorquodale, "Non – state Actors and International Human Rights Law", pp. 105 – 108.
② 例如，第16号一般性意见（第9段）就指出，缔约国应提供立法构架来禁止自然人或法人进行不符合《公约》第17条的侵扰。
③ See Communication No. 195/1985, *Delgado Páez v. Colombia*, para. 5.6.
④ A/56/10 (2001), *Report of the International Law Commission on the work of its fifty – third session*, Chapter IV. E. "Draft articles on responsibility of States for internationally wrongful acts", Article 14, Commentary, para (14).

方面也是最核心的方面是,一旦发生非国家行为者对《公约》确认的权利的侵害,缔约国应采取适当措施确保受到侵害的个人得到合适的补救,包括调查侵害情势以及惩处侵害者。委员会第 31 号一般性意见(第 8 段)指出,如果"缔约国未能采取适当措施或者恪尽职守来防止、惩罚、调查或者补救私人或者私人实体的……行为所造成的伤害或者允许这种伤害",就将导致缔约国对这些权利的侵害。

这三个方面可以通过缔约国根据《公约》第 6 条第 1 款承担的义务加以说明。① 该款第 2 句话规定,生命权"应受法律保护"。人权委员会起草第 6 条期间,对这一规定的讨论表明:"尽管有观点指出该条应仅有关保护个人免受不当的国家行为的侵害,但大多数人认为国家既应负责保护人的生命免受公权力的不当行为的侵害,也应保护其免受私人的不当行为的侵害。"② 委员会则明确指出:"缔约国还必须确保生命权,并尽到恪尽职守来保护个人的生命,使其不因个人或实体的不可归咎于国家的行为而被剥夺";"依法保护生命权的义务还包括缔约国有义务通过任何适当的法律或其他措施,保护生命免受一切可合理预见的威胁,包括来自个人和实体的威胁。"③

因此,缔约国第一个方面的义务是在法律中不仅禁止公权力对生命的不当侵害,而且禁止非国家行为者对生命的不当侵害。该款第 3 句话规定——如果从其英文本翻译而不是直接使用中文本,"任何人的生命不得被无理剥夺",这同样表明对生命的无理剥夺可能来自任何主体,各缔约国则"应当采取措施……防止和惩罚剥夺生命的犯罪行为"。④ 因此,缔约国的第二个方面的义务是"防止"包括非国家行为者在内的任何主体的可构成犯罪的剥夺生命的行为,例如缔约国有义务保护妇女免遭诸如杀害女婴、烧死遗孀以及因为嫁妆不足而遭杀害等对其生命权的侵害⑤——这种

---

① See Klein, "The Duty to Protect and to Ensure Human Rights Under the International Covenant on Civil and Political Rights", pp. 306 – 309.
② United Nations, *Annotations on the text of the draft International Covenants on Human Rights* (prepared by the Secretary – General), A/2929 (1955), Chapter VI, para. 4.
③ 第 36 号一般性意见,第 7、18 段;参见第 21 段。
④ 第 6 号一般性意见,第 3 段。
⑤ 第 28 号一般性意见,第 10 段。

侵害几乎完全来自非国家行为者；如果缔约国能够防止而未防止这种行为——这需要根据每一个事件的具体情况判断，则缔约国就可能违反其保护的义务。而如果缔约国无法防止这种行为的发生，例如国家并不总是能预防杀人案件，缔约国就应该承担第三个方面的义务，即对这种行为予以"惩罚"；如果缔约国对杀人案件不进行调查，或者没有起诉一个杀人者、对之予以轻判或轻易将之赦免，缔约国也同样可能违反其保护的义务。[1]

保护的义务与尊重和确保《公约》权利免受国家侵害的义务相比较，除了针对的主体不同、行为不同外，两者对缔约国履行的要求严格程度也不同。萨拉·约瑟夫提出，"大概而言，国家控制私主体的义务并不像其控制公职人员的义务一样严格"。[2] 即国家尊重和确保权利不受国家自身侵害的义务极为严格，国家必须绝对控制自己及其机关和人员不以作为或不作为侵害个人权利，一旦发生侵害，国家即违反了相关义务、必须承担责任；但是，国家的保护义务并不意味着一旦发生非国家行为者对《公约》确认的权利的侵害，缔约国就违反了其保护的义务。这是因为，首先，在事实上，缔约国不可能保证不发生非国家行为者侵害权利的情况，因为这等于是要求国家消灭所有的犯罪和违法情况、承担不可能实现的任务。其次，在理论上，要求国家绝对保证不发生非国家行为者侵害权利的情况，就必然意味着国家要在相当大的范围内、相当大的程度上控制非国家行为者的行为，但如果能在与控制其自己的工作人员同等的程度上，控制私人行为者，就会侵害这些私人的权利。[3] 这将与人权法的基本价值——在最大程度上尊重和保障个人的自由——背道而驰，"因此，国家无法承担太广泛的阻遏和控制私人行为的责任，以免侵蚀恰恰是这些自由本身"。[4] 实际上，缔约国的尊重义务与保护义务在一定程度上存在矛盾：缔约国为履行保护义务而采取的措施，恰恰有可能有损其履行尊重的义务。例如，缔

---

[1] Sohn, "The New International Law", pp. 19-20. 参见诺瓦克：《评注》，第2条，第20段。

[2] Sarah Joseph, "A Rights Analysis of the Covenant on Civil and Political Rights", (1999) 5 *Journal of International Legal Studies* 57, p. 74.

[3] Sarah Joseph and Melissa Castan, *The International Covenant on Civil and Political Right: Cases, Materials, and Commentary* (Oxford University Press, 3rd edn, 2013), p. 42.

[4] Jan Arno Hessbruegge, "The Historical Development of the Doctrines of Attribution and Due Diligence in International Law", (2004) 36 *N.Y.U. Journal of International Law and Politics* 265, pp. 275-276.

约国为保护个人的隐私权，可能要限制第三方的表达自由；缔约国为保护公共安全（从而保护个人的人身安全），可能要限制第三方的隐私权（假如其为自然人）。当这种限制逾越《公约》所允许的限度时，就可能构成对表达自由或隐私权的侵害。

因此，缔约国根据《公约》承担的保护义务，或者广而言之，国家在人权法中承担的保护义务，是有限度的，即需要"恪尽职守"（due diligence）。① 委员会曾提出，如果缔约国没有能够"采取适当措施或者恪尽职守"来防止、惩罚、调查或者补救私人或者私人实体的这种行为所造成的伤害或者允许这种伤害，就会引起缔约国对这些权利的侵害。② 其中，并没有对"恪尽职守"作出界定，但是，将其与"采取适当措施"并列表明，"恪尽职守"意味着采取为防止、惩罚、调查或者补救非国家行为者侵害权利的情况，而采取"适当"措施，这种"适当"还意味着有关措施应是"合理的"、"严肃的"。③ 如果缔约国采取了适当措施来防止、惩罚、调查或者补救非国家行为者侵害权利的情况，即使这些措施的结果不令人满意，缔约国也尽到了其保护的义务、无须承担责任；只有在缔约国没有采取适当措施即未能尽到恪尽职守来防止、惩罚、调查或者补救权利受非国家行为者侵害的情况中，缔约国才需要因为非国家行为者侵害权利的情况而对违反《公约》"间接负责"。④

不过，对于缔约国为恪尽职守，该采取哪些措施，并无精确的标准和全面的清单。"国家根据恪尽职守的原则，究竟需要采取哪些具体行动，

---

① "恪尽职守"是一个在国内法和国际法中都广泛使用的概念。就国际法中的"恪尽职守"，参见，Riccardo Pisillo - Mazzeschi, "The Due Diligence Rule and the Nature of the International Responsibility of States", (1992) 35 *German Yearbook of International Law* 9; Joanna Kulesza, *Due Diligence in International Law* (Martinus Nijhoff, 2016); Neil McDonald, "The Role of Due Diligence in International Law", (2019) 68 *International and Comparative Law Quarterly* 1041.

② 第31号一般性意见，第8段。

③ Chirwa, "The Doctrine of State Responsibility as a Potential Means of Holding Private Actors Accountable for Human Rights", p. 15.

④ Suzanne Egan, *The United Nations Human Rights Treaty System: Law and Procedure* (Bloomsbury Professional, 2011), p. 69.

将视所涉权利和事项的具体情况而定。"① 另外，对于缔约国为了履行保护的义务而必须做到的三个方面，恪尽职守不仅适用于后两个方面，即采取适当措施预防、遏制和补救非国家行为者对《公约》确认的权利的侵害，而且也适用于第一个方面，即以法律规定非国家行为者不得侵害《公约》确认的权利。这意味着，缔约国应时常针对可能出现的非国家行为者侵害《公约》承担的权利的情况，以适当立法予以禁止和惩处。②

（二）保护义务与《公约》所确认的权利

要求缔约国承担保护义务的《公约》权利分为两种情况。第一种情况是，如前所述，有些《公约》条款明文要求其中规定的权利得到"保护"，包括第6条第1款、第17条第2款、第23条第1款、第24条第1款和第26条。这些条款中使用的"保护"一词表明，缔约国不仅有义务尊重和确保所涉权利不受自身的侵害，而且有义务保护这些权利免受任何其他主体的侵害。第23条第1款和第24条第1款提到的"保护"尽管具有更广泛的含义，类似于通常所说的"保护和促进人权"中的"保护"的含义，特别是因为这两款还提到了"社会……的保护"，但其中必然包括缔约国针对非国家行为者对其中所规定的权利的侵害的保护。就家庭权利，委员会认为，"家庭"这一概念不仅指在婚姻或同居期间的家庭，而且还指父母与子女之间的总体关系。③ 因此，即使在离婚（或分居）的情况中，缔约国也"应以子女的利益为重，必须采取步骤使他们得到必要的保护，并尽可能保证他们与父母都维持个人关系"，④ 这意味着缔约国有义务保护不享受监护权或没有与子女共同生活的父母一方与其子女的家庭关系，而当这

---

① Lisa Grans, "The State Obligation to Prevent Torture and Other Cruel, Inhuman or Degrading Treatment or Punishment: The Case of Honour – Related Violence", (2015) 15 *Human Rights Law Review* 695, p. 705.

② 参见，René Provost, International Human Rights and Humanitarian Law (Cambridge University Press, 2002), p. 60, 指出国家的恪尽职守义务有时会涉及通过国内法规定个人的义务。

③ Communication No. 417/1990, *Balaguer Santacana v. Spain*, para. 10.2. 另参见，Communication No. 201/1985, *Hendriks v. The Netherlands*, para. 10.3: "第23条第1款中的'家庭'一词并不仅仅指在婚姻存续期间存在的家居生活。家庭的概念必须包括父母与子女的关系。尽管离婚在法律上结束了一桩婚姻，但不能解除联结父亲或母亲与孩子的关系；这一联结关系并不取决于父母之婚姻的延续。"

④ 第17号一般性意见，第6段。

种家庭关系受到父母另一方的妨碍时，缔约国应采取措施排除这种妨碍，以保证前一方的家庭权利，包括探视的权利。例如，在 L. P. 诉捷克案中，与提交人分居的妻子一直拒绝提交人探视两人的儿子，尽管法院多次裁决对提交人的妻子予以罚款，但这些罚款未得到充分执行，缔约国也没有采取旨在确保提交人权利的其他措施，委员会因此认定提交人根据《公约》第17条享受的权利——结合第2条第1、2款——未得到充分的保护。① 就儿童的权利，委员会指出，缔约国应采取措施，使得儿童"免受暴力行为和残忍的、非人道的待遇，和防止他们被下列手段或任何其他手段剥削：强迫劳动或卖淫、利用他们非法贩卖麻醉药品";② 委员会还对许多缔约国存在的童工现象提出了批评,③ 因为这表明有关缔约国没有尽到保护儿童的义务。另外，缔约国甚至有义务针对父母和家庭的行为对儿童提供保护："如父母和家庭严重失责、虐待和忽略子女，则国家应进行干涉，限制父母的权力，而且在情况需要时可将子女与父母分开。"④ 就第26条规定的权利，在起草过程中曾存在争论，即缔约国是否有义务禁止私人或社会关系中的歧视现象。⑤ 然而，"如果允许歧视在私营部门盛行，一个社会

---

① Communication No. 946/2000, *L. P. v. The Czech Republic*, para. 7.4. 另参见，Communication No. 514/1992, *Fei v. Colombia*。该案中，提交人的前夫一再阻挠她与两个孩子的联系，委员会认定哥伦比亚未能确保提交人与其孩子的经常联系违反了第17条第1款和第23条第4款。

② 第17号一般性意见，第3段。

③ 例如参见对哥伦比亚第三次报告的结论性意见，CCPR/C/79/Add.2 (1992), para. 5；对多米尼加共和国第三次报告的结论性意见，CCPR/C/79/Add.18 (1993), para. 9；对斯里兰卡第三次报告的结论性意见，CCPR/C/79/Add.56 (1995), para. 39；对巴西的初次报告的结论性意见，CCPR/C/79/Add.66 (1996), paras. 14, 31；对肯尼亚第二次报告的结论性意见，CCPR/CO/83/KEN (2005), para. 26；对乌兹别克斯坦第二次报告的结论性意见，CCPR/CO/83/UZB (2005), paras. 25；对巴拉圭第二次报告的结论性意见，CCPR/C/PRY/CO/2 (2006), paras. 9。

④ 第17号一般性意见，第6段。就为保护儿童而分开子女与父母的问题，参见，Communication No. 858/1999, *Buckle v. New Zealand*，该案中，新西兰以提交人无法充分照料其年龄为1~8岁的6名子女为由剥夺了提交人的监护权，委员会认定不存在对《公约》第17条和第23条的违反。

⑤ See A/2929, Chapter VI, para. 180; B. G. Ramcharan, "Equality and Nondiscrimination", in Henkin, *The International Bill of Rights* 246, p. 262.

将无法提供真正的机会和待遇平等"。① 委员会在其意见中，也倾向于将第 26 条解释为给缔约国施加了针对非国家行为者的歧视提供保护的义务。在第 17 号一般性意见中（第 5 段），委员会要求缔约国说明其立法和实践如何保证保护措施的目的在于消除"各领域中"对儿童的歧视。在第 28 号一般性意见（第 31 段）中，委员会指出："受第 26 条保护的所有人在法律面前平等的权利和不受歧视的自由要求国家采取行动，打击一切领域中公共和私人机构的歧视行为。"② 在第 18 号一般性意见（第 9 段）中，委员会希望了解在缔约国中，"在事实上是否存在任何歧视的问题，这种歧视可能是由公共机关、社区、私人或私人机构实行的"。显然，如果禁止非国家行为者的歧视并不在缔约国的义务范围之内，委员会也就无须了解由非国家行为者实行的歧视情况。在纳里克诉奥地利案中，提交人诉称在一项集体谈判协议中受到了歧视，而奥地利则认为它不应为一项私人协议中的歧视负责。对此，委员会明确地提出：

  根据《公约》第 2 条和第 26 条，缔约国有义务确保在其领土内和受其管辖的所有个人免遭歧视，因此，缔约国的各法院也有义务保护个人免遭歧视，不论这是发生在公共领域中还是在准公共部门——例如就业——中的私人当事方之间。③

  另外，在对毛里求斯第三次报告的结论性意见中，委员会建议该国"采取措施制定全面的禁止歧视的法律，以涵盖受《公约》保护的所有公共或私人领域"；④ 在对瑞士第二次报告的结论性意见中，委员会表示关注的是，"保护个人在私营部门中免遭歧视的立法并非在缔约国领土的所有部分都存在"，因此建议瑞士"根据《公约》第 2、3 条，确保在其所有领

---

① Joseph and Castan, *The International Covenant on Civil and Political Right: Cases, Materials, and Commentary*, p. 815.
② 另参见第 28 号一般性意见第 4 段，其中委员会认为根据《公约》第 2、3 条，缔约国有义务"采取一切必要步骤……制止公私营部门中有损对权利的平等享受的歧视行为"。
③ Communication No. 608/1995, *Nahlik v. Austria*, para. 8.2.
④ CCPR/C/79/Add. 60 (1996), para. 23.

土上均存在保护个人在私领域中免遭歧视的立法"。① 在对美国第三次报告的结论性意见中,委员会关切地注意到该国的许多州没有将基于性倾向的就业歧视规定为违法,并建议该国应确保联邦和各州的就业立法都规定基于性倾向的就业歧视为违法。② 很多学者也认为,由非国家行为者所实施的歧视属于第 26 条所规定的缔约国的保护义务的范围。③ 当然,缔约国在事实上不可能也没有义务禁止纯粹属于私人性质的非国家行为者对个人的所有歧视和不平等对待,但至少在准公共领域和社会生活中,就国内法为缔约国规定了不得歧视的事项,缔约国无疑承担着保护个人免受非国家行为者歧视的义务。④ 不过总体而言,与诸如专门负责禁止歧视的人权条约机构相比,对于系统地讨论国家针对第三方的歧视予以保护的义务,委员会看来更加犹豫。⑤

第二种情况是,尽管某一《公约》条款没有明确规定缔约国有保护的义务,但其涉及的权利的性质蕴含着其被非国家行为者侵害的可能,因此缔约国同样承担着保护的义务。绝大部分的《公约》权利都属于这种情况。无论是以禁止性的表述(即表述为个人的某项自由不得被侵害)还是以授权性的表述(即表述为个人享受某项权利)规定的权利,都意味着这些权利可能遭受非国家行为者的侵害和干涉,因此缔约国就有予以保护的义务。无论是《公约》的立法史,还是委员会的各种意见,都充分证实了这一点。对此,可以《公约》第 7 条作为例证。就第 7 条第一句话——"任何人均不得受到……"(No one shall be subjected to …)的措辞可以解释为针对来自任何行为者(而非仅仅是国家)的酷刑、不人道的或侮辱性的待遇或惩罚。这种解释在第 7 条的立法史中能够找到证据。在人权委员会设立的起草委员会于 1948 年形成的"国际人权公约草案"中,该条只

---

① CCPR/CO/73/CH (2001), para. 10. 参见第 28 号一般性意见,第 4 段。
② CCPR/C/USA/CO/3/Rev.1 (2006), para. 25.
③ 诺瓦克:《评注》,第 26 条,第 57 段;Ramcharan, "Equality and Nondiscrimination", pp. 261 – 263; Andrew Clapham, *Human Rights Obligations of Non - State Actors* (Oxford University Press, 2006), pp. 331 – 332。
④ 参见第 31 号一般性意见,第 8 段:"在诸如工作或者住房等影响日常生活之基本方面的领域中,必须保护个人免遭第 26 条的含义之内的歧视。"
⑤ Wouter VandenHole, *Non - Discrimination and Equality in the View of the UN Human Rights Treaty Bodies* (Intersentia, 2005) p. 217.

有一句话："任何人均不得受到酷刑或残忍的、不人道的惩罚或者残忍的、不人道的侮辱。"① 1949 年，美国提出将这一条改为："任何国家均不得对任何人施以酷刑或残忍的、不人道的惩罚。"② 这种表述明确地将国家的义务仅限于尊重的义务，但一些国家认为，在可能的情况下，人权公约也应适用于个人对其所确认的权利的侵害，鉴于此，美国很快去掉了这一条只针对国家行为的明确限制，将其表述修正为"任何人均不得受到酷刑或残忍的、不人道的惩罚或处遇"。③ 因此很明显，《公约》第 7 条第一句话规定的权利应针对任何行为者的侵害得到保障，即缔约国不仅有义务自身尊重这些权利，而且有义务保护个人免遭其他主体对这些权利的侵害。这也是《公约》第 7 条与《禁止酷刑公约》的义务范围的重大不同：后者第 1 条将"酷刑"界定为仅由"公职人员或以官方身份行使职权的其他人所造成或在其唆使、同意或默许下造成的"疼痛或痛苦，因此该公约的缔约国并没有保护个人免遭私主体施用酷刑的义务。④ 委员会在其有关第 7 条的一般性意见中，明确指出了缔约国的保护义务："缔约国有责任通过必要的立法以及其他措施保护每一个人，使之免遭第 7 条禁止的各项行为的伤害，而不论行为者是以官方身份还是以其官方身份以外的身份或以私人身份行事。"⑤ 委员会在对若干缔约国报告的结论性意见中表明，即使是对于家庭暴力行为，缔约国根据第 7 条也有义务加以防止和处罚。⑥

---

① 文本见，United Nations, *Yearbook on Human Rights* (1948), p. 470。
② *United States: Proposals Relating to the Draft International Covenant on Human Rights*, E/CN. 4/170 (1949), p. 10.
③ *United States of America*; *Amended Proposals*, E/CN. 4/170/Add. 4 (1949), p. 1. 可以看出，《公约》最终文本中的第 7 条第一句话仅比美国的提议多了"或侮辱性的"(or degrading)的用语。
④ 然而，禁止酷刑委员会在对个人来文的审议中，已经认定《禁止酷刑公约》的缔约国也有义务保护个人免遭其他私主体有违该公约第 1 条的行为的侵害。例如见，Committee Against Torture, Communication No. 120/1998, *Elmi v. Australia*; Committee Against Torture, Communication No. 161/2000, *Dzemajl v. Yugoslavia*. See also Robert McCorquodale and Rebecca La Forgia, "Taking off the Blindfolds: Torture by Non-State Actors", (2001) 1 *Human Rights Law Review* 189.
⑤ 第 20 号一般性意见，第 2 段；另参见第 20 号一般性意见，第 5、8、13 段；第 7 号一般性意见，第 2 段；第 31 号一般性意见，第 8 段。
⑥ 例如参见对也门第三次报告的结论性意见，CCPR/CO/75/YEM (2002)，para. 6；对立陶宛第二次报告的结论性意见，CCPR/CO/80/LTU (2004)，para. 9。

《公约》还有许多条款也蕴含了对应的保护义务。第 9 条第 1 款第一句话保障的是人身自由与安全。由于这一句话并不是单独的一款，而是第 1 款的一部分，因此可能使人认为，只有在逮捕和拘禁的情况下，才会出现人身自由与安全的问题。然而，委员会认为，不能把人权自由与安全的概念缩小到仅限于正式剥夺自由的情况：由于缔约国已经承诺确保《公约》规定的权利，因此从法律上讲，缔约国不能仅仅因为某人没有被逮捕或以其他方式被拘禁，就无视在其管辖权范围内的个人的生命受到的、已为人所知的威胁，而是有义务采取合理的、适当的措施对其加以保护；如果将第 9 条解释为允许缔约国无视在其管辖权范围内并未被拘禁者的人身安全受到威胁，这就会使《公约》的保证完全变成无效的。① 第 10 条第 1 款规定，"自由被剥夺之人，应受合于人道及尊重其固有人格尊严之处遇"，这意味着对于被剥夺自由者，缔约国不仅有义务自身给予这些人以人道的及尊重其人格尊严的待遇，而且还需要保护这些人免受来自其他拘禁者的不人道或有损其人格尊严的待遇。② 就第 12 条，缔约国必须确保"第 12 条保障的权利不仅要针对国家的干涉，也要针对私人的干涉受到保护"，因此例如，缔约国有义务防止妇女自由迁徙和选择住所的权利无论根据法律还是实际做法要服从另外一个人（包括亲属）的决定的情况。③ 就第 19 条规定的意见自由和表达自由，缔约国有义务"确保个人针对私人或者私主体的可能妨碍意见和表达自由的行为，在这些《公约》权利可在私人或私主体之间适用的限度内，得到保护"。④ 就《公约》第 21 条规定的集会自由，在起草过程中，"尽管有人建议和平集会的自由应只针对'政府的干涉'受到保护，但普遍的理解是，个人在行使此项权利时应针

---

① Communication No. 195/1985, *Delgado Páez* v. *Colombia*, para. 5.5. See Communication No. 314/1988, *Bwalya* v. *Zambia*, para. 6.4; Communication No. 449/1991, *Mojica* v. *the Dominican Republic*, para. 5.4; Communication No. 711/1996, *Dias* v. *Angola*, para. 8.3; Communication No. 821/1998, *Chongwe* v. *Zambia*, para. 5.3; Communication No. 468/1991, *Oló Bahamonde* v. *Equatorial Guinea*, para. 9.2; Communication No. 916/2000, *Jayawardene* v. *Sri Lanka*, para. 7.2 - 7.3; Communication No. 1250/2004, *Rajapakse* v. *Sri Lanka*, para. 9.7.

② 例如，在对克罗地亚初次报告的结论性意见中，委员会就对"因犯受到同监囚犯虐待的报告"表示关切：CCPR/CO/71/HRV (2001), para. 14。

③ 第 27 号一般性意见，第 6 段。

④ 第 34 号一般性意见，第 7 段。See Communication No. 633/1995, *Gauthier* v. *Canada.*

对所有类型的干涉受到保护"。① 与之类似的是，在有关结社权利的讨论中，"有人提议，包括工会权利在内的结社应只针对'政府的干涉'受到保护，这一提议被否决。"② 因此，就这两项权利而言，缔约国的保护义务也是毫无疑问的。第 27 条虽然用否定的措辞方式表示，但该条的确承认有某种"权利"存在，而且要求不应剥夺这种权利。因此，"缔约国有义务确保这种权利的存在和行使受到保护，免遭否认和违反"，包括免遭非国家行为者的违反。③ 即使就第 14 条和第 15 条，缔约国也承担着一定程度的保护义务：尽管这两条规定的是个人在受到由国家行使专属权力进行的刑事指控和审判时享受的权利（第 14 条第 1 款还保障了个人在其他性质的诉讼中享受公正审判的权利），并因此主要涉及缔约国的尊重义务和确保权利不受侵害的义务，但缔约国也有义务排除非国家行为者的可能影响司法程序和个人所享受权利的任何干涉和限制，例如，如果法庭未能控制公众在法庭上造成的敌对气氛和压力——这种气氛和压力致使辩护律师无法适当地询问证人并提出辩护，则缔约国就违反了第 14 条第 1 款。④ 甚至第 20 条也包含了保护的义务。根据第 20 条，缔约国有义务以法律禁止任何战争宣传以及任何构成煽动歧视、敌视或强暴的对民族、种族或宗教仇恨的鼓吹。这不仅意味着缔约国本身不得进行此类宣传或鼓吹此类主张，⑤ 而且意味着缔约国有义务禁止非国家行为者如此行为，以保护个人免受这

---

① A/2929, Chapter VI, para. 139. 参见第 37 号一般性意见，第 24、25 段。
② A/2929, Chapter VI, para. 148.
③ 第 23 号一般性意见，第 6.1 段。例如在第一兰斯曼案中，48 名提交人都是放牧驯鹿的芬兰萨米人，他们声称，芬兰有关中央和地方当局允许一家私营石料公司在提交人所属的牧民委员会占有的地区内开采并运出石料，这些活动将会干扰他们的驯鹿放牧活动，而且石料开采地点是萨米宗教的一个圣地。委员会认为，石料开采活动就其已经开采的数量来看，并不构成对提交人根据第 27 条应享受的文化权利的否认，但同时指出，缔约国如果真的批准进行大规模采矿活动，就必须确保这些活动不影响提交人继续从驯鹿放牧中受益，否则就可能侵害提交人依照第 27 条规定所应享受的权利。Communication No. 511/1992, *Ilmari Länsman et al. v. Finland*.
④ Communication No. 770/1997, *Gridin v. Russian Federation*, para. 8.2. 参见第 32 号一般性意见，第 25 段。
⑤ 第 11 号一般性意见，第 2 段。

些行为的危害。① 在人类历史上，许多战争、屠杀和大规模迫害都是以战争宣传以及（或者）民族、种族或宗教仇恨的鼓吹为先导和与之相伴随的，这足以证明缔约国禁止战争宣传和对民族、种族或宗教仇恨的鼓吹对于保护个人的诸如生命、自由、安全等许多权利的重要性。②

尽管相当多《公约》确认的权利都对应着缔约国的保护义务，但这不等于所有《公约》确认的权利都对应着这种义务。在理论上和原则上，人权都可能既受到国家的侵害，也受到非国家行为者的侵害，因此曾担任委员会委员的埃卡特·克莱因称，保护的义务与所有人权有关，③ 诺瓦克也认为，"保护个人免受私人不当干扰的义务从原则上说适用于所有人权"。④ 在《公约》的语境中，萨拉·约瑟夫和梅利莎·卡斯坦更明确地解释说："如果国家没有义务控制私人领域中侵害人权的情况，那么享有绝大部分《公约》所规定之人权的能力就会被彻底破坏。"因此，第2条第1款规定的"确保"《公约》权利的一般性义务意味着一种保护个人免受他人对所有《公约》权利之侵害的义务。⑤ 但实际上，托姆沙特的认识可能是更为正确的："并非所有人权都需要这种额外的保障"，即受到免遭非国家行为者侵害之保护的保障。⑥ 转换到《公约》的语境中，这即意味着并非所有《公约》确认的权利都将导致缔约国承担保护的义务。委员会在阐释缔约国保护个人免遭私人或私人实体对其享有权利之妨碍的义务时有一个限定，即这些权利"应该能够在私人或者私人实体之间适用"，⑦ 这是因为，

---

① 例如见，Communication No. 104/1981, *J. R. T. and the W. G. Party v. Canada*, para. 8 (b). 该案中，提交人利用电话系统传播反犹太言论，加拿大切断了对提交人的电话服务。委员会认为，提交人"试图通过电话系统传播的意见显然构成了加拿大根据《公约》第20条第2款有义务禁止的对种族或宗教仇恨的鼓吹"。

② See Jakob Th. Möller and Alfred de Zayas, *United Nations Human Rights Committee Case Law 1977-2008: A Handbook* (N. P. Engel, 2009), p. 377.

③ Klein, "The Duty to Protect and to Ensure Human Rights Under the International Covenant on Civil and Political Rights", p. 302.

④ 诺瓦克：《评注》，第2条，第20段。

⑤ Joseph and Castan, *The International Covenant on Civil and Political Right: Cases, Materials, and Commentary*, p. 44.

⑥ Christian Tomuschat, "Human Rights: Tensions Between Negative and Positive Duties of States", (2009) 14 *Austrian Review of International and European Law* 19, p. 24.

⑦ 第31号一般性意见，第8段。

有少数《公约》权利仅涉及缔约国与个人的关系、缔约国尊重个人权利的义务，其他非国家行为者在法律上不可能侵害这些权利，因此也不存在缔约国针对非国家行为者保护这些权利的义务。[①] 例如，第6条第2~6款有关死刑，而死刑只能是国家对生命的法定剥夺，不存在非国家行为者"判处"个人"死刑"的问题，因此缔约国就死刑问题不可能承担任何保护个人的义务。如果有任何非国家行为者以私刑处死个人，这已经属于缔约国根据第6条第1款承担的保护生命的义务范围。第9条第2~5款的情况也是类似的，这些条款规定的只是国家在剥夺一个人的自由时应遵守的条件，因此在非国家行为者剥夺个人自由的情况中，并不能适用这些条件。当个人的人身自由和安全遭到非国家行为者的威胁或侵害时，缔约国有义务根据第9条第1款给予保护，而不是适用第9条第2~5款。第13条规定的是缔约国驱逐外国人时应遵守的条件，因此同样不存在缔约国迫使非国家行为者遵守这些条件的义务。如果发生某一非国家行为者强迫某一外国人离境的情况，缔约国给予保护的义务将基于诸如第9条第1款或第12条第2款等规定，而不是基于第13条。但总体而言，在《公约》确认的权利中，缔约国不承担相应的保护义务的权利属于少数。

（三）保护义务的重要性

《公约》缔约国承担的保护义务有三个方面的重要意义。第一个方面是，在现代社会中，尽管针对国家的侵害为个人提供保护，即国家履行其尊重和确保权利不受自身侵害的义务，仍具有极为重要的意义，但是，从数量上来讲，对个人权利的侵害可能更多地来自国家以外的非国家行为者。例如，儿童所受到的侵害很少直接来自国家，而往往来自社会、他人甚至是家人。一般而言，非国家行为者的侵害将根据国内法受到禁止和制裁，但在《公约》层面上，由于个人并不根据《公约》直接承担尊重的义务、《公约》不直接约束除缔约国之外的其他主体，因此对于非国家行为者的侵害行为没有约束力，而只能通过对缔约国施加义务的方式来间接遏

[①] 参见，Hessbruegge, "Human Rights Violations Arising from Conduct of Non-State Actors", p.71，其中认为《公约》第14、15、16条和第25条（寅）项均不导致缔约国的保护义务。

制非国家行为者对人权的侵害。因此，保护的义务实际上就是责成缔约国确保非国家行为者尊重他人的权利。这种保护的义务使得《公约》缔约国不能以某一侵害来自非国家行为者为由而拒不承担任何责任。①

第二个方面是，在有些人权被侵害的情势中，无法从事实角度确定侵害者究竟是国家还是非国家行为者。此时，如果《公约》仅约束缔约国直接侵害人权的行为，而不要求其承担保护义务，就有可能使得国家以侵害并非由其所为为由，拒不承担责任。

对此，可以几个有关生命权的案例作为例证。在鲁比欧诉哥伦比亚案中，提交人声称其父母被哥伦比亚军方带走后被害，哥伦比亚则声称，进行的调查表明没有任何军方人员曾参与杀害这两人。委员会认为，尽管没有确凿的证据能确定杀害者的身份，但因为哥伦比亚没有采取适当措施以防止这两人失踪与被害，也没有有效地调查杀害他们的责任问题，所以哥伦比亚违反了《公约》第6条。② 在劳里亚诺诉秘鲁案中，提交人声称他的孙女遭秘鲁军方绑架后失踪，而秘鲁则提出她可能是被游击队绑架的（但未提出切实证据）。对此，委员会认定，提交人孙女的生命权——规定在《公约》第6条中并结合第2条第1款解读——没有得到缔约国的有效保护。③ 在佩里斯等人诉斯里兰卡案中，提交人的丈夫被蒙面男子枪杀，而在此之前，提交人及其家人曾受到警方的死亡威胁，还曾有两个人告诉提交人一家，要奉警察之命杀了他们；提交人和她丈夫曾多次投诉，但有关部门没有采取任何行动保护提交人一家。由于缔约国没有提供任何资料，因此无从知晓凶手的身份，但是，这并没有妨碍委员会认定，应由缔约国对提交人丈夫的死亡承担责任。④ 在巴巴托和巴巴托诉乌拉圭案中，一位受害者在刑满释放后仍被羁押；在当局宣布释放他的日期之后十几

---

① 参见，Communication No. 1138/2002, *Arenz v. Germany*, esp. para. 8.5. 在该案中，三位提交人因为加入"科学教会"（Church of Scientology）而被基督教民主联盟（"基民盟"）开除，尽管他们的来文基于其他理由未被受理，但委员会并没有接受缔约国的如下主张，即不能让它对提交人被开除出"基民盟"负责，因为这不是国家机关而是一个私立社团的决定；委员会忆及，根据《公约》第2条第1款，缔约国有义务不仅尊重而且确保在其领土内和受其管辖的一切个人享有《公约》确认的权利。

② Communication No. 161/1983, *Herrera Rubio v. Colombia*, para. 10.3.

③ Communication No. 540/1993, *Laureano v. Peru*, para. 8.4.

④ Communication No. 1862/2009, *Peiris v. Sri Lanka*, para. 7.2.

天，他的家人见到了他的尸体，并被告知他是自杀的，而此前他的情况并不为其家人所知。乌拉圭并未向委员会表明，它曾对这一死亡事件进行过任何调查或其结果如何。委员会认为：

> ［尽管就这一受害者］是自杀、被逼自杀还是在羁押中被人杀害不能得出确定的结论，但是不可避免的结论是，根据所有情况，乌拉圭当局或者出于作为或者出于不作为，均需对未能采取足够措施按照《公约》第6条第1款保护他的生命负责。①

可以看出，在这些案例中——尤其是在巴巴托和巴巴托诉乌拉圭案中，委员会并没有纠结于认定究竟是谁造成了受害者死亡——缔约国（当局或人员）、非国家行为者还是他本人，而是基于受害者的生命遭受了侵害这一事实，即认定缔约国违反了根据《公约》第6条承担的义务，并没有明确认定缔约国违反的是尊重或确保的义务，还是保护的义务。

第三个方面是，在现代国家中，一些原本由国家承担的职能正在越来越多地分散和转移给非国家行为者，这种情况不仅发生在社会保障和教育等领域，甚至连监狱或拘禁中心这种体现国家对剥夺人身自由的权力之垄断的典型机构，在某些国家也被交给私人经营，以提高效率、减少支出。②这种情况"使得难以在国家和非国家行为者之间划出界线"，③因此不易从法律角度清楚地判断国家究竟应该承担尊重的义务还是保护的义务。根据《国家对国际不法行为的责任条款草案》第5条，某些机关如学校、医院甚至私人经营的监狱等，在行使被赋予的公权力时，其行为即应被视为国

---

① Communication No. 84/1981, *Barbato and Barbato v. Uruguay*, para. 9.2.
② See eg Charles Logan, *Private Prisons: Pros and Cons* (Oxford University Press, 1990); Douglas McDonald (ed), *Private Prisons and the Public Interest* (Rutgers University Press, 1990); Michael Flynn and Cecilia Cannon, "The Privatization of Immigration Detention: Towards a Global View" (Working Paper, Global Detention Project, 2009); Tania Penovic, "Privatised Immigration Detention Services: Challenges and Opportunities for Implementing Human Rights", (2014) 31 *Law in Context* 10.
③ Hessbruegge, "Human Rights Violations Arising from Conduct of Non-State Actors", p. 27. See also Dickson, "The Horizontal Application of Human Rights", pp. 67–70; Clapham, *Human Rights in the Private Sphere*, pp. 126–129.

家的行为。在这一意义上，这些机构似应承担和履行尊重《公约》权利的义务。但是，国家往往并不能直接控制这些机构的行为，就如控制严格意义上的国家公权力机关一样，因此国家在事实上能发挥的作用，除了以法律严格规定这些机构被授权行使的公权力的范围和条件以外，更多的是对这些机构的可能侵权行为的事后制裁而非事前控制。在这种情况下，保护的义务的重要性在于，国家不能以这些机构并非国家机关为由而不对其行为承担任何责任。例如，在 B. d. B. 等诉荷兰案中，4 位提交人就交纳保险费用的问题，认为"健康及心理和社会利益产业保险委员会"（简称BVG）对他们的区分是任意武断的。BVG 是荷兰的社会保险立法的执行机构，其任务包括确定保健产业中雇主应为其雇员的保险规划支付的费用额度。荷兰辩称，BVG 不是国家机关，其行为不能归于国家，国家机关不能影响其具体决定。委员会尽管基于其他理由没有受理该来文，但对于荷兰的上述主张，则予以了明确反驳：

就缔约国所主张的 BVG 不是国家机关，以及政府不能影响产业保险委员会的具体决定，委员会认为，当某一缔约国的某些职能被委托给其他自治机关时，该国也不能由此免于承担其在《公约》之下的义务。[①]

不过，在委员会的实践中，对于行使国家职能的非国家行为者可能侵害《公约》权利的情况，一般而言，只是指出缔约国不能因为侵权者是非国家行为者而免于承担《公约》规定的义务，而不明确指出义务的形式。例如，就《公约》第 10 条第 1 款，委员会指出，该款"适用于根据国家法律和权力而被剥夺自由并被关押在监狱、医院（特别是精神病院）、拘留所、教养院或其他地方的任何人。缔约国应确保在其管辖下的所有关押人的机构和处所内遵循该款所规定的原则"。[②] 委员会并没有明确区分所提

[①] Communication No. 273/1988, *B. d. B. et al. v. The Netherlands*, para. 6.5. 另参见, Communication Nos. 298/1988 and 299/1988, *Lindgren et al. v. Sweden*, para. 10.4："任何缔约国不能通过将其某些职能委托给自治机关或市政当局而免于承担其在《公约》之下的义务"。

[②] 第 21 号一般性意见，第 2 段。

及的机构和处所可能具有的不同性质以及由此导致的缔约国承担的义务的不同形式。对此，可以私营监狱的情况作为例证。在对英国第四次报告的结论性意见中，对于该国将涉及拘禁人员（以及使用武力）的国家核心活动分包给私人商业部门的做法，委员会表示关切，认为这减损了对《公约》规定的权利的保护，并强调，"该缔约国在所有情况下仍然对《公约》的所有条款得到遵守负有责任"。[①] "在所有情况下"的措辞表明，委员会并不刻意区分和强调缔约国在将某些权力交给非国家行为者时，其义务的不同。在对新西兰第四次报告的结论性意见中，对于新西兰将一所监狱的管理和押送工作承包给一家私营公司的情况（但合同到期之后将由国家接管），委员会表示关切的是，"在一个国家有责任保护被其剥夺自由之人的权利的领域内，私营化的做法是否切实符合缔约国根据《公约》承担的义务以及缔约国本身应对任何侵权行为承担的责任"。[②] 在卡巴尔和帕西尼诉澳大利亚案中，两位提交人诉称，他们在一所私营监狱中受到了非人道待遇。尽管澳大利亚并未主张因为这是一所私营监狱，所以它对其作为不负责任，但委员会依然在其意见中指出，"将涉及使用武力或拘禁个人的国家核心活动承包给私营商业部门，并不免除缔约国根据《公约》承担的义务，特别是根据本来文援引的第7条和第10条承担的义务"。[③] 而学者们普遍认为，在这种情况中，国家承担的是一种保护的义务。[④]

就《公约》缔约国承担的保护义务的重要性的后两个方面，可以说，保护的义务是对尊重和确保权利免受国家侵害的义务的一种补充：在某一个人的权利被侵害的情况下，如果能认定该侵害系由国家所为，国家固然要因其违反尊重和确保的义务而承担责任；而即使不能认定该侵害系由国家所为，国家也至少要为其未能履行保护的义务而承担责任。因此，如果将保护的义务作广义理解，则可以说，缔约国的保护义务不仅针对非国家

[①] CCPR/C/79/Add. 55 (1995), para. 16.
[②] CCPR/CO/75/NZL (2002), para. 13.
[③] Communication No. 1020/2001, *Cabal and Pasini v. Australia*, para. 7.2.
[④] Clapham, *Human Rights in the Private Sphere*, p. 109; Clapham, *Human Rights Obligations of Non-State Actors*, p. 330; McBeth, "Privatising Human Rights: What Happens to the State's Human Rights Duties When Services Are Privatised", pp. 140-142.

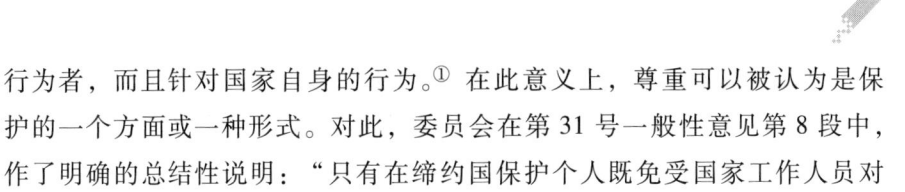

行为者，而且针对国家自身的行为。[①] 在此意义上，尊重可以被认为是保护的一个方面或一种形式。对此，委员会在第 31 号一般性意见第 8 段中，作了明确的总结性说明："只有在缔约国保护个人既免受国家工作人员对《公约》权利的侵害，又免遭私人或者私人实体妨碍享受应该能够在私人或者私人实体之间适用的《公约》权利的情况下，缔约国才充分履行了有关确保《公约》权利的积极性义务。"

（四）其他问题

就缔约国根据《公约》承担的保护义务，还有几个问题需要注意。第一，缔约国有义务在个人与非国家行为者的关系中保护前者的《公约》权利不受后者的侵害，并不意味着非国家行为者是《公约》的义务主体。第二章中已经论及，个人不是《公约》意义上的义务主体，这一论断也适用于除了个人之外的其他非国家行为者。《公约》遵循的仍是传统的人权思路：只有国家才是义务主体，因此规定的只是国家对个人的"纵向义务"以及"斜向义务"，而没有规定个人与非国家行为者之间的"横向义务"，即《公约》规定的义务"并不具有国际法意义上的直接的横向效力"。[②] 如果个人的得到《公约》确认的权利受到了非国家行为者的侵害，无论如何都不能引起非国家行为者是否遵守了《公约》义务的问题——因为这样的义务根本不存在，而只会在缔约国没有履行其保护义务的情况下，引起缔约国是否遵守了《公约》义务以及是否需要为此承担责任的问题。[③] 例如，在科沙弗吉诉加拿大案中，提交人的申诉对象包括税务雇员工会，对此委员会指出，这些指控针对的是私主体，而"由于来文没有论证缔约国

[①] 参见，James Spigelman, "The Forgotten Freedom: Freedom from Fear", (2010) 59 *International and Comparative Law Quarterly* 543, p.559: "保护的义务包括针对国家和非国家行为者的侵害。"

[②] 第 31 号一般性意见，第 8 段。亚历克斯·康特和理查德·伯奇尔将缔约国保证个人免受第三方侵害的义务称为"对横向关系的强制实施"（enforcement of a horizontal relationship）。Alex Conte and Richard Burchill, *Defining Civil and Political Rights: The Jurisprudence of the United Nations Human Rights Committee* (Ashgate, 2nd edn, 2009), p.6. 这并不意味着《公约》规定了横向义务，因为其论述中使用的"强制实施"表明《公约》所规定的仍是缔约国的"斜向义务"而非个人与非国家行为者之间的"横向义务"。

[③] See McCorquodale, "Non-state Actors and International Human Rights Law", p.109.

须为这些个人行为负责,根据《任择议定书》第 1 条,基于属人理由,来文的这一部分不可受理"。① 也就是说,来文只能以未尽到保护义务针对缔约国提出,而不能针对非国家行为者提出。

第二,《公约》并不具有国际法意义上的直接横向效力,但这并不排除《公约》在国内法中可能具有横向效力,即直接适用于个人与非国家行为者之间的关系。曾担任委员会委员的托克尔·奥普萨尔曾指出,《公约》就其本质而言能够延及所有人的权利,应被认为"可对第三方的适用"。② 但是,《公约》在国内法中是否具有横向效力,取决于每一缔约国的选择,往往与《公约》在其国内法中的效力和地位有关。③ 一般而言,在《公约》以某种方式成为国内法之一部分并因而可直接适用的国家,《公约》不仅具有"纵向效力"和"斜向效力",也有可能具有个人和非国家行为者之间的"横向效力",即个人可以直接援引《公约》作为向非国家行为者主张权利的法律依据。④ 而在《公约》并没有以某种方式成为国内法之一部分的国家,《公约》则仅在国际法意义上具有"纵向效力"和"斜向效力",但在国内法中则不具有包括"横向效力"在内的任何直接适用效力。因此,必须区分《公约》在国际法和国内法意义上的不同效力:一方面,缔约国根据《公约》承担的保护义务并不要求《公约》在国内法中一定具有直接适用效力,无论是任何方向的效力;另一方面,缔约国国内法中的人权法律规范(主要是宪法权利规范)是否具有"斜向效力"或"横向效力"、是否存在公法与私法的严格区分等,并不影响缔约国根据《公约》承担的保护义务。⑤ 保护的义务是一项国际法律义务,因此国内法的规定不得成为不履行的理由,但缔约国无论采取何种方式,都必须达到禁绝"第三方侵害"的效果,才算尽到了保护的义务。⑥

第三,当缔约国为了保护个人权利免受非国家行为者侵害而采取防

---

① Communication No. 949/2000, *Keshavjee v. Canada*, para. 4.2.
② CCPR/C/SR. 321 (1981), para. 34.
③ See Hessbruegge, "Human Rights Violations Arising from Conduct of Non - State Actors", p. 28.
④ See Clapham, *Human Rights in the Private Sphere*, p. 111.
⑤ See Klein, "The Duty to Protect and to Ensure Human Rights Under the International Covenant on Civil and Political Rights", p. 318.
⑥ See Nowak, *Introduction to the International Human Rights Regime*, p. 53.

止、惩罚、调查或者补救措施，且当此非国家行为者也是个人时，有可能需要限制、干涉、否定后一个人的权利。这可能会导致个人权利的冲突或国家义务的冲突。这又分为两种情况。一种情况是，某一个人甲侵害另一个人乙的行为本身在表面上就是在行使一种权利。为了保护个人乙的权利，缔约国就需要限制个人甲行使其权利。如本书第四章所述，对于迁徙自由、宗教自由、表达自由、集会自由和结社自由，缔约国可基于保障"他人的基本权利和自由"而予以限制；对于其他权利，也可能基于同样的理由予以限制。在这些"基本权利和自由"属于《公约》所确认的权利时，缔约国的限制即属于其履行其对个人乙的保护义务。以最经常与其他权利发生冲突的表达自由为例。委员会指出，"为了保护第25条规定的投票权以及第17条规定的各项权利，可以正当地限制表达自由"。[1] 为了保护其他权利，也可以限制表达自由。例如在一件针对加拿大的来文中，一名教师因为发表反犹太言论——尽管是在课堂之外——而被调换到了非课堂教学岗位。委员会认为，"对他所施限制是出于保护具有犹太教信仰之人的权利或声誉"，"将提交人调离教学岗位可以被认为是一种为保护犹太儿童享有在没有成见、偏见和不容忍现象的学校中学习的权利和自由而必要的限制"。[2] 另一种情况是，某一个人甲侵害另一个人乙的行为本身并非行使一种权利，但缔约国为了保护个人乙的权利而采取的行为可能影响甚至剥夺个人甲对某种权利的享受。以被委员会称作"最重要的权利"的生命权为例。根据第6条，生命权"应受法律保护"，但这种保护不是绝对的，只是"不得无理剥夺"。因此，为了保护生命免受紧迫威胁，允许使用某种手段故意剥夺生命，尽管对于如此剥夺生命有种种严格限制。[3] 在现实中的确会发生这样的情况——尽管委员会迄今并未审议过涉及这种情况的来文，即警察为了拯救生命处于紧迫威胁之下的人质，不得不开枪射击劫持人质者。这种情况即属于国家为履行其保护人质的生命的义务，而不得不采取有可能剥夺劫持者生命权的行为的情况。不过，当缔约国为了保护某一个人的权利免受非国家行为者侵害需要限制、干涉甚至否定另一

---

[1] 第34号一般性意见，第28段。

[2] Communication No. 736/1997, *Ross v Canada*, paras. 11.5, 11.6. See Communication No. 550/1993, *Faurisson v. France*, para. 9.6.

[3] 第36号一般性意见，第12段。

个人的权利时,"即使政府的动机是出于好意,它也必须遵守在国家一级对它施予的限制或它在国际一级接受的限制"。① 无论是上述哪种情况,缔约国履行其保护义务都是有限度的,即对权利之限制或剥夺不能达到侵害所涉权利的程度——这当然要具体情况具体判断。例如,就第一种情况,在德莫雷斯诉安哥拉案中,提交人因为撰写批评安哥拉总统的文章而被逮捕和拘禁、旅行受到限制。委员会认为,即使这些措施在安哥拉法律中有依据且寻求的是正当目的,但"对提交人所施加的制裁的严厉程度不能被视作是为保护……总统的名誉和声誉所需的合乎比例措施",因此违反了第19条。② 就第二种情况,在古列罗诉哥伦比亚案中,一位前大使被绑架,哥伦比亚警方突查了他们相信关押该人的一所房屋,但没有找到这个人;警察躲在该房屋内等待被怀疑的绑架者到来,并射杀了后来进入该房屋的7个人。在该案中,如果按警察所说,"受害者挥舞各种武器甚至开火拒捕",而且被绑架者的生命受到了紧迫威胁,则警察枪击受害者的行为可以说是在履行保护的义务,但委员会认定情况并非如此,因此缔约国的行动与该案情况中执法的要求并不成比例,构成了对受害者生命的无理剥夺和对第6条第1款的违反。③

第四,缔约国的保护义务所针对的非国家行为者究竟包括哪些主体?在一国管辖范围之内,"国家—非国家行为者"的二分法意味着,但凡不属于国家当局或人员的行为者,无论是公司、各类团体还是自然人,都属于这种非国家行为者。但在一国之外,还存在其他行为者,即其他国家和国际组织。由此出现的一个问题是,缔约国是否针对这些主体承担保护其管辖下的个人的权利免受侵害的义务?理论上,缔约国的确承担着这种义务,即缔约国有义务确保其管辖下的个人免受其他国家或国际组织对其权利的侵害。④ 这又分为两种情况。一种情况是,侵害发生在缔约国领土上,此时缔约国的保护与针对其他非国家行为者的保护义务类似。例如,在阿

---

① Tomuschat, "Human Rights: Tensions Between Negative and Positive Duties of States", pp. 24 – 25.

② Communication No. 1128/2002, *Marques de Morais v. Angola*, 6.8.

③ Communication No. 45/1979, *Guerrero v. Colombia*, paras. 13.2 – 13.3.

④ See Chirwa, "The Doctrine of State Responsibility as a Potential Means of Holding Private Actors Accountable for Human Rights", p. 11;

尔泽里诉瑞典案中，被怀疑与恐怖活动有联系的提交人被瑞典遣返埃及；他在瑞典机场被瑞典警察交给外国特工，并在机场遭到了外国特工的虐待。委员会指出："一个缔约国至少应对外国官员经其同意或默许在其领土内行使主权权力的行为负责……。因此，所申诉的行为，因为是在缔约国官员在场的情况下、在缔约国管辖范围内、发生在执行公务的过程中，所以除要归咎于执行任务者所代表的国家以外，还应当归咎于缔约国。"[①] 委员会没有明确提到保护的义务，但是可以看出，瑞典当局和人员并没有直接参与对提交人的虐待，其责任只是没有防止其发生（以及事后没有及时调查和追究），即没有尽到保护的义务。另一种情况是，对受缔约国管辖的个人（其国民）的侵害发生在其境外，此时缔约国依然承担着保护的义务，只是要连同其他可适用的国际法规则考虑。在侵害者是非国家行为者时，这种保护的义务往往体现为"被动属人管辖权"，保护的程度在可行性上要弱于在境内能够提供的保护。在侵害者是其他国家（甚或国际组织）时，这种保护的义务往往体现为"外交保护"。迄今为止的一般国际法中，外交保护是国家而非个人的一项权利。但是，随着人权的主流化以及人权条约的缔约国保护其甚至是处于其他国家管辖下的国民的权利成为一种义务，人权法已经开始对外交保护的传统观念和规则产生影响，也已经有学者认为在本国国民的人权受到侵害的情况中，其提供外交保护是国籍国保护人权的一种手段，甚至是一种义务。[②]

第五，"必须指出的是，在私人领域中施加人权义务仍是国际人权法中一个欠发达的领域"。[③] 尽管无论是委员会的实践，还是学者的著述，都

[①] Communication No. 1416/2005, *Al Zery* v. *Sweden*, paras. 3.11, 11.6.

[②] 参见，Enrico Milano, "Diplomatic Protection and Human Rights before the International Court of Justice: Re - Fashioning Tradition?", (2004) 35 *Netherlands Yearbook of International Law* 85; John Dugard, "Diplomatic Protection and Human Rights: The Draft Articles of the International Law Commission", (2005) 24 *Australian Yearbook of International Law* 75; Noura Karazivan, "Diplomatic Protection: Taking Human Rights Extraterritorially", (2006) 44 *Canadian Yearbook of International Law* 299; Riccardo Pisillo Mazzeschi, "Impact on the Law of Diplomatic Protection", in Menno T. Kamminga and Martin Scheinin (eds.), *The Impact of Human Rights Law on General International Law* (Oxford University Press, 2009) 211。反对意见参见，Vasileios Pergantis, "Towards a 'Humanization' of Diplomatic Protection?", (2006) 66 *Zeitschrift für ausländisches öffentliches Recht und Völkerrecht* 351。

[③] Joseph, "A Rights Analysis of the Covenant on Civil and Political Rights", p.74.

承认国家有保护个人免受非国家行为者侵害的义务，但是，在私主体之间适用人权是"一个极为复杂的事务"、"一个完全不同的事务"。[1] 这是因为，例如就缔约国根据《公约》承担的义务而言，尊重和确保个人的权利免受国家侵害的义务只涉及两方，即国家与个人，而基本不涉及第三方；即使是仍有很多模糊性的促进和实现的义务，大体上也只涉及国家与个人之间的关系。因此，保护义务所牵扯的三方关系突破了人权领域中传统的"国家—个人"二分法，带来了许多新的问题，其中最主要的问题是，"国际人权法要求国家控制私人侵害人权行为的限度是非常不确定的"，[2] "无论是负责机构还是法律著述都从来没有说清楚的是，究竟如何为这些权利划定范围"。[3] 在《公约》制度中，有关保护义务的实践也不是很发达，提交委员会的来文很少有直接而明确地涉及保护义务的；即使有，由于是否尽到了保护义务在很大程度上涉及缔约国实施国内法的效果问题，而委员会没有能力对此作详尽调查，因此并不容易判断保护义务是否被违反——这也是为何委员会在相关案件中经常只是宣称缔约国违反了《公约》的某项规定，但很少明确认定缔约国违反了保护义务的原因之一。总体而言，尽管人权事务委员会努力就保护的义务——至少是明确提到了"保护"的规定如第 6 条或第 26 条——提供详细的说明和指导，但其所发展出来的这方面的"判例"不像例如消除对妇女歧视委员会、消除种族歧视委员会或儿童权利委员会的那么全面和发达。而且，委员会发展这种"判例"，主要是通过缔约国报告制度中作出结论性意见的方式，而不是通过个人来文制度中审议个人申诉的方式。例如，对于主要涉及保护义务的家庭暴力问题，委员会的绝大部分相关说明是在对缔约国报告的结论性意见（以及若干一般性意见）中作出的，而几乎没有这方面的来文。因此，《公约》缔约国的保护义务是一个无论在理论上还是实践中都有待进一步发展的领域。

---

[1] Ida Elisabeth Koch, "Dichotomies, Trichotomies or Waves of Duties?", (2005) 5 *Human Rights Law Review* 81, p. 94.

[2] Joseph, "A Rights Analysis of the Covenant on Civil and Political Rights", p. 74.

[3] Tomuschat, "Human Rights: Tensions Between Negative and Positive Duties of States", p. 24.

五　确保权利得到促进和实现的义务

作为《公约》第 2 条第 1 款规定的"确保义务"的另一个方面，缔约国还有义务"采取必要的步骤创造一种对相关权利得到充分实现所必需和有利的环境"。[①] 这样的义务可以称为确保权利得到促进和实现的义务。这样的义务主要是在《公约》的实践中发展起来的，使得缔约国根据《公约》承担的义务更为丰富和全面，更有利于缔约国尊重和确保《公约》确认的权利。这一义务实际上还涉及第 2 条第 2 款规定的"采取必要步骤，制定必要之立法或其他措施，以实现本公约所确认之权利"的义务，但因为这一义务主要涉及缔约国义务的国内履行，可以作为一个单独问题并已有充分探讨，[②] 本节不再赘述。

（一）促进和实现义务的含义及其履行

对于这种义务，英文中有不同的表述，主要有两种，即"obligations to promote"（促进的义务）和"obligations to fulfil"（实现的义务），而且两者似可互换使用。例如，第 15 号《人权概况介绍》对这种义务的表述即"缔约国必须促进或实现个人的权利"。[③] 在中文中，"促进"一词更多地指向某一行为的过程，而"实现"一词更多地指向某一行为的结果，必须合并使用才能完整体现这一义务的全部含义，因此缔约国根据《公约》承担的这种义务可以称为"促进和实现的义务"。[④]

缔约国为履行其促进和实现《公约》确认的权利的义务，需要采取一

[①] United Nations, Human Rights Fact Sheet No. 15（Rev.1）, *Civil and Political Rights: The Human Rights Committee*, p. 5.

[②] 孙世彦：《〈公民及政治权利国际公约〉缔约国的义务》，社会科学文献出版社，2012，第六章。

[③] United Nations, Human Rights Fact Sheet No. 15（Rev.1）, *Civil and Political Rights: The Human Rights Committee*, p. 5. 强调为原文所有。

[④] 有中国学者用"促成"一词来表示这种义务（陈泽宪主编《〈公民权利和政治权利国际公约〉的批准与实施》，第 635 页）。这是一个很合适的用词，因为"促"意味着行为过程，"成"意味着行为结果。但由于这一用词并未得到广泛接受，因此以下论述仍将使用稍嫌啰唆的"促进和实现的义务"。

定的措施，这些措施可大致分为两类：一类是为缔约国尊重、确保和保护权利免受任何行为者侵害创造必要条件的措施，另一类是为个人享受和行使其权利创造更好环境的措施。这些义务所指向的措施既可能针对缔约国本身，也可能针对非国家行为者，因此促进和实现的义务同时具有纵向性和横向性。

第一类措施是从缔约国尊重、确保和保护权利免受侵害的义务而来的，但本身并不等于尊重、确保或保护权利免受侵害。当诺瓦克将实现的义务界定为"国家采取为确保相关权利在最大可能的限度上得到实施而必要的立法、行政、司法和实践措施的义务"时，① 实际上指的就是这一类措施。以《公约》第14条为例。该条主要施予缔约国尊重或确保其所述各项权利不受国家侵害的义务，但公正审判权的实现"依赖于运行良好的司法制度的存在，而国家必须在其能够尊重被指控者或诉讼当事人的权利之前，就建立这种制度"；② 为了尊重和确保个人诉诸法庭的权利，缔约国的行政、检察或司法当局应确保个人承担的费用不至于在事实上阻碍其诉诸法庭，否则就可能引起与第14条第1款有关的问题；③ 为了尊重和确保第14条第3款（寅）项规定的受审时间不被无故拖延的权利，缔约国应为司法工作划拨尽可能的预算；④ 为了尊重和确保第14条第3款（卯）项规定的辩护权，缔约国就必须建立法律援助制度，因为这是没有足够能力聘请辩护人的刑事被告也能获得辩护的必要条件；⑤ 为了尊重和确保第14条第3款（巳）项规定的在不懂或不会说法庭上所用语言时免费获得译员援助的权利，缔约国也必须确保有合格的译员可用。⑥

第二类措施则并非为缔约国尊重、确保和保护权利创造必要的条件，

---

① Nowak, *Introduction to the International Human Rights Regime*, p. 49.
② Kälin & Künzli, *The Law of International Human Rights Protection*, p. 112. See Manfred Nowak, "Civil and Political Rights", in Janusz Symonides (ed.), *Human Rights: Concept and Standards* (UNESCO and Ashgate, 2000) 69, p. 73.
③ Communication No. 646/1995, *Lindon v. Australia*, para. 6.4. 参见对挪威第四次报告的结论性意见，CCPR/C/79/Add. 112 (1999), para. 16, 其中，委员会对于萨米人进行诉讼需要承担高昂的法律费用但又没有令人满意的法律援助，表示关注。
④ 参见第32号一般性意见，第27段。
⑤ 参见第11号一般性意见，第11段；第32号一般性意见，第10段。
⑥ 参见第32号一般性意见，第13、40段。

但能够对个人享受有关权利创造更好的环境。对此可以举出许多例证。对于第 6 条规定的生命权，缔约国需要采取积极措施减少婴儿死亡率、提高预期寿命、消灭营养不良和流行病，① 确保关于堕胎的法律不要过严以致妇女秘密堕胎，② 以及控制公众得到致命性的武器，③ 因为这些措施将为个人享受生命权创造更为有利的环境；另外，由于战争和其他大规模暴行夺走成千上万无辜者的生命，因此"各国有防止战争、种族灭绝和造成无理剥夺生命的其他大规模暴行的重大责任［，］它们为防止战争危险……所作的任何努力，都构成了维护生命权的最重要条件和保障"。④ 对于第 19 条第 2 款规定的表达自由，为了给个人享受这一权利创造更好的环境，缔约国应"重视鼓励独立的和多元的媒体"，促进由互联网和移动电子信息传播系统产生的新媒体的独立性，⑤ 还应"防止媒体被过度掌控或集中在私人控制的媒体集团手上"，因为这会损害来源和意见的多样化；⑥ 为了落实作为表达自由之一部分的获取信息的权利，缔约国"应积极公开涉及公共利益的政府信息"，"应尽力确保可便捷、迅速、有效和切实地获取此类信息"并为此制定必要程序。⑦ 为了尊重、确保和保护《公约》第 21 条规定的和平集会的权利，缔约国应训练警察控制各类示威或集会人群的方法，包括使用警犬的方法，以能够在对付违法者的同时，不伤及其他参加

---

① 第 6 号一般性意见，第 5 段。参见第 28 号一般性意见，第 10 段；对巴西初次报告的结论性意见，CCPR/C/79/Add. 66（1996），para. 23. 另参见委员会委员伯恩哈德·格雷弗拉特（Bernhard Graefrath）在讨论第 6 号一般性意见时的有力主张："就生命权的情况而言，不可能抱怨说在某一年有三个人被警察任意杀害，同时却无视在同一国家、同一时期有 1 万名不到 5 岁的儿童死于营养不良或缺少医疗的事实。一个有减少婴儿死亡率或预防流行病的手段但没有这样做的缔约国就是没有遵守其根据《公约》第 6 条承担的义务"。CCPR/C/SR. 370（1982），para. 5.
② 参见对波兰第四次报告的结论性意见，CCPR/C/79/Add. 110（1999），para. 11。
③ 参见对美国初次报告的结论性意见，CCPR/C/79/Add. 50（1995），para. 17："委员会遗憾的是，公众很容易得到枪支，联邦和州的立法在这一方面不够严格，无法确保《公约》保障的个人的生命权和安全得到保护和享有。"
④ 第 6 号一般性意见，第 2 段。
⑤ 第 34 号一般性意见，第 14、15 段。
⑥ 第 34 号一般性意见，第 40 段。参见对俄罗斯联邦第五次报告的结论性意见，CCPR/CO/79/RUS（2003），para. 18。
⑦ 第 34 号一般性意见，第 19 段。另有学者提出，在有人因为是文盲或残疾而无法表达的情况中，就会涉及国家的促进和实现义务。Koch,"Dichotomies, Trichotomies or Waves of Duties？", p. 85.

者或旁观者。① 第 23 条规定家庭应受社会和国家的保护，这除了要求缔约国本身不得干涉并防止第三方干涉已经存在的家庭及其生活之外，还要求缔约国在各国内部并在需要时与其他国家合作，"采取适当的措施以确保家庭的团圆或重聚"，② 这些措施可能包括缩短外籍工人的配偶等待入境的时间，③ 修改导致本国公民的外籍配偶可能无法在本国居留或进入该国的法律④以及消除有关法律对本国公民与某些非本国公民之间的家庭团圆设置的一系列障碍。⑤ 缔约国根据《公约》相关规定采取的所有"肯定性行动/措施"（affirmative action/measures），其结果都是为某些个人（如妇女或少数人群体的成员）更好地享受和行使其权利创造了更好的环境；⑥ 缔约国就《公约》采取的教育和宣传措施，无论是针对特定人员如国家工作人员，还是针对全体民众，也为缔约国管辖下的个人更好地享受和行使《公约》权利创造了更好的环境。⑦ 实际上，如果没有这样的教育和宣传措施，作为《公约》之基础的人权价值观就很难在一个社会中扎根。⑧ 这一类措施中，有一些明显地体现了公民权利和政治权利与经济、社会和文化权利之间相互依赖的现代人权认识。

就缔约国为履行其促进和实现《公约》权利的义务而需要采取的上述两类措施，应注意以下三点。首先，缔约国需要采取的这两类措施之间的区分只是大致的，因为有些措施难以明确归类为究竟属于为尊重、确保和保护权利创造必要条件的措施，还是属于为个人享受和行使其权利创造更

---

① 对丹麦第三次报告的结论性意见，CCPR/C/79/Add. 68 (1996)，paras. 14, 21。丹麦后来加强了对警察的训练并改变了在控制人群时使用警犬的规则和方法：对丹麦第四次报告的结论性意见，CCPR/CO/70/DNK (2000)，para. 4。
② 第 19 号一般性意见，第 5 段。
③ 参见对瑞士初次报告的结论性意见，CCPR/C/79/Add. 70 (1996)，para. 18。
④ 参见对津巴布韦初次报告的结论性意见，CCPR/C/79/Add. 89 (1998)，para. 19。
⑤ 参见对以色列初次报告和第二次报告的结论性意见，CCPR/C/79/Add. 93 (1998)，para. 26；CCPR/CO/78/ISR (2003)，para. 21。
⑥ 参见第 4 号一般性意见，第 2 段；第 18 号一般性意见，第 10 段；第 23 号一般性意见，第 6.2 段；第 28 号一般性意见，第 3 段。"affirmative action/measures" 也译为 "平权行动/措施"。
⑦ 例如见第 20 号一般性意见，第 10 段；第 21 号一般性意见，第 7 段；第 25 号一般性意见，第 11 段；第 28 号一般性意见，第 3 段；第 31 号一般性意见，第 7 段。
⑧ Sarah Joseph, "Human Rights Committee: Recent Jurisprudence", (2004) 4 *Human Rights Law Review* 277, p. 282.

好环境的措施。其次，就缔约国为其尊重、确保和保护权利创造必要条件的措施以及为个人享受和行使其权利创造更好环境的措施，不能将其狭义地理解为仅仅是在现有条件和环境的基础上作更多的创造，而是应广义地理解为包括消除现有条件和环境中可能阻碍缔约国履行其尊重、确保或保护的义务以及个人享受和行使其权利的因素——实际上，这应该是缔约国履行其促进和实现义务的第一步。[①] 最后，缔约国为履行其促进和实现的义务，除了创造必要条件和更好环境以外，是否还需要直接提供某种服务或利益？学者对此有不同的认识。艾德曾提出，就国家针对经济、社会和文化权利承担的实现义务，有两种履行方式，即"促进"（facilitation）和"直接提供"（direct provision），其中体现为提供方式的实现义务意味着"提供为满足基本需要所需之事物"，例如食物或可用作食物的资源。[②] 就《公约》规定的义务，如上文所述，诺瓦克也提到了"提供服务的义务"，[③] 但没有给出明确的例证。另一方面，克莱因则提醒说，《公约》之下"确保的义务"不能与艾德所界定的"实现的义务"相混淆——克莱因将后者理解为国家向个人递送某种利益以实现某项权利。[④] 在《公约》所确认的权利中，的确也存在这种要求国家直接提供某种利益的权利，例如上文所述的为没有足够能力负担辩护人的刑事被告提供法律援助以使其获得辩护权利，但这样的权利为数极少，绝大部分《公约》所确认的权利所指向的利益实际上无法由国家直接提供。因此，尽管不能绝对地说《公约》没有包括"提供的义务"，但必须承认这属于例外情况。

另外，与尊重、确保和保护义务的履行主要依靠法律措施不同，促进和实现义务的履行除了需要法律措施以外，还需要行政、经济、社会、文化、教育等多种措施，[⑤] 因此缔约国履行促进和实现义务的措施具有全面

[①] See Klein, "The Duty to Protect and to Ensure Human Rights Under the International Covenant on Civil and Political Rights", p. 300.

[②] Eide, "Economic, Social and Cultural Rights as Human Rights", p. 24.

[③] 诺瓦克：《评注》，第 2 条，第 18~20 段。

[④] Klein, "The Duty to Protect and to Ensure Human Rights Under the International Covenant on Civil and Political Rights", p. 299.

[⑤] 参见第 31 号一般性意见，第 7 段；Nowak, *Introduction to the International Human Rights Regimes*, p. 49; Kälin & Künzli, *The Law of International Human Rights Protection*, pp. 112 – 113。

性。《公约》第 2 条第 2 款对于缔约国应制定为实现《公约》权利"必要之立法或其他措施"（强调为后加）的要求也明确体现了这一点。首先，与尊重义务和保护义务的履行一样，缔约国履行其促进和实现《公约》权利的义务也需要依靠法律措施。一方面，无论是以纳入《公约》本身还是纳入《公约》所确认的权利的方式，缔约国都有义务使《公约》确认的权利在其国内法中体现为个人可以直接援用和享受的法律权利；另一方面，缔约国还必须建立必要的机构、制定必要的程序，以便个人可以在这些机构按照规定的程序主张自己的权利。但是其次，与尊重、确保和保护义务不同的是，仅仅依靠法律措施并不足以全面履行促进和实现的义务，尤其是无法为个人享受和行使其权利创造更好的环境。因此，缔约国还需要采取诸如行政、经济、社会、文化、教育等其他性质的措施。例如，委员会曾列举国家可能采取的影响个人迁徙、出国及选择居所的权利的做法，[①]而以行政措施取消或简化其中某些做法将有助于个人更好地享受《公约》第 12 条规定的权利。委员会还曾提出，为了确保儿童充分享受《公约》所阐述的权利，缔约国应采取一些经济和社会措施，以便降低婴儿死亡率、消除儿童营养不良，使他们免受暴力行为和残忍的、非人道的待遇，或防止他们被强迫劳动或卖淫、被利用来非法贩卖麻醉药品；还应在文化领域采取一切可能的措施促成他们人格的发展，向他们提供一定水平的教育，使他们能够享受《公约》所确认的权利。[②]

（二）促进和实现义务与《公约》所确认的权利

《公约》规定的所有权利都蕴涵着缔约国促进和实现这些权利的义务，这是因为，一方面，缔约国有义务尊重、确保所有《公约》权利免遭自身侵害以及保护绝大部分《公约》权利免遭第三方侵害，而对任何权利的尊重、确保或保护都需要一定的条件；另一方面，缔约国确保个人享受权利的义务"要求缔约国采取具体行动，以使个人能享受其权利"，而这一义务原则上"与《公约》规定的一切权利有关"。[③] 除了上段所述的例证以

---

① 第 27 号一般性意见，第 17 段。
② 第 17 号一般性意见，第 3 段。
③ 第 3 号一般性意见，第 1 段。

外，对于许多《公约》条款如第 6 条、第 7 条、第 10 条、第 12 条、第 14 条、第 17 条、第 23 条、第 24 条、第 25 条和第 27 条所规定的权利，委员会发布的一般性意见都表明缔约国有义务采取各种不同的措施，以促进和实现这些权利；[①] 对于即使委员会的一般性意见中没有明确提出缔约国应采取促进和实现措施的权利，缔约国如此作为的义务也是存在的。例如，《公约》第 9 条规定的是人权自由与安全的权利，或更准确地说，规定的是缔约国在限制个人自由时，应遵守的限度和条件。尽管在任何国家，在某些情形中限制人身自由都是不可避免的，但国家应采取一切措施尽量减少对个人采取强制措施的情况，例如但不限于减少审前拘禁、使之成为例外而非常规措施；被逮捕者应被迅速告知指控以及被迅速带见法官的规定意味着国家必须具有某种机制，保证随时有值班的执法人员和司法人员能履行这种手续；另外，缔约国也有义务对本国执法人员和司法人员进行教育和培训，使之充分知晓并尊重该条所规定的权利。又如，《公约》第 21 条规定的集会自由的权利除了对缔约国施加了其本身尊重这一权利的义务以及保护这一权利免遭第三方干涉的义务以外，也为缔约国施加了一定的促进和实现义务，如缔约国"可能需要封锁街道、引导交通绕行或提供安保"。[②] 而这些措施既属于为集会自由的权利创造必要条件的措施，也属于为这一权利的行使和享受创造更好环境的措施。

（三）促进和实现义务的重要性以及其他问题

《公约》缔约国负有的促进和实现《公约》权利的义务是非同寻常的。传统上，国家针对公民权利和政治权利所承担的义务的重点在于禁绝对这些权利的侵害，即国家只承担尊重、确保和保护的义务，而只有在针对经

[①] 参见，有关第 6 条：第 6 号一般性意见，第 4 段；有关第 7 条：第 7 号一般性意见，第 1 段、第 20 号一般性意见，第 8、10～12 段；有关第 10 条：第 9 号一般性意见，第 7 段、第 21 号一般性意见，第 11 段；有关第 12 条，第 27 号一般性意见，第 9、17 段；有关第 14 条：第 32 号一般性意见，第 19～20、27～28、44 段；有关第 17 条：第 16 号一般性意见，第 8、10 段；有关第 23 条：第 19 号一般性意见，第 3～5 段；有关第 24 条：第 17 号一般性意见，第 3、7～8 段；有关第 25 条，第 25 号一般性意见，第 11～12、23～24 段；有关第 27 条，第 23 号一般性意见，第 7 段。

[②] 第 37 号一般性意见，第 24 段。参见诺瓦克：《评注》，第 21 条，第 13 段；Kälin & Künzli, *The Law of International Human Rights Protection*, pp. 112–113。

济、社会和文化权利时，国家才需要承担促进和实现的义务。[①] 但是随着对于整个人权概念以及公民权利和政治权利的概念的理解的变化，逐渐得到确立的是，《公约》缔约国确保《公约》权利的义务必然包含着要为这些权利的享受创造必要条件和更好环境的因素，即缔约国负有促进和实现这些权利的义务。而在另外一方面，同样得到确立的是，就经济、社会和文化权利，国家也承担着尊重、确保和保护的义务。因此，无论公民权利和政治权利与经济、社会、文化权利曾经具有或被认为具有多少不同，目前，至少在国家针对这两类权利所承担的义务上，已经不存在义务形式的范围的差异，只是针对不同类型的权利，不同形式的义务可能具有不同程度的重要性。[②] 不过，对于公民权利和政治权利，与尊重和确保的义务或本身就有待进一步发展的保护的义务相比，促进和实现的义务是一个边界更不清晰、更需要在理论和实践中发展的领域。

就促进和实现的义务，还需要注意两个方面。第一个方面是，如何区分为缔约国尊重、确保和保护权利创造必要条件的义务与尊重、确保和保护的义务本身？可以说，这两方面之间的界线很狭窄、很模糊，更多的是在理论层面上而非实践意义上。例如，上文提出，缔约国建立法律援助制度将为尊重和确保第 14 条第 3 款（卯）项规定的辩护权创造必要条件。理论上，缔约国可以没有法律援助制度本身，而只要在第 14 条第 3 款（卯）项规定的情况中，提供了法律援助即可；但实践中，如果没有法律援助制度，法庭将很难为符合条件的被告指定法律援助律师。一个判断的标准，是看所涉及条件是否是为缔约国履行其尊重、确保或保护的义务所必需（不同于为享受权利所必要）：若必需，即无此条件，缔约国将侵害所涉权利，则这种条件蕴含在缔约国的尊重、确保或保护义务中；若非必需，则此等条件归属于实现和促进的义务。例如，为了保护个人免遭家庭

---

① 例如，托姆沙特仅就经济、社会和文化权利而非公民权利和政治权利，才谈到了促进和实现的义务。Tomuschat, *Human Rights: Between Idealism and Realism*, pp. 141-146. 他早年间甚至认为，《公约》只规定了尊重的义务："它并未要求社会作为一个整体遵守其中规定的权利，而只是确立了个人可以针对国家的干涉援引的法律保障。" Christian Tomuschat, "Human Rights in a World-Wide Framework: Some Current Issues", (1985) 45 *Zeitschrift für ausländisches öffentliches Recht und Völkerrecht* 547, p. 556. 强调为后加。但在后面的论述中，他在部分程度上也提到了缔约国的保护义务。*Ibid.* pp. 557-558。

② See Künnemann, "A Coherent Approach to Human Rights".

暴力，缔约国可能需要建设一些接待遭到家庭暴力的人员的庇护场所，[①]但没有这样的场所并不意味着缔约国必然违反其在这方面的保护义务。又如，缔约国禁枪有可能更好地促进和实现对人身安全和生命权的享受，但不禁枪并不侵害任何人的权利。因此，促进和实现的义务相对于尊重、确保和保护的义务具有衍生性和外围性。

第二个方面——可从上一个方面推出，是缔约国的促进和实现的义务并不必然与个人权利一一对应。如果缔约国没有履行其促进和实现的义务，固然可能影响个人享有《公约》规定的权利，但并不等于侵害了个人的权利（进一步论述见第七章）。例如，约瑟夫以生命权为例指出："如果说委员会有关预期寿命和婴儿死亡率的意见的确勾画了一种义务（duty），这一义务可能并不与个人的权利主张相关联。实际上更有道理的是，这样一种义务看来指向普遍的公众，这要求一种更加复杂的结构性应对，而非为解决个人的冤屈所通常需要的应对。"[②] 因此，促进和实现的义务是对缔约国的一种总体性要求，如果缔约国未履行这些义务，个人并不像缔约国没有尽到尊重、确保和保护的义务时那样，具有救济请求权。

六　总结

综上所述，对于《公约》第 2 条第 1 款中的"尊重"和"确保"两词，可以有两种理解方式：第一种方式是将尊重理解为仅仅是不作为的消极义务，而将确保理解为包括三个方面——积极作为以确保个人在与缔约国的关系中能够享受和行使权利，积极作为以保护个人免受非国家行为者的侵害以及积极作为以促进和实现权利；第二种方式是将尊重理解为既包括了不作为，也包括了积极作为以确保个人免受缔约国的侵害，而将确保理解为包括了保护个人免受非国家行为者的侵害以及促进和实现权利。但无论以何种方式解释这两个用语，缔约国根据《公约》承担的义务都是全面的、综合的，即针对所有《公约》权利，缔约国都同时承担着尊重和确保其免受国家侵害的义务以及促进和实现的义务，对于绝大部分权利，也

[①] 参见对波兰第四次报告的结论性意见，CCPR/C/79/Add.110 (1999), para.14。

[②] Joseph, "A Rights Analysis of the Covenant on Civil and Political Rights", pp.70-71.

承担着保护其免受非国家行为者侵害的义务。

对于缔约国义务的全面性和综合性,可以《公约》第7条第一句话作为例证。《公约》第7条第一句话的表述非常简单:"任何人不得施以酷刑,或予以残忍、不人道或侮辱之处遇或惩罚。"但即使这样一句简单的表述,结合《公约》第2条来看,也同样要求缔约国承担四个方面或形式的义务。首先,缔约国应承担和履行尊重个人免受酷刑或残忍的、不人道的或侮辱性的处遇或惩罚的义务。其次,缔约国应承担和履行确保个人不因缔约国的不作为而遭受残忍的、不人道的或侮辱性的处遇的义务。再次,缔约国应承担和履行保护个人免受非国家行为者对其施以酷刑或残忍的、不人道的或侮辱性的处遇或惩罚的义务。最后,缔约国还应采取一系列的法律、行政和教育措施,为缔约国尊重和保护个人免于酷刑或其他被禁止的处遇创造必要的条件,以及对个人享受这一权利创造更好的环境,以履行其促进和实现的义务。

尽管对于几乎所有《公约》确认的权利,缔约国都承担四种形式或四个方面的义务,但这些义务的重要性并不相同,其中最重要的仍是尊重的义务,这也是最不存在争议的《公约》义务。这是因为,尊重的义务直接确认和体现了《公约》前文所称的"固有尊严及……不可割让之权利",即这些权利是与生俱来的,国家的首要义务即承认和尊重这些权利,否则就将有违《公约》的整个理论基础。因此,缔约国所承担的四项义务之间不是并行关系,而是主从关系,即以尊重的义务为核心,其他义务都是围绕这一义务产生的:确保个人免受国家侵害的义务可以理解为尊重义务的逻辑延伸,保护的义务是将国家尊重人权的义务推广适用于非国家行为者的结果,[①] 促进和实现的义务是为了给尊重和保护权利创造必要的条件或给个人的权利得到尊重创造更好的环境。而且,从作为权利的享受者的个人的角度来看,尽管其《公约》确认的权利可能受到任何行为者的侵害,甚至受到非国家行为者的侵害的可能性更大一些,但是就侵害的严重性及其后果而言,来自国家的威胁无疑是最大的:在受到非国家行为者的侵害

---

① 因此也有人将保护的义务作为尊重的义务的一个方面,而非确保的义务的一个方面。Nihal Jayawickrama, *The Judicial Application of Human Rights Law: National, Regional and International Jurisprudence*(Cambridge University Press, 2nd edn, 2017), pp. 74-75。

之时，受害者至少还有希望诉诸作为一个中立的保护者的国家，但在受到国家本身的侵害时，特别是如果这种侵害本身就是适用国家法律、政策的结果或国家为某种目的有意进行时，个人就会处于完全无力抵抗的状态。此时，缔约国受到其根据《公约》承担的尊重的义务的约束，无论这种约束的效力可能多么微弱，是个人所能仰赖的唯一保障。至于促进和实现的义务，上面已经述及，这一义务只是为个人的权利得到尊重和保护创造必要的条件或更好的环境，本身无法取代尊重的义务或保护的义务。

缔约国根据《公约》承担的义务应以尊重的义务为主这一点意味着，缔约国在履行其根据《公约》承担的义务之时，应总是将尊重的义务放在首位。从遵守《公约》义务的程度的角度来看，一个缔约国无论在多大程度上履行了其他三个方面的义务，但如果没有能够有效地履行尊重的义务，那么该国遵守《公约》的程度甚至可以说不及有效地履行了尊重义务但就其他三方面义务不尽人意的缔约国。在实践中，缔约国却可能有意或无意混淆这些具有不同重要性的义务。例如，打击刑事犯罪固然是缔约国履行其保护的义务的一个重要方面，然而，且不说这只是保护义务的一个方面，假如缔约国在打击普通刑事犯罪——这里指非国家行为者的犯罪——的同时，却指令或纵容国家公职人员侵害《公约》确认的权利，则无论如何不能说该国善意履行了其《公约》义务。① 总之，在《公约》规定的所有义务中，尊重的义务是核心，对其他义务的履行不能等同于或取代对尊重的义务的履行。不过，缔约国不能因为尊重的义务居于核心地位，就忽视其他义务形式。委员会就提醒各缔约国，"《公约》规定的义务并不局限于尊重人权，而且各缔约国也已承担确保受其管辖下的一切个人享有这些权利"，而且"这项承担与《公约》规定的一切权利有关"。②

《公约》将缔约国的义务从经典的尊重义务延伸到其他三个方面，极大地扩展了对个人权利提供的保障。不过，这种认识方式也有其局限性。一方面，在实践中，有时可能很难精确地确定，缔约国的某项措施究竟属

---

① 参见第6号一般性意见第3段："委员会认为，各缔约国应当采取措施，不仅防止和惩罚剥夺生命的犯罪行为，而且防止本国保安部队任意杀人。国家当局剥夺生命是极其严重的问题。因此，法律必须对这种国家当局可能剥夺个人之生命的各种情况加以严格约束和限制。"

② 第3号一般性意见，第1段。

于履行哪种形式的义务。例如，对于"不推回"（non‑refoulement），既可以解释为履行尊重的义务——缔约国不得采取会使个人受到侵害的行动，尽管是间接的，也可以理解为履行保护的义务——缔约国防止第三方（在此情况中是另一个国家）侵害个人。另一方面，这四项义务相互之间紧密关联，作为一个有机整体共同提供对个人权利的保障。因此，一位学者在经济、社会和文化权利领域中提出的区分不同义务的论断，也同样适用于《公约》之下的义务：尊重、保护和实现的义务"看来在理论中比在实践中更可行：面对真实生活的复杂性，各种不同的义务很难区分开来"。[1] 这位学者还提出，"也许到了抛弃义务分类法的时候——不管是三分法、四分法还是五分法，而集中关注需要为提供适当的人权保护做些什么"。[2] 因此，在保留和运用义务形式分类来认识缔约国根据《公约》所承担义务的同时，对其局限性保持清醒的认识，也十分必要。

---

[1] Koch, "Dichotomies, Trichotomies or Waves of Duties?", (2005) 5 *Human Rights Law Review* 81, p. 92.
[2] Ibid., p. 103.

第六章
《公约》缔约国义务的性质

缔约国根据《公约》第 2 条第 1 款承担着尊重和确保个人的由《公约》所确认权利的多种形式的义务。对于这些义务的性质，也需要一定的分析。就这一问题，最经常使用的方式是将公民权利和政治权利与经济、社会和文化作对比，分析与这些权利相对应的国家义务在消极性和积极性、即时性和渐进性、行为性和结果性等方面的区别。以下部分中，将在有限地涉及这两类权利之差别的情况下，同样按照这几方面的性质分析缔约国根据《公约》承担的义务。另外，还将分析缔约国根据《公约》承担的义务的普遍性和相对性。

一 "消极义务"与"积极义务"

在人权领域中，"消极义务"与"积极义务"、"消极权利"与"积极权利"是经常使用的概念。消极义务指的是义务主体即国家避免采取可能侵害权利主体享有或行使其权利之行为的义务，简而言之即不作为的义务；而积极义务指的是国家采取足以确保权利主体享有或行使其权利之行为的义务，简而言之即作为的义务。对于权利主体——主要是但不限于个人——而言，其权利也可以分为消极权利与积极权利。对这一问题，第三章曾有简要讨论，但为分析国家义务的性质起见，需要再次述及。对于消极权利和积极权利的概念，从两种不同的视角来看，将具有不同的含义。一种视角是从相对应的国家义务的性质来看待和理解权利的消极性或积极性，即将消极权利当作与国家的消极义务相对应的权利，即要求国家不为某种行为的权利，而将积极权利当作与国家的积极义务相对应的权利，即要求国家为某种行为的权利。另一种视角则仅仅从权利主体是否需要为享有或实现其权利而作为的角度来看，即消极权利指的是权利主体无须主动作为即可享有或实现的权利（在此意义上也可称为被动权利），积极权利指的则是权利主体需要主动作为才能享有或实现的权利（在此意义上也可称为主动权利）。有些权利无论从哪个视角来看，都可以归结为消极权利或积极权利。例如，人身安全与自由的权利无论从哪个视角来看，都是消极权利；担任公职的权利无论从哪个视角来看，都是积极权利。然而，有些权利从不同的视角来看，则可能被归结为不同性质的权利。例如，结社自由的权利从前一个视角来看，属于消极权利，但从后一个视角来看，则属于积极权利；而被拘禁者获得人道待遇的权利从前一个视角来看，属于积极权利，但从后一个视角来看，则属于消极权利。从权利和义务的对应关系来看，个人的权利的性质与国家的义务的性质也不是一一对应关系。例如，个人根据《公约》第 10 条享有的权利无论在哪个意义上都属于消极权利，但与之对应的缔约国义务既有消极的，也有积极的；第 18 条则同时包含了从权利主体是否需要为享有或实现其权利而作为的角度来看的消极权利（保有和采奉宗教或信仰的自由）和主动权利（表示宗教或信仰的自由），但与两者对应的缔约国义务是一样的，即要求的主要是国家的消极义务。以下论述的重心将是《公约》缔约国义务的性质，而非《公约》确认的个人权利的性质。但是，由于所参考的其他学者的观点会提到权利的性质，因此注意这些观点是按照上述哪一种视角理解和使用消极权利和积极权利的概念，仍是必要的。

（一）观念的变化

在传统的人权理论中，通常认为国家针对公民权利和政治权利承担的是一种消极的义务；如果认为只有公民权利才是严格意义上的人权，则国家在人权领域的义务就只有消极义务。这是因为,在人权概念和理论产生之初,其所针对和防范的,主要是国家对个人权利的干涉和对个人自由的限制,而只要国家消极地不作为,个人的权利和自由就能够得到实现。在经济、社会和文化权利的概念产生以后,国家承担之义务的性质不同又被用作区别"第一代人权"和"第二代人权"的一个主要标准,即国家针对所谓"第一代人权"即公民权利和政治权利承担的是一种不作为或避免侵害的消极义务,而针对所谓"第二代人权"即经济、社会、文化权利承担的是一种作为或予以促进的积极义务。[1] 例如,昆西·赖特就曾指出,个人权利——他以之指代公民权利——主要与国家的消极义务有关,要求国家避免干涉个人对其能力的自由发挥,而社会权利主要与国家的积极义务有关,要求国家诸如干涉收税、行使警察权力、调整经济活动以及管理公共事务等许多个人希望由国家所为之事。[2] 如果从国家的消极义务与个人的消极权利相对应的视角来看,则"公民权利和政治权利在传统上也被视为制止国家约束个人自由的消极权利"。[3]

然而,随着人权理论和实践的发展,以国家承担义务的消极性或积极性来区分两类人权的观点已经站不住脚了,现在已经得到广泛接受的观点是,无论是公民权利和政治权利,还是经济、社会和文化权利,其有效享有、行使和实现都要求国家既承担消极义务,也承担积极义务。[4] 例如,曾担任委员会委员的托克尔·奥普萨尔认为,"可以稳妥地说,'消

---

[1] See United Nations, *Annotations on the text of the draft International Covenants on Human Rights* (prepared by the Secretary - General), A/2929 (1955), Chapter II, para. 9.

[2] Quincy Wright, "Relationship between Different Categories of Human Rights", in UNESCO, *Human Rights: Comments and Interpretations* (UNESCO/PHS/3/rev., 1948) 131, p. 134.

[3] Sarah Joseph, "A Rights Analysis of the Covenant on Civil and Political Rights", (1999) 5 *Journal of International Legal Studies* 57, pp. 69 - 70.

[4] See International Council on Human Rights Policy, *Taking Duties Seriously: Individual Duties in International Human Rights Law - A Commentary* (Geneva, 1999), pp. 16 - 17; Ida Elisabeth Koch, "Dichotomies, Trichotomies or Waves of Duties?", (2005) 5 *Human Rights Law Review* 81, pp. 83 - 84; María Pía Carazo, "Enhancing Human Rights Protection through Procedures: Procedural Rights and Guarantees Derived from Substantial Norms in Human Rights Treaties", in Russell A. Miller and Rebecca M. Bratspies (eds.), *Progress in International Law* (Martinus Nijhoff, 2008) 793, pp. 798 - 800; Sandra Fredman, *Human Rights Transformed: Positive Rights and Positive Duties* (Oxford University Press, 2008), pp. 65 - 91.

极'和'积极'行为之间的这种区分已经无法维持"。① 斯蒂芬·马科斯则指出：

> 在许多具体的情况中，公民权利和政治权利的重要发展可能与积极义务有关，而经济、社会和文化权利的重要发展可能与消极义务有关。当然，适用于这两类权利的、在国家的避免和国家的干涉之间的区分仍有其用处；然而，在作此区分的积极权利和消极权利之间有足够的交叉之处，因此不能再合理地声称在这两组权利之间存在性质上的差异。②

因此，国家针对公民权利和政治权利也承担着积极义务。以往那种传统的观点，特别是在西方学者、政府和法院之中流行多年的主导观点，即公民权利和政治权利主要导致国家避免干涉的义务，已经不再成立了。③ 实际上，上述认为公民权利主要有关国家的消极义务的赖特自己也承认，公民权利尽管主要与国家的不作为义务有关，但也可能要求国家的积极行为。④ 就《公约》而言，委员会明确指出，"第2条第1款所规定的法律义务从性质上来说既是消极的又是积极的"。⑤ 很多学者也承认，《公约》缔约国同时承担着消极义务和积极义务。例如，曾担任委员会委员的路易斯·亨金指出，《公约》缔约国的义务一方面要求所有政府机关必须避免

---

① Torkel Opsahl, "Substantive Rights. The European Convention on Human Rights in Relation to Other International Instruments for the Protection of Human Rights", in Torkel Opsahl, *Law and Equality: Selected Articles on Human Rights* (Ad Notam Gyldendal, 1996) 121, p. 162.

② Stephen P. Marks, "The Past and Future of the Separation of Human Rights into Categories", (2009) 24 *Maryland Journal of International Law* 209, pp. 223 - 224.

③ Manfred Nowak, "Civil and Political Rights", in Janusz Symonides (ed.), *Human Rights: Concept and Standards* (UNESCO and Ashgate, 2000) 69, p. 71. See Berta Esperanza Hernández - Truyol, "International Law, Human Rights, and LatCrit Theory: Civil and Political Rights - An Introduction", (1996 - 97) 28 *University of Miami Inter - American Law Review* 223, p. 236.

④ Wright, "Relationship between Different Categories of Human Rights", p. 135. 他认为这种积极行为 "即建立和维持具有充分管辖权的法院以及确立刑事立法和制度以防止社会中的其他个人侵害这些权利"。下文的论述将表明，国家针对公民权利和政治权利承担的积极义务远不止于此。

⑤ 第31号一般性意见，第6段；参见第8段。

侵害其中所规定的权利,另一方面显然还要求政府必须积极地行为以确保这些权利的享有,包括保护这些权利免受私人的侵害,规定维护这些权利的机制并为这些权利受到的侵害提供救济,还可能需要采取一些肯定性步骤以使这些权利能够被有意义地享有。[①] 而萨拉·约瑟夫则从权利享有者的角度指出:"任何一项《公民及政治权利国际公约》的权利都赋予了个人针对国家的多项消极和积极权利。"[②] 黄金荣则在更广泛的语境中称,为有效保护公民权利和政治权利,国家仅仅履行消极义务肯定是不够的,还必须履行一定的积极义务,因此所有的公民权利和政治权利与经济和社会权利一样,都是一种"积极的"权利,并举出了人权事务委员会、欧洲人权法院和美国的一些案例作为例证。[③]

(二)《公约》之下的积极义务

对于上述缔约国根据《公约》承担的各种形式的义务,一种普遍的认识是,尊重的义务是消极义务,即国家不得侵害《公约》规定的权利,而确保的义务则是一项积极义务。委员会在其第31号一般性意见第8段中就提到了"确保《公约》权利的积极义务"。联合国人权事务高级专员办事处编写的《人权概况介绍》第15号也指出,尊重的义务是一项消极义务,也就是要求缔约国不采取某种行为或做法的义务,而保护的义务以及促进和实现的义务则都是要求缔约国采取行动或步骤的积极义务。[④] 因此,《公约》规定的确保权利免受侵害的义务以及促进和实现的义务都属于积极义务,要求缔约国的积极作为。同样,救济的义务也属于要求缔约国积极作为的积极义务。学者也普遍认为尊重的义务属于消极义务,而确保的义务

[①] Louis Henkin, "International Instruments for the Protection of Human Rights", (1979) *Acta Juridica* 224, pp. 226 – 227.

[②] Joseph, "A Rights Analysis of the Covenant on Civil and Political Rights", p. 75.

[③] 黄金荣:《司法保障人权的限度——经济和社会权利可诉性问题研究》,社会科学文献出版社,2009,第131~136页。

[④] United Nations, Human Rights Fact Sheet No. 15 (Rev. 1), *Civil and Political Rights: The Human Rights Committee* (2005), p. 5.

属于积极义务。① 根据这种区分,缔约国对消极义务的违反以积极的侵害行为为特征,而对积极义务的违反则以消极的不作为为特征,无论是全部的还是部分的不作为。②

由于几乎所有的《公约》权利都为缔约国施加了确保免受侵害、促进和实现以及救济的义务,因此针对几乎所有的《公约》权利,缔约国都承担着积极义务。委员会在这一点上的态度是很清楚的。③ 早在1981年发布的第3号一般性意见中(第1段),委员会就明确声明:

> 委员会认为必须提请缔约国注意这样的事实,即《公约》规定的义务并不局限于尊重人权,各缔约国也已承担确保其管辖下的一切个人享有这些权利。这一方面要求缔约国采取具体行动,以使个人能享有其权利。这在若干条……中很清楚,但原则上,这项承担与《公约》规定的一切权利有关。

对此,可以《公约》第7条和第27条规定的权利为例加以说明。《公约》第7条规定的是个人免受酷刑或残忍的、不人道的或侮辱性的处遇或惩罚的权利,与这一权利相对应的国家义务经常被当作是消极义务的典型。的确,第7条所规定之权利的享有和实现首先要求国家不得对个人施以酷刑或残忍的、不人道的或侮辱性的处遇或惩罚。然而,国家的这种消

---

① 参见,Thomas Buergenthal, "To Respect and to Ensure: State Obligations and Permissible Derogations", in Louis Henkin (ed.), *The International Bill of Rights: The Covenant on Civil and Political Rights* (Columbia University Press, 1981) 72, p. 77; David Harris, "The International Covenant on Civil and Political Rights and the United Kingdom: An Introduction", in David Harris and Sarah Joseph (eds.), *The International Covenant on Civil and Political Rights and United Kingdom Law* (Clarendon Press, 1995) 1, p. 3; Suzanne Egan, *The United Nations Human Rights Treaty System: Law and Procedure* (Bloomsbury Professional, 2011), p. 69;陈泽宪主编:《〈公民权利和政治权利国际公约〉的批准与实施》,中国社会科学出版社,2008,第637~638页。

② Eckart Klein, "The Duty to Protect and to Ensure Human Rights Under the International Covenant on Civil and Political Rights", in Eckart Klein (ed.), *The Duty to Protect and to Ensure Human Rights* (Berlin Verlag A. Spitz, 2000) 295, pp. 302-303.

③ Dominic McGoldrick, *The Human Rights Committee, Its Role in the Development of the International Covenant on Civil and Political Rights* (Clarendon Press, 1994), p. 274.

极不作为仅仅是这一权利得到实现的必要条件,但非充分条件。本书第五章在总结缔约国根据《公约》所承担之义务的全面性和综合性时已经指出,根据第 7 条,缔约国除了承担不对个人施以该条所禁止之行为的义务即尊重的义务以外,还承担着确保个人不因缔约国的不作为而遭受有违第 7 条之待遇的义务,保护个人免受来自非国家行为者有违第 7 条之行为的侵害的义务,采取措施为尊重和保护个人免受该条所禁止之行为的侵害创造必要条件并对个人免受这种侵害创造更好环境的义务,以及在尊重的义务和保护的义务被违反时,提供救济的义务。而所有这些义务的履行都需要缔约国采取积极的措施,因此属于积极义务。[1]

《公约》第 27 条对少数人权利的规定也是以否定的措辞方式表述的,但是,如果将缔约国根据第 27 条承担的义务解释为仅仅是按其用词所说的消极的"不得剥夺"少数群体成员之文化、语言和宗教权利的义务,那么"这种解释显然太狭窄,无法实现意欲达成的目标"。[2] 因此,即使是以否定性方式表述的第 27 条也包括了广泛的积极义务。[3] 首先,缔约国需要采取积极的措施,确保少数人的权利的存在和行使受到保护,免遭否认和违反,这不仅针对缔约国本身的行为,而且针对缔约国境内的任何其他行为者的行为。而且,由于少数人权利的享有"取决于少数人群体维持其文化、语言或宗教的能力",因此,"国家也可能有必要采取积极措施以保护少数人群体的特性"以及其成员的文化、语言和宗教权利(第 23 号一般性意见第 6.1、6.2 段)。很明显,缔约国不仅负有尊重少数人权利的消极义务,也负有保护这些权利的积极义务。其次,委员会进一步指出,少数人对其文化权利的享有"可能需要 [缔约国] 采取积极的法律保护措施以及保证少数人群体的成员切实参与对他们有影响的决定的措施"(第 23 号

---

[1] See Rosalyn Higgins, "International Law and the Avoidance, Containment and Resolution of Disputes", (1991) 230 *Recueil de Cours* 9, p. 142.

[2] J. N. Saxena, "International Protection of Minorities and Individual Human Rights", (1983) 23 *Indian Journal of International Law* 38, p. 49.

[3] 但克里斯蒂安·托姆沙特认为,第 27 条基本不包含积极义务:Christian Tomuschat, "Protection of Minorities under Article 27 of the International Covenant on Civil and Political Rights", in Rudolf Bernhardt et al. (eds.), *Völkerrecht als Rechtsordnung, internationale Gerichtsbarkeit, Menschenrechte: Festschrift für Hermann Mosler* (Springer, 1983) 949, pp. 968 – 970。

一般性意见第 7 段)。这一意见表明，缔约国不仅有义务保护少数人的文化权利，而且有义务以保证他们有效参与对其有影响的决定过程的方式，促进少数人的文化权利。然而，委员会的其他意见表明，保证少数人有效参与对其有影响的决定过程——这实际上可能包括了所有公共事务，不仅与其文化权利有关，而且很可能与其所有权利有关。[①] 例如，在审议秘鲁的第二次报告时，一些委员就希望知道该国采取了哪些措施以保证少数人群体在政治进程中的有效参与情况，在国会中是否有少数人代表。[②] 在对克罗地亚的初次报告的结论性意见中，委员会表示关心的是，"该缔约国法律框架应更全面地确保并明确民族、宗教和语言上的少数人群体的成员在国家、区域和地方的代表机构及执行机构中的权利，以此作为加强少数人群体的成员切实享有《公约》规定的权利的起点"。[③] 若干针对芬兰的来文都涉及芬兰允许公司在萨米人居住的土地上从事采矿、伐木、修路等活动是否影响了萨米人牧养驯鹿——这被认为是萨米人文化的组成部分——以及是否由此侵害了萨米人根据第 27 条享有的权利的问题，委员会的结论是不存在这种侵害，而理由之一就是芬兰在允许这些活动之前都征求了有关萨米部落的意见，因此提交人切实参与了对他们有影响的决定的作出。[④]

针对其他《公约》条款，委员会在其一般性意见中，也明确提到了缔约国的积极义务。例如，有关男女平等享有《公约》权利的第 3 条规定的是"积极的义务"，因此"缔约国不仅必须采取保护措施，还应在各领域采取积极措施，以达到对妇女的平等和有效赋权"。[⑤] 保护第 6 条规定的生

---

① See Annelies Verstichel, "Recent Developments in the UN Human Rights Committee's Approach to Minorities, with a Focus on Effective Participation", (2005) 12 *International Journal on Minority and Group Rights* 25.

② A/47/40 (1992), para. 322. 有些委员还希望知道该国政府为被困在"光辉道路"组织的毒品生产和军警的压制行动之间的土著人民提供了什么援助。这属于保护义务的一种体现。

③ CCPR/CO/71/HRV (2001), para. 22.

④ Communication No. 511/1992, *Ilmari Länsman* et al. v. *Finland*, para. 9.6; Communication No. 671/1995, *Jouni E. Länsman* et al. v. *Finland*, para. 10.5; Communication No. 779/1997, *Äärelä and Näkkäläjärvi* v. *Finland*, para. 7.6.

⑤ 第 4 号一般性意见，第 2 段；第 28 号一般性意见，第 3 段。

命权需要"缔约国采取积极措施"。① 确保缔婚双方在缔结婚姻、结婚期间和解除婚姻时的权利和责任平等也是缔约国的一项积极义务。② "平等原则有时要求缔约国采取积极行动,以减少或消除会引起本《公约》所禁止的歧视或使其持续下去的条件"。③ 第 10 条第 1 款"为缔约国规定了对那些因自由被剥夺而极易受害的人承担的一项积极义务",④ 其"积极要求补充了第 7 条规定的禁止"。⑤ 缔约国"应该采取积极措施"以克服阻碍有效行使投票权利的各种困难。⑥ 缔约国"在集会之前、期间和之后负有……积极义务""在便利和平集会和让参与者有可能实现其目标方面负有某些积极义务"。⑦ 对于第 1 条规定的这样一项集体而非个人的权利,缔约国也应"采取积极的行动,促进人民的自决权利的实现和对这种权利的尊重"。⑧

(三) 尊重义务的积极方面

在缔约国根据《公约》承担的各种形式的义务中,只有尊重义务是消极义务,即要求缔约国的不作为。然而,即使是尊重义务,也有其对缔约国提出积极要求的方面。例如,委员会在关于生命权的第 36 号一般性意见提出(第 58 段),"强迫失踪是对生命构成严重威胁的一系列独特和综合的作为和不作为"。按照《保护所有人免遭强迫失踪国际公约》第 2 条的

---

① 第 6 号一般性意见,第 5 段;第 36 号一般性意见,第 21 段。
② 第 18 号一般性意见,第 5 段。
③ 第 18 号一般性意见,第 10 段。
④ 第 21 号一般性意见,第 3 段。
⑤ 第 20 号一般性意见,第 2 段。关于第 10 条规定的积极义务,参见,Jakob Th. Möller, "Treatment of Persons Deprived of Liberty: Analysis of the Human Rights Committee's Case Law under Article 10 of the International Covenant on Civil and Political Rights (ICCPR)", in Morten Bergsmo (ed.), *Human Rights and Criminal Justice for the Downtown: Essays in Honour of Asbjørn Eide* (Martinus Nijhoff, 2003) 665, p. 665; Piet Heinvan Kempen, "Positive Obligations to Ensure the Human Rights of Prisoners: Safety, Healthcare, Conjugal Visits and the Possibility of Founding a Family Under the ICCPR, the ECHR, the ACHR and the AfChHPR", in Peter J. P. Tak and Manon Jendly (eds.), *Prison Policy and Prisoners' Rights* (Wolf Legal Publishers, 2008) 21; Jakob Th. Möller and Alfred de Zayas, *United Nations Human Rights Committee Case Law 1977–2008: A Handbook* (N. P. Engel, 2009), p. 203。
⑥ 第 25 号一般性意见,第 12 段。
⑦ 第 37 号一般性意见,第 23、24 段。
⑧ 第 12 号一般性意见,第 6 段。

规定，强迫失踪"系指由国家代理人，或得到国家授权、支持或默许的个人或组织，实施逮捕、羁押、绑架，或以任何其他形式剥夺自由的行为，并拒绝承认剥夺自由之实情，隐瞒失踪者的命运或下落，致使失踪者不能得到法律的保护"。这种失踪仍是一种可归因于国家作为的情况，而不同于诸如纯粹由于个人原因走失或遭其他非国家行为者绑架的情况。因此，禁止强迫失踪要求的是国家的尊重或不作为，或者说，国家的作为才可能构成强迫失踪。那么，为何委员会会提出强迫失踪包括"不作为"？这是因为，为了防止个人遭受强迫失踪，缔约国"必须采取适足措施……，并开展有效和迅速的调查以确定可能遭受强迫失踪者的生死和下落。缔约国还应确保……建立迅速有效的程序，以便通常在普通刑事司法系统内运作的独立公正机构对失踪案件开展彻底调查"。[1] "采取措施""开展调查""建立程序"等措辞表明，缔约国必须积极地作为，才能切实履行在涉及个人失踪的情况中尊重生命权的义务。

还例如，为了尊重第 7 条所确认的自由，缔约国应向广大民众传播关于第 7 条禁止的酷刑和处遇的有关信息，必须对执法人员、医务人员、警员以及任何其他人做适当指示和训练，系统审查审讯规则、指示、手段和做法以及对有关受任何形式逮捕、拘留或监禁者的监管和待遇方面的安排，等等。[2] 第 12 条第 2 款规定了个人离开包括其本国在内的任何国家的自由，这不仅要求缔约国避免在没有正当合理理由的情况中限制个人的出国自由，[3] 而且要求缔约国承担为个人发放护照等必要旅行文件的积极义务。[4] 第 18 条第 4 款规定缔约国"尊重"父母或法定监护人确保其子女接受符合其本人信仰之宗教和道德教育的自由，这在某些情况中要求缔约国在公立学校中为不信仰宗教的家长的子女提供替代宗教指导的课程，并确

---

[1] 第 36 号一般性意见，第 58 段。
[2] 第 20 号一般性意见，第 10~11 段。
[3] 参见，Communication No. 468/1991，*Bahamonde v. Equatorial Guinea*，该案中，提交人的护照两次被没收，委员会认为这违反了《公约》第 12 条第 1、2 款。
[4] 参见第 28 号一般性意见，第 9 段；Communication No. 1107/2002，*El Ghar v. The Libyan Arab Jamahiriya*。这一义务还包括延长已经身处国外的本国公民的护照的有效期，除非是有正当合理的限制理由。参见，Communication No. 57/1979，*Vidal Martins v. Uruguay*；Communication No. 77/1980，*Samuel Lichtensztejn v. Uruguay*；Communication No. 106/1981，*Pereira Montero v. Uruguay*。

保此类课程中立、客观、尊重那些不信仰任何宗教的父母和监护人的观念。①

实际上，尽管尊重的义务要求缔约国克制自己不采取任何侵害所涉权利之享受或行使的行为，但是，尊重义务得以实现或个人权利得到尊重，绝非缔约国"无所作为"就可以实现或充分实现的。按照第2条第2款的要求，首先，缔约国需要以立法或其他措施承认《公约》所确认的权利，这是其履行包括尊重义务在内的所有形式义务的规范前提；其次，缔约国履行其任何义务、个人享有和行使其任何权利，都要有一定的制度性机制，因此，"一种创建对于权利的实现至关重要的制度性机制的'积极'义务，在所有层次上都是一项必要的前提条件，……没有必要的制度性机制，就不可能想象尊重、保护或实现的义务"。②

因此，即使尊重的义务，也几乎都有对缔约国提出积极要求的方面，乃至于有学者提出了是否存在"消极"义务这样一种东西的疑问，因为很难想到任何不干涉的义务不要求某种形式的"积极"义务。③ 尊重义务对缔约国提出的积极要求，又与缔约国确保权利得到促进和实现的义务交织在一起，这使得缔约国根据《公约》第2条第1款所承担的"尊重"义务与"确保"义务之间的界线并不像其表面上看起来那样绝对地清晰可辨了。不过，总体上来说，尊重的义务仍以消极性为其本质特征，即使是为履行这一义务而采取的积极作为仍需要从其"不侵害"或"避免侵害"的消极角度来理解。

总之，认为国家针对公民权利和政治权利承担的仅仅是消极义务、缔约国根据《公约》承担的也仅仅是消极义务的观点，已经完全过时了。现代国家所承担的已经不仅仅是"守夜人"的角色，现代人权关系也已经不仅仅只具有一个方面，即国家不侵害个人的权利。在现代社会中，无论是公民权利和政治权利还是经济、社会和文化权利，其全面实现都需要国家的积极作为。按一位学者所说，由于整个"国际人权宪章"将实现和保护人权的主要责任赋予了国家，因此就需要"一种必然是干涉性的积极作为

---

① 参见，Communication No. 40/1978, *Hartikainen v. Finland*；第22号一般性意见，第6段。
② Koch, "Dichotomies, Trichotomies or Waves of Duties?", p. 92.
③ Ibid., p. 98.

的国家"（a *positive state* that is necessarily *interventionist*）。[1] 对于《公约》而言，实际上缔约国"尊重"和"确保"《公约》所确认的权利都只是手段，而真正的目标应该是《公约》权利的真正、全面享有和实现。《公约》第2条第2款规定，《公约》缔约国有义务"制定必要之立法或其他措施，以实现本公约所确认之权利"。也就是说，缔约国采纳这些措施的目的在于"实现本公约所确认之权利"，而中文本中的"实现"一词在英文本中的对应用语是"give effect to"，即具有"落实""使……有效"的含义，这充分表明了缔约国的积极作为对于《公约》权利的享有和实现的重要性。然而，在强调和重视缔约国根据《公约》所承担义务的积极性方面的同时，绝不能忽略或轻视缔约国义务所具有的消极性方面。缔约国的消极义务具有两个方面的重要性：一方面，从功利的角度来看，由于对人权的最大威胁来自国家本身，因此国家自身不侵害人权仍是人权的享有和实现的一个起点和底线；另一方面，从逻辑的角度来看，承认国家的消极义务即意味着承认人权先在于、独立于国家的自主性，这对于正确认识人权范畴中的"国家－个人"关系是至关重要的。

二 "立即履行的义务"与"逐渐履行的义务"

在人权领域中，还有一对经常使用的概念是"即时义务"（immediate obligations）或者说"立即履行的义务"（obligations of immediate implementation）以及"渐进义务"（progressive obligations）或者说"逐渐履行的义务"（obligations of progressive implementation）。顾名思义，前者指的是一经接受（例如成为《公约》的缔约国），就必须立即予以履行的义务，[2] 而后者指的是在接受之后，可以逐渐予以履行的义务。缔约国根

---

[1] Zehra F. Kabasakal Arat, "Human Rights Ideology and Dimensions of Power: A Radical Approach to the State, Property, and Discrimination", (2008) 30 *Human Rights Quarterly* 906, p. 919. 强调为原文所有。

[2] 参见，Anjia Seibert-Fohr, "Domestic Implementation of the International Covenant on Civil and Political Rights Pursuant to its article 2 para. 2", (2001) 5 *Max Planck Yearbook of United Nations Law* 399, p. 404："即时义务意味着一种随着成为某一条约的缔约国，就实施根据该条约承担的义务的责任。"

据《公约》承担的义务究竟属于哪一种性质，是一个被反复讨论的问题。在这一方面，一种比较普遍的认识是，国家针对公民权利和政治权利承担的是立即履行的义务，而针对经济、社会和文化权利承担的是逐渐履行的义务。例如，在联合国于1951~1952年讨论究竟是制定一项包含两大类权利的一项公约，还是制定分别包含两类权利的两项公约时，赞成分别起草两项公约的一派即主张，公民权利和政治权利可立即予以适用，而经济、社会和文化权利将得到逐渐实施。① 这一方面，最常提起的是同样规定了缔约国一般性义务的《公民及政治权利公约》第2条以及《经济社会文化权利公约》第2条的不同措辞。《经济社会文化权利公约》第2条第1款规定，"缔约国承允……采取种种步骤，……逐渐使本公约所确认之各种权利完全实现"；而《公民及政治权利公约》第2条第1款的表述则是，"缔约国承允尊重并确保……人……享受本公约所确认之权利"。两者看来存在"质的差异"：② 前者使用了一个限定词"逐渐"，但是在后者中，对于缔约国"承允尊重和确保"权利的义务没有同样或类似的限定。因此，缔约国可以逐渐履行其根据《经济社会文化权利公约》承担的义务，而对于缔约国根据《公民及政治权利公约》承担的义务，比较普遍的认识是，这些义务具有即时性。例如，联合国秘书长向1968年德黑兰国际人权大会提交的一份研究报告就称："《公民及政治权利国际公约》的缔约方所承担的义务总的说来意味着随着批准而立即实施，而《经济社会文化权利公约》规定的权利则应逐渐实施。"③ 然而，随着《公约》的生效以及发展，对于缔约国义务的时间性可能需要从各个不同的角度重新认识和理解。

（一）各种观点

尽管比较普遍的认识是，缔约国根据《公约》针对公民权利和政治权利承担的是立即履行的义务，但并非不存在不同的认识。另外，即使《公约》义务的即时性得到承认，对这一性质的范围和限度，也存在不同的认

---

① A/2929, Chapter II, para. 9.
② Egan, *The United Nations Human Rights Treaty System: Law and Procedure*, p. 77.
③ Study Prepared by the Secretary-General, *Measures Taken within the United Nations in the Field of Human Rights*, A/CONF. 32/5 (1968), para. 62.

识。因此,需要首先介绍关于《公约》义务时间性的不同观点。在这一方面,尽管缔约国和委员会也曾经有所表示,但各种观点主要是由学者阐述的。因此,以下将主要介绍学者对于这一问题的观点,同时也兼顾缔约国和委员会的各种表示。

对于《公约》义务的时间性,学者的观点基本可以分为三类:第一类认为《公约》为缔约国规定的是"逐渐履行的义务",第二类则认为是"立即履行的义务",第三类则认为《公约》为缔约国规定的义务中,既有"立即履行的义务",也有"逐渐履行的义务"。因此,第一类观点与第二类观点是相反的,而第三类观点是对两者的折中。以下,将首先介绍前两类观点,而第三类观点则在"《公约》义务的渐进性"部分中介绍和分析。

仅就笔者所掌握的资料而言,持第一类观点的学者为数极少。一位澳大利亚司法部的前法律官员曾提出,并不需要在批准或加入两公约之时即完全遵守其规定——两者都存在不同程度的"逐渐履行",但他除了摘引《经济社会文化权利公约》第 2 条第 1 款和《公民及政治权利公约》第 2 条第 2 款的约文之外,没有作出任何进一步的解释。[①] A. H. 罗伯逊则更详细地解释了自己的观点。他对比了《欧洲人权公约》第 1 条的用语("缔约国应确保……每个人获得……权利和自由")与《公民及政治权利公约》第 2 条第 1 款中的用语,认为两者的基本观念是相当不同的:《公民及政治权利公约》并不必然对国内法律制度产生直接效力,缔约国可以加以批准而不立即遵守其中包含的义务,而只要有在未来如此行为的意图即可(但对此没有时间限制)。他的结论是,《公民及政治权利公约》是以"逐渐实现"的原则为基础的。他还分析了这两个公约存在这一差别的原因,大致有两点:一是因为,为适应 100 多个联合国成员国的要求而拟定的《公民及政治权利公约》的义务就应该不如仅在西欧得到接受的《欧洲人权公约》的义务严格;二是因为,对公民权利和自由的保障在西方经历了数个世纪的发展才达到现在的效果,而若干新独立国家无法立即做到这一点。因此,提出《公民及政治权利公约》规定的义务要弱一些并不是一

---

① Dominique F. J. J. De Stoop, "Australia's Approach to International Treaties on Human Rights", (1975) 1970 – 1973 *Australian Yearbook of International Law* 27, p. 34.

种批评，承认这一点可能实际上有助于促进更多国家的批准。① 但值得注意的是，罗伯逊后来又修正了自己的观点，认为《公民及政治权利公约》第 2 条第 1 款和第 2 款中的不同用语（"承允尊重并确保"以及"承允……采取必要步骤"）表明，"即时义务是首要的原则，但逐渐适用的可能性也得到了承认"。② 在认为《公约》义务可逐渐履行方面，法罗克·贾伯瓦拉是最突出的一个。他根据《公约》第 2 条特别是其第 2 款的起草过程认为，《公约》应是逐渐履行的，③ 而且断言，"并不夸张地说，在实践中《公约》的标准被当作是逐渐实施的标准"。④

持另一类观点的学者则有很多。⑤ 这些学者一般都根据上述《公民及政治权利公约》第 2 条与《经济社会文化权利公约》第 2 条的不同表述，得出《公约》为缔约国规定的是"即时义务"的结论。例如，据称埃贡·施韦布很早就指出，除了少数例外以外，《公民及政治权利公约》一般而言为缔约国施加了一种直接的和可以立即适用的标准，而《经济社会文化

---

① A. H. Robertson, "The United Nations Covenant on Civil and Political Rights and the European Convention on Human Rights", (1968 – 1969) 43 *British Yearbook of International Law* 21, pp. 25 – 26.

② A. H. Robertson and J. G. Merrills, *Human Rights in the World: An Introduction to the Study of the International Protection of Human Rights* (Manchester University Press, 4th edn, 1996), p. 35.

③ Farrokh Jhabvala, "The Practice of the Covenant's Human Rights Committee, 1976 – 82: Review of State Party Reports", (1984) 6 *Human Rights Quarterly* 81, pp. 95 – 101.

④ Farrokh Jhabvala, "The International Covenant on Civil and Political Rights as a Vehicle for the Global Promotion and Protection of Human Rights", (1985) 15 *Israel Yearbook on Human Rights* 184, p. 188.

⑤ 除以下摘引内容外，另参见，Louis B. Sohn, "The New International Law: Protection of the Rights of Individuals Rather than States", (1982) 32 *American University Law Review* 1, pp. 19 – 20; Gérard Cohen Jonathan, "Human Rights Covenants", in Rudolf Bernhardt (gen. ed.), *Encyclopedia of Public International Law* (Vol. II, Elsevier, 1995), p. 916; Audrey R. Chapman, "A 'Violations Approach' for Monitoring the International Covenant on Economic, Social and Cultural Rights", (1996) 18 *Human Rights Quarterly* 23, p. 31; Scott Carlson and Gregory Gisvold, *Practical Guide to the International Covenant on Civil and Political Rights* (Transnational Publishers, 2003), p. 18; David Weissbrodt, "Civil and Political Rights: International Covenant on Civil and Political Rights", in David P. Forsythe (editor in chief), *Encyclopedia of Human Rights* (Vol. 1, Oxford University Press, 2009) 339, p. 339。

权利公约》一般而言是促进性的。① 保罗·赛格特明确地提出,《经济社会文化权利公约》规定的国家义务是"有条件的""相对的""逐渐的",而《公民及政治权利公约》规定的义务是"绝对的和立即的"——"绝对"意味着这些义务不取决于国家的可用资源有多少,也无关所运用的具体方式;"立即"意味着自《公民及政治权利公约》对缔约国生效之时起,缔约国就必须采取必要步骤确保其中规定的权利。② 曾担任委员会委员的托马斯·伯根索尔认为,缔约国根据《经济社会文化权利公约》承担的是"渐进义务",而根据《公民及政治权利公约》承担的则是"即时法律义务"。③ 戴维·哈里斯认为,一国在成为《公约》缔约国之时,就必须立即遵守其中的消极义务和积极义务、立刻尊重和确保《公约》权利,而不论任何财政或其他考虑。④ 曾担任委员会委员的克里斯蒂安·托姆沙特提出,《公约》被认为是"硬而实的法,要毫无拖延地实施"。⑤ 古德门德尔·阿尔弗雷德松就所有规定了公民权利和政治权利的联合国人权公约指出,这些权利"是以详细的、强有力的和毫不含糊的语言表述的","一般而言是即时的、绝对的并因此是可诉的",相对比而言,表述经济、社会和文化

---

① P. R. Ghandhi, "The Human Rigths Committee and Article 6 of the International Covenant on Civil and Political Rights", (1989) 29 *Indian Journal of International Law* 326, p. 334. 其中所指的施韦布的观点载, E. Schwelb, "The Nature of the Obligations of the State Parties to the International Covenant on Civil and Political Rights", in Institut International des Droits de l'Homme, *René Cassin*: *Amicorum discipulorumque liber*, Vol. Ⅰ: *Problemes de protection internationale des droits de l'homme* (Editions A. Pédone, 1969), pp. 301 – 324. 笔者未能获得和阅读施韦布的文章。据曾担任委员会委员的岩泽雄司称,罗伯逊的转变——从认为《公约》义务是渐进性的到认为《公约》义务主要是即时性的——正是受到了施韦布的文章的影响。Yuji Iwasawa, "Observations on the Humphrey – Jhabvala Debate concerning Obligations of the States Parties to the International Covenant on Civil and Political Rights", (1985) 7 *Human Rights Quarterly* 565, p. 565.

② Paul Sieghart, *The International Law of Human Rights* (Clarendon Press, 1983), pp. 62, 57; Paul Sieghart, *The Lawful Rights of Mankind*: *An Introduction to the International Legal Code of Human Rights* (Oxford University Press, 1985), p. 73.

③ Thomas Buergenthal, "International Human Rights Law and Institutions: Accomplishments and Prospects", (1988) 63 *Washington Law Review* 1, p. 12.

④ Harris, "The International Covenant on Civil and Political Rights and the United Kingdom: An Introduction", p. 4.

⑤ Christian Tomuschat, "Human Rights: Tensions Between Negative and Positive Duties of States", (2009) 14 *Austrian Review of International and European Law* 19, p. 20.

权利的用语则更为泛泛、更不精确,国家的义务也是逐渐实施的。①

也有缔约国认为《公约》规定的是一种立即履行的义务。例如,新西兰在接受委员会对其初次报告的审议时,对于新西兰是否为履行其《公约》义务设立了一个时间框架的问题,该国代表回答说:"新西兰认为,公认的条约法规则对它的要求是,应在其开始受条约约束之时,立即在其法律和实践中落实该条约为其施加的义务。"②

对于《公约》第2条第1款规定的缔约国尊重和确保《公约》所确认权利的义务,人权事务委员会非常明确地宣称,这一义务对于所有缔约国具有"立即适用的效果"(immediate effect),③但没有作更多的阐述和解释。另外,经济、社会和文化权利委员会也曾经表示,《经济社会文化权利公约》第2条所规定的义务与《公民及政治权利公约》第2条所规定的义务有重大区别,后者包含的是"尊重和确保一切有关权利的即时义务"。④

还有一些学者在支持《公约》义务为"即时义务"的同时,承认某些《公约》条款是这一原则的例外。例如,托姆沙特很早就指出,"《公约》规定的权利必须被解释为缔约国有一种立即的和无保留的义务来加以尊重和遵守的权利",但同时承认,某些条款的目标可能需要一个长期的过程才能实现,就像是《经济社会文化权利公约》规定的义务一样。但他没有详细列举究竟哪些《公约》条款可能属于这种类型,而仅提到了"例如第23条第1款"。⑤ 曼弗雷德·诺瓦克也认为,如果在考虑《公约》的历史

---

① Gudmundur Alfredsson, "United Nations and Human Rights", (1997) 25 *International Journal of Legal Information* 17, pp. 20–21.
② CCPR/C/SR. 487 (1983), para. 3. 然而,阿纳托利·莫弗昌 (Anatoly Movchan)、奈吉卜·布齐里 (Néjib Bourziri)、约瑟夫·库雷 (Joseph Cooray) 和伯恩哈德·格雷弗拉特 (Bernhard Graefrath) 等委员对新西兰未能实施《公约》第2条第1款和第26条规定的禁止歧视提出了批评:CCPR/C/SR. 481 (1983), paras. 24, 39; CCPR/C/SR. 482 (1983), paras. 2, 39. 另参见对新西兰第三次报告的结论性意见,CCPR/C/79/Add. 47 (1995), para. 13:"委员会遗憾的是,1993年《人权法案》第21节规定的被禁止的歧视的新理由要延期到2000年才开始生效。"
③ 第31号一般性意见,第5段。
④ 经济、社会和文化权利委员会,第3号一般性意见:缔约国义务的性质(《[经济社会文化权利国际]公约》第2条第1款),E/1991/23 (1991), Annex III, para 9。
⑤ Christian Tomuschat, "Evolving Procedural Rules: The U. N. – Human Rights Committee's First Two Years of Dealing with Individual Communications", (1980) 1 *Human Rights Law Journal* 249, pp. 256–257.

背景以及委员会在审查缔约国报告和处理个人来文时对《公约》的适用的情况下对《公约》进行系统解释，就会得出这样一个结论："除第 23 条第 4 款外，《公约》的所有规定都可以直接适用，并且在《公约》生效之时就使缔约国负有尊重和确保这些权利的即时国际义务。"① 曾担任委员会委员的埃卡特·克莱因赞同这一点——他提出，与《经济社会文化权利公约》第 2 条不同，实施《公民及政治权利公约》的义务具有即时性，即在一国加入或批准《公约》之时，其行为就必须完全符合《公约》的要求，但同时指出第 23 条第 4 款的规定可以被认为是一个例外。② 的确，可以认为《公约》第 23 条第 4 款规定的是渐进义务，因为其中明确提到了缔约国"应采取适当步骤，确保夫妻在婚姻方面，在婚姻关系存续期间，以及在婚姻关系消灭时，双方权利责任平等"。③ 因此，缔约国根据该款承担的义务是"采取适当步骤"而非立刻"确保"夫妻双方的权利和责任平等，后者只是履行前者的一种目标和结果。而"采取适当步骤"意味着缔约国可以根据本国的具体情况，在一段时间内逐渐履行，尽管不能无限期推迟履行这一义务。④ 不过，认为规定家庭应受保护的第 23 条第 1 款可逐渐实施的观点比较令人费解。持此观点的，除了托姆沙特外，还有本·索尔等人——他们认为，委员会在毛里求斯妇女案提到"一个社会或国家能够给予家庭的法律保护和措施在不同的国家各有不同，取决于不同的社会、经济、政治和文化条件与传统"表明，委员会"允许在家庭保护方面存在某

---

① 诺瓦克：《评注》，第 2 条，第 60 段。强调为原文所有。
② Klein, "The Duty to Protect and to Ensure Human Rights Under the International Covenant on Civil and Political Rights", p. 299 and footnote 16.
③ 在人权委员会起草《公约》期间，对于该条实施的渐进性，已经存在共识。参见，A/2929, Chapter VI, para. 162。
④ See Vojin Dimitrijevic, "The Role of Reporting Procedures in Monitoring Violations of Human Rights", (1994) 6 *Sri Lanka Journal of International Law* 55, p. 57; Sarah Joseph and Melissa Castan, *The International Covenant on Civil and Political Right: Cases, Materials, and Commentary* (Oxford University Press, 3rd edn, 2013), p. 693; Sarah Joseph, "Civil and Political Rights", in Mashood A. Baderin and Manisuli Ssenyonjo (eds.), *International Human Rights Law: Six Decades after the UDHR and Beyond* (Ashgate, 2010) 89, p. 93. 但值得注意的是，在有关家庭权利的第 19 号一般性意见中，委员会并没有承认或提到第 23 条第 4 款的渐进性。

种形式的逐渐实现"。① 该款规定的"家庭应受社会保护"固然只能表现为一种过程，但"家庭应受国家保护"显然体现的是一种即时义务：任何国家都没有理由不能在接受《公约》之时，就对家庭提供保护，至少是在法律中规定家庭应不受来自国家和非国家行为者的干涉。

有些缔约国看来也认为《公约》的某些条款具有渐进性，或至少是将这些条款规定的义务作为渐进性义务来接受。例如，澳大利亚在批准《公约》时，曾对第 10 条第 2 款（子）项提出保留，提出该项规定的应将被控告者与被定罪者分别羁押的原则"是作为一个要逐渐实现的目标而被接受的"。② 特立尼达和多巴哥以及英国也对该项提出了保留，而且使用了相同的表述，即除其他外，在"缺少合适的监禁设施"之时，不适用该项。这一保留的理由，显然也是将第 10 条第 2 款（子）项规定的义务当作可逐渐履行的、在条件合适时才能履行的义务。但是，这些保留的前提恰恰是《公约》作为一个整体所规定的义务具有即时性，因此对于所涉缔约国认为无法立即履行的具体义务，只能通过保留这种特殊手段加以排除。

（二）第 2 条第 2 款与即时义务

从上文对各种观点的介绍中可以看出，《公约》义务的即时性得到了较为普遍的认同，至少是就第 2 条第 1 款规定的尊重和确保的义务而言，委员会明确地宣称这一义务是一项即时义务，具有立即适用的效果。但是，这与《公约》第 2 条第 2 款的规定似乎存在一些矛盾之处。该款规定："本公约缔约国承允遇现行立法或其他措施尚无规定时，各依本国宪法程序，并遵照本公约规定，采取必要步骤，制定必要之立法或其他措施，以实现本公约所确认之权利。"有些学者认为，这一规定表明《公约》缔约国可以逐渐履行其义务。例如，上文已经提到，贾伯瓦拉就根据该款认为，《公约》义务应是逐渐履行的。③ 约翰·汉弗莱也指出，公民权利和

---

① 〔澳〕本·索尔、戴维·金利、杰奎琳·莫布雷：《〈经济社会文化权利国际公约〉：评注、案例和资料》，孙世彦译，法律出版社，2019，第 625 页。

② See Communication No. 1020/2001, *Cabal and Pasini v. Australia*, paras. 7.3 – 7.4.

③ 另参见，Richard W. Cassidy, Jr., "The United Nations Covenants on Human Rights and the Domestic Law of the United States", (1968) 48 *Boston University Law Review* 106, p. 114："第 2 条第 2 款表明了起草者的对于某种渐进性因素的打算。"

政治权利的行使和享有在任何情况下都不应被拖延,但是《公约》第 2 条第 2 款给这些权利的实施引入了某种渐进性的因素。① 奥普萨尔同样指出,国家针对经济、社会和文化权利承担的主要义务是逐渐实施,而对于公民权利和政治权利,类似的一种"过渡期间"并没有得到承认,但是有可能的是,《公约》第 2 条第 2 款的表述允许或表明了对这一点的微小修正。② 因此,有必要分析第 2 条第 2 款与第 2 条第 1 款的关系以及该款与《公约》义务的时间性的关系。

《公约》第 2 条第 2 款基本上是在人权委员会形成的,此后尽管联合国大会第三委员会也讨论了该款,③ 但最终形成的文本没有对人权委员会草案中的第 2 条第 2 款作任何实质性的改动。因此,就第 2 条第 2 款的立法史,应主要考察在人权委员会中的争论情况。④ 有一些国家对该第 2 条第 2 款提出了反对,其理由主要有两点。首先,根据国际法的一般原则,一项国际文书应在批准时立即生效,因此一般的做法是,缔约国在接受有关文书之前或与之同时,就已经采取了关于执行的必要宪法措施。其次,第 2 条第 2 款引入了"渐进性"的概念,使得在任何时候都无法确定《公约》的哪些规定在某一缔约国的领土内得到了施行,这对于能够立即实施的公民权利和政治权利是极其不适当的。另一些国家则支持这一规定,其主要理由也有两点。首先,采取立法或其他措施并不是一国接受某项国际文书的先决条件,因此,除非相关国际文书有明确规定,否则一国可以先接受某项国际文书、承担其中规定的义务,然后再采取必要的立法或其他措施以保证这些义务的实现。其次,《公约》与其他普通的公约不同,它涉及广泛的领域,没有一个国家能够宣称它的立法与《公约》的所有规定

---

① John P. Humphrey, "The Implementation of International Human Rights Law", (1978) 24 *New York Law School Law Review* 31, p. 39.

② Torkel Opsahl, "Human Rights Today: International Obligations and National Implementation", (1979) 23 *Scandinavian Studies in Law* 150, p. 156.

③ 对联大第三委员会的讨论情况的总结见,Draft International Covenant on Human Rights (Report of the Third Committee), A/5655 (1963), paras. 21 - 23。

④ 对人权委员会的讨论情况的总结见,A/2929, Chapter V, paras. 7 - 11; Chapter VII, para. 165。学者的介绍和总结参见,Oscar Schachter, "The Obligations to Implement the Covenant in Domestic Law", in Henkin, *The International Bill of Rights* 311, pp. 322 - 325; Seibert-Fohr, "Domestic Implementation of the International Covenant on Civil and Political Rights Pursuant to its article 2 para. 2", pp. 407 - 410。

完全和谐一致或立即采取为实施《公约》规定所必要的立法或其他措施，因此，有必要允许《公约》施予国家的义务存在一定程度的弹性。

可以看出，双方争论的焦点问题有两个。第一个问题是，《公约》缔约国是否有义务在批准《公约》之前或之时就已经采取为实现《公约》权利所需的立法或其他措施？第二个问题是，第2条第2款的必要性的根据是否是《公约》义务具有渐进性？或者说，该款是否导致了可以认为《公约》义务具有渐进性？

对于第一个问题，需要考虑《公约》第2条第1款和第2条第2款的关系。第2条第1款规定缔约国有义务尊重和确保个人的《公约》权利，对此没有任何时间上的宽限，这意味着——特别是将其与《经济社会文化权利公约》第2条第1款相比较，《公约》缔约国在《公约》对其生效之时即应立刻承担这些义务，而不得有任何拖延。委员会在第31号一般性意见中指出（第13段），除非《公约》确认的权利"已经获得其国内法律或者惯例的保护，否则缔约国必须在批准《公约》时对其国内法律以及惯例作出必要的修正，以确保符合《公约》"。另外，缔约国尊重和确保个人的《公约》权利的义务属于一种结果的义务，即无论缔约国是否采取了或采取了何种措施，只要个人的《公约》权利得到了尊重和确保，缔约国就履行了其义务。因此在逻辑上，缔约国是否采取了和采取了何种措施与其是否履行了尊重和确保的义务没有必然联系。例如，完全可能存在也的确存在的情况是，一国没有在法律上规定奴隶制度和奴隶买卖，但也没有在实践中实行奴隶制度或进行奴隶买卖。在这种情况中，该国当然履行了其根据《公约》第8条第1、2款承担的义务，至少是尊重其中所规定的权利的义务。因此，在总的关系上，可以说，第2条第1款规定的义务是目的，第2条第2款规定只是达到这一目的的必要手段，而手段是为目的服务的。因此，如果一国在接受《公约》之前或之时并没有采取为实现其中的权利所需的全面的、充分的措施，并不必然导致其违反第2条第1款所规定的义务。当然，由于在现实中，任何缔约国几乎都不可能不采取一定的措施来履行尊重的义务和确保的义务，特别是其中具有积极性的义务，因此缔约国采取实现《公约》权利的措施就成为一种事实上的必要，尽管并不绝对地是法律上的必要。

对于第二个问题，需要考虑《公约》的实施和履行作为一种事实过程和法律要求的不同。从事实上来看，缔约国实施《公约》、履行其中规定的义务，必然需要一个过程。《公约》规定了非常广泛的权利，涉及一国的几乎所有法律领域以及政治和社会生活的许多方面。因此，没有任何一个国家在接受《公约》义务之前就能够确保其法律与《公约》规定完全一致。即使已经为此尽力，在接受《公约》义务之后，由于情况的发展和变化，仍可能出现其法律与《公约》要求不一致的问题。特别是考虑到《公约》是一份"活的文书"以及人权事务委员会对《公约》的动态解释，可以说，任何缔约国的法律都不可能与《公约》的规定在任何时候都完全保持一致。因此，任何国家在接受《公约》义务之后，可能都有必要采取或进一步采取为实现《公约》所需的措施，而这些措施的采取必然经过一定的时间和过程。实际上，人权委员会在起草第 2 条第 2 款之时，讨论了为缔约国采取这些措施设定一个时限的可能，但由于一方面很难预见实施《公约》规定所需的确切时间，另一方面又不能让各国自行确定这一时限——这非常容易导致滥用，因此曾经一度在后来成为第 2 条第 2 款的相关条款中规定，缔约国应"在合理时间内"采取为实现《公约》所需的立法或其他措施，[①] 以便"对过分的拖延提供适当的制约"。[②] 这表明，《公约》起草者对于缔约国采取所需措施必然经过一定的时间和过程有清楚的认识。然而，什么是一段"合理的时间"是很难确定和判断的，这样的规定将为缔约国以各种理由拖延采取措施提供了一种几乎不受任何制约的方便。最终，在 1952 年首次形成的单独的《公约》草案中，"在合理时间内"的限定被删除，[③] 此后再也没有出现。

根据删除了"在合理时间内"这一限定之后定型的第 2 条第 2 款，缔约国有义务"采取必要步骤，制定必要之立法或其他措施，以实现本公约所确认之权利"。由于其中对于缔约国"采取步骤"、"制定措施"都没有给予任何时间宽限，因此从法律上看，任何国家在成为《公约》

[①] 文本见，United Nations, *Yearbook on Human Rights* (1949), p. 332, 第 2 条第 1 款；United Nations, *Yearbook on Human Rights* (1950), p. 458, 第 1 条第 2 款；United Nations, *Yearbook on Human Rights* (1951), p. 530, 第 1 条第 2 款。

[②] A/2929, Chapter V, para. 9.

[③] United Nations, *Yearbook on Human Rights* (1952), p. 425. 后来在联大第三委员会，又有国家提出应恢复这一表述（A/5655, para. 22），但没有获得成功。

缔约国之时，如果不是在此之前，就有义务立刻"采取步骤"和"制定措施"。曾有学者提出疑问，第2条第2款规定的意图是否在于要求立刻采取所要求的措施。① 从该款的形成过程来看，答案毫无疑问是肯定的。托姆沙特很早就指出，对于第2条第2款的真正含义，人权事务委员会从来就没有任何怀疑，没有任何委员曾提出，缔约国在使其行为符合《公约》所规定的国际义务的时限方面，享有某种自由裁量余地。② 这一点最终得到了人权事务委员会第31号一般性意见（第14段）的确认："第2条第2款中有关采取步骤实现《公约》权利的要求是无条件的和立即生效的。"

这样，在《公约》的实施和履行作为一种事实过程和一种法律要求之间，就出现了某种冲突和矛盾：一方面，几乎没有任何国家，无论其主观愿望和客观能力如何，能够在《公约》对其生效之时即确保其法律制度与《公约》的要求完全一致；另一方面，第2条第2款又要求缔约国在《公约》对其生效之时即采取确保其法律制度符合《公约》要求的步骤和措施。对于这种矛盾和冲突，可以从以下两方面加以理解。首先，尽管缔约国需要在《公约》对其生效之时立即采取步骤和制定措施，但是作为这些步骤和措施之目的和结果的"实现"《公约》权利可能需要一定的时间和过程。因此，缔约国采取步骤和制定措施的法律义务是即时性的，而实现《公约》权利的事实过程却必然是渐进性的。换言之，如果缔约国说"我将行动"，则不符合第2条第2款对缔约国即时履行其中所含义务的要求，而如果说"我在行动"或者"我已行动"，则符合第2条第2款的要求，只要这种行动的目的和结果在于实现《公约》权利。③ 其次，即使缔约国承担了即时采取步骤和制定措施的法律义务，但除非缔约国在接受《公约》之前就已经做到了这一点——这必然极大地拖延对《公约》的接受，

---

① Hugo Fischer, "The Human Rights Covenants and Canadian Law", (1977) 15 *Canadian Yearbook of International Law* 42, p. 72.

② Christian Tomuschat, "National Implementation of International Standards on Human Rights", (1984–1985) *Canadian Human Rights Yearbook* 31, p. 42. 他还指出，也没有任何政府在委员会前捍卫这种理解。

③ 由此来看，甚至可以说第23条第4款规定的义务也具有即时性，即缔约国应立刻采取适当步骤，但达到这些步骤的目的，即保证缔婚双方权利和责任的平等的实现，是一个渐进的过程。

否则也没有任何国家能够在接受《公约》的时间点上，例如在批准或加入《公约》的当日或《公约》对其生效的当日，就采取了一切为实现《公约》权利所需的措施。因此，该款允许缔约国有"某种技术上的时间宽限"，[①] 这意味着只要缔约国在《公约》对一国生效之后的一定时间内采取了所需的措施，一般就不会被认为违反了《公约》义务。但就此需要注意两点。第一点是，采取措施需要一段时间只是缔约国履行其义务时不可避免的事实情况，并不意味着这是缔约国的一项权利。第二点是，这一时间段必须具有合理性，而不能是无限的。[②] 就后一点而言，《公约》对有关缔约国生效之后一年可以说是一个合理的时间，因为每一缔约国都要在《公约》对其生效一年内提交报告，说明为实现《公约》权利而采取的措施的情况。

另外，也可以通过对《公约》的系统解释证明《公约》义务的即时性。根据《公约》第2条第3款（子）项，缔约国有义务"确保任何人所享本公约确认之权利或自由如遭受侵害，均获有效之救济"；根据《任择议定书》第1条，委员会有权接受和审议《公约》及其《任择议定书》缔约国管辖下的个人指控该国侵害其《公约》所载任何权利的申诉。这两项规定意味着，《公约》的所有权利都为缔约国规定了严格的法律义务，否则就谈不上"侵害"。[③] 试想，如果《公约》义务在根本上是逐渐履行的义务，那么在逻辑上，就个人权利也只能谈到其享有和实现的程度问题，而不可能存在这些权利被侵害的情况。作为相反的例证，可以看看《经济社会文化权利公约》的情况——该公约所规定的权利和义务以渐进性为其根本性质：在这一公约中，通篇找不到一处提出其规定的权利可能受到

[①] Rolf Künnemann, "A Coherent Approach to Human Rights", (1995) 17 *Human Rights Quarterly* 323, p. 331.

[②] See Humphrey, "The Implementation of International Human Rights Law", p. 39; Seibert-Fohr, "Domestic Implementation of the International Covenant on Civil and Political Rights Pursuant to its article 2 para. 2", p. 409.

[③] Tomuschat, "National Implementation of International Standards on Human Rights", p. 42; Seibert-Fohr, "Domestic Implementation of the International Covenant on Civil and Political Rights Pursuant to its article 2 para. 2", p. 406.

"侵害"的情况。① 因此，《公约》所确认的权利可能受到缔约国的"侵害"表明缔约国针对这些权利所承担的义务是无条件的、即时性的。

(三) 报告制度与即时义务

对缔约国根据《公约》承担之义务的即时性的另一个疑问，来自报告制度。《公约》第40条第1款规定，缔约国应"就其实施本公约所确认权利而采取之措施，及在享受各种权利方面所获之进展，提具报告书"，第2款还规定报告中应指出任何影响《公约》之实施的因素及困难。由于报告是在《公约》对某一缔约国生效后一年内以及每遇委员会如此请求的时候提交的，因此在报告中应予说明的已经采取的措施显然不仅包括《公约》对该国生效之前采取的措施，而且包括在生效之后采取的措施。这是否意味着可以逐渐履行《公约》的义务？对于缔约国报告制度与《公约》义务时间性的关系，可以通过考察《公约》中有关缔约国报告制度的条款的起草过程来理解。

在起草两公约期间，对于为《经济社会文化权利公约》规定定期报告制度，基本不存在争议，但是，对于为《公民及政治权利公约》也同样规定定期报告制度，有不同的看法。在人权委员会1954年草案中，第49条第1款规定，《公约》缔约国应"就其为实施本公约所确认各项权利而已经采取的立法或其他措施，包括司法救济，提出报告"。这一表示似可理解为承认《公约》义务可以逐渐履行，因此遭到了一些国家的反对。这些国家的观点是，《公约》中的绝大部分权利旨在得到立即实施，因此包括一项报告程序就没有任何显而易见的目的，并且这样做将不可避免地减损由这些权利导致的义务的即时性。② 例如，英国等国的代表后来在联大第三委员会就曾批评说，该第49条看来进一步支持了逐渐履行的观念，偏离

---

① 但是，规定了个人来文制度的《经济、社会、文化权利国际公约任择议定书》通过（2008年）和生效（2013年）的事实表明，"侵害"经济、社会和文化权利的情况的确可能存在。不过，这只是表明国家针对经济、社会和文化权利承担的义务也具有消极性和即时性，而不意味着国家未能履行积极性或渐进性的义务将构成对个人权利的侵害。关于侵害经济、社会和文化权利，参见，《关于侵犯经济、社会和文化权利的马斯特里赫特准则》（*Maastricht Guidelines on Violations of Economic, Social and Cultural Rights*），E/C.12/2000/13（1997）。

② A/2929, Chapter VII, para. 162.

了《公约》所规定义务的即时性。①

然而，如果将人权委员会 1954 年草案中的第 49 条作为一个整体来看，则并不能从这一条中得出《公约》为其缔约国规定的义务具有渐进性的结论。该条第 1 款规定缔约国应就其为落实《公约》权利而采取的措施提交报告，但该条第 2 款规定："如果存在影响本公约第 22 条第 4 款之逐渐实施的任何因素及困难，报告中应指出这些因素及困难。"其中所提到的第 22 条第 4 款后来经过稍许变化，成为《公约》最终文本中的第 23 条第 4 款，而上文已经指出，对于该款所规定的义务的渐进性，存在着共识。因此，似乎可以认为，人权委员会 1954 年草案第 49 条第 2 款仅明确提到了第 22 条第 4 款的"逐渐实施"，就从反面证明了《公约》的其他条款都应立即适用、所规定的义务具有即时性。

在 1966 年形成的《公约》最后文本中，有关报告制度的第 40 条与人权委员会 1954 年草案的第 49 条有了明显不同。一个不同是，第 40 条第 1 款中规定，缔约国的报告除了应说明"实施本公约所确认权利而采取之措施"以外，还需要说明"在享受各种权利方面所获之进展"。另一个不同是，第 40 条第 2 款未再特别提到第 23 条第 4 款，而只是规定，"如有任何因素及困难影响本公约之实施"，缔约国应在报告中说明。对于第 1 款，有些国家表示了疑虑，认为其中引入了渐进性的概念，而任何国家在其立法符合《公约》规定之前，都不应该批准《公约》。② 这实际上是一种不必要的担心。与第 2 条第 2 款的情况一样，第 40 条第 1 款在规定缔约国报告其为实施《公约》权利而采取的措施时，对"采取措施"也没有附加诸如"在合理时间内"的宽限，因此缔约国有义务在《公约》对其生效时立即采取落实《公约》权利的措施，从中也不能解读出缔约国实施《公约》义务的渐进性。至于第 40 条第 1 款中提到的"在享受各种权利方面所获之进展，也不能作为认定《公约》义务具有渐进性的依据。这一方面的最初表述是由 14 个亚非国家在联大第三委员会联合提出的。根据这些国家提出的草案（当时草案中的第 39 条之二），缔约国应报告"在实施［本公

---

① A/5655, para. 21. See Myres S. McDougal and Gerhard Bebr, "Human Rights in the United Nations", (1964) 58 *American Journal of International Law* 603, p. 633.

② A/6546. para. 382. 转引自，Marc J. Bossuyt, *Guide to the "Travaux Préparatoires" of the International Covenant on Civil and Political Rights* (Martinus Nijhoff, 1987), pp. 621–622。

约]确认权利方面而采取之措施和所获之进展"。① 在这一表述中,"所获之进展"指的是"采取之措施"所取得的进展,因此尽管对于"采取"措施没有时间宽限,但仍含有《公约》权利可以逐渐实施的意思。后经过修改,形成了目前的表述,即缔约国应报告"就其实施本公约所确认权利而采取之措施,及在享受各种权利方面所获之进展"。在这一表述中,"所获之进展"指的不再是"采取之措施",而是个人享受《公约》权利的情况,即仅指缔约国采取措施履行其义务的结果,而不意味着缔约国可以逐渐采取措施以履行其义务。② 事实上,在联大第三委员会,一种主流观点是,报告义务实际上将起到有效地控制实施的不当拖延的作用。③ 据施韦布介绍,许多国家的代表(其中包括提出形成第40条的联合动议的一些亚非国家)在联大第三委员会中的发言确认了这两种表述之间的差别以及《公约》义务的即时性,④ 第40条第1款最终以91票赞成、0票反对、2票弃权的表决结果获得通过。⑤

因此,规定缔约国报告制度的《公约》第40条的起草过程表明,其中的表述也没有在任何意义上表明或暗示《公约》义务具有渐进性。当然,这并不意味着个人享受《公约》所确认的权利将随着缔约国批准、加入或继承《公约》而一蹴而就,因为"如果假装在任何一个国家——即使在其已经批准《公约》之后——在人权的享有方面不可能获得更多的进展,那会是愚蠢的"。⑥

---

① A/C. 3/L. 1379/Rev. 1 (1966), para. 1. 转引自诺瓦克:《评注》,第40条,第18段。
② 参见, Matthew Lippman, "Human Rights Reviewed: the Protection of Human Rights under the International Covenant on Civil and Political Rights", (1979) 5 *South African Yearbook of International Law* 82, p. 112, footnote 116; B. G. Ramcharan, "The Emerging Jurisprudence of the Human Rights Committee", (1980) 6 *Dalhousie Law Journal* 7, p. 8; A. H. Robertson, "The Implementation System: International Measures", in Henkin, *The International Bill of Rights* 332, p. 500, note 48; Seibert - Fohr, "Domestic Implementation of the International Covenant on Civil and Political Rights Pursuant to its article 2 para. 2", p. 410;诺瓦克:《评注》,第40条,第18段。
③ A/5655, para. 23.
④ Egon Schwelb, "Civil and Political Rights: The International Measures of Implementation", (1968) 62 *American Journal of International Law* 827, pp. 840 - 842.
⑤ A/6546. para. 388. 转引自, Bossuyt, *Guide to the "Travaux Préparatoires" of the International Covenant on Civil and Political Rights*, p. 623。
⑥ Robertson, "The Implementation System: International Measures", p. 500, note 48.

(四)《公约》义务的渐进性

上文已经证明,《公约》义务具有即时性,而且"没有哪个缔约国可以凭借第 2 条第 2 款或者第 40 条第 1 款声称《公约》权利不可以直接适用、它的义务只是逐渐实施这些权利"。① 然而,随着人权理论、规则和实践的发展,认为公民权利和政治权利或者《公约》仅为国家创建了立即履行的义务的观点已经并不全面和准确了。现在越来越多的学者承认,《公约》在一定程度上也为缔约国创建了逐渐履行的义务。就这一点,需要联系缔约国所承担义务的形式以及义务的消极性和积极性来考虑和分析。②

在缔约国根据《公约》所承担的义务的各种形式中,尊重的义务、确保权利免受侵害的义务和救济的义务无论是作为消极的义务还是积极的义务,都具有即时性,这是比较容易理解的。但是,就促进和实现的义务,则需要进行一定的分析。

本书第五章已经指出,促进和实现《公约》确认的权利的义务意味着缔约国应采取措施,一方面为其尊重和保护权利创造必要的条件,另一方面为个人享有和行使其权利创造更好的环境。无论是"必要"还是"更好",都指向对程度的要求和判断,而程度必然是逐渐达到的,因此相应的义务也只能是逐渐履行的。由此看来,缔约国根据《公约》承担的促进和实现义务在很大程度上具有《经济社会文化权利公约》为其缔约国规定的义务的特性,即具有渐进性。③

对缔约国根据《公约》承担的义务的时间性,必须根据义务的形式来考虑。如果《公约》规定的权利被理解成主要要求国家的尊重义务且仅限于这一义务的消极方面,《公约》的义务当然也就属于需要即时履行的义务。例如,按马克·博苏伊特所说:"公民权利基本上——但非绝对地——要求国家的缺位。因此,它们必须立即地、全部地和普遍地得

---

① 诺瓦克:《评注》,第 40 条,第 21 段。
② 参见诺瓦克:《评注》,第 2 条,第 61 段。
③ 关于《经济社会文化权利公约》为其缔约国所规定之一般性义务的性质,参见索尔、金利、莫布雷:《〈经济社会文化权利国际公约〉:评注、案例和资料》,第三章。

到遵守。"① 然而，缔约国根据《公约》承担的义务不仅是尊重，还有确保；在确保义务中不仅有保护，还有促进和实现。尽管尊重的义务在这些义务中处于核心地位，但如果缔约国不同时履行保护、促进和实现的义务，则难以实现《公约》的根本目标，即个人能"享受"其中所确认的权利。对此，可以一位学者所举例子加以说明。在印度等国家存在债役劳工的情况，因此缔约国根据《公约》第8条有义务消除这种情况，但为此需要一定的资源和相当的时间，而且除非债役劳工的免受饥饿的权利得到实现，否则他们就无法受到不被强迫从事债役劳动的保护。该学者认为，"这些以及其他实现公民权利的义务表明，《公民及政治权利国际公约》第2条不应被解释为要求缔约国提供一种对于公民权利的即刻保障"。只能针对尊重的义务要求这种即刻保障，因为缔约国只对这种义务能予以即刻控制。而对于某些保护的义务以及特别是极为复杂的实现的义务，则必须以《经济社会文化权利公约》第2条第1款所提出的方式来处理。保护以及促进和实现公民权利的义务受到和经济－社会权利同样的限制和条件制约，对于与公民权利有关的全部义务，不能适用比《经济社会文化权利公约》第2条第1款的更严格的标准。因此，《公民及政治权利公约》第2条可以说更强调尊重的义务，而《经济社会文化权利公约》第2条更强调实现的义务。② 马科斯也指出，尽管可以大致区分公民权利和政治权利的即时性与经济、社会、文化权利的渐进性，但是国家在国内层面上面对着一些影响公民权利和政治权利之享有的惯例和习俗，这使得国家无法太严格地坚持这一区分。他举例说，在检察官和执法官员缺乏训练和动力来遵守有关如何对待违法者的人权规则时，免受酷刑或者无理逮捕或拘禁的权利的充分实现就需要一些渐进性的措施；对于司法独立以及自由和公正选举的过程，情况也是一样的。"这些制度需要几代人的努力才能达到全面尊重有关公民权利和政治权利的目标。"当然，这并不意味着酷刑、虐待、拒绝司法公正或自由和公正的选举等行为并不违反国内和国际规范，但这些行为必须从所采取的改善制度的渐进性措施这一背景加以考虑。因此，

---

① Marc Bossuyt, "International Human Rights Systems: Strengths and Weaknesses", in Kathleen E. Mahoney and Paul Mahoney (eds.), *Human Rights in the Twenty - first Century: A Global Challenge* (Martinus Nijhoff, 1993), 47, p. 52.

② Künnemann, "A Coherent Approach to Human Rights", pp. 330 - 331.

在立即实施还是逐渐实施的基础上区分不同类型的权利只在部分程度上正确。①

既然公民权利和政治权利的实现具有渐进性,那么自然地,国家针对这些权利承担的义务也具有渐进性。但必须注意的是,这种渐进性只限于促进和实现这些权利的义务。尽管促进和实现的义务对于履行尊重权利和确保权利免受侵害的义务具有极大的重要性,但毕竟不同于且不能取代这些义务,因此《公约》缔约国决不能以促进和实现义务的渐进性为由推卸或否定具有即时性的尊重权利和确保权利免受侵害的义务。

三 "行为的义务"与"结果的义务"

在国际法领域中,经常会涉及"行为的义务"(obligations of conduct)和"结果的义务"(obligations of result)这两个概念。按照国际法委员会的界定,前者指的是"采取某一特定行为过程的国际义务",后者指的是"以自己选择的方法达到某一特定结果的国际义务"。② 在《公约》的语境中,对于缔约国承担的义务究竟属于哪种性质,需要根据义务的类型判断,即其在《公约》整体之下的一般义务和针对《公约》具体条款承担的具体义务各属于何种性质。以下,将仅分析缔约国根据第 2 条承担的实质性一般义务究竟是行为的义务还是结果的义务,并以若干例证分析缔约国根据《公约》规定具体权利的条款承担的义务的性质。

(一)《公约》义务的混合性

缔约国根据《公约》第 2 条承担的义务可以说是结果的义务和行为的

---

① Marks, "The Past and Future of the Separation of Human Rights into Categories", p. 228.
② Report of the International Commission on the work of its twenty-ninth session, Chapter II. B. "Draft Articles on State Responsibility", Article 20 and Article 21, A/32/10 (1977), in Yearbook of the International Law Commission (Volume II, Part Two, 1977), p. 11. 相关评论,见,Ibid. pp. 12 – 30。但在国际法委员会二读通过的国家责任条款草案中,这两条规定被删除了。

义务的混合，以前者为主，但也涉及后者。① 缔约国根据《公约》承担的最主要义务是第 2 条第 1 款规定的尊重和确保《公约》确认的权利的义务。有学者认为，结果的义务和行为的义务并不能用来解释和区分《公约》规定的义务，因为该款的规定既没有声明一种应采取某一具体行动的义务，也没有创建一种应达到某一精确界定的结果的义务，而该款中"缔约国承允"的表述意味着对人权的促进应被视为一个过程。② 然而，缔约国所承担的义务是"尊重并确保"个人的权利，从缔约国的角度来看，尊重和确保权利固然体现为一种过程，但从作为权利主体的个人的角度来看，其权利得到尊重和确保则体现为一种结果。由于缔约国的义务就是遵守《公约》规定以确保这种结果的实现，因此这种义务主要是结果性的。奥斯卡·沙赫特就认为，缔约国根据《公约》第 2 条第 1 款承担的基本义务可以定性为"结果的义务"。③ 第 2 条第 2 款同样混合了结果的义务和行为的义务。首先，从第 2 款与第 1 款的关系来看，第 2 款所规定的义务可以说是为实现第 1 款规定的结果而行为的义务（"采取必要步骤""制定……措施"）——沙赫特称之为一种"有关方式的有条件义务"；④ 但其次，从第 2 款本身的规定来看，又包含了结果的义务，因为无论采取的步骤和采纳的措施为何，其结果应该是"实现"《公约》所确认的权利。第 2 条第 3 款也是如此。首先，从第 3 款与第 1 款的关系来看，第 3 款规定的义务是为实现第 1 款规定的结果而行为的义务，即对《公约》权利受侵害者给予救济——沙赫特称之为"有关方式的额外义务"；⑤ 其次，第 3 款

---

① 参见，Kenneth J. Keith, "The New Zealand Bill of Rights Experience: Lessons For Australia", (2003) 9 *Australian Journal of Human Rights* 8，其中认为，《公约》规定的是结果的义务，即保护权利并在没有保护时提供救济。

② Pierre - Marie Dupuy, "The Duty to Protect and to Ensure Human Rights Under the International Covenant on Civil and Political Rights - Comment on the paper by Eckart Klein", in Klein, *The Duty to Protect and to Ensure Human Rights* 319, p. 321.

③ Oscar Schachter, "The Obligation of the Parties to Give Effect to the Covenant on Civil and Political Rights", (1979) 73 *American Journal of International Law* 462, p. 462; Schachter, "The Obligations to Implement the Covenant in Domestic Law", p. 311.

④ Schachter, "The Obligation of the Parties to Give Effect to the Covenant on Civil and Political Rights", p. 462; Schachter, "The Obligations to Implement the Covenant in Domestic Law", p. 311.

⑤ Ibid.

本身也混合了结果的义务与行为的义务——委员会委员海伦·凯勒和法比安·萨尔维奥利就曾指出,"第 2 条第 3 款规定的义务既产生了手段义务,又产生了结果义务":① 其权利被侵害者得到有效救济是一种结果,而缔约国有义务确保主管当局对此作出裁定、发展司法救济的可能性并执行获得准予的救济。②

(二)《公约》义务的区分

尽管在理论上区分行为的义务与结果的义务并不困难,但是就缔约国针对《公约》具体条款承担的具体义务而言,有时并不易区分某一义务究竟属于哪一类。可以使用的判断标准是:如果某一条款规定了某种行为,缔约国不采取这种行为就将导致其违反该条款规定的义务,则这种义务属于行为的义务。例如,《公约》第 20 条第 1 款规定,"应以法律禁止"任何鼓吹战争的宣传。因此,缔约国有义务通过禁止战争宣传的立法;无论在该国是否存在战争宣传的情况,只要不通过这样的立法,就违反了该款规定的义务。这一义务就是行为的义务。《公约》第 21 条规定缔约国应确认和平集会的权利。为此,国家有责任采取合理和适当的措施使得集会能够和平进行,但国家无法绝对地保障这一点,因此国家所承担的是有关要采取的措施的义务,而不是有关要实现的结果的义务。③《公约》第 27 条规定缔约国"不得剥夺"少数人的权利,这也是一种行为的义务,因为如果缔约国剥夺其国内少数人的权利,就将违反第 27 条。与之相反,如果某一条款规定的是缔约国必须达成的某种结果,而对具体的达成方式没有要求,缔约国可以自行选择,则该条款规定的就是结果的义务。例如,《公约》第 6 条第 5 款规定,对孕妇不得执行死刑。表面上看来,这一规定要求的是一种行为,但实际上,无论是在法律中规定不得判处孕妇死刑,还是在判处死刑以后以司法裁定或行政决定方式减刑,只要最终结果是没有对孕妇执行死刑,缔约国就履行了该款规定的义务。再例如,《公约》第

---

① Communication No. 1536/2006, *Cifuentes Elgueta v. Chile*, Appendix, Individual opinion of Helen Keller and Fabián Salvioli, para. 15.
② 参见第 31 号一般性意见,第 15 段。
③ Nihal Jayawickrama, *The Judicial Application of Human Rights Law: National, Regional and International Jurisprudence* (Cambridge University Press, 2nd edn, 2017), p. 838.

14 条第 1 款要求"判决应一律公开宣示"（尽管有例外）。同样，这一规定在表面上看来要求的是"公开宣示"的行为，但实际上，"公开宣示"是一种结果，缔约国既可以通过在公开开庭中口头宣布判决的方式、也可以通过公布书面判决的方式来达到这种结果。

不过，具体到与《公约》确认的每一项权利相对应的义务，则很有可能不是单一的行为或结果义务，而是混合的义务。例如，《公约》第 17 条第 2 款规定，缔约国应以法律保护个人免受对其根据第 1 款享有的权利的侵害，其中，"法律保护"是方式，"不受侵扰和破坏"则是结果。因此，缔约国既有义务采取"法律保护"的行为，又有义务达到有关权利"不受侵扰和迫害"的结果。对此，可以 L. P. 诉捷克共和国案为例说明。① 该案中，提交人与妻子 R. P. 女士分居，后者得到了对两人的儿子的监护权，而 R. P. 女士一再拒绝提交人的探视。尽管法庭裁决提交人有探视儿子的权利并曾因 R. P. 女士拒绝服从法庭裁决而对其多次罚款，但提交人仍未能探视儿子。可以看出，捷克尽到了行为的义务，即在法律中规定了在夫妻离异时非监护方的探视权利、法庭裁决提交人享有这一权利并对拒绝服从法庭裁决的 L. P. 女士处以了罚款。然而，这些罚款未得到充分执行，也没有被旨在确保提交人权利的其他措施替代，这导致捷克未能切实履行其确保提交人切实享有其探视权利、免受 L. P. 女士的侵扰这样一个结果的义务。因此，委员会在其最后意见中认定，提交人根据《公约》第 17 条享有的权利在与第 2 条相结合的意义上受到了侵害。再例如，《公约》第 25 条（子）项规定每个公民都有权"直接或经自由选择之代表参与政事"，这意味着缔约国既承担着依其宪法和法律制度规定公民参与形式的行为义务——这种参与形式并不由每个公民自己决定，② 也承担着要确保公民的确参与了政事的结果义务。在《公约》中，纯粹的行为义务较少，结果义务多一些，最多的则是混合义务。③ 对于不同形式的义务，侧重点可能有所不同：对于尊重的义务和确保权利免受国家侵害的义务，结果义务居多；对于确保权利免受非国家行为者侵害的义务，行为义务居多，因

---

① Communication No. 946/2000, *L. P.* v. *The Czech Republic*.
② See Communication No. 205/1986, *Mikmaq people* v. *Canada*, para. 5. 4.
③ See Seibert‐Fohr, "Domestic Implementation of the International Covenant on Civil and Political Rights Pursuant to its article 2 para. 2", pp. 401 – 402.

为对于这种义务至关重要的恪尽职守的标准"旨在作为一种行为的义务，而非结果的义务";① 而对于促进和实现的义务，则主要是行为的义务。

因此，缔约国根据《公约》承担的义务很难截然区分为行为的义务或结果的义务，在绝大多数情况中，都兼具两种性质。实际上，按诺瓦克所说："原则上，所有的人权都包含了国家的行为的义务以及/或结果的义务，尽管程度各不相同，都需要以适当的方式得到尊重、保护和保证。国家义务的具体范围和程度必须针对每一项人权，在个案基础上单独加以确立。"②

四 "普遍的义务"与"相对的义务"

在人权领域中，一直存在一个备受关注、争议颇多的话题，即人权的普遍性与特殊性或相对性的问题。尽管参与争论的各方并不必然对如何定义人权的普遍性或特殊性/相对性存在共识，但大致来看，这些争论主要涉及是否存在以及能否存在"普世"的人权观念的问题，以及由此而来的是否存在以及能否存在"普适"的人权规范的问题。这些问题转化到《公约》的语境中，则体现为《公约》规定的权利和义务是普遍还是相对的问题，即究竟所有缔约国境内受其管辖的个人都应该享受同样的权利、所有缔约国都必须承担同等的义务，而不问其具体条件和情况如何，还是这些权利和义务的程度和范围可以因其具体的条件和情况而有所不同的问题。这一问题的根据是人权的普遍性或相对性问题，但是由于在《公约》的语境中，对于公民权利和政治权利普遍性的考察，需要结合缔约国承担的义务是否具有普遍性考察，因此这一问题在有关缔约国义务的性质的本章中，而非有关《公约》所确认之权利的某一章中探讨。

（一）各种观点

一个国家的具体条件和情况可能涉及政治、经济、社会、历史、文

---

① Lisa Grans, "The State Obligation to Prevent Torture and Other Cruel, Inhuman or Degrading Treatment or Punishment: The Case of Honour - Related Violence", (2015) 15 *Human Rights Law Review* 695, p. 705.

② Nowak, "Civil and Political Rights", pp. 71 - 72.

化、宗教等许多方面。但在人权领域中，最经常讨论的是所谓的人权是否具有"文化相对性"的问题，而如果将"文化"作广义理解，则将包括历史和宗教等方面，在一定程度上也将包括政治和社会的因素在内。有关人权的普遍性与相对性的讨论一般都是从这一角度进行的。以下部分对《公约》权利和义务的普遍性和相对性的讨论中，也将在这一意义上使用"文化"这一概念。因此，相关部分将要探讨的，是《公约》权利和义务的程度和范围是否可因其文化、历史和宗教等方面以及某些政治和社会方面的因素而不同或者受其影响的问题。人权是否具有文化相对性是一个在人权理论探讨中经常出现的问题，而在人权实践中，或至少是在《公约》实践中，另一个同样经常出现的问题是人权或公民权利和政治权利以及与之相应的国家义务是否具有经济相对性的问题，或者在《公约》的语境中更具体地说，《公约》缔约国义务的程度和范围是否与其经济发展水平有关的问题。

在探讨《公约》权利和义务的普遍性与相对性问题时，需要注意的是，这种探讨是在"实然法"（*lex lata*）而非"应然法"（*lex ferenda*）的意义上展开的。也就是说，以下部分主要探讨的，将是《公约》如何体现了个人权利和缔约国义务的普遍性和/或相对性，而不会在更为广泛的人权理论的语境中，探讨《公约》的规定是否体现了有关公民权利和政治权利的普遍价值或观念，尽管对这一方面也有所涉及。

尽管人权普遍性和相对性的争论总体上涵盖整个人权领域，但在公民权利和政治权利领域尤为明显和激烈。约瑟夫就指出，认为人权具有文化相对性的主张更多地针对公民权利和政治权利而非经济、社会和文化权利，而且主要来自非西方国家。[①] 一种相当普遍的认识是，公民权利和政治权利是一种"西方"的人权观念和价值的体现。持有这种观点的，除了很多对此持批判态度的非西方国家和学者以外，也有许多西方学者。例如，纳塔利·考夫曼·赫夫纳认为，《公约》"反映了传统的西方人权标准"，[②] 迈克尔·波斯纳和彼得·斯皮罗认为，《世界人权宣言》和两公

[①] Joseph, "Civil and Political Rights", p. 95.

[②] Natalie Kaufman Hevener, "Drafting the Human Rights Covenants: An Exploration of the Relationship Between U. S. Participation and Non-ratification", 1986 (148) *World Affairs* 233, p. 241.

约——尤其是《公民及政治权利公约》——在很大程度上吸收了美国的《权利法案》以及保护个人人权的长期传统;① 亨金认为,"美国宪政主义"(American constitutionalism)对于国际人权法的创制者来说,是主要的观念来源和参考模式,因此《世界人权宣言》以及后来的《公约》的绝大部分规定"在本质上是美国的宪法权利在世界的投影",② "包含了美国《人权法案》和内战修正案的所有内容";③ 赫斯特·汉纳姆和达纳·费希尔认为,"很清楚的是,人权两公约带有美国价值观的印记";④ 罗达·霍华德和杰克·唐纳利认为,整个国际人权法都是以西方式的自由主义为基础的。⑤ 然而,也同样有很多学者不认同这种观点,即使是某些西方学者,也并不同意人权或至少是公民权利和政治权利的"西方性"。例如,托姆

---

① Michael H. Posner and Peter J. Spiro, "Adding Teeth to United States Ratification of the Covenant on Civil and Political Rights: The International Human Rights Conformity Act of 1993", (1993) 42 *DePaul Law Review* 1211. 参见, Edward D. Re, "International Human Rights before Domestic Courts: Human Rights, International Law and Domestic Courts", (1996) 70 *St. John's Law Review* 51, pp. 53 – 54: "美国的政治哲学无疑影响了《世界人权宣言》。"

② Louis Henkin, "Rights: American and Human", (1979) 79 *Columbia Law Review* 405, p. 415; Louis Henkin, "International Human Rights and Rights in the United States", in Theodor Meron (ed.), *Human Rights in International Law: Legal and Policy Issues* (Vol. I, Clarendon, 1984) 25, p. 39. 另参见, Jacob W. F. Sundberg, "Human Rights as Comparative Constitutional Law: Preface", (1987) 20 *Akron Law Review* 593, p. 605, 其中认为, 尽管《公民及政治权利公约》比《欧洲人权公约》包含了更为多样的法律哲学, 但后者对前者的起草有相当的影响, 而这种"辐射"的核心, 是美国宪政主义。Richard B. Lillich, "The Constitution and International Human Rights", (1989) 83 *American Journal of International Law* 851, p. 853; Richard B. Lillich, "The United States Constitution and International Human Rights Law", (1990) 3 *Harvard Human Rights Journal* 53, p. 58, 其中认为, 美国宪政主义影响了《世界人权宣言》, 而《世界人权宣言》又影响了《欧洲人权公约》。

③ 路易斯·亨金:《宪政与人权》, 载路易斯·亨金、阿尔伯特·J. 罗森塔尔编《宪政与权利》, 郑戈等译, 生活·读书·新知三联书店, 1996, 第516页。

④ Hurst Hannum and Dana D. Fischer, "The Political Framework", in Hurst Hannum and Dana D. Fischer (eds.), *U. S. Ratification of the International Covenants on Human Rights* (Transnational Publishers, 1993) 3, p. 22.

⑤ Rhoda E. Howard and Jack Donnelly, "Human Dignity, Human Rights, and Political Regimes", (1986) 80 *American Political Science Review* 801, esp. pp. 805 – 806. 另参见, Dianne Otto, "Rethinking Universals: Opening Transformative Possibilities in International Human Rights Law", 1997 (18) *Australian Yearbook of International Law* 1, p. 35: 认为国际人权法是对"欧洲的、男性主义的、强调不同性别的(heterosexual)和资本主义的权力制度"的"自然化和正当化"。

沙特就提出，认为人权是一个源自西方的概念是"相当天真的论点"，并明确表示不认可亨金的上述观点，即《世界人权宣言》和《公约》是美国的宪法权利在世界的投影，因为"如果情况的确如此，那么对普遍性的所有追求都将注定要破灭"。① 弗兰克·纽曼和卡雷尔·瓦萨克也提出，认为公民权利和政治权利是"西方的"是一种错误，其问题在于给予了来自西方的先例以超过来自世界其他地区的先例更多的重视。②

对于这两种不同的观点的理解和评判，涉及如何认识人权的普遍性或相对性的复杂问题。而对于人权究竟是普遍的或相对的——无论是作为观念还是规则的普遍性或相对性，无论是事实上具有普遍性或相对性，还是逻辑上应该具有普遍性或相对性，已经有从不仅是法学，而且是从哲学、政治学和社会学等角度进行的极为丰富的研究，对此无法也不必展开介绍和评析。以下部分中，将首先基于《公约》的形成过程和缔约情况考察，然后介绍人权事务委员会对于这一问题的意见，接着分析《公约》义务在经济上的普遍性，最后讨论《公约》如何包容在权利和义务方面认识和实践的多样性。

（二）基于《公约》形成过程和缔约情况的考察

了解有关人权概念的起源、人权的普遍性与相对性的争论，对于认识《公约》确有必要，但也容易就此迷失在永无定论的历史和理论迷雾中。因此，不妨换一个视角，从法律角度考察一下《公约》的产生和发展过程，看看其中所包含和体现的，究竟是不是有关公民权利和政治权利的普遍价值和观念。对于这一问题，同样有人认为，"在现代人权标准的发展中，缺乏足够的非西方参与和贡献被看作是对这一发展之正当合理性的一

---

① Christian Tomuschat, "Human Rights in a World – Wide Framework: Some Current Issues", (1985) 45 *Zeitschrift für ausländisches öffentliches Recht und Völkerrecht* 547, p. 558 and footnote 40.

② Frank C. Newman and Karel Vasak, "Civil and Political Rights", in Karel Vasak and Philip Alston (eds.), *The International Dimensions of Human Rights* (Vol. 1, Greenwood Press, 1982), 135, p. 166. See also Marks, "The Past and Future of the Separation of Human Rights into Categories", pp. 218 – 220.

个挑战"。① 例如，一位非洲学者称，对于《世界人权宣言》和《公约》所列举权利的仔细审视表明，"毫无疑问，这两份被认为是最重要人权文书的文件是一种将西方民主自由制度中所接受或追求的公民权利和政治权利普遍化的努力"，而在两公约的起草过程中，尽管也能发现一些来自新独立的亚非国家的影响，但是《公约》"保持了其明显的西方特性"。② 事实情况究竟如何？

首先来看《世界人权宣言》的起草和通过情况。曾有学者提出，在《宣言》起草之时，没有任何非西方文化和宗教的代表、非洲人和亚洲人的代表、穆斯林的代表，因此《宣言》只代表了西方视角和文化，③ 或至少是西方人权观点在其中占了主要地位。④ 在联大第三委员会讨论《宣言》草案时，沙特阿拉伯的代表也认为，《宣言》在很大程度上以西方的文化模式为基础，而这些模式与东方国家的文化模式往往有差异。⑤ 从《宣言》的起草和通过历史来看，这种认识并不完全正确。《宣言》是由联合国人权委员会起草的，该委员会于1946年6月正式成立之时，由18个国家的代表组成，这18个国家是：澳大利亚、比利时、白俄罗斯、智利、中国、埃及、法国、印度、伊朗、黎巴嫩、巴拿马、菲律宾、乌克兰、英国、美国、苏联、乌拉圭和南斯拉夫。⑥ 可以看出，其中既包括了西方国家和社会主义国家，也包括了来自后来被称为"第三世界"的亚洲、非洲和拉丁美洲国家——其数量占到了人权委员会的半数。在《宣言》于1948年12

---

① Michael K. Addo, "Practice of United Nations Human Rights Treaty Bodies in the Reconciliation of Cultural Diversity with Universal Respect for Human Rights", (2010) 32 *Human Rights Quarterly* 601, p. 606. 原注省略。
② Makau wa Mutua, "The Ideology of Human Rights", (1996) 36 *Virginia Journal of International Law* 589, p. 606.
③ Mohamed Berween, "International Bills of Human Rights: An Islamic Critique", (2003) 7 *International Journal of Human Rights* 129, esp. pp. 140 – 141. See also Mary O'Rawe, "The United Nations: Structure versus Substance (Lessons from the Principal Treaties and Covenants)", in Angela Hegarty and Siobhan Leonard (eds.), *Human Rights: An Agenda for the 21st Century* (Cavendish, 1999) 15, pp. 21 – 23.
④ 刘杰：《美国与国际人权法》，上海社会科学出版社，1996，第59页。
⑤ United Nations, *Yearbook of the United Nations* (1948 – 49), p. 528. 但该代表同时承认，这并不意味着《宣言》与东方文化模式有冲突，如果不是与之相符的话。
⑥ 代表的具体名单见，United Nations, *Yearbook on Human Rights* (1947), p. 561.

月通过之时，联合国有58个成员国，其中56个参加了对《宣言》的表决，① 投赞成票的48个国家包括了14个西方国家和34个亚非拉国家，投弃权票的8个国家则包括了2个亚非国家②和6个社会主义国家——但这6个国家弃权并不是因为它们不赞成《宣言》中的内容，而是因为它们认为其中未能包括其他一些重要内容。③ 因此，当时世界上政治、经济、社会、文化和法律制度各不相同的国家都参与了《宣言》的起草，对于《宣言》的形成也都作出了贡献。当然，不可否认的是，无论是基于人权理论发展的历史原因，还是基于国际政治格局的现实原因，西方国家对《宣言》的影响都是最大的，但约翰·汉弗莱在承认这一点的同时，也指出无论是马克思列宁主义的理论和共产主义的实践，还是那些在政治上和经济上仍处于依附状态的国家的主张，对《宣言》也都产生了重要的影响。④ 另有学者指出，在《宣言》的起草过程中，智利、中国、埃及、古巴、印度、黎巴嫩、巴拿马和菲律宾都发挥了非常积极的作用。⑤ 可以说，《宣言》并没有以任何特定的宗教教义或哲学理论为其基础，而是受到了很多渊源的启示（尽管能从中看到较多自然权利哲学的影响），⑥ 也没有体现任何特定的人权观念或意识形态，而是跨越了社会和政治鸿沟——《宣言》起草过程的参与性和民主性保证了这一点。按1947~1951年担任人权委员会的报告员、于《宣言》通过之时担任联大第三委员会主席的查尔斯·马力克（黎巴嫩）的话来说："每一规定的产生、每一条的每个部分都是一项充满生机的工作。在工作中，许多观念、兴趣、背景、法律制度和思想信仰都发

---

① 表决的具体情况见，United Nations, *Yearbook on Human Rights*（1948）, p. 466; United Nations, *Yearbook of the United Nations*（1948 - 49）, p. 535。
② 南非和沙特阿拉伯。南非弃权显然与其当时的种族隔离制度有关。See Gary J. Sugarman, "The Universal Declaration of Human Rights and the Policy of *Apartheid* in the Republic of South Africa",（1990）17 *Journal of Legislation* 69, pp. 81 - 94。
③ 这些国家对为何弃权的解释，参见，Humphrey, *Human Rights & the United Nations*, pp. 62 - 73。
④ 转引自，Jayawickrama, *The Judicial Application of Human Rights Law*, p. 29。
⑤ Åshild Samnøy, "The Origin of the Universal Declaration of Human Rights", in Gudmundur Alfredsson and Asbjørn Eide（eds.）, *The Universal Declaration of Human Rights: A Common Standard of Achievement*（Martinus Nijhoff, 1999）3, p. 12。
⑥ See Johannes Morsink, "The Philosophy of the Universal Declaration",（1984）4 *Human Rights Quarterly* 309。

挥了各自的作用。"① 因此,"《宣言》是所有文化和国家汇集他们的智慧和洞察力的综合产物"。②

然而,也应该认识到,当时联合国以及人权委员会的组成的确没有成比例地反映当时世界人口的组成情况:1948 年的联合国只有 3 名成员来自非洲、11 名成员来自亚洲,即只占到了联合国成员国数量的四分之一弱,因此"联合国当时的成员国具有一种以犹太 – 基督教原则为基础的共识"。③ 对比一下现在归属"非洲国家"和"亚洲国家"这两个地理区域集团的国家总数超过了 100 个、占到了联合国成员国半数以上的事实,就会明白在《宣言》起草和通过之时,非洲和亚洲国家和人民得到代表的程度有多低。因此,大沼保昭认为,不能否认《世界人权宣言》"相对而言以西方为中心(Westcentric)",反映了 1948 年的国际权力结构。④ 不过,许多非洲和亚洲人民未能够参与《宣言》的起草,并不必然表明《宣言》的内容不具有普遍性。在《宣言》通过之后的新独立国家以及/或联合国的新成员对《宣言》的普遍赞同和支持,就充分说明了这一点。因此,尽管《宣言》通过之时联合国成员国的数量不及现在的三分之一,但《宣言》仍当得起"作为所有人民所有国家共同努力之标的"的"普遍宣言"(Universal Declaration)之名。

然后来看脱胎于《宣言》的《公约》的起草过程和通过情况。《公约》的起草过程表明,《公约》是各种人权价值和观念碰撞、交流、融合的结果,而非对某种特定的人权价值和观念的反映。特别是,在这一过程中,发展中国家或第三世界国家发挥了相当重要的作用,而非被动地接受西方国家提出的意见,这与某些人的想象有很大不同。例如,有人认为,

---

① 转引自,John Humphrey, *No Distant Millennium: The International Law of Human Rights* (UNESCO, 1989), p. 149。
② 转引自,Jayawickrama, *The Judicial Application of Human Rights Law*, p. 29。
③ L. C. Green, "Institutional Protection of Human Rights", (1986) 16 *Israel Yearbook on Human Rights* 69, p. 102.
④ Onuma Yasuaki, "Towards an Intercivilizational Approach to Human Rights – For Universalization of Human Rights through Overcoming of a Westcentric Notion of Human Rights", (1997) 7 *Asian Yearbook of International Law* 21, p. 78.

《公约》"反映了传统的西方人权标准",① 其中规定的实质性权利包含了一种倾向于西方式自由民主的"意识形态偏见",原因在于《公约》的起草发生在大量的第三世界国家加入联合国之前,西方工业化国家的价值观由此在《公约》中占了主导地位。② 这一见解不能说是正确的。《公约》的起草大致经过了两个阶段,即从1946年到1954年在联合国人权委员会的阶段以及1954年到1966年在联合国大会的阶段。人权委员会于1954年通过《公约》草案时只有18个成员(1962年才扩展到21个),其组成情况与1948年通过《公约》时相比也没有明显变化,③ 此时联合国也只有60个成员国。而《公约》的实质性条款主要是在第一阶段形成的。从这一事实来看,的确可以说《公约》的起草发生在大量的第三世界国家加入联合国之前。然而,并不能由此就断定非西方国家,或更狭窄地说,第三世界国家没有在人权委员会起草《公约》的过程中发挥任何作用。例如,联合国大会于1952年要求在两公约中包含一项规定"所有民族均应享有自决权"的条款就源自第三世界国家的成功努力。④ 实际上,一位学者在同一年指出,在起草两公约的过程中,尽管可以泛泛地说"西方的观点"压倒了"东方的观点",但对有争议的问题真正起决定性作用的,是联合国中的欠发达、新独立国家成员。⑤

到1966年联大通过《公约》时,联合国成员国的数量已经达到了122

---

① Hevener, "Drafting the Human Rights Covenants", p. 241.

② Lippman, "Human Rights Reviewed", p. 133; Matthew Lippman, "Human Rights Revisited: The Protection of Human Rights under the International Covenant on Civil and Political Rights", (1980) 10 *California Western International Law Journal* 450, p. 508.

③ 具体组成见, Commission on Human Rights, Report of the Tenth Session, E/CN. 4/705 (1954); Economic and Social Council Official Records: Eighteenth Session, Supplement No. 7, E/2573, (1954), para. 3。

④ 国际法院前法官威拉曼特里认为,当自决权最终被包括进人权两公约并具有公理性之时,第三世界国家就将人权带到了远超出其西方表述的地步。C. G. Weeramatry, *Islamic Jurisprudence: An International Perspective* (Macmillan, 1988), p. 120; 转引自, M. A. Baderin, "Establishing Areas of Common Ground between Islamic Law and International Human Rights", (2001) 5 *International Journal of Human Rights* 72, p. 105。

⑤ Brunson MacChesney, "International Protection of Human Rights in the United Nations", (1952) 47 *Northwestern University Law Review* 198, p. 214.

个，比 1954 年人权委员会通过《公约》草案之时增加的 62 个成员国绝大部分来自第三世界。尽管很多加入联合国时间不长的国家在国际政治和法律事务方面还缺少经验，对人权问题可能也不具备成熟的理论和说辞，但第三世界国家占有的压倒性多数使之作为整体具有了相当大的发言权和影响力。这意味着，如果第三世界国家对人权委员会于 1954 年完成的《公约》草案体现的人权观念以及规定的实质性权利不满意，它们完全可以在联合国大会促成《公约》草案中实质性内容的重大修改，甚至是阻止《公约》的通过。然而，尽管第三世界国家对于《公约》实施机制的最终形成发挥了决定性的作用——例如，将人权委员会草案中的强制性国家间来文机制改为任择性的以及通过单独的《任择议定书》规定个人来文机制最主要出于第三世界国家的推动，这足以表明第三世界国家影响《公约》内容的能力和力量，但其对于《公约》的实质性内容，并没有试图作重大改变。

在《公约》的起草过程中，西方国家、社会主义国家、第三世界国家对《公约》具体内容的观点和意见并非壁垒分明，而且也几乎没有任何《公约》条款是在某一类国家且仅此一类国家坚持、其他国家坚决反对的情况下通过的——任何条款的通过都需要得到参与起草国家的普遍赞同。对此，可以《公约》第 18 条的形成过程为例证。[①]

沙特阿拉伯在联大通过《世界人权宣言》时之所以投了弃权票，是因为《宣言》第 18 条规定了每个人的宗教自由的权利"包括改变宗教或信

[①] See Karl Josef Partsch, "Freedom of Conscience and Expression, and Political Freedoms", in Henkin, *The International Bill of Rights* 209, pp. 210 – 211; J. A. Walkate, "The Right of Everyone to Change His Religion or Belief – Some Observations", (1983) 30 *Netherlands International Law Review* 146, pp. 151 – 153; Peter Radan, "International Law and Religion: Article 18 of the International Covenant on Civil and Political Rights", in Peter Radan, Denise Meyerson and Rosalind F. Croucher (eds.), *Law and Religion: God, the State and the Common Law*, (Routledge, 2005) 8; Katarzyna Ważyńska – Finck and François Finck, "The Right to Change One's Religion According to Article 18 of ICCPR and the Universality of Human Rights", (2013) 9 *Journal of Islamic State Practice in International Law* 36, pp. 40 – 42.

仰之自由",而《古兰经》禁止穆斯林改变信仰。① 到起草《公约》中有关宗教自由的规定之时,人权委员会 1949 年草案第 16 条第 1 款重复了《宣言》第 18 条的表述,② 尽管埃及提议删除"改变其宗教或信仰"的规定,但这一提议被否决,人权委员会 1954 年草案第 18 条第 1 款仍规定宗教自由的权利"包括维持或改变其宗教或信仰之自由"。③ 1960 年,在联大第三委员会讨论该第 18 条之时,沙特阿拉伯等国对于这一部分表示了强烈反对,提出予以删除,而其他许多国家则认为,就思想、信念和宗教问题,保护个人的选择自由是至关重要的。作为折中,巴西和菲律宾提议将"维持或改变其宗教和信仰"改为"保有自择之宗教或信仰",后来英国又提出在"保有"(to have)后加上"或采奉"(to adopt),从而形成了《公约》第 18 条第 1 款目前文本中的有关表述——"保有或采奉自择之宗教或信仰之自由",④ 而经此改变的第 18 条第 1 款以 70 票赞成、0 票反对和 2 票弃权在联大第三委员会获得了通过。⑤ 尽管《公约》第 18 条的表述与《宣言》第 18 条的表述相比,可以说是一个退步,甚至是

---

① Manouchehr Ganji, *International Protection of Human Rights* (Librairie E. Droz & Librairie Minard, 1962), p. 145, footnote 12. 然而,同属伊斯兰国家的阿富汗、埃及、伊朗、伊拉克、黎巴嫩、巴基斯坦、叙利亚等国却投了赞成票,尽管其中一些国家起初也曾支持沙特阿拉伯删除该条中这一部分的提议。关于背教特别是背弃伊斯兰教与宗教自由的关系,参见,Abdullah Saeed and Hassan Saeed, *Freedom of Religion, Apostasy and Islam* (Ashgate, 2004); Nazila Ghana, "Apostasy and Freedom to Change Religion or Belief", in Tore Lindholm, W. Cole Durham and Bahia G. Tahzib - Lie (eds.), *Facilitating Freedom of Religion or Belief: A Deskbook* (Martinus Nijhoff 2004) 669. 学者(包括穆斯林学者)对沙特阿拉伯的立场的批评,参见,Abdullahi A. An - Na'im, "Religious Minorities under Islamic Law and the Limits of Cultural Relativism", (1987) 9 *Human Rights Quarterly* 1, p. 7; Donna E. Arzt, "The Application of International Human Rights Law in Islamic States", (1990) 12 *Human Rights Quarterly* 202, pp. 216 - 217。

② United Nations, *Yearbook on Human Rights* (1949), p. 334. 宗教自由规定在该草案第 16 条中。

③ 讨论的摘要,见 A/2929, Chapter VI, paras. 108 - 110。

④ 这是《公约》作准中文本的表述,在通行中文本中,相应部分是"维持或改变他的宗教或信仰的自由"。这一表述是相当成问题的。详细分析见孙世彦:《〈公民及政治权利国际公约〉的两份中文本:问题、比较和出路》,《环球法律评论》2007 年第 6 期,第 83 页。

⑤ 讨论的详情见,A/4625, paras. 46 - 50, 57; United Nations, *Yearbook of the United Nations* (1960), p. 329。

"一个灾难","但也可能是其通过时的政治氛围肯定会导致的一种必要折中"。①

对于《公约》中的每一条款甚至是个别用词,都在联合国人权委员会和联大第三委员会进行了表决——上述有关第18条第1款的形成过程就是一个例证,所采用的多数表决制也保证了《公约》中的所有条款得到了多数国家的认同。最终,在1966年联大通过《公约》时,参加投票的106个国家——无论是西方国家、社会主义国家还是第三世界国家——都投了赞成票。这些情况足以说明,在《公约》的产生过程中,已经充分考虑和融合了不同的文化和传统,《公约》在相当程度上反映了"各种法律观、文化观的交流和碰撞后的结晶"。②

上述情况充分表明,与《宣言》相比,《公约》的起草过程具有更大的参与性:从酝酿起草到最终通过的近20年时间里,众多的国家都在平等的基础上参与了有关《公约》及其具体内容的讨论,每一国家都有充分的机会表达自己的意见并使这些意见得到其他国家的考虑,因此《公约》也就具有了相当大的包容性。通过这样一个过程产生的《公约》,即使其中规定的权利仍带有西方人权观念的"基因",但已经不是任何西方人权观念的"果实",而是全世界所有国家共同努力达成并接受的一个结果。有学者正确地指出,"可以主张说,作为现代人权法律和政策之基础的价值观在大多数文化传统中都有反映,因此《公约》和任何人权条约一样,是对各种不同文化标准的编纂"。③ 曾担任委员会委员的(联邦)德国学者托姆沙特认为,能够用来针对《世界人权宣言》的指责,即《宣言》是一种"西方的产物",是不能够适用于两公约的,因为两公约"包含了世界上所有国家都能参与的谈判和过程的结果";④ 他还提出,如果对《公约》的条款逐一进行检视,"很难想象西方的主导地位究竟在哪里得到了具体表

---

① Ghana, "Apostasy and Freedom to Change Religion or Belief", p. 674.
② 陈泽宪主编:《〈公民权利和政治权利国际公约〉的批准与实施》,第15页。
③ Addo, "Practice of United Nations Human Rights Treaty Bodies in the Reconciliation of Cultural Diversity with Universal Respect for Human Rights", p. 636.
④ Christian Tomuschat, *Human Rights: Between Idealism and Realism* (Oxford University Press, 3rd edn, 2014), p. 52.

现"。①而与托姆沙特同时期担任委员会委员的民主德国学者伯恩哈德·格雷弗拉特——这两人对于人权和《公约》的认识有许多不同甚至对立之处——则指出:"不时有人试图提出,《公约》是一项使得资本主义的基本权利模式约束其所有缔约国的条约。这样一种解释否定了《公约》的普遍性质,接近于提出了一种荒谬的主张,即社会主义国家同意了一项等于是放弃社会主义制度的条约。"② 一位纳米比亚学者也提出了一种正确的认识,即不同的文化、宗教和社会-政治因素对于《公约》的影响,要比对《世界人权宣言》的影响更广泛、更多样,以至于两者的哲学基础是相当不同的:《公约》中规定的权利更多地摆脱了人权的欧洲-基督教基础,而具有一种普遍的基础。③

有学者甚至不赞同《宣言》更多地受到西方文化的影响,而认为包括《宣言》在内的整个"国际人权宪章"都不是西方观念的反映,而是一种超越了所有文化的社会建构,因此,如果"将《世界人权宣言》、两公约和全球性人权制度的其他文书诬称为特定文化的产物或西方帝国主义的工具,这只会有助于加强那些企图保持他们的霸权和歧视性文化做法的人"。④ 学者的研究表明,甚至是来自中东和北非的伊斯兰国家,也积极地参与了《宣言》和两公约的起草,并对这些文书能够最全面地表明人权的普遍性作出了贡献。⑤ 上述认为《宣言》起草之时没有任何非西方文化和人民的代表,因此只体现了西方视角和文化的学者,实际上也在另一处通过从伊斯兰教的角度分析10项基本权利,提出人权并不是一个现代的成

---

① Tomuschat, "Human Rights in a World-Wide Framework", p. 564.
② B. Graefrath, "How Different Countries Implement International Standards on Human Rights", (1984-1985) *Canadian Human Rights Yearbook* 3, p. 6.
③ Tunguru Huaraka, "Civil and Political Rights" in Mohammed Bedjaoui (ed.), *International Law: Achievements and Prospects* (UNECSO & Martinus Nijhoff, 1991) 1061, pp. 1064-1065. 参见, Louis B. Sohn, "The Human Rights Law of the Charter", (1977) 12 *Texas International Law Journal* 129, p. 135:"两公约在起源上比《宣言》更具有普遍性。"
④ Zehra F. Kabasakal Arat, "Forging A Global Culture of Human Rights: Origins and Prospects of the International Bill of Rights", (2006) 28 *Human Rights Quarterly* 416, p. 437.
⑤ Susan Waltz, "Universal Human Rights: The Contribution of Muslim States", (2004) 26 *Human Rights Quarterly* 799. 她在文中的介绍还表明,来自伊斯兰国家的代表也存在很多观点分歧。

就，也并非外在于伊斯兰文化。① 即使对于表达自由这样一种可能被认为带有强烈的"西方色彩"的权利，也有非洲学者坚持说，这在非洲的传统中是一项基本权利。② 大沼保昭尽管认为《世界人权宣言》"相对而言以西方为中心"，却提出包括《公约》在内的许多国际人权文书并非"西方的产物"，而是通过一种"文明间进路"（intercivilizational approach）对西方人权观念的克服而产生的普遍人权标准；在长期的讨论、争辩和谈判中，"来自具有不同文明背景的各个国家的意见被提出、批评、修正和混合"。③ 萨拉·约瑟夫和梅利莎·卡斯坦则承认《宣言》和《公约》是对某些西方价值观念的"普遍化"，但同时也指出，这些文书也旨在普遍地禁止某些西方价值观念，如种族主义、反犹太主义（anti-Semitism）、殖民主义以及奴隶制。④ 唐纳利也认为，国际人权事业的主要成就恰恰在于在理论上和实践中挑战这些在西方文化和政治传承中已经扎根几个世纪的因素，并协助创造另一种传承。⑤

因此可以说，《公约》规定的权利和义务具有普遍性。即使仍可以辩称这种普遍性不过是对西方首先提出并一直坚持的公民权利和政治权利标准的"普遍化"，这种普遍化也并非西方国家强加给非西方国家的，而是后者经过长期思量和充分讨论之后自愿接受的，原因就在于《公约》所规定的权利"代表了世界共同体所承认的一整套公民和政治权利的基本最低

---

① Mohamed Berween, "The Fundamental Human Rights: An Islamic Perspective", (2002) 6 *International Journal of Human Rights* 61.

② B. Obinna Okere, "The Protection of Human Rights in Africa and the African Charter on Human and Peoples' Rights: A Comparative Analysis with the European and American Systems", (1984) 6 *Human Rights Quarterly* 141, p. 146. See also Kéba M'Baye, "Human Rights in Africa", in Karel Vasak and Philip Alston (eds.), *The International Dimensions of Human Rights* (Vol. 2, Greenwood Press, 1982) 583, p. 589.

③ Yasuaki, "Towards an Intercivilizational Approach to Human Rights", pp. 61 – 62, 73. 他的全面观点，参见大沼保昭:《人权、国家与文明》，王志安译，生活·读书·新知三联书店，2003。

④ Joseph and Castan, *The International Covenant on Civil and Political Right: Cases, Materials, and Commentary*, p. 51. 但萨拉·约瑟夫在另一处指出，可以公正地批评说，《公约》反映了一种西方文化规范，而排除了其他文化规范: Joseph, "A Rights Analysis of the Covenant on Civil and Political Rights", p. 68。

⑤ Jack Donnelly, "Human Rights and Asian Values: A Defense of 'Western' Universalism", in Joanne R. Bauer and Daniel A. Bell (eds.), *The East Asian Challenge for Human Rights* (Cambridge University Press, 1999) 60, p. 68.

限度"。① 也就是说,《公约》规定的权利和义务反映的是各国的最低共识,是各国有关公民权利和政治权利的观念的"公分母"(common denominator),也是"缔约国的法律体系都需要与之协调一致的一种公分母"。②

最后,《公约》通过以后的批准、加入和继承情况表明,《公约》所规定的权利和义务能够为各种类型的国家所接受。人权委员会1954年草案第51条规定《公约》将在20个国家批准或加入后生效,联大第三委员会将这一数目提高到了35个。尽管这一数目不到《公约》通过之时联合国成员国数目的三分之一,但已经超出了许多传统多边条约所要求的批准数目,③ 这充分说明起草者已经认识到《公约》应该并可能得到普遍的接受。截至2021年6月,《公约》已经有173个缔约国——其中有相当一部分并未参与《公约》的谈判、起草和通过,占到了全世界主权国家的将近90%。这至少说明,对于这些国家,其各自的政治制度、社会现实、历史传统和宗教特征并没有成为接受《公约》所规定之权利标准和义务要求的障碍;同样也充分说明,任何类型的国家都有可能接受《公约》规定的权利和义务——谁能说德国和博茨瓦纳、越南和玻利维亚在政治、经济、文化和社会各方面有多少共同性?谁能说这些国家所能接受的标准,没有批准《公约》的20个联合国成员国就不能接受?因此,约瑟夫和卡斯坦认为,"代表所有文化和宗教类型的相当大比例的国家都自由地批准了《公约》,而这表明对于其中所表达的宽泛原则的有效性,存在一种合理程度

---

① McGoldrick, *The Human Rights Committee*, p. 20. 强调为后加。参见,Jhabvala, "The International Covenant on Civil and Political Rights as a Vehicle for the Global Promotion and Protection of Human Rights", p. 188;《公约》"确立了最低程度的权利和自由以及缔约国必须在国内实施的对待个人的最低限度的标准"。但托姆沙特认为,《公约》的某些规定——如第9条和第14条中的程序性保障(特别是其中有关赔偿的规定)以及第10条第2和3款中有关少年的规定——过于详细、标准太高,许多国家都难以做到。Tomuschat, "Human Rights in a World – Wide Framework", pp. 564 – 565.

② Seibert – Fohr, "Domestic Implementation of the International Covenant on Civil and Political Rights Pursuant to its article 2 para. 2", p. 401.

③ 作为对比,在《公约》之前通过的《维也纳外交关系公约》和《维也纳领事关系公约》规定其生效所需的缔约国数目是22个。在9项联合国核心人权公约中,也只有"两公约"要求35个国家批准或加入才能生效,另外7项公约中,《消除种族歧视公约》要求的数目是27个,其他6项则均为20个。

的国际共识"。①

在这一方面,还可以印度尼西亚和伊朗为例。印度尼西亚政府曾是反对人权普遍性的一个代表者,但随着国内的政治变革,这一世界上穆斯林人口最多的国家在2006年批准了《公约》,而且除了就《公约》第1条发表一项声明以外,没有对《公约》任何其他规定提出保留或解释性声明。这说明,此前的政府不批准《公约》,至少不是因为从文化上无法接受《公约》——文化在短期内是无法改变的,而是别有原因。② 伊朗早在《公约》尚未生效的1975年就批准了《公约》。在1978年发生了推翻巴列维王朝统治的伊斯兰革命、1979成立了伊斯兰共和国之后,伊朗于1982年提交了其初次报告（CCPR/C/1/Add.58）。在接受委员会的审议时,伊朗代表称,尽管《公约》的许多条款与伊斯兰教义相符,但对于两套法律有差别的情况,伊斯兰信条将优先。③ 有学者正确地指出,"这样一种立场公然有违被普遍接受的国际法原则以及《公约》第2条本身"。④ 10年以后,在接受对伊朗第二次报告（CCPR/C/28/Add.15）的审议时,伊朗代表的表述却有了变化,指出《公约》是"一份宝贵的文书",根据宪法是该国法律的组成部分,其中所确立的许多一般原则已经反映在国内立法中,因此不太可能发生《公约》与其国内法规定的冲突;如果出现了冲突,则将按国内立法解决冲突,但在司法实践中从未出现过国内法规定被发现与《公约》确立的原则冲突的情况。⑤ 尽管伊朗当时对《公约》权利的尊重和确保、对《公约》义务的履行可能并不像其代表宣称的那样毫无问

---

① Joseph and Castan, *The International Covenant on Civil and Political Right: Cases, Materials, and Commentary*, p. 44.
② 曾有学者有力地证明印度尼西亚的文化并非接受普遍的人权观点、规则和制度的障碍。Knut D. Asplund, "Resistance to Human Rights in Indonesia: Asian Values and Beyond", (2009) 10 *Asia Pacific Journal on Human Rights and the Law* 27。关于印度尼西亚在苏哈托总统于1998年辞职以后人权状况的变化以及对核心人权条约的逐渐接受,参见, Philip Eldridge, "Human Rights in Post - Suharto Indonesia", (2002) 9 *Brown Journal of World Affairs* 127。
③ A/37/40 (1982), para. 300.
④ Jhabvala, "The International Covenant on Civil and Political Rights as a Vehicle for the Global Promotion and Protection of Human Rights", p. 191.
⑤ A/48/40 (Vol. I, 1993), paras. 191, 197.

题——委员会对此提出了许多关切和建议,① 但是正如彼得·比伊尔指出的,引人注目的是其代表团"如何竭力地强调伊朗国内法与国际人权条约的一致性",而"不再坚持人权领域中伊斯兰价值观的特殊性质"。②

实际上,尽管就包括《公约》在内的国际人权标准与伊斯兰人权观之间的关系,存在许多的争论,但在伊斯兰合作组织(Organisation of Islamic Cooperation)的57个成员国中,③ 只有6个(文莱、科摩罗、马来西亚、阿曼、沙特阿拉伯、阿拉伯联合酋长国)不是《公约》的缔约国这一事实足以表明,伊斯兰无论是作为一种宗教或一种文化,甚至是一种法律制度(伊斯兰教法),都不是接受《公约》的根本障碍。一位伊斯兰学者安·纳依姆在1990年就指出,尽管并不是所有的伊斯兰国家都支持《世界人权宣言》或批准了人权两公约,但它们也从未公开否认这些文书的权威性,这是因为没有任何政府能公然反对人权这一有力而通行的观念,即使伊斯兰国家的政府也不例外。④ 而在委员会中,来自伊斯兰国家的委员也强烈地反对这样一种观念,即伊斯兰法与全球性的人权条约制度互不相容。⑤

曾担任委员会委员的罗莎林·希金斯指出:

> 如果普遍人权标准已经得到确定,文化和宗教多样性如何得到尊重?我认为,答案不在于提出所通过的标准在原则上不能普遍适用。国际[人权两]公约尤其如此,其经过多年才形成的表述得益于来自世界各地的国家的参与、代表了各种不同的政治和宗教制度。其约文是经由普遍同意获得通过的;具有各自不同的政治和宗教制度的所有

---

① CCPR/C/79/Add. 25, in A/48/40 (I), paras. 255 – 270 (1993).
② Peter R. Baehr, "The Universality of Human Rights", in Peter R. Baehr et al. (eds.), *Human Rights: Chinese and Dutch Perspectives* (Martinus Nijhoff, 1996) 25, p. 31 (1996). 伊朗在其2009年提交的第三次报告(CCPR/C/IRN/3)中,仍以同样的立场详细叙述了其国内法如何遵守了《公约》的规定。
③ 名单见该组织官方网站: https://www.oic-oci.org/states/? lan = en。该组织原名"伊斯兰会议组织"(Organisation of Islamic Conference), 2011年6月改为现名。
④ Abdullahi Ahmed An-Na'im, "Human Rights in the Muslim World: Socio-Political Conditions and Scriptural Imperatives – A Preliminary Inquiry", (1990) 3 *Harvard Human Rights Journal* 13, p. 16.
⑤ Thomas M. Franck, "Is Personal Freedom a Western Value?", (1997) 91 *American Journal of International Law* 593, p. 607.

国家对于是否成为两公约的缔约国，都可以作出自由选择。如果其中的某些要素的确被认为不符合某种深刻的宗教信条或政治观点，那么正确的行为方式是对这些要素提出保留。令人惊奇的是，事实情况并非如此——保留很少有关这些重要的宗教和政治理念问题。如果没有提出保留，那么在我看来，对政治和文化多样性保持敏感并不使得一国应被认为免除其承担的义务。①

希金斯非常正确地提出了对《公约》提出保留的情况，是检验其中所规定权利是否具有普遍性的一个标尺。实际情况是，除了她所说的保留很少有关宗教和政治理念问题外，考察对《公约》的保留情况就会发现，很多西方国家如澳大利亚、奥地利、比利时、丹麦、芬兰、法国、德国、爱尔兰、意大利、荷兰、瑞士、英国等，都提出了为数不少的保留。如果说《公约》体现的是西方的人权观念、价值和标准，则很难解释为何这些国家要对《公约》提出这么多保留。尤其是，美国在批准《公民及政治权利国际公约》时，提出了多达 5 项保留、5 项理解和 3 项声明。从至少是形式上接受《公约》的程度来看，美国对《公约》提出的保留、解释和声明的数量之多，很难让人觉得《公约》是一种"美国人权观"的体现。这表明，即使上述亨金等人的观点——《公约》受到了美国宪法权利规定和哲学的影响——成立，也不能就由此认为《公约》完全且只是体现了美国的宪法权利规定和哲学，因为这样就无法解释美国为何还需要提出如此多的保留、解释和声明。另外还可以指出，美国对禁止判处未成年人死刑的第 6 条第 5 款提出了保留。② 这是迄今为止对该款的唯一一项保留。这证明，至少在判处未成年人死刑的问题上，第 6 条第 5 款代表了普遍人权观，而美国则代表了一个异数。有 11 个国家对美国的保留提出了反对，而这 11 个国家全部是西欧国家。这说明，至少在这一问题上，并不存在欧美一致

---

① Rosalyn Higgins, *Problems and Process*: *International Law and How We Use It* (Clarendon Press, 1994), p. 98.
② 美国最高法院最终于 2005 年的西蒙斯案中，以 5 票对 4 票判定美国宪法的"第 8 和 14 修正案禁止对犯罪时 18 岁以下的罪犯判处死刑"。参见，Robert E. Sinnott, "Universalism and Cultural Relativism in *Roper v. Simmons*", (2006) 14 *Willamette Journal of International Law & Dispute Resolution* 132。但美国迄今并未撤回对第 6 条第 5 款的保留。

但不同于非西方国家的人权观。

国际人权两公约的缔约情况的对比也可以作为一个例证。可能并的确有人认为，公民权利和政治权利以及规定了这些权利的《公民及政治权利公约》主要是"西方的""资本主义的"，而经济、社会和文化权利以及规定了这些权利的《经济社会文化权利公约》是"非西方的""社会主义的"，因此，非西方文化和国家对前者的接受将会比对后者有更多的困难，而西方国家将难以接受后者。[1] 而事实是，在《公民及政治权利公约》的173个缔约国和《经济社会文化权利公约》的171个缔约国中，有167个是共同的；仅接受了前者而没有接受后者的西方国家只有两个：美国和安道尔；另有四个非西方国家也只接受了前者而没有接受后者：博茨瓦纳、莫桑比克、萨摩亚和瓦努阿图；只有四个非西方国家仅接受了后者而没有接受前者：中国、缅甸、阿曼和所罗门群岛。除了美国以外的主要西方国家中，加拿大、法国、德国、意大利、西班牙、英国是同时批准两公约的，澳大利亚则早在1975年就批准了《经济社会文化权利公约》，批准《公民及政治权利公约》却是在1980年。因此，美国是唯一一个认为经济、社会和文化权利与公民权利和政治权利的性质迥然不同因而不是人权的主要西方国家。[2] 丹尼尔·韦兰和杰克·唐纳利有力地证明，说西方国家反对经济和社会权利是一个"神话"，因为西方国家一直坚定地支持经济和社会权利，而这对国际人权法律制度起到了重要的作用。[3] 安东尼·达玛托也认为，西方对人权的支持依赖于至少是同等程度地看待经济和社会权利以及公民和政治权利。[4] 托姆沙特曾指出，西方国家所反对的，是经济和社会权利的形式而非其实质，因此认为西方国家反对这些权利是错

---

[1] 例如参见，Wade M. Cole, "Sovereignty Relinquished? Explaining Commitment to the International Human Rights Covenants, 1966 – 1999", (2005) 70 *American Sociological Review* 472, p.476；陈孝平：《人权法片论》，华夏文化艺术出版社，2005，第214页，注③。

[2] Marks, "The Past and Future of the Separation of Human Rights into Categories", p.225.

[3] Daniel J. Whelan & Jack Donnelly, "The West, Economic and Social Rights, and the Global Human Rights Regime: Setting the Record Straight", (2007) 19 *Human Rights Quarterly* 908. 但有人不同意他们的结论：Hilde Reiding, "The Netherlands Gradually Changing Views on International Economic and Social Rights Protection", (2012) 34 *Human Rights Quarterly* 113。

[4] Anthoney D'Amato, "International Human Rights at the Close of the Twentieth Century", (1988) 22 *International Lawyer* 167, p.176.

误的。① 但从缔约情况看来，绝大多数西方国家不仅没有反对经济、社会和文化权利的实质，而且也逐渐接受了这些权利作为可以由国际法承认和规定的权利的形式。这说明，就这 167 个国家即超过世界国家总数 85% 的国家而言，并不存在对哪一类权利或哪一项权利的偏好，而是至少在形式上做到了《维也纳宣言和行动纲领》所期望的"站在同样地位上，用同样重视的眼光，以公平、平等的态度全面看待人权"。

（三）人权事务委员会的意见

以上情况表明，《公约》规定代表了起草国与缔约国对公民权利和政治权利以及缔约国就这些权利承担的义务的最低限度普遍标准的共识，因此《公约》没有——作为一项法律也不可能——明示允许缔约国根据本国的任何特殊情况而不承担或减少承担尊重和确保公民权利和政治权利的义务。负责监督《公约》之实施和适用的人权事务委员会作为国际层面上"有关文化问题的最活跃机构和主导性的国际声音"，②对于任何缔约国以本国的文化特殊性为由不遵守《公约》的情况，均表示不予认可，这在对缔约国报告和个人来文的审议以及一般性意见中均有体现。③

委员会在对缔约国报告的审议中，对某些具有文化因素的法律和实践表示"关注和遗憾"——用不那么委婉的说法来讲即批评。例如，在最容易受文化传统影响的男女平等方面和女性权利方面，委员会在其有关《公约》第 3 条的第 28 号一般性意见中明确指出（第 5 段）："缔约国应保证传统的、历史的、宗教的或文化的态度不被用作证明侵害妇女在法律上一律平等的权利和平等享受所有《公约》权利的借口"；并在其他许多段落中批评了可能影响妇女平等而充分地享有《公约》权利的文化因素。在这一方面，委员会对许多缔约国的法律规定、具体实践或风俗

---

① Tomuschat, *Human Rights: Between Idealism and Realism*, p. 32, footnote 8.
② Sean Goggin, "Incorporating Cultural Dynamism into International Human Rights Law: A Solution from Anthropology", (2013) 13 *Global Jurist* 1.
③ See Addo, "Practice of United Nations Human Rights Treaty Bodies", pp. 637–649.

习惯提出了批评。① 在对塞内加尔第四次报告的结论性意见中，委员会对于该国之内存在的"对妇女的某些传统文化态度并不符合妇女作为人的尊严"表示遗憾，并尤其对一夫多妻制和残割女性生殖器的风俗习惯表示关注和不安。② 在对阿尔及利亚的第二次报告的结论性意见中，委员会则提到了该国《家庭法典》仍载有不符合《公约》第3、16、23、26条的规定，如妇女对其第一次婚姻的同意通常要由一名男性监护人同意，规定丈夫是一家之主，可以实行一夫多妻的婚姻等。③ 在对科威特的初次报告的结论性意见中，委员会认为如下对妇女的歧视限制了她们对《公约》权利的享有：除非监护人（通常是父亲或法官）同意，否则女子在25岁之前不能自由结婚；男性和女性的结婚年龄有差别；以及在该国仍存在一夫多妻制、对于犯有通奸的男性和女性的不平等待遇、对于"卫道犯罪（crimes of honour）"的纵容等。④ 在对马里的第二次报告的结论性意见中，委员会表示极为关注的是，在该国仍存在歧视妇女的法律，尤其是在婚姻、离婚和继承方面，如一夫多妻制——委员会认为这损害妇女尊严、构成对妇女不可接受的歧视、应一举废除，男性和女性的结婚年龄有差别，夫妻在婚姻中和离婚时的权利不平等，男女在继承时的权利不平等；以及该国还存在一些歧视妇女的习惯做法，如寡妇由其亡夫的兄弟或表兄弟继承，残割女性生殖器以及在拥有财产方面歧视妇女。⑤

上述例证很可能会给人一种委员会的批评对象仅限于或主要针对非西方国家特别是伊斯兰国家的印象，但这种印象并不正确或全面。实际上，

---

① 除以下例证外，还可参见对也门第二次报告的结论性意见，CCPR/C/79/Add. 51（1995），paras. 14，20；对尼日利亚初次报告的结论性意见，CCPR/C/79/Add. 65（1996），paras. 25，30；对苏丹第二次报告的结论性意见，CCPR/C/79/Add. 85（1997），paras. 10－11；对津巴布韦初次报告的结论性意见，CCPR/C/79/Add. 89（1998），paras. 12－15。

② CCPR/C/79/Add. 82（1997），para. 12.

③ CCPR/C/79/Add. 95（1998），para. 13.

④ CCPR/CO/69/KWT（2000），para. 5.

⑤ CCPR/CO/77/MLI（2003），paras. 10－11. 马里政府对委员会意见的评论见，CCPR/CO/77/MLI/Add. 1（2007）。关于禁止一夫多妻制以及残割女性生殖器，另参见对贝宁初次报告的结论性意见，CCPR/CO/82/BEN（2004），paras. 10－11；对摩洛哥第五次报告的结论性意见，CCPR/CO/82/MAR（2004），para. 30；对肯尼亚第二次报告的结论性意见，CCPR/CO/83/KEN（2005），paras. 10，12；对也门第四次报告的结论性意见，CCPR/CO/84/YEM（2005），paras. 9，11。

对于任何地区的任何国家可能存在的受文化和传统影响而形成的有损男女平等和女性权利的法律或做法,委员会都曾提出过批评。例如,对于一些拉丁美洲国家全面禁止堕胎的法律和做法(这源自天主教教义),委员会指出,由此导致某些孕妇求助于私下堕胎,而这可能危及其生命,因此应修改相关法律和做法。① 同样,这样的批评不仅针对发展中国家,也会针对发达国家。例如,在对爱尔兰第三次报告的结论性意见中,对于该国严格限制妇女堕胎的问题,委员会同样表示了顾虑;② 在对日本的第四次报告的结论性意见中,委员会对于诸如"禁止妇女在其婚姻解体或无效之日后6个月以内再婚和为男女规定不同的结婚年龄"等歧视妇女的法律表示关切,对于"日本的法院似乎将包括强制性交在内的家庭暴力视为婚姻生活的家常便饭"则感到不安。③

在提交委员会的一些个人来文中,也涉及某些带有文化因素的法律或实践。例如在穆勒和恩格尔哈德诉纳米比亚案中,纳米比亚对于本国法律中有关妻子改随夫姓不需要任何手续而丈夫改随妻姓则要提交申请的规定,辩称这体现了纳米比亚社会的一个长期传统,即妻子通常使用丈夫的姓。而委员会则明确提出,"鉴于男女平等原则的重要,长期传统的论点不能成为男女不同待遇的普遍理由,因为这不符合《公约》的规定",从而完全拒绝了以文化传统给予男女不平等待遇的法律规定和做法。④ 在阿维拉纳尔诉秘鲁案中,由于《秘鲁民法典》第168条规定只有其丈夫才有权在法院代表婚姻财产,而已婚妇女无此权利,因此该国法院判定作为已婚妇女的提交人无权就收取房租提起诉讼,委员会认定这违反了《公约》第3条、第14条第1款和第26条。⑤ 在若干针对牙买加的来文中,来文提交人被法院判处鞭刑——这在该国以及其他一些国家的法律和文化中是可以接受的刑罚方式(源头在于普通法系),但委员会决然地认定这构成了

---

① 例如参见对萨尔瓦多第三、四、五次合并报告的结论性意见,CCPR/CO/78/SLV (2003), para. 14;对哥伦比亚第五次报告的结论性意见,CCPR/CO/80/COL (2004), para. 13。
② CCPR/C/IRL/CO/3 (2008), para. 13.
③ CCPR/C/79/Add. 102 (1998), paras. 16, 30.
④ Communication No. 919/2000, *Müller and Engelhard v. Namibia*, paras. 4.4, 6.8.
⑤ Communication No. 202/1986, *Ato del Avellanal v. Peru*.

残忍、不人道和侮辱性的处遇或处罚,与《公约》第 7 条相悖,而根本不提及任何对文化或传统等因素的考虑。①

在不得以文化传统为由不遵守《公约》义务方面,一个值得注意的问题是在《公约》语境中是否存在缔约国的"自由判断余地"(margin of appreciation)的问题。"自由判断余地"原则是在欧洲人权制度中发展出来的,其目的在于平衡《欧洲人权公约》各缔约国的具体情况和对该公约之实施和遵守的国际监督。② 对于在履行《公约》义务的过程中,缔约国是否享有类似于欧洲人权制度中的"自由判断余地"的酌处余地,考察委员会的实践和立场极为重要。委员会只在对极少数来文的审议中提到了这一点,其中最著名的是赫兹伯格等人诉芬兰案:"首先必须注意到,公共道德观念差别极大。并不存在普遍适用的共同标准。因此在这方面,必须给予负责的国家当局一定的自由裁量余地(margin of discretion)。"③ 但是,委员会并没有作进一步的推理或论证。除此之外,还有学者认为委员会在 V. M. R. B. 诉加拿大案中也"暗示"或"大概提及"了自由判断余地。④

---

① Communication No. 759/1997, *Osbourne v. Jamaica*; Communication No. 792/1998, *Higginson v. Jamaica*; Communication No. 793/1998, *Pryce v. Jamaica.*

② 有关该原则的论述,参见,Howard C. Yourow, *The Margin of Appreciation Doctrine in the Dynamics of European Human Rights Jurisprudence* (Martinus Nijnoff, 1996); Yutaka Arai-Takahashi, *The Margin of Appreciation Doctrine and the Principle of Proportionality in the Jurisprudence of the ECHR* (Intersentia, 2002); Andrew Legg, *The Margin of Appreciation in International Human Rights Law: Deference and Proportionality* (Oxford University Press, 2012); 孙世彦:《欧洲人权制度中的"自由判断余地原则"述评》,《环球法律评论》2005 年第 3 期。

③ Communication No. 61/1979, *Hertzberg et al. v. Finland*, para. 10.3.

④ Harris, "The International Covenant on Civil and Political Rights and the United Kingdom: An Introduction", p. 14, footnote 70; P. R. Ghandhi, *The Human Rights Committee and the Rights of Individual Communication: Law and Practice* (Ashgate, 1998), p. 312; Alex Conte, Scott Davidson and Richard Burchill, *Defining Civil and Political Rights: The Jurisprudence of the United Nations Human Rights Committee* (Ashgate, 2004), p. 11. 无论出于什么原因,在康特等人之书第二版有关"自由判断余地"的论述中,没有再提到这一案件。Conte and Burchill, *Defining Civil and Political Rights*, pp. 42 – 46. 还有学者认为委员会在审议其他一些来文时,也适用了自由判断余地原则:Markus Schmidt, "The Complementarity of the Covenant and the European Convention on Human Rights – Recent Developments", in Harris and Joseph (eds.), *The International Covenant on Civil and Political Rights and United Kingdom Law* 629; Legg, *The Margin of Appreciation in International Human Rights Law*, pp. 34 – 37。

然而，在委员会对该案的（不予受理的）意见中，实际上并没有出现"自由裁量余地"这一用语，唯一可能有关之处只是："不应由委员会检测一个主权国家对某一外国人的安全等级的评估"。① 严格而言这与"自由裁量/判断余地"无关，因为对外国人安全等级的评估根本就不在《公约》规定的范围之内，而是如同委员会指出的，属于一国主权范围内的事务，因此也就谈不上缔约国就此问题是否有"自由裁量/判断余地"。实际上，在赫兹伯格案之后，委员会很少提到缔约国在适用《公约》时可以享有自由裁量余地，② 反倒是至少两次明确表示对于《公约》，不适用自由判断余地。在兰斯曼等人诉芬兰案中，委员会指出："一个国家希望鼓励或允许企业从事经济活动是可以理解的。但国家如此行为的自由的范围并不参考自由判断余地来评估，而应依据它根据第27条所承担的义务来评估。"③ 在第34号一般性意见中（第36段），委员会也指出，不能依据自由判断余地来评估表达自由的范围及其限制。负责起草第34号一般性意见的委员会委员迈克尔·奥弗莱厄蒂后来指出，这一表述表明委员会抛弃了其在赫兹伯格案中作出的认定。④ 据称，实际上希金斯早在1993年就指出，委员会并不适用自由判断余地原则。⑤

---

① Communication No. 236/1987, *V. M. R. B.* v. *Canada*, para. 6.3.
② See Communication No. 1507/2006, *Sechremelis* et al. v. *Greece*, para. 8.2. 曾有学者提出，委员会允许缔约国享有宽泛的"自由判断余地"，但并未作详细论述：Wayne Morgan, "Sexuality and Human Rights: The First Communication by an Australian to the Human Rights Committee under the Optional Protocol to the International Covenant on Civil and Political Rights", (1992) 14 *Australian Yearbook of International Law* 277, p. 287。
③ Communication No. 511/1992, *Länsman* et al. v. *Finland*, para. 9.4.
④ Michael O'Flaherty, "Freedom of Expression: Article 19 of the International Covenant on Civil and Political Rights and the Human Rights Committee's General Comment No. 34", (2012) 12 *Human Rights Law Review* 627, p. 649; "International Covenant on Civil and Political Rights: interpreting freedom of expression and information standards for the present and the future", in Tarlach McGonagle and Yvonne Donders (eds.), *The United Nations and Freedom of Expression and Information: Critical Perspectives* (Cambridge University Press, 2015) 55, p. 78.
⑤ Sarah Joseph, "Gay Rights under the ICCPR – Commentary on *Toonen* v. *Australia*", (1994) 13 *University of Tasmania Law Review* 392, p. 406; Ghandhi, *The Human Rights Committee and the Rights of Individual Communication*, p. 314. 有学者指出，希金斯在担任委员期间，"确保"了委员会不采用自由判断余地原则。Eirik Bjorge, "Been There, Done That: The Margin of Appreciation and International Law", (2015) 4 *Cambridge Journal of International and Comparative Law* 181, p. 181, footnote.

第六章 《公约》缔约国义务的性质

委员会明确拒绝自由判断余地原则被多米尼克·麦克古德里克称为"国际人权法中最大的认识谜团之一"。[1] 委员会明确拒绝自由判断余地原则乍一看的确有点奇怪。因为《公约》之缔约国在各方面的差异远大于《欧洲人权公约》缔约国在这些方面的差异,因此旨在承认缔约国的这些差异,并承认和给予它们——在遵守有关《公约》规则并受到条约机构之监督的条件下——根据自身的特殊情况在适用《公约》规定时的某些自由活动余地,也许更为可能和必要。然而,委员会并没有这样做。尽管委员会从没有详细解释它为什么没有这样做的原因,但原因很可能在于,恰恰因为《公约》的缔约国的情况千差万别,所以一旦容许缔约国在适用《公约》规定时有一定的自由判断或裁量余地,则可能出现各缔约国频繁、大量以自身的特别"国情"为其不遵守《公约》规定之行为的理由,乃至完全规避《公约》义务的情况,而且会将《公约》作为共同标准的性质减损到无以复加甚至荡然无存的地步。[2] 然而,维持《公约》标准的统一适用性是委员会的一项重要任务。如果允许各缔约国自行其是,则委员会既无法行使其监督职能,甚至也没有存在的必要了。因此,委员会比欧洲人权法院更加不容忍以文化作为偏离《公约》义务的根据和理由。约瑟夫和卡斯坦就认为,由于在《公约》的情况迥异的各缔约国之间,极少能查证出一种共同的做法,因此在《公约》制度中适用自由判断余地原则"并不明智"。[3] 马库斯·施密特则提出警告说,如果委员会承认自由判断余地原则,这"可能促使某些缔约国依赖'文化相对主义'的主张——无论这在某一特定案件的具体情况中是如何界定不当或不合时宜——或试图证明严重侵害人权的情况为正当合理"。[4]

不过,也有学者认为,人权事务委员会应考虑适用自由判断余地原

---

[1] Dominic McGoldrick, "A Defence of the Margin of Appreciation and an Argument for Its Application by the Human Rights Committee", (2016) 65 *International and Comparative Law Quarterly* 21, p. 22.

[2] See Communication No. 488/1992, *Toonen* v. *Australia*, para. 8.6; Joseph, "Gay Rights under the ICCPR – Commentary on *Toonen* v. *Australia*", pp. 406–407.

[3] Joseph and Castan, *The International Covenant on Civil and Political Right: Cases, Materials, and Commentary*, p. 625.

[4] Schmidt, "The Complementarity of the Covenant and the European Convention on Human Rights – Recent Developments", p. 657.

则。哈里斯提出，尽管如委员会这样的国际监督机构必须始终对保护人权免遭国家权力的侵害保持警惕，但也应该在某种程度上承认国家公共机关的特别知识和义务，而谨慎地适用自由判断余地原则，无论是在区域还是普遍层次上，都为达到这一点提供了一种合适的方式。[①] 有一位哲学学者也提出，委员会应承认某种类似于自由判断余地的原则，认为这可能减轻有意接受《任择议定书》的国家的合理顾虑。[②] 有一位学者则更尖锐地提出，委员会应该从欧洲人权法院引入自由判断余地原则以应对非西方国家的抵制、应对非西方国家有关文化帝国主义的指责。[③] 实际上，下文有关《公约》权利和义务对多样性的包容的部分将表明，委员会即使不明确适用自由判断余地原则，也能容纳缔约国在许多不同方面的多样性。

（四）《公约》义务在经济上的普遍性

在讨论国家的人权义务之时，既可以作为一个单独的问题，也可以作为其渐进性问题的一个部分的问题，是国家履行人权义务是否与其经济情况有关，即一个国家履行人权义务的程度和范围是否受到经济发展水平的影响。在这一方面，公认的是，经济、社会和文化权利以及与之对应的国家义务的确与一国的经济发展水平有关。这一点得到了《经济社会文化权利公约》的明文承认，该公约第2条第1款规定："缔约国承允尽其资源能力所及，……逐渐使本公约所确认之各种权利完全实现。"就公民权利和政治权利以及与之对应的国家义务，也有一些国家主张，这些权利的实现和国家义务的履行受到经济条件和发展水平的制约：一方面，由于其某一阶段的主要发展方向和致力目标是经济发展，因此未能充分履行尊重和确保公民权利和政治权利的义务是合理的；另一方面，只有在经济发展到

[①] Harris, "The International Covenant on Civil and Political Rights and the United Kingdom: An Introduction", p. 14.

[②] Burleigh Wilkins, "International Human Rights and National Discretion", (2002) 6 *The Journal of Ethics* 373, p. 381. 但是，该学者也同时指出，委员会应加以提醒的是，对于所允许的国家酌处权的范围，存在着限制。

[③] Nathan Crombie, "A Harmonious Union? The Relationship Between States and the Human Rights Committee on the Same-Sex Marriage Issue", (2013) 51 *Columbia Journal of Transnational Law* 696, p. 736.

一定水平之后，才具备了充分履行尊重和确保这些权利的义务的条件。[1]对这种理论的简单且极端的总结是——按学者所说："经济发展的优先性要求政治上的稳定，因此可以作为侵害个人权利的正当理由。"[2]

对于这样的理论和主张，可以从如下几点考虑。第一，这样的理论和主张，也许可以在一般的人权语境中提出（但不必然成立），而在《公约》的语境中，却几乎找不到任何实在法的根据，因为与《经济社会文化权利公约》第2条第1款规定不同，《公民及政治权利公约》第2条第1款完全没有提到缔约国尊重和确保权利的义务与经济发展水平或可用资源的任何联系。对于《公约》缔约国根据第2条第2、3款承担的义务，《国际公法百科全书》认为，"可由所有国家同等地、即时地适用，而不论其制度或经济发展水平如何"。[3]

第二，就《公约》及其规定的公民权利和政治权利而言，一种较为普遍的认识是，经济发展水平与尊重和确保公民权利和政治权利没有必然联系，《公约》规定和义务的履行和权利的实现也不依赖于一国的经济发展水平和可用资源的多少。例如路易斯·索恩指出，在适用《经济社会文化权利公约》时需要考虑发展水平，特别是经济发展水平，但这一因素不能作为不实施《公民及政治权利公约》的借口。[4] 另一位学者也指出，如果没有经济的和技术的资源以及国家的其他一些积极行为，经济、社会和文化权利就无法得到充分保证，但是"绝大部分公民权利和政治权利的保护基本不需要经济资源"。[5] 约瑟夫和卡斯坦同样指出，《公约》第23条规定的权利"可能"是唯一具有"经济上相对性"的《公约》权利，即这一权利的实现程度会依据各缔约国的经济情况而不同，[6] 这也意味着她们认

---

[1] See Joseph and Castan, *The International Covenant on Civil and Political Right: Cases, Materials, and Commentary*, p. 46.

[2] Adamantia Pollis, "Cultural Relativism Revisited: Through a State Prism", (1996) 18 *Human Rights Quarterly* 316, p. 317.

[3] Jonathan, "Human Rights Covenants", p. 916.

[4] Sohn, "The New International Law", p. 21.

[5] George N. Barrie, "International Human Rights Conventions: Public International Law Applicable to the Protection of Rights", (1995) 1995 *Tydskrif vir die Suid-Africaanse Reg* 66, p. 73.

[6] Joseph and Castan, *The International Covenant on Civil and Political Right: Cases, Materials, and Commentary*, p. 667.

为其他的《公约》权利都与经济发展水平无关。的确，至少从表面上看，经济发展水平与对公民权利和政治权利的尊重和确保没有必然的联系。例如，"即使在一个穷国，也没有必要施用酷刑、进行即决处决和任意监禁、限制和平集会或行动自由";[1] 在作为发达国家的西班牙，也存在条件极为恶劣的监狱;[2] 经济高度发达的美国的许多州依然保留死刑，但许多发展中国家已经废除了死刑。实际上，《公约》的173个缔约国包括了各种经济发展水平的国家这一事实表明，经济发展水平显然对于国家能否接受《公约》义务、尊重和确保《公约》权利没有决定性的影响。

第三，在《公约》允许的限度之外限制甚或侵害公民权利和政治权利对于经济发展并无助益：警察拷打犯罪嫌疑人对于经济发展没有任何必要可言；强迫劳动肯定不是经济发展的最佳方法和社会繁荣的必要保证；一个人有可能在街上被任意抓捕似乎不会对GDP增长有任何好处；法官贪赃枉法对经济发展毫无帮助，反而可能对经济发展不利——谁也不会愿意到发生经济纠纷时得不到法院公正裁判的地方去投资。相反，公民权利和政治权利得到尊重和确保会给经济发展创造更好的条件：迁徙自由才能保障劳动力的自由流动；每个人的意见和表达自由都得到充分的保障，才能对国家和社会的发展献计献策，集思广益永远比由少数人决策更少犯错误；工人有权组织和加入工会是不出现"血汗工厂"的保证之一。

第四，任何国家都需要发展，但决不能将经济增长等同于发展。联合国大会于1986年通过的《发展权利宣言》中，就明确宣称，"发展是经济、社会、文化和政治的全面进程"，阻碍发展的因素中包括了对公民、政治、经济、社会和文化等权利的剥夺，而"为了促进发展，应当一视同仁地重视和紧急考虑实施、增进和保护公民、政治、经济、社会和文化等权利"。如果发展只是经济增长而非经济、社会、文化和政治的全面进程，如果个人不能充分享有公民权利和政治权利，那么经济的发展和财富的积累最终只会让少数人获利，个人的经济和社会权利也不见得就一定能得到保障。实际上，在经济发展的过程中，个人的经济和社会权利和利益得到

---

[1] Bossuyt, "International Human Rights Systems", p. 53.
[2] See Communication No. 493/1992, *Griffin v. Spain*, para. 3.1. 其中提交人所述关押其监狱的恶劣条件，见诺瓦克：《评注》，第10条，第15段。

切实保障的必要条件,恰恰是对公民权利和政治权利的全面和有效享有。因此,"某一国家促进经济、社会和文化权利的努力,无论真假,都永远不能证明对于公民权利和政治权利的限制——更不要说侵害——是正当合理的";① 任何缔约国都可以自由决定本国的包括经济发展在内的发展政策,但其国家建设的重心为何或经济发展的水平如何,都不能成为其不遵守《公约》规定的正当理由。在这一方面,对于发展中国家而言,也许回顾一下来自塞内加尔的委员会委员恩迪亚耶早在1984年就作出的评论是有益的:

> 一个发展中国家在实施人权中总会存在困难,而无论这些权利是公民权利和政治权利,还是经济、社会和文化权利。
>
> 当然,这并不意味着应该根据国家的发展水平为它们设立不同的规范。这将把人类分成两部分:一部分是人,而另一部分是次一等的人(sub-humans)。这样的结果骇人听闻。②

委员会在其监督《公约》实施情况的实践中,也从未接受缔约国的经济发展水平或可用资源可以成为其拒绝承担或减免履行《公约》义务的理由。在对某些缔约国的报告的审议中,委员会表示注意到这些国家之内存在的一些政治、经济或社会情况构成了妨碍《公约》适用的因素和困难。例如,委员会注意到阿尔及利亚、白俄罗斯、乌拉圭等国处于政治转型时期,在此期间面临着各种问题;③ 承认比利时、苏丹等国内部不同民族或地区之间存在的巨大差异是影响《公约》实施的因素;④ 在对诸如蒙古、

---

① V. Voitto Saario and Rosemary Higgins Cass, "The United Nations and the International Protection of Human Rights: A Legal Analysis and Interpretation", (1977) 7 *California Western International Law Journal* 591, p. 601.
② CCPR/C/SR.501 (1984), paras. 25 – 26.
③ 对阿尔及利亚初次报告的结论性意见,CCPR/C/79/Add.1 (1992), para. 4;对白俄罗斯第三次报告的结论性意见,CCPR/C/79/Add.5 (1992), para. 5;对乌拉圭的第三次报告的结论性意见,CCPR/C/79/Add.19 (1993), para. 6。
④ 对比利时第二次报告的结论性意见,CCPR/C/79/Add.3 (1992), para. 4;对苏丹的第二次报告的结论性意见,CCPR/C/79/Add.85 (1997), para. 4。苏丹北部和南部的矛盾已经导致了该国的分裂——苏丹南部于2011年7月9日独立,成立了南苏丹共和国。

委内瑞拉、墨西哥等国的报告的审议中，委员会承认这些国家之内存在的经济问题构成了妨碍《公约》适用的因素和困难、阻碍了《公约》的充分适用。[①] 但是，委员会从未明确表示这些情况可以成为缔约国减免其根据《公约》承担的义务的理由。还例如，塞内加尔曾提出，《公约》的规定必须在该国普遍存在的背景和条件下加以解释和适用，委员会表示不能同意这一主张，而认为该国"应当作出一切努力使得这些条件符合国际上承认的人权标准"。[②]

在对个人来文的审议中，委员会也拒绝缔约国的经济状况困难或物质条件有限可以作为其不尊重甚至侵害《公约》权利的理由。例如，在菲拉斯特诉玻利维亚案中，两位受害者在被羁押10天后，才被提交司法程序、被告知对他们的指控（后来又经过将近4年才受到审判）。玻利维亚称，一些刑事案件以及刑事诉讼的某些特定阶段存在拖延情况，是因为没有足够的司法预算。对于玻利维亚所声明的预算限制可能妨碍正常司法工作的情况，委员会虽然表示"并非不同情"，但仍认定受害人根据《公约》第9条第2、3款享有的权利没有得到尊重。[③] 在卢布托诉赞比亚案中，赞比亚承认对提交人的案件的审理时间过长，但请委员会考虑它作为一个发展中国家的情况以及在司法工作中遇到的问题，特别是该国困难的经济状况。委员会表示承认赞比亚的困难经济状况，"但希望强调，《公约》规定的权利构成了所有缔约国都同意遵守的最低限度的标准"，并认定赞比亚违反了《公约》第14条第3款（寅）项。[④] 在穆孔诉喀麦隆案中，对于提交人所遭受的恶劣的拘禁条件，喀麦隆辩称这是本国发展不足造成的，但委员会指出，无论某一缔约国的发展程度如何，都必须遵守有关拘禁条件的某些最低标准，即使经济或预算考虑可能使得遵守这些义务很困难。[⑤] 类似地，

[①] 对蒙古第三次报告的结论性意见，CCPR/C/79/Add.7 (1992), para. 4；对委内瑞拉第二次报告的结论性意见，CCPR/C/79/Add.13 (1992), para. 6；对墨西哥第三次报告的结论性意见，CCPR/C/79/Add.32 (1994), para. 4。

[②] 对塞内加尔第三次报告的结论性意见，CCPR/C/79/Add.10 (1992), para. 5。

[③] Communication No. 336/1988, *Nicole Fillastre v. Bolivia*, para. 6.4.

[④] Communication No. 390/1990, *Lubuto v. Zambia*, para. 7.3.

[⑤] Communication No. 458/1991, *Mukong v. Cameroon*, para. 9.3. 另参见，Communication No. 768/1997, *Mukunto v. Zambia*, para. 6.4，其中委员会反对赞比亚提出的因为经济困难而无法对拘禁条件负责的主张。

在基利等人诉尼泊尔案中，尼泊尔主张，对提交人的拘禁条件应根据该国的整体生活水平评估，但委员会指出，以人道的及尊重其固有人格尊严的方式对待被剥夺自由者"是一项基本的、普遍适用的规则［,］因此这项规则的应用，作为一种最低要求，不能取决于某一缔约国的现有物质资源"。① 在兰特索娃诉俄罗斯案中，提交人的儿子在条件恶劣的拘押中心因病身亡，俄罗斯承认本国拘押中心的条件的确是一个严重的问题，但由于财政困难而在近期内不可能很快解决。委员会对于这种所谓客观条件的困难完全未予考虑，而是认定俄罗斯违反了《公约》第6条第1款和第10条第1款。② 实际上，委员会早在1982年发布的有关被拘禁者权利的第9号一般性意见中（第3段）就曾明确指出，"对所有被剥夺自由的人给予人道待遇及尊重其尊严，是普遍适用的基本标准，不得完全视物质资源多少而定"；后来又在取代第9号一般性意见的第21号一般性意见中（第4段）重申："以人道和尊重其人格尊严的方式对待所有被剥夺自由者是一项基本和普遍适用的规则。因此，这项规则的适用丝毫不取决于缔约国现有的物质资源水平。"

然而，就国家对公民权利和政治权利承担的义务是否与经济发展水平或可用资源有关的问题，现代人权观点也发生了很大的变化。正如有越来越多的人承认公民权利和政治权利的实现在一定程度上也具有渐进性，而经济、社会和文化的实现在一定程度上也具有即时性，也有越来越多的人承认公民权利和政治权利的实现需要一定的资源，而经济、社会和文化权利的实现并不总是和必然需要足够的资源。因此，正如马科斯所说，以是否需要国家投入资源和费用来区分国际人权法中的公民权利和政治权利与经济、社会和文化权利"已经失去了说服力"。③ 就《公约》规定的权利而言，只要承认缔约国承担着积极义务，需要积极作为，则为此投入一定的资源就是必需的。例如，联合国在其介绍《公约》和人权事务委员会的第15号《人权概况介绍》中，就指出缔约国为履行其促进和实现的义务而采取的步骤中，就包括"划拨适当的资源"，并给出了两个例证，即根

---

① Communication No. 1761/2008, *Giri* et al. v. *Nepal*, para. 7.9.
② Communication No. 763/1997, *Lantsova* v. *Russian Federation*, paras. 6.4, 9.1–9.2.
③ Marks, "The Past and Future of the Separation of Human Rights into Categories", p. 236.

据第 14 条第 3 款（卯）项的规定，在法院认为审判有此必要的案件中为刑事被告指定法律援助，以及防止监狱中的过度拥挤，以便符合第 10 条第 1 款所要求的对犯人的人道拘禁条件的保障。[1] 为了履行其他形式的义务，缔约国也需要投入一定的资源。例如，在保护的义务中，警察为调查绑架事件需要出动警力（警察因为经费紧张而不愿进行调查就是这方面的反例）；在救济的义务中，赔偿、偿付费用、提供必要的医疗和心理治疗等措施也需要缔约国投入相当的资源。实际上，几乎就《公约》规定的每一项权利，其充分享有和实现都离不开缔约国的资源投入和财政支持。以《公约》第三编确认的第一项权利生命权和最后一项权利少数人的权利为例：对于生命权，缔约国为减少婴儿死亡率、提高预期寿命、消灭营养不良和流行病，需要投入大量的人力、物力、财力；对于少数人的权利，上文已经指出，尽管《公约》第 27 条以否定性的表述规定了这一权利，但这一权利涉及缔约国的许多积极义务，因此缔约国为履行这些义务需要投入一定的资源，甚至是"可观的财政支出"，[2] 例如，为了"确保有关少数群体的文化、宗教和社会特性得以存活和持续发展"，[3] 缔约国可能需要划拨适当的资源和资金，用于诸如建设教授少数语言的学校等活动。

然而，公民权利和政治权利的实现或者说国家履行针对这些权利承担的义务需要一定的资源，绝不意味着国家可以将经济落后或缺乏资源作为不履行《公约》义务的理由。曾有学者在谈到缔约国根据《公约》承担的义务时提到，这些义务是"立即履行的义务"，但接着指出，有的《公约》权利的享有和实现更多地需要以经济发展为基础，因此从这个意义上说，《公约》缔约国义务的即时性也有一定的相对性。[4] 对于这样的观点，可以从两方面进行分析。一方面，上文已经指出，缔约国根据《公约》承担的义务的确具有一定的渐进性，但这种渐进性主要是就促进和实现的义务而言，而非就所有的义务而言，促进和实现义务的渐进性不能掩盖和取代尊

---

[1] United Nations, Human Rights Fact Sheet No. 15 (Rev. 1), *Civil and Political Rights*: *The Human Rights Committee*, p. 5.

[2] Dominic McGoldrick, "Canadian Indians, Cultural Rights and the Human Rights Committee", (1991) 40 *International and Comparative Law Quarterly* 658, p. 668.

[3] 第 23 号一般性意见，第 9 段。

[4] 陈泽宪主编：《〈公民权利与政治权利国际公约〉的批准与实施》，第 636~637 页。

重和确保权利免受侵害的义务和救济义务的即时性。另一方面，可以说，没有任何《公约》权利的"享有和实现"需要以经济发展为基础，尽管经济发展有可能为许多权利的享有和实现创造更好的条件和环境。克莱因就曾指出，尽管《公约》规定了确保的义务，但这并不意味着《公约》的规定应逐渐实施并取决于缔约国的财政、社会和经济能力。[1] 例如，就第14条第1款规定的公正审判原则，委员会指出，如果无论是刑事诉讼还是民事诉讼中的拖延的原因是缺少资源和长期经费不足，那么应为司法工作划拨尽可能地补充预算资源。[2] 但是，正如上述卢布托诉赞比亚案所显示的，缺少资源和经费不足并不能成为拖延审判的理由，尽可能为司法工作划拨资源只是缔约国的促进和实现义务，这不能成为不履行其尊重义务的理由。

在《公约》与可用资源的关系方面，学者经常区分不同形式的义务。例如，有学者指出，无论是就公民权利和政治权利，还是就经济、社会和文化权利，尊重的义务都不要求动用国家资源，保护的义务可能需要某些资源（主要是制度性的），而实现的义务可能需要制度性的以及物质性的资源。[3] 这种观点在部分程度上是正确的，即将尊重的义务狭窄地理解为国家的不侵害或不作为义务。然而，如果考虑到全面、充分履行尊重人权的义务需要国家具备相对完备和有效的立法、行政和司法制度，而这些制度的建立和运转都需要大量的资源投入和财政支出，这种观点就不完全正确了。博苏伊特就曾指出，"没有任何人权保护制度能不需要最低限度的资源而运行"。[4] 因此，即使履行尊重的义务，也需要国家投入一定的资源。不过，除非是无法对其管辖的领土和个人进行有效管理的"破产国家"，否则任何国家都需要存在立法、行政和执法制度，而为此所投入的资源很难说是为尊重和确保人权所需的资源。实际上，一个专制国家为维持其专制统治而过分限制甚至侵害人权投入的资源（例如维持庞大的秘密警察系统）可能不低于一个自由国家为尊重和确保人权所作的投入。可以

---

[1] Klein, "The Duty to Protect and to Ensure Human Rights Under the International Covenant on Civil and Political Rights", p. 299.
[2] 第32号一般性意见，第27段。
[3] Künnemann, "A Coherent Approach to Human Rights", p. 328.
[4] Bossuyt, "International Human Rights Systems", p. 51.

说,为履行根据《公约》承担的各项义务,特别是尊重和确保权利免受侵害的义务,缔约国除了维持其公权机关的正常运行之外,基本不需要投入额外的资源或只需要投入很少的资源。因此,博苏伊特在承认人权保护制度需要一定程度的资源之后,紧接着指出,"对公民权利和基本自由的保护并不需要大量的财政资源"。① 为履行促进或实现的义务,缔约国的确需要投入一定的资源。然而,如果一个缔约国在军费预算极为过分或公务开支极度糜费的同时,却宣称自己没有足够的资源建立法律援助制度或降低婴儿死亡率、消灭营养不良和流行病,则无论如何是说不过去的。对于如何认识缔约国的经济发展水平与其承担的尊重和确保人权义务的关系,希金斯根据她担任委员会委员 10 年得出的经验也许最能说明问题:"委员会的观点一直是,公民权利和政治权利不是一个有关经济发展的问题,而是一个有关[缔约国的]诚意的问题。"②

(五)《公约》权利和义务对多样性的包容

综合而言,《公约》规定的权利和义务具有普遍性,任何缔约国都不能以其任何特殊情况作为理由,拒绝承担或减免履行其尊重和确保《公约》所确认权利的义务。但是,对于《公约》规定的权利和义务的普遍性,不能作绝对理解。《公约》规定的权利和义务的普遍性只是在这些权利和义务作为最低限度的共同标准的意义上的普遍性,而不意味着否定缔约国各自的政治、经济、社会、历史、文化、宗教以及法律方面的特性。同样,委员会在其意见中不接受缔约国以其任何特殊情况为不履行或不充分履行《公约》义务的理由,也不说明缔约国要以同样的模式履行《公约》义务。委员会在其工作中,一方面坚持《公约》的普遍适用,另一方面也对各缔约国的国内特殊情况作出了灵活的反应。③

第一,任何国家,无论是否参与了《公约》的谈判、起草和通过,都有权自行决定是否批准或加入《公约》。任何认为自己的某些特殊情况使之无法承担《公约》义务的国家,都可以选择不批准或加入《公约》。当

---

① Bossuyt, "International Human Rights Systems", p. 51.
② Rosalyn Higgins, "Ten Years on the UN Human Rights Committee: Some Thoughts upon Parting", (1996) 1 *European Human Rights Law Review* 570, p. 575.
③ Franck, "Is Personal Freedom a Western Value?", p. 595.

然，《公约》缔约国数目已经达到173个的事实意味着绝大部分被认为是批准或加入《公约》的障碍实际上是可以克服的，而且如同以上所述印度尼西亚的例证所表明的，是临时性的、主要归因于政府的而非永久性的、主要归属于民族的问题。而且，任何国家在批准或加入《公约》时，都可以对《公约》的某些规定作出保留。尽管缔约国作出保留的权利不是无限制的，但是在不与《公约》的目的及宗旨相抵触的情况下，提出某些保留以顾及本国的某些特殊情况仍是可能的。[1] 不过，任何国家一旦依其自由意志接受《公约》，就不能再以本国的任何特殊情况作为不履行《公约》义务的借口——这将有违作为国际法最根本基础的"约定信守"原则。

第二，《公约》权利的普遍性是在"公分母"意义上的普遍性，这意味着它们是"求同存异"意义上的普遍性，在《公约》规定的最低限度的标准之外和之上，各国仍可能存在对人权的不同理解和规定。[2] 例如，有学者指出——尽管不是在《公约》的语境之内，就生命权这样一项多项普遍性和区域性人权文书都保障的最基本权利，世界各国对于其具体范围并不存在一致共识：[3] 生命何时开始（例如有关堕胎的争论）[4]？生命何时结

---

[1] See Douglas Lee Donoho, "Relativism versus Universalism in Human Rights: The Search for Meaningful Standards", (1991) 27 *Stanford Journal of International Law* 345, p. 362 – 367; Addo, "Practice of United Nations Human Rights Treaty Bodies", pp. 627 – 628.

[2] See Bertram Bastiampillai, "Some Threats to Human Rights – A Point of View", (1994) 6 *Sri Lanka Journal of International Law* 17, pp. 23 – 28; Addo, "Practice of United Nations Human Rights Treaty Bodies", p. 624.

[3] Peter Cumper, "Human Rights: History, Development and Classification", in Angela Hegarty and Siobhan Leonard (eds.), *Human Rights: An Agenda for the 21st Century* (Cavendish, 1999) 1, p. 1. See Elizabeth G. Patterson, "Human Rights and Human Life: An Uneven Fit", (1994) 68 *Tulane Law Review* 1527; Elizabeth Wicks, *The Right to Life and Conflicting Interests* (Oxford University Press, 2010).

[4] See Dina Bogecho, "Putting It to Good Use: The International Covenant on Civil and Political Rights and Women's Right to Reproductive Health", (2004) 13 *Southern California Review of Law and Women's Studies* 229; Rhonda Copelon et al., "Human Rights Begin at Birth: International Law and the Claim of Fetal Rights", (2005) 13 *Reproductive Health Matters* 120. 比利时、巴西、萨尔瓦多、墨西哥和摩洛哥曾在联大第三委员会提议，生命权应"自受孕之时起"就受到法律保护，但这一提议被否决：United Nations, *Yearbook of the United Nations* (1957), p. 201. 对于"未出生者"权利和地位的国际法规定和实践的讨论，参见，Thomas Finegan, "International Human Rights Law and the Unborn: Texts and *Travaux Preparatories*", (2016) 25 *Tulane Journal of International and Comparative Law* 89。

束（例如有关安乐死的争论）①？生命能否被合法剥夺（例如通过死刑）？国家仅仅有不剥夺生命的"消极"义务（例如不杀害受其管辖的个人），还是有延长生命的"积极"义务（例如向病人提供医疗）②？因此，基于本国政治、经济、社会和文化等方面的任何特殊情况的规定和实践，只要没有超出《公约》及委员会的解释所规定的底线，均是可允许的。例如，缔约国可以禁止堕胎，只要这一规定的适用不危及妇女根据诸如第3、6、7条等规定享有的权利；③ 缔约国可以承认某一宗教为国教或者将其确立为正式宗教或传统宗教，只要这不违反第18条的宗旨、目的和对限制条件的限制，④ 也不导致对不信这一宗教者或信其他宗教者的歧视；⑤ 缔约国可以"根据有关的社会和文化条件"决定儿童成为成年人的年龄，只要这不免除其根据《公约》对未满18岁的人承担的义务。⑥

第三，尽管《公约》规定的权利和义务具有普遍性，但它们"不是在真空而是具体的社会制度中实施的"。⑦ 唐纳利指出，"普遍人权具有一种特殊性，即各国在实施国际规范的方式上所体现的特殊性"，编纂在权威

---

① See Jordan J. Paust, "The Human Right to Die With Dignity: A Policy - Oriented Essay", (1995) 17 *Human Rights Quarterly* 463; George Zdenkowski, "The International Covenant on Civil and Political Rights and Euthanasia", (1997) 20 *University of New South Wales Law Journal* 170; Theodore S. Orlin, " The Right to Life / The Rigth to Die: The Rights, Their Interrelationship and the Jurisprudential Problems", in Theodore S. Orlin, Allan Rosas and Martin Scheinin (eds.), *The Jurisprudence of Human Rights Law: A Comparative Interpretive Approach* (Institute for Human Rights, Åbo Akademi University, 2000) 73; John Coggon, "The Wonder of Euthanasia: A Debate that's Being Done to Death", (2013) 33 *Oxford Journal of Legal Studies* 401.
② See Paul Harpur, "The Evolving Nature of the Right to Life: The Impact of Positive Human Rights Obligations", (2007) 9 *University of Notre Dame Law Review* 95.
③ 参见对秘鲁第三次报告的结论性意见，CCPR/C/79/Add. 72 (1996)，para. 15; Communication No. 1153/2003, *K. N. L. H.* v. *Peru*。
④ 参见第22号一般性意见，第9段；对伊朗第二次报告的结论性意见，CCPR/C/79/Add. 25 (1993)，para. 22。
⑤ 参见对以色列首次报告的结论性意见，CCPR/C/79/Add. 93 (1999)，para. 28; 对智利第四次报告的结论性意见，CCPR/C/79/Add. 104 (1999)，para. 24; 对阿根廷第三次报告的结论性意见，CCPR/CO/70/ARG (2000)，para. 16; 对委内瑞拉第三次报告的结论性意见，CCPR/CO/71/VEN (2001)，para. 25。
⑥ 第17号一般性意见，第4段。
⑦ Graefrath, "How Different Countries Implement International Standards on Human Rights", p. 20.

性国际规范中的人权"必须通过国家行为的特殊性才能得到实现"。① 诺瓦克则认为,"可以总结说,各项人权公约为各国在承担国际条约法规定的义务时,考虑其特定的国内情况,提供了广泛的机会"。② 就《公约》而言,贾哈伯瓦拉指出,其中的"标准并非——事实上是无法——在其各个缔约国中以统一方式得到实施"。③ 因此,在对《公约》规定的实施和对《公约》义务的履行中,缔约国仍有一定空间考虑和结合本国特殊情况,来决定具体的适用和履行方式,只要其结果达到了《公约》的要求,且这些方式本身及其效果不违反《公约》的规定。例如,缔约国可以自行决定是将《公约》纳入国内法,作为国内法的一部分直接适用和实施,还是仅通过适用国内法中符合《公约》的规定来履行其根据《公约》承担的义务。还例如,缔约国可以自行决定是采取"纠问式"还是"对抗式"的刑事审判方式,是采取两审终审制还是三审终审制,只要其刑事法律制度符合《公约》第14条各款项对于获得公正审判权的最低要求。特别是对于某些具有一定程度的抽象性和模糊性的《公约》规定,缔约国有更大的解释余地。④ 例如,对于《公约》第23条第1款的规定,委员会认为,"一个社会或国家能够给予家庭的法律保护和措施在不同的国家各有不同,取决于不同的社会、经济、政治和文化条件与传统"。⑤ 约瑟夫和卡斯坦将这一意见当作《公约》和委员会在不违反《公约》的限度内,容忍文化差异的例证:"有某些迹象表明,委员会对以相对主义的方式解释《公约》权利,是有准备的。"但是,她们接着指出,自1994年对图纳恩案的裁决之

---

① Jack Donnelly, *Universal Human Rights in the Theory and Practice* (Cornell University Press, 1989), pp. 250, 266.
② Manfred Nowak, "Limits on Human Rights in a Democratic Society", (1992) 2 *All - European Human Rights Yearbook* 111, p. 116.
③ Jhabvala, "The International Covenant on Civil and Political Rights as a Vehicle for the Global Promotion and Protection of Human Rights", p. 188.
④ See Donoho, "Relativism versus Universalism in Human Right", p. 353 - 354, 367 - 371.
⑤ Communication No. 35/1978, *Aumeeruddy - Cziffra* et al. v. *Mauritius*, para. 9.2 (b) 2 (ii) 1. 参见第19号一般性意见,第2段;P. R. Ghandhi and E. MacNamee, "The Family in UK Law and the International Covenant on Civil and Political Rights 1966", (1991) 5 *International Journal of Law and the Family* 104, pp. 104 - 105;《公约》的适用方式"必须考虑缔约国之间就诸如家庭等概念存在的文化差别"。

后，委员会明显地表现出不赞成文化相对主义的主张。① 后一论断显得过于草率了，因为至少在霍普和贝瑟特诉法国案中，委员会认为："《公约》的目的要求对'家庭'一词作广义解释，以包括在特定社会中人们所理解的家庭的所有构成因素。因此，在具体情况中界定'家庭'这一术语时，文化传统应该得到考虑。"②

第四，《公约》允许的对权利的限制也为缔约国在实施《公约》规定、履行《公约》义务之时，考虑和结合本国特殊情况提供了一定空间。③ 托姆沙特认为，《公约》第2条第1款规定缔约国承担尊重和确认个人的权利并"不意味着《公约》缺乏任何变通性"。④ 一方面，缔约国面临的危及国家生死存亡的紧急状态属于一种《公约》承认和允许的缔约国减免履行其义务的特殊情况。另一方面，即使在一般状态下根据限制性条款对权利进行限制时，也可以纳入对本国某些特殊情况的考虑。⑤ 曾担任委员会委员的沃尔特·塔诺波尔斯基就曾指出，"只要任何缔约国诚实地承认，由于某些经济或社会条件，其国家安全、公共秩序或公共卫生受到了危害，人们就有可能承认某些限制的有效性"。⑥ 亚历山大·基斯也指出，限制权利的理由"都难以界定，意味着一种具有相对性的措施，即它们在不同的国家中、在不同的情况下、在不同的时间上，可能有不同的理解"。⑦ "公共道德"这一概念也可以作为一个典型例证。"公共道德"是缔约国可

---

① Joseph and Castan, *The International Covenant on Civil and Political Right: Cases, Materials, and Commentary*, p. 48.
② Communication No. 549/1993, *Hopu and Bessert v. France*, para. 10.3. See Communication No. 1179/2003, *Ngambi v. France*, para. 6.4.
③ See Nowak, "Civil and Political Rights", p. 73; Addo, "Practice of United Nations Human Rights Treaty Bodies", p. 627.
④ Tomuschat, *Human Rights: Between Idealism and Realism*, p. 141.
⑤ 参见，Pitman B. Potter, "Human Rights in China: The Interplay between Political and Socioeconomic Rights", (1987) 2 & 3 *American Bar Foundation Research Journal* 617, p. 620: "如果……一个社会对待人权的方式反映了社会规范和价值观，那么对人权的限制就反映了这一社会如何解决其各种优先事项之间的冲突。"
⑥ Walter S. Tarnopolsky, "The Canadian Experience with the International Covenant on Civil and Political Rights Seen from the Perspective of a Former Member of the Human Rights Committee", (1987) 20 *Akron Law Review* 611, p. 617.
⑦ Alexandre Charles Kiss, "Permissible Limitations on Rights", in Henkin, *The International Bill of Rights* 290, p. 295.

据以正当合理地限制某些《公约》权利之享有和行使的理由之一，但"这一概念本质上具有相对性，其适用在各国之间必不相同"，[1] 因此"不可能发现一个统一的道德概念"。[2] 委员会在赫兹伯格案中就承认，有关公共道德的观念差别极大，就此并不存在普遍适用的共同标准。[3] 在德尔加多·帕埃兹诉哥伦比亚案中——该案涉及哥伦比亚的一位中学宗教和伦理学教师因为社会观点与罗马天主教要求的观点不同而受到处罚的问题，委员会尽管承认根据《公约》第 19 条，表达和意见自由通常包括教师按自己的观点不受干预地授课的自由，但没有认定哥伦比亚当局要求以某种特定方式讲授宗教课程的做法违反《公约》第 19 条，而其原因之一就是在哥伦比亚教会与国家的特别关系。[4] 约瑟夫和卡斯坦认为委员会的这一意见表明了"公共道德"如何在国家之间各有不同，"因此这一对第 19 条规定之权利的明示可予允许的限制的适用，在国与国之间，可能也各有不同"。[5] 举例而言，任何缔约国都可以根据本国的道德观念和文化传统决定是否限制甚至禁止色情或淫秽出版物，甚至是对出版者加以刑事制裁，只要这种禁止或限制不违反第 19 条的宗旨、目的和对限制条件的限制，而且所予的惩处不违反《公约》的其他规定如第 7 条、第 9 条和第 14 条。

第五，对于《公约》规定的一些积极义务，包括委员会解释出的一些积极义务，缔约国的履行程度必然要受到其各方面条件的限制。上文已经指出，缔约国履行《公约》义务（主要但不限于积极义务）也需要相当的资源，这意味着缔约国履行这些义务的程度必然会受到其各方面条件的限

---

[1] Joseph and Castan, *The International Covenant on Civil and Political Right: Cases, Materials, and Commentary*, p. 48.

[2] Alexandre Kiss, "Commentary by the Rapporteur on Limitation Provisions", (1985) 7 *Human Rights Quarterly* 15, p. 20. 克兰斯顿曾指出，对于什么为保护公共卫生所必需，可能存在专业性的指导，但"并不存在有关公共道德的专家"：Cranston, *What are Human Rights?* p. 79。

[3] 不过，这并不意味着缔约国可以自由决定以公共道德为由对权利进行限制。在每一个案中，仍要由委员会判断这种限制是否符合《公约》的各项要求。参见，Harris, "The International Covenant on Civil and Political Rights and the United Kingdom: An Introduction", p. 14, footnote 73。

[4] Communication No. 195/1985, *Delgado Páez v. Colombia*, para. 5.8.

[5] Joseph and Castan, *The International Covenant on Civil and Political Right: Cases, Materials, and Commentary*, p. 626.

制。例如，缔约国固然有义务"采取一切可能措施，降低婴儿死亡率和提高预期寿命，特别是采取措施消除营养不良和流行病"，① 但是，"可能措施"就意味着这一义务是有弹性的，而且所要达到的几项目标都取决于一国的卫生、医疗水平和条件，而各国的水平和条件必然有差异，因此判断某一缔约国是否履行了确保生命权的积极义务，必然要考虑该国的包括卫生、医疗水平和条件在内但不仅限于此的特定情况。在积极义务这方面，需要特别关注缔约国消除某些对尊重和确保公民权利和政治权利构成障碍的文化因素方面的义务。在一些缔约国中，可能存在相当顽固的文化因素，妨碍个人对《公约》权利的全面享有和行使，特别是在男女平等方面。委员会一方面拒绝认可任何此类因素可以成为缔约国不履行其《公约》义务的正当理由，但另一方面也承认改变传统并不是能一蹴而就之事。例如，委员会在对塞内加尔第四次报告的结论性意见中，尽管对存在于该国的对妇女的某些传统文化态度和风俗习惯表示遗憾、关注和不安，但同时"鼓励缔约国开展有计划的运动，提高公众认识，使其知晓对妇女的顽固成见的危害，保护妇女免遭任何形式的歧视"。② 委员会在对津巴布韦的初次报告的结论性意见中，关切地注意到"该国社会中持续存在的行为态度以及文化和宗教习俗妨碍了对人权的充分享有"，并"鼓励缔约国采取必要立法和其他措施以纠正这一状况"。③ 可以看出，对于存在此类文化阻碍因素的国家，委员会一方面要求其采取必要措施纠正这一情况，另一方面也默认这并非一朝一夕之间通过立法就能改变之事，因此更多地强调教育和促进措施的重要性和必要性。④

第六，人权事务委员会这一独立专家机构的组成也能保证对《公约》的解释、适用和发展能够在合理程度内考虑和尊重缔约国的不同情况。根据《公约》第 31 条第 2 款的规定，在选举委员会委员时，"应计及地域公

---

① 第 6 号一般性意见，第 5 段。
② CCPR/C/79/Add. 82 (1997), para. 12.
③ CCPR/C/79/Add. 89 (1998), para. 8.
④ See Joseph and Castan, *The International Covenant on Civil and Political Right: Cases, Materials, and Commentary*, p. 50.

匀分配及确能代表世界不同文化及各主要法系之原则"。[1] 这种规定的宗旨在于避免委员会仅体现某一类型文化或法律制度,或由来自某一类国家的专家所控制。尽管委员会作为一个整体需要实施《公约》规定所反映的普遍人权标准,但来自不同地域、国家、文化和法律背景的委员对这些规定的解释和适用可能并不一致,[2] "在理解特定权利的要素时,必不可免地要受其国家出身的影响",[3] 必然具有不同的认识和观点。不过,委员会作为一个整体的意见正是在对这些认识和观点存异而求同的基础上才能形成,这也保证了委员会的各项意见代表了至少是各位委员对于所涉问题的共识。有学者经过对委员会委员审议个人来文情况的实证考察得出的结论是,某些地理、文化和政治因素确实可能影响委员的决定,但不太可能影响委员会整体的最后决定。[4] 据统计,在 1977~2012 年任职的 94 名委员中,来自非洲、亚洲、东欧、拉美和加勒比海、西欧和其他国家这五大地理区域的委员分别为 17、12、13、18 和 34 名。[5] 尽管由于多方面的原因,来自西欧和其他国家(澳大利亚、加拿大、新西兰、美国等)的委员比例畸高,但是总体上而言,委员会在其 40 多年的历史上一直符合了代表"世界不同文化及各主要法系"的要求,并且受其监督的国家也遍布世界五大洲,因此委员会对于《公约》的解释为识别以及也许解决关于人权的文化碰撞提供了丰厚的土壤。[6] 联合国人权事务高级专员办事处在其对委员会的介绍中称:"委员会的强大力量之一是它的道德权威,这源于以下事实:委员会委员代表了世界的所有部分。因此,委员会远非仅仅代表某

---

[1] 但与联合国人权委员会或人权理事会不同,人权事务委员会并不按地理区域集团分配席位。

[2] Nisuke Ando(安藤仁介),"Multiculturalism and the Human Rights Committee", in Sienho Yee(易显河) and Jacques‐Yvan Morin(eds.), *Multiculturalism and International Law*: *Essays in Honour of Edward McWhinney* (Martinus Nijhoff, 2009) 329, p. 330.

[3] Harris, "The International Covenant on Civil and Political Rights and the United Kingdom: An Introduction", p. 21. 原注省略。

[4] Vera Shikhelman, "Geography, Politics and Culture in the United Nations Human Rights Committee", (2017) 28 *European Journal of International Law* 845.

[5] 孙世彦:《人权事务委员会的组成:回顾和反思》,载陈泽宪、孙世彦主编:《国际法研究》(第六卷),社会科学文献出版社,2012,第 220~221 页。

[6] Joseph and Castan, *The International Covenant on Civil and Political Right*: *Cases*, *Materials*, *and Commentary*, p. 48.

一个地域或某一个国家的观点,而是发出一种全球的呼声。"[1] 同时,委员会在其工作中也相当小心,尽量确保其意见不超出《公约》的大部分缔约国所持界线太多,因为如果委员会和缔约国对《公约》的解释分歧过大,将导致委员会失去正当性和尊重。[2] 在这一方面,尤其值得注意的是,希金斯曾根据自己的经验提出,在委员会中,正是来自第三世界国家的委员一直带头坚持认为,人权并不是一套被施加于人的西方观念,而是针对人类的整个状况普遍适用的。[3]

委员会的工作方式也保障了委员会的各项意见能最大限度地汇聚所有委员的共识。委员会《议事规则》第 52 条规定:"除《公约》和本议事规则其他条款另有规定外,委员会的决定应由出席委员的多数作出。"[4] 但该条附有一个注解:

> 委员会第一届会议曾决定,应在《暂行议事规则》第 52 条的脚注里提请注意下列两点:
>
> 1. 委员会委员普遍认为,委员会的工作方法通常应容许在表决前为通过协商一致达成决定而作出努力,但条件是,须遵守《公约》和《议事规则》的规定,并且此种努力不得使委员会的工作受到不适当的拖延。
>
> 2. 在铭记上文第 1 段的情况下,主席在任何会议上可以将提议付诸表决,并且在任何委员要求表决时,应将提议付诸表决。

而在委员会 40 多年的实践中,委员会从未将任何决定付诸表决——所有的决定都是以协商一致作出的(尽管对于对个人来文的最后意见,委员提出个人意见的情况很常见)。这种工作方式一方面固然会导致不那么令

---

[1] United Nations, Human Rights Fact Sheet No. 15 (Rev.1), *Civil and Political Rights*: *The Human Rights Committee*, p. 14.
[2] See Crombie, "A Harmonious Union?", p. 716.
[3] Higgins, "Ten Years on the UN Human Rights Committee", p. 575.
[4] 《人权事务委员会议事规则》,CCPR/C/3/Rev.12 (2021)。

人满意的折中，这种折中会很不幸地冲淡某些决定；① 但另一方面防止了委员会被某一政治以及/或者文化多数派所主导，② 由此作出的决定当然也比经表决产生的意见分量更重。③ 尤其值得指出的是，来自苏联的委员阿纳托利·莫弗昌（Anatoly Movchan）在委员会第一届会议上就积极倡导协商一致的工作方式——很可能是为了避免在冷战的政治氛围中，委员会被来自西方的委员所主导："虽然［多数表决制］可能在法律上可以接受，但委员会委员应该明白，只有在存在共识时，国际性决定才有力量。"④ 他的意见也得到来自西方国家的委员的赞同，例如，在1991年委员会审议苏丹的初次报告时，来自瑞典的委员伯蒂尔·文纳尔格伦（Bertil Wennergren）就指出："人权事务委员会以协商一致作出决定。换言之，提出的任何评估都必须获得其所有委员的赞同。由于委员会由来自具有差别极大的历史以及宗教和社会实践的国家的专家组成，因此作为协商一致之结果的委员会对《公约》的解释，具有权威性。"⑤

有时，如果不作仔细考察，委员会的行为有可能被误读为体现了一种"西方的人权观"。对此，可以委员会对待同性恋的态度为例证。在图纳恩案中，委员会认定澳大利亚塔斯马尼亚州刑法典将成人之间私下的两相情愿的同性恋活动规定为犯罪违反了规定隐私权的第17条第1款。这是否能够被解读为委员会支持同性恋，从而体现了某种"西方人权观"？实际上，这恰恰是对国家多样性的一种尊重，因为委员会对图纳恩案的决定的一个重要依据是"除了在塔斯马尼亚，所有将同性恋规定为犯罪的法律在全澳大利亚都已经被废除"，而即使在塔斯马尼亚，对于是否应当废除这样的法律，看来"也不存在一致意见"。⑥ 也就是说，将同性恋非罪化是澳大

---

① Markus G. Schmidt, "Individual Human Rights Complaint Procedures based on United Nations Treaties and the Need for Reform", (1992) 43 *International and Comparative Law Quarterly* 645, pp. 656 – 657.

② Sarah Joseph, "New Procedures Concerning the Human Rights Committee's Examination of State Reports", (1995) 13 *Netherlands Quarterly of Human Rights* 5, p. 6.

③ Joseph and Castan, *The International Covenant on Civil and Political Right: Cases, Materials, and Commentary*, p. 13.

④ CCPR/C/SR. 3 (1977), para. 80.

⑤ CCPR/C/SR. 1067 (1991), para. 62.

⑥ *Toonen v. Australia*, para. 8.6.

利亚一种几乎普遍存在的情况,委员会的意见是对澳大利亚人权观的一种重视。实际上,在委员会对图纳恩案作出最后意见之前,就有学者预计,如果委员会作出有利于提交人的决定,这将是因为委员会根据澳大利亚国内的主流态度而对《公约》权利采取了一种"文化相对性"的态度,这并不必然意味着其他缔约国中可能存在的禁止同性性行为的法律都将违反《公约》。[1] 约瑟夫和卡斯坦也认为,如果对同性恋的质疑来自一个"不那么宽容的"国家,则禁止男性同性恋性行为就有可能站得住脚。[2] 与之相对比,在乔斯林等人诉新西兰案中,委员会则没有认定新西兰拒绝准许同性恋伙伴结婚违反任何《公约》规定。[3] 实际上,委员会对同性恋问题是不持特定立场的,要求非罪化只是因为将同性恋定罪构成了一种过分的即与所要达到的目的不成比例的干涉,要求不歧视只是因为歧视同性恋并不合理。[4]

委员会于其 2004 年作出的有关《公约》缔约国承担的一般法律义务的性质的第 31 号一般性意见中指出(第 14 段):"第 2 条第 2 款中有关采取步骤实现《公约》权利的要求是无条件的和立即生效的。缔约国在政治、社会、文化或者经济方面的考虑不能作为不遵守这项义务的理由。"尽管根据这一意见,缔约国只是不得根据任何政治、社会、文化或者经济方面的考虑而不遵守或履行《公约》第 2 条规定的采取步骤实现《公约》权利的义务,但实际上,基于这是一项涉及所有《公约》权利的一般性义务的前提,委员会的这一意见可以适用于认识缔约国在《公约》之下的所有义务,即所有《公约》义务都具有普遍性。至于缔约国在政治、社会、文化或者经济方面的特殊情况和条件,一方面,在不损害缔约国对其义务之履行的前提下,《公约》给缔约国留下了一定的弹性空间,另一方面,这些特殊情况和条件不能成为拒绝承担或减免履行其根

---

[1] Morgan, "Sexuality and Human Rights", p. 289.

[2] Joseph and Castan, *The International Covenant on Civil and Political Right: Cases, Materials, and Commentary*, p. 557. 但她们接着指出,在最近的结论性意见中,委员会确认了图纳恩案的决定普遍适用。

[3] Communication 902/1999, *Joslin et al. v. New Zealand*, paras. 8.2 – 8.3.

[4] 关于《公约》是否可能保证同性恋者的生育权利和为人父母权利的问题,参见,Aleardo Zanghellini, "To What Extent Does the ICCPR Support Procreation and Parenting by Lesbians and Gay Men?", (2008) 9 *Melbourne Journal of International Law* 125。

据《公约》承担的义务的理由。① 因此，按希金斯所说："所有国家，无论其政治制度如何、经济发展水平如何，都能够遵守公民权利和政治权利。"②

总之，在国际人权标准的普遍性和各种文化的多样性之间，完全可以达到互相协调。③ 从《公约》规定的形成和适用都可以看出，《公约》既体现和维护了其中所规定的权利的普遍性，同时也尊重和容纳了世界各国的特性和不同。有学者主张，国际人权的"法律标准为相对主义和普遍主义的提倡者都提供了安慰"。④ 尽管《公约》规定的权利标准与世界的多元性、多样性之间依然存在着一定的紧张关系，但是两者在根本上是辩证统一的：正是由于存在不同的文化及其对人权的不同理解，因此一方面在逻辑上才存在确立普遍性人权标准的可能，同时在另一方面也使得普遍性人权标准具有存在的必要意义和价值。曾担任委员会委员的安藤仁介认为，"必须承认，在目前的全球状况中，存在着对有关人权的基本价值观和概念采取不同进路的空间"，但接着指出，"重要的是不要绝对地施加某种特定的价值或概念体系，而是努力了解造成差异的原因，并且在可能之时，寻找将来进行建设性对话以达成可能协调的方式"，而在这一方面极为重要的是，缔约国、委员会及其成员在其对人权的理解中，都努力维持某种程度的灵活性。⑤

1993 年《维也纳宣言和行动纲领》中的宣明应该成为理解包括《公约》权利在内的人权的普遍性与多样性的一个起点和标尺："固然，民族特性和地域特征的意义以及不同的历史、文化和宗教背景都必须要考虑，

---

① 参见对塞内加尔第三次报告的结论性意见，塞内加尔提出，《公约》的规定必须在该国普遍存在的背景和条件下加以解释和适用，委员会表示不能同意这一主张，而认为该国"应当作出一切努力使得这些条件符合国际上承认的人权标准"。CCPR/C/79/Add. 10 (1992), para. 5. 这些特殊情况和条件不仅包括传统、习俗和道德方面的因素，甚至包括所谓的"人民的意志"：例如见对坦桑尼亚第四次报告的结论性意见，CCPR/C/TZA/CO/4 (2009), para. 7。

② Higgins, *Problems and Process: International Law and How We Use It*, p. 99.

③ Eva Brems, "Reconciling Universality and Diversity in International Human Rights Law", in András Sajó (ed.), *Human Rights with Modesty: The Problem of Universalism* (Martinus Nijhoff, 2004) 213.

④ Addo, "Practice of United Nations Human Rights Treaty Bodies", p. 623.

⑤ Ando, "Multiculturalism and the Human Rights Committee", p. 344.

但是各个国家，不论其政治、经济和文化体系如何，都有义务促进和保护一切人权和基本自由。"

五　总结

　　缔约国根据《公约》承担的义务的性质不是单一的，而是具有多重性质。在上述不同的义务性质中，关于缔约国根据《公约》承担的义务究竟是行为的义务还是结果的义务，主要是一个技术性的问题，尽管在实践中也会导致一些问题，但不会对缔约国义务的内容和范围产生根本性的影响。而义务的其他性质，则涉及认识和观念的问题，而不同的认识和观念将会极大地影响缔约国根据《公约》承担的义务以及与其相对应的个人权利的内容和范围。

　　人权或者说公民权利在源头和传统上针对的是国家对个人权利的侵害，因此首先要求国家承担不侵害权利的消极义务。然而，这已经是一种过时的人权观念。在现代人权观念和制度中已经得到普遍和牢固确立的是，人权的实现同时要求国家承担消极义务和积极义务。这一点在《公约》第2条的规定中有清楚的体现："尊重"个人权利固然可以被解释为主要要求缔约国承担消极义务（但也包含了一定的积极义务的因素），"确保"个人权利和对个人权利遭受的侵害提供救济则再明显不过地要求缔约国承担积极义务。当然，提出缔约国根据《公约》也承担积极义务不能在任何意义上抵消或冲淡其承担的消极义务。实际上，在缔约国不履行其消极义务时，即有意识地侵害《公约》所确认的权利时，对积极义务的履行或者是不可能的（如促进和实现义务以及救济义务），或者是没有意义的（如保护义务）。

　　缔约国根据《公约》同时承担着消极义务和积极义务也意味着缔约国的义务既具有即时性，也具有渐进性。一方面，消极义务必然具有即时性，即缔约国在接受《公约》之时，就有义务立刻停止有意识侵害《公约》所确认权利的行为，无论这种行为体现为立法的内容本身，还是行政或执法实践。另一方面，缔约国根据《公约》承担的义务也具有一定程度的渐进性。这表现在以下若干方面。首先，在积极义务中，促进和实现的义务具有一定程度的渐进性，即缔约国为自身尊重和确保权利创造必要的条件、为个人享有和行使其权利创造更好的环境都需要经历一定的过程。其次，缔约国根据《公约》第 2 条第 2 款所承担的"制定必要之立法或其他措施，以实现本公约所确认之权利"的义务，即"落实"的义务，也不是一蹴而就的，任何缔约国即使在批准或加入《公约》之后，也需要持续地审查本国的法律规定和各种实践，以确保其体现《公约》的规定、符合《公约》的要求。再次，个人对《公约》所确认的权利的享有，事实上也体现为一种渐进的过程，尤其就其权利受到第三方的侵害得到缔约国的保护、就其权利的享有和行使得到更好的环境以及就其权利受到缔约国侵害之时获得救济而言。实际上，一味强调《公约》义务的即时性还可能造成适得其反的效果：在缔约国的法律规定和各种实践没有完全体现《公约》的规定、符合《公约》的要求之时，如果单纯斥之为违反《公约》、侵害《公约》所确认的权利，就有可能导致缔约国拒不承认本国的法律和实践存在任何问题，进而断绝任何改进和完善的可能与希望。当然，在承认缔约国根据《公约》确认的义务具有一定程度的渐进性的同时，也绝对不能夸大这种渐进性。尽管在用语上，"即时性"和"渐进性"是并列的，但两者在性质上存在根本的不同：即时性是法律的要求，渐进性只是事实的表现。这两者不是矛盾关系，而是主从关系：一方面，任何缔约国都不得以义务的渐进性作为其不即时承担《公约》所规定的义务的理由，另一方面，任何有关缔约国义务在事实上表现出一定的渐进性的讨论都必须在承认这些义务在法律上具有即时性的基础上展开。

缔约国根据《公约》承担的义务在法律上具有即时性也意味着义务的普遍性，因为任何缔约国都需要在接受《公约》之时立即承担和履行《公约》所规定的义务，而这意味着某一缔约国的任何具体情况和条件（包括文化和经济上的）都不能成为该缔约国拒绝或拖延承担和履行《公约》所规定的义务的理由。然而，在另一方面，缔约国承担积极义务必然意味着要采取行动，采取行动（这体现为一个渐进的过程）就必然意味着要克服各种困难，而这些困难又必然与缔约国的具体情况和条件有关。如果无视这一事实，将使得《公约》走向僵化，无法实现其要求缔约国尊重和确保个人权利的目的及宗旨。实际上，委员会在其监督缔约国履行义务的实践中，采取了一种现实主义的策略。一方面，委员会在原则上坚持《公约》义务具有即时性和普遍性，因此不接受任何缔约国在原则上和政策上以

《公约》义务具有渐进性或相对性为由而拒不履行的情况；另一方面，委员会对于缔约国所能合理地提出的阻碍其全面履行义务的、并非出于其主观原因的具体因素和困难，会予以充分的考虑和一定的体谅。①

可以看出，在上述有关缔约国根据《公约》承担的义务的分析中，从不同角度得出的不同性质之间实际上存在紧密的关联：义务的消极性就意味着义务的即时性和普遍性，而义务的积极性则同时意味着义务的履行在事实上会体现为一种渐进的过程并受到缔约国国内的具体情况和条件的影响和限制。总结而言，缔约国根据《公约》承担的义务同时具有消极性、即时性和普遍性，以及积极性、渐进性和相对性。但是，必须强调和注意的是，在这些性质中，前三项是主要的，后三项是次要的，这意味着《公约》缔约国承担积极义务、逐渐履行这些义务并在履行中考虑本国的具体情况和条件必须以其首先承认和承担消极义务、即时义务和普遍义务为基础和根本，而决不能以其承担的义务具有积极性、渐进性和相对性来否定这些义务的消极性、即时性和普遍性。

缔约国根据《公约》承担的义务具有多重不同的性质体现了当代人权观念、规则、制度和实践的革命性变革。对于缔约国的义务具有多重不同性质的情况，诺瓦克曾作过出色的说明，可以作为对缔约国根据《公约》承担的义务的性质的总结：

> 对此，只有一种对人权的极端片面、静态的理解才会产生不可调和的矛盾。不过，这种理解是基于一种概念的对立：消极（免受干预）权利与积极（主动行动）权利的对立，尊重义务与保障义务的对立，直接的可适用性与渐进实施的对立，绝对权利与相对权利的对立，可诉诸司法实施的主体性权利与无约束力的"纲领性权利"的对立，等等。在现代的宪法和国际公法理论中，这些概念对立都可以说是基本上过时了。首先，保护人权的国际组织——诸如欧洲人权法院，同样重要的还有人权事务委员会——的案例法都已清楚地表明，对公民权利和政治权利的保障，不仅限于要求国家不从事某种活动，而且也经常要求国家通过立法和公共行政的积极措施来保障权利。承

---

① See McGoldrick, *The Human Rights Committee*, p. 273.

认积极义务就必然地要为人权的实现带来一种相对的或者动态的因素。而且,经验已经表明,即使是那些传统上被理解为是不受干预的自由权利也需要通过立法予以具体化,并以一种动态的方式通过案例法得到发展。因此,所有人权的实际实现都是一种进行中的历史过程的一部分,而且即使是在保护公民权利和政治权利的制度高度发达的那些国家,进一步的发展不仅是可能的,而且也是法律政策的持续任务。①

---

① 诺瓦克:《评注》,第40条,第20段。原注省略。

第七章
对《公约》权利的侵害及其救济

《公民及政治权利公约》规定了一系列权利（主要是个人权利），也规定了缔约国的一系列义务。当缔约国违反其义务时，这些权利会受到侵害。根据"有权利，必有救济"（*Ubi ius, ibi remedium*）的古老法律原则，如果一项权利只是被承认存在，当其受到侵害时，受害者得不到救济，那么这种具有无法强制实施之性质的权利，就成为没有实质的虚影并且不再是一项法律权利。① 对权利的侵害与对侵害的救济之间存在紧密联系，因此，本章将首先探讨侵害的含义、侵害和受害者的确定以及侵害与缔约国义务的关系以及归责问题，然后分析救济的含义、性质、形式、附属性和独立性。

一 对权利的侵害

对《公约》所确认权利的侵害时有发生。尽管《公约》及其《任择

---

① Nagendra Singh, *Enforcement of Human Rights in Peace & War and the Future of Humanity* (Martinus Nijhoff & Eastern Law House Private, 1986), p. 13.

议定书》没有定义何为对《公约》的权利的侵害，但是从委员会审议个人来文的实践中，能够清楚地看出侵害的含义，委员会如何确定是否发生侵害以及个人在什么样的情况中构成了受害者。但是，并非个人权利受到的任何损害都构成《公约》含义之内的侵害，只有在这种损害可归责于缔约国时，缔约国才需要为未遵守义务、侵害权利承担责任。

（一）侵害的含义

在探讨侵害的含义之前，需要检讨《公约》及其《任择议定书》中的用词。这种检讨首先需要从其英文本开始。《公约》第 2 条第 3 款（子）项英文本的表述是："To ensure that any person whose rights or freedoms as herein recognized are *violated* shall have an effective remedy, notwithstanding that the *violation* has been committed by persons acting in an official capacity。"（强调为后加）该表述所用的动词"violate"和名词"violation"也出现在《任择议定书》序言以及第 1、2、4 条英文本中。《公约》第 2 条第 3 款（子）项中文本的表述则是："确保任何人所享本盟约确认之权利或自由如遭受侵害，均获有效之救济，公务员执行职务所犯之侵权行为，亦不例外"。（强调为后加）可见，与英文动词"violate"对应的中文用词为"侵害"，而与英文名词"violation"对应的中文用词为"侵权行为"。在《任择议定书》序言以及第 1、2 条中文本中，无论是与"violate"还是与"violation"对应的用词均为"侵害"；但是，第 4 条中，与"violating"相对应的用词则为"违反"。《任择议定书》中文本的用词之所以不像英文本那么统一，一方面是语言习惯所致：在《任择议定书》第 4 条中，"violate/violation"的宾语是"《公约》任何规定"，而在《公约》和《任择议定书》的其他地方，"violate/violation"的宾语是"权利或自由"或"权利"；而在中文中，只能说"违反"规定、"侵害"权利，而不能调换用词。中文本中的不同用词另一方面也揭示了英文中"violate/violation"所具有的双重含义——"违反"《公约》规定与"侵害"《公约》权利——之间存在紧密联系。

《公约》文本中还有一处值得注意。《公约》第 41 条规定的是国家间来文机制，其中提到了"不履行本公约义务""未实施本公约条款"，与之对应的英文表述则为"not fulfilling its obligations under the present Covenant" "not giving effect to the provisions of the present Covenant",但没有使用"违反/violate"等词语。① 这带来了两个有意思的问题。第一个问题是,《公约》第41条为何没有使用"违反/violate"的词语?这是否意味着"不履行本公约义务""未实施本公约条款"与"违反义务""违反条款"有别?至少在委员会的意见和学者著述中,找不到对这种用词差异的说明;反倒是,无论是委员会还是学者似乎都将"不履行""未实施"与"违反/侵害"等同。例如,委员会在第31号一般性意见(第2段)有关国家间来文机制的说明中提醒各国重视"缔约国侵害《公约》规定的权利"、注意"缔约国对《公约》义务的可能违反"的情况;诺瓦克在对第41条的评注中大量提到了缔约国的"violation/侵害/违反";② 萨拉·约瑟夫和梅利莎·卡斯坦也提到缔约国对《公约》保障或义务的"违反"。③ 也许,选择"不履行""未实施"而非"违反/侵害"的用词,只是为了在本来就极为敏感的国家间来文机制的语境中,避免使用可能刺激缔约国的用词——"不履行""未实施"显然比"违反/侵害"委婉得多,更少强硬的指责意味。第二个问题是,第41条中的"不履行本公约义务"中的"履行……义务"是否与在关于《公约》义务的论述中提到的"履行义务"同义?"未实施本公约条款/not giving effect to the provisions of the present Covenant"中的"实施/give effect to"与规定缔约国一般性义务的《公约》第2条第2款中的"实现/give effect to"、规定缔约国报告制度中的"实施/give effect to"(但其宾语为权利而非条款)是否具有相同的含义?这一问题,需要留待下文分析。

委员会在其各种意见中,并没有定义何为违反《公约》规定、侵害《公约》权利。不过,《任择议定书》第1条规定委员会有权接受并审查《任择议定书》缔约国管辖下之个人声称为该缔约国"侵害"《公约》所载任何权利之"受害者"的来文,委员会审查个人来文的过程,就是判断《公约》所载权利是否被所涉缔约国侵害的过程。因此,从委员会如何界定和解释受害者,即其《公约》权利受到侵害的个人,就可以理解何

---

① 其他核心人权公约在规定国家间来文机制的条款中,也无一使用"违反/violate"。
② 诺瓦克《评注》,第41条,第13、14、16、19、26、37、39、40段。
③ Sarah Joseph and Melissa Castan, *The International Covenant on Civil and Political Right: Cases, Materials, and Commentary* (Oxford University Press, 3rd edn, 2013), p. 18.

为侵害。

对于何为受害者,委员会在通常所称的毛里求斯妇女案中,提出了以下经常被摘引的论断:"一个人只有在确实受到影响时,才能声称自己是《任择议定书》第1条意义上的受害者。"① 因此,个人只有在其权利受到缔约国所涉行为影响之时,才可能成为受害者。例如,在莱利等人诉加拿大案中,对于加拿大的警察条例允许警察基于宗教信仰原因不穿戴警服的任何部分,因此一位锡克族警官被允许用头巾代替传统的宽沿骑警帽和军便帽,三位提交人申诉其多项权利受到了侵害。但委员会认为,提交人未能表明锡克族警察被允许佩戴具有宗教标志性的头巾如何影响提交人享有《公约》规定的权利,因此他们不能被认为是"受害者"。② 在班达杰维斯基诉白俄罗斯案中,提交人声称白俄罗斯的法院没有独立地位,但没有提供更多的相关资料证明他所指称的内容属实——审问过他的法院缺乏独立地位,使他个人受到了影响,因此委员会认定,其所知事实没有表明《公约》第14条第1款被违反。③ 在安德森诉丹麦案中,一位国会议员在电视谈话中将穆斯林头巾比喻为纳粹的万字符号,提交人作为一位基于宗教原因戴头巾的穆斯林,认为这一比喻是对她个人的侮辱,而且引起了一种对她充满敌意的氛围和切实的歧视。但委员会认为,提交人未能证明所指的谈话对她产生了具体后果或者这种具体后果迫在眉睫,并且将对提交人本人造成影响,因此提交人未能证明她就《公约》而言是一个受害者。④

不过,"确实受到影响"只是权利受到侵害的必要条件而非充分条件,即权利受到侵害时,其享受或行使必然受到了影响,但反过来并不必然成立。这是因为,如果缔约国的行为对个人权利的影响根据《公约》属于对权利享受或行使的正当合理限制,则这种影响并不构成侵害;只有在这种影响超出了《公约》允许的限制范围和程度,才会构成对权利的侵害。对

---

① Communication No. 35/1978, *Shirin Aumeeruddy - Cziffra* et al. v. *Mauritius*, para. 9.2.
② Communication No. 1048/2002, *Riley* et al. v. *Canada*, para. 4.2. 但可以想象,如果有某位加拿大警察同样基于宗教信仰原因而申请不穿戴警服的任何部分却不被接受,则属于受到了影响。
③ Communication No. 1100/2002, *Bandajevsky* v. *Belarus*, para. 10.8.
④ Communication No. 1868/2009, *Andersen* v. *Denmark*, para. 6.4.

此，可以两件针对白俄罗斯、均有关第 18 条保障的宗教自由的来文为例证。第 18 条第 1 款承认人人有权单独或"集体"表示其宗教，第 18 条第 3 款则允许限制这种表示宗教的自由。在现实生活中，集体表示宗教的一种重要方式是通过宗教组织、教会或协会等。这样，任何对宗教组织的限制都必然会对其成员产生影响，但这种影响是否必然构成对宗教自由的侵害，则需要根据具体情况具体分析。在马拉阔夫斯基和皮库尔诉白俄罗斯案中，提交人登记一个宗教协会的申请被宗教管理机构驳回，而无法成立协会必然会对申请人与他人一起表明其宗教的自由构成不利的影响，因此委员会认定白俄罗斯违反了第 18 条第 1 款。① 而在 V. S. 诉白俄罗斯案中，提交人所属的一个宗教联盟向主管官员申请邀请一个布道团来白俄罗斯参加该宗教联盟的活动，但申请被拒绝。委员会承认，"在某些情况中，施加给作为法人的宗教组织的限制可能会产生一些直接侵害个人信徒根据《公约》所享有权利的负面影响"，但是由于提交人没有解释所涉布道团无法访问白俄罗斯对于他本人实际表示宗教或信仰所带来的具体后果，因此认定提交人没有为了可否受理的目的证实他根据第 18 条第 1 款提出的权利主张，来文的这一部分根据《任择议定书》第 2 条不可受理。② 实际上，委员会也可以认定，由于提交人未能证实他根据第 18 条第 1 款享有的权利因为当局的拒绝而受到侵害，因此来文的这一部分根据《任择议定书》第 1 条不可受理。

  总体上，侵害《公约》权利可以定义为：缔约国的某种行为对权利主体（主要是个人）享受或行使《公约》所确认之权利有不利影响，而且这种不利影响不为《公约》所允许。从中可以看出，判断侵害的要素是：存在缔约国的某种行为，这种行为损害了个人享受或行使《公约》所确认的权利，即缔约国的行为与个人权利受损害存在因果关联。

  下文依次阐述如何确定侵害和受害者，侵害《公约》权利与缔约国根据《公约》承担义务的关系以及归责问题——某种情势可否归为缔约国的行为。

---

① Communication No. 1207/2003, *Malakhovsky and Pikul v. Belarus*, paras. 7.4 – 7.6.
② Communication No. 1749/2008, *V. S. v. Belarus*, para. 7.5.

（二）侵害和受害者的确定

大部分情况中，个人的权利是否确实受到了缔约国行为的影响，一目了然，容易判断。但有时，对于是否存在影响、影响如何构成侵害，存在各种复杂情况，需要梳理。

有时会有这样的情况，即缔约国的法律规定与《公约》的要求不相符。由此引起的问题是：此时缔约国是否违反了《公约》？侵害了《公约》权利？《布朗利国际法》在一般意义上国际法与国内法关系的语境中提出了类似的问题：

> 仅仅颁布立法就会引起国际责任，或者一项义务只有在国家执行该立法时才会被违反？使国内法与国际法规定的义务保持一致是一项一般性义务。但这项义务所涉及的内容取决于有关义务。通常，未能实现这种一致性本身并不违反国际法；只有当有关国家在某一具体情况中不遵守其义务时才会违反国际法。但在某些情况下，立法（或不立法）本身可能构成对国际义务的违反，例如，国家必须禁止某些行为或制定某项立法。①

由于《公约》第2条第1款明确要求缔约国尊重并确保《公约》所确认之权利，因此任何与《公约》要求不相符的法律都与这一义务相抵触并违反《公约》。② 但是，这并不等于缔约国一定就此侵害了《公约》权利，因为这需要根据是否有具体的受害者判断。原则上，任何个人不能仅仅因为存在可能违反《公约》的法律规定，就能够声称自己的权利受到了侵害、自身是受害者。例如，在意大利保护残疾人权利社团组织诉意大利案中，提交人声称1983年意大利通过的第638号法第9条违反了《公约》第26条：该第9条修改了1968年的一项相关法律所规定的在公营和私营企

---

① James Crawford, *Brownlie's Principles of Public International Law* (Oxford University Press, 9th edn, 2019), pp. 48–49.
② 参见委员会委员法比安·萨尔维奥利在一件来文中的个人意见：造成违反《公约》情况的国内立法本身违反了《公约》第2条第2款。Communication No. 1406/2005, *Weerawansa v. Sri Lanka*, Appendix, Individual opinion by Fabian Salvioli.

业中必须雇用残疾人的法律制度。提交人声称这一规定极大地减少了残疾人可获得的工作职位，侵害了残疾人的工作权利，但没有提及具体个案，即提交人并没有表明他们自己实际上和亲身地受到1983年第638号法第9条的影响。因此，根据《任择议定书》的规定，委员会不能审议他们的来文。① 在上述毛里求斯妇女案中，委员会指出：

> 没有任何个人能够抽象地以一种"公益诉讼"（actio popularis）的方式，质疑据称有违《公约》的某一法律或做法。如果该法律或做法还没有具体适用、给该个人造成损害，则它必须有可能如此适用，以致据称的受害者受到影响的风险不仅仅是一种理论上的可能性。②

因此，在某些情况中，一项国内法律只因为其存在本身就可能产生直接影响个人、使其成为受害者的不利效果，从而直接侵害该个人根据《公约》享有的权利。在上述意大利保护残疾人权利社团组织诉意大利案中，委员会尽管没有受理来文，但明确指出，"的确，在某些情况中，一项国内法律仅只因为其存在本身就可能直接侵害个人根据《公约》享受的权利"。③ 例如，在巴兰坦、戴维森和麦金太尔诉加拿大案中，加拿大魁北克省的法律要求企业的公开标志、招牌和商业广告只能使用法语，而这些提交人都使用了英语标志。其中，尽管巴兰坦和戴维森并没有收到当局的不得使用英语标志的警告通知，也没有受到任何惩罚，但委员会仍然认为，如果某一范畴的人的活动根据有关法律被视为违法，则他们可以作为《任择议定书》第1条含义之内的"受害者"提出权利主张，并进而认定他们的表达自由受到了侵害。④ 在图纳恩诉澳大利亚案中，申诉的对象是澳大利亚《塔斯马尼亚州刑法典》的一些条款——这些条款将两相情愿的男性

---

① Communication No. 163/1984, *Group of associations for the defence of rights of disabled and handicapped persons in Italy v. Italy*.

② Communication No. 35/1978, *Aumeeruddy - Cziffra et al. v. Mauritius*, para. 9.2.

③ Communication No. 163/1984, *Group of associations for the defence of rights of disabled and handicapped persons in Italy v. Italy*, para. 6.2. Cf. Communication No. 61/1979, *Leo R. Hertzberg et al. v. Finland*, para. 9.3.

④ Communications Nos. 359/1989 and 385/1989, *Ballantyne, Davidson and McIntyre v. Canada*, paras. 10.4, 11.4.

之间的性关系规定为犯罪。尽管塔斯马尼亚警察多年间都没有根据这一法律起诉任何人,但作为同性恋权利活动者以及艾滋病毒/艾滋病工作者的提交人详细地叙述了该法律的存在本身对他的影响,认为这一法律的污名化效果使他成为受害者。对此,委员会认为:

> 对于提交人能否被认为是《任择议定书》第1条意义上的"受害者"的问题,委员会注意到,提交人所质疑的法律规定若干年来并未被塔斯马尼亚司法当局所执行。但是委员会认为,提交人作出了合理努力表明,执行的威胁以及这些规定的持续存在对行政行为和公众舆论的不利影响曾经并继续影响到他个人,因此这些规定可能引起与《公约》第17条和第26条有关的问题。据此,委员会相信,提交人能够被认为是《任择议定书》第1条意义上的受害者……①

雅各布·穆勒和阿尔弗雷德·德扎亚斯认为,该案创建了一个先例,即一项法律的存在本身而非其具体适用,就导致了对《公约》的违反。② 但实际上,这一原理已经在毛里求斯妇女案中应用过。该案涉及的问题是,毛里求斯《移民法》和《驱逐出境法》给予本国国民的外籍丈夫在居留方面的待遇不如给予本国国民的外籍妻子的待遇。毛里求斯声称,来文提交人并没有声称任何特定的个人在事实上是违反《公约》规定的任何具体行为的受害者。委员会必须决定的是,当毛里求斯制定和适用这两项给予本国国民的外籍配偶不同居留待遇的法律时,是否侵害了《公约》规定的任何权利,以及来文的提交人能否声称自己是此种侵害的受害者。委员会认为,对于3位和外国人结婚的毛里求斯妇女,她们的外籍丈夫将来有可能被递解出境,在毛里求斯的居住状态也不稳定,而这一局面是由立法本身造成的。因此,毫无疑问她们受到了这些法律的实际影响,即使在没有任何个别的实施措施的情况下,也是如此。与之形成对比的是,对于该案中17位未婚的提交人,委员会认为,没有证据表明她们中的任何人面临

---

① Communication No. 488/1992, *Toonen v. Australia*, para. 5.1. 委员会最终判定《公约》第17条第1款在与第2条第1条款相联系的含义上被违反。
② Jakob Th. Möller and Alfred de Zayas, *United Nations Human Rights Committee Case Law 1977 – 2008: A Handbook* (N. P. Engel, 2009), p. 337.

由于所指控的两项法律而使其享有《公约》规定的此项或其他权利受到影响的风险，因此她们不能声称根据《公约》享有的权利受到了任何侵害、是受害者。①

因此，有时会有这样的情况：缔约国的抽象行为（如某项立法或政策）与《公约》的要求不相符，但没有人受到实施这一行为的迫在眉睫的影响或真实威胁。这时，可以说缔约国违反了《公约》，但并没有侵害《公约》权利，因为没有人成为实际的或明显潜在的受害者。在这种情况中，由于没有任何人能够以一种有根据的方式主张自己是有关缔约国的违反行为的受害者，因此对于缔约国的违反行为，无法通过个人来文机制处理，因为"根据《任择议定书》行事的人权事务委员会没有职责抽象审查国内法律是否符合《公约》施加的义务"。② 不过，这并不是说《公约》没有处理这种违反《公约》但无人受害情况的机制，因为委员会可以在缔约国报告制度抽象地审查缔约国的法律或政策是否符合《公约》。例如，第五章已经给出了一个例证：瑞典有一项有关"反社会行为"的法律，规定对于没有尽自己最大能力谋生并过着一种明显危及公共秩序或安全的不正常社会生活的人，可以强制其劳动。这一法律的内容有违《公约》第8条、第9条，但因为在实践中从未被适用，所以并没有受害者。对此，委员会在审查瑞典的缔约国报告时，建议予以废除。同样，在审议缔约国报告的过程中，经常有这样的情况：缔约国的法律或政策本身就被委员会认定与《公约》要求不符，此时无论是否有实际受害者，委员会都会建议所涉缔约国修改或废除有关法律规定。例如，一种典型情况是，有些缔约国法律中仍保留对某些在委员会看来并非"情节最重大之罪"的死刑，但宣布了不适用死刑的政策或在实践中已经很长时间没有对这些罪行判处或执行过死刑，因此也就没有第6条第2款所规定之权利被侵害的受害者，但因为这种法律规定本身就违反第6条第2款，因此仍会建议废除对这些罪

---

① Communication No. 35/1978, *Shirin Aumeeruddy‑Cziffra et al. v. Mauritius*. 最终，委员会认定，对于和外籍丈夫结婚的3位共同提交人，存在对《公约》的违反，特别是在与第17条第1款和第23条第1款相关联的意义上，违反了第2条第1款、第3条和第26条。

② Communication No. 163/1984, *Group of associations for the defence of rights of disabled and handicapped persons in Italy v. Italy*, para. 6.2.

名的死刑。①

有时也会有这样的情况：缔约国的某种实际做法与《公约》的要求不相符。这可以说缔约国违反了《公约》，但没有受到这种做法影响的个人不能声称自己是这种做法的受害者。例如，在塔德曼诉加拿大案中，提交人对罗马天主教学校在加拿大是唯一接受公共资助的非世俗学校提出了质疑，认为自己是歧视的受害者。但是，他们的子女入读的是公立世俗学校，而这些学校和私立天主教学校一样，得到公共资助。委员会认为，提交人并未充分证实，目前给予私立天主教学校的资助如何对他们造成损害或产生不利影响，因此他们不能声称是据称的歧视的受害者。② 与之形成对照的则是，在沃尔德曼诉加拿大案中，对于一位将其子女送入无法得到公共资助的私立犹太学校的犹太人家长同样就受到歧视提出的申诉，委员会却认定存在对提交人根据《公约》第 26 条享有的得到公平有效保护、免受歧视之权利的侵害。③ 这两起案件的不同显然在于，在前一案件中，提交人并未受到缔约国的做法的影响，④ 而在后一案件中，提交人则直接受到了影响，因此成了权利受侵害的受害者。

有时，对于缔约国同样的行为，委员会对其"影响"的判断可能发生变化。在第三章有关"权利的动态性"的阐述中，已经给出了这方面的例证。在金德勒诉加拿大案中，委员会没有认定已经废除死刑的加拿大将提交人引渡到可能将其判处死刑的美国违反《公约》，亦即加拿大的行为对提交人的权利并无影响；但在贾治诉加拿大案中，委员会的观点发生了重大转变，认定加拿大将提交人驱逐到已经将提交人判处死刑的美国违反了《公约》，亦即加拿大的行为对提交人有不利影响，使之成为受害者。以下

---

① 例如见，委员会对加蓬第二次报告的结论性意见，CCPR/CO/70/GAB（2000），para. 12；对俄罗斯联邦第五次报告的结论性意见，CCPR/CO/79/RUS（2003），para. 11；对贝宁的初次报告的结论性意见，CCPR/CO/82/BEN（2004），para. 13；对摩洛哥第五次报告的结论性意见，CCPR/CO/82/MAR（2004），para. 11。
② Communication No. 816/1998, *Tadman v. Canada*.
③ Communication No. 694/1996, *Waldman v. Canada*.
④ 另参见，Communication No. 567/1993, *Poongavanam v. Mauritius*, 该案中，提交人被一名法官以及九名男子组成的陪审团判决有罪；他质疑《陪审团法》规定陪审团由男子组成不符合《公约》，但委员会指出，提交人未能表明陪审团中没有女性如何实际妨碍了他享有《公约》规定的权利，因此他不能主张自己是受害者。

两件针对吉尔吉斯斯坦的来文也可以作为例证。在 SB 诉吉尔吉斯斯坦案中，提交人是一位人权维护者，试图获取有关在一个特定时期内吉尔吉斯斯坦有多少人被处决的官方信息，但被该国当局拒绝，他认为自己寻求和接收信息的权利被侵害。委员会认定他的申诉不可受理："提交人没有解释他个人到底为什么需要有关信息；而只是辩称，这是一个'公共利益问题'。在这种情况下，并且由于没有任何其他相关资料，委员会认为本来文相当于公益诉讼，因此根据《任择议定书》第 1 条不可受理。"① 但是，在后来案情类似的托克塔库诺夫诉吉尔吉斯斯坦案中，委员会指出：

> 本案中的提交人是一个公共人权协会的法律顾问，因此可以被视为在有关公共利益的问题上具有特别的"监督"职能。根据以上考虑，在本来文中，由于所寻求的信息的特殊性，因此委员会表示认可的是，提交人为了可以受理的目的已经证实，他作为公众一员，由于缔约国当局拒绝按要求向他提供关于使用死刑的信息，而直接受到了影响。②

有时，缔约国行为对权利的影响不是实际发生的，但可合理预计。在 E. W. 等诉荷兰案中，6588 名荷兰公民诉称荷兰侵害了他们的生命权，因为荷兰政府同意在该国领土上部署装有核弹头的巡航导弹。对此，委员会认为：

> 一个人为了声称自己是受《公约》保护的权利被侵害的受害者，他或她必须证明缔约国的某种作为或不作为已经对他或她享有此等权利造成了不利影响，或者这种影响迫在眉睫，例如基于现行法律以及/或者司法或行政决定或惯例。③

---

① Communication No. 1877/2009, *SB v. Kyrgyzstan*, para. 4.2.
② Communication No. 1470/2006, *Toktakunov v. Kyrgyzstan*, para. 6.3. 该案尽管早于 SB 案提交，但审结是在委员会拒绝受理 SB 案之后。
③ Communication No. 429/1990, *E. W. et al. v. The Netherlands*, para. 6.4.

委员会接着指出，在荷兰准备或实际部署巡航导弹以及其他核武器并没有对每一位提交人的生命权造成既成侵害或这种侵害迫在眉睫，因此认定任何提交人都不能主张自己是《任择议定书》第1条含义之内的"受害者"。① 类似地，在布鲁恩诉法国案中，提交人（和其他一些人）在反对转基因生物作物的示威中破坏了转基因玉米地，因此被法庭以毁坏他人财产定罪。提交人申诉说，转基因作物对其根据《公约》第6条和第17条享有的权利构成了威胁，但委员会认为，本案的事实并未说明法国对种植转基因作物所持的立场构成对提交人生命权及其在私生活、家庭和住宅方面所享有的权利的实际侵害或这种侵害的危险迫在眉睫，因此认定提交人不能声称自己是《任择议定书》第1条含义之内的"受害者"。② 在博德斯和特梅阿罗诉法国案中，委员会又加上了这种不利影响的结果是"真实的威胁"。③ 在这两起案件中，委员会都认为所申诉的情况——荷兰准备部署或实际部署核武器以及法国在南太平洋进行地下核试验——并未使提交人能够声称他们是生命权已受到侵害或即将受到侵害的受害者，或者使他们能够合理地声称生命权和家庭生活权遭到了侵害或受到了被侵害的真实威胁。

存在可合理预计影响的一种典型情况，是缔约国将某人以某种方式移送至另一国家，而该个人的权利在另一国家极有可能遭到侵害。缔约国的移送行为本身并没有直接侵害有关个人的权利，但由于合理预计这种行为将导致侵害的后果，因此该个人的权利仍受到了缔约国行为的影响，缔约国的行为构成对其义务的违反。这样的情况可以称为在国内作出但其损害发生在境外的侵害。委员会在第31号一般性意见（第12段）中指出：

> 第2条规定的义务要求缔约国尊重和确保在其领土内以及在其控制下的所有个人享有《公约》所确认的权利，这导致的一项义务是，如果有真实充分的理由相信，在驱赶某人的目的地国家或者该个人可

---

① Communication No. 429/1990, *E. W. et al. v. The Netherlands*, para. 6.4. 涉及核武器的类似来文及委员会的意见，参见，Communication 646/1995, *Lindon v. Australia*, para. 6.8; Communication No. 1440/2005, *Aalbersberg v. The Netherlands*, para. 6.3。

② Communication No. 1453/2006, *Brun v. France*, para. 6.3。

③ Communication No. 645/1995, *Bordes and Temeharo v. France*, para. 5.4。

能随后被逐往的任何国家之中，存在造成不可弥补的损害的真实危险——诸如《公约》第 6 条和第 7 条所设想的那种损害，缔约国就不得引渡、递解、驱逐该个人或以其他手段将其逐出本国领土。

这种义务体现的是一般被称为"不推回"（non-refoulement）的原则。目前已经得到普遍认可的是，一国不得将个人引渡、递解或驱逐到可能对之施以酷刑的国家是一项习惯国际法规则。[①] 许多国际人权条约（在广义上也包括难民条约）都明文规定了这一规则，其中最为典型的是《禁止酷刑公约》第 3 条——该条明确规定其缔约国有义务不得将个人驱逐、推回或引渡至有充分理由相信该个人有遭受酷刑危险的国家。[②] 一国如果在这种情况下以任何方式将某人移送到有充分理由相信该个人有遭受酷刑危险的国家，就将侵害该人的免受酷刑权。

对于委员会的意见，可以提出一个问题：这一义务是否适用于其他的《公约》权利？即《公约》缔约国是否有义务不将任何人引渡、驱逐或遣返至可以合理地预见将侵害其根据《公约》享有的其他权利的国家？委员会在金德勒案中的意见——"如果一缔约国作出的决定关涉其管辖之下的个人，而必然和可预见的后果是此人根据《公约》享受的权利在另一国管辖范围内受到侵害，那么该缔约国本身可能违反《公约》"[③]——似乎表明，如果被引渡者的任何《公约》权利在目的地国受到侵害，都将导致引渡国对《公约》的违反。然而，如果任何权利被侵害能成为质疑引渡的理由，这将等于创建了一种对抗引渡的权利，而实际上并不存在这样一项权

---

① See Sir Elihu Lauterpacht and Daniel Bethlehem, "The Scope and Content of the Principle of *non-refoulement*: Opinion", in Erika Feller, Volker Türk and Frances Nicholson (eds.), *Refugee Protection in International Law: UNHCR's Global Consultations on International Protection* (Cambridge University Press, 2003) 87, pp. 140 – 164; Aoiffe Duffy, "Expulsion to Face Torture? *Non-refoulement* in International Law", (2008) 20 *International Journal of Refugee Law* 373.

② 禁止酷刑委员会迄今审议的个人来文中，超过 80% 完全或主要有关这一问题。对该条的评注见，Margit Ammer and Andrea Schuechner, "Art. 3 Principle of Non-Refoulement", in Manfred Nowak, Moritz Birk and Giuliana Monina (eds), *The United Nations Convention Against Torture and its Optional Protocol: A Commentary* (Oxford University Press, 2nd edn, 2019), 98。

③ Communication No. 470/1991, *Kindler v. Canada*, para. 6.2.

利本身。[①] 因此，禁止推回义务所涉及的权利必须有一定的范围。委员会在其第 31 号一般性意见中说明禁止推回的义务时，提到这种义务针对的是"存在造成不可弥补的损害的真实危险"的情况，而这种损害是"诸如"(such as)《公约》第 6 条和第 7 条所设想的。这似乎意味着两点：第一点是，除了第 6 条和第 7 条规定的权利以外，缔约国针对其他一些权利也可能负有禁止推回的义务；[②] 第二点是，这些权利必须在被违反时会造成不可弥补的损害。由这两点出发，可以主张说，并非所有有违《公约》的待遇都可以成为援引禁止推回义务的理由，但《公约》缔约国不得推回的义务也可能并不仅限于死刑和酷刑的情况，而区分标准就在于这种违背是否会造成不可弥补的损害。这又导致了一个问题，即究竟什么样的损害是不可弥补的。对于这些问题，委员会迄今没有——也可能是没有机会作出清楚的阐释。不过，尽管到目前为止，除了生命权和免于酷刑的情况以外，委员会尚未判定其他有违《公约》的待遇也为缔约国施加了不得推回的义务，但显然已经为将缔约国的这种义务扩展至其他《公约》权利埋下了伏笔。实际上，委员会在一些案件中已经触及这一问题的边缘。例如，在 A. R. J. 诉澳大利亚案中，委员会需要解决三个问题，除了澳大利亚将提交人驱逐回伊朗是否可能导致澳大利亚违反《公约》第 6 条、第 7 条以外（委员会认定没有违反），还有一个问题是："第 14 条对公正审判的各项保障是否禁止澳大利亚将提交人驱逐回伊朗伊斯兰共和国，如果驱逐会使他面临第 14 条规定的正当程序保障被违反的必然的和可预见的后果？"由于没有证据表明提交人返回伊朗后将会被起诉，提交人也未能证明，如果他被驱逐回国，伊朗的司法当局有可能侵害其根据《公约》第 14 条第 1 款和第 3 款规定享有的权利，因此委员会认定，不能说提交人根据这些条款享有的权利受到侵害将会是他被驱逐回伊朗的必然的和可预见的后果。[③] 尽管委员会回避了对问题正面作出回答，但从其意见仍可以看出，如果能证明所涉个人在目的地国将受到有违《公约》第 14 条规定的刑事

---

① Joanna Harrington, "The Absent Dialogue: Extradition and the International Covenant on Civil and Political Rights", (2006) 32 *Queen's Law Journal* 82, p. 119.
② 相反的解读见, Sarah Joseph, "Human Rights Committee: Recent Jurisprudence", (2004) 4 *Human Rights Law Review* 277, p. 282。
③ Communication No. 692/1996, *A. R. J. v. Australia*, paras. 6.10, 6.15.

诉讼基本保障的审判,则不得推回的义务有可能也适用于欲引渡、驱逐或遣返该个人的缔约国。① 委员会究竟是否会将禁止推回的义务扩展到《公约》第 6 条、第 7 条规定的权利以外的权利,仍有待委员会将来的实践。②

有时会有这样的情况:缔约国的某一行为同时侵害多项权利。这又可以分为两种情况。一种情况是,缔约国的行为直接侵害多项权利。这样的案例很多,最典型的就是,某人若经由不遵守第 14 条各项要求的审判被最终判处死刑,这种情况不仅违反第 14 条的有关规定,而且同时违反第 6 条、侵害生命权。③ 而如果某人因为行使其意见自由或表达自由而遭到无理逮捕、酷刑、生命威胁甚至杀害,则不仅其根据第 19 条享有的权利受到了侵害,而且其根据第 6 条、第 7 条、第 9 条享有的权利也同时受到了侵害。④ 例如,在穆帕卡-恩素素诉扎伊尔案中,提交人因为政治活动和言论被逮捕、拘禁和流放,委员会认为缔约国违反了第 9 条第 1 款、第 12 条第 1 款、第 19 条和第 25 条;⑤ 在穆孔诉喀麦隆案中,提交人在接受新闻采访时批评了喀麦隆总统和政府,随后被两次逮捕、拘禁期间条件恶劣并受到威胁与恐吓,委员会认为缔约国违反了第 7 条、第 9 条第 1 款和第 19 条。⑥

另一种情况是,缔约国的行为除了直接影响某项或某些权利的享有和行使,同时还具有间接影响其他权利的后果。在这种情况下,个人的多项权利都会因缔约国的同一行为受到侵害。对此,以下案件可以作为例证。在吉梅内兹·瓦卡诉哥伦比亚案中,提交人由于受到死亡威胁和暴力攻击

---

① 在贾治诉加拿大案中,委员会委员伊波利托·索拉里-伊里戈延在其个人意见中提出,加拿大将提交人驱逐到美国时没有预先采取足够措施确保他根据《公约》第 14 条第 5 款应享有的权利得到充分尊重,这导致加拿大违反了《公约》第 2 条。Communication No. 829/1998, *Judge v. Canada*, Individual opinion of Hipólito Solari Yrigoyen (dissenting).
② 在贾治诉加拿大案中,委员会委员克里斯汀·夏内(Christine Chanet)曾提出,对于缔约国根据《公约》承担的义务与第三国的关系问题,委员会有必要全面研究。Communication No. 829/1998, *Judge v. Canada*, Individual opinion of Christine Chanet.
③ 第 32 号一般性意见,第 59 段。
④ 参见第 34 号一般性意见,第 23 段。
⑤ Communication No. 157/1983, *Mpaka-Nsusu v. Zaire*.
⑥ Communication No. 458/1991, *Mukong v. Cameroon*. 提交人还指控喀麦隆违反了第 9 条第 2~4 款、第 12 条第 4 款、第 14 条第 3 款(子)和(丑)项,但没有得到委员会的支持。参见, Communication No. 1353/2005, *Afuson Njaru v. Camaroon*,提交人因发表谴责保安部队腐败和暴力的文章而遭到骚扰、殴打、逮捕和酷刑,委员会认为缔约国违反了第 7 条、第 9 条第 1 款和第 2 款、第 19 条第 2 款。

而被迫离开该国前往英国避难，他认为这侵害了他根据第12条第1、4款享有的权利，但哥伦比亚主张它不能对由于暴力行为可能受到间接影响的其他权利的丧失负责。委员会认为，考虑到提交人根据第9条享有的人身安全的权利受到了侵害，而且没有有效的救济能使他从非自愿的流亡中安全返回，因此哥伦比亚未能保证提交人留在其本国、返回其本国并在其中居住的权利，违反了《公约》第12条第1款和第4款。① 在坎卡南杰诉斯里兰卡案中，提交人是一家报纸的记者兼编辑，他被数次起诉诽谤政府高级官员，但这些诉讼拖延了五六年没有结案。由于斯里兰卡没有就拖延的理由作出任何解释，因此委员会认定这种对诉讼的不合理拖延违反了《公约》第14条第3款（寅）项。不仅如此，委员会还指出，对提交人的诽谤诉讼久拖不决使他处于一种不确定的、受胁迫的境况中，这种令人胆寒的后果不正当地限制了提交人行使其表达自由的权利，因此违反了结合《公约》第2条第3款解读的第19条。②

有时会有这样的情况：某一个人不是缔约国行为的直接对象，但受到缔约国针对另一个人的行为的不利影响，无论是在物质、肉体还是精神方面，从而成为缔约国同一行为的间接受害者。③ 在这一方面，第三章所述的就强迫失踪的情况，其亲属也是缔约国的作为（强迫失踪）和不作为（不调查失踪情节和失踪者的下落）的受害者——由于亲人下落不明而遭受的痛苦和紧张，就属于明显的例证。另外，这也经常发生在将某人驱逐出境而可能侵害其家人的家庭权利的情况中。例如，在马达菲利诉澳大利亚案中，澳大利亚决定将一名有四个未成年子女的父亲递解出境；尽管这一行动是针对该父亲采取的，但将迫使其家人选择是跟随他离境还是继续留在缔约国，必然影响他们的家庭生活权利，特别是未成年子女作为儿童得到保护的权利。委员会认定，缔约国如果确实驱离马达菲

---

① Communication No. 859/1999, *Jiménez Vaca* v. *Colombia*, para. 7.4.
② Communication No. 909/2000, *Kankanamge* v. *Sri Lanka*, paras. 9.2, 9.4.
③ 欧洲人权委员会曾使用这一概念："就'受害者'，《［欧洲人权］公约》第25条不仅指据称侵害行为的直接受害者，而且指每一间接受害者，即侵害行为对其造成不利影响（prejudice）或对终止这种侵害行为具有个人利益的人。"European Commission of Human Rights, Application No. 282/57, *X.* v. *Federal Republic of Germany*, (1958) I *Yearbook of the ECHR* 164, p. 166.

利,那么对所有提交人而言,就构成对家庭的无理侵扰,有违与《公约》第 23 条相结合的第 17 条第 1 款,此外对四名未成年儿童,也构成对第 24 条第 1 款的违反,因为缔约国没有为他们提供未成年人所需的保护措施。① 不过,上述失踪案件和驱逐出境案件都有一个同样的特点,即缔约国的行为直接针对的个人本身的权利就受到了侵害,迄今为止似乎并无这样的案例:委员会没有认定缔约国的行为直接针对的个人本身的权利受到了侵害,但认定受该行为影响的其他人的权利受到了侵害。这种情况似乎不易想象。

以上几种情况——缔约国的某一行为侵害某人的多项权利以及多人的权利,有时会在一起案件中同时发生。例如,在德纳维诉利比亚案中,提交人离开利比亚在瑞士获得了庇护,但当他的妻子和孩子试图离开利比亚到瑞士与提交人团聚时,他们的护照被没收,他的妻子被安全部门告知提交人因一起政治事件而被通缉,所以她不能出国。委员会认定,利比亚没收提交人妻子和孩子的护照没有正当理由,违反了第 12 条第 2 款;由于他们无法到瑞士与提交人团聚(提交人作为难民一般来说不会回到原籍国),提交人、其妻子和孩子的家庭生活受到了无理侵扰,违反了第 17 条,这同时表明缔约国没有履行第 23 条规定的尊重家庭的义务;同理,在考虑与父母共同生活对儿童发展的利益以及没有令人信服的相反理由的情况下,利比亚的行为未能尊重儿童的特殊地位,因此侵害了提交人的未满 18 岁的子女根据第 24 条享有的权利。② 可见,仅仅是没收提交人妻子和孩子的护照这一简单行为,就造成了所有这些人的多项权利被侵害。

在确定侵害和受害者方面,还涉及一个问题,即无论是根据《公约》第 2 条第 1 款,还是《任择议定书》第 1 条,据称的受害者必须是受缔约国管辖之人。这一问题主要涉及缔约国的域外义务,已经有较详细的探讨,不再赘述。③

---

① Communication No. 1011/2001, *Madafferi v. Australia*, para. 9.8.
② Communication No. 1143/2002, *Dernawi v. Libyan Arab Jamahiriya*, paras. 6.2 - 7.
③ 参见孙世彦:《〈公民及政治权利国际公约〉缔约国的义务》,社会科学文献出版社,2012,第五章。

（三）侵害与缔约国义务的关系以及归责问题

对《公约》权利的任何损害，只要根据国际法规则能归咎于缔约国公权力机关或公职人员的作为或不作为，就构成了缔约国对这些权利的侵害，缔约国需要为此承担责任。[1] 个人由《公约》所确认的权利受到侵害，不仅意味着个人受到了不利影响，而且意味着这种不利影响与缔约国违反其义务的行为之间存在因果关联，即损害可归责于缔约国。

首先需要注意，侵害由缔约国的行为造成不能理解为仅仅只是缔约国的积极作为，而是也包括缔约国的消极不作为。委员会在 EW 等人诉荷兰案中就指出，《公约》权利被侵害包括缔约国的"某种作为或不作为"对享有权利造成不利影响的情况。[2] 其次，由于个人根据《公约》享受权利与缔约国根据《公约》承担义务一体两面、相互联系，因此个人权利受到侵害必然涉及缔约国违反其义务，侵害的类型也因此必须和缔约国的义务形式相联系。本书第五章梳理了缔约国根据《公约》对个人承担的三种形式的义务，即尊重和确保权利免受国家侵害的义务、确保权利免受非国家行为者侵害的义务（保护的义务）以及确保权利得到促进和实现的义务。以下将结合缔约国的义务探讨归责问题。

第五章指出，《公约》缔约国对受其管辖的个人所承担的第一项义务是尊重和确保其权利免受国家的侵害，其中尊重的义务要求缔约国的不作为，而确保的义务要求缔约国的作为。当缔约国违反其尊重的义务时，即意味着缔约国的某种作为具有损害某种权利之享受或行使的后果。但是，权利受到损害并不一定是国家作为的直接后果。这意味着，在某一损害《公约》权利的情势发生时，首先需要判断这一损害行为是否是国家行为，才能确定缔约国是否违反了其尊重《公约》权利的义务。对某一行为是否是国家行为以及是否引起尊重的义务的判断，可以适用有关国家责任的一般国际法规则。根据联合国国际法委员会起草的《国家对国际不法行为的责任条款草案》[3]——这一草案中与这里所论述的问题有关的部分可以被

---

[1] See *Velásquez Rodríguez v. Honduras*, Judgment of July 29, 1988, Inter-Am. Ct. H. R. (Ser. C) No. 4 (1988), para. 164.

[2] Communication No. 429/1990, *E. W. et al. v. The Netherlands*, para. 6.4.

[3] A/RES/56/83 (2001), Annex.

认为是对习惯国际法规则的编纂,国家应对任何"归于该国"的国际不法行为承担责任(《草案》第1、2条),而该《草案》第二章即第4~11条所列的情况即"把行为归于一国"的情况。因此,就《公约》而言,任何根据该草案第4~11条可"归于"某一缔约国的行为,一旦构成了对《公约》权利的损害,则该缔约国就违反了其尊重《公约》权利的义务。① 由此,不能对"国家行为"作狭窄解释,按委员会第31号一般性意见所称(第4段):

> 《公约》的一般性义务和其中第2条特别规定的义务对于每一缔约国作为整体都是有约束力的。政府的所有部门(执法、立法和司法)以及无论任何层次——国家、区域或者地区——上的其他公共机构或者政府机构均应承担缔约国的责任。

这一点对于认清缔约国是否违反其尊重义务非常重要。在这一方面,如果国家的立法本身就违反了《公约》,或者国家公职人员依其法律规定的职权而为的立法、司法或执法行为违反了《公约》,国家的责任是显而易见的。然而在实践中,有可能出现,实际上也屡见不鲜的一个问题是,某一国家公职人员的行为侵害了《公约》所确认的权利,尽管他是以公职人员的身份行事,但其行为超越了法律为其职务规定的权限,或者其行为没有得到或超越了国家的授权或认可。在这种情况下,根据《国家对国际不法行为的责任条款草案》第7条,缔约国依然要根据尊重的义务对该公职人员的侵害行为承担责任,而不论其是否有能力控制这种行为。② 例如,

---

① See M. Forde, "Non – Governmental Interferences with Human Rights", (1985) 56 *British Yearbook of International Law* 253, pp. 264 – 271; Jan Arno Hessbruegge, "Human Rights Violations Arising from Conduct of Non – State Actors", (2005) 11 *Buffalo Human Rights Law Review* 21, pp. 48 – 65.
② 参见, The American Law Institute, *Restatement of the Law (Third), The Foreign Relations Law of the United States* (1987), § 702, Comment b, and Reporters' Note 2; McCorquodale, "Non – state Actors and International Human Rights Law", pp. 101 – 102; Monica Hakimi, "State Bystander Responsibility", (2010) 21 *European Journal of International Law* 341, p. 356;〔奥〕汉斯·凯尔森:《法与国家的一般理论》,沈宗灵译,中国大百科全书出版社,1996,第224~225页。

在萨尔马诉斯里兰卡案中，提交人的儿子被斯里兰卡军人带走后失踪。斯里兰卡声称，对该案件的调查表明，是斯里兰卡陆军的一名下士个人将提交人的儿子绑架，但这一行为并不为该国所知，而且这名下士已经因为其非法的和被禁止的行为而受到起诉；斯里兰卡并没有直接或通过其军队的有关指挥官造成提交人的儿子的失踪，因此，提交人的儿子的失踪或被剥夺自由"不能被视为对其人权的侵害"。然而，委员会并不接受斯里兰卡的这种主张，而是指出，该国没有否认提交人的儿子被一名斯里兰卡军人绑架后失踪，而其行为是否越权或者其上级军官是否了解其行动无关紧要；委员会由此得出结论，该国对提交人的儿子的失踪负有责任，后者是《公约》第7条和第9条被违反的受害者。[①] 在赫茨伯格等人诉芬兰案中，提交人诉称，芬兰广播公司对有关同性恋节目的审查干涉了《公约》第19条规定的权利。委员会尽管认定芬兰没有违反《公约》，但提出其审议来文的实质事项的前提是芬兰应对芬兰广播公司的行为负责，因为芬兰占有该公司90％的股份并将其置于特别的政府控制之下。[②]

《公约》缔约国对受其管辖的个人所承担的确保其权利免受国家的侵害要求缔约国的作为。确保权利免受国家侵害的义务往往发生在个人处于国家权力控制之下的情况中，此时缔约国需要采取某种行动，才能确保个人享有或行使其权利，因此缔约国的不作为将具有损害某种权利之享受或行使的后果，导致对所涉权利的侵害。对此，有关第14条的案例提供了典型的例证。

对第14条第3款（寅）项而言，侵害恰恰是由缔约国的不作为造成的，即在没有合理原因的情况下，刑事诉讼拖延过久。例如，在鲁伊兹-阿古多诉西班牙案中，对提交人的一审拖延了11年，又过了两年多才驳回其上诉，而西班牙又没有对这种拖延的理由作出任何解释，因此委员会认定提交人根据第14条第3款（寅）项享有的权利受到了侵害。[③] 在菲利珀维奇诉立陶宛案中，对于一个相对简单的刑事案件——提交人与人殴斗致人死亡，从对提交人进行刑事调查开始到一审法院作出判决耗时4年4个

[①] Communication No. 950/2000, *Sarma v. Sri Lanka*, esp. paras. 7.9, 9.2.
[②] Communication No. 61/1979, *Hertzberg* et al. v. *Finland*, para. 9.1.
[③] Communication No. 864/1999, *Ruiz Agudo* v. *Spain*, para. 9.1.

月,而立陶宛没有对此作出合理解释,因此委员会同样认定第14条第3款(寅)项被违反。① 在穆诺兹诉西班牙案中,对于同样简单的案情——提交人攻击欲逮捕他的警察,从事件发生之日到开庭审理,居然拖延了将近5年,但西班牙未就拖延说明任何理由,因此委员会认定第14条第3款(寅)项被违反。② 同样,缔约国在刑事案件上诉程序中的不作为也会损害刑事被告不得无故拖延地受审的权利。例如,在托马斯诉牙买加案中,提交人从被逮捕到被一审定罪用了14个月,但从定罪到其上诉被驳回耗时将近23个月;由于牙买加没有提出任何证据证明这一拖延是合理的,因此委员会认定这一拖延违反了《公约》第14条第3款(寅)项和第5款。③ 另外,缔约国在审判中的不作为也可能发生在非刑事案件中。例如,在穆昆托诉赞比亚案中,提交人于1982年就其1979年遭受的非法拘禁向赞比亚最高法院提出索赔申诉,但该法院直到1999年仍未对案件作出判决,委员会认为这违反了《公约》第14条第1款。④ 之所以认定第14条第1款而非第14条第3款(寅)项被违反是因为,提交人的索赔诉讼并非一件其为被告的刑事案件,而只是一件"诉讼案",因此不能适用仅适用于刑事案件的第14条第3款,而应适用包括了"诉讼案"在内的第14条第1款。又如,在皮门特尔等人诉菲律宾案中,提交人向菲律宾法院起诉,要求执行美国法院的一项裁决。但是,为审理他们究竟应该交多少诉讼费这一并不复杂的附带问题,地区审判庭和最高法院用了8年时间,而且菲律宾没有提供理由解释为什么要用这么长的时间。委员会认为,为解决诉讼费数额的问题而用这么长的时间是不合理的,这侵害了提交人根据第14条第1款——结合第2条第3款解读——享有的权利。⑤

《公约》缔约国对受其管辖的个人所承担的第二项义务是确保权利免受非国家行为者侵害的义务即保护的义务。保护的义务要求缔约国做到三

---

① Communication No. 875/1999, *Filipovich v. Lithuania*, para. 7.1.
② Communication No. 1006/2001, *Martinez Muñoz v. Spain*, para. 7.1. 不过,有几位委员发表个人意见,反对委员会多数委员得出的这一结论: *Ibid.*, Appendix, Individual opinion of Nisuke Ando, Maxwell Yalden, Ruth Wedgwood and Roman Wieruszewski.
③ Communication No. 614/1995, *Samuel Thomas v. Jamaica*, para. 9.5.
④ Communication No. 768/1997, *Mukunto v. Zambia*, paras. 6.4–7.
⑤ Communication No. 1320/2004, *Pimentel et al. v. the Philippines*, para. 9.2.

方面，即以法律规定非国家行为者不得侵害《公约》确认的权利；采取适当措施预防和遏制非国家行为者侵害《公约》确认的权利；一旦发生非国家行为者侵害《公约》确认的权利，采取适当措施确保受到侵害的个人得到合适的补救，包括调查侵害情势以及惩处侵害者。这些义务都要求缔约国采取积极措施保护权利不受非国家行为者侵害，不采取措施就构成了国家对所涉权利的侵害。① 因此导致缔约国违反其保护义务、个人权利受到侵害的前提是缔约国的不作为。

在缔约国违反保护义务的情况中，个人所受损害实际上不是来自国家，而是来自非国家行为者；但并不是说，个人受到了非国家行为者的任何损害，缔约国就违反了其保护的义务。这种损害必须可归责于国家，这分为两种情况。一种情况是，缔约国未做到以法律禁止、以措施预防和遏制非国家行为者的侵害行为。另一种情况是，对于非国家行为者的侵害行为，缔约国未做到采取适当措施确保受到侵害的个人得到合适的补救，包括调查侵害情势以及惩处侵害者。

这是两种非常不同的情况。首先需要说明的是，在第一种情况中，尽管缔约国负有以法律规定非国家行为者不得侵害权利的义务，但从侵害的角度来说，只要没有发生非国家行为者侵害某种权利的情况（如法律并未禁止奴役且缔约国管辖之下无人受奴役），或者实际采取了预防和遏制非国家行为者侵害行为的措施，缔约国是否以法律规定禁止这种侵害行为实际上无关紧要。这种情况可以简化为缔约国没有采取措施预防和遏制非国家行为者侵害行为的情况。因此，纯粹的私人侵害并不必然导致国家的责任。例如，在陈志阳（音译）诉荷兰案中，提交人声称自己被人从中国绑架到荷兰，一旦他被驱逐到中国，就可能受到绑架者的威胁或伤害。委员会认为，这些行为应归因于非国家行动者，并不意味着中国主管当局无法或不愿保护他不受到这种私人行为的侵害，因此宣布来文的这一部分不可受理。② 该案中，尽管中国并非当事国（中国甚至不是《公约》缔约国），但逻辑依然很清楚：仅仅是非国家行为者的侵害并不意味着国家的侵权责

---

① 诺瓦克：《评注》，《第一任择议定书》第 1 条，第 5 段。
② Communication No. 1609/2007, *Chen Zhi Yang v. The Netherlands*, para. 6.4. See also Communication No. 1302/2004, *Khan v. Canada*, para. 5.6.

任，只有在国家没有采取必要措施以防止这种侵害发生时，才必须为非国家行为者的行为后果承担责任。① 例如，如果某一丈夫对其妻子施暴，仅仅施暴行为本身并不导致缔约国的责任；但如果妻子报警，缔约国没有采取行动预防和遏制丈夫再次施暴，缔约国才需要承担责任；但是，如果缔约国采取了必要与合理的措施，如对丈夫发出禁制令，但丈夫违反禁制令继续施暴（假设缔约国对其不遵守禁制令并无疏忽），缔约国仍无责任。缔约国采取的措施是否必要与合理，则需要根据第五章所述的"恪尽职守"标准来判断。

第二种情况中，无论缔约国是否采取了预防和遏制非国家行为者侵害行为的措施，这种侵害一旦发生，缔约国就有义务采取适当措施确保受到侵害的个人得到合适的补救，包括但不限于调查侵害情势以及惩处侵害者。如果缔约国未履行这一义务，受害者就双重受害：既是非国家行为者侵害行为的受害者，又是缔约国未给予补救的受害者。例如，在丈夫对妻子施暴的情境中，尽管缔约国对于丈夫违反禁制令继续施暴可能并无责任，但假如缔约国对其不加惩处，就违反了保护的义务，构成了对妻子权利的侵害。因此，个人受到非国家行为者的侵害只是缔约国违反其保护义务、侵害个人由《公约》所确认权利的必要条件，而非充分条件；若要缔约国的责任成立，还必须存在缔约国的过错。

《公约》缔约国确保个人权利免受国家侵害的义务与其确保个人权利免受非国家行为者侵害的义务即保护的义务之间，存在性质的差别，这可以通过委员会有关刑事案件中律师作用的意见加以说明。根据《公约》第14条第3款（丑）项和（卯）项，刑事被告可以自行选任律师为其辩护；如果法院认为司法利益有此必要，则要为其指定免费的公设律师即法律援助律师。即刑事案件中的律师有两类，一类是被告私人聘雇的律师，另一类是国家指派的法律援助律师。缔约国对于这两类律师的责任是不同的。委员会在第32号一般性意见中称（第38段），法律援助律师"必须能够有效地代理被告"；并指出，"与个人所聘雇律师的情况不同"，法律援助

---

① See A/56/10 (2001), *Report of the International Law Commission on the Work of its Fifty – Third Session*, Chapter IV. E. "Draft articles on Responsibility of States for Internationally Wrongful Acts", Chapter II, Commentary, para (4).

律师"行为公然不当或能力不足,例如在死刑案中不经商量即撤回上诉,或在这类案件中当证人作证时缺席,都可能引发有关缔约国违反第 14 条第 3 款(卯)项的责任"。这种表述方式说明,如果私人聘雇律师存在所述行为,可能并不引发缔约国侵害获得合格法律代理之权利的责任。例如,在 H. C. 诉牙买加案中,提交人申诉其私人聘雇的律师能力不足,委员会简明扼要地驳回了申诉:"提交人的律师是其私人聘雇的,因此据称该律师未做到适当代理提交人不能归咎于缔约国。因此,来文的这一部分不可受理。"① 不过,对于私人聘雇律师的行为,缔约国并非全无责任:缔约国仍有义务确保律师的行为不会对被告造成重大损害。② 例如,在泰勒诉牙买加案中,委员会一方面重申,不能要求缔约国对私人聘雇律师辩护中的任何所谓缺陷或犯下的所谓错误负责,但紧接着指出,"除非在法官看来,律师的行为不符合司法利益"。③ 即如果法官看到或应该看到私人聘雇律师的行为不符合司法利益,就有责任予以纠正,否则就将引起缔约国的侵权责任。

另外,如果非国家行为者侵害《公约》所确认的权利是执行国内法律的结果,那么尽管这种侵害形式上是非国家行为者造成的,但因为这种行为是服从法律要求的结果,所以实质上仍可归因于缔约国,缔约国违反的是尊重或确保权利免受国家侵害的义务,而非保护的义务。例如,在第五章所述的 K. N. L. H. 诉秘鲁案中,提交人因怀有畸形胎儿而希望中止妊娠,但由于该国刑法规定,即使基于婴儿出生时可能有严重身心缺陷而堕胎也属于犯罪,因此医院拒绝为提交人实施治疗性人工流产,提交人随后产下一名无脑畸形女婴(只存活了 4 天)并因此遭受了极大的痛苦。委

---

① Communication No. 383/1989, *H. C.* v. *Jamaica*, para. 6. 3. See also Communication No. 230/1987, *Henry* v. *Jamaica*, para 8. 3; Communication No. 330/1988, *Berry* v. *Jamaica*, para 11. 3.

② 这只是就刑事案件而言,就民事案件,委员会曾明确指出,"在民事诉讼中私人聘用的辩护律师的行为本身并不受《公约》任何规定的保护":Communication No. 1417/2005, *Ounnane* v. *Belgium*, para. 4. 4。

③ Communication No. 705/1996, *Taylor* v. *Jamaica*, para. 6. 2. See also Communication No. 618/1995, *Campbell* v. *Jamaica*, para. 7. 3; Communication No. 913/2000, *Chan* v. *Guyana*, para. 6. 2.

员会认定，秘鲁违反了《公约》多项规定。① 该案所涉医院是一家公立医院，因此其行为可直接归因于国家。但是，即使该医院是私立医院，委员会的认定结果也不会有任何不同：由于医院是按秘鲁国内法律规定行事，因此可以被认定为国家的代理人，因此国家要为其行为的后果承担责任。类似地，在高蒂尔诉加拿大案中，提交人的申诉是：他不是一个私人组织"议会记者团"的成员，因此无法充分使用联邦议会的新闻设施，因为议会规则将这种机会仅给予记者团的成员。委员会最初曾依据职权认定，该来文就第22条提出的问题可予受理，但最终认定，根据第22条提出的申诉不可受理。② 不过，另有少数委员持异议，认为该案中存在对第22条的违反。③ 这些少数委员的被认为"更为可取"④ 的意见基本没有考虑议会记者团的私人性质，而将其行为径直当作缔约国对提交人结社权利的限制。其原因很可能就在于，提交人无法使用议会的新闻设施是议会规则要求而非议会记者团自主行为的结果。

总结而言，某个非国家行为者侵害《公约》的权利并不必然意味着缔约国没有尽到保护义务，因为按委员会第31号一般性意见（第8段）所述，只有在"缔约国未能采取适当措施或者恪尽职守来防止、惩罚、调查或者补救私人或者私人实体的……行为所造成的伤害或者允许这种伤害"，才会导致缔约国违反其义务、侵害这些权利。对此，可以参考美洲人权法院的清楚说明。《美洲人权公约》第1条第1款与《公民及政治权利公约》第2条第1款一样，也要求缔约国"确保"个人对权利的行使。美洲人权法院认为，这一义务要求"国家必须防止、调查和惩处对《［美洲人权］公约》所确认的任何权利的侵害"。这种侵害不仅限于来自公权力机关或行使公权力者的侵害，"一项侵害人权但最初并不能直接归咎于国家的非

---

① Communication No. 1153/2003, *K. N. L. H. v. Peru*, paras. 6.2 – 6.5.
② Communication No. 633/1995, *Gauthier v. Canada*. 提交人的来文本身最初没有援引第22条，而是有关表达自由的第19条（*Ibid.*, para. 9.4）。委员会也认定了第19条第2款被违反（*Ibid.*, paras. 13.3 – 13.7）。
③ Communication No. 633/1995, *Gauthier v. Canada*, Appendix, Individual opinion by Lord Colville, Elizabeth Evatt, Cecilia Medina Quiroga and Hipólito Solari Yrigoyen (partly dissenting).
④ Joseph and Castan, *The International Covenant on Civil and Political Right: Cases, Materials, and Commentary*, p. 662.

法行为（例如，因为这是私人的行为或因为未能确定负责任者）也可能导致国家的国际责任，不是因为这一行为本身，而是因为缺乏《[美洲人权]公约》所要求的预防这种侵害或对之作出反应的恪尽职守"。①

《公约》缔约国对受其管辖个人所承担的第三项义务是确保权利得到促进和实现的义务，包括采取为缔约国尊重、确保和保护权利免受任何行为者侵害创造必要条件的措施，以及采取为个人享受和行使其权利创造更好环境的措施。这一义务属于积极作为的义务，也属于逐渐履行的义务。如果将未能履行《公约》义务与违反《公约》等同、将违反《公约》与侵害《公约》确认的权利等同，那么缔约国未能履行促进和实现的义务也将侵害《公约》所确认的权利。联合国人权高专办在其编写的人权培训资料中就认为，政府未能履行尊重、保护和实现义务中的任何一项都"构成了对人权的侵害"。② 然而，对于逐渐履行的义务，问题在于，"难以确定何时出现了违反这一义务的情况"，③ 因此也就难以确定个人的权利是否因为缔约国违反这一义务而受到侵害。例如，委员会指出，"保护生命的义务……意味着缔约国必须采取适当措施，处理可能导致直接威胁生命或阻止个人有尊严地享有生命权的社会整体状况"，并列出了一长串这样的状况；甚至认为，"缔约国如不能采取一切合理措施以和平手段解决国际争端，则可能未尽到确保生命权的积极义务"。④ 如果缔约国没有采取所述措施，没有和平解决国际争端，似乎只能说其未尽到《公约》所规定的义务，而很难说其违反了《公约》所规定的义务，更不要说侵害了《公约》所确认的权利。例如，在普洛特尼科夫诉俄罗斯案中，提交人指控说，俄罗斯的恶性通货膨胀以及指数调整法导致他的储蓄贬值、无法买药，这侵害了他的生命权。委员会认为，提交人未能为了判断来文可否受理的目的，证实他所说的情况构成了应由俄罗斯负责的对他根据《公约》享有的

---

① *Velásquez Rodríguez v. Honduras*, Judgment of July 29, 1988, Inter–Am. Ct. H. R. (Ser. C) No. 4 (1988), paras. 166, 172.

② Office of the High Commissioner for Human Rights, *Training Manual on Human Rights Monitoring* (United Nations, 2001), p. 10. 强调为后加。

③ Joseph and Castan, *The International Covenant on Civil and Political Right: Cases, Materials, and Commentary*, p. 10.

④ 第36号一般性意见，第26、70段。

任何权利的侵害。① 然而,如果提交人所述的"无法买药"的情况属实,这显然表明缔约国没有尽到"适时采取旨在确保个人毫不拖延地获得……保健……等基本商品和服务的措施"的义务,② 但委员会显然不认为这种情况在任何意义上构成了对提交人生命权的可能侵害。

对于逐渐履行的义务无法被"违反",因此也不存在"侵害"和"受害者",还可以第10条第3款第一句作为例证。该句规定:"监狱制度所定监犯之处遇,应以使其悛悔自新、重适社会生活为基本目的。"③ 这一句话规定的实际上也是一种促进的义务,尽管这一义务并不属于为享有第10条的其他规定所包含的权利创造必要条件或更好环境的义务。考察委员会审理的个人来文就会发现,尽管许多提交人在来文中都主张第10条第3款被违反,但这些主张或者被宣布为不可受理,或者被无视。"也许委员会不愿意适用第10条第3款源于这样一个事实,即世界各地的监狱制度都可能不符合第10条第3款的要求。"④

例如,在格里芬诉西班牙案中,提交人除了指控关押他的西班牙监狱的恶劣条件、他在审判前与已经被判罪的人关押在一个牢房里之外,还声称西班牙的监狱制度没有提供为改造和重适社会生活所需的条件:监狱不允许他和另一位囚犯教其他囚犯读写,也拒绝了获得西班牙语语法书和字典的要求(提交人是加拿大人,不会说西班牙语)。然而,委员会在其意见中只认定西班牙违反了第10条第1款和第2款,对第10条第3款却未置一词。⑤ 在詹森诉澳大利亚案中,提交人诉称对他的监禁没有以其重返社会和改造为基本目标,但委员会注意到澳大利亚的监狱制度具有各种专门为此目标制定的方案和机制,并以提交人未能证实澳大利亚对其改造进展情况的评估及其应产生的后果引起任何第10条第3款是否得到遵守的问题为由,宣布这一申诉根据《任择议定书》第2条不予受理。⑥

---

① Communication No. 784/1997, *Plotnikov v. Russian Federation*, para. 4.2.
② 第36号一般性意见,第26段。
③ 《公约》英文本中,与"悛悔自新"对应的用词为"reformation",亦可理解为"改造"——下文将使用这一用词。
④ Möller and de Zayas, *United Nations Human Rights Committee Case Law 1977-2008*, p. 227.
⑤ Communication No. 493/1992, *Griffin v. Spain*, paras. 3.1, 3.3, 9.3-9.4.
⑥ Communication No. 762/1997, *Jensen v. Australia*, para. 6.4.

确实也有委员会认定第 10 条第 3 款被违反的案例,但为数极少,而且情况都相当特殊。在姜勇洙诉韩国案中,提交人在监狱中因为拒绝"转变"其意识形态而被单独监禁了 13 年。委员会认为,对提交人处以如此长期的单独监禁——很明显其唯一依据是推定提交人所持有的政治意见,既违反了保护提交人固有尊严的第 10 条第 1 款,又违反了要求监禁的基本目的应在于改造和重适社会生活的第 3 款。[1] 诺瓦克认为,该案"是个相当极端的例子",实际上有理由将提交人的遭遇认定为违反了第 7 条的残忍的、不人道的待遇。[2] 在布拉夫诉澳大利亚案中,委员会的确认定了第 10 条第 3 款被违反,但并不是因为澳大利亚的监狱制度没有以争取囚犯改造和重适社会生活为基本目的或提交人的处遇不是以改造和重适社会生活为基本目的,而是因为提交人所受到的待遇——被长期关押在无法与人进行任何交流的单人牢房中、长期受到灯光照射、被取走了衣服和毯子——不符合他因为残疾而处于特别弱势地位的少年的身份。[3] 可以看出,委员会认定第 10 条第 3 款被违反的依据不是该款的第一句话,而是第二句话中的一项要求,即应给予少年犯人与其年龄及法律身份相称的处遇。委员会同时还认定这些待遇违反了第 10 条第 1 款,这更加表明委员会的关注点是"待遇本身"而不是待遇的"基本目的"。同样,在托马斯诉牙买加案中,提交人被判刑时只有 15 岁,却在监狱中与成年罪犯关押在一起。委员会认定这违反了第 10 条第 3 款,[4] 但显然依据的同样不是该款的第一句话,而是第二句话中的另一项要求,即少年犯人应与成年犯人分别拘禁。

从这些例证可以看出,就促进和实现的义务,恐怕难以在"未履行"和"违反"之间画等号,而至多是履行的程度问题。[5] 即使缔约国完全没有或只在部分程度上履行了促进和实现的义务,也很难说缔约国违反了这一义务,更不要说缔约国侵害了《公约》所确认的权利。曾担任委员会委员的埃卡特·克莱因就认为,当委员会提到"缔约国最好采取一切可能措

---

[1] Communication No. 878/1999, *Kang v. Korea*, para. 7.3.
[2] 诺瓦克:《评注》,第 10 条,第 25 段。
[3] Communication No. 1184/2003, *Brough v. Australia*, para. 9.4.
[4] Communication No. 800/1998, *Thomas v. Jamaica*, para. 6.5.
[5] See Stephen P. Marks, "The Past and Future of the Separation of Human Rights into Categories", (2009) 24 *Maryland Journal of International Law* 209, p. 232.

施降低婴儿死亡率和提高预期寿命，特别是采取措施，消灭营养不良和流行病"之时，就已经从"硬法"的范围进入了"软法"的领域，因此很难设想以一个国家中广泛存在营养不良为由而根据《任择议定书》提交来文会获得成功。[1] 委员会委员托克尔·奥普萨尔（Torkel Opsahl）很早就指出，应该清楚地区分"未能履行《公约》规定"——这应该在报告制度中审查，以及"对《公约》规定的违反"——这应该在来文制度中审查。[2] 的确，从此后委员会的实践来看，一方面，其来文制度主要审查缔约国是否违反了《公约》规定的具有即时性的义务，无论是尊重还是确保权利免受侵害的义务，而基本不考察缔约国是否未履行其促进和实现义务的情况。另一方面，其缔约国报告制度大量考察缔约国是否履行了其促进和实现义务。例如，上文所述委员会第36号一般性意见中要求缔约国为保护生命、处理可能导致直接威胁生命或阻止个人享有生命权的社会整体状况而必须采取的适当措施，大部分是在对缔约国报告的结论性意见中提出的。不过，委员会的实践也在变化，最近已经开始认定缔约国未能履行促进和实现义务也可能构成对《公约》义务的违反、对《公约》确认权利的侵害。例如，在2018年审结的图桑诉加拿大案中，委员会就认定，在缺乏获得医疗服务的机会将使个人面临可以合理预见且可能导致生命损失的风险时，缔约国至少有义务提供现有且可以合理获得的医疗服务的机会，而提交人曾因无法获得临时保障方案的福利而面临严重的生命和健康威胁，因此提交人的生命权受到了侵害。[3] 该案也许表明，即便缔约国在一般意义上未能履行促进和实现义务也许不构成对义务的违反和对权利的侵害，但在特定情况中，假如这种未履行造成了个人权利受到即刻的、严重的威胁，缔约国仍有可能被认定违反了相关义务、侵害了相关权利。

就促进和实现的义务，可以回到本节开头提出的一个问题，即如何理解第41条中的"不履行本公约义务"和"未实施本公约条款"。按照这些

---

[1] Eckart Klein, "The Duty to Protect and to Ensure Human Rights Under the International Covenant on Civil and Political Rights", in Eckart Klein (ed.), *The Duty to Protect and to Ensure Human Rights* (Berlin Verlag A. Spitz, 2000) 295, pp. 309–310. 他所引用的是第6号一般性意见第5段的内容。

[2] CCPR/C/SR. 231 (1980), paras. 6.

[3] Communication No. 2348/2014, *Toussaint v. Canada*, paras. 11.3–11.5.

用语的"通常意义",① "不履行""未实施"既包括了缔约国违反尊重和确保权利免受侵害的义务的情况,也包括缔约国未履行确保权利得到促进和实现的义务的情况。因此,仅从规则而言,对于某一缔约国未履行其促进和实现义务,个人若不能切实证明这种未履行对其权利构成了侵害,就难以根据《任择议定书》提交来文,但是,其他缔约国可以在国家间来文程序中提出这一点(当然,这要以双方都接受了这一程序为条件)。

二 对侵害的救济

获得有效救济的权利被认为是人权保护中最基本的保障之一。②《世界人权宣言》第8条就规定,"人人于其宪法或法律所赋予之基本权利被侵害时,有权享受国家管辖法庭之有效救济";而在整个国际人权法中,给予权利受侵害者救济也是一项重要内容。对于公民权利和政治权利,世界各国除了在立法中承认这些权利以外,还都建立了一定的救济机制。③ 同样,对《公约》所确认之权利和自由的真正享有,"最终要取决于确保对于任何主张其权利和自由受到侵害的人,存在一种'有效救济'"。④《公约》第2条第3款(子)项明确规定,每一缔约国承担"确保任何人所享本公约确认之权利或自由如遭受侵害,均获有效之救济"。曾担任委员会委员的伊丽莎白·伊瓦特认为,这一规定"承认了没有救济的权利几乎没有价值可言"。⑤ 因此,对《公约》所确认的权利受到的侵害给予救济,也是缔约国的一项重要义务。鉴于这一义务对保障《公约》权利的重要性,委员会认为,对第2条第3款,既不可提出保留(第24号一般性意见第11

---

① 《维也纳条约法公约》第31条第1款:"条约应依其用语按其上下文并参照条约之目的及宗旨所具有之通常意义,善意解释之。"

② International Commission of Jurists, *The Right to a Remedy and to Reparations for Gross Human Rights Violations: Practitioner's Guide No. 2* (Geneva, 2006), p. 44.

③ See Hector Fix Zamudio, "A Global Survey of Governmental Institutions to Protect Civil and Political Rights", (1983) 13 *Denver Journal of International Law and Policy* 17.

④ Dominic McGoldrick, *The Human Rights Committee, Its Role in the Development of the International Covenant on Civil and Political Rights* (Clarendon Press, 1994), p. 279.

⑤ Elizabeth Evatt, "The Impact of International Human Rights on Domestic Law", in Grant Huscroft and Paul Rishworth (eds.), *Litigating Rights: Perspectives from Domestic and International Law* (Hart, 2002) 281, p. 284.

段），亦不可予以克减（第29号一般性意见第14段）。

对于一般国际人权法领域中和意义上的救济，联合国大会曾专门通过《严重违反国际人权法和严重违反国际人道主义法行为受害人获得补救和赔偿的权利基本原则和导则》，[①] 学者也曾有深入全面的研究，[②] 因此本节的重点将是《公约》语境之内的救济义务，尽管在探讨救济的含义时，也会涉及一般人权理论。

（一）救济的含义

与"救济"对应的英文用词"remedy"有两个方面的含义，一个方面是程序性的，指针对侵害人权的情势寻求救济的行为以及获得救济的过程，另一个方面是实质性的，指得到认定的侵权情势的受害者通过前一个方面获得的结果，这一含义上的救济有时也称为"补救（reparation）"。[③] 人权事务委员会并没有严格区分这两个方面：在第31号一般性意见中，第15、16段同时涉及这两个方面。以至于在委员会的实践中，"难以区分获得有效救济权的程序方面和实质方面"，"这两个方面经常显得重叠，同时作为一种落实权利的程序性工作以及作为一种补救措施而共同起作用"。[④]

救济还可分为国内救济和国际救济。《公约》第2条第3款所述救济是国内救济，因为该款（丑）项规定，救济权利要"由主管司法、行政或立法当局裁定，或由该国法律制度规定之其他主管当局裁定"；这里的主管当局显然指缔约国的国内当局。国际救济则是有权作出有约束力裁决的

[①] A/RES/60/147（2006），Annex. 对这一文件的评论见，M. Cherif Bassiouni, "International Recognition of Victims' Rights",（2006）6 *Human Rights Law Review* 203。

[②] See eg Dinah Shelton, *Remedies in International Human Rights Law*（Oxford University Press, 2nd edn, 2005）.

[③] See Christian Tomuschat, "Reparation for Victims of Grave Human Rights Violations",（2002）10 *Tulane Journal of International and Comparative Law* 157, p. 168; Shelton, *Remedies in International Human Rights Law*, p. 7; Valeska David, "Reparations at the Human Rights Committee: Legal Basis, Practice and Challenges",（2014）32 *Netherlands Quarterly of Human Rights* 8, p. 10.

[④] Valeska David, "The Expanding Right to an Effective Remedy: Common Developments at the Human Rights Committee and the Inter-American Court",（2014）3 *British Journal of American Legal Studies*, 259, p. 263.

国际机构给予的救济。[1]

就《公约》语境之内的国际救济，需要一些阐释。首先，《公约》制度可以说规定了程序性的国际救济，但不是规定在《公约》本身中（规定国家间来文程序的第41条所述救济除外），而是在《任择议定书》中，因为其第1条规定委员会有权接受并审查《任择议定书》缔约国管辖下之个人声称为该缔约国侵害《公约》所载任何权利之"受害者"的来文。尽管委员会的任何意见，包括对个人来文的意见，在性质上都只是建议，对缔约国无约束力，但个人来文机制毕竟是一种国际性程序，而且具有一定的救济效果。当然，这种程序性的国际救济只约束《任择议定书》的缔约国。

其次，与《欧洲人权公约》或《美洲人权公约》不同，《公约》或《任择议定书》本身都没有规定委员会可以对个人的《公约》权利受到缔约国侵害的情况，提出个人应获得的救济。《任择议定书》只是规定，委员会有权"审查"该议定书缔约国管辖下之个人提出的来文，并向关系缔约国及该个人提出其对来文的"意见"，而没有明确规定该意见的内容，当然也没有规定该意见中是否可包括——如果认定存在缔约国侵权之情势——个人应得的救济。《公约》第2条第3款提到的救济，只是缔约国承允确保的其《公约》权利遭受侵害的任何人都能获得的救济，而非授权委员会准予救济。但是，委员会"采取了一种大胆的路径"，[2]认为它有权指示缔约国如何尽到第2条第3款所述义务。委员会最早在1981年审结的洛佩兹诉乌拉圭案中提到了这一点。在该案中，委员会在认定乌拉圭违反了多项《公约》规定之后称，"缔约国根据《公约》第2条第3款有义务为洛佩兹提供有效救济"，然后紧接着说，这"包括"立即释放、允许他离境、赔偿他所遭受的侵害和采取措施确保将来不会发生类似的违反[3]——这后来成为委员会的标准表述。后来，委员会在第31号一般性意见（第16段）中不仅指出第2条第3款施予缔约国向其《公约》权利遭

---

[1] Gerald L. Neuman, "Bi-Level Remedies for Human Rights Violations", (2014) 55 *Harvard International Law Journal* 323, pp. 329-330. 这种国际救济又分为"直接国际救济"、"对国内救济的监督"和"促成国内救济之谈判"。

[2] Tomuschat, "Reparation for Victims of Grave Human Rights Violations", p. 167.

[3] Communication No. 52/1979, *Delia Saldías de López v. Uruguay*, para. 14.

到侵害的个人提供救济的义务,而且列出了委员会所"认为"的救济形式,但仍未明确说明委员会有权说明救济。最终,委员会在 2016 年发布的《关于〈公民及政治权利国际公约任择议定书〉之下补救措施的指导原则》中明确提出,"在委员会[对个人来文]的意见中规定补救措施的法律依据是缔约国根据《公约》第 2 条承担的义务",① 彻底澄清和确定了委员会有权在对个人来文的意见中提出个人应获得的救济。

本节不再深入讨论委员会提出救济的权限,② 因为这属于需要单独论述的委员会的职权范围问题。在此只需提出,对于委员会在其对个人来文的意见中提出缔约国应给予受害者的救济,虽然有些缔约国对某些具体救济措施会提出质疑,以及很多缔约国未做到按委员会的建议给予救济,但是基本上没有缔约国反对委员会提出救济的权限和做法。本节也不讨论委员会所提救济的效果,无论是缔约国在其国内履行《公约》的过程中如何适用委员会提出的救济形式,还是对于委员会在个人来文中提出的救济,缔约国在多大程度上予以遵循。③

(二) 救济的性质要求

在发生对《公约》所确认的权利的侵害时,缔约国应给予什么样的救济,《公约》第 2 条第 3 款并没有规定。委员会在第 31 号一般性意见(第 15 段)中指出:"缔约国……必须确保个人具有可得到的、有效的救济以维护《公约》权利。"④ 因此,缔约国给予的救济应具有两个性质,即可用性和有效性。委员会审议个人来文的情况表明,国内救济不可用或/以及无效,是个人向委员会提交来文的一个重要原因。

---

① CCPR/C/158 (2016), para. 3.
② 有关讨论可参见,David, "Reparations at the Human Rights Committee", pp. 16 – 18。
③ 对此,可参见,Kate Fox Principi, "United Nations Individual Complaint Procedures – How Do States Comply? A Categorized Study Based on 268 Cases of 'Satisfactory' Implementation under the Follow – up Procedure, Mainly regarding the UN Human Rights Committee", (2017) 37 *Human Rights Law Journal* 1。
④ 委员会在对许多来文的审议中确认了这一点。例如参见,Communication No. 845/1998, *Kennedy v. Trinidad and Tobago*, para. 7.10。

救济的可用性具有三个层次的含义。① 第一个层次是，在缔约国的国内制度中，必须存在对《公约》权利被侵害的情况予以救济的措施。如果缔约国在其国内制度中没有规定《公约》权利被侵害时的救济措施，就违反了救济的义务。例如，在马加纳诉扎伊尔案中，委员会除了认定扎伊尔对提交人的逮捕和拘禁违反了第9条第1~4款和第10条第1款，还认定扎伊尔违反了第2条第3款，因为根据扎伊尔的法律，对于违反《公约》的情况，不存在有效的救济。② 又如，在 L. N. P. 诉阿根廷案中，委员会认定阿根廷有关当局在处理作为未成年人的提交人被强奸一事时，存在对第7条、第14条第1款、第17条、第24条和第26条的违反，而且由于根据现行的阿根廷国内立法，提交人无法对司法行为提出"宪法权利保护令"（amparo）的诉讼，因此委员会还认定在与上述条款（以及第3条）相联系的意义上，第2条第3款被违反。③ 再如，在西尼钦诉白俄罗斯案中，白俄罗斯中央选举委员会宣布提交人成为总统候选人的提名无效，拒绝将他登记为总统候选人。委员会认为，对于中央选举委员会的这些决定，不存在任何可供提交人使用的独立、公正、有效救济，这导致他根据《公约》第25条（丑）项——结合第2条解读——享有的权利受到了侵害。④

第二个层次是，救济必须是可合理期望的，即其《公约》权利被侵害者的确有可能得到所规定的救济。如果某一救济措施在制度中存在，但几乎没有可能或没有希望得到，那么这种救济措施就不是实际可用的。委员会曾经指出，"显然无效或申诉人不能合理期望"的救济不属于《任择议定书》第5条第2款（丑）项含义之内的"可用国内救济"。⑤ 委员会还曾指出，如果一国的最高审判机关就某事作出的裁决排除了在国内法院上诉成功的可能，则从《任择议定书》的目的来看，提交人就不必用尽国内救济。⑥

---

① See Walter Kälin and Jörg Künzli, *The Law of International Human Rights Protection* (Oxford University Press, 2009), p. 187.
② Communication No. 90/1981, *Magana v. Zaire*, para. 8.
③ Communication No. 1610/2007, *L. N. P. v. Argentina*, para. 13. 8.
④ Communication No. 1047/2002, *Sinitsin v. Belarus*, para. 7. 3.
⑤ Communication No. 1184/2003, *Brough v. Australia*, para. 8. 6.
⑥ Communication No. 511/1992, *Ilmari Länsman et al. v. Finland*, para. 6. 2.

这些意见尽管是针对个人提交来文之前应用尽国内救济的要求提出的，但同样适用于理解在根据《任择议定书》提交个人来文的语境之外的救济问题，即如果缔约国的实践（如司法实践）已经表明某种在规定中存在的救济不可能或几乎不可能起作用，那么这种救济就不是可合理期望的。例如，牙买加宪法规定诉讼当事人可以向最高法院提出寻求补救的"宪法动议"（constitutional motion），但是英国枢密院司法委员会（牙买加等英联邦国家的终审法院）的一项判决裁定这种动议并无成功的希望，而根据判例法，此后任何人提出这种动议必然徒劳无功，委员会对此指出，"一项国际法和委员会案例法的既定原则是，当地救济的规则并不要求诉诸在客观上没有成功希望的上诉"。① 又如，西班牙法律规定了个人可以申请"宪法权利保护令"，但是西班牙宪法法院频繁拒绝针对定罪和量刑提出的"宪法权利保护令"申请，委员会对此指出，"一种没有任何成功机会的救济就不能算作救济"，在根据《任择议定书》提交来文之时也不必用尽。② 再如，在郑民久等诉韩国案中，100位提交人因为宗教信仰拒服兵役、被地方法院判刑，他们都没有提出上诉，因为韩国最高法院和宪法法院都曾裁定基于信念拒服兵役者必须服兵役，否则就要面临监禁，这些终审裁决表明任何进一步的上诉都将是完全无效的。委员会接受了提交人的主张，认为他们已经用尽了国内救济。③ 当然，无法合理期望的救济只能是"在客观上没有成功希望的……救济"，④ 而不能是认为其《公约》权利被侵害者在主观上相信不存在成功希望的救济。⑤

第三个层次是，即使在缔约国的国内制度中存在可合理期望的救济措

---

① Communication Nos. 210/1986 and 225/1987, *Pratt and Morgan v. Jamaica*, para. 12.3; Communication No. 250/1987, *Reid v. Jamaica*, para. 10.5. 略有不同的表述，参见，Communication No. 356/1989, *Trevor Collins v. Jamaica*, 5.1。

② Communication No. 701/1996, *Gómez Vázquez v. Spain*, para. 6.2. See also Communication No. 986/2001, *Semey v. Spain*, para. 8.2; Communication No. 1095/2002, *Gomariz v. Spain*, para. 6.4.

③ Communication Nos. 1642–1741/2007, *Min-Kyu Jeong et al. v. Republic of Korea*, para. 6.3

④ Communications Nos. 221/1987 and 323/1988, *Cadoret and le Bihan v. France*, para. 5.1.

⑤ 委员会在许多来文中认定，对国内救济的有效性的怀疑不能免除提交人用尽这些救济的义务。例如参见，Communication No. 79/1980, *S. S. v. Norway*, para. 6.2; Communication No. 192/1985, *S. H. B. v. Canada*, para. 7.2; Communication No. 228/1987, *C. L. D. v. France*, para. 5.3。

施，但如果这些措施在实践中不能发挥有效作用，例如其《公约》权利被侵害者被拒绝诉诸某种救济措施，则缔约国将同样违反其救济义务。[1] 例如，在罗德里格兹诉乌拉圭案中，提交人在乌拉圭军政府时期遭受了警察的酷刑折磨，但是，由于乌拉圭议会制定的"时效丧失法"（Ley de Caducidad）规定立即终止对这类事项的调查，因此他无法就自己遭受的酷刑提起诉讼。对此，委员会认为，存在与《公约》第2条第3款相联系的意义上对第7条的违反。[2] 这一案件表明，即使一般而言在乌拉圭法律中存在针对酷刑的救济措施，但是"时效丧失法"这一特别法使得受害者不能诉诸这些救济措施，因此乌拉圭既在曾对提交人施用酷刑这一点上违反了《公约》第7条，也在拒绝调查酷刑指控这一点上违反了《公约》第2条第3款。又如，在特饶雷诉科特迪瓦案中，提交人被警察逮捕之后遭到酷刑虐待，他在被拘禁期间不止一次向讯问他的法官申诉自己遭受的酷刑折磨，但法官一直拒绝表态，只告诉他这属于检察官的管辖范围。委员会认为，对于当时仍被拘禁的提交人而言，法官是他唯一能利用的司法渠道，因此尽管科特迪瓦辩称提交人可以向检察官和警方申诉，但事实上并没有向提交人开放可供其使用的法律救济。委员会由此认定，在与第7条、第9条以及第10条第1款相联系的意义上，第2条第3款被违反。[3] 因此，救济的可用性意味着救济必须"在法律上和事实上"都可适用，两方面缺一不可。[4] 救济在事实上可适用还意味着，为了使某些处于特别弱势地位的

---

[1] 参见第31号一般性意见，第20段；Communication No. 468/1991, *Bahamonde v. Equatorial Guinea*, para. 9.4："如果某人试图求诸主管司法机关以伸冤，却被有系统地阻挠，这种情况有违第14条第1款规定的保障。"

[2] Communication No. 322/1988, *Hugo Rodríguez v. Uruguay*, paras. 12.1–13. 在委员会早期审议的十几件针对乌拉圭的来文中，都存在一个同样的问题，即来文所涉及的受害者根据"即时安全措施"被拘禁，尽管在乌拉圭的法律制度中存在有关人身保护令的规定，但根据乌拉圭当时的法律，人身保护令的救济措施对根据即时安全措施被逮捕和关押的人并不适用。对于这些来文，委员会无一例外地都判定乌拉圭违反了《公约》第9条第4款（来文的具体编号见，诺瓦克：《评注》，第9条，第52页，脚注157）。但是除了一件来文（Communication No. 25/1978, *Améndola Massiotti and Graciela Baritussio v. Uruguay*）以外，在其他来文中，委员会都没有明确地认定乌拉圭同时违反了第2条第3款。

[3] Communication No. 1759/2008, *Traoré v. Côte d'Ivoire*, paras. 6.3–6.5, 7.6.

[4] 参见，Communication No. 84/1981, *Barbato and Barbato v. Uruguay*, para. 9.4，其中委员会提出"在法律上或事实上"（de jure or de facto）不可适用的救济都不构成《公约》第2条第3款含义之内的有效救济。

人如儿童也能获得救济，有关救济措施应根据这些人的需要加以适当调整。①

《公约》第 2 条第 3 款对救济提出的唯一限定是"有效"，因此，即使一国法律制度中规定了对侵权的救济，这些救济可合理期望并确实能发挥作用，但必须达到"有效"的程度，才能满足《公约》对救济的要求。救济的有效性具有三个方面的含义。②

第一个方面是，救济必须是及时的，即其《公约》权利被侵害者应该能够在一定的合理时间内得到救济。如果救济被不合理地过分拖延，那么这种措施也不具有有效性，正如法谚所云："迟到的正义就是非正义"（Justice delayed is justice denied）。"在很清楚救济被拖延而且看来无效时，缔约国不得以其法院正在处理问题为由，逃避其根据《公约》承担的责任。"③ 例如，在两件针对斯里兰卡的来文中都出现的一个问题是，有关提交人指控受到军人或警察的酷刑和虐待的诉讼（包括对负责任者的审判）在国内法院久拖不决。委员会指出，根据第 2 条第 3 款，缔约国有义务确保救济切实有效，而"在对涉及酷刑或其他虐待形式的案件的司法审判中，迅捷和有效尤其重要"；委员会进而指出，"在缔约国采取的救济显然已遭到不当拖延，而且看来终将无效之时，缔约国不能以国内法院已经或正在处理这一问题的辩解来回避其根据《公约》承担的责任"。基于这些原因，委员会认定斯里兰卡违反了与《公约》第 7 条结合理解的第 2 条第 3 款。④ 在马佐诉喀麦隆案中，提交人在 1987 年被解除公职，1997 年喀麦

---

① 参见第 31 号一般性意见，第 5 段。
② See Evatt, "The Impact of International Human Rights on Domestic Law", p. 285; H. Victor Condé, *A Handbook of International Human Rights Terminology* (University of Nebraska Press, 2nd edn, 2004), p. 76; Nihal Jayawickrama, *The Judicial Application of Human Rights Law: National, Regional and International Jurisprudence* (Cambridge University Press, 2nd edn, 2017), p. 78.
③ Donald H. Wallace, "Recent Legal Developments: Redress of Human Rights Abuses in International Justice Forums for 2006", (2007) 17 *International Criminal Justice Review* 372, p. 382.
④ Communication No. 1250/2004, *Lalith Rajapakse v. Sri Lanka*, para. 9.5; Communication No. 1426/2005, *Dingiri Banda v. Sri Lanka*, para. 7.4. 委员会对两件来文的意见的表述略有差异，以上引文摘自后一件来文。另参见，Communication No. 1559/2007, *Hernandez v. Philippines*, para. 7.4, 其中委员会以同样的逻辑认定菲律宾违反了与《公约》第 6 条结合理解的《公约》第 2 条第 3 款。

隆最高法院下令废除了解除他职务的法令，提交人在1998年恢复原职。然而，委员会认为，最高法院的审理是在提交人被解职10多年之后进行的，这种存在不合理拖延的审理"不能被认为是《公约》第2条和第25条含义之内的令人满意的救济"。① 尽管委员会在其意见中认定被违反的是第2条，而没有明确提到第3款，但从案情来看，被违反的只能是第2条第3款（这也是提交人在来文中明确提出的），即对于提交人根据第25条（寅）项享有的担任公职的权利被侵害的情况，喀麦隆给予的救济（最高法院的审理）存在不合理的拖延。② 在赫默扎诉秘鲁案中，提交人就其被解除警察职务在10年间诉诸了各种国内行政和司法程序，但一直没有得到最终解决。尽管秘鲁没有主张提交人未用尽国内救济，而且委员会只是以"看起来无穷无尽的审级排列以及决定总是得不到实施不符合公正审理的原则"为由认定秘鲁违反了《公约》第14条第1款，而没有明确提到第2条第3款；但在本案中，提交人所应获得的救济恰恰在于应该就其复职申请获得公正的审理，而"公正审理的概念必然要求公正之实现不得无故拖延"，因此案件的实质症结所在就是可用救济被不合理地拖延，而非违反了第14条第1款对审判公正性的通常要求。实际上，有三位委员在其个人意见中提出的观点是非常有道理的：对于这样一个有关被解职的公务官员复职的简单问题，秘鲁的行政机关或司法机关在10年的期间里都未能认定应向提交人提供适当的救济并执行这一救济，这构成了对秘鲁根据《公约》第2条第3款（子）和（寅）项承担的义务的毫无道理的违反。③ 当然，某一救济是否及时，必须根据个案的具体案情分析，但总的原则应该是，任何救济都不应存在不能归咎于受害者且从案情来看不必要、不合理的拖延。另外，与救济可否合理期望类似，救济是否及时也必须从客观上

---

① Communication No. 630/1995, *Mazou v. Cameroon*, para. 8.4.
② 参见诺瓦克：《评注》，第25条，第43段，其中提出委员会"认定喀麦隆在与第2条第3款所规定的获得有效救济相关的问题上违反了第25条"。这并非委员会意见的原文，而显然是诺瓦克对委员会意见的解读。
③ Communication No. 203/1986, *Muñoz Hermoza v. Peru*, para. 11.3 and Appendix. 另参见，Communication No. 309/1988, *Orihuela Valenzuela v. Peru*, para. 4.2, 该案中，提交人就其未经行政程序即被解除公职且没有得到解职补助金一事，利用了各种行政和司法救济措施，但在5年多的时间里仍未得到一个最终决定。委员会认定，提交人对可用救济的申请被不合理地拖延。

判断，而不取决于认为其《公约》权利被侵害者对于救济是否被不合理拖延的主观判断。①

第二个方面是，救济必须是充分的，即其《公约》权利被侵害者所得到的救济应该尽可能弥补其遭受的侵害。如果救济的充分程度远不及侵害及其后果的严重程度，那么这种救济也不能被认为是有效的。② 例如，在鲍提斯塔诉哥伦比亚案中，受害者被哥伦比亚军人绑架和杀害，但哥伦比亚采取的措施仅仅是对两名军人施以了纪律惩戒，以及在受害者家属针对国防部的行政诉讼中判决军方负有责任、对受害者家属予以赔偿，而没有对相关责任人提起刑事诉讼。对此，委员会认为："在发生了对人权的特别严重侵害的情况中，尤其是在据称发生了对生命权的侵害的情况中，纯粹是惩戒性和行政性的救济不能被认为构成了《公约》第2条第3款含义之内的充分和有效救济。"因此，在本案中，"缔约国有义务彻底调查据称的侵害人权情况，特别是调查人员的强迫失踪和对生命权的侵害，并对这种侵权行为的肇事者提起刑事诉讼、予以审判和惩处"。③ 还例如，在阿华克斯诉哥伦比亚案中，哥伦比亚对参与绑架、杀害、折磨五名受害者的两名军官，也仅仅只是施以开除的惩戒，而未将其提交审判。委员会除了基本重复对鲍提斯塔案的意见以外，还特别指出，"一项救济的有效性还取决于所指控的侵害行为的性质"。④ 当然，某一救济是否充分，也必须根据个案的具体案情分析，⑤ 而且缔约国在决定救济的具体方式和程度方面享有一定的自由裁量余地；但总的原则应该是，任何救济都应有助于受害者恢复正常生活、恢复对权利的享有和行使，以及/或者构成对侵害行为的有效惩处并起到遏制类似侵害的效果。另外需要注意的是，委员会在其审议个人来文的实践中，有时会专门提到"充分"或"适当"的救济而不提

---

① 参见，Communication No. 67/1980, *E. H. P. v. Canada*。其中，提交人声称没有就来文所涉事项在国内提起诉讼的原因之一是这种诉讼将耗时长久；加拿大承认有关诉讼可能历时长久，但认为这不同于不合理的拖延，对此不能假设。委员会基本上接受了加拿大的主张。
② 参见诺瓦克：《评注》，第2条，第78段。
③ Communication No. 563/1993, *Nydia Bautista v. Colombia*, paras. 8.2, 8.6.
④ Communication No. 612/1995, *Arhuacos v. Colombia*, paras. 5.2, 8.2.
⑤ 参见诺瓦克：《评注》，第2条，第68段。

"有效"的救济,[①] 或者同时提到"适当"和"有效"的救济（如上述鲍提斯塔诉哥伦比亚案）。这只是因为，"充分"——应认为"充分"中已经包含"适当"的因素——是救济有效性中最重要的一个方面，而不是因为"充分"是能够与"有效"并列的方面。

　　第三个方面是，救济必须是可执行的，即缔约国的有关当局应当切实执行其《公约》权利被侵害者所得到的救济。这是《公约》第2条第3款（寅）项的要求。对这一项，首先需要探讨一下文本的问题。在《公约》通行中文本中，该项的表述是："保证合格当局在准予此等补救时，确能付诸实施。"这一表述有可能被理解为准予救济和实施救济的当局是同一个，但从该项在《公约》英文中的表述来看，这一理解是有问题的。该项在英文本中的表述是"To ensure that the competent authorities shall enforce such remedies when granted"。根据这一表述，缔约国有义务保证的，仅是主管当局必须执行得到准予的救济，但这一当局并不必然就是准予救济的当局。实际上，"such remedies"表明这种救济应是其《公约》权利被侵害者根据第2条第3款（丑）项的规定获准的救济，而根据（丑）项，有权准予救济的，可以是司法、行政、立法当局以及其他合格当局，而在绝大多数国家，至少立法当局很少会直接"实施"和"执行"一项救济，因此，准予救济的当局和执行救济的当局并不必然是同一个。[②]《公约》通行中文本中（寅）项的表述的另一个问题是，其中与英文本的"enforce"一词相对应的用词是"实施"，但"enforce"具有"实施"一词——英文中的"implement"一般被译为"实施"——通常所不具备的强制性含义，因此一般被理解和翻译为"执行"或"强制实施"。而《公约》作准中文本中（寅）项的表述与其英文本中的表述更为一致："确保上项救济一经核准，主管当局概予执行。"在确定了第2条第3款（寅）项的准确含义之后，再来看一看第2条第3款的三项之间的逻辑关系：（子）项规定了

---

① 例如见，Communication No. 64/1979, *Salgar de Montejo v. Colombia*, para. 12, Communication No. 1189/2003, *Emmanuel Fernando v. Sri Lanka*, para. 11（充分的救济）；Communication No. 172/1984, *Broeks v. The Netherlands*, para. 16, Communication No. 314/1988, *Bwalya v. Zambia*, para. 8（适当的救济）。

② See United Nations, *Annotations on the text of the draft International Covenants on Human Rights* (prepared by the Secretary-General), A/2929 (1955), Chapter V, paras. 16–17.

其《公约》权利被侵害者能得到有效的救济以及缔约国给予救济的义务；（丑）项规定了缔约国应保证有关主管当局能判定其《公约》权利被侵害者的救济请求；（寅）项则规定了一旦其《公约》权利被侵害者的救济请求获准，则主管落实救济的当局有义务执行此等救济。有时，有些救济可能并不涉及执行问题。例如，如果一项侵权性的法律被立法机关废除或被司法机关宣布为无效，这本身可能就足以补救个人所遭受的侵害，而不必再由任何机关来执行这一决定。[①] 但是，有些救济可能不仅需要获准，而且还需要由某一国家机关执行，才能取得真正的补救效果。因此，即使其《公约》权利被侵害者的救济请求获准，但如果没有任何机关来执行这一救济或主管当局拒绝执行这一救济，那么这一救济就不是有效的。例如，如果法院判决警察部门对某一被其非法逮捕或拘禁的人予以赔偿（参见《公约》第9条第5款），而警察部门拒绝赔偿，又没有任何机构强制警察部门予以赔偿，则法院所判决的赔偿就不是一种有效的救济，缔约国就没有尽到其救济的义务。

　　委员会审议的个人来文中，有些就涉及《公约》权利受侵害者获得的救济得不到执行的情况。在格顿伯诉刚果民主共和国案中，提交人是扎伊尔（刚果民主共和国以前的国名）在布隆迪的一家领事学校的校长，其职务被扎伊尔驻布隆迪大使解除。在提交人提出申诉之后，扎伊尔有关部门指令恢复他的职务并补发工资，但这些决定没有被执行。委员会认定，扎伊尔有关部门作出的有利于提交人的决定没有付诸实施，因此这些决定——结合《公约》第2条来理解——不能被视为对违反第25条（寅）项行为的有效补救。[②] 在这一方面，尤其重要的是司法机关的判决得到有效遵守和执行。穆勒和德扎亚斯就认为，《公约》第14条第1款在与第2条相联系的意义上，可以被解释为要求缔约国为受其管辖的一切个人提供有效救济，因此任何权利被侵害者都应该有权质疑这种侵害；而一旦司法机关认定存在侵害，缔约国就有义务确保裁决得到执行。[③] "在国家对确

[①] 参见诺瓦克：《评注》，第2条，第82段。
[②] Communication No. 641/1995, *Gedumbe* v. *Democratic Republic of the Congo*, para. 5.2. See also Communication No. 906/2000, *Chira Vargas* v. *Peru*, para. 7.4.
[③] Möller and de Zayas, *United Nations Human Rights Committee Case Law 1977 – 2008*, pp. 255 – 256.

保其本身法院的裁决得到执行无所作为之时,法院承认其人权被侵害的受害者的权利对于这一受害者将没有任何帮助。"① 在捷尔宁诉捷克共和国案中,行政部门拒不执行法院有关保留提交人国籍的裁决。委员会认为,"有关行政部门拒不采取行动并且在执行法院有关裁决方面的过分的延误,在与规定了获得有效救济权利的第 2 条第 3 款相结合的意义上,违反了第 14 条第 1 款"。②

在委员会审议的个人来文中,指控缔约国违反《公约》第 2 条第 3 款(寅)项即获准的救济没有得到执行的情况非常罕见,也许是因为缔约国一般都能执行本国当局准予的救济。诺瓦克曾提出,委员会只在一个案件即巴里图西奥诉乌拉圭案中认定了对第 2 条第 3 款(寅)项的违反。③ 但是,这并非一个正确的例证。实际上,诺瓦克本人自己也承认委员会在对该案的决定中没有明确提到(寅)项。在该案中,巴里图西奥女士以"颠覆性组织的同谋"的罪名被一位军事法官于 1973 年判处 2 年监禁,但是她并没有在该军事法官决定释放她的时间获得释放,而是根据"即时安全措施"又被监禁了 3 年多。从该案的案情来看,对巴里图西奥的释放决定本身并不是《公约》第 2 条第 3 款(子)项含义之内的一种救济,而只是她服刑完毕的一个结果。④ 因此,委员会认定巴里图西奥在本应获释之后继续被拘禁属于《公约》第 9 条第 1 款禁止的无理拘禁,是正确的;在此情况中,委员会也就不可能认定《公约》第 2 条第 3 款(寅)项被违反。⑤ 到目前为止,委员会较为明确地认定缔约国违反第 2 条第 3 款(寅)项的来文,的确只有一件,但发生在 2009 年即诺瓦克出版其《评注》修订第二版之后。在基巴亚诉刚果民主共和国案中,提交人述称,其父亲遭到一名军官和两名士兵的鞭笞,而军事法庭不仅轻判了这三人,而且这三人从未服刑,因此提交人指控刚果民主共和国违反了《公约》第 7 条和第 2 条

---

① Möller and de Zayas, *United Nations Human Rights Committee Case Law 1977 – 2008*, p. 335.
② Communication No. 823/1998, *Czernin v. The Czech Republic*, paras. 7.4 – 7.5.
③ 诺瓦克:《评注》,第 2 条,第 83 段;对该案的介绍,第 76 段。
④ 委员会没有对巴里图西奥被定罪和判刑一事本身是否符合《公约》发表意见,因为这些情势发生在《公约》生效之前。
⑤ Communication No. 25/1978, *Améndola Massiotti and Graciela Baritussio v. Uruguay*, paras. 12 – 13. 委员会还认定乌拉圭违反了与第 2 条第 3 款相联系的第 9 条第 4 款,但这是因为不存在巴里图西奥就其被任意拘禁可诉诸的主管法院,而非因为准予她的救济未得到执行。

第 3 款（寅）项。委员会在其意见中，认定刚果民主共和国违反了与第 2 条结合解读的第 7 条。① 在认定存在违反情势时，委员会并没有明确提到第 2 条第 3 款（寅）项。然而，显而易见的是，尽管军事法庭将三名施暴者判刑以作为对提交人之父所遭受的酷刑的救济，但是这一救济存在两个问题，即该救济不仅本身并不充分，而且并未得到执行，因为这三人并未被强制服刑。因此，缔约国所违反的，不仅包括第 2 条第 1 款（尊重的义务）和第 2 条第 3 款（子）项（提供有效救济的义务），而且包括规定获准的救济应得到执行的第 2 条第 3 款（寅）项。另外，在 L. M. R. 诉阿根廷案中，提交人的患有长期精神障碍的女儿 L. M. R. 因被强奸而怀孕，尽管阿根廷最高法院根据允许在这种情况中终止妊娠的法律裁决 L. M. R. 可以终止妊娠，但为了落实这一裁决，提交人不得不三次出庭，最终仍不得不通过非法手术为 L. M. R. 堕胎。出于这些原因，委员会认为提交人未能获得有效救济，案件的有关事实在与第 3 条、第 7 条和第 17 条相结合的意义上，违反了《公约》第 2 条第 3 款。② 委员会认定的是受害者"未能获得有效救济"，也没有明确提到第 2 条第 3 款（寅）项，但该案的实质问题并非受害者寻求的救济没有得到裁定——最高法院的裁决已经构成了第 2 条第 3 款（丑）项含义之内的救济，而是这一救济未得到有效执行，因此精确地说，缔约国违反的是第 2 条第 3 款（寅）项。

在救济的可用性和有效性方面，应注意不同性质的救济的作用。根据《公约》第 2 条第 3 款（丑）项的规定，救济可以"由主管司法、行政或立法当局裁定，或由该国法律制度规定之其他主管当局裁定"，但该项同时规定缔约国应"推广司法救济之机会"。③ 曾担任委员会委员的伯恩哈德·格雷弗拉特认为，《公约》第 2 条第 3 款尽管建议发展司法救济的可能，但将这种救济置于与其他所有形式的救济同等的地位上，并有意给国家留下很宽的酌处余地，承认国家可以使用范围很广的不同法律保护方式，没有将救济限定在司法程序上，而是接受法律制度确立的任何种类的

---

① Communication No. 1483/2006, *Kibaya v. Democratic Republic of the Congo*, esp. para. 6.2.
② Communication No. 1608/2007, *L. M. R. v. Argentina*, para. 9.4.
③ 《公约》英文本中，与"推广"对应的用词为"develop"，亦可理解为"发展"。

救济。[1] 委员会在第 31 号一般性意见（第 15 段）中也指出，它"十分重视缔约国设立适当的司法机制和行政机制，以便根据国内法来处理有关侵害权利的指控"，并指出了司法机制和行政机制各自可能发挥的作用，可以说将司法救济和行政救济放在了平等的位置上。不过，第 2 条第 3 款（丑）项的立法史显示出，司法救济具有一定的优先地位。在联合国人权委员会形成的《公约》草案中，该项的表述是："发展司法救济的可能性，并保证任何要求此种救济的人能由主管政治、行政或司法当局裁定其在这方面的权利。"在起草该项的讨论中，由独立的司法机关（在某些情况下包括行政裁判庭）提供救济的必要性得到了强调，而之所以还提到了立法或行政当局的救济，是因为在某些情况下这些当局可能是唯一的或最有效的救济机构。[2] 第 2 条第 3 款（丑）项的最终表述是在联大第三委员会上，经英国等国家的提议而修正形成的。在讨论中，对于司法救济没有任何反对，而对于由行政或立法当局裁定救济则存在一定的争论，但最终作为一种妥协都保留了下来。[3] 诺瓦克认为，从该项的表述和立法史可以推断出，缔约国有义务优先考虑司法救济。[4] 因此，对于司法救济和其他性质的救济的关系的正确理解是：一方面，《公约》并不排除司法救济之外的其他性质的救济，例如委员会还曾认定立法救济和行政救济的有效性，[5] 但在缔约国中必须存在司法救济，且应是对《公约》权利被侵害者

---

[1] Bernhard Graefrath, "How Different Countries Implement International Standards on Human Rights", (1984–1985) *Canadian Human Rights Yearbook* 3, pp. 15–16.

[2] A/2929, Chapter V, para. 16.

[3] United Nations, *Draft International Covenant on Human Rights* (Report of the Third Committee), A/5655 (1963), paras. 12–16, 25–27.

[4] 诺瓦克：《评注》，第 2 条，第 65 段。See Scott Carlson and Gregory Gisvold, *Practical Guide to the International Covenant on Civil and Political Rights* (Transnational Publishers, 2003), p. 19.

[5] 例如参见，Communication No. 198/1985, *Stalla Costa v. Uruguay*, para. 10：一项规定因意识形态的、政治的或涉及工会的原因或纯粹是任意的理由而被解职的政府官员都有权复职的法律被认为是有效的救济；Communication No. 942/2000, *Jonassen et al. v. Norway*, para. 8.6：因为提交人向行政机关提出的征用土地以牧养驯鹿的申请仍在处理过程中，所以委员会认定提交人未用尽国内救济。在对个人的审议中，委员会还曾泛泛地提到需用尽的国内救济中包括行政救济，例如参见，Communication No. 1003/2001, *P. L. v. Germany*, para. 6.5；Communication No. 1188/2003, *Riedl-Riedenstein et al. v. Germany*, para. 7.2。

的首要救济形式——例如委员会就曾指出《任择议定书》第 5 条第 2 款（丑）项提到的国内救济"很清楚首先指的就是司法救济";① 另一方面，其他性质的救济也必须满足可用性和有效性的要求，而不能是表面上符合第 2 条第 3 款但实际上无法针对侵害行为提供足够保障的措施②——例如，如果行政机关作出的救济决定不具有约束力而只是建议性的，可由行政机关按其意愿撤销，则这样的救济就不是有效的。③ 另外需要指出的是，有些国家反对由政治或行政机关来裁定救济，它们认为，"特别不应该的是，一个很可能被国家的政治当局侵害了自由的人应由一个政治机构裁定其获得救济的权利，因为侵害其权利的这一机构可能正是负责审议其救济要求的机构";④ "行政机关……在许多情况中对最严重的侵害人权行为负有责任，对于裁定有关个人是否有权获得任何补救（redress）不应该具有管辖权"。⑤ 诺瓦克也认为完全由政治机关或其下属的行政机关所作出的决定不构成第 2 条第 3 款（丑）项意义上的有效救济。⑥ 这种认识也许过于极端，因为在这一方面，最重要和关键的并不是裁定救济的机关的性质，而是其角色：为了保证救济的公正性，对救济的裁定不应该由其本身就被认定侵害了《公约》权利的机关进行，而应该由独立于该机关的其他机关进行（例如国家人权委员会或监察专员）；或者即使由被认定侵权的机关进行，也必须保证权利被侵害者能够就这一裁定向一个独立机构提出上诉。而无论在任何情况下，行政机关或其工作人员都是最有可能侵害《公约》权利的，而司法机关都是最有可能独立于行政机关来裁定救济或对行政机关的裁定作出审查的。另外，如果缔约国的某项法律本身就违反了《公约》的规定并导致了对《公约》所确认之权利的侵害，那么可以肯定的是，"没有任何国内救济比给予一个独立的司法机关以判定该法律为'无约束效

---

① Communication No. 262/1987, *R. T. v. France*, para. 7.4.
② See William M. Walker, "The Remedies of Law of the International Covenant on Civil and Political Rights: Current Trends and a Conceptual Framework for the Future", (1988) 20 *New York University Journal of International Law and Policy* 525, p. 543.
③ See Communication No. 900/1999, *C. v. Australia*, para. 7.3.
④ A/2929, Chapter V, para. 16.
⑤ A/5655, para. 27.
⑥ 诺瓦克：《评注》，第 2 条，第 65 段。

力'的权力更为有效"。① 因此结论仍然是,司法救济在《公约》权利被侵害的情况中,具有特别的作用,是"所有救济中最为理想的"。②

(三) 救济的形式

对于缔约国根据《公约》第 2 条第 3 款应提供的救济的形式,《公约》没有作进一步详细规定。就救济的形式,首先可以考虑的是法理意义上法律责任承担的方式。③ 缔约国之所以有义务对其《公约》权利被侵害者提供救济,是因为缔约国需要对其导致《公约》权利被侵害的、违反《公约》的行为承担责任。因此,缔约国提供救济的形式在一定程度上与法律责任承担的一般方式具有共同之处,但同时,由于在《公约》的语境中侵害权利者和承担责任者只能是缔约国,因此其承担责任的形式或提供救济的形式又有别于其他非国家行为者承担责任的形式。就救济的形式,其次可以考虑的是人权事务委员会的意见。在有关缔约国的一般法律义务的第31 号一般性意见中,委员会没有明确排列缔约国可以提供的救济形式,但从有关段落的表述来看,这些形式包括:迅速、彻底和有效地调查关于侵害权利的指控,将侵害人权的肇事者绳之以法;停止目前还在进行的侵权行为;提供和实施临时或暂行措施,以免侵权行为继续发生,并且努力尽早弥补这些侵害行为可能已经造成的任何伤害;采取措施防止违反《公约》的行为再次发生;对其《公约》权利被侵害者作出补救——包括适当的赔偿,恢复原状,康复以及公开道歉、公开纪念、保证不再重犯、改变

---

① W. S. Tarnopolsky, "A Comparison between the Canadian Charter of Rights and Freedoms and the International Covenant on Civil and Political Rights", (1982) 8 *Queen's Law Journal* 211, p. 224.

② Walker, "The Remedies of Law of the International Covenant on Civil and Political Rights", p. 537. 有意思的是,与人权事务委员会同时提到司法救济和行政救济相比,反倒是经济、社会和文化权利委员会强调了司法救济的重要性:"在许多情况中,其他[救济]方式如果得不到司法救济的加强或补充,就可能归于无效。" CESCR, General Comment No. 9: The Domestic Application of the Covenant, in E/1999/22, *Committee on Economic, Social and Cultural Rights: Report on the Eighteenth and Nineteenth Sessions* (1999) 117, para. 3.

③ 有关法律责任承担的一般方式见,张文显主编《法理学》,高等教育出版社/北京大学出版社,2007,第 3 版,第 175~177 页。

有关法律和惯例等抵偿措施。① 在这一方面，特别需要注意的是委员会在对个人来文的审议中提出的意见。在大多数委员会认定存在对《公约》规定之违反的个人来文中，委员会一般都会指出，根据《公约》第2条第3款，缔约国有义务向受害者提供有效的救济，或者受害者有权利得到有效的救济；在有些来文中，委员会的意见到此为止，但是在相当数量的来文中，委员会会进一步指出它认为对于被认定存在的侵害，合适的救济应包括什么形式。尽管这些救济形式是委员会对违反《公约》规定的缔约国的建议，但可以认为，这些形式同样也是缔约国在国内履行其根据《公约》承担的救济义务时，可以提供的救济形式。因此，对于缔约国根据《公约》第2条第3款应提供的救济形式的总结和分析，学者往往以委员会在审议个人来文之后作出的意见中建议的救济形式为主要依据。② 例如，诺瓦克主要以其《评注》修订第二版完成之前十几年委员会审议个人来文的案例为基础，将委员会建议的救济形式总结为：恢复原状、改变法律或者行政或司法决定、康复、抵偿、刑事调查以及将侵权责任人绳之以法、赔偿、保证类似事件不再发生等。③ 穆勒和德扎亚斯则在详细列举从1979年到2008年的30年间委员会建议的救济形式的基础上，总结出51种委员会经常建议的救济形式。④ 不过，需要注意的是，委员会所建议的救济形式

---

① 第31号一般性意见，第15～19段。需要注意不同英文用语的对应中文用语。对于"remedy"、"reparation"、"compensation"、"restitution"、"rehabilitation"、"satisfaction"，联合国有关文件（如《严重违反国际人权法和严重违反国际人道法行为受害人获得补救和赔偿的权利基本原则和导则》《国家对国际不法行为的责任条款草案》以及人权事务委员会第31号一般性意见和《关于〈公民及政治权利国际公约任择议定书〉之下补救措施的指导原则》）的中文文本中的对应用词不尽一致。"救济/remedy"本身出现在《公约》中英文本中，其他几个用词都没有出现在《公约》文本中。在本节以及附录中笔者所译第31号一般性意见中，将以"补救"、"赔偿"、"恢复原状"、"康复"、"抵偿"作为"reparation"、"compensation"、"restitution"、"rehabilitation"、"satisfaction"的对应用词。另外，从各种国际文件以及第31号一般性意见、《关于〈公民及政治权利国际公约任择议定书〉之下补救措施的指导原则》来看，"reparation"实际上指前文所述实质含义上的"remedy"，因此包括"赔偿"、"恢复原状"、"康复"、"抵偿"、"保证不再重犯"等救济形式在内。对于作为补救形式的恢复原状、赔偿、复原、抵偿和保证不再重犯的讨论，参见，David, "Reparations at the Human Rights Committee", pp. 9 – 10.
② See McGoldrick, *The Human Rights Committee*, pp. 152 – 153.
③ 诺瓦克：《评注》，第2条，第78～80段。
④ Möller & de Zayas, *United Nations Human Rights Committee Case Law 1977 – 2008*, pp. 456 – 502, esp. pp. 499 – 502.

并不总是具有一致性，在其对个人来文的意见的有关救济的部分中，"模糊性仍是一个特点"。① 委员会也认识到这一点，因此专门发布了《关于〈公民及政治权利国际公约任择议定书〉之下补救措施的指导原则》，力求统一各项标准，确保连贯一致，并在类似情形中采用类似方法。②

鉴于已经有学者对委员会建议的具体救济形式进行了详尽的列举，因此以下部分将不再一一列举这些形式。但是，委员会在其第31号一般性意见以及诺瓦克在其《评注》中对《公约》之下的救济形式的归类非常粗略，并不十分清晰，因此以下将尝试对这些救济形式重新分类——这样的分类当然也就不同于委员会和诺瓦克的分类。委员会建议的救济形式尽管多达几十种，但根据救济措施的指向重点不同，大致可以分为三类。

第一类救济指向的重点是缔约国对其《公约》被侵害者的补救，即缔约国需要针对其《公约》权利被侵害者采取一定的具体措施，以补偿他们所遭受的侵害。委员会在第31号一般性意见（第16段）中指出："如果不对那些《公约》权利遭到侵害的个人予以补救，在第2条第3款的效力中起着关键作用的提供有效救济的义务就没有得到履行。"委员会建议的绝大部分救济都属于这一类，因此可归属这一类的救济形式非常多，还可以再细分为停止侵害、恢复原状、予以补救等。停止侵害的重要性在于，"停止目前还在进行的侵权行为是获得有效救济之权利的关键内容"，③ 其中具体包括停止正在进行的侵害行为（如释放以违反《公约》第9条的方式被剥夺自由者）、④ 不进行已经决定进行的侵害行为（如不执行违反《公约》第7条的施以体罚的司法判决）⑤ 或者保护受害者不再受到进一步的侵害（如保护受害者的人身安全和生命不再受到威胁）⑥。恢复原状

---

① David, "Reparations at the Human Rights Committee", pp. 23–26.
② CCPR/C/158 (2016), para. 1, 2.
③ 第31号一般性意见，第15段。
④ See eg Communication No. 28/1978, *Weinberger v. Uruguay*, para. 17; Communication No. 56/1979, *Celiberti de Casariego v. Uruguay*, para. 12.
⑤ See eg Communication No. 759/1997, *Osbourne v. Jamaica*, para. 11; Communication No. 792/1998, *Higginson v. Jamaica*, para. 6; Communication No. 928/2000, *Sooklal v. Trinidad and Tobago*, para. 6
⑥ See eg Communication No. 711/1996, *Dias v. Angola*, para. 10; Communication No. 821/1998, *Congwe v. Zambia*, para. 7; Communication No. 859/1999, *Jiménez Vaca v. Colombia*, para. 9.

(*restitutio in integrum*) 是指"将受侵害的个人置于他在侵害性的行为或不行为发生之前所处的地位",① 即尽可能使受害者恢复到侵害发生之前的状况,如政府退还其以任意或歧视性的方式没收的财产或金钱、释放被关押者、允许相关人员离境(包括发给护照)、立即使被非法分离的父母及其子女团聚、撤销司法判决或行政决定、重新审理错判的案件、恢复被任意解雇的公务员的原职并支付被任意解职期间的薪酬、事实上不驱逐外国人、取消禁止参与政治活动的限制、恢复迁徙和居住自由等。② 予以补救是指在侵害已经发生且无法恢复原状时,缔约国以其他方式对受害者作出的补偿。在这一方面,委员会最经常建议的救济是给予受害者(或其家属)与其所受侵害之严重程度和情况相适应的赔偿,其中既包括对于受害者因其权利受侵害遭受的经济损失的补偿,如收取的费用和罚款、诉讼费、损失的收入等,③ 也包括心理损害赔偿;④ 另外还包括减轻刑罚(包括

---

① H. Lauterpacht, *Private Law Sources and Analogies of International Law* (Longmans, Green and Co. Ltd., 1927), p. 147. 关于恢复原状作为一种救济形式的一般论述,参见, Antoine Buyse, "Lost and Regained? Restitution as a Remedy for Human Rights Violations in the Context of International Law", (2008) 68 *Zeitschrift für ausländisches öffentliches Recht und Völkerrecht* 129。

② 诺瓦克:《评注》,第 2 条,第 79 段; Möller & de Zayas, *United Nations Human Rights Committee Case Law* 1977 – 2008, pp. 500 – 501。

③ 例如见, Communication No. 868/1999, *Wilson v. Philippines*, para. 9(退还移民局收取的费用); Communication No. 919/2000, *Müller and Engelhard v. Namibia*, para. 8(不执行最高法院的收费命令;若已执行,则退还收取的费用); Communication no. 927/2000, *Svetik v. Belarus*, para. 9(补偿提交人所交罚款和支付的法律费用——包括律师费); Communications Nos. 422, 423, 424/1990, *Aduayom et al. v. Togo*, para. 9(补偿与提交人本应得到的工资数额等值的款额); Communication No. 641/1995, *Gedumbe v. Democratic Republic of the Congo*, para. 6.2(补偿与提交人被拖欠的工资以及因为没有复职而失去的收入等值的款额); Communication No. 716/1996, *Pauger v. Austria*, para. 12(向提交人提供全额养恤金的一次性总付款)。

④ 例如见, Communication No. 886/1999, *Banderenko v. Belarus*, para. 12; Communication no. 973/2001, *Khalilov v. Tajikistan*, para. 9(均有关对于提交人因不知道其儿子被处决的具体情况而遭受的悲痛,提供赔偿)。不过,委员会从来没有像欧洲人权法院那样明确指出应该给予受害者的赔偿金额,虽然委员会已经开始指出应该如何计算赔偿数额。参见, Martin Scheinin, "The Work of the Human Rights Committee under the International Covenant on Civil and Political Rights and its Optional Protocol", in Raija Hanski and Martin Scheinin, *Leading Cases of the Human Rights Committee* (Institute for Human Rights, Åbo Akademi University, 2nd rev. edn, 2007), pp. 23 – 24。

将死刑减刑)、提前释放、偿付费用、提供必要的医疗和心理治疗(即康复)、公布事实真相、公开道歉、公开纪念等。[①] 其中,后三种形式可统称为"抵偿",其作用在于给予受害者正义和尊严。[②] 需要注意的是,在这一类型的救济中,有些形式的救济可能同时兼具停止侵害、恢复原状、予以补救三种性质或其中的两种性质。例如,这三种性质的救济中都包括了将被拘禁者释放,而不驱逐外国人既可以被认为属于停止侵害,也可以被认为属于恢复原状。

第二类救济指向的重点是缔约国的一般行为,即缔约国需要对其不符合《公约》规定的法律或惯例(即惯常行政行为)等作一般性的改变,以使其符合《公约》的要求。这一类救济所针对的违反主要是缔约国的某些法律或惯例本身就不符合《公约》规定的情况。由于违反是由法律或惯例本身的内容造成的,因此为受侵害者提供救济的第一步就应该是废除或修改这样的法律或惯例(第31号一般性意见第17段)。有时这种改变本身就构成了充分有效的救济,[③] 有时还需要辅之以其他的救济形式,例如废除法律规定的体罚并给已受体罚者赔偿。[④] 不过,自委员会在1981年审结的什林·奥弥尔鲁迪-斯吉弗拉等诉毛里求斯案(毛里求斯妇女案)中首次提出这种救济以来,[⑤] 委员会对这种救济的表述一直很泛泛,即建议缔约国"调整""修改""修正"[⑥] 甚至只是"审

[①] 诺瓦克:《评注》,第2条,第79~80段;Möller & de Zayas, *United Nations Human Rights Committee Case Law 1977 - 2008*, pp. 500 - 502。

[②] 委员会在《关于〈公民及政治权利国际公约任择议定书〉之下补救措施的指导原则》中提出的"抵偿措施"不止三种形式。CCPR/C/158 (2016), para. 11。

[③] See eg Communication No. 488/1992, *Toonen v. Australia*, para. 10; Communication No. 965/2000, *Karakurt v. Austria*, para. 10.

[④] Communication No. 759/1997, *Osbourne v. Jamaica*, para. 11; Communication No. 792/1998, *Higginson v. Jamaica*, para. 6; Communication No. 793/1998, *Pryce v. Jamaica*, para. 8.

[⑤] Communication No. 35/1978, *Shirin Aumeeruddy - Cziffra et al. v. Mauritius*, para. 11.

[⑥] Communication No. 64/1979, *Consuelo Salgar de Montejo v. Colombia*, para. 12,建议缔约国"调整"其法律;Communication No. 45/1979, *Suárez de Guerrero v. Colombia*, para. 15,建议缔约国"修改"其法律;Communication No. 1119/2002, *Lee v. The Republic of Korea*, para. 9,建议缔约国"修正"其法律。

查"① 其造成《公约》被侵害的法律，而不对如何具体操作提供进一步指导。不过，委员会后来也认识到需要给予缔约国更明确的指导，因此在《关于〈公民及政治权利国际公约任择议定书〉之下补救措施的指导原则》中提出，"委员会应具体说明应修订哪些法律或条例或某一法律或条例的哪些条款，同时说明应适用的适当国际法律标准"。②

另外，"如果不将采取措施防止违反《公约》的行为再次发生作为第2条规定之义务的内在组成部分，《公约》的宗旨将无法实现"（第31号一般性意见第17段）。因此，缔约国有义务采取措施以确保将来不再发生与已经发生的侵害类似的违反情势，这也可归为这种指向缔约国的一般行为的救济类型。自1980年审结的维斯曼和珀多莫诉乌拉圭案以来，③ 委员会的一个通常做法是，一旦认定存在违反《公约》的情况，除了要求缔约国为受害者提供救济以外，几乎都会要求缔约国采取措施以确保这种侵权行为不会再次发生。在这一方面，缔约国还应采取措施，对可能侵犯人权的部门及其人员开展培训，提高其认识，以便避免再次发生侵犯人权的行为。④

还有一些救济属于从对个人的具体救济扩展到缔约国的一般行为，即缔约国应将给予某一特定侵害情势之受害者的救济推及其他处于类似境地中的人。例如，在迪尔加特诉纳米比亚案中，委员会提出的有效救济，即允许纳米比亚的公职人员在其答复工作中使用官方语言（英语）以外的其他语言（在该案中即指提交人所用的南非荷兰语），要给予"提交人以及他们社群中的其他成员"。⑤ 又如，在恩东等人和

---

① Communication No. 747/1997, *Des Fours* v. *The Czech Republic*, para. 9.2, 缔约国应"审查"其立法和行政惯例; Communication No. 1797/2008, *Mennen* v. *The Netherlands*, para. 10, 请缔约国"审查"其立法。

② CCPR/C/158 (2016), para. 13 (a).

③ Communication No. 8/1977, *Weismann and Perdomo* v. *Uruguay*, para. 17.

④ 参见，CCPR/C/158 (2016), para. 13 (d); 对美国第三次报告的结论性意见，CCPR/C/USA/CO/3/Rev.1 (2006), para. 14, 其中提出美国应采取一切必要措施防止违反《公约》第7、10条的行为再次发生，特别是要向相关人员提供关于其各自义务和责任的充分培训和明确指导。

⑤ Communication No. 760/1997, *Diergaardt* et al. v. *Namibia*, para. 12.

米克·阿博格诉赤道几内亚案中，委员会不仅要求该缔约国立即释放和赔偿该两案涉及的 6 名受害者，而且建议"对与提交人处境相同的其他被拘禁者和被定罪囚犯采取同样解决办法"。① 可以说，委员会有意在审议个人来文的最后意见中强调更为广泛的立法和行政改变的重要性，以鼓励缔约国通过更为一般性的措施防止违反《公约》的行为再次发生。

　　第三类救济指向的重点是缔约国对侵害《公约》权利者的惩处。由于这类救济涉及一些复杂而含混的问题，因此需要进行一些说明。从一般国际法的角度来看，尽管国家承担着尊重和确保个人享有人权的义务，但是这些义务更多地属于一种结果的义务而非行为的义务，即其履行方式由各国自行决定。不过，对于某些极为严重的侵害人权的行为，国家却有义务采取特定的应对方式。具体而言，对于灭绝种族、无理剥夺生命、酷刑和虐待以及强迫失踪等侵害行为，国家有义务进行调查并将对这些行为负责任者绳之以法；② 这种行为的义务既可能源于习惯国际法，也可能出自国际条约——例如，《防止及惩治灭绝种族罪公约》和《禁止酷刑公约》就明确要求其缔约国将灭绝种族和酷刑规定为犯罪并予以惩治。在这一方面，尽管《公约》没有明确的规定，但是《公约》缔约国同样负有调查严重侵害人权的行为并惩处负责任者的义务。③ 无论是在审

---

① Communications Nos. 1152 and 1190/2003, *Ndong* et al. *and Micó Abogo* v. *Equatorial Guinea*, para. 8.
② 对这种义务的一般性论述，参见，Naomi Roht‐Arriaza, "State Responsibility to Investigate and Prosecute Grave Human Rights Violations in International Law", (1990) 78 *California Law Review* 449; Diane F. Orentlicher, "Settling Accounts: The Duty to Prosecute Human Rights Violations of a Prior Regime", (1991) 100 *Yale Law Journal* 2537, esp. pp. 2569 – 2576; Angelo Gitti, "Impunity under National Law and Accountability under International Human Rights Law: Has the Time of a Duty to Prosecute Come?", (1999) 9 *Italian Yearbook of International Law* 64; Anja Seibert‐Fohr, *Prosecuting Serious Human Rights Violations* (Oxford University Press, 2009).
③ See Anja Seibert‐Fohr, "The Fight against Impunity under the International Covenant on Civil and Political Rights", (2002) 6 *Max Planck Yearbook of United Nations Law* 301; Seibert‐Fohr, *Prosecuting Serious Human Rights Violations*, pp. 11 – 49.

查个人来文的最后意见中,[①] 还是在审议缔约国报告的结论性意见中,[②] 委员会都曾明确地指出缔约国的这种义务。

首先,在任何可能发生缔约国侵害《公约》权利的情况中,缔约国均应"迅速、彻底和有效地调查关于侵害权利的指控"。[③] 这种调查本身并不是一种救济形式,但仍处于缔约国给予有效救济的范围之内,因为如果缔约国不对侵害权利的指控进行调查,就无法确定侵害情势的存在,当然也就谈不上任何对救济义务的履行。[④] 委员会在其一般性意见中指出,"为使救济措施有效,主管当局必须对申诉进行迅速而公正的调查"(第20号一般性意见第14段),而"如果缔约国不调查对侵害权利的指控,这种不行为本身就可能构成对于《公约》的一项单独违反"(第31号一般性意见第15段)。例如,在扎伊科夫诉俄罗斯案中,提交人诉称受到了公职人员的虐待,但没有获得有效救济,即俄罗斯对其遭遇的适当调查。对此,委员会的结论是,对提交人关于受到虐待的指控未作充分调查构成对与第2条结合解读的第7条的违反。[⑤] 另外,这种调查必须具有独立性、公正性和有效性。[⑥] 其次,如果调查表明的确发生了缔约国违反其尊重义务的情况,则缔约国还应确保侵害《公约》权利者受到惩处。在这一方面,委员会特别强调,对于无理剥夺生命、酷刑和虐待以及强迫失踪的侵害行为,缔约

[①] 这样的来文有很多,比较早期的如:Communication No. 30/1978, *Bleier and Bleier v. Uruguay*, para. 15, 涉及失踪、死亡和虐待; Communication No. 124/1982, *Muteba v. Zaire*, para. 13, 涉及酷刑和虐待; Communication Nos. 146/1983 and 148 to 154/1983, *Baboeram et al. v. Suriname*, 涉及无理剥夺生命。

[②] 例如参见对尼日尔初次报告的结论性意见,CCPR/C/79/Add. 17 (1993), para. 7; 对尼泊尔初次报告的结论性意见,CCPR/C/79/Add. 42 (1994), para. 16; 对柬埔寨初次报告的结论性意见,CCPR/C/79/Add. 108 (1999), para. 11; 对也门第三次报告的结论性意见,CCPR/CO/75/YEM (2002), para. 17。

[③] 第31号一般性意见,第15段。委员会在对个人来文的审议中,很早就确立了这一点。例如参见, Communication No. 9/1977, *Santullo Valcada v. Uruguay*, para. 11; Communication No. 4/1977, *Torres Ramírez v. Uruguay*, para. 16。

[④] See eg Communication No. 322/1988, *Hugo Rodríguez v. Uruguay*, para. 12. 3; Communication No. 328/1988, *Zelaya Blanco v. Nicaragua*, para. 10. 6。

[⑤] Communication No. 889/1999, *Zheikov v. Russian Federation*, para. 7. 2。

[⑥] 参见对美国第三次报告的结论性意见,CCPR/C/USA/CO/3/Rev. 1 (2006), para. 14, 其中委员会表示关切地注意到,对于美国军事和非军事人员或合同雇员在关塔那摩湾、阿富汗、伊拉克和其他海外地点的拘禁设施中施行酷刑及残忍、不人道或侮辱性处遇的指控,在调查的独立性、公正性和有效性方面存在缺陷。

国除了要向受害者提供上述第一类救济以外，还有义务起诉、审判对这些行为负责任者并在定罪时施以与其所犯罪行的严重程度相当的刑罚；与调查的义务一样，如果不把侵害权利的肇事者绳之以法，这种不行为本身就可能构成对《公约》的一项单独违反（第31号一般性意见第15、18段）。

　　缔约国对上述严重侵害人权行为的惩处也是为履行《公约》第2条第1款规定的"尊重和确保"的义务以及第2条第2款规定的"实现"或落实的义务所必需的。这即要制止人权领域中长期存在的"有罪不罚"（impunity）现象。[①] 所谓"有罪不罚"，借用美洲人权法院的定义，是指"对于那些侵害受……保护的权利的人，完全没有调查、起诉、抓捕、审判和定罪"。[②] "在实践中，禁止有罪不罚是确保严重违反人权情势的受害者得到有效救济的一个必要因素。"[③] 委员会也一直关注这一事项。委员会在对某些缔约国报告的结论性意见中，或者指出对严重侵害人权行为的肇事者有罪不罚"削弱对于人权的尊重"[④] 或"阻碍旨在促进对人权之尊重的努力"[⑤] 或"鼓励了对《公约》权利的继续侵害"；[⑥] 或者建议缔约国"按照《公约》第2条第2款努力将侵害人权的肇事者绳之以法"，[⑦] 或者强调对一切谋杀儿童和攻击儿童行为采取预防和惩罚措施是为了"确保充分实施《公约》第24条"。[⑧] 委员会在对哥伦比亚第四次报告的结论性意见中建议：

[①] 有关论述参见，Revised final report prepared by Mr. Joinet pursuant to Sub-Commission decision 1996/119, *Question of the impunity of perpetrators of human rights violations (civil and political)*, E/CN.4/Sub.2/1997/20/Rev.1 (1997); Naomi Roth-Arriaza (ed.), *Impunity and Human Rights in International Law and Practice* (Oxford University Press, 1995)。

[②] Inter-American Court of Human Rights, *Paniagua-Morales v. Guatemala*, IACHR Series C, No. 37 (1998), para. 173.

[③] Asbjørn Eide, "Preventing Impunity for the Violator and Ensuring Remedies for the Victim", (2000) 69 *Nordic Journal of International Law* 1, p. 1.

[④] 对阿根廷第二次报告的结论性意见，CCPR/C/79/Add.46 (1995), para. 10。

[⑤] 对斯里兰卡第三次报告的结论性意见，CCPR/C/79/Add.56 (1995), para. 15。

[⑥] 对尼日利亚初次报告的结论性意见，CCPR/C/79/Add.65 (1996), para. 18; see also para. 32。

[⑦] 对也门第二次报告的结论性意见，CCPR/C/79/Add.51 (1995), para. 19。另参见对巴拉圭初次报告的结论性意见，CCPR/C/79/Add.48 (1995), para. 25，其中赞扬该国已经做到了这一点。

[⑧] 对哥伦比亚第四次报告的结论性意见，CCPR/C/79/Add.76 (1997), para. 42。

为了对抗有罪不罚现象，应采取严格措施来确保立刻和公正地调查一切侵害人权的控诉，起诉肇事者，对那些已被定罪者施加适当的惩罚，并向受害者提供适足的赔偿。应该确保永远开除那些被判定犯严重罪行的官员，并暂停那些正在被调查的涉嫌犯罪者的职务。①

委员会认为，如果缔约国对于无理剥夺生命、酷刑和虐待以及强迫失踪等侵害行为不予调查和惩处，类似的侵害行为就极有可能再次发生（第31号一般性意见第18段）。因此，这一类救济也是为达到上述第二类救济中确保将来不再发生与已经发生的侵害类似的违反所必需的。在"有罪不罚"的现象中，除了对单个侵害事件不予调查、对侵害者不予惩处的情况以外，还有一类是对以往大范围、大规模侵害人权行为的制度化赦免即大赦（amnesty）的问题。② 在许多从专制政体过渡到民主政体或从战乱恢复和平的国家中，这种法定大赦经常被认为是一种摆脱历史包袱、促进民族和解以顺利过渡到民主、和平与发展的必要途径。③ 然而，一般而言，禁止追诉严重侵害人权者的大赦不符合国际法；具体来说，禁止受害者寻求救济的大赦明显违反《公约》。④ 委员会认为，"大赦不应当作为一种使对侵害人权负责任的政府官员有罪而不受惩罚的

---

① CCPR/C/79/Add. 76 (1997), para. 32. 委员会此前就曾表示关注该国对警方、保安和军事人员有罪不罚的现象。对哥伦比亚第三次报告的结论性意见，CCPR/C/79/Add. 2 (1992), para. 5。

② 关于大赦与侵害人权的责任的关系，参见，Francesca Lessa and Leigh A. Payne (eds.), *Amnesty in the Age of Human Rights Accountability: Comparative and International Perspectives* (Cambridge University Press, 2012); Renée Jeffery, *Amnesties, Accountability and Human Rights* (University of Pennsylvania Press, 2014)。

③ 例如参见最早采取这种做法的阿根廷、智利和乌拉圭的情况。Jon M. Van Dyke and Gerald W. Berkley, "Redressing Human Rights Abuses", (1992) 20 *Denver Journal of International Law & Policy* 243, pp. 247 – 254; Jaume Ferrer Lloret, "Impunity in Cases of Serious Human Rights Violations: Argentina and Chile", (1993 – 1994) 3 *Spanish Yearbook of International Law* 3, pp. 8 – 14。

④ See Office of United Nations High Commissioner for Human Rights, *Rule of Law Tools for Post - Conflict States: Amnesties* (United Nations, 2009), pp. 11 – 24。

手段";① 针对一些国家对酷刑实行的大赦的情况，委员会明确指出，"这种大赦有违国家调查这类行为、保证在其管辖范围内无人受此行为伤害以及保证将来不发生这类行为的责任"，因为这将剥夺个人获得有效救济的权利（第 20 号一般性意见第 15 段）。因此，即使这种大赦由法律所规定，委员会仍敦促缔约国对严重侵害人权事件进行适当调查并将对此负有责任者绳之以法；② 哪怕这种大赦法律得到了全民公决的认可，委员会也不认为这种赦免符合缔约国根据《公约》承担的义务。③ 实行这种大赦的国家——例如乌拉圭，除了认为《公约》没有规定缔约国对侵害人权事件进行调查的义务以外，还提出这种大赦根据其国内具体情况是必需的："对以往事件进行调查……无异于重新挑起个人之间和群体之间的对抗［,］这肯定无助于和解、安抚和民主制度的加强"。④ 但在委员会看来，一方面，缔约国的国内政治情况不能作为缔约国不遵守其根据《公约》承担的国际义务的理由。⑤ 另一方面，对以往大范围、大规模侵害行为的普遍性大赦并不能促进和解——这种和解本身是委员会所赞同和支持的，因为这种大赦可能造成如下恶果：阻碍对侵害人权事件的调查和对负责任者的惩处；可能制造一种肇事者有罪不罚的气氛，因此有可能进一步引起对人权的严重侵害；有损建立对人权之尊重的努力；损害民主秩序或阻碍旨在巩固民主的努力。⑥ 相反，对以往侵害行为的调查和对负责任者的惩处恰恰有助于巩固民主和促进对人权之尊重，⑦ 并为恢复和平和防止冲

---

① 对塞内加尔第三次报告的结论性意见，CCPR/C/79/Add. 10 (1992)，para. 5。另参见对萨尔瓦多第二次报告的结论性意见，CCPR/C/79/Add. 34 (1994)，paras. 7、12。
② See Communication No. 540/1993, *Celis Laureano v. Peru*, para. 10.
③ See Communication No. 322/1988, *Hugo Rodríguez v. Uruguay*, para. 12. 4.
④ Communication No. 322/1988, *Hugo Rodríguez v. Uruguay*, para. 8. 5.
⑤ 参见对智利第四次报告的结论性意见，CCPR/C/79/Add. 104 (1999)，para. 6。
⑥ 参见，Communication No. 322/1988, *Hugo Rodríguez v. Uruguay*, para. 12. 4；对乌拉圭第三次报告的结论性意见，CCPR/C/79/Add. 19 (1993)，para. 7；对萨尔瓦多第二次报告的结论性意见，CCPR/C/79/Add. 34 (1994)，paras. 7、12；对阿根廷第二次报告的结论性意见，CCPR/C/79/Add. 46 (1995)，para. 15；对也门第二次报告的结论性意见，CCPR/C/79/Add. 51 (1995)，para. 11；对秘鲁第三次报告的结论性意见，CCPR/C/79/Add. 67 (1996)，para. 9；对秘鲁第四次报告的结论性意见，CCPR/CO/70/PER (2000)，para. 9；对前南马其顿共和国（现北马其顿共和国）第二次报告的结论性意见，CCPR/C/MKD/CO/2 (2008)，para. 12。
⑦ 参见对巴拉圭初次报告的结论性意见，CCPR/C/79/Add. 48 (1995)，para. 9。

突所必需。①

对于上述严重侵害人权的行为，缔约国必须在查明对侵害行为负责任者时将其"绳之以法"（bring/brought to justice）（第31号一般性意见第18段），这一表述意味着诸如开除肇事者的公职等纯粹的纪律性惩戒是不够的（但首先应如此处理），②而必须对之予以起诉、审判并在定罪时施以与其所犯罪行的严重程度相当的刑罚。③也就是说，缔约国有义务以刑事法律禁止和惩罚无理剥夺生命、酷刑和虐待以及强迫失踪的侵害行为。在若干一般性意见中，委员会也明确指出了这一点。例如，在有关生命权的一般性意见中，委员会指出，"国家当局剥夺生命是极其严重的问题［，］因此，法律必须对这种国家当局可能剥夺个人之生命的各种情况加以严格约束和限制"（第6号一般性意见第3段）。在有关禁止酷刑的意见中，委员会则提出，"各缔约国在提交报告时，应指出其刑法中关于惩处酷刑以及残忍的、不人道的和有辱人格的待遇或惩罚的规定"，凡违反第7条者均须由此承担罪责（第20号一般性意见第13段）。④之所以需要以刑事法律禁止和惩罚这些侵害行为是因为，一方面，根据"罪刑相适应"的原则，对于这些严重侵害人权的行为，只有刑事审判才是合适的制裁；另一方面，只有足够严厉的刑罚才能起到遏制这种行为、保证类似侵害不再发生的效果。因此，"委员会的意见中暗含着这样一种认识：调查和起诉是确保生命权、免于酷刑的权利以及不被强迫失踪权利的最有效手段"。⑤委员会确定这种义务是一个重大发展，因为在起草《公约》之时，一项明确规定刑事起诉和惩罚乃是有效救济形式之一的提议并没有获得通过，⑥而且

---

① 参见对布隆迪的特别报告的结论性意见，CCPR/C/79/Add. 41（1994），para. 4。
② 参见对玻利维亚第二次报告的结论性意见，CCPR/C/79/Add. 74（1997），para. 15；对阿根廷第三次报告的结论性意见，CCPR/CO/70/ARG（2000），para. 9。
③ 参见对塞尔维亚和黑山初次报告的结论性意见，CCPR/CO/81/SEMO（2004），para. 9；对危地马拉第二次报告的结论性意见，CCPR/CO/72/GTM（2001），para. 13；Eide, "Preventing Impunity for the Violator and Ensuring Remedies for the Victim", p. 4："如果政府以善意实施人权标准，它们就必须确保追究那些故意侵权者的刑事责任。"
④ 第20号一般性意见，第13段。
⑤ Orentlicher, "Settling Accounts: The Duty to Prosecute Human Rights Violations of a Prior Regime", p. 2575.
⑥ Marc J. Bossuyt, *Guide to the "Travaux Préparatoires" of the International Covenant on Civil and Political Rights*, p. 289（Martinus Nijhoff, 1987），p. 65.

将针对诸如剥夺生命和强迫失踪等严重侵害人权罪行的义务，从一种行为的义务转变为一种结果的义务。[1]

需要注意的是，就这一类型的救济，存在一个委员会从未予以详细解释的情况：[2] 在某些来文中，尽管提交人诉称，缔约国没有起诉对虐待、酷刑或强迫失踪负责任者，但是委员会指出，《公约》并没有规定某一个人要求缔约国对另一个人提起刑事诉讼的权利，并因此决定来文（或来文的相关部分）不符合《公约》的规定，根据属事理由不可受理。[3] 在这一方面，最典型的是鲍提斯塔诉哥伦比亚案。在该案中，哥伦比亚没有对绑架和杀害受害者的军方人员提起刑事诉讼，而只对他们采取了惩戒制裁并由行政法庭给予了受害者的家属赔偿。委员会不认为这构成了有效的救济，然而，对于提交人提出的针对肇事者的刑事诉讼被无理拖延违反了《公约》第14条第3款（寅）项的主张，委员会首先重申，"《公约》没有规定某一个人要求国家对另一个人提起刑事诉讼的权利"，但紧接着指出：

> 尽管如此，委员会认为，缔约国有义务彻底调查据称的侵害人权情况，特别是调查人员的强迫失踪和对生命权的侵害，并对这种侵权行为的肇事者提起刑事诉讼、予以审判和惩处。[4]

委员会的意见看来多少有些自相矛盾：一方面，委员会指出缔约国有义务调查、起诉、审判和惩处对严重侵害人权负责任者；但另一方

---

[1] Jayawickrama, *The Judicial Application of Human Rights Law*, p. 109.

[2] 克莱因注意到了这一问题，但并没有给出清楚的解释。Eckart Klein, "Individual Reparation Claims under the International Covenant on Civil and Political Rights: The Practice of the Human Rights Committee", in Albrecht Randelzhofer and Christian Tomuschat (eds.), *State Responsibility and the Individual: Reparation in Instances of Grave Violations of Human Rights* (Martinus Nijhoff, 1999) 27, pp. 33-34.

[3] See eg Communication No. 213/1986, *H. C. M. A. v. The Netherlands*, para. 11.6; Communication No. 275/1988, *S. E. v. Argentina*, para. 5.3; Communication No. 322/1988, *Hugo Rodríguez v. Uruguay*, para. 6.4.

[4] Communication No. 563/1993, *Nydia Bautista v. Colombia*, para. 8.6. Cf. para. 10："委员会敦促缔约国尽速进行刑事诉讼，以便及时起诉和判决对尼迪娅·鲍提斯塔的被绑架、酷刑和死亡负有责任者。"

面，委员会声称并不存在个人可以要求缔约国如此行为的相应权利。对这种自相矛盾的意见的一种可能解释是，缔约国的这种义务和《公约》第2条第1、2款规定的尊重、确保和落实义务一样，属于一种独立于个人的权利存在的客观义务，是对受其管辖的一切个人作为一个整体而非每一个人承担的，其根本目的并不在于补偿特定的受害者，而是为了防止类似的侵害不再发生，因此可以说，缔约国的这种义务更多地以第2条第1款为基础，而非源自规定受害者个人获得救济权利的第2条第3款。① 换言之，尽管《公约》缔约国承担着在上述严重侵害人权的案件中进行调查并惩处负责任者的义务，但这并没有为受害者（或其家属）创造一种相应的个人权利，② 即他们可以自行主张的主体性权利（subjective right）。③ 不过，这种解释同时也意味着，即使受害者放弃追究或宽恕其权利所受侵害，国家也不会因此被免除调查、起诉和惩处此等侵害的义务。④

就缔约国惩处侵害《公约》权利者以履行其救济义务的情况，还存在一个委员会没有给出明确意见的问题：除了上述无理剥夺生命、酷刑和虐待以及强迫失踪等严重侵害行为以外，缔约国是否有义务惩处——无论是否以刑事法律——侵害其他《公约》权利的行为？在有关缔约国一般法律义务的一般性意见中，委员会称，在"某些《公约》权利"遭到侵害时，缔约国必须确保将肇事者绳之以法；至于究竟哪些权利属于此处所说的"某些《公约》权利"并将导致缔约国的这种义务，委员会只是指出，对于国内法或国际法确认为罪行的侵害行为，例如酷刑和类似的残忍、不人道和侮辱性的处遇，即决处决和任意杀害以及强迫失踪而言，就"尤其会出现这些义务"。⑤ 从委员会的用词——"某些"

---

① Seibert-Fohr, "The Fight against Impunity under the International Covenant on Civil and Political Rights", p. 321.
② David, "The Expanding Right to an Effective Remedy", p. 267.
③ 但是参见，Rodolfo Mattarollo, "Impunity and International Law", (1998) 11 *Revue québécoise de droit international* 81, p. 85, 认为《公约》确立了国家尊重权利的义务以及求助的权利（right to recourse），这要求国家起诉和惩处严重侵害人权的肇事者；Jon M. Van Dyke, "The Fundamental Human Rights to Prosecution and Compensation", (2001) 29 *Denver Journal of International Law and Policy* 77, p. 77, 认为使得侵害人权的肇事者得到起诉和惩处本身是一项基本人权。
④ David, "Reparations at the Human Rights Committee", p. 21.
⑤ 第31号一般性意见，第18段。

"尤其"——来看，似乎委员会只是强调，对于无理剥夺生命、酷刑和虐待以及强迫失踪等严重侵害行为，缔约国有义务以刑事法律加以禁止和惩处，而并没有排除或禁止缔约国对于侵害其他《公约》权利的行为，也可以这种方式惩处。委员会的其他意见对这一点也有所反映。例如，在对智利的第四次报告的结论性意见中，委员会指出，该国的大赦法有违其根据《公约》第2条第3款承担的义务，即确保其由《公约》规定的权利和自由被侵害的任何人得到有效的救济，而且不符合缔约国调查对人权的侵害、保障受其管辖的个人免受这样的侵害以及确保将来不再发生类似侵害的责任。① 可见，委员会只是泛泛地提到了"《公约》规定的权利和自由""对人权的侵害"，而没有特别指明其意见只适用于对特定的权利的侵害。在对塞内加尔的第三次报告的结论性意见中，委员会也只是在指出"大赦不应当作为一种使对侵害人权负责任的政府官员有罪而不受惩罚的手段"、所有这些侵害均应得到调查、负责任者均应受到审判和惩处之后，强调了这"特别"适用于酷刑、法外处决和虐待被拘禁者的侵害行为。② 从上述情况来看，对于除了无理剥夺生命、酷刑和虐待以及强迫失踪等严重侵害行为以外的其他侵害《公约》权利的行为，委员会似乎没有排除但也没有明确要求缔约国惩处（包括以刑事法律惩处）负责任者。③ 对于这一问题，需要从《公约》的整体性质来分析。《公约》在本质上是一部"保护法"，即着眼于保护个人，特别是保护个人的权利免遭国家的侵害，并且确保个人在受到侵害时能得到救济。因此，对于任何侵害权利的指控，作为确保救济的前提，缔约国当然有义务调查，但在查明的确存在对《公约》权利的侵害情势之后，重点在于为权利受侵害的个人提供救济，主要是上述第一类救济；只有对于诸如无理剥夺生命、酷刑和虐待以及强迫失踪等严重侵害行为，缔约国才有义务以刑事法律予以惩处，而对于侵害其他《公约》权利的行为，则

---

① CCPR/C/79/Add. 104（1999），para. 7.
② CCPR/C/79/Add. 10（1992），para. 5.
③ 参见，Communication No. 778/1997，*Coronel et al. v. Colombia*，para. 10。该案中，委员会认定缔约国武装部队在提交人家中将其非法逮捕后又加以杀害，这违反了《公约》第6、7、9、17条，但仅"敦促缔约国毫不拖延地完成对违反第6、7条行为的调查并加快在普通刑事法院对肇事者的刑事诉讼"。

由缔约国自行决定是否惩处对侵害负责任者以及相应的惩处方式，无论是纪律惩戒、行政处罚还是刑事制裁。

对于救济的形式，一个需要注意但不必作过多说明的情况是，当某一个人的《公约》权利受到侵害时，缔约国应为其提供的救济可能并不限于某一类或某一种形式，而是要根据受到侵害的究竟是一项权利还是多项权利，侵害的具体情节、程度和后果以及受害者的具体情况而定。在大多数情况中，缔约国需要提供的救济形式可能并非一种，而是多种救济形式的组合。例如，在可归咎于缔约国的失踪案件中，救济形式可能包括：彻底、有效地调查失踪事件和失踪者的下落；如失踪者仍在世则应确保其获释；如调查表明失踪者受过虐待和/或已经死亡，则将任何被认定对此负责任者绳之以法；向失踪者或其家属提供赔偿；确保将来不会发生类似的违反。

（四）其他问题

就《公约》缔约国的救济义务，还需要分析这一义务与缔约国其他义务的关系。就这一关系，有两个问题。第一个问题是：是否缔约国的所有违反《公约》的行为都将导致救济的义务？

就第一个问题，还需要注意救济的义务与保护的义务的关系。第五章已经指出，缔约国履行保护的义务有三个方面，即应以法律规定非国家行为者不得侵害《公约》所确认的权利、应采取措施预防和遏制这种侵害并在侵害发生时应确保受到非国家行为者侵害的个人得到合适的救济。但是，在个人受到非国家行为者的侵害时，缔约国确保个人得到救济并不是对缔约国根据《公约》承担的救济义务的履行，而仍是对保护的义务的履行。[1] 这种认识多少会令人困惑，因为《公约》第 2 条第 3 款（子）项规定，缔约国有义务"确保任何人所享本公约确认之权利或自由如遭受侵害，均获有效之救济"，而从字面上看，这似乎也应包括对非国家行为者的侵害予以的救济。然而，这种救济并非第 2 条第 3 款（子）项意义上的救济。对此可以举例说明。如果某一个人被国家公职人员以违反第 9 条的方式剥夺自由，例如绑架，那么缔约国就侵害了该个人的人身自由、违反

---

[1] 将这两个方面混淆的情况，例如参见，Seibert - Fohr,"The Fight against Impunity under the International Covenant on Civil and Political Rights", pp. 323 - 325。

了尊重这一自由的义务,对此必须承担救济的义务,即除其他外,调查绑架事件并将绑架者绳之以法,并根据第9条第5款赔偿受害者。但是,如果该个人被非国家行为者绑架,则缔约国尽管也必须努力解救被绑架者、调查绑架事件、惩处绑架者,而且这些行为在国内法的意义上可能属于对受侵害个人的救济,但在《公约》意义上,这些行为本身仍属于缔约国履行其保护义务的方式,而不是提供《公约》要求的救济的方式。只有在缔约国明知发生绑架却不努力去解救被绑架者、调查绑架事件、惩处绑架者时,缔约国才需要为其违反了保护的义务而进一步承担和履行救济的义务,例如酌情对被绑架者提供赔偿、治疗或者对未能尽到保护义务的公职人员采取惩戒甚至刑事措施。如果缔约国妥善地采取了解救、调查和惩处措施,那么缔约国就已经尽到了保护的义务,被绑架者的权利就没有受到缔约国的侵害,缔约国也就没有义务为其提供诸如赔偿、治疗或者对有关公职人员采取惩戒甚至刑事措施的救济。

委员会自身有时也会混淆这两类不同的救济。对此,可以克拉索夫斯基诉白俄罗斯案为例。该案中,提交人为母女俩,她们的丈夫/父亲克拉索夫斯基被绑架后失踪,白俄罗斯警察的调查毫无结果。提交人认为失踪是白俄罗斯公职人员造成的,但委员会认为,其所获事实无法使之得出克拉索夫斯基失踪本身由缔约国造成的结论,因此无法认定《公约》第9条和第10条被违反。但是,委员会接着表示注意到,尽管克拉索夫斯基已经失踪10年之久,提交人也提出了无数次申诉,但缔约国没有逮捕或追究任何肇事者,没有说明调查到底进行到了哪个阶段,也没有解释为何调查毫无进展,由此得出结论,"缔约国未就克拉索夫斯基先生的失踪案开展适当调查并采取合适的救济行动,违反了其根据与第6条和第7条结合解读的第2条第3款所承担的义务",并建议缔约国为提交人提供有效救济,包括全面尽职地调查事实、追究和惩处肇事者、向两位提交人通报调查结果并给予充分赔偿。① 委员会的推理和结论的问题在于,既然无法确定(等于在法律上排除)克拉索夫斯基失踪乃是由缔约国造成,那么该案涉及的就是保护的义务而非尊重的义务。在此情况之下,调查失踪情况、追究和惩处肇事者(如果指的是造成失踪者而非调查不力的警察)、向提交

---

① Communication No 1820/2008, *Krasovsky v. Belarus*, paras. 8.2 – 8.3, 10.

人通报调查结果等,就都属于缔约国履行其保护义务的方式,而非对其自身侵害行为的救济。对于缔约国未尽到保护义务——克拉索夫斯基已经失踪 10 年之久而调查毫无进展表明了这一点,则还需要考察缔约国是否已经恪尽职守,如果缔约国未做到这一点,才谈得上对提交人的救济,包括但不限于给予充分赔偿,而且不仅是在与第 6 条和第 7 条相结合的意义上(推定克拉索夫斯基遭受了酷刑并被杀害),而且首先是在与第 9 条相结合的意义上(缔约国未能保护克拉索夫斯基的人身自由与安全)。

实际上,委员会第 31 号一般性意见第 8 段已经清楚地表明了缔约国未尽到保护义务会如何导致缔约国的责任和救济的义务(强调为后加):

> 可能会有这样的情况:由于缔约国*未能采取适当措施或者未恪尽职守来防止、惩罚、调查或者补救私人或者私人实体的这种行为所造成的伤害或者允许这种伤害*,结果就是没有能够按照第 2 条的要求确保《公约》所确认的权利,最后引起缔约国对这些权利的侵害。委员会提请缔约国注意根据第 2 条承担的积极性义务与第 2 条第 3 款规定的对违反的情况提供有效救济的必要性之间的相互联系。

简而言之,只有在缔约国的作为或不作为导致了其本身违反《公约》义务的责任时,才会产生救济的义务。第 2 条第 3 款(子)项的表述也说明,缔约国提供救济的义务仅限于缔约国自身违反《公约》义务的情况。该项在规定权利被侵害的个人应得到救济之后,还有一句附带说明:"公务员执行职务所犯之侵权行为,概不例外"。这一附带说明的用词——"概不例外"(notwithstanding)而非"包括在内"——表明,这只是为了强调即使以官方资格行事的人,亦即在缔约国的法律规定的职权范围内行事的人,只要其行为构成了对《公约》所确认的权利的侵害,缔约国就必须对此承担责任并为受害者提供救济;[①] 这一附带说明并没有表示在非国家行为者而非缔约国侵害《公约》权利时,也需要由缔约国承担该项意义

---

① 参见第 31 号一般性意见,第 18 段第 2 分段; Yoram Dinstein, "The Implementation of International Human Rights", in Ulrich Beyerlin et al. (eds.), *Recht zwischen Umbruch und Bewahrung: Festschrift für Rodolf Bernhardt* (Springer, 1995) 331, p. 337.

上的救济义务。①

就《公约》缔约国的救济义务与其他义务形式之间关系的第二个问题是：是否只有缔约国侵害了《公约》所确认的权利，才会产生救济的义务？这似乎是没有疑问的，因为根据《公约》第2条第3款（子）项，缔约国有义务确保"任何人所享本公约确认之权利或自由如遭受侵害"，能获得救济。"侵害"与"救济"之间的这种因果联系意味着，只有缔约国对《公约》权利的侵害已经发生之后，缔约国才有义务提供救济。这一判断又导致了两个问题。一个问题是：缔约国采取了什么样的行动，才可以说侵害已经发生？例如，已经裁定但尚未执行的预防性拘禁是否符合《公约》第9条？② 又例如，某一缔约国判处某人鞭刑，那么，是否要在鞭刑实际执行后，才可以说该国违反了《公约》第7条？③ 还例如，《公约》第6条第2款最后一句话规定，非依管辖法院终局判决，不得执行死刑。结合第14条第5款的规定，这意味着只有在初审被判处死刑者上诉且上诉法庭维持原判之后，才能执行死刑。但是，如果某一缔约国规定，对于某些法院（如最高法院或特别军事法庭）的一审判决不存在上诉的可能，④

---

① 但是参见，Marc‑André Eissen, "The European Convention on Human Rights and the Duties of the Individual", (1962) 32 *Nordisk Tidsskrift International Ret* 230, pp. 236 – 237, 其中认为与《公约》第2条第3款（子）项的表述极为相近的《欧洲人权公约》第13条承认了私人可以违反《欧洲人权公约》并导致该公约缔约国的救济义务。

② See eg Communication No. 1090/2002, *Rameka* et al. v. *New Zealand*, para. 6.3. 对该案的述评，参见，Sarah Joseph, "Human Rights Committee: Recent Cases", (2004) 4 *Human Rights Law Review* 109, pp. 117 – 124; Claudia Geiringer, "Case Note: *Rameka v New Zealand*", (2005) 2 *New Zealand Yearbook of International Law* 185; Paul Oertly, "Fifteen Years of Individual Human Rights Complaints to the United Nations: The New Zealand Experience", (2005) 2 *New Zealand Yearbook of International Law* 1, pp. 14 – 16, 20。

③ See eg Communication No. 759/1997, *Osbourne* v. *Jamaica*, para. 11; Communication No. 928/2000, *Sooklal* v. *Trinidad and Tobago*, para. 6.

④ 这样的法院判处死刑的情况，例如参见对乌干达初次报告的结论性意见，CCPR/CO/80/UGA (2004), para. 13, 其中委员会认为，对战地军事法庭的死刑判决不存在上诉可能不符合《公约》的规定；Communication Nos. 839 – 841/1998, *Mansaraj* et al. v. *Sierra Leone*, 该案中，18名提交人被塞拉里昂的一个军事法院判处死刑，且无权提出上诉，委员会认为这违反了《公约》第14条第5款；Communication No. 973/2001, *Khalilov* v. *Tajikistan*, para. 7.5, CCPR Communication No. 985/2001, *Aliboev* v. *Tajikistan*, para. 7.5, 在该两案中，提交人的家人被塔吉克斯坦最高法院判处死刑、不得上诉，委员会认为这违反了第14条第5款。

那么，对于被这样的法院判处死刑者，究竟应该在死刑判决作出之后但执行之前，就可以认定所涉缔约国在与第6条第2款相联系的意义上违反了第14条第5款，还是应该在死刑执行之后，才可以认定所涉缔约国在与第14条第5款相联系的意义上，违反了第6条第2款最后一句话的规定？如果从救济角度来看，这一问题则演化为：缔约国究竟在何时有义务提供救济？是在最终的侵害发生之后，还是在这种侵害预计发生但尚未发生之前？这实际上涉及缔约国是否有义务采取预防性救济的问题。委员会曾经一度认定，"《公约》一般而言并不规定预防性保护，而限于要求事后的有效补救（redress）"。[①] 这一结论是有问题的，因为如果在明知侵害即将发生时，缔约国却不承担提供救济的义务，这就丧失了向个人提供有效救济的目的。[②] 例如，如果在上述例证中，在预防性拘禁、鞭刑或死刑执行以后才向受害者或其家属提供救济，这种救济的效果显然不如在侵害发生之前就采取的预防性补救措施的效果。因此，后来委员会转变了立场，承认了缔约国提供预防性救济的义务。例如，就可能涉及侵害生命权的强迫失踪问题，缔约国固然有义务防止个人失踪（尊重的义务和保护的义务）并应当为此采取具体而有效的措施，包括建立有效的机构和制定有效的程序（促进和实现的义务），而且有义务在失踪发生时——此时还无法断定是否发生了缔约国对《公约》的违反或对失踪者权利的侵害，就开展彻底调查，[③] 对于可能涉及侵害生命权的失踪案件，这种彻底调查就属于一种预防性救济。委员会在其一般性意见中，除了指出缔约国不调查侵害权利的指控本身就可能构成对于《公约》的一项单独违反之外，还指出（第31号一般性意见第19段）："有关获得有效救济的权利在某些情况下还可能要求缔约国提供和实施临时或暂行措施，以免侵权行为继续发生，并且努力尽早弥补这些侵害行为可能已经造成的任何伤害。"因此，上述缔约国

---

① Communication No. 113/1981, *C. F. et al. v. Canada*, para. 6.2. 对该案的分析，参见诺瓦克：《评注》，第2条，第73~74段。

② 诺瓦克：《评注》，第2条，第75段。

③ 第6号一般性意见，第4段。See Communication No. 161/1983, *Herrera Rubio v. Colombia*, para. 10.3; Communication No. 181/1984, *Sanjuán Arévalo v. Colombia*, para. 10; Communication No. 540/1993, *Celis Laureano v. Peru*, para. 8.3; Communication No. 449/1991, *Barbarín Mojica v. Dominican Republic*, para. 5.5; Communication No. 563/1993, *Nydia Bautista v. Colombia*, para. 8.3.

需要针对其《公约》权利被侵害者采取的停止侵害的救济措施中，基本上都属于预防性救济。①

只有缔约国对《公约》权利的侵害已经发生之后，缔约国才有义务提供救济的判断还导致了另外一个问题。在很长一段时间内，委员会曾坚持认为，第2条第3款规定的救济义务意味着，"除非为《公约》其他条款所确认的某项权利或自由被侵害寻求救济，否则不可能存在对第2条第3款的违反"，②而且，"只有在对一项《公约》权利的侵害被确认之后，才会产生获得救济的权利"。③ 从表面上看，这一判断似乎是没有问题的：当然只有在缔约国侵害了《公约》所确认的权利的情况中，缔约国才有义务提供救济；不存在侵害，缔约国当然也就无须提供救济。在委员会看来，这是将《公约》第2条具有的附属性质（accessory character）适用于第2条第3款的必然结果。第2条的附属性质的意思是，该条不能脱离《公约》第三编确认的实体性权利而单独适用，因为缔约国根据第2条承担的义务是一般性义务，即没有涉及任何具体权利的义务，这样的义务只有与《公约》确认的实体性权利联系，才有意义。④ 诺瓦克明确地将第2条的附属性质与违反问题联系起来："《公约》第2条只有在和《公约》的其他（实体性）规定联系在一起时才可能被违反。"⑤ 缔约国根据第2条承担的义务的附属性意味着，个人根据《公约》第2条第3款享有的获得救济的

---

① See Theo van Boven, "General Course on Human Rights", (1993) IV-2 *Collected Courses of the Academy of European Law* 1, p. 33.

② Communication No. 81/1980, *K. L.* v. *Denmark*, para. 2.

③ Communication No. 275/1988, *S. E.* v. *Argentina*, para. 5.3; Communication Nos. 343, 344 and 345/1988, *R. A. V. N.* et al. v. *Argentina*, para. 5.3. 类似观点参见，Richard B. Lillich, "Civil Rights", in Theodor Meron (ed.), *Human Rights in International Law: Legal and Policy Issues* (Vol. I, Clarendon Press, 1984) 115, p. 134。

④ 参见，Communication No. 275/1988, *S. E.* v. *Argentina*, para. 5.3: "《公约》第2条构成了缔约国的一般义务，不能由个人根据《任择议定书》单独援引；个人只能在与《公约》的其他条款相联系的情况下，才能援引第2条。" See also Communication No. 268/1987, *M. G. B. and S. P.* v. *Trinidad and Tobago*, para. 6.2; Communication No. 316/1988, *C. E. A.* v. *Finland*, para. 6.2; Communication No. 347/1988, *S. G.* v. *France*, para. 5.4; Communication No. 348/1988, *G. B.* v. *France*, para. 5.4; Communication No. 363/1989, *R. L. M.* v. *France*, para. 5.5; Communication No. 398/1990, *A. M.* v. *Finland*, para. 4.2; Communication No. 802/1998, *Rogerson* v. *Australia*, para. 7.9.

⑤ 诺瓦克：《评注》，第2条，第15段。

权利也具有附属性，即只能在与其相联系的权利属于《公约》确认的权利时才能援用；① 同时，这一权利还具有被动性，即受侵害的个人只能在缔约国侵害其《公约》确认的权利得到认定后，才能因为缔约国需要承担救济的义务而得到救济，个人并不能主动地主张获得救济的权利。委员会的上述意见——"只有在对一项《公约》权利的侵害被确认之后，才会产生获得救济的权利"——在个人来文制度中的确成立，因为在此制度中，个人所申诉的，并不是缔约国没有为其受到的侵害提供救济，而是缔约国侵害了其《公约》所确认的权利；而委员会首先需要认定是否存在缔约国对《公约》的违反——这种违反必然意味着缔约国侵害了来文所涉受害者的《公约》权利，在认定存在违反之后，才能提出缔约国的救济义务。然而，如果脱离个人来文制度，而放在诸如国内法律制度的语境中，这一判断就可能在逻辑上造成一个"鸡生蛋，蛋生鸡"的无解循环：② 一方面，只有某一个人的权利被侵害得到认定，该个人才能获得救济；但在另一方面，一般而言，一个人的权利是否被侵害，往往只能在其诉诸救济的过程中才能得到确定，而诉诸救济是一项自主的而非附属的、主动的而非被动的权利。即使在个人来文制度中，也完全可以设想这样的情况：某个人针对某缔约国提交一项来文，声称自己的某项《公约》确认的实体性权利被该国侵害，但该国任何当局都拒绝受理其权利被侵害的申诉，即不仅没有提供救济，而且事实上拒绝了该个人对救济的寻求；如果委员会审议案件的实质问题的结论是并不存在对《公约》所确认的任何实体性权利的侵害，那么按照前述判断，当然也就不会出现任何有关救济的问题。对于这样的结论，很自然的一个问题是：难道缔约国没有侵害该个人的实体性权利，就能说明其拒绝该个人寻求救济的任何可能是正当合理的吗？③

委员会也逐渐认识到了前述判断存在的问题，这首先体现在三位委员

---

① Communication No. 75/1980, *Fanali v. Italy*, para. 13.
② 对权利与救济的这种难解困境的探讨，参见，Louis E. Wolcher, "The Paradox of Remedies: The Case of International Human Rights Law", (2000) 38 *Columbia Journal of Transnational Law* 515，其中以欧洲人权法院的实践为例证，而没有提到《公约》。
③ 诺瓦克认为，在这样的情况中，委员会"可以判定该缔约国在有关这一实体权利的问题上违反了《公约》第2条第3款"。诺瓦克：《评注》，第2条，第15段。

在卡尔诉波兰案的异议意见中。① 在该案中，提交人在波兰重组警察部门的过程中被解除职务，他的复职申请被地区资格审查委员会拒绝，他就这一决定向行政法院提出申诉，但被驳回，因为行政法院认为它无权审理针对地区资格审查委员会的上诉。由此，提交人认为波兰违反了《公约》第 2 条第 1 款和第 25 条（寅）项。委员会审议来文后认定，并不存在对《公约》第 25 条（寅）项或其他任何规定的违反。对于委员会的这一意见，伊丽莎白·伊瓦特（Elizabeth Evatt）和塞西莉亚·梅迪纳－基罗加（Cecilia Médina Quiroga）发表了个人异议意见——克里斯汀·夏内（Christine Chanet）也在意见上署名。她们不同意委员会的结论，即缔约国没有违反《公约》。她们认为，提交人是根据波兰内务部部长的命令被解职的，因此出现了一个有关第 25 条（寅）项的问题，而这是一个提交人本来应该能够通过运用允许他对这一命令提出质疑的救济提出的问题。对此，她们认为：

> 这一问题应该导致审查波兰对于提交人是否遵守了《公约》第 2 条第 3 款。根据第 2 条第 3 款，缔约国承允确保任何其权利被侵害的人应就所受侵害得到有效救济。委员会迄今为止的观点是，除非已经判定《公约》规定的另一项权利被相应侵害，否则不能认定一个国家违反了这一条。我们不认为这是解释第 2 条第 3 款的正确方法。
>
> 应该考虑到，第 2 条不是针对委员会的，而是针对缔约国的；该条规定了缔约国有义务确保在其管辖下的人民享有各种权利。要是这样理解，以下解释似乎就是没有道理的，即《公约》为缔约国规定的是，只有在委员会认定发生了违反之时，缔约国才应该提供救济。对第 2 条第 3 款的这种解释将使这一条完全没有用处。第 2 条旨在确立的是，每当《公约》确认的人权受到国家机构的行动的影响之时，就必须有一种缔约国设立的、能使权利受到影响的人向主管机构指控发生了侵权行为的程序。这种解释符合《公约》的整个基础原理，即应由缔约国实施《公约》并提供适当的途径以救济国家机构可能犯下的违反情况。国际法的一项基本原则是，只有在国家未能履行其遵守国际义务的责任时，国际监督才发挥作用。

---

① Communication No. 552/1993, *Kall v. Poland*, Appendix.

因此，由于提交人没有可能使他的申诉——即他被武断地并且根据政治考虑被解职——得到审理，而这一申诉看来引起了一个实质性的问题，因此我们认为，在该案中，提交人根据第 2 条第 3 款享有的权利受到了侵害。

从上述意见可以看出，这三位委员认为，第 2 条第 3 款包含了一项独立的、自主的权利，即认为自己的《公约》权利受到缔约国影响的个人，主动地寻求救济的权利，而无论其实体性权利是否被认定受到侵害，缔约国拒绝该个人对救济的寻求就将构成对第 2 条第 3 款的一种单独违反。

委员会作为一个整体，也逐渐接受了对第 2 条第 3 款所规定的权利的这种认识。有关变化首先发生在卡赞奇斯诉塞浦路斯案中。该案中，提交人申请本国的一个法官职位，但负责任命法官的最高司法委员会没有录用他；提交人没有在本国法院对此提出申诉，因为塞浦路斯最高法院的先前判例已经裁定，任何法院都不具有对最高司法委员会的决定的管辖权。委员会在审议该来文可否受理时，需要解决的一个问题是，"提交人不可能对他未被任命法官提出质疑，是否构成了对《公约》第 2 条第 3 款（子）项和（丑）项规定的获得有效救济的权利的侵害"。对此，委员会认为：

第 2 条第 3 款要求缔约国除了有效保护《公约》权利外，还必须确保个人也具有可用的、有效的和可执行的救济以维护《公约》权利。委员会忆及，第 2 条只能在与《公约》其他条款相联系时才得被援用，并注意到第 2 条第 3 款（子）项规定每个缔约国必须承允"确保任何人所享本公约确认之权利或自由如遭受侵害，均获有效之救济"。对这一规定的字面理解似乎要求，对《公约》规定之某项保障的实际违反得到正式确定，是获得诸如弥补或复原等救济的必要前提。然而，第 2 条第 3 款（丑）项要求缔约国有义务保证由主管司法、行政或立法当局对获得此种救济的权利作出裁定，如果在某一违反尚未被确定时就无法利用这种保障，这一保障就将是无效的。尽管不能合理地要求缔约国对于无论如何没有道理的申诉都根据第 2 条第 3 款（丑）项确保这种程序可以得到运用，但如果据称的受害者的申诉从《公约》来看可以说有充分的根据，那么第 2 条第 3 款就为其提供保护。[1]

尽管委员会仍然以提交人未能为了来文可被受理的目的证实其根据《公约》的实质性条款提出的申诉，而认定他关于《公约》第2条被违反的指控根据《任择议定书》第2条同样不可受理，但委员会通过对第2条第3款（丑）项的解读，已经承认由主管当局对获得救济的权利作出裁定是一项单独的义务，这一义务独立于对实质性违反是否存在的确定而存在。在若干年后审结的弗雷诉澳大利亚案中，委员会则明确认定了第2条第3款规定的义务能够被单独违反。在该案中，提交人声称，她被依法要求参加的"以工作换救济"（Work for Dole）的项目属于违反《公约》第8条第3款（子）项的强迫或强制劳动，而且因为澳大利亚人权和机会均等委员会拒绝审议她的申诉，所以她的申诉没有得到救济，这违反了《公约》第2条第2款和第3款。委员会在其意见中，承认提交人无法对规定了"以工作换救济"的法律的内容提出质疑，因此不存在《任择议定书》第5条第2款（丑）项意义上的可用救济，也判定不存在对《公约》第8条第3款（子）项的单独违反；对于对提交人的申诉不存在救济是否违反了第2条第3款的问题，委员会首先重复了上述对卡赞奇斯诉塞浦路斯案的意见，然后称：

将这一推理运用到本来文的申诉上，即缔约国对于据称的对《公约》第8条的违反没有提供有效的救济，委员会参考上面在有关用尽国内救济的方面提到的来文可否受理的考虑，认为在缔约国的法律制度中，诸如提交人一样的个人过去和现在都无法对"以工作换救济"项目的实质性内容提出质疑，即无法质疑法律对诸如提交人这样的满足了加入该项目的先决条件的个人所施加的从事劳动以领取失业福利的义务。委员会忆及，缔约国提出的救济针对的是个人是否事实上满足了加入该项目的要求的问题，但是对于那些依法应加入该项目的人，不存在可用以质疑该项目的实质性安排的救济。

正如委员会对有关实体性的第8条的实质争议所进行的审议所显

---

[1] Communication No. 972/2001, *Kazantzis v. Cyprus*, para. 6.6.

示的，所提出的问题无疑提出了一个需要讨论的事项，而该事项——按照委员会在卡赞奇斯案中的决定所使用的语言——"从《公约》来看可以主张说有充分的根据"。由此可见，不存在可用于审查根据《公约》第8条提出的合理申诉（如同本案中一样）的救济，这构成了对与《公约》第8条一并理解的第2条第3款的违反。①

问题在于，以往只有认定存在对实质权利的侵害，才谈得上对第2条第3款的违反，但是上述案例确立的原则是，即使没有认定对实质权利的侵害，但如果缔约国对所称的侵害——只要从《公约》来看可以主张说有充分的根据——没有采取旨在一旦认定存在就给予救济（救济的一层含义）的措施（救济的另一层含义），就在与所涉的实质性权利相联系的意义上，违反了第2条第3款。

委员会对于第2条第3款的认识之所以经历了上述变化，是因为一方面，第2条第3款（子）项的表述本身存在一定的问题，② 另一方面，委员会在很长一段时间内过分拘泥于该项的字面含义，未能系统地理解和解释救济与《公约》确认的权利本身以及侵害之间的关系。的确，只有其《公约》权利被侵害者才能得到有效救济，但是这一规定的适用在逻辑上必然依赖于一个前提，即认为自己的《公约》权利被侵害者首先应有可能寻求救济。只有在这一前提得到满足时，才谈得上能否确认该个人受到侵害并提供救济的问题。然而，第2条第3款（子）项本身没有清楚地规定这一前提，委员会最初也没有考虑这一前提，而是根据对第2条第3款的附属性质的狭窄解释，得出了只有对《公约》权利的侵害得到认定之后，第2条第3款才适用的结论。实际上，当委员会说到"除非为《公约》其他条款所确认的某项权利或自由被侵害寻求救济，否则不可能存在对第2条第3款的违反"时，从第2条第3款的附属性质来看仍然是正确的，因为第2条第3款的规定只是针对《公约》确认的权利，而对于诸如财产权等并非规定在《公约》中的权利的侵害问题，缔约国并不根据《公约》承担任何救济义务，或者在提交人提出的《公约》权利被侵害的主张根据

---

① Communication No. 1036/2001, *Faure v. Australia*, paras. 7.3 – 7.4.
② 诺瓦克：《评注》，第2条，第17段。

《任择议定书》第3条基于属事理由不可受理时,也无须考虑缔约国是否需要承担救济义务的问题。[1] 但是,委员会再进一步作出的判断,即"只有在对一项《公约》权利的侵害被确认之后,才会产生获得救济的权利",就走进了误区,因为从第2条第3款的附属性质来看,其(子)项的表述即"本公约确认之权利或自由如遭受侵害"中,重点是"本公约确认之权利",而不是"遭受侵害",而且这一"遭受侵害"不能狭窄地理解为侵害情势已经得到认定,而是应包括可能被侵害的情势即某一个人主张存在对其权利的侵害的情况。[2] 据学者分析,第2条第3款(子)项之所以使用了"遭受侵害"而非诸如"声称遭受侵害"等表述,很可能是出于防止法院必须审理"明显没有根据"的申诉以至于阻碍其工作效率的考虑;对该项表述的任何狭窄解释都将限制申诉人诉诸第2条第3款的可能,而如果说《公约》的起草者一方面在第2条第3款中规定了获得救济的权利,另一方面又极大地缩小了其用处,这是很值得怀疑的。[3] 好在经过20多年的发展,委员会终于正确地理解和解释了第2条第3款与《公约》确认的权利以及对这些权利的侵害之间的关系,认定"第2条第3款保障对于任何声称《公约》所规定的权利和自由受到侵害者的有效救济",[4] 因此,即使缔约国没有侵害《公约》所确认的实质性权利,但仍可能违反第2条第3款。例如,在拉贾帕克斯诉斯里兰卡案中,提交人在国内指控自己遭到警察酷刑折磨的诉讼久拖不决。对此,委员会首先认为,斯里兰卡不能以国内法院仍在审理为由逃避其根据《公约》承担的义务,因为审理的拖延表明这是一种无效的救济,然后以此为基础认定,斯里兰卡在与《公约》第7条相联系的意义上,违反了第2条第3款;同时,委员会还指出,由于已经认定了这一违反,并考虑到提交人有关遭受酷刑的申诉在斯里兰卡国内仍处于审理中,因此没有必要判断《公约》第7条本身是否也可能被

---

[1] See Communication No. 1367/2005, *Peterson v. Australia*, para. 7.6.
[2] 在这一方面,可以参考《任择议定书》第1条的表述:"委员会有权接受并审查该国管辖下之个人声称为该缔约国侵害公约所载任何权利之受害者之来文"(强调为后加)。试想,如果该条中没有"声称"这一用语,就必然会使委员会陷入上述的"鸡生蛋,蛋生鸡"的无解循环。
[3] Walker, "The Remedies of Law of the International Covenant on Civil and Political Rights", pp. 547–548.
[4] Communication No. 1047/2002, *Sinitsin v. Belarus*, para. 7.3. 强调为后加。

违反的问题。① 又如，在诺瓦科维奇诉塞尔维亚案中，诺瓦科维奇因牙齿感染去国立医院就诊并很快死亡。提交人（诺瓦科维奇的家人）声称塞尔维亚未能保护诺瓦科维奇的生命权，对此，委员会认为，没有足够证据表明塞尔维亚负有直接责任、未履行《公约》第 6 条规定的采取积极措施保护生命的义务。但是，委员会指出，在开展和完成对诺瓦科维奇之死因的调查和诉讼方面存在延误，对此塞尔维亚没有提供任何解释；委员会认为这些事实构成了对缔约国根据《公约》承担的适当调查受害者死亡一事并对负责任者采取适当行动的义务的一种违反，表明了在与《公约》第 6 条相联系的意义上对第 2 条第 3 款的违反。②

因此，对第 2 条第 3 款（子）和（丑）项的正确认识是，只要某一个人认为自己得到《公约》确认的权利受到了缔约国的侵害，该个人就有权向国内主管当局申诉（具体依据并不必然是《公约》，而可以是体现了《公约》要求的国内法规定），请求该当局判断自己的权利是否受到了侵害并在认定存在侵害时提供救济，③ 而只要该个人的申诉"从《公约》来看可以主张说有充分的根据"，④ 主管当局就必须受理和审查其申诉；如果该个人完全没有可能依据任何程序提出其权利被侵害的申诉，或缔约国毫无道理地拒绝受理其权利被侵害的申诉，这都将构成对《公约》第 2 条第 3 款的违反。⑤ 例如，《公约》第 9 条第 4 款规定任何被剥夺自由者都有权提请法庭审查对其拘禁是否合法，因此，如果某一缔约国的法律没有规定被剥夺自由者的这一权利，即申请人身保护令（*habeas corpus*）的权利，则

---

① Communication No. 1250/2004, *Rajapakse* v. *Sri Lanka*, para. 9.5.
② Communication No. 1556/2007, *Novaković* v. *Serbia*, para. 7.3.
③ See Elizabeth Evatt, "Reflecting on the Role of International Communications in Implementing Human Rights", (1999) 5 (2) *Australian Journal of Human Rights* 20.
④ 参见，Communication No. 1062/2002, *Smidek* v. *Czech Republic*, para. 11.6；第 2 条"只是在据称的受害人的要求有充分根据、可以根据《公约》提出主张时，才对他们提供保护"。
⑤ 实际上，有些委员很早就认识到并运用了这一逻辑。例如，在 1983 年审议奥地利的初次报告时，就有委员问道："是否在任何人一旦主张其权利被违反之时，就可利用《公约》第 2 条第 3 款规定的救济。"A/38/40 (1983), para. 183. 在 1984 年审议加拿大初次报告的补充报告时，也有委员对以下情况提出了疑问：根据《加拿大权利和自由宪章》，"仅仅是指控说已经发生了侵权情况的个人看来无法诉诸法院以寻求救济"。A/40/40 (1985), para. 197.

即使对所涉个人的自由的剥夺符合第 9 条其他各款的规定，也符合该国国内法中有关剥夺自由的规定，未规定人身保护令本身就构成了对救济义务的违反。根据这一结论，个人根据第 2 条第 3 款享有的寻求救济的权利仍受到一个来自该款的附属性质的限制，即这一权利只适用于个人的得到《公约》确认的权利可能受到侵害的情况，而不能适用于其他不在《公约》范围之内的权利可能受到侵害的情况。不过，穆勒和德扎亚斯已经提出，没有理由认为，某一天这一权利不会成为可根据《任择议定书》提出的"一项自主性权利"（an autonomous right），[1] 即并不与《公约》所确认的实质性权利相联系的单独权利。

三　总结

当《公约》确认的权利受到缔约国作为或不作为的影响而无法充分享有或行使，而且这种影响并非《公约》所允许的限制或超出了《公约》所允许限制的程度时，这些权利即受到了侵害。

如果缔约国的抽象行为（如某项法律或政策）与《公约》的要求不相符，缔约国不一定侵害《公约》权利，因为任何个人不能仅仅因为存在可能违反《公约》的法律或政策就声称自己的权利受到了侵害，只有这种法律或政策的存在具有直接影响个人权利的不利效果时，该个人根据《公约》享有的权利才受到了侵害。缔约国的抽象行为与《公约》的要求不相符但没有人受到影响或威胁的情况，无法通过《任择议定书》规定的个人来文机制处理，但可以由委员会通过缔约国报告制度来审查。如果缔约国的某种实际做法与《公约》的要求不相符，没有受到这种做法影响的个人也不能声称自己的权利受到了侵害。不过，如果可以预计缔约国的某种行为对享有和行使某一权利构成真实威胁，该权利就受到了侵害，缔约国将某人移送至其权利极有可能遭到侵害的另一国家就是一种典型情况。缔约国的某一行为有可能同时直接侵害多项权利，也可能在直接影响某项或某些权利的享有或行使之外，间接影响其他权利的享有或行使。缔约国的某一行为有可能在直接侵害某一个人权利的同时，间接侵害另一个人的

---

[1] Möller and de Zayas, *United Nations Human Rights Committee Case Law* 1977 – 2008, p. 128.

权利。

如果对《公约》权利的损害根据国际法规则可归咎于缔约国的公权力机关或公职人员的作为或不作为,缔约国就需要对侵害权利承担责任。缔约国侵害权利的行为包括作为和不作为。缔约国根据《公约》承担的尊重义务要求缔约国的不作为,而确保的义务要求缔约国的作为。国家公职人员侵害《公约》权利行为即使超越了法律规定的权限、没有得到或超越了国家的授权或认可,缔约国依然要对该公职人员的侵害行为承担责任。由于确保《公约》权利免受国家侵害的义务要求缔约国采取某种行动,因此缔约国的不作为也可能侵害某种权利的享受或行使。保护的义务要求缔约国采取积极措施保护个人不受非国家行为者侵害,不采取措施就构成了缔约国对所涉权利的侵害,这又分为两种情况,即缔约国未做到以法律禁止、以措施预防和遏制非国家行为者的侵害行为,以及缔约国未做到采取适当措施确保受到非国家行为者侵害的个人得到合适的补救。如果非国家行为者侵害《公约》确认的权利是执行国内法律的结果,那么这种侵害实质上仍可归因于缔约国,缔约国违反的是尊重或本身确保权利免受国家侵害的义务,而非保护的义务。《公约》缔约国所承担的确保权利得到促进和实现的义务属于积极作为、逐渐履行的义务,其是否被违反难以确定,因此个人的权利是否因缔约国未履行或充分履行这一义务而受到侵害也难以确定。

人权的受侵害者获得救济是一项基本权利,这在《世界人权宣言》第8条和《公约》第2条第3款中都有明确规定。救济有两方面的含义,一方面指针对侵害人权的情势寻求救济的行为以及获得救济的过程,另一方面指得到认定的侵权情势的受害者通过前述行为和过程获得的结果,但人权事务委员会并不严格区分这两个方面。《公约》或《任择议定书》没有规定委员会可以对个人权利受到侵害的情况,提出个人应从缔约国获得的救济,但委员会在审理个人来文的实践中,经常对缔约国应向权利受侵害的个人提供的救济提出具体建议。

缔约国给予权利受侵害的个人的救济必须是可用的、有效的。救济的可用性意味着,在缔约国的国内制度中必须存在救济措施,这些救济措施必须是权利受侵害的个人确有可能得到的,并能在实践中发挥有效作用。救济的有效性意味着,权利受侵害的个人应该能够在一定的合理时间内得到救济，这种救济应该尽可能弥补其遭受的侵害并得到缔约国有关当局的切实执行。在所有救济措施中，司法救济具有特别重要的作用。

对于缔约国应提供的救济的形式，《公约》没有详细规定，但委员会第 31 号一般性意见和《关于〈公民及政治权利国际公约任择议定书〉之下补救措施的指导原则》中明确提出了许多救济形式。这些救济形式可以分为三类：第一类是缔约国对权利受侵害的个人采取补偿其所遭受侵害的具体措施，第二类是缔约国需要改变其不符合《公约》规定的法律或惯例，第三类是缔约国需要调查严重侵害某些人权的行为、惩处负责任者并制止有罪不罚。如果缔约国对于严重侵害某些《公约》权利的行为不予调查和惩处，类似的侵害行为就极有可能再次发生。对于严重侵害某些《公约》权利的情况，纪律性惩戒是不够的，而必须起诉、审判负责任者，若定罪则施予与其罪行严重程度相当的刑罚。尽管缔约国有义务惩处对严重侵害某些《公约》权利负责任者，但这并非受害者能自行主张的主体性权利。

并非缔约国所有违反《公约》的行为都将导致救济的义务。在保护义务方面，在个人受到非国家行为者的侵害时，缔约国确保个人得到的补救并不是《公约》含义之内的救济，而仍是履行保护义务的一部分；只有在缔约国未尽到其保护义务时，才需要为其违反这一义务造成个人权利受到侵害提供救济。《公约》第 2 条第 3 款具有附属性质，即只能针对《公约》所确认的权利可能受到侵害的情况援用该款规定的救济。但是，缔约国的救济义务并不依赖于确实发生了对《公约》所确认权利的侵害。委员会在其审议个人来文的实践中逐渐承认，即使缔约国没有侵害《公约》所确认的实质性权利，但只要个人认为自己得到《公约》确认的权利受到了缔约国的侵害，该个人就有权请求国内主管当局判断自己的权利是否受到了侵害并在认定存在侵害时提供救济。

附 录

公民及政治权利国际公约

前 文

本公约缔约国,

鉴于依据联合国宪章揭示之原则,人类一家,对于人人天赋尊严及平等而且不可割让权利之确认,实系世界自由、正义与和平之基础,

确认此种权利源于天赋人格尊严,

确认依据世界人权宣言之昭示,唯有创造环境,使人人除享有经济社会文化权利而外,并得享受公民及政治权利,始克实现自由人类享受公民及政治自由无所恐惧不虞匮乏之理想,

鉴于联合国宪章之规定,各国负有义务,必须促进人权及自由之普遍尊重及遵守,

明认个人对他人及对其隶属之社会,负有义务,故职责所在,必须力求本公约所确认各种权利之促进及遵守,

爰议定条款如下:

第一编

第一条

一、所有民族均享有自决权,根据此种权利,自由决定其政治地位并自由从事其经济、社会与文化之发展。

二、所有民族得为本身之目的,自由处置其天然财富及资源,但不得妨害因基于互惠原则之国际经济合作及因国际法而生之任何义务。无论在何种情形下,民族之生计,不容剥夺。

三、本公约缔约国,包括负责管理非自治及托管领土之国家在内,均应遵照联合国宪章规定,促进自决权之实现,并尊重此种权利。

第二编

第二条

一、本公约缔约国承允尊重并确保所有境内受其管辖之人,无分种族、肤色、性别、语言、宗教、政见或其他主张、民族本源或社会阶级、财产、出生或其他身分等等,一律享受本公约所确认之权利。

二、本公约缔约国承允遇现行立法或其他措施尚无规定时,各依本国宪法程序,并遵照本公约规定,采取必要步骤,制定必要之立法或其他措施,以实现本公约所确认之权利。

三、本公约缔约国承允:

(子)确保任何人所享本公约确认之权利或自由如遭受侵害,均获有效之救济,公务员执行职务所犯之侵权行为,亦不例外;

(丑)确保上项救济声请人之救济权利,由主管司法、行政或立法当局裁定,或由该国法律制度规定之其他主管当局裁定,并推广司法救济之机会;

(寅)确保上项救济一经核准,主管当局概予执行。

第三条

本公约缔约国承允确保本公约所载一切公民及政治权利之享受,男女权利,一律平等。

第四条

一、如经当局正式宣布紧急状态,危及国本,本公约缔约国得在此种危急情势绝对必要之限度内，采取措施，减免履行其依本公约所负之义务，但此种措施不得抵触其依国际法所负之其他义务，亦不得引起纯粹以种族、肤色、性别、语言、宗教或社会阶级为根据之歧视。

二、第六条、第七条、第八条（第一项及第二项）、第十一条、第十五条、第十六条及第十八条之规定，不得依本条规定减免履行。

三、本公约缔约国行使其减免履行义务之权利者，应立即将其减免履行之条款，及减免履行之理由，经由联合国秘书长转知本公约其他缔约国。其终止减免履行之日期，亦应另行移文秘书长转知。

第五条

一、本公约条文不得解释为国家、团体或个人有权从事活动或实行行为，破坏本公约确认之任何一种权利与自由，或限制此种权利与自由逾越本公约规定之程度。

二、本公约缔约国内依法律、公约、条例或习俗而承认或存在之任何基本人权，不得借口本公约未予确认或确认之范围较狭，而加以限制或减免义务。

第三编

第六条

一、人人皆有天赋之生存权。此种权利应受法律保障。任何人之生命不得无理剥夺。

二、凡未废除死刑之国家，非犯情节最重大之罪，且依照犯罪时有效并与本公约规定及防止及惩治残害人群罪公约不抵触之法律，不得科处死刑。死刑非依管辖法院终局判决，不得执行。

三、生命之剥夺构成残害人群罪时，本公约缔约国公认本条不得认为授权任何缔约国以任何方式减免其依防止及惩治残害人群罪公约规定所负之任何义务。

四、受死刑宣告者，有请求特赦或减刑之权。一切判处死刑之案件均得邀大赦、特赦或减刑。

五、未满十八岁之人犯罪，不得判处死刑；怀胎妇女被判死刑，不得执行其刑。

六、本公约缔约国不得授引本条，而延缓或阻止死刑之废除。

第七条

任何人不得施以酷刑，或予以残忍、不人道或侮辱之处遇或惩罚。非经本人自愿同意，尤不得对任何人作医学或科学试验。

第八条

一、任何人不得使充奴隶；奴隶制度及奴隶贩买，不论出于何种方式，悉应禁止。

二、任何人不得使充奴工。

三、（子）任何人不得使服强迫或强制之劳役；

（丑）凡犯罪刑罚得科苦役徒刑之国家，如经管辖法院判处此刑，不得根据第三项（子）款规定，而不服苦役；

（寅）本项所称"强迫或强制劳役"不包括下列各项：

（一）经法院依法命令拘禁之人，或在此种拘禁假释期间之人，通常必须担任而不属于（丑）款范围之工作或服役；

（二）任何军事性质之服役，及在承认人民可以本其信念反对服兵役之国家，依法对此种人征服之国民服役；

（三）遇有紧急危难或灾害祸患危及社会生命安宁时征召之服役；

（四）为正常公民义务一部分之工作或服役。

第九条

一、人人有权享有身体自由及人身安全。任何人不得无理予以逮捕或拘禁。非依法定理由及程序，不得剥夺任何人之自由。

二、执行逮捕时，应当场向被捕人宣告逮捕原因，并应随即告知被控案由。

三、因刑事罪名而被逮捕或拘禁之人，应迅即解送法官或依法执行司法权力之其他官员，并应于合理期间内审讯或释放。候讯人通常不得加以羁押，但释放得令具报，于审讯时、于司法程序之任何其他阶段、并于一旦执行判决时，候传到场。

四、任何人因逮捕或拘禁而被剥夺自由时，有权声请法院提审，以迅速决定其拘禁是否合法，如属非法，应即令释放。

五、任何人受非法逮捕或拘禁者，有权要求执行损害赔偿。

第十条

一、自由被剥夺之人，应受合于人道及尊重其天赋人格尊严之处遇。

二、（子）除特殊情形外，被告应与判决有罪之人分别羁押，且应另予与其未经判决有罪之身分相称之处遇；

（丑）少年被告应与成年被告分别羁押，并应尽速即予判决。

三、监狱制度所定监犯之处遇，应以使其悛悔自新、重适社会生活为基本目的。少年犯人应与成年犯人分别拘禁，且其处遇应与其年龄及法律身分相称。

第十一条

任何人不得仅因无力履行契约义务，即予监禁。

第十二条

一、在一国领土内合法居留之人，在该国领土内有迁徙往来之自由及择居之自由。

二、人人应有自由离去任何国家，连其本国在内。

三、上列权利不得限制，但法律所规定，保护国家安全、公共秩序、公共卫生或风化，或他人权利与自由所必要，且与本公约所确认之其他权利不抵触之限制，不在此限。

四、人人进入其本国之权，不得无理褫夺。

第十三条

本公约缔约国境内合法居留之外国人，非经依法判定，不得驱逐出境，且除事关国家安全必须急速处分者外，应准其提出不服驱逐出境之理由，及声请主管当局或主管当局特别指定人员予以复判，并为此目的委托代理人到场申诉。

第十四条

一、人人在法院或法庭之前，悉属平等。任何人受刑事控告或因其权利义务涉讼须予判定时，应有权受独立无私之法定管辖法庭公正公开审问。法院得因民主社会之风化、公共秩序或国家安全关系，或于保护当事人私生活有此必要时，或因情形特殊公开审判势必影响司法而在其认为绝对必要之限度内，禁止新闻界及公众旁听审判程序之全部或一部；但除保护少年有此必要，或事关婚姻争执或子女监护问题外，刑事民事之判决应一律公开宣示。

二、受刑事控告之人，未经依法确定有罪以前，应假定其无罪。

三、审判被控刑事罪时，被告一律有权平等享受下列最低限度之保障：

（子）迅即以其通晓之语言，详细告知被控罪名及案由；

（丑）给予充分之时间及便利，准备答辩并与其选任之辩护人联络；

（寅）立即受审，不得无故稽误；

（卯）到庭受审，及亲自答辩或由其选任辩护人答辩；未经选任辩护人者，应告以有此权利；法院认为审判有此必要时，应为其指定公设辩护人，如被告无资力酬偿，得免付之；

（辰）得亲自或间接诘问他造证人，并得声请法院传唤其证人在与他造证人同等条件下出庭作证；

（巳）如不通晓或不能使用法院所用之语言，应免费为备通译协助之；

（午）不得强迫被告自供或认罪。

四、少年之审判，应顾念被告年龄及宜使其重适社会生活，而酌定程序。

五、经判定犯罪者，有权声请上级法院依法复判其有罪判决及所科刑罚。

六、经终局判决判定犯罪，如后因提出新证据或因发现新证据，确实证明原判错误而经撤销原判或免刑者，除经证明有关证据之未能及时披露，应由其本人全部或局部负责者外，因此判决而服刑之人应依法受损害赔偿。

七、任何人依一国法律及刑事程序经终局判决判定有罪或无罪开释者，不得就同一罪名再予审判或科刑。

第十五条

一、任何人之行为或不行为，于发生当时依内国法及国际法均不成罪者，不为罪。刑罚不得重于犯罪时法律所规定。犯罪后之法律规定减科刑罚者，从有利于行为人之法律。

二、任何人之行为或不行为，于发生当时依各国公认之一般法律原则为有罪者，其审判与刑罚不受本条规定之影响。

第十六条

人人在任何所在有被承认为法律人格之权利。

第十七条

一、任何人之私生活、家庭、住宅或通信，不得无理或非法侵扰，其名誉及信用，亦不得非法破坏。

二、对于此种侵扰或破坏，人人有受法律保护之权利。

第十八条

一、人人有思想、信念及宗教之自由。此种权利包括保有或采奉自择之宗教或信仰之自由，及单独或集体、公开或私自以礼拜、戒律、躬行及讲授表示其宗教或信仰之自由。

二、任何人所享保有或采奉自择之宗教或信仰之自由，不得以胁迫侵害之。

三、人人表示其宗教或信仰之自由，非依法律，不受限制，此项限制以保障公共安全、秩序、卫生或风化或他人之基本权利自由所必要者为限。

四、本公约缔约国承允尊重父母或法定监护人确保子女接受符合其本人信仰之宗教及道德教育之自由。

第十九条

一、人人有保持意见不受干预之权利。

二、人人有发表自由之权利；此种权利包括以语言、文字或出版物、艺术或自己选择之其他方式，不分国界，寻求、接受及传播各种消息及思想之自由。

三、本条第二项所载权利之行使，附有特别责任及义务，故得予以某种限制，但此种限制以经法律规定，且为下列各项所必要者为限：

（子）尊重他人权利或名誉；

（丑）保障国家安全或公共秩序、或公共卫生或风化。

第二十条

一、任何鼓吹战争之宣传，应以法律禁止之。

二、任何鼓吹民族、种族或宗教仇恨之主张，构成煽动歧视、敌视或强暴者，应以法律禁止之。

第二十一条

和平集会之权利，应予确认。除依法律之规定，且为民主社会维护国家安全或公共安宁、公共秩序、维持公共卫生或风化、或保障他人权利自由所必要者外，不得限制此种权利之行使。

第二十二条

一、人人有自由结社之权利，包括为保障其本身利益而组织及加入工会之权利。

二、除依法律之规定，且为民主社会维护国家安全或公共安宁、公共秩序、维护公共卫生或风化，或保障他人权利自由所必要外，不得限制此种权利之行使。本条并不禁止对军警人员行使此种权利，加以合法限制。

三、关于结社自由及保障组织权利之国际劳工组织一九四八年公约缔约国，不得根据本条采取立法措施或应用法律，妨碍该公约所规定之保证。

第二十三条

一、家庭为社会之自然基本团体单位，应受社会及国家之保护。

二、男女已达结婚年龄者，其结婚及成立家庭之权利应予确认。

三、婚姻非经婚嫁双方自由完全同意，不得缔结。

四、本公约缔约国应采取适当步骤，确保夫妻在婚姻方面，在婚姻关系存续期间，以及在婚姻关系消灭时，双方权利责任平等。婚姻关系消灭时，应订定办法，对子女予以必要之保护。

第二十四条

一、所有儿童有权享受家庭、社会及国家为其未成年身分给予之必需保护措施，不因种族、肤色、性别、语言、宗教、民族本源或社会阶级、财产或出生而受歧视。

二、所有儿童出生后应立予登记，并取得名字。

三、所有儿童有取得国籍之权。

第二十五条

一、凡属公民，无分第二条所列之任何区别，不受无理限制，均应有权利及机会：

（子）直接或经自由选择之代表参与政事；

（丑）在真正、定期之选举中投票及被选。选举权必须普及而平等，选举应以无记名投票法行之，以保证选民意志之自由表现；

（寅）以一般平等之条件，服本国公职。

第二十六条

人人在法律上一律平等，且应受法律平等保护，无所歧视。在此方面，法律应禁止任何歧视，并保证人人享受平等而有效之保护，以防因种族、肤色、性别、语言、宗教、政见或其他主张、民族本源或社会阶级、财产、出生或其他身分而生之歧视。

第二十七条

凡有种族、宗教或语言少数团体之国家,属于此类少数团体之人,与团体中其他分子共同享受其固有文化、信奉躬行其固有宗教或使用其固有语言之权利,不得剥夺之。

第四编

第二十八条

一、兹设置人权事宜委员会(本公约下文简称委员会)委员十八人,执行以下规定之职务。

二、委员会委员应为本公约缔约国国民,品格高尚且在人权问题方面声誉素著之人士;同时并应计及宜选若干具有法律经验之人士担任委员。

三、委员会委员以个人资格当选任职。

第二十九条

一、委员会之委员应自具备第二十八条所规定资格并经本公约缔约国为此提名之人士名单中以无记名投票选举之。

二、本公约各缔约国提出人选不得多于二人。所提人选应为提名国国民。

三、候选人选,得续予提名。

第三十条

一、初次选举至迟应于本公约开始生效后六个月内举行。

二、除依据第三十四条规定宣告出缺而举行之补候选举外,联合国秘书长至迟应于委员会各次选举日期四个月前以书面邀请本公约缔约国于三个月内提出委员会委员候选人。

三、联合国秘书长应就所提出之候选人,按照字母次序编制名单,标明推荐其候选之缔约国,至迟于每次选举日期一个月前,送达本公约缔约国。

四、委员会委员之选举应由联合国秘书长在联合国会所召集之缔约国会议举行之,该会议以缔约国之三分之二出席为法定人数,候选人获票最多且得出席及投票缔约国代表绝对过半数票者当选为委员会委员。

第三十一条

一、委员会不得有委员一人以上为同一国家之国民。

二、选举委员会委员时应计及地域公匀分配及确能代表世界不同文化及各主要法系之原则。

第三十二条

一、委员会委员任期四年。续经提名者连选得连任。但第一次选出之委员中九人任期为二年；任期二年之委员九人，应于第一次选举完毕后，立由第三十条第四项所称会议之主席以抽签方法决定之。

二、委员会委员任满时之改选，应依照本公约本编以上各条举行之。

第三十三条

一、委员会某一委员倘经其他委员一致认为由于暂时缺席以外之其他原因，业已停止执行职务时，委员会主席应通知联合国秘书长，由其宣告该委员出缺。

二、委员会委员死亡或辞职时，委员会主席应即通知联合国秘书长，由其宣告该委员自死亡或辞职生效之日起出缺。

第三十四条

一、遇有第三十三条所称情形宣告出缺，且须行补选之委员任期不在宣告出缺后六个月内届满者，联合国秘书长应通知本公约各缔约国，各缔约国得于两个月内依照第二十九条提出候选人，以备补缺。

二、联合国秘书长应就所提出之候选人，按照字母次序编制名单，送达本公约缔约国。补缺选举应于编送名单后依照本公约本编有关规定举行之。

三、委员会委员之当选递补依第三十三条规定宣告之悬缺者，应任职至依该条规定出缺之委员会委员任期届满时为止。

第三十五条

委员会委员经联合国大会核准，自联合国资金项下支取报酬，其待遇及条件由大会参酌委员会所负重大责任定之。

第三十六条

联合国秘书长应供给委员会必要之办事人员及便利，俾得有效执行本公约所规定之职务。

第三十七条

一、委员会首次会议由联合国秘书长在联合国会所召集之。

二、委员会举行首次会议后，遇委员会议事规则规定之情形召开会议。

三、委员会会议通常应在联合国会所或日内瓦联合国办事处举行之。

第三十八条

委员会每一委员就职时，应在委员会公开集会中郑重宣言，必当秉公竭诚，执行职务。

第三十九条

一、委员会应自行选举其职员，任期二年，连选得连任。

二、委员会应自行制定议事规则，其中应有下列规定：

（子）委员十二人构成法定人数；

（丑）委员会之决议以出席委员过半数之同意为之。

第四十条

一、本公约缔约国承允依照下列规定，各就其实施本公约所确认权利而采取之措施，及在享受各种权利方面所获之进展，提具报告书：

（子）本公约对关系缔约国生效后一年内；

（丑）其后遇委员会提出请求时。

二、所有报告书应交由联合国秘书长转送委员会审议。如有任何因素及困难影响本公约之实施，报告书应予说明。

三、联合国秘书长与委员会商洽后得将报告书中属于关系专门机关职权范围之部分副本转送各该专门机关。

四、委员会应研究本公约缔约国提出之报告书。委员会应向缔约国提送其报告书及其认为适当之一般评议。委员会亦得将此等评议连同其自本公约缔约国收到之报告书副本转送经济暨社会理事会。

五、本公约缔约国得就可能依据本条第四项规定提出之任何评议向委员会提出意见。

第四十一条

一、本公约缔约国得依据本条规定，随时声明承认委员会有权接受并审议一缔约国指称另一缔约国不履行本公约义务之来文。依本条规定而递送之来文，必须为曾声明其本身承认委员会有权之缔约国所提出方得予以接受并审查。如来文关涉未作此种声明之缔约国，委员会不得接受之。依照本条规定接受之来文应照下开程序处理：

（子）如本公约某一缔约国认为另一缔约国未实施本公约条款，得书面提请该缔约国注意。受请国应于收到此项来文三个月内，向递送来文之国家书面提出解释或任何其他声明，以阐明此事，其中应在可能及适当范围内，载明有关此事之本国处理办法，及业经采取或正在决定或可资援用之救济办法。

（丑）如在受请国收到第一件来文后六个月内，问题仍未获关系缔约国双方满意之调整，当事国任何一方均有权通知委员会及其他一方，将事件提交委员会。

（寅）委员会对于提请处理之事件，应于查明对此事件可以运用之国内救济办法悉已援用无遗后，依照公认之国际法原则处理之。但如救济办法之实施有不合理之拖延，则不在此限。

（卯）委员会审查本条所称之来文时应举行不公开会议。

（辰）以不抵触（寅）款之规定为限，委员会应斡旋关于缔约国俾以尊重本公约所确认之人权及基本自由为基础，友善解决事件。

（巳）委员会对于提请处理之任何事件，得请（丑）款所称之关系缔约国提供任何有关情报。

（午）（丑）款所称关系缔约国有权于委员会审议此事件时出席并提出口头及/或书面陈述。

（未）委员会应于接获依（丑）款所规定通知之日起十二个月内提出报告书：

（一）如已达成（辰）款规定之解决办法，委员会报告书应以扼要叙述事实及所达成之解决办法为限。

（二）如未达成（辰）款规定之解决办法，委员会报告书应以扼要叙述事实为限；关系缔约国提出之书面陈述及口头陈述记录应附载于报告书内。

关于每一事件，委员会应将报告书送达各关系缔约国。

二、本条之规定应于本公约十缔约国发表本条第一项所称之声明后生效。此种声明应由缔约国交存联合国秘书长，由秘书长将声明副本转送其他缔约国。缔约国得随时通知秘书长撤回声明。此种撤回不得影响对业经依照本条规定递送之来文中所提事件之审议；秘书长接得撤回通知后，除非关系缔约国另作新声明，该国再有来文时不予接受。

第四十二条

一、（子）如依第四十一条之规定提请委员会处理之事件未能获得关系缔约国满意之解决，委员会得经关系缔约国事先同意，指派一专设和解委员会（以下简称和委会）。和委会应为关系缔约国斡旋，俾以尊重本公约为基础，和睦解决问题；

（丑）和委会由关系缔约国接受之委员五人组成之。如关系缔约国于三个月内对和委会组成之全部或一部未能达成协议，未得协议之和委会委员应由委员会用无记名投票法以三分之二多数自其本身委员中选出之。

二、和委会委员以个人资格任职。委员不得为关系缔约国之国民，或为非本公约缔约国之国民，或未依第四十一条规定发表声明之缔约国国民。

三、和委会应自行选举主席及制定议事规则。

四、和委会会议通常应在联合国会所或日内瓦联合国办事处举行，但亦得于和委会咨商联合国秘书长及关系缔约国决定之其他方便地点举行。

五、依第三十六条设置之秘书处应亦为依本条指派之和委会服务。

六、委员会所搜集整理之情报，应提送和委会，和委会亦得请关系缔约国提供任何其他有关情报。

七、和委会于详尽审议案件后，无论如何应于受理该案件十二个月内，向委员会主席提出报告书，转送关系缔约国：

（子）和委会如未能于十二个月内完成案件之审议，其报告书应以扼要说明审议案件之情形为限；

（丑）和委会如能达成以尊重本公约所确认之人权为基础之和睦解决问题办法，其报告书应以扼要说明事实及所达成之解决办法为限；

（寅）如未能达成（丑）款规定之解决办法，和委会报告书应载有其对于关系缔约国争执事件之一切有关事实问题之结论，以及对于事件和睦解决各种可能性之意见。此项报告书应亦载有关系缔约国提出之书面陈述及所作口头陈述之记录；

（卯）和委会报告书如系依（寅）款之规定提出，关系缔约国应于收到报告书后三个月内通知委员会主席愿否接受和委会报告书内容。

八、本条规定不影响委员会依第四十一条所负之责任。

九、关系缔约国应依照联合国秘书长所提概算，平均负担和委会委员之一切费用。

十、联合国秘书长有权于必要时在关系缔约国依本条第九项偿还用款之前，支付和委会委员之费用。

第四十三条

委员会委员，以及依第四十二条可能指派之专设和解委员会委员，应有权享受联合国特权豁免公约内有关各款为因联合国公务出差之专家所规定之便利、特权与豁免。

第四十四条

本公约实施条款之适用不得妨碍联合国及各专门机关之组织约章及公约在人权方面所订之程序，或根据此等约章及公约所订之程序，亦不得阻止本公约各缔约国依照彼此间现行之一般或特别国际协定，采用其他程序解决争端。

第四十五条

委员会应经由经济暨社会理事会向联合国大会提送常年工作报告书。

第五编

第四十六条

本公约之解释，不得影响联合国宪章及各专门机关组织法内规定联合国各机关及各专门机关分别对本公约所处理各种事项所负责任之规定。

第四十七条

本公约之解释，不得损害所有民族充分与自由享受及利用其天然财富与资源之天赋权利。

第六编

第四十八条

一、本公约听由联合国会员国或其专门机关会员国、国际法院规约当事国及经联合国大会邀请为本公约缔约国之任何其他国家签署。

二、本公约须经批准。批准书应送交联合国秘书长存放。

三、本公约听由本条第一项所称之任何国家加入。

四、加入应以加入书交存联合国秘书长为之。

五、联合国秘书长应将每一批准书或加入书之交存，通知已经签署或加入本公约之所有国家。

第四十九条

一、本公约应自第三十五件批准书或加入书送交联合国秘书长存放之日起三个月后发生效力。

二、对于在第三十五件批准书或加入书交存后批准或加入本公约之国家，本公约应自该国交存批准书或加入书之日起三个月后发生效力。

第五十条

本公约各项规定应一律适用于联邦国家之全部领土，并无限制或例外。

第五十一条

一、本公约缔约国得提议修改本公约，将修正案提交联合国秘书长。秘书长应将提议之修正案分送本公约各缔约国，并请其通知是否赞成召开缔约国会议，以审议并表决所提议案。如缔约国三分之一以上赞成召开会议，秘书长应以联合国名义召集之。经出席会议并投票之缔约国过半数通过之修正案，应提请联合国大会核可。

二、修正案经联合国大会核可，并经本公约缔约国三分二各依本国宪法程序接受后，即发生效力。

三、修正案生效后，对接受此种修正之缔约国具有拘束力；其他缔约国仍受本公约原订条款及其前此所接受修正案之拘束。

第五十二条

除第四十八条第五项规定之通知外，联合国秘书长应将下列事项通知同条第一项所称之所有国家：

（子）依第四十八条所为之签署、批准及加入；

（丑）依第四十九条本公约发生效力之日期，及依第五十一条任何修正案发生效力之日期。

第五十三条

一、本公约应交存联合国档库，其中、英、法、俄及西文各本同一作准。

二、联合国秘书长应将本公约正式副本分送第四十八条所称之所有国家。

为此，下列各代表秉其本国政府正式授予之权，谨签字于自一九六六年十二月十九日起得由各国在纽约签署之本公约，以昭信守。

人权事务委员会一般性意见列表

第 1 号一般性意见：报告义务，1981 年

第 2 号一般性意见：报告准则，1981 年

第 3 号一般性意见：第 2 条（国内一级的实施），1981 年

第 4 号一般性意见：第 3 条（男女平等享有所有公民权利和政治权利），1981 年

第 5 号一般性意见：第 4 条（克减），1981 年

第 6 号一般性意见：第 6 条（生命权），1982 年

第 7 号一般性意见：第 7 条（禁止酷刑和其他残忍、不人道或侮辱之处遇或惩罚），1982 年

第 8 号一般性意见：第 9 条（个人享有人身自由和安全的权利），1982 年

第 9 号一般性意见：第 10 条（被剥夺自由者的待遇问题），1982 年

第 10 号一般性意见：第 19 条（意见自由），1983 年

第 11 号一般性意见：第 20 条（禁止宣传战争和鼓吹仇恨），1983 年

第 12 号一般性意见：第 1 条（自决权），1984 年

第 13 号一般性意见：第 14 条（公正审判），1984 年

第 14 号一般性意见：第 6 条（生命权），1984 年

第 15 号一般性意见：《公约》所规定的外国人地位，1986 年

第 16 号一般性意见：第 17 条（隐私权），1988 年

第 17 号一般性意见：第 24 条（儿童权利），1989 年

第 18 号一般性意见：不歧视，1989 年

第 19 号一般性意见：婚姻和家庭，1990 年

第 20 号一般性意见：第 7 条（禁止酷刑和其他残忍、不人道或侮辱之处遇或惩罚），1992 年

第 21 号一般性意见：第 10 条（被剥夺自由者的待遇问题），1992 年

第 22 号一般性意见：第 18 条（思想、信念和宗教自由），1993 年，CCPR/C/21/Rev. 1/Add. 4

第 23 号一般性意见：第 27 条（少数人的权利），1994 年，CCPR/C/21/Rev. 1/Add. 5

第 24 号一般性意见：关于批准或加入《公约》或其《任择议定书》时提出的保留或者有关《公约》第 41 条下声明的问题，1994 年，CCPR/C/21/Rev. 1/Add. 6

第 25 号一般性意见：第 25 条（参与政事和投票的权利），1996 年，CCPR/C/21/Rev. 1/Add. 7

第 26 号一般性意见：义务的延续性，1997 年，CCPR/C/21/Rev. 1/Add. 8/Rev. 1

第 27 号一般性意见：第 12 条（迁徙自由），1999 年，CCPR/C/21/Rev. 1/Add. 9

第 28 号一般性意见：第 3 条（男女权利平等），2000 年，CCPR/C/21/Rev. 1/Add. 10

第 29 号一般性意见：第 4 条（紧急状态期间的克减问题），2001 年，CCPR/C/21/Rev. 1/Add. 11

第 30 号一般性意见：《公约》第 40 条规定的缔约国报告义务，2002 年，CCPR/C/21/Rev. 2/Add. 12

第 31 号一般性意见：《公约》缔约国承担的一般法律义务的性质，2004 年，CCPR/C/21/Rev. 1/Add. 13

第 32 号一般性意见：第 14 条（在法院和法庭前一律平等和获得公正审判的权利），2007 年，CCPR/C/GC/32

第 33 号一般性意见：缔约国在《公民及政治权利国际公约任择议定书》下的义务，2008 年，CCPR/C/GC/33

第 34 号一般性意见：第 19 条（意见和表达自由），2011 年，CCPR/C/GC/34

第 35 号一般性意见：第 9 条（人身自由与安全），2014 年，CCPR/C/GC/35

第 36 号一般性意见：第 6 条（生命权），2019 年，CCPR/C/GC/36

第 37 号一般性意见：第 21 条（和平集会权），2020 年，CCPR/C/GC/37

第 1 号至第 21 号一般性意见无单独文号，被统一收入联合国：《国际人权文书：各人权条约机构通过的一般性意见和一般性建议汇编》第 1 号至第 9 号（HRI/GEN/1/Rev. 1 – 9）。

第31号一般性意见：
《公约》缔约国承担的一般法律义务的性质
人权事务委员会2004年3月29日第2187次会议通过

1. 本一般性意见取代第3号一般性意见，反映和发展了该意见的原则。第18号一般性意见和第28号一般性意见已经涉及第2条第1款中有关普遍不歧视的规定，在理解本一般性意见时应该予以参照。

2. 虽然第2条是以缔约国对作为《公约》规定之权利的拥有者的个人承担义务的方式表述的，但是每一缔约国对于其他缔约国履行其义务的情况仍然有法律上的利益。其由来则是这样的事实，即"有关人的基本权利的规定"是对世义务（erga omnes obligations），而且正如《公约》前文部分第4段所指出的，各国根据《联合国宪章》负有义务促进对人权和基本自由的普遍尊重和遵守。此外，条约的契约性层面意味着任何缔约国都对其他缔约国承担义务，必须遵守根据条约作出的承诺。在这一方面，委员会提请缔约国注意作出第41条设定的声明的可取性。委员会还提请已经作出声明的缔约国注意使用该条所规定程序的潜在价值。然而，虽然在已经根据第41条作出声明的缔约国之间，存在着向人权事务委员会提出申诉的正式的国家间机制，但仅仅这一事实并不意味着这种程序是缔约国表示对其他缔约国履行《公约》具有利益的唯一方法。与此相反，第41条规定的程序应被视为是增补了而不是减少了缔约国对彼此之间履行义务情况的利益。因此，委员会向缔约国推荐这样一种观点：任何缔约国侵害《公约》规定的权利都应该引起它们的重视。注意其他缔约国对《公约》义务的可能违反并且呼请它们遵守《公约》义务根本不应被视为一种不友好行动，而应该被看成一种合法的共同利益的反映。

3. 第2条界定了《公约》缔约国承担的法律义务的范围。缔约国承担的一般义务是：尊重《公约》确认的权利并且确保在其领土内和受其管辖的一切个人享受这些权利（见下文第9段和第10段）。根据《维也纳条约法公约》第26条所阐明的原则，各缔约国必须善意履行《公约》所规定的义务。

4. 《公约》的一般性义务和其中第2条特别规定的义务对于每一缔约

国作为整体都是有约束力的。政府的所有部门（执法、立法和司法）以及无论任何层次——国家、区域或者地区——上的其他公共机构或者政府机构均应承担缔约国的责任。通常在国际上（包括在本委员会之前）代表缔约国的行政部门不得指出不符合《公约》规定的行动是政府的另一部门采取的，以这种方式免除缔约国对于这种行动及其导致的不符合应当承担的责任。这种认识直接源于《维也纳条约法公约》第 27 条所载的原则，根据这条原则，缔约国"不得援引其国内法规定为理由而不履行条约"。虽然第 2 条第 2 款允许缔约国根据其国内宪法程序实现《公约》规定的权利，但是上述原则适用于防止缔约国引用其宪法或者其他国内法的规定来为其未能履行或者落实条约义务进行辩解。在这一方面，委员会提请实行联邦制的缔约国注意第 50 条，根据该条，"本公约各项规定应一律适用于联邦国家之全部领土，并无限制或例外。"

5. 第 2 条第 1 款中有关尊重和确保《公约》所确认的权利的义务对于所有缔约国有立即适用的效果。第 2 条第 2 款提供了促进和保护《公约》所具体规定权利的根本框架。委员会因此曾经在其第 24 号一般性意见中指出，对于第 2 条的保留，根据《公约》之目的及宗旨加以考虑，与《公约》不相符合。

6. 第 2 条第 1 款所规定的法律义务从性质上来说既是消极的又是积极的。缔约国必须避免侵害《公约》所确认的权利，对其中任何权利的任何限制，根据《公约》的有关条款，也必须是允许如此限制的。在进行此种限制时，缔约国必须表明其必要性，而且只能采取与追求的正当目的比例相称的措施，以便确保持续地、有效地保护《公约》权利。在任何情况下都不能以可能损害《公约》权利实质的方式适用或实行限制。

7. 第 2 条要求各缔约国采取立法、司法、行政、教育以及其他适当措施，以履行其法律义务。委员会认为，不仅仅是政府官员和国家机关工作人员，而且全体人民都必须提高对于《公约》的认识。

8. 第 2 条第 1 款所规定的义务约束缔约国，这些义务因此并不具有国际法意义上的直接的横向效力。《公约》不能被视为是国内刑法或者民法的替代品。然而，只有在缔约国保护个人既免受国家工作人员对《公约》权利的侵害，又免遭私人或者私人实体妨碍享受应该能够在私人或者私人实体之间适用的《公约》权利的情况下，缔约国才充分履行了有关确保

《公约》权利的积极义务。可能会有这样的情况：由于缔约国未能采取适当措施或者恪尽职守来防止、惩罚、调查或者补救私人或者私人实体的这种行为所造成的伤害或者允许这种伤害，结果就是没有能够按照第 2 条的要求确保《公约》所确认的权利，最后引起缔约国对这些权利的侵害。委员会提请缔约国注意根据第 2 条承担的积极性义务与第 2 条第 3 款规定的对违反的情况提供有效救济的必要性之间的相互联系。《公约》本身在其一些条款中考虑了某些领域，在这些领域中缔约国对于处理私人或者私人实体的活动承担积极性义务。例如，第 17 条中同隐私有关的保障必须获得法律的保护。第 7 条也隐含着这样的规定：缔约国必须采取积极措施以确保私人或者私人实体不得在其权力控制的范围内对他人施加酷刑或者残忍的、不人道的或者侮辱性的处遇或者惩罚。在诸如工作或者住房等影响日常生活之基本方面的领域中，必须保护个人免遭第 26 条的含义之内的歧视。

9.《公约》所确认的权利的受益者是个人。虽然除了第 1 条中的例外规定以外，《公约》没有提到法人或者类似实体或者集体的权利，但是《公约》所确认的许多权利，例如表明自己宗教或者信仰的自由（第 18 条）、结社自由（第 22 条）以及少数者的成员的权利（第 27 条），都是可以同他人共同享有的。委员会的职权只限于接受和审议由个人或者代表个人提出的来文（《任择议定书》第 1 条），但是这并不禁止个人声称关涉法人和类似实体的行为或者不行为构成对这些个人自己的权利的侵害。

10. 第 2 条第 1 款规定，缔约国必须尊重和确保在其领土内和受其管辖的一切个人享受本《公约》所确认的权利。这就意味着缔约国必须尊重和确保在其权力范围内或者有效控制下的任何人——即使不在缔约国领土上——享受《公约》所规定的权利。正如在 1986 年第二十七届会议上所通过的第 15 号一般性意见所指出的，享受《公约》权利的人并不限于缔约国的公民，而是必须还包括正好在缔约国的领土上或者受其管辖的所有个人，而不论其国籍或者无国籍状态，例如寻求庇护者、难民、移徙工人以及其他人。这项原则也适用于在境外行动的缔约国武装部队的权力范围内或者有效控制下的所有人，而不论这种权力或者有效控制是在何种情况下获得的，例如，这种武装部队是缔约国因为参加国际维持和平行动或者强制执行和平行动而派出的一支部队。

11. 正如第 29 号一般性意见所暗含的,《公约》也适用于国际人道法规则对之适用的武装冲突的情况。虽然,就某些《公约》权利而言,国际人道法的更为具体的规则对于解释《公约》权利的目的来说可能特别相关,但是这两个法律领域是互补的,而不是互相排斥的。

12. 此外,由于第 2 条规定的义务要求缔约国尊重和确保在其领土内以及在其控制下的所有个人享受《公约》所确认的权利,这导致的一项义务是,如果有真实充分的理由相信,在驱赶某人的目的地国家或者该个人可能随后被逐往的任何国家之中,存在造成不可弥补的损害的真实危险——诸如《公约》第 6 条和第 7 条所设想的那种损害,缔约国就不得引渡、递解、驱逐该个人或以其他手段将其逐出本国领土。

13. 第 2 条第 2 款要求缔约国采取必要步骤在其国内制度中实现《公约》所确认的权利。因此,除非这些权利已经获得其国内法律或者惯例的保护,否则缔约国必须在批准《公约》时对其国内法律以及惯例作出必要的修正,以确保符合《公约》。如果国内法与《公约》之间存在不一致之处,第 2 条要求必须修正国内法律或者惯例,以达到《公约》的实质性保障所设立的标准。第 2 条允许缔约国根据其国内宪法架构实现这一点,因此并没有要求将《公约》纳入其国内法,从而能够在法庭上直接适用。然而,委员会认为,在那些《公约》已经自动成为国内法律制度的一部分或者通过特别的纳入成为国内法律制度的一部分的国家中,《公约》的保障可能会获得更加有力的保护。委员会希望那些《公约》并未构成其国内法律制度之一部分的缔约国考虑纳入《公约》,使之转变为其国内法的一部分,以按照第 2 条的要求促进《公约》所确认之权利的全面实现。

14. 第 2 条第 2 款中有关采取步骤实现《公约》权利的要求是无条件的和立即生效的。缔约国在政治、社会、文化或者经济方面的考虑不能作为不遵守这项义务的理由。

15. 第 2 条第 3 款要求,除了有效保护《公约》的权利之外,缔约国还必须确保个人具有可得到的、有效的救济以维护这些权利。对这些补救措施还应当加以适当调整,以考虑到某些类别的人们(尤其包括儿童)的特别脆弱性。委员会十分重视缔约国设立适当的司法机制和行政机制,以便根据国内法来处理有关侵害权利的指控。委员会注意到,司法部门可用许多不同的方式以有效保证人们享受《公约》所确认的权利,其中包括直接适用《公约》，适用类似的宪法或者其他法律规定，或者在适用国内法时《公约》起到解释性的作用。尤其需要设立行政机制，以落实有关通过独立和公正的机构迅速、彻底和有效地调查关于侵害权利的指控的一般性义务。具有适当授权的国家人权机构可为达到这项目的作出贡献。如果缔约国不调查对侵害权利的指控，这种不行为本身就可能构成对于《公约》的一项单独违反。停止目前还在进行的侵权行为是获得有效救济之权利的关键内容。

16. 第 2 条第 3 款要求缔约国必须向其《公约》权利遭到侵害的个人作出补救。如果不对那些《公约》权利遭到侵害的个人予以补救，在第 2 条第 3 款的效力中起着关键作用的提供有效救济的义务就没有得到履行。除了第 9 条第 5 款和第 14 条第 6 款规定的明确补救之外，委员会认为，《公约》普遍涉及适当的赔偿。委员会注意到，补救可以酌情涉及恢复原状、康复以及以下抵偿措施：公开道歉、公开纪念、保证不再重犯、修改有关法律和惯例以及将侵害人权的肇事者绳之以法。

17. 一般来说，如果不将采取措施防止违反《公约》的行为再次发生作为第 2 条规定之义务的内在组成部分，《公约》的宗旨将无法实现。因此，委员会根据《任择议定书》审议案件时的一个通常做法是，会在其意见中指出，除了针对受害者提供救济以外，还必须采取措施以避免这种侵权行为再次发生。采取这种措施可能需要对缔约国的法律或者惯例进行修正。

18. 如果上文第 15 段中所提到的调查显示某些《公约》权利遭到侵害，缔约国必须确保将肇事者绳之以法。同不进行调查的情况一样，如果不把侵害权利的肇事者绳之以法，这本身就可能构成对于《公约》的一项单独违反。对于国内法或者国际法确认为罪行的侵害行为，例如酷刑和类似的残忍、不人道和侮辱性的待遇（第 7 条）、即决处决和任意杀害（第 6 条）以及强迫失踪（第 7、9 条，还经常有第 6 条）而言，就尤其会出现这些义务。实际上，对于这种侵权行为的有罪不罚问题（这是委员会长期关注的一个事项）很可能是这种侵害再次发生的重要原因。如果这些侵权行为是对平民的广泛或者系统攻击的一部分，那么这些对《公约》的违反就构成了危害人类罪（见《国际刑事法院罗马规约》第 7 条）。

因此，如果政府官员或者国家机关工作人员侵害了本段所指的《公约》权利，有关的缔约国就不能免除肇事者的个人责任，就像根据某些大赦［见第20（44）号一般性意见］以及事先的法定豁免和免责而出现的情况那样。此外，不能以那些可能被控应对这些侵害行为负责的人的官方地位为理由，而免除他们的法律责任。同时还应该消除在确立法律责任方面的其他障碍，例如以服从上级命令或者在可以适用时效时以法定时效过短为由进行辩解。各缔约国还应互相帮助，将那些涉嫌犯有违反《公约》之行为并且根据国内法或者国际法应予惩处的人绳之以法。

19. 委员会还认为，有关获得有效救济的权利在某些情况下还可能要求缔约国提供和实施临时或暂行措施，以免侵权行为继续发生，并且努力尽早弥补这些侵害行为可能已经造成的任何伤害。

20. 即使缔约国的法律制度已经正式规定了适当的救济，侵害《公约》权利的行为仍然发生。这大概是因为有关救济没有在实践中有效发挥作用。因此，委员会要求缔约国在其定期报告中提供有关阻碍现行救济之有效性的因素的资料。

主要参考文献

专著

1. 陈泽宪主编:《〈公民权利与政治权利国际公约〉的批准与实施》,中国社会科学出版社,2008。
2. 黄金荣:《司法保障人权的限度——经济和社会权利可诉性问题研究》,社会科学文献出版社,2009。
3. 刘连泰:《〈国际人权宪章〉与我国宪法的比较研究——以文本为中心》,法律出版社,2006。
4. 刘楠来等编:《人权的普遍性和特殊性》,社会科学文献出版社,1996。
5. 〔奥〕曼弗雷德·诺瓦克:《〈公民权利和政治权利国际公约〉评注》(修订第二版),孙世彦、毕小青译,三联书店,2008。
6. 〔澳〕本·索尔、戴维·金利、杰奎琳·莫布雷:《〈经济社会文化权利国际公约〉:评注、案例和资料》,孙世彦译,法律出版社,2019。
7. 吴双全:《少数人权利的国际保护》,中国社会科学出版社,2010。
8. 杨宇冠:《人权法——〈公民权利和政治权利国际公约〉研究》,中国人民公安大学出版社,2003。
9. 周勇:《少数人权利的法理》,社会科学文献出版社,2002。

10. 朱晓青、柳华文:《〈公民权利和政治权利国际公约〉及其实施机制》,中国社会科学出版社,2003。

Books

1. Alfredsson, Gudmundur, and Asbjørn Eide (eds.), *The Universal Declaration of Human Rights: A Common Standard of Achievement*, Martinus Nijhoff Publishers, 1999.

2. Ando, Nisuke (ed.), *Towards Implementing Universal Human Rights: Festschrift for the Twenty-Fifth Anniversary of the Human Rights Committee*, Martinus Nijhoff Publishers, 2004.

3. Baehr, Peter R., et al. (eds.), *Human Rights: Chinese and Dutch Perspectives*, Martinus Nijhoff Publishers, 1996.

4. Bair, Johann, *The International Covenant on Civil and Political Rights and Its (First) Optional Protocol: A Short Commentary Based on Views, General Comments and Concluding Observations by the Human Rights Committee*, Peter Lang, 2005.

5. Bernhardt, Rudolf, and John Anthony Jolowicz (eds.), *International Enforcement of Human Rights*, Springer-Verlag, 1985.

6. Bernhardt, Rudolf, (gen. ed.), *Encyclopedia of Public International Law* (Vol. II, IV), Elsevier, 1995, 2000.

7. Beyerlin, Ulrich, et al. (eds.), *Recht zwischen Umbruch und Bewahrung: Festschrift für Rodolf Bernhardt*, Springer, 1995.

8. Bossuyt, Marc J., *Guide to the "Travaux Préparatoires" of the International Covenant on Civil and Political Rights*, Martinus Nijhoff Publishers, 1987.

9. Carlson, Scott, and Gregory Gisvold, *Practical Guide to the International Covenant on Civil and Political Rights*, Transnational Publishers, 2003.

10. Chowdhury, S. R., *Rule of Law in a State of Emergency: The Paris Minimum Standards of Human Rights in a State of Emergency*, Pinter Publishers, 1989.

11. Clapham, Andrew, *Human Rights in the Private Sphere*, Oxford University Press, 1993.

12. Clapham, Andrew, *Human Rights Obligations of Non - State Actors*, Oxford University Press, 2006.
13. Condé, H. Victor, *A Handbook of International Human Rights Terminology*, University of Nebraska Press, 2nd edn, 2004.
14. Conte, Alex, and Richard Burchill, *Defining Civil and Political Rights: The Jurisprudence of the United Nations Human Rights Committee*, Ashgate, 2nd edn, 2009.
15. Cranston, Maurice, *What are Human Rights?*, The Bodley Head, 1973.
16. Craven, Matthew C. R., *The International Covenant on Economic, Social, and Cultural Rights: A Perspective on its Development*, Clarendon Press, 1995.
17. Daes, Erica - Irene A., *Freedom of the Individual under Law*, United Nations, 1990.
18. De Schutter, Olivier, *International Human Rights Law: Cases, Materials, Commentary*, Cambridge University, 3rd edn, 2019.
19. De Wet, Erika, and Jure Vidmar (eds.), *Hierarchy in International Law: The Place of Human Rights*, Oxford University Press, 2012.
20. Dinstein, Yoram, and Mala Tabory (eds.), *The Protection of Minorities and Human Rights*, Martinus Nijhoff Publishers, 1992.
21. Donnelly, Jack, *Universal Human Rights in the Theory and Practice*, Cornell University Press, 1989.
22. Doswald - Beck, Louise, *Human Rights in Times of Conflict and Terrorism*, Oxford University Press, 2011.
23. Egan, Suzanne, *The United Nations Human Rights Treaty System: Law and Procedure*, Bloomsbury Professional, 2011.
24. Fitzpatrick, Joan, Human Rights in Crisis: *The International System for Protecting Rights During States of Emergency*, University of Pennsylvania Press, 1994.
25. Fredman, Sandra, *Human Rights Transformed: Positive Rights and Positive Duties*, Oxford University Press, 2008.
26. Friedmann, Daniel, and Daphne Barak - Erez (eds.), *Human Rights in Private Law*, Hart Publishing, 2003.

27. Ghandhi, P. R., *The Human Rights Committee and the Rights of Individual Communication: Law and Practice*, Ashgate, 1998.
28. Gorman, Robert F., and Edward S. Mihalkanin, *Historical Dictionary of Human Rights and Humanitarian Organizations*, The Scarecrow Press, 2nd edn, 2007.
29. Hanski, Raija, and Markku Suksi (eds.), *An Introduction to the International Protection of Human Rights: A Textbook*, Institute for Human Rights, Åbo Akademi University, 2nd rev. edn, 1999.
30. Hanski, Raija, and Martin Scheinin, *Leading Cases of the Human Rights Committee*, Institute for Human Rights, Åbo Akademi University, 2nd rev. edn, 2007.
31. Harris, David, and Sarah Joseph (eds.), *The International Covenant on Civil and Political Rights and United Kingdom Law*, Clarendon Press, 1995.
32. Hegarty, Angela, and Siobhan Leonard (eds.), *Human Rights: An Agenda for the 21st Century*, Cavendish, 1999.
33. Henkin, Louis (ed.), *The International Bill of Rights: The Covenant on Civil and Political Rights*, Columbia University Press, 1981.
34. Higgins, Rosalyn, *Problems and Process: International Law and How We Use It*, Clarendon Press, 1994.
35. Hodgson, Douglas, *Individual Duty within a Human Rights Discourse* Ashgate, 2003.
36. Humphrey, John, *Human Rights & the United Nations: A Great Adventure*, Transnational Publishers, 1984.
37. Humphrey, John, *No Distant Millennium: The International Law of Human Rights*, UNESCO, 1989.
38. Huscroft, Grant, and Paul Rishworth (eds.), *Litigating Rights: Perspectives from Domestic and International Law*, Hart Publishing, 2002.
39. International Council on Human Rights Policy, *Taking Duties Seriously: Individual Duties in International Human Rights Law – A Commentary*, Geneva, 1999.
40. Jayawickrama, Nihal, *The Judicial Application of Human Rights Law:*

National, Regional and International Jurisprudence, Cambridge University Press, 2nd edn, 2017.

41. Jeffery, Renée, *Amnesties, Accountability and Human Rights*, University of Pennsylvania Press, 2014.

42. Joseph, Sarah, and Melissa Castan, *The International Covenant on Civil and Political Right: Cases, Materials, and Commentary*, Cambridge University Press, 3rd edn, 2013.

43. Joseph, Sarah, and Adam Mcbeth, *Research Handbook on International Human Rights Law*, Edward Elgar, 2010.

44. Kälin, Walter, and Jörg Künzli, *The Law of International Human Rights Protection*, Oxford University Press, 2009.

45. Klein, Eckart (ed.), *The Duty to Protect and to Ensure Human Rights*, Berlin Verlag, 2000.

46. Legg, Andrew, *The Margin of Appreciation in International Human Rights Law: Deference and Proportionality*, Oxford University Press, 2012.

47. Lessa, Francesca, and Leigh A. Payne (eds.), *Amnesty in the Age of Human Rights Accountability: Comparative and International Perspectives*, Cambridge University Press, 2012.

48. Lillich, Richard B., *The Human Rights of Aliens in Contemporary International Law*, Manchester University Press, 1984.

49. Lillich, Richard B., et al., *International Human Rights: Problems of Law, Policy and Practice*, Aspen Publishers, 4th edn, 2006.

50. McGoldrick, Dominic, *The Human Rights Committee: Its Role in the Development of the International Covenant on Civil and Political Rights*, Clarendon Press, 1994.

51. Meron, Theodor (ed.), *Human Rights in International Law: Legal and Policy Issues*, Clarendon Press Press, 1984.

52. Meron, Theodor, *Human Rights Law – Making in the United Nations*, Clarendon Press, 1986.

53. Moeckli, Daniel, and Helen Keller, Corina Heri (eds), *The UN Human Rights Covenants at 50: Their Past, Present and Future*, Oxford University

Press, 2018.

54. Möller, Jakob Th., and Alfred de Zayas, *United Nations Human Rights Committee Case Law 1977 - 2008: A Handbook*, N. P. Engel, 2009.

55. Nowak, Manfred, *Introduction to the International Human Rights Regime*, Martinus Nijhoff Publishers, 2003.

56. Opsahl, Torkel, *Law and Equality: Selected Articles on Human Rights*, Ad Notam Gyldendal, 1996.

57. Oraá, Jaime, *Human Rights in States of Emergency in International Law*, Clarendon Press, 1992.

58. Orlin, Theodore S., Allan Rosas and Martin Scheinin (eds.), *The Jurisprudence of Human Rights Law: A Comparative Interpretive Approach*, Institute for Human Rights, Åbo Akademi University, 2000.

59. Provost, René, *International Human Rights and Humanitarian Law*, Cambridge University Press, 2002.

60. Ragazzi, Maurizio, *The Concept of International Obligations Erga Omnes*, Clarendon Press, 2000.

61. Ramcharan, B. G., *The Concept and Present Status of the International Protection of Human Rights: Forty Years After the Universal Declaration*, Martinus Nijhoff Publishers, 1989.

62. Robertson, A. H., and J. G. Merrills, *Human Rights in the World: An Introduction to the Study of the International Protection of Human Rights*, Manchester University Press, 4th edn, 1996.

63. Robertson, David, *A Dictionary of Human Rights*, Europa Publications, 2nd edn, 2004.

64. Roth-Arriaza, Naomi (ed.), *Impunity and Human Rights in International Law and Practice*, Oxford University Press, 1995.

65. Seibert-Fohr, Anja, *Prosecuting Serious Human Rights Violations*, Oxford University Press, 2009.

66. Seiderman, Ian D., *Hierarchy in International Law: The Human Rights Dimension*, Intersentia-Hart, 2001.

67. Shelton, Dinah, *Remedies in International Human Rights Law*, Oxford

University Press, 2nd edn, 2005.
68. Shelton, Dinah, (ed.), *The Oxford Handbook of International Human Rights Law*, Oxford University Press, 2013.
69. Sieghart, Paul, *The International Law of Human Rights*, Clarendon Press, 1983.
70. Sieghart, Paul, *The Lawful Rights of Mankind: An Introduction to the International Legal Code of Human Rights*, Oxford University Press, 1985.
71. Steiner, Henry J., Philip Alston and Ryan Goodman, *International Human Rights in Context: Law, Politics, Morals*, Oxford University Press, 3rd edn, 2008.
72. Svensson – McCarthy, Anna – Lena, *The International Law of Human Rights and States of Exception*, Martinus Nijhoff Publishers, 1998.
73. Thornberry, Patrick, *International Law and the Rights of Minorities*, Clarendon Press, 1991.
74. Tiburcio, Carmen, *The Human Rights of Aliens under International and Comparative Law*, Martinus Nijhoff Publishers, 2001.
75. Tomuschat, Christian, *Human Rights: Between Idealism and Realism*, Oxford University Press, 3rd edn, 2014.
76. Tyagi, Yogesh, *The UN Human Rights Committee: Practice and Procedure*, Cambridge University Press, 2011.
77. UNESCO, *Human Rights: Comments and Interpretations*, UNESCO, 1948; Greenwood Press, 1973.
78. van Dijk, Pieter, *et al.* (eds.), *Theory and Practice of the European Convention on Human Rights*, Intersentia, 4th edn, 2006.
79. Vasak, Karel (gen. ed.), and Philip Alston (Eng. ed. ed.), *The International Dimensions of Human Rights*, UNESCO and Greenwood Press, 1982.
80. David Weissbrodt, *The Human Rights of Non – citizens*, Oxford University Press, 2008.

Book Chapters

1. Alston, Philip, "The Historical Origins of the Concept of 'General Comments' in Human Rights Law", in Laurence Boisson de Chazournes and Vera Gowlland – Debbas (eds.), *The International Legal System in Quest of Equity and Universality: Liber Amicorum George Abi – Saab* (Martinus Nijhoff Publishers, 2001), pp. 763 – 776.

2. Ando, Nisuke, "Multiculturalism and the Human Rights Committee", in Sienho Yee and Jacques – Yvan Morin (eds.), *Multiculturalism and International Law: Essays in Honour of Edward McWhinney* (Martinus Nijhoff Publishers, 2009), pp. 329 – 344.

3. Bossuyt, Marc, "International Human Rights Systems: Strengths and Weaknesses", in Kathleen E. Mahoney and Paul Mahoney (eds.), *Human Rights in the Twenty – first Century: A Global Challenge* (Martinus Nijhoff Publishers, 1993), pp. 47 – 55.

4. Brems, Eva, "Reconciling Universality and Diversity in International Human Rights Law", in András Sajó (ed.), *Human Rights with Modesty: The Problem of Universalism* (Martinus Nijhoff Publishers, 2004), pp. 213 – 230.

5. Daes, Erica – Irene A., "Restrictions and Limitations on Human Rights", in Institut International des Droits de l'Homme, *René Cassin: Amicorum Discipulorumque Liber*, Vol. III: *La protection des droits de l'homme dans les rapports entre personnes privées* (Editions A. Pédone, 1971), pp. 79 – 93.

6. Donnelly, Jack, "Human Rights and Asian Values: A Defence of 'Western' Universalism", in Joanne R. Bauer and Daniel A. Bell (eds.), *The East Asian Challenge for Human Rights* (Cambridge University Press, 1999), pp. 60 – 87.

7. Eide, Asbjørn, "The International Human Rights System", in Asbjørn Eide et al. (eds.), *Food as a Human Right* (United Nations University Press, 1984), pp. 152 – 160.

8. Hossain, Kamrul, "The Human Rights Committee on Traditional Cultural Right: The Case of the Arctic Indigenous Peoples", in Tuija Veintie and Pirjo

K. Virtanen, (eds.) *Local and Global Encounters: Norms, Identities and Representations in Formation* (Helsinki, Renvall Institute), pp. 29 – 42.

9. Huaraka, Tunguru, "Civil and Political Rights" in Mohammed Bedjaoui (ed.), *International Law: Achievements and Prospects* (Martinus Nijhoff Publishers, 1991), pp. 1061 – 1082.

10. Joseph, Sarah, "Civil and Political Rights", in Mashood A. Baderin and Manisuli Ssenyonjo (eds.), *International Human Rights Law: Six Decades after the UDHR and Beyond* (Ashgate, 2010), pp. 89 – 106.

11. Klein, Eckart, "Individual Reparation Claims under the International Covenant on Civil and Political Rights: The Practice of the Human Rights Committee", in Albrecht Randelzhofer and Christian Tomuschat (eds.), *State Responsibility and the Individual: Reparation in Instances of Grave Violations of Human Rights* (Martinus Nijhoff Publishers, 1999), pp. 27 – 41.

12. Möller, Jakob Th., "Treatment of persons deprived of liberty: analysis of the Human Rights Committee's case law under Article 10 of the International Covenant on Civil and Political Rights (ICCPR)", in Morten Bergsmo (ed.), *Human Rights and Criminal Justice for the Downtown: Essays in Honour of Asbjørn Eide* (Martinus Nijhoff Publishers, 2003), pp. 665 – 682.

13. Nowak, Manfred, "Civil and Political Rights", in Janusz Symonides (ed.), *Human Rights: Concept and Standards* (UNESCO and Ashgate, 2000), pp. 69 – 107.

14. O'Flaherty, Michael, "International Covenant on Civil and Political Rights: Interpreting freedom of expression and information standards for the present and the future", in Tarlach McGonagle and Yvonne Donders (eds.), *The United Nations and Freedom of Expression and Information: Critical Perspectives* (Cambridge University Press, 2015), pp. 55 – 88.

15. Scheinin, Martin, "How to Untie a Tie in the Human Rights Committee", in Gudmundur Alfredsson *et al.* (eds.), *International Human Rights Monitoring Mechanisms: Essays in Honour of Jakob Möller* (Martinus Nijhoff Publishers, 2001), pp. 129 – 145.

16. Scheinin, Martin, "Human Rights Committee", in Malcolm Langford (ed.), *Social Rights Jurisprudence: Emerging Trends in International and Comparative Law* (Cambridge University Press, 2009), pp. 540 – 552.

17. Schwelb, Egon, "Notes on the Early Legislative History of the Measures of Implementation of the Human Rights Covenants", in *Mélanges offerts à Polys Modinos: problèmes des droits de l'homme et de l'unification européenne* (Editions A. Pedone, 1968), pp. 270 – 289.

18. Tomuschat, Christian, "Protection of Minorities under Article 27 of the International Covenant on Civil and Political Rights", in Rudolf Bernhardt et al. (eds.), *Völkerrecht als Rechtsordnung, internationale Gerichtsbarkeit, Menschenrechte: Festschrift für Hermann Mosler* (Springer, 1983), pp. 949 – 979.

19. van Hoof, G. J. H., "Human Rights in a Multi – Cultural World: The Need for Continued Dialogue", in MacDonald, Ronald St. John (gen. ed.), *Essays in Honour of Wang Tieya* (Martinus Nijhoff Publishers, 1994), pp. 877 – 891.

20. van Kempen, Piet Hein, "Positive Obligations to Ensure the Human Rights of Prisoners: Safety, Healthcare, Conjugal Visits and the Possibility of Founding a Family under the ICCPR, the ECHR, the ACHR and the AfChHPR", in Peter J. P. Tak and Manon Jendly (eds.), *Prison Policy and Prisoners' Rights* (Wolf Legal Publishers, 2008), pp. 21 – 44.

Journal Articles

1. Addo, Michael K., "Practice of United Nations Human Rights Treaty Bodies in the Reconciliation of Cultural Diversity with Universal Respect for Human Rights", *Human Rights Quarterly*, Vol. 32, 2010, pp. 601 – 664.

2. Åkermark, Sia Spiliopoulou, and Olle Mårsäter, "Treaties and the Limits of Flexibility", *Nordic Journal of International Law*, Vol. 74, 2005, pp. 509 – 540.

3. Alfredsson, Gudmundur, "United Nations and Human Rights", *International Journal of Legal Information*, Vol. 25, 1997, pp. 17 – 34.

4. An – Na'im, Abdullahi Ahmed, "Human Rights in the Muslim World: Socio – Political Conditions and Scriptural Imperatives – A Preliminary Inquiry", *Harvard Human Rights Journal*, Vol. 3, 1990, pp. 13 – 52.

5. Arat, Zehra F. Kabasakal, "Forging A Global Culture of Human Rights: Origins and Prospects of the International Bill of Rights", *Human Rights Quarterly*, Vol. 28, 2006, pp. 416 – 437.

6. Arat, Zehra F. Kabasakal, "Human Rights Ideology and Dimensions of Power: A Radical Approach to the State, Property, and Discrimination", *Human Rights Quarterly*, Vol. 30, 2008, pp. 906 – 932.

7. Asplund, Knut D., "Resistance to Human Rights in Indonesia: Asian Values and Beyond", *Asia Pacific Journal on Human Rights and the Law*, Vol. 10, 2009, pp. 27 – 47.

8. Badar, Mohamed Elewa, "Basic Principles Governing Limitations on Individual Rights and Freedoms in Human Rights Instruments", *International Journal of Human Rights*, Vol. 7, 2003, pp. 63 – 92.

9. Baderin, M. A., "Establishing Areas of Common Ground between Islamic Law and International Human Rights", *International Journal of Human Rights*, Vol. 5, 2001, pp. 72 – 113.

10. BAI Guimei, "The International Covenant on Civil and Political Rights and the Chinese Law on the Protection of the Rights of Minority Nationalities", *Chinese Journal of International Law*, Vol. 3, 2004, pp. 441 – 470.

11. Barrie, George N., "International Human Rights Conventions: Public International Law Applicable to the Protection of Rights", *Tydskrif vir die Suid – Africaanse Reg (Journal of South African Law)*, Vol. 1995, 1995, pp. 66 – 80.

12. Bastiampillai, Bertram, "Some Threats to Human Rights – A Point of View", *Sri Lanka Journal of International Law*, Vol. 6, 1994, pp. 17 – 29.

13. Berween, Mohamed, "The Fundamental Human Rights: An Islamic Perspective", *International Journal of Human Rights*, Vol. 6, 2002, pp. 61 – 79.

14. Berween, Mohamed, "International Bills of Human Rights: An Islamic

Critique", *International Journal of Human Rights*, Vol. 7, 2003, pp. 129 – 142.

15. Bianchi, Andrea, "Human Rights and the Magic of *Jus Cogens*", *European Journal of International Law*, Vol. 19, 2008, pp. 491 – 508.

16. Bogecho, Dina, "Putting It to Good Use: The International Covenant on Civil and Political Rights and Women's Right to Reproductive Health", *Southern California Review of Law and Women's Studies*, Vol. 13, 2004, pp. 229 – 271.

17. Buergenthal, Thomas, "The U. N. Covenants and Regional Human Rights Systems", *American Society of International Law Proceedings*, Vol. 80, 1986, pp. 422 – 424.

18. Buergenthal, Thomas, "The Normative and Institutional Evolution of International Human Rights", *Human Rights Quarterly*, Vol. 19, 1997, pp. 703 – 723.

19. Buergenthal, Thomas, "International Human Rights Law and Institutions: Accomplishments and Prospects", *Washington Law Review*, Vol. 63, 1998, pp. 1 – 19.

20. Buergenthal, Thomas, "The Evolving International Human Rights System", *American Journal of International Law*, Vol. 100, 2006, pp. 783 – 807.

21. Cassidy, Elizabeth K., "Restricting Rights? The Public Order and Public Morality Limitations on Free Speech and Religious Liberty in UN Human Rights Institutions", *The Review of Faith & International Affairs*, Vol. 13, 2015, pp. 5 – 12.

22. Cassidy, Richard W. Jr., "The United Nations Covenants on Human Rights and the Domestic Law of the United States", *Boston University Law Review*, Vol. 48, 1968, pp. 106 – 122.

23. Cerar, Miro, "The Multidimensionality of Human Rights and Duties", *Human Rights Review*, October – December, 2000, pp. 51 – 70.

24. Chirwa, Danwood Mzikenge, "The Doctrine of State Responsibility as a Potential Means of Holding Private Actors Accountable for Human Rights", *Melbourne Journal of International Law*, Vol. 5, 2004, pp. 1 – 36.

25. Choudhury, Tufyal, "The Drafting of Article 26 of the International Covenant on Civil and Political Rights: Part 1", *European Human Rights Law Review*, Issue 5, 2002, pp. 591 – 603.

26. Cole, Wade M., "Sovereignty Relinquished? Explaining Commitment to the International Human Rights Covenants, 1966 – 1999", *American Sociological Review*, Vol. 70, 2005, pp. 472 – 495.

27. Conte, Alex, "International Reflections on Civil and Political Rights in New Zealand", *Canterbury Law Review*, Vol. 8, 2002, pp. 480 – 504.

28. Criddle, Evan J., "Protecting Human Rights During Emergencies: Delegation, Derogation, and Deference", *Netherlands Yearbook of International Law*, Vol. 45, 2014, pp. 197 – 220.

29. Crombie, Nathan, "A Harmonious Union? The Relationship Between States and the Human Rights Committee on the Same – Sex Marriage Issue", *Columbia Journal of Transnational Law*, Vol. 51, 2013, pp. 696 – 738.

30. David, Valeska, "Reparations at the Human Rights Committee: Legal Basis, Practice and Challenges", *Netherlands Quarterly of Human Rights*, Vol. 32, 2014, pp. 8 – 43.

31. David, Valeska, "The Expanding Right to an Effective Remedy: Common Developments at the Human Rights Committee and the Inter – American Court", *British Journal of American Legal Studies*, Vol. 3, 2014, pp. 259 – 286.

32. Davidson, Scott, "The Procedure and Practice of the Human Rights Committee under the First Optional Protocol to the International Covenant on Civil and Political Rights", *Canterbury Law Review*, Vol. 4, 1991, pp. 337 – 355.

33. De Brabandere, Eric, "Non – state Actors, State – Centrism and Human Rights Obligations", *Leiden Journal of International Law*, Vol. 22, 2009, pp. 191 – 209.

34. De Merieux, Margaret, "Extradition as the Violation of Human Rights. The Jurisprudence of the International Covenant on Civil and Political Rights", *Netherlands Quarterly of Human Rights*, Vol. 14, 1996, pp. 23 – 33.

35. De Stoop, Dominique F. J. J., "Australia's Approach to International Treaties on Human Rights", *Australian Yearbook of International Law*, Volume 1970 – 1973 27,

36. de Wet, Erika, "Invoking obligations *erga omnes* in the twenty – first century: Progressive developments since *Barcelona Traction*", *South African Yearbook of International Law*, 2013, pp. 1 – 19.

37. de Zayas, Alfred, "Human Rights and Refugees", *Nordic Journal of International Law*, Vol. 61/62, 1992 – 1993, pp. 253 – 258.

38. de Zayas, Alfred, and Áurea Roldán Martín, "Freedom of Opinion and Freedom of Expression: Some Reflections on General Comment No. 34 of the UN Human Rights Committee", *Netherlands International Law Review*, Vol. 59, 2012, pp. 425 – 454.

39. Del Valle, Fernando Berdion, and Kathryn Sikkink, "(Re) Discovering Duties: Individual Responsibilities in the Age of Rights", *Minnesota Journal of International Law*, Vol. 26, 2017, pp. 189 – 245.

40. Donnelly, Jack, and Rhoda E. Howard, "Assessing National Human Rights Performance: A Theoretical Framework", *Human Rights Quarterly*, Vol. 10, 1988, pp. 214 – 248.

41. Donoho, Douglas Lee, "Relativism versus Universalism in Human Rights: The Search for Meaningful Standards", *Stanford Journal of International Law*, Vol. 27, 1991, pp. 345 – 391.

42. Eide, Asbjørn, "Preventing Impunity for the Violator and Ensuring Remedies for the Victim", *Nordic Journal of International Law*, Vol. 69, 2000, pp. 1 – 10.

43. Eissen, Marc – André, "The European Convention on Human Rights and the Duties of the Individual", *Nordisk Tidsskrift International Ret*, Vol. 32, 1962, pp. 230 – 253.

44. Eissen, Marc – André, "The European Convention on Human Rights and the United Nations Covenant on Civil and Political Rights: Problems of Coexistence", *Buffalo Law Review*, Vol. 22, 1972, pp. 181 – 216.

45. Farer, Tom, "The Hierarchy of Human Rights", *American University*

Journal of International Law and Policy, Vol. 8, 1992, pp. 115 – 119.

46. Fischer, Hugo, "The Human Rights Covenants and Canadian Law", *Canadian Yearbook of International Law*, Vol. 15, 1977, pp. 42 – 83.

47. Forde, M., "Non – Governmental Interferences with Human Rights", *British Yearbook of International Law*, Vol. 56, 1985, pp. 253 – 280.

48. Franck, Thomas M., "Is Personal Freedom a Western Value?", *American Journal of International Law*, Vol. 91, 1997, pp. 593 – 627.

49. Gardbaum, Stephen, "Human Rights as International Constitutional Rights", *European Journal of International Law*, Vol. 19, 2008, pp. 749 – 768.

50. Garibaldi, Oscar M., "General Limitations on Human Rights: The Principle of Legality", *Harvard Internatinal Law Journal*, Vol. 17, 1976, pp. 503 – 557.

51. Ghandhi, P. R., "The Human Rights Committee and Article 6 of the International Covenant on Civil and Political Rights", *Indian Journal of International Law*, Vol. 29, 1989, pp. 326 – 345.

52. Ghandhi P. R., and E. MacNamee, "The Family in UK Law and the International Covenant on Civil and Political Rights 1966", *International Journal of Law and the Family*, Vol. 5, 1991, pp. 104 – 131.

53. Gitti, Angelo, "Impunity under National Law and Accountability under International Human Rights Law: Has the Time of a Duty to Prosecute Come?", *Italian Yearbook of International Law*, Vol. 9, 1999, pp. 64 – 85.

54. Goggin, Sean, "Incorporating Cultural Dynamism into International Human Rights Law: A Solution from Anthropology", *Global Jurist*, Vol. 13, 2013, pp. 1 – 18.

55. Graefrath, B., "How Different Countries Implement International Standards on Human Rights", *Canadian Human Rights Yearbook*, 1984 – 1985, pp. 3 – 30.

56. Grammatikas, Vassilios, "The Definition of Minorities in International Law: A Problem Still Looking for a Solution", *Revue Hellenique de Droit International*, Vol. 52, 1999, pp. 321 – 364.

57. Grans, Lisa, "The State Obligation to Prevent Torture and Other Cruel,

Inhuman or Degrading Treatment or Punishment: The Case of Honour - Related Violence", *Human Rights Law Review*, Vol. 15, 2015, pp. 695 - 719.

58. Grossman, Claudio, "A Framework for the Examination of State of Emergency under the American Convention on Human Rights", *American University Journal of International Law and Policy*, Vol. 1, 1986, pp. 35 - 55.

59. Hafner - Burton, Emilie M., Laurence R. Helfer, and Christopher J. Fariss, "Emergency and Escape: Explaining Derogations from Human Rights Treaties", *International Organization*, Vol. 65, 2011, pp. 673 - 707.

60. Hannum, Hurst, "The Status of the Universal Declaration of Human Rights in National and International Law", *Georgia Journal of International and Comparative Law*, Vol. 25, 1995/6, pp. 287 - 397.

61. Harrington, Joanna, "The Absent Dialogue: Extradition and the International Covenant on Civil and Political Rights", *Queen's Law Journal*, Vol. 32, 2006, pp. 82 - 134.

62. Hartman, Joan F., "Derogation from Human Rights Treaties in Public Emergencies - A Critique of Implementation by the European Commission and Court of Human Rights and the Human Rights Committee of the United Nations", *Harvard International Law Journal*, Vol. 22, 1981, pp. 1 - 52.

63. Hartman, Joan F., "Working Paper for the Committee of Experts on the Article 4 Derogation Provision", *Human Rights Quarterly*, Vol. 7, 1985, pp. 89 - 131.

64. Hassan, Parvez, "The International Covenants on Human Rights: An Approach to Interpretation", *Buffalo Law Review*, vol. 19, 1970, pp. 35 - 50.

65. Henkin, Louis, "International Instruments for the Protection of Human Rights", *Acta Juridica*, Vol. 1979, pp. 224 - 235.

66. Heringa, Aalt Willem, "Article 26 CCPR and Social Security: Recent Dutch cases invalidating discriminatory social security laws", *SIM Newsletter*, Vol. 1, 1988, pp. 19 - 26.

67. Hessbruegge, Jan Arno, "The Historical Development of the Doctrines of Attribution and Due Diligence in International Law", *N. Y. U. Journal of International Law and Politics*, Vol. 36, 2004, pp. 265 – 306.

68. Hessbruegge, Jan Arno, "Human Rights Violations Arising from Conduct of Non – State Actors", *Buffalo Human Rights Law Review*, Vol. 11, 2005, pp. 21 – 88.

69. Hevener, Natalie Kaufman, "Drafting the Human Rights Covenants: An Exploration of the Relationship Between U. S. Participation and Non – ratification", *World Affairs*, Vol. 148, 1986, pp. 233 – 244.

70. Higgins, Rosalyn, "Derogations under Human Rights Treaties", *British Yearbook of International Law*, Vol. 48, 1976 – 1977, pp. 281 – 320.

71. Higgins, Rosalyn, "Ten Years on the UN Human Rights Committee: Some Thoughts upon Parting", *European Human Rights Law Review*, Issue 6, 1996, pp. 570 – 582.

72. Howard, Rhoda E., and Jack Donnelly, "Human Dignity, Human Rights, and Political Regimes", *American Political Science Review*, Vol. 80, 1986, pp. 801 – 817.

73. Humphrey, John P., "The International Bill of Rights: Scope and Implementation", *William and Mary Law Review*, Vol. 17, 1976, pp. 527 – 541.

74. Humphrey, John P., "The Implementation of International Human Rights Law", *New York Law School Law Review*, Vol. 24, 1978, pp. 31 – 61.

75. Jhabvala, Farrokh, "The Practice of the Covenant's Human Rights Committee, 1976 – 82: Review of State Party Reports", *Human Rights Quarterly*, Vol. 6, 1984, pp. 81 – 106.

76. Jhabvala, Farrokh, "On Human Rights and the Socio – Economic Context", *Netherlands International Law Review*, Vol. 31, 1984, pp. 149 – 182.

77. Jhabvala, Farrokh, "The International Covenant on Civil and Political Rights as a Vehicle for the Global Promotion and Protection of Human Rights", *Israel Yearbook on Human Rights*, Vol. 15, 1985, pp. 184 – 203.

78. Jochnick, Chris, "Confronting the Impunity of Non – State Actors: New

Fields for the Promotion of Human Rights", *Human Rights Quarterly*, Vol. 21, 1999, pp. 56 – 79.

79. Joseph, Sarah, "Gay Rights under the ICCPR – Commentary on *Toonen* v. *Australia*", *University of Tasmania Law Review*, Vol. 13, 1994, pp. 392 – 411.

80. Joseph, Sarah, "New Procedures Concerning the Human Rights Committee's Examination of State Reports", *Netherlands Quarterly of Human Rights*, Vol. 13, 1995, pp. 5 – 23.

81. Joseph, Sarah, "A Rights Analysis of the Covenant on Civil and Political Rights", *Journal of International Legal Studies*, Vol. 5, 1999, pp. 57 – 93.

82. Kessler, Jeremy K., "The Invention of a Human Right: Conscientious Objection at the United Nations, 1947 – 2011", *Columbia Human Rights Law Review*, Vol. 44, 2013, pp. 753 – 791.

83. Kiss, Alexandre, "Commentary by the Rapporteur on Limitation Provisions", *Human Rights Quarterly*, Vol. 7, 1985, pp. 15 – 22.

84. Klein, Eckart, "Establishing a Hierarchy of Human Rights: Ideal Solution or Fallacy?", *Israel Law Review*, Vol. 41, 2008, pp. 477 – 488.

85. Koch, Ida Elisabeth, "Dichotomies, Trichotomies or Waves of Duties?", *Human Rights Law Review*, Vol. 5, 2005, pp. 81 – 103.

86. Koji, Teraya, "Emerging Hierarchy in International Human Rights and Beyond: From the Perspective of Non – derogable Rights", *European Journal of International Law*, Vol. 12, 2001, pp. 917 – 941.

87. Künnemann, Rolf, "A Coherent Approach to Human Rights", *Human Rights Quarterly*, Vol. 17, 1995, pp. 323 – 342.

88. Leal, Jessica, "Stateless with Nowhere to Go: A Proposal for Revision of the Right of Return According to the International Covenant on Civil and Political Rights", *George Washington International Law Review*, Vol. 46, 2014, pp. 677 – 710.

89. Lillich, Richard B., "The United States Constitution and International Human Rights Law", *Harvard Human Rights Journal*, Vol. 3, 1990, pp. 53 – 81.

90. Lippman, Matthew, "Human Rights Reviewed: the Protection of Human Rights under the International Covenant on Civil and Political Rights", *South African Yearbook of International Law*, Vol. 5, 1979, pp. 82 – 137.

91. Lippman, Matthew, "Human Rights Revisited: The Protection of Human Rights under the International Covenant on Civil and Political Rights", *California Western International Law Journal*, Vol. 10, 1980, pp. 450 – 513.

92. Lockwood, Bert B., Jr., Janet Finn and Grace Jubinsky, "Working Paper for the Committee of Experts on Limitation Provisions", *Human Rights Quarterly*, Vol. 7, 1985, pp. 35 – 88.

93. Lorz, Ralph Alexander, "Possible Derogations from Civil and Political Rights under Article 4 of the ICCPR", *Israel Yearbook on Human Rights*, Vol. 33, 2003, pp. 85 – 104.

94. Lutz, Ellen L., "International Obligations to Respect and Ensure Human Rights", *Whittier Law Review*, Vol. 19, 1997, pp. 345 – 352.

95. MacChesney, Brunson, "International Protection of Human Rights in the United Nations", *Northwestern University Law Review*, 47, 1952, pp. 198 – 222.

96. Macklem, Patrick, "What Is International Human Rights Law – Three Applications of a Distributive Account", *McGill Law Journal*, Vol. 52, 2007, pp. 575 – 604.

97. Macklem, Patrick, "Minority Rights in International Law", *International Journal of Constitutional Law*, Vol. 6, 2008, pp. 531 – 552.

98. Marks, Stephen P., "The Past and Future of the Separation of Human Rights into Categories", *Maryland Journal of International Law*, Vol. 24, 2009, pp. 209 – 243.

99. Marks, Susan, "Civil Liberties at the Margin: the UK Derogation and the European Court of Human Rights, *Oxford Journal of Legal Studies*, Vol. 15, 1995, pp. 69 – 95.

100. Mattarollo, Rodolfo, "Impunity and International Law", (1998) 11 *Revue Québécoise de Droit International*, Vol. 11, 1998, pp. 81 – 94.

101. McBeth, Adam, "Privatising Human Rights: What Happens to the State's

Human Rights Duties When Services Are Privatised", *Melbourne Journal of International Law*, Vol. 5, 2004, pp. 133 – 154.

102. McCorquodale, Robert, "Overlegalizing Silences: Human Rights and Non – State Actors", *American Society of International Law Proceedings*, Vol. 96, 2002, pp. 384 – 388.

103. McGoldrick, Dominic, "Canadian Indians, Cultural Rights and the Human Rights Committee", *International and Comparative Law Quarterly*, Vol. 40, 1991, pp. 658 – 669.

104. McGoldrick, Dominic, "A Defence of the Margin of Appreciation and an Argument for Its Application by the Human Rights Committee", *International and Comparative Law Quarterly*, Vol. 65, 2016, pp. 21 – 60.

105. Meron, Theodor, "On a Hierarchy of International Human Rights", *American Journal of International Law*, Vol. 80, 1986, pp. 1 – 23.

106. Michaelsen, Christopher, "Derogating from International Human Rights Obligations in the 'War Against Terrorism'? —A British – Australian Perspective", *Terrorism & Political Violence*, Vol. 17, 2005, pp. 131 – 155.

107. Montgomery, John D., "Is there a hierarchy of human rights?", *Journal of Human Rights*, Vol. 1, 2002, pp. 373 – 385.

108. Moore, Jennifer, "From Nation State to Failed State: International Protection from Human Rights Abuses by Non – State Agents", *Columbia Human Rights Law Review*, Vol. 31, 1999, pp. 81 – 121.

109. Morgan, Wayne, "Sexuality and Human Rights: The First Communication by an Australian to the Human Rights Committee under the Optional Protocol to the International Covenant on Civil and Political Rights", *Australian Yearbook of International Law*, Vol. 14, 1992, pp. 277 – 292.

110. Morsink, Johannes, "The Philosophy of the Universal Declaration", *Human Rights Quarterly*, Vol. 4, 1984, pp. 309 – 334.

111. Mukherjee, Amrita, "The ICCPR as a 'Living Instrument': The Death Penalty as Cruel, Inhuman and Degrading Treatment", *Journal of Criminal Law*, Vol. 68, 2004, pp. 507 – 519.

112. Mutua, Makau wa, "The Ideology of Human Rights", *Virginia Journal of International Law*, Vol. 36, 1996, pp. 589 – 657.
113. Neuman, Gerald L., "Bi – Level Remedies for Human Rights Violations", *Harvard International Law Journal*, Vol. 55, 2014, pp. 323 – 360.
114. Neumayer, Eric, "Do governments mean business when they derogate? Human rights violations during notified states of emergency", *Review of International Organizations*, Vol. 8, 2013, pp. 1 – 31.
115. Nowak, Manfred, "Limits on Human Rights in a Democratic Society", *All – European Human Rights Yearbook*, Issue 2, 1992, pp. 111 – 126.
116. O'Donnell, Daniel, "Commentary by the Rapporteur on Derogation", *Human Rights Quarterly*, Vol. 7, 1985, pp. 23 – 34.
117. O'Flaherty, Michael, "Freedom of Expression: Article 19 of the International Covenant on Civil and Political Rights and the Human Rights Committee's General Comment No 34", *Human Rights Law Review*, Vol. 12, 2012, pp. 626 – 654.
118. Okere, B. Obinna, "The Protection of Human Rights in Africa and the African Charter on Human and Peoples' Rights: A Comparative Analysis with the European and American Systems", *Human Rights Quarterly*, Vol 6, 1984, pp. 141 – 159.
119. Olivier, Clémentine, "Revisiting General Comment No. 29 of the United Nations Human Rights Committee: About Fair Trial Rights and Derogations in Times of Public Emergency", *Leiden Journal of International Law*, Vol. 17, 2004, pp. 405 – 419.
120. Opsahl, Torkel, "Human Rights Today: International Obligations and National Implementation", *Scandinavian Studies in Law*, Vol. 23, 1979, pp. 149 – 176.
121. Orentlicher, Diane F., "Settling Accounts: The Duty to Prosecute Human Rights Violations of a Prior Regime", *Yale Law Journal*, Vol. 100, 1991, pp. 2537 – 2615.
122. Otto, Dianne, "Rethinking Universals: Opening Transformative Possibilities in International Human Rights Law", *Australian Year Book of International*

Law, Vol. 18, 1997, pp. 1 – 36.

123. Parker, M. Todd, "The Freedom to Manifest Religious Belief: An Analysis of the Necessity Clauses of the ICCPR and the ECHR", *Duke Journal of Comparative & International Law*, Vol. 17, 2006, pp. 91 – 129.

124. Paust, Jordan J., "The Other Side of Right: Private Duties under Human Rights Law", *Harvard Human Rights Journal*, Vol. 5, 1992, p. 51 – 63.

125. Paust, Jordan J., "Human Rights Responsibilities of Private Corporations", *Vanderbilt Journal of Transnational Law*, Vol. 35, 2002, pp. 801 – 825.

126. Paust, Jordan J., "Sanctions against Non – State Actors for Violations of International Law", *ILSA Journal of International & Comparative Law*, Vol. 8, 2002, pp. 417 – 430.

127. Peters, Anne, "Humanity as the A and Ω of Sovereignty", *European Journal of International Law*, Vol. 20, 2009, pp. 513 – 544.

128. Pollis, Adamantia, "Cultural Relativism Revisited: Through a State Prism", *Human Rights Quarterly*, Vol. 18, 1996, pp. 316 – 344.

129. Posner, Michael H., and Peter J., Spiro, "Adding Teeth to United States Ratification of the Covenant on Civil and Political Rights: The International Human Rights Conformity Act of 1993", *DePaul Law Review*, Vol. 42, 1993, pp. 1209 – 1232.

130. Provost, René, "Reciprocity in Human Rights and Humanitarian Law", *British Yearbook of International Law*, Vol. 65, 1994, pp. 383 – 454.

131. Ramaga, Philip Vuciri, "The Group Concept in Minority Protection", *Human Rights Quarterly*, Vol. 15, 1993, pp. 575 – 588.

132. Ramcharan, B. G., "The Emerging Jurisprudence of the Human Rights Committee", *Dalhousie Law Journal*, Vol. 6, 1980, pp. 7 – 40.

133. Ramcharan, B. G., "Individual, Collective and Group Rights: History, Theory, Practice and Contemporary Evolution", *International Journal of Group Rights*, Vol. 1, 1993, pp. 27 – 43.

134. Ratner, Steven R., "Corporations and Human Rights: A Theory of Legal Responsibility", *Yale Law Journal*, Vol. 111, 2001, pp. 443 – 545.

135. Richards, David L., and K. Chad Clay, "An Umbrella with Holes:

Respect for Non – Derogable Human Rights During Declared States of Emergency, 1996 – 2004", *Human Rights Review*, Vol. 13, 2012, pp. 443 – 471.

136. Robertson, A. H., "The United Nations Covenant on Civil and Political Rights and the European Convention on Human Rights", *British Yearbook of International Law*, Vol. 43, 1968 – 1969, pp. 21 – 48.

137. Rodley, Nigel S., "Conceptual Problems in the Protection of Minorities: International Legal Developments", *Human Rights Quarterly*, No. 17, 1995, pp. 48 – 71.

138. Roecks, Craig R., "Extradition, Human Rights, and the Death Penalty: When Nations Must Refuse to Extradite a Person Charge with a Capital Crime", *California Western International Law Journal*, Vol. 25, 1994, pp. 189 – 234.

139. Ronen, Yaël, "Human Rights Obligations of Territorial Non – State Actors", *Cornell International Law Journal*, Vol. 46, 2013, pp. 21 – 50.

140. Roht – Arriaza, Naomi, "State Responsibility to Investigate and Prosecute Grave Human Rights Violations in International Law", *California Law Review*, Vol. 78, 1990, 449 – 513.

141. Ross, June M., "Limitations on Human Rights in International Law: Their Relevance to the Canadian Charter of Rights and Freedoms", *Human Rights Quarterly*, Vol. 6, 1984, pp. 180 – 223.

142. Roth, Kenneth, "Defending Economic, Social and Cultural Rights: Practical Issues Faced by an International Human Rights Organization", *Human Rights Quarterly*, Vol. 26, 2004, pp. 63 – 73.

143. Saario, V. Voitto, and Rosemary Higgins Cass, "The United Nations and the International Protection of Human Rights: A Legal Analysis and Interpretation", *California Western International Law Journal*, Vol. 7, 1977, pp. 591 – 614.

144. Saul, Matthew, "The Normative Status of Self – Determination in International Law: A Formula for Uncertainty in the Scope and Content of the Right?", *Human Rights Law Review*, Vol. 11, 2011, pp. 609 – 644.

145. Saxena, J. N., "International Protection of Minorities and Individual Human Rights", *Indian Journal of International Law*, Vol. 23, 1983, pp. 38 – 55.

146. Schachter, Oscar, "The Obligation of the Parties to Give Effect to the Covenant on Civil and Political Rights", *American Journal of International Law*, Vol. 73, 1979, pp. 462 – 472.

147. Schmidt, Markus G., "Individual Human Rights Complaints Procedures Based on United Nations Treaties and the Need for Reform", *International and Comparative Law Quarterly*, Vol. 41, 1992, pp. 645 – 659.

148. Schwelb, Egon, "Civil and Political Rights: The International Measures of Implementation", *American Journal of International Law*, Vol. 62, 1968, pp. 827 – 868.

149. Scott, Craig, "The Interdependence and Permeability of Human Rights Norms: Towards a Partial Fusion of the International Covenants on Human Rights", *Osgoode Hall Law Journal*, Vol. 27, 1989, pp. 769 – 878.

150. Seibert – Fohr, Anjia, "Domestic Implementation of the International Covenant on Civil and Political Rights Pursuant to its article 2 para. 2", *Max Planck Yearbook of United Nations Law*, Vol. 5, 2001, pp. 399 – 472.

151. Seibert – Fohr, Anjia, "The Fight against Impunity under the International Covenant on Civil and Political Rights", *Max Planck Yearbook of United Nations Law*, Vol. 6, 2002, pp. 301 – 339.

152. Sheeran, Scott P., "Reconceptualizing States of Emergency under International Human Rights Law: Theory, Legal Doctrine, and Politics", *Michigan Journal of International Law*, Vol. 34, 2013, pp. 491 – 557.

153. Shelton, Dinah L., "Private Violence, Public Wrongs, and the Responsibility of States", *Fordham International Law Journal*, Vol. 13, 1989 – 1990, pp. 1 – 34.

154. Shelton, Dinah, "Hierarchy of Norms and Human Rights: Of Trumps and Winners", *Saskatchewan Law Review*, Vol. 65, 2002, pp. 301 – 332.

155. Shikhelman, Vera, "Geography, Politics and Culture in the United Nations Human Rights Committee", *European Journal of International Law*,

Vol. 28, 2017, pp. 845 – 869.

156. Siehr, Angelika, "Derogation Measures under Article 4 ICCPR, with Special Consideration of the 'War Against International Terrorism'", *German Yearbook of International Law*, Vol. 47, 2004, pp. 545 – 593.

157. Simma, Bruno, "From Bilateralism to Community Interest in International Law", *Recueil de* Cour, Vol. 250, 1994 – VI, pp. 218 – 384.

158. Sohn, Louis B., "The Human Rights Law of the Charter", *Texas International Law Journal*, Vol. 12, 1977, pp. 129 – 140.

159. Sohn, Louis B., "The New International Law: Protection of the Rights of Individuals Rather than States", *American University Law Review*, Vol. 32, 1982, pp. 1 – 64.

160. Soler, Christopher, "Why is Freedom from Torture an Absolute Right? – A Multi – disciplinary Analysis", *Mediterranean Journal of Human Rights*, Vol. 8, 2004, pp. 297 – 320.

161. Steiner, Henry J., "Political Participation as a Human Right", *Harvard Human Rights Yearbook*, Vol. 1, 1988, pp. 77 – 134.

162. Sugarman, Gary J., "The Universal Declaration of Human Rights and the Policy of *Apartheid* in the Republic of South Africa", *Journal of Legislation*, Vol. 17, 1990, pp. 69 – 96.

163. Suksi, Markku, "Personal Autonomy as Institutional Form – Focus on Europe Against the Background of Article 27 of the ICCPR", *International Journal on Minority & Group Rights*, Vol. 15, 2008, pp. 157 – 178.

164. Summers, James, "The Status of Self – determination in International Law: A Question of Legal Significance or Political Importance?", *Finnish Yearbook of International Law*, Vol. 14, 2003, pp. 271 – 293.

165. Sundberg, Jacob W. F., "Human Rights as Comparative Constitutional Law: Preface", *Akron Law Review*, Vol. 20, 1987, pp. 593 – 606.

166. Tarnopolsky, W. S., "A Comparison between the Canadian Charter of Rights and *Freedoms* and the International Covenant on Civil and Political Rights", *Queen's Law Journal*, Vol. 8, 1982, pp. 211 – 231.

167. Tarnopolsky, Walter S., "The Canadian Experience with the International

Covenant on Civil and Political Rights Seen from the Perspective of a Former Member of the Human Rights Committee", *Akron Law Review*, Vol. 20, 1987, pp. 611 – 628.

168. Tomuschat, Christian, "Evolving Procedural Rules: The U. N. – Human Rights Committee's First Two Years of Dealing with Individual Communications", *Human Rights Law Journal*, Vol. 1, 1980, pp. 249 – 257.

169. Tomuschat, Christian, "National Implementation of International Standards on Human Rights", *Canadian Human Rights Yearbook*, 1984 – 1985, pp. 31 – 61.

170. Tomuschat, Christian, "Human Rights in a World – Wide Framework: Some Current Issues", *Zeitschrift für ausländisches öffentliches Recht und Völkerrech*, Vol. 45, 1985, pp. 547 – 584.

171. Tomuschat, Christian, "Reparation for Victims of Grave Human Rights Violations", *Tulane Journal of International and Comparative Law*, Vol. 10, 2002, pp. 157 – 184.

172. Tomuschat, Christian, "Human Rights: Tensions Between Negative and Positive Duties of States", *Austrian Review of International and European Law*, Vol. 14, 2009, pp. 19 – 26.

173. van der Vyver, Johan D., "Limitations of Freedom of Religion or Belief: International Law Perspectives", *Emory International Law Review*, Vol. 19, 2005, pp. 499 – 537.

174. Van Dyke, Jon M., and Gerald W. Berkley, "Redressing Human Rights Abuses", *Denver Journal of International Law and Policy*, Vol. 20, 1992, pp. 243 – 267.

175. Van Dyke, Jon M., "The Fundamental Human Rights to Prosecution and Compensation", *Denver Journal of International Law and Policy*, Vol. 29, 2001, pp. 77 – 100.

176. Verstichel, Annelies, "Recent Developments in the UN Human Rights Committee's Approach to Minorities, with a Focus on Effective Participation", *International Journal on Minority and Group Rights*,

Vol. 12, 2005, pp. 25 – 41.

177. Walkate, Jaap A., "The Human Rights Committee and Public Emergencies", *Yale Journal of World Public Order*, Vol. 9, 1982, pp. 133 – 146.

178. Walkate, J. A., "The Right of Everyone to Change His Religion or Belief – Some Observations", *Netherlands International Law Review*, Vol. 30, 1983, pp. 146 – 160.

179. Walker, William M., "The Remedies of Law of the International Covenant on Civil and Political Rights: Current Trends and a Conceptual Framework for the Future", *New York University Journal of International Law and Politics*, Vol. 20, 1988, pp. 525 – 555.

180. Wallace, Donald H., "Recent Legal Developments: Redress of Human Rights Abuses in International Justice Forums for 2006", *International Criminal Justice Review*, Vol. 17, 2007, pp. 372 – 405.

181. Waltz, Susan, "Universal Human Rights: The Contribution of Muslim States", *Human Rights Quarterly*, Vol. 26, 2004, pp. 799 – 844

182. Ważyńska – Finck, Katarzyna, and François Finck, "The Right to Change One's Religion According to Article 18 ofICCPR and the Universality of Human Rights", *Journal of Islamic State Practice in International Law*, Vol. 9, 2014, pp. 36 – 59.

183. Weissbrodt, David, "International Measures Against Arbitrary Killings by Governments", *American Society of International Law Proceedings*, Vol. 77, 1983, pp. 378 – 404.

184. Weissbrodt, David S., and Clay Collins, "The Human Rights of Stateless Persons", *Human Rights Quarterly*, Vol. 28, 2006, pp. 245 – 276.

185. Weissbrodt, David, and Stephen Meili, "Human Rights and Protection of Non – Citizens: Whither Universality and Indivisibility of Rights?", *Refugee Survey Quarterly*, Vol. 28, 2010, pp. 34 – 58.

186. Whelan, Daniel J., Donnelly, Jack, "The West, Economic and Social Rights, and the Global Human Rights Regime: Setting the Record Straight", *Human Rights Quarterly*, Vol. 31, 2009, pp. 239 – 255.

187. Wilkins, Burleigh, "International Human Rights and National Discretion", *The Journal of Ethics*, Vol. 6, 2002, pp. 373 – 382.

188. Wolcher, Louis E., "The Paradox of Remedies: The Case of International Human Rights Law", *Columbia Journal of Transnational Law*, Vol. 38, 2000, pp. 515 – 562.

189. Yasuaki, Onuma, "Towards an Intercivilizational Approach to Human Rights – For Universalization of Human Rights through Overcoming of a Westcentric Notion of Human Rights", *Asian Yearbook of International Law*, Vol. 7, 1997, pp. 21 – 81.

190. Zanghellini, Aleardo, "To What Extent Does the ICCPR Support Procreation and Parenting by Lesbians and Gay Men?", *Melbourne Journal of International Law*, Vol. 9, 2008, pp. 125 – 151.

索 引

文书索引

(一)《公民及政治权利国际公约》

第 1 条　15, 16, 20, 25, 56, 58~61, 63, 65~68, 83, 100, 108, 109, 144, 161, 270, 327, 366

第 2 条　17, 21, 33, 49, 59, 87, 165, 166, 217, 245, 250, 253, 257, 272, 290, 316, 331, 333, 335, 347, 348, 351, 366, 394, 396, 411, 414, 418, 432, 433, 437, 440, 442, 450, 452, 462, 465, 467~469

第 2 条第 1 款　21, 32, 33, 38, 50, 51, 57, 58, 87, 88, 100, 113, 114, 122, 165, 217, 245, 246, 269~271, 273, 281, 289, 295, 297, 307, 315, 319, 322, 329, 331~333, 335, 337~339, 349, 377, 388, 405, 407, 408, 416, 424, 442, 453, 458, 467

第 2 条第 2 款　21, 274, 289, 307, 312, 329, 330, 332, 333, 337~341, 344, 346, 349, 377, 394, 397, 402, 405, 458, 469

第 2 条第 3 款　21, 57, 209, 250, 342, 349, 350, 371, 401, 415, 420, 429~431, 433, 435~439, 441~447, 458~463, 465~475

第 3 条　17, 21, 114, 217, 245, 326, 370~372, 386, 408, 433, 442

第 4 条　17，21，37，156，227，230，231，233～238，240，241，243～246，249～251，253，256，257，401

第 4 条第 1 款　55，83，185，217，228，229，231，233～235，237，240，241，244～246，256

第 4 条第 2 款　153，155，156，228，229，240，241，243，245～251，256

第 4 条第 3 款　228，229，231，235，236，238，239

第 5 条　17，21，55，79，80，82，111，173，176，185，186，218，219，243

第 6 条　16，19，20，38，39，57，83，86，123，124，128～133，140，144，146，149，155，158，159，161，163，182，183，186，187，190，195，196，228，247～249，277，278，280～282，285，288，296～298，303，304，306，309，313，326，350，368，381，386，408，411～414，436，459，461～464，472

第 7 条　20，64，87，112，119～127，144～146，155，156，158，163，176～180，190，208，209，247，251，277～280，291，292，300，313，316，324，325，327，328，373，386，389，412～414，419，427，433，435，436，441，442，447，450，452，456，459，461～463，471

第 8 条　20，25，83，85，86，118，134，135，137，144，146，155，161，176，179，189，190，220，247，275，339，347，408，469，470

第 9 条　20，38，52，87，114，115，125，144～146，155，158，182，183，186～190，199，201，202，209，216，224，225，246，250，252，253，275，276，281，293，296，313，365，380，381，389，408，414，415，419，433，435，440，441，447，459～463，472，473

第 10 条　16，20，38，57，108，109，121，125，158，163，177，180，186，250，251，276，278，281，293，299，300，313，320，327，337，365，381，382，426，427，433，435，461

第 11 条　20，25，83，85，108，144，146，155，156，176，179，247

第 12 条　16，20，48，50，52～55，143，144，176，182～184，186，189，199，205，210，212，213，220，221，224，242～248，250，274，293，296，312，313，328，414～416

第 13 条　16，20，39，47，48～52，100，108，143，144，158，190，199，203，250，296

第 14 条　16，20，38，39，57，64，69，83，85，107，108，114，115，130，135，142～144，158，159，161，163，177，180，181，184，186～188，190，196，198，205，210～212，219，245，250，252，253，276，279，281，282，294，296，308，313，314，351，365，372，380，382，383，387，389，403，413～415，419，420，422，423，433，435，437，440，441，457，463，464

第 15 条　20，25，108，143，144，155，176，247，250，252，294，296

第 16 条　20，25，58，109，143，144，146，155，176，179，247，296，371

第 17 条　20，52，98，117，118，143，144，146，156，158，182，183，185，186，189~191，196，201，217，219，222，226，241，250，276，282，284，288，289，303，313，351，393，407，408，411，416，433，442，459

第 18 条　16，20，38，56，58，65，66，98，134~140，144，146，148，155~158，161，162，173~177，179~182，184，189，193，196，199，205，206，210~212，247~249，320，328，360~362，386，404

第 19 条　20，49~51，69，70，79~83，98，118，135，144，146~148，158，161，173，174，176，179，182，184，185，189，193，199，200，204~213，220，223~225，228，247，248，250，276，277，281，293，304，309，389，414，415，419

第 20 条　16，20，77，80，82，109，143，177，185，250，294，295，350

第 21 条　20，50，51，56，58，81，98，118，119，144，146~149，158，176，182，184，199，205，207，208，212，214，242，248~250，293，309，313，350

第 22 条　20，25，50，51，56，58，65，66，81，98，141，144，146~149，158，161，163，173，174，176，182，184，199，205，212，248，250，344，424

第 23 条　16，20，38，39，52，54，56，58，65，83，109，117，142，144，145，158~161，177，180，190，192，222，223，226，245，248，282，288，289，310，313，335，336，341，344，371，377，387，408，416

第 24 条　20，38，53，108，109，144，145，158~160，163，177，180，191，192，222，223，243，245，277，282，288，313，416，433，453

第 25 条　20，39，47~51，56，58，60，61，67，100，110，114，144，147~149，157~159，161，174，182，186，191，192，204，207，213，216，217，225，228，229，245，250，296，303，313，351，414，433，437，440，467

第 26 条　16，20，33，41，47，50，57，60，67，72，108，114，144，163~168，170，177，180，191，192，207，245，246，282，288~291，306，335，371，372，405，407~409，433

第 27 条　20，39~43，56，58，60~65，67，68，71，73，100，108，110，115，118，144，149，157，161，164，165，170，177，180，191，193，194，219，250，294，313，324~326，350，374，382

第 40 条　23~26，111，154，244，343~346，399

第 41 条　23，33，36，83，401，402，428，431

（二）《公民及政治权利国际公约任择议定书》

第 1 条　26，49，58，66~70，72，114，

302，342，401~404，406，407，410，

529

411，416，421，431，471
第 2 条　26，56，58，68，401，404，426，469

第 3 条　26，173，471
第 4 条　228，401
第 5 条　26，69，433，444，469

（三）其他文书

《第二任择议定书》　8，19，132，246
《联合国宪章》　10～12，20，83，105，213，270
《世界人权宣言》　10，13，20，55，78，79，84，85，87，90，94，95，98，105～109，136，150，168，177，183，184，198，210，212，213，218，257，353～358，360～364，367，429，474
《经济社会文化权利公约》　8，45，55，79，106，107，110，116，157，161～163，165，170，185，210，331～336，339，342，343，346，347，369，376，377
《禁止酷刑公约》　9，178，179，292，412，451
《儿童权利公约》　243，244

《防止及惩治灭绝种族罪公约》　83，451
《维也纳条约法公约》　29，30，73，153～155，165，270，271，429
《欧洲人权公约》　35，50，51，56，80，86，98，108～112，142，168，178，186，189，214，235，246～249，265，270，332，354，373，375，431，463
《美洲人权公约》　44，56，57，90，108，235，246，247，249，251，270，273，424，431
《非洲人权和民族权宪章》　101，109
《维也纳宣言和行动纲领》　151，152，157，170，370，395
《国家对国际不法行为的责任条款草案》　298，417，418，446

个人来文索引

No. 1/1976, A. et al. v. S 71

No. 4/1977, Torres Ramírez v. Uruguay 43, 193, 452

No. 8/1977, Weismann and Perdomo v. Uruguay 228, 450

No. 9/1977, Santullo Valcada v. Uruguay 452

No. 16/1977, Mbenge et al. v. Zaire 281

No. 24/1977, Lovelace v. Canada 43, 193

No. 25/1978, Améndola Massiotti and Graciela Baritussio v. Uruguay 435, 441

No. 27/1978, Pinkney v. Canada 191, 196

No. 28/1978, Weinberger v. Uruguay 447

No. 30/1978, Bleier v. Uruguay 280, 451

No. 33/1978, Carballal v. Uruguay 228

No. 34/1978, Landinelli Silva et al. v. Uruguay 228

No. 35/1978, Shirin Aumeeruddy – Cziffra et al. v. Mauritius 161, 217, 387, 403, 406, 408, 449

No. 40/1978, Hartikainen v. Finland 71, 161, 328

No. 44/1979, Alba Pietraroia v. Uruguay 228

No. 45/1979, Suárez de Guerrero v. Colombia 152, 187, 196, 304, 449

No. 46/1979, Borda et al. v. Colombia 281

No. 52/1979, Delia Saldías de López v. Uruguay 431

No. 53/1979, K. B. v. Norway 114

No. 56/1979, Celiberti de Casariego v. Uruguay 447

No. 57/1979, Vidal Martins v. Uruguay 328

No. 58/1979, Maroufidou v. Sweden 190, 215

No. 61/1979, Leo R. Hertzberg et al. v. Finland 81, 373, 406, 419

No. 64/1979, Consuelo Salgar de Montejo v. Colombia 438, 449

No. 67/1980, E. H. P. v. Canada 71, 438

No. 68/1980, A. S. v. Canada 117, 190

No. 73/1980, Izquierdo v. Uruguay 281

No. 74/1980, Angel Estrella v. Uruguay 181, 196

No. 75/1980, Fanali v. Italy 466

No. 77/1980, Samuel Lichtensztejn v. Uruguay 328

No. 78/1980, A. D. v. Canada 67

No. 79/1980, S. S. v. Norway 434

No. 81/1980, K. L. v. Denmark 465

No. 84/1981, Barbato v. Uruguay 280, 298, 435

No. 89/1981, Muhonen v. Finland 135

No. 90/1981, Magana v. Zaire 433

No. 104/1981, J. R. T. and the W. G. Party v. Canada 69, 71, 185, 294

No. 106/1981, Pereira Montero v. Uruguay 328

No. 107/1981, *Quinteros v. Uruguay* 126

No. 112/1981, *Y. L. v. Canada* 39, 161

No. 113/1981, *C. F. et al. v. Canada* 464

No. 117/1981, *M. A. v. Italy* 97, 173

No. 118/1982, *J. B. et al. v. Canada* 116, 173

No. 124/1982, *Muteba v. Zaire* 451

Nos. 146/1983 and 148 to 154/1983, *Baboeram et al. v. Suriname* 196, 228, 451

No. 157/1983, *Mpaka-Nsusu v. Zaire* 414

No. 161/1983, *Herrera Rubio v. Colombia* 297, 464

No. 163/1984, *Group of associations for the defence of rights of disabled and handicapped persons in Italy v. Italy* 69, 71, 406, 408

No. 167/1984, *Bernard Ominayak, Chief of the Lubicon Lake Band v. Canada* 67, 71, 164

No. 172/1984, *Broeks v. The Netherlands* 166, 438

No. 180/1984, *Danning v. The Netherlands* 166

No. 181/1984, *Sanjuán Arévalo v. Colombia* 464

No. 182/1984, *Zwaan-de Vries v. The Netherlands* 166

No. 185/1984, *L. T. K. v. Finland* 135

No. 191/1985, *Blom v. Sweden* 167

No. 192/1985, *S. H. B. v. Canada* 434

No. 193/1985, *Giry v. Dominican Republic* 203

No. 195/1985, *Delgado Páez v. Colombia* 284, 293, 389

No. 196/1985, *Gueye et al. v. France* 72, 167

No. 197/1985, *Kitok v. Sweden* 43, 67, 164, 193

No. 198/1985, *Stalla Costa v. Uruguay* 443

No. 201/1985, *Hendriks v. The Netherlands* 159, 190, 222, 288

No. 202/1986, *Graciela Ato del Avellanal v. Peru* 114, 161, 167, 372

No. 203/1986, *Muñoz Hermoza v. Peru* 437

No. 205/1986, *Mikmaq people v. Canada* 351

No. 208/1986, *Bhinder v. Canada* 211

Nos. 210/1986 and 225/1987, *Earl Pratt and Ivan Morgan v. Jamaica* 122, 434

No. 213/1986, *H. C. M. A. v. The Netherlands* 457

No. 215/1986, *van Meurs v. The Netherlands* 39

No. 218/1986, *Hendrika S. Vos v. The Netherlands* 167

No. 220/1987, *T. K. v. France* 40

Nos. 221/1987 and 323/1988, *Cadoret and le Bihan v. France* 434

No. 222/1987, *M. K. v. France* 40

No. 228/1987, *C. L. D. v. France* 434

No. 230/1987, *Henry v. Jamaica* 423

No. 232/1987, *Daniel Pinto v. Trinidad and Tobago* 159

No. 236/1987, *V. M. R. B. v. Canada*

190, 374

No. 250/1987, *Carlton Reid* v. *Jamaica* 159, 434

No. 253/1987, *Paul Kelly* v. *Jamaica* 188

No. 262/1987, *R. T.* v. *France* 444

No. 268/1987, *M. G. B. and S. P.* v. *Trinidad and Tobago* 465

No. 273/1988, *B. d. B. et al.* v. *The Netherlands* 299

No. 275/1988, *S. E.* v. *Argentina* 457, 465

No. 277/1988, *Jijón* v. *Ecuador* 188

No. 289/1988, *Dieter Wolf* v. *Panama* 282

No. 295/1988, *Järvinen* v. *Finland* 137

No. 297/1988, *H. A. E. d. J.* v. *The Netherlands* 137

Nos. 298/1988 and 299/1988, *Lindgren et al.* v. *Sweden* 167, 299

No. 305/1988, *van Alphen* v. *The Netherlands* 216

No. 309/1988, *Orihuela Valenzuela* v. *Peru* 437

No. 314/1988, *Bwalya* v. *Zambia* 167, 229, 293, 438

No. 316/1988, *C. E. A.* v. *Finland* 465

No. 318/1988, *E. P. et al.* v. *Colombia* 60, 67

No. 322/1988, *Hugo Rodríguez* v. *Uruguay* 435, 452, 455, 457

No. 328/1988, *Zelaya Blanco* v. *Nicaragua* 452

No. 330/1988, *Berry* v. *Jamaica* 423

No. 336/1988, *Nicole Fillastre* v. *Bolivia* 380

Nos. 343, 344 and 345 /1988, *R. A. V. N. et al.* v. *Argentina* 265, 465

No. 347/1988, *S. G.* v. *France* 465

No. 348/1988, *G. B.* v. *France* 465

No. 356/1989, *Trevor Collins* v. *Jamaica* 434

No. 358/1989, *R. L. et al.* v. *Canada* 68

Nos. 359/1989 and 385/1989, *Ballantyne, Davidson and McIntyre* v. *Canada* 219, 406

No. 360/1989, *A newspaper publishing company* v. *Trinidad and Tobago* 69

No. 361/1989, *A publication and a printing company* v. *Trinidad and Tobago* 69

No. 363/1989, *R. L. M.* v. *France* 465

No. 383/1989, *H. C.* v. *Jamaica* 423

No. 390/1990, *Lubuto* v. *Zambia* 380

No. 395/1990, *Sprenger* v. *The Netherlands* 167

No. 398/1990, *A. M.* v. *Finland* 465

No. 402/1990, *Brinkhof* v. *The Netherlands* 137

Nos. 406/1990 and 426/1990, *Oulajin and Kaiss* v. *The Netherlands* 167

No. 412/1990, *Kivenmaa* v. *Finland* 118, 198

No. 413/1990, *A. B. et al.* v. *Italy* 68

No. 415/1990, *Pauger* v. *Austria* 167

No. 417/1990, *Balaguer Santacana* v. *Spain* 117, 159, 288

No. 418/1990, *Araujo – Jongen* v. *Netherlands* 167

No. 419/1990, *O. J.* v. *Finland* 114

Nos. 422, 423, 424/1990, *Aduayom et al.*

v. *Togo* 12, 109, 110, 213, 126, 265, 448, 213, 448

No. 428/1990, *Bozize* v. *the Central African Republic* 120

No. 429/1990, *E. W.* et al. v. *The Netherlands* 72, 410, 411, 417

No. 440/1990, *El-Megreisi* v. *Libyan* 121

No. 441/1990, *Casanovas* v. *France* 39

No. 446/1991, *J. P.* v. *Canada* 135

No. 449/1991, *Barbarín Mojica* v. *Dominican Republic* 121, 293, 464

No. 451/1991, *Harward* v. *Norway* 142

No. 453/1991, *Coeriel and Aurik* v. *The Netherlands* 118, 191

No. 454/1991, *Pons* v. *Spain* 167

No. 455/1991, *Singer* v. *Canada* 70

No. 456/1991, *Celepli* v. *Sweden* 52

No. 458/1991, *Mukong* v. *Cameroon* 120, 208, 216, 281, 380, 414

No. 468/1991, *Oló Bahamonde* v. *Equatorial Guinea* 293, 328, 435

No. 469/1991, *Charles Chitat Ng* v. *Canada* 123~125, 130, 178

No. 470/1991, *Kindler* v. *Canada* 9, 112, 123, 124, 129, 130, 412

No. 484/1991, *Pepels* v. *The Netherlands* 167

No. 488/1992, *Toonen* v. *Australia* 191, 222, 375, 407, 449

No. 493/1992, *Griffin* v. *Spain* 378, 426

No. 500/1992, *Debreczeny* v. *The Netherlands* 192

No. 502/1992, *S. M.* v. *Barbados* 69

No. 511/1992, *Ilmari Länsman* et al. v. *Finland* 71, 164, 193, 294, 326, 374, 433

No. 514/1992, *Fei* v. *Colombia* 222, 289

No. 516/1992, *Simunek* et al. v. *the Czech Republic* 167

No. 527/1993, *Uton Lewis* v. *Jamaica* 163

No. 549/1993, *Hopu and Bessert* v. *France* 117, 388

No. 538/1993, *Stewart* v. *Canada* 54

No. 539/1993, *Cox* v. *Canada* 124, 130

No. 540/1993, *Celis Laureano* v. *Peru* 121, 297, 455, 464

No. 542/1993, *Tshishimbi* v. *Zaire* 121

No. 546/1993, *Burrell* v. *Jamaica* 196

No. 547/1993, *Mahuika* et al. v. *New Zealand* 60, 67, 71, 164

No. 549/1993, *Hopu and Bessert* v. *France*

No. 550/1993, *Faurisson* v. *France* 175, 303

No. 552/1993, *Kall* v. *Poland* 162, 466

No. 558/1993, *Canepa* v. *Canada* 54, 226

No. 560/1993, *A.* v. *Australia* 52, 202, 216

No. 563/1993, *Nydia Bautista* v. *Colombia* 438, 457, 464

No. 566/1993, *Somers* v. *Hungry* 167

No. 567/1993, *Poongavanam* v. *Mauritius* 409

No. 570/1993, *M. A. B., W. A. T. and J.-A. Y. T.* v. *Canada* 174

No. 574/1994, *Kim* v. *Republic of Korea* 228

No. 588/1994, Errol Johnson v. Jamaica 112

No. 602/1994, Hoofdman v. The Netherlands 167

No. 608/1995, Nahlik v. Austria 167, 290

No. 612/1995, Arhuacos v. Colombia 438

No. 614/1995, Samuel Thomas v. Jamaica 420

No. 618/1995, Campbell v. Jamaica 423

No. 625/1995, Freemantle v. Jamaica 188

No. 628/1995, Tae Hoon Park v. Republic of Korea 213, 228

No. 630/1995, Mazou v. Cameroon 437

No. 633/1995, Gauthier v. Canada 220, 293, 424

No. 634/1995, Drobek v. Slovakia 167

No. 641/1995, Gedumbe v. Democratic Republic of the Congo 440, 448

No. 645/1995, Bordes and Temeharo v. France 411

No. 646/1995, Lindon v. Australia 308, 411

No. 666/1995, Foin v. France

No. 671/1995, Jouni E. Länsman et al. v. Finland

No. 682/1996, Westerman v. The Netherlands 137

No. 684/1996, Sahadath v. Trinidad and Tobago 122

No. 692/1996, A. R. J. v. Australia 133, 413

No. 694/1996, Waldman v. Canada 167, 409

No. 701/1996, Gómez Vázquez v. Spain 434

No. 705/1996, Taylor v. Jamaica 423

No. 706/1996, T. v. Australia 133

No. 711/1996, Dias v. Angola 293, 447

No. 716/1996, Pauger v. Austria 448

No. 721/1996, Boodoo v. Trinidad and Tobago 196

No. 736/1997, Ross v. Canada 81, 173, 303

No. 737/1997, Lamagna v. Australia 69

No. 747/1997, Des Fours v. The Czech Republic 449

No. 755/1997, Maloney v. Germany 190

No. 759/1997, Osbourne v. Jamaica 373, 447, 449, 463

No. 760/1997, Diergaardt et al. v. Namibia 60, 67, 450

No. 762/1997, Jensen v. Australia 426

No. 763/1997, Lantsova v. Russian Federation 277, 381

No. 768/1997, Mukunto v. Zambia 380, 420

No. 770/1997, Gridin v. Russian Federation 294

No. 775/1997, Christopher Brown v. Jamaica 163

No. 778/1997, Coronel et al. v. Colombia 459

No. 779/1997, Äärelä and Näkkäläjärvi v. Finland 164, 326

No. 780/1997, Laptsevich v. Belarus 213, 228

535

No. 784/1997, Plotnikov v. Russian Federation 425

No. 786/1997, Johannes Vos v. The Netherlands 167

No. 792/1998, Higginson v. Jamaica 373, 447, 449

No. 793/1998, Pryce v. Jamaica 373, 449

No. 800/1998, Thomas v. Jamiaca 427

No. 802/1998, Rogerson v. Australia 465

No. 816/1998, Tadman v. Canada 409

No. 821/1998, Chongwe v. Zambia 196, 281, 293, 447

No. 823/1998, Czernin v. The Czech Republic 441

No. 829/1998, Judge v. Canada 124, 131 ~133, 271, 414

No. 833/1998, Karker v. France 52

No. 837/1998, Kolanowski v. Poland 39

Nos. 839 – 841/1998, Mansaraj et al. v. Sierra Leone 463

No. 845/1998, Kennedy v. Trinidad and Tobago 432

No. 852/1999, Borisenco v. Hungary 188

No. 854/1999, Wackenheiml v. France 167

No. 858/1999, Buckle v. New Zealand 160, 190, 191, 289

No. 859/1999, Jiménez Vaca v. Colombia 415, 447

No. 864/1999, Ruiz Agudo v. Spain 419

No. 868/1999, Wilson v. Philippines 448

No. 875/1999, Filipovich v. Lithuania 420

No. 878/1999, Kang v. Republic of Korea 180, 427

No. 884/1999, Ignatane v. Latvia 216

No. 886/1999, Bondarenko v. Belarus 124, 126, 179, 448

No. 887/1999, Lyashkevic v. Belarus 124, 126, 179

No. 888/1999, Telitsina v. Russian Federation 280

No. 889/1999, Zheikov v. Russian Federation 452

No. 900/1999, C. v. Australia 52, 163, 202, 444

No. 902/1999, Joslin et al. v. New Zealand 39, 142, 190, 394

No. 903/2000, Van Hulst v. The Netherlands 201, 219, 221

No. 906/2000, Chira Vargas v. Peru 440

No. 909/2000, Kankanamge v. Sri Lanka 415

No. 913/2000, Chan v. Guyana 423

No. 915/2000, Ruzmetov v. Uzbekistan 126

No. 916/2000, Jayawardene v. Sri Lanka 293

No. 919/2000, Müller and Engelhard v. Namibia 372, 448

No. 926/2000, Hak – Chul Sin v. Republic of Korea 161

No. 927/2000, Svetik v. Belarus 159, 207, 448

No. 928/2000, Sooklal v. Trinidad and Tobago 282, 447, 463

No. 930/2000, Winata v. Australia 52, 175

No. 931/2000, Raihon Hudoyberganova v.

Uzbekistan 162, 175, 206
No. 932/2000, *Gillot* v. *France* 60, 192
No. 941/2000, *Young* v. *Australia* 190
No. 942/2000, *Jonassen* et al. v. *Norway* 443
No. 946/2000, *L. P.* v. *The Czech Republic* 289, 351
No. 949/2000, *Keshavjee* v. *Canada* 302
No. 950/2000, *Sarma* v. *Sri Lanka* 122, 126, 419
No. 959/2000, *Bazarov* v. *Uzbekistan* 126
No. 965/2000, *Karakurt* v. *Austria* 167, 449
No. 968/2001, *Kim Jong - Choel* v. *The Republic of Korea* 225
No. 972/2001, *Kazantzis* v. *Cyprus* 39, 468
No. 973/2001, *Khalilov* v. *Tajikistan* 126, 448, 463
No. 976/2001, *Derksen* v. *The Netherlands* 167
No. 983/2001, *Love* et al. v. *Australia* 168
No. 985/2001, *Aliboev* v. *Tajikistan* 126, 463
No. 986/2001, *Semey* v. *Spain* 434
No. 992/2001, *Bousroual* v. *Algria* 122, 126
No. 998/2001, *Althammer* et al. v. *Austria.* 167
No. 1002/2001, *Wallman* v. *Austria* 69, 116
No. 1003/2001, *P. L.* v. *Germany* 443
No. 1006/2001, *Martinez Muñoz* v. *Spain* 420
No. 1009/2001, *Shchetko* v. *Belarus* 204
No. 1011/2001, *Madafferi* v. *Australia* 54, 158, 416
No. 1014/2001, *Baban* et al. v. *Australia* 52, 202, 209
No. 1022/2001, *Velichkin* v. *Belarus* 213
No. 1036/2001, *Faure* v. *Australia* 118, 161, 470
No. 1020/2001, *Cabal and Pasini* v. *Australia* 300, 337
No. 1044/2002, *Nazriev* v. *Tajikistan* 126
No. 1047/2002, *Sinitsin* v. *Belarus* 433, 471
No. 1048/2002, *Riley* et al. v. *Canada* 403
No. 1052/2002, *J. T.* v. *Canada* 191, 223
No. 1062/2002, *Smidek* v. *Czech Republic* 472
No. 1069/2002, *Bakhtiyari* v. *Australia* 52, 158, 202
No. 1090/2002, *Rameka* et al. v. *New Zealand* 463
No. 1095/2002, *Gomariz* v. *Spain* 434
No. 1100/2002, *Bandajevsky* v. *Belarus* 403
No. 1107/2002, *El Ghar* v. *The Libyan Arab Jamahiriya* 328
No. 1119/2002, *Jeong - Eun Lee* v. *The Republic of Korea* 214, 449
No. 1128/2002, *Marques de Morais* v. *Angola* 220, 224, 304
No. 1132/2002, *Chisanga* v. *Zambia* 123

No. 1138/2002, *Arenz* v. *Germany* 297

No. 1143/2002, *Dernawi* v. *Libyan Arab Jamahiriya* 416

Nos. 1152 and 1190/2003, *Ndong* et al. *and Micó Abogo* v. *Equatorial Guinea* 451

No. 1153/2003, *K. N. L. H.* v. *Peru* 163, 278, 386, 423

No. 1155/2003, *Leirvåg* et al. v. *Norway* 161

No. 1157/2003, *Coleman* v. *Australia* 223

No. 1159/2003, *Sankara* v. *Burkina Faso* 127

No. 1169/2003, *Hom* v. *Philippines* 68

No. 1179/2003, *Ngambi* v. *France* 388

No. 1184/2003, *Brough* v. *Australia* 427, 433

No. 1186/2003, *Titiahonjo* v. *Cameroon* 278

No. 1188/2003, *Riedl-Riedenstein* et al. v. *Germany* 443

No. 1189/2003, *Emmanuel Fernando* v. *Sri Lanka* 216, 438

No. 1196/2003, *Boucherf* v. *Algeria* 126

No. 1207/2003, *Malakhovsky and Pikul* v. *Belarus* 404

No. 1222/2003, *Byahuranga* v. *Denmark* 226

No. 1225/2003, *Eshonov* v. *Uzbekistan* 281

No. 1239/2004, *Wilson* v. *Australia* 67

No. 1249/2004, *Joseph* et al. v. *Sri Lanka* 66, 71, 206

No. 1250/2004, *Lalith Rajapakse* v. *Sri Lanka* 293, 436, 471

No. 1274/2004, *Korneenko* v. *Belarus* 214

No. 1275/2004, *Umetaliev* et al. v. *Kyrgyzstan* 281

No. 1295/2004, *El Awani* v. *Libya* 126

No. 1302/2004, *Khan* v. *Canada* 421

No. 1306/2004, *Haraldsson and Sveinsson* v. *Iceland* 167

No. 1316/2004, *Gryb* v. *Belarus* 207

No. 1320/2004, *Pimentel* et al. v. *the Philippines* 420

Nos. 1321 – 1322/2004, *Yeo – Bum Yoon and Myung – Jin Choi* v. *Republic of Korea* 138

No. 1353/2005, *Afuson Njaru* v. *Cameroon* 209, 414

No. 1361/2005, *X* v. *Colombia* 190

No. 1367/2005, *Peterson* v. *Australia* 471

No. 1368/2005, *E. B.* v. *New Zealand*. 190

No. 1373/2005, *Dissanayake* v. *Sri Lanka* 216, 225

No. 1377/2005, *Katsora* v. *Belarus* 207

No. 1406/2005, *Weerawansa* v. *Sri Lanka* 405

No. 1416/2005, *Al Zery* v. *Sweden* 305

No. 1417/2005, *Ounnane* v. *Belgium* 423

No. 1422/2005, *El Hassy* v. *Libya* 126

No. 1426/2005, *Dingiri Banda* v. *Sri Lanka* 436

No. 1440/2005, *Aalbersberg* v. *The Netherlands* 411

No. 1453/2006, *Brun* v. *France* 411

No. 1454/2006, *Lederbauer* v. *Austria* 161

No. 1469/2006, *Sharma* v. *Nepal* 126

No. 1470/2006, *Toktakunov* v. *Kyrgysztan* 276, 410

No. 1472/2006, *Sayadi et al.* v. *Belgium* 238

No. 1473/2006, *Morales Tornel* v. *Spain* 276

No. 1474/2006, *Prince* v. *South Africa* 174, 193

No. 1483/2006, *Kibaya* v. *Democratic Republic of the Congo* 442

No. 1507/2006, *Sechremelis et al.* v. *Greece* 181, 374

No. 1510/2006, *Vojnović* v. *Croatia* 161

No. 1520/2006, *Mwamba* v. *Zambia* 124

No. 1536/2006, *Cifuentes Elgueta* v. *Chile* 350

No. 1553/2007, *Korneenko and Milinkevich* v. *Belarus* 207

No. 1556/2007, *Novaković* v. *Serbia* 472

No. 1557/2007, *Nystrom et. al* v. *Australia* 54

No. 1559/2007, *Hernandez* v. *Philippines* 436

No. 1565/2007, *Gonçalves et al.* v. *Portugal* 167

No. 1588/2007, *Benaziza* v. *Algria* 122

Nos. 1593 – 1603/2007, *Eu – min Jung et al.* v. *Republic of Korea*7 139

No. 1608/2007, *L. M. R.* v. *Argentina* 279, 442

No. 1609/2007, *Chen Zhi Yang* v. *The Netherlands* 421

No. 1610/2007, *L. N. P.* v. *Argentina* 433

Nos. 1642 – 1741/2007, *Min – Kyu Jeong et al.* v. *Republic of Korea* 139, 434

No. 1749/2008, *V. S.* v. *Belarus* 404

No. 1750/2008, *Sudalenko* v. *Belarus* 207

No. 1756/2008, *Moidunov and Zhumbaeva* v. *Kyrgyzstan* 280

No. 1759/2008, *Traoré* v. *Côte d'Ivoire* 435

No. 1761/2008, *Giri et al.* v. *Nepal* 381

No. 1772/2008, *Belyazeka* v. *Belarus* 207

No. 1797/2008, *Mennen* v. *The Netherlands* 449

No. 1820/2008, *Krasovsky v.* *Belarus* 461

No. 1852/2008, *Bikramjit Singh v.* *France* 162

No. 1853/2008, *Atasoy* v. *Turkey* 140, 141

No. 1854/2008, *Sarkut* v. *Turkey* 140, 141

No. 1862/2009, *Peiris* v. *Sri Lanka* 297

No. 1868/2009, *Andersen* v. *Denmark* 403

No. 1876/2000, *Singh* v. *France* 175

No. 1877/2009, *SB* v. *Kyrgysztan* 410

No. 1959/2010, *Warsame* v. *Canada* 54

No. 2120/2011, *Kovalev et al.* v. *Belarus* 126

No. 2348/2014, *Toussaint* v. *Canada* 428

术语索引

B

罢工　116，141，173

绑架　121，297，304，328，382，419，421，438，457，460，461

比例原则　220，221，223，224，227，240，241，243

庇护　17，48，107，168，314，416，495

鞭刑　372，463，464

兵役　113，128，133~142，434，479

不推回　318，412~414

C

财产权　107，110，114，144，151，167，168，470

残割女性生殖器　371

仇恨（民族、种族或宗教）　20，79，82，109，294，295

处决　122~126，129，130，132，133，179，248，279，281，378，410，448，458，459，497

D

大陆法系　46，211，212

大赦　454，455，459，478，498

道德义务　85，86

第二代人权　321

第三世界　59，356，358~360，362，392

第三委员会（联大）　5，16~18，57，59，189，248，338，340，343~345，356，357，361，365，385，443

第一代人权　106，321

定期报告　14，15，24，37，60，200，202，343，498

动态性　103，113，127，128，133，141，142，169，409

对世义务　34，35，100，493

堕胎　278，279，309，372，385，386，423，442

F

发展中国家　358，372，378~380

法律人格　45，57，144，146，481

法律援助　279，282，308，311，314，382，384，422

法人　56~58，61，66，69~71，81，87，100，116，206，282，284，313，328，404，495

反恐　152，257

非国家行为者　3，79，80，87~89，91~93，95，101，174，258~266，273，276，277，283~288，290，291，294~306，308，315~317，325，328，337，351，417，420~424，445，460~462，474，475

非政府组织 6,23,200,253
父母 16,38,117,126,159~161,177,181,190,222,226,280,288,289,297,328,394,416,448,482
附属领土 73
附属性质 465,470,471,473,475

G

个人意见 54,66,125,130,132,140,141,392,405,414,420,437
公法 27,41,116,197,263,302,377,398
工会 49,56,66,116,141,161,167,200,294,301,378,443,482
公民的权利 44~47
公民资格 100
公权力 46,259,283,285,298,299,416,424,474
公益诉讼 406,410
公职人员 286,292,317,417,418,450,452,460,461,474
管辖 21,26,29,30,32,33,35~39,47~49,57,72,73,87,93,94,100,111,128,130,132,177,227,266,273,274,290,293,297,299,304,305,310,317,322,324,342,352,383,386,402,412,416,417,419~421,425,429,431,435,440,444,455,458,459,463,467,468,471,477~480,493,495
国籍 22,23,33,44,46~55,100,110,133,175,177,192,226,247,249~251,260,305,441,483,495

国际法委员会 31,34,35,154,348,417
国际法院 18,23,27,34,36,104,197,359,489
国际人道法 55,243,244,248,445,496
国际人权公约草案 5,12,109,291
国际人权宪章 1,12,13,46,99,144,154,195,329,363
国际刑事法院 86,142,497
国际组织 92~95,108,259,304,305,398
国家责任 154,348,417
国民 1,22,26,32,33,36,44~48,50,52~54,100,134,136,158,192,206,209,305,407,479,484,485,488

H

合理时间 281,340,344,436,474
核心权利 150,151,247
核心人权公约 21,365,402
横向效力 87,258,262,264~266,301,302,494
横向义务 262,301
护照 328,416,448
活的文书 5,127,128,132,133,169,271,340

J

集体权利 20,55,56,58,59,61,62,

541

64~66, 68, 100, 101, 145, 168

纪律惩戒　438, 460

监护　16, 38, 159, 160, 177, 181, 190, 205, 222, 288, 289, 328, 351, 371, 480, 482

监狱　163, 196, 251, 276, 278, 298~300, 378, 382, 426, 427, 480

检察官　347, 435

健康权　163

紧急状态　37, 55, 83, 156, 176, 181, 185, 227~229, 231~253, 256, 257, 388, 477, 492

经济及社会理事会　5, 11~17

经济、社会和文化权利　14, 15, 45, 46, 143, 152, 160~162, 165, 168, 170, 196, 267, 268, 310, 311, 313, 314, 318, 321, 322, 329, 331, 334, 335, 338, 342, 353, 369, 370, 376, 377, 379, 381, 383, 445

经济、社会和文化权利委员会　161, 268, 335, 445

警察　125, 187, 195, 207, 223, 263, 297, 303~305, 309, 321, 378, 382, 383, 403, 407, 420, 435~437, 440, 461, 467, 471

居留　48, 49, 51, 52, 100, 175, 190, 310, 407, 480

举证责任　27, 227, 228, 280

K

科索沃　93~95

恪尽职守　285, 287, 288, 352, 422, 424, 425, 462, 495

恐怖主义　80, 236

跨国公司　91, 92

L

滥用　26, 90, 96, 101, 151, 186, 195, 209, 215, 218, 219, 224, 233, 234, 237, 240, 255~257, 260, 275, 340

冷战　393

立法史　5, 81, 83, 87, 218, 291, 338, 443

联合国大会（联大）　5, 11~19, 107, 121, 213, 359, 360, 362, 378, 430

联合国人权事务高级专员办事处　8, 250, 269, 323, 391

流行病　309, 382, 384, 390, 428

罗马法　45

M

卖淫　161, 289, 312

媒体　81, 148, 198, 211, 224, 309

美洲人权法院　23, 273, 424, 453

秘书长（联合国）　5, 17, 197, 227, 232, 238, 239, 250, 253, 256, 331

藐视法庭　216

民主社会　181, 183, 212~215, 224, 480, 482, 483

目的及宗旨　31~33, 37, 89, 142, 195, 215, 234, 252, 270~272, 385, 397, 428, 494

穆斯林　205, 356, 360, 363, 366, 367, 403

N

难民 48，107，244，412，416，495

O

欧洲人权法院 23，35，111~113，142，214，323，375，376，398，448，466

P

判例 27，131，140，142，168，180，198，224，306，434，468
批准 1，2，4，18，19，21，26，51，57，60，72，118，133，207，228，253，268，271，272，294，307，323，331，332，336~339，342，344，345，362，365~369，382，384，385，397，489，490，492，496
普通法系 27，46，211，372

Q

歧视 8，20，21，41，49~51，61，70，84，110，114，137，144，151，165~168，170，192，215~218，231，240，244~246，253，255，256，263，267，282，289~291，294，306，327，335，363，365，371，372，386，390，394，403，409，448，478，482~484，491，493，495
强化审讯办法 119

强行法 152~155，170
情节最重大之罪 123，129~131，196，408，478
驱逐 20，48，52，54，108，110，124，128~133，141，142，158，163，175，190，203，226，250，251，296，407，409，412~416，421，448，449，480，496
权利法案 11，258，260，265，266，354

R

人权法案 335，354
人权概况介绍 269，272，275，283，307，323，381
人权理事会 23，122，124，390
人权委员会 5，12~18，23，35，69，107，111，136，138，147，186，197，232，270，285，291，336，338，340，343，344，356~362，365，390，415，443，444
人身保护令 249，253，435，472，473
日内瓦公约 244，252
软法 428

S

萨米人 43，71，193，294，308，326
上诉 16，110，122，200，282，419，420，423，433，434，444，463，467
社会保障 118，144，161，165，166，298
社会主义国家 356，357，360，362，363
绳之以法 445，446，451，453，456，

458，460，461，497，498

失踪　120～122，125，126，158，252，297，327，328，415，416，419，438，451，452，454，456～462，464，497

食物权　267，268

示威　118，200，234，309，411

受教育权　162，181

受理　20，26，27，50，61，66～72，114，132，135，141，165，173，174，185，297，299，302，374，404，406，410，421，423～426，457，466，468，469，471，472，488

司法救济　343，350，437，442～445，475，477

私法　263，265，302

私主体　86，185，218，259，261，265，272，286，292，293，301，306

死刑　8，16，19，38，39，112，122～126，128～133，139～142，158，159，178，190，195，196，246，247，276，279，296，350，368，378，386，408～410，413，414，423，448，463，464，478

死囚牢现象　112

诉讼案　39，161，420

诉讼费　420，448

T

特别报告员　25，31，61，80，83，84，122，124，232，253，267

特别责任及义务　79～82，482

体罚　447，449

天主教　71，206，372，389，409

条约保留　23，26，31，33，37，40，51，69，154，194，253，254，337，366，368，385，429

同性恋　39，111，190，222，393，394，407，419

头巾　162，175，205，206，211，403

W

外国人　20，33，39，43～45，47～55，100，108，110，147，175，190，202，296，374，407，448，449，480，491

外交保护　34，305

未成年人　17，38，223，368，416，433

问题清单　24

无国籍　33，44，47，48，51～53，55，100，192，495

武装冲突　234～236，243～245，248，251，252，496

武装团体　91，92

X

西方国家　59，353，356～360，362，364，368～371，376，393

锡克　162，175，211，403

锡拉库萨原则　172，176，197，198，204，205，209～211，213，234～237，239，240，242，244，252，256

习惯国际法　36，73，93，152，154，270，412，418，451

宪法动议　434

宪法权利　260，261，302，354，355，368，

433，434
相对应性 21，29，31，33，35，36，99
小组委员会 61，80，83，84，232，253，267
协商一致 392，393
斜向义务 262，283，301
新冠疫情 235，236，242
刑事制裁 225，263，389，460
刑事诉讼 38，108，380，383，413，419，438，457，459
姓名 7，71，118，247，249~251

Y

一夫多妻制 371
一审 158，419，420，463
一罪不二审 16，110，250
伊斯兰教 360，363，366，367
议事规则 26，392，486，488
异议意见 116，118，132，139，178
引渡 112，123，128~133，140~142，203，409，412，414，496
印第安人 43，67
婴儿死亡率 309，312，315，382，384，390，428

硬法 428
用尽国内救济 70，185，433，437，443，469
有罪不罚 453~455，475，497
与外界隔绝的拘禁 120，121，125
渊源 29，104，113，154，243，357

Z

战争 16，20，79，82，93，109，134，235，248，257，294，295，309，350，482，491
政党 51，56，97，173，228，229，259
主体性权利 398，458，475
准备工作 5，58，212，271，272
纵向义务 261，273，301
资源 58，311，334，347，376，377，379，381~384，389，477，489
自然人 38，44，47，56，57，100，282，284，287，304
自杀 280，298
自由判断余地 181，373~376
自主性权利 167，473
作准文本 8，9，21，50，63，82，105，119，282，361，439

图书在版编目(CIP)数据

《公民及政治权利国际公约》中的权利和义务/孙世彦著. --北京：社会科学文献出版社，2022.7
（中国社会科学院文库. 法学社会学研究系列）
ISBN 978-7-5201-9803-5

Ⅰ.①公… Ⅱ.①孙… Ⅲ.①国际人权公约（1966）-研究 Ⅳ.①D998.2

中国版本图书馆 CIP 数据核字（2022）第 031003 号

中国社会科学院文库·法学社会学研究系列
《公民及政治权利国际公约》中的权利和义务

著　　者 / 孙世彦

出 版 人 / 王利民
组稿编辑 / 刘骁军
责任编辑 / 易　卉
责任印制 / 王京美

出　　版 / 社会科学文献出版社·集刊分社（010）59367161
　　　　　 地址：北京市北三环中路甲29号院华龙大厦　邮编：100029
　　　　　 网址：www.ssap.com.cn

发　　行 / 社会科学文献出版社（010）59367028
印　　装 / 三河市龙林印务有限公司

规　　格 / 开本：787mm×1092mm　1/16
　　　　　 印张：35　字数：571千字
版　　次 / 2022年7月第1版　2022年7月第1次印刷
书　　号 / ISBN 978-7-5201-9803-5
定　　价 / 128.00元

读者服务电话：4008918866

版权所有 翻印必究